廖辅叔全集

第一卷·音乐著作卷

（上册）

中央音乐学院《廖辅叔全集》编委会◎编

中央音乐学院出版社

图书在版编目（CIP）数据

廖辅叔全集. 第一卷，音乐著作卷：共 2 册／中央
音乐学院《廖辅叔全集》编委会编 . —北京：中央音乐
学院出版社，2017.12

ISBN 978－7－81096－854－6

Ⅰ.①廖…　Ⅱ.①中…　Ⅲ.①廖辅叔－全集 ②音乐评
论－文集　Ⅳ.①C52 ②J605－53

中国版本图书馆 CIP 数据核字（2017）第 302276 号

责任编辑：肖　琳　欧阳韫

廖辅叔全集（第一卷·音乐著作卷）　　　　　　　　　《廖辅叔全集》编委会编

出版发行：中央音乐学院出版社

经　　销：新华书店

开　　本：787×1092 毫米　16 开　印张：67.75　字数：1205 千字

印　　刷：北京京都六环印刷厂

版　　次：2018 年 2 月第 1 版　　2018 年 2 月第 1 次印刷

印　　数：1—600 套

书　　号：ISBN 978－7－81096－854－6

定　　价：1280.00 元（五卷八册）

中央音乐学院出版社　北京市西城区鲍家街 43 号　　邮编：100031
发行部：（010）66418248　　　66415711（传真）

（1907.9.24—2002.4.18）

《廖辅叔全集》编辑委员会

顾　问

于润洋

主　任

王次炤

《廖辅叔全集》内容简介

本《全集》收辑廖辅叔自 1930 年至 2008 年间写作和发表的文论专著 170 余篇（部），在音乐和文学两个门类里，分别以著作和译作写作或发表时间先后编次；单篇文章集中同一刊物的篇目，亦按时间先后编次。《全集》共分五卷：

第一卷·音乐著作卷

4 本专著：《大音乐家及其名曲》《中国古代音乐简史》《萧友梅传》《乐苑谈往》。音乐篇什荟萃 86 篇（1930—1981 年）。

第二卷·音乐译作卷

5 本译著：《音乐发展史论纲》《音乐与现代社会》《论现实在音乐中的反应》《17 世纪以前中国管弦乐队的历史的研究》《瓦格纳论音乐》《肖邦》部分章节。译文篇什荟萃 28 篇（1930—1983 年）。

第三卷·文学著作卷

3 本专著：《中国文学欣赏初步》《谈词随录》《兼堂韵语》。文史掇英 33 篇（1956—2003 年）。

第四卷·文学译作卷

6 本译著：小说《饭桶生涯的片段》《煤》、童话《小彼得云游记》。三个戏剧为《博马舍》《阴谋和爱情》《玛利亚·玛格达莲》。短篇 12 篇与诗歌 49 首（1942—1984 年）。

第五卷·综合卷

1. 廖辅叔的《人生自述》、年谱简编和书信。

2. 图片和书法手迹、词作和译作歌曲。

《全集》的卷首有前言、序、内容简介，卷尾有附录和编后记。每卷开篇有编辑说明和分卷目录。

廖辅叔先生简介

　　廖辅叔（1907—2002）出生于广东省惠州市一个深受维新思想影响的书香门第，从小跟父亲读古文，学文学和史学。1922 年，进入广州英文专科学校，接受西方文化的浸润。1926 年，转入有进步倾向的法官学校，在其兄青主（廖尚果，法学博士、作曲家、音乐美学家）的影响下，奔向孙中山领导的国民革命，并参加共青团。1927 年，在蒋介石发动"四一二"政变时，因参加共青团被学校除名。同年 12 月，投身震惊中外的广州起义。起义失败后，随青主辗转香江，隐蔽沪上，服务于传播进步思想文化的 X 书店。其间，在青主和德籍夫人华丽丝（钢琴家、作曲家）的引导下，研读中国古典文学，进修德国语言文学，开始广泛接触西方文化和欧洲古典音乐。

　　1930 年，受萧友梅先生聘请，到国立音专图书馆工作。1934 年，任校长办公室文牍（秘书）。校长萧友梅先生的道德文章，敬业风范，对其影响深远。在音专期间，开始音乐理论的研究，在《乐艺》《音乐教育》等刊物上发表文章，踏上音乐学之路。他业余随华丽丝学习钢琴，随俄罗斯音乐家佘甫磋夫学习大提琴，在音乐演奏和作曲理论方面打下深厚基础。青年时代他就以歌词创作著称，曾与黄自、江定仙、陈田鹤等作曲家合作。他曾发起"诗歌朗诵会"，漫谈新文学、新诗歌，深入探讨诗歌朗诵与艺术歌曲创作的关系等。

　　1937 年，抗战爆发，只身赴广东，先后任广东第十二集团军政训处中校宣传组员、第四战区政治部中校秘书，写下大量抗日主题歌词，翻译出版德国反法西斯流亡作家的诗文。1938 年 10 月，广州失守，转至粤北，结识了进步文学家、诗人钟敬文，语言学家、出版家陈原，以诗文为投枪、匕首，与日寇和反动势力做斗争。在漫长的患难与共的人生旅途中，他们结下终生的友谊。1940 年初，国民党制造分裂，廖辅叔毅然脱离军职，以欧亚航空公司专员为虚职，主要精力用于图书翻译。1943 年，从曲江移居桂林，任柳亚子主持的"南明史编纂委员会"秘书，参与撰稿。1944 年，赴重庆，任军委政治部秘书处秘书、编审，继续抗日工作。

1946 年，应吴伯超先生之聘，任南京国立音乐院教授，在生活与学习条件极为艰苦的常州幼年班教授国文和音乐欣赏课，还担任外籍教师的随堂翻译。期间，他为同学们的生活学习东奔西走，日夜操劳，在共患难中结下深厚的师生情谊。这些学生不负众望，日后大部分成为新中国第一支管弦乐队——中央乐团的骨干，或登上音乐艺术院校的讲台，成为音乐界的栋梁之才。

1950 年，被聘为中央音乐学院教授，除教学工作之外，还参与苏联歌曲的译配，翻译民主德国和前苏联的音乐论著。1954 年 10 月，与马可、丁善德前往莱比锡参加民主德国音乐节和作曲家协会代表大会，期间考察民主德国和前苏联音乐。1956 年，与张洪岛、汪毓和等筹建中央音乐学院音乐学系。同年作为德语资深专家，参加中国共产党第八次全国代表大会文件的翻译工作，翻译大会重要报告、文献以及专题发言文本，会后又与德语专家冯至、季羡林等担任定稿工作。1958 年，加入中国共产党。1959 年，在参与中国音协和音乐研究所拟定《中国古代音乐史提纲》的基础上，于 1964 年出版了《中国古代音乐简史》。1979 年，出席具有划时代意义的全国文代会。1983 年他与杨荫浏被国务院学位委员会选定为全国首批音乐学博士生导师。先后任全国文史资料委员会文化组成员、中国音乐家协会第四届理事及理论委员会委员、中国音乐史学会顾问。2001 年 5 月，荣获中国文联、中国音协授予的首届中国音乐"金钟奖"终身荣誉勋章。

廖辅叔在近 80 年的学术、教育生涯中，学贯中西、博古通今、笔耕不辍、诲人不倦。他的《中国古代音乐简史》，是一部运用马克思主义历史观对中国音乐的发展进行研究的经典之作。他苦心孤诣十余年，翻译了在他身后才得以出版的近 40 万字的《瓦格纳论音乐》，惠及后学，成为中国西方音乐史研究领域的一件大事。他开拓了"中西音乐交流史"学科分支，领衔承担文化部重点科研项目，培养了我国第一位音乐学博士生陶亚兵，其博士论文《中西音乐交流史稿》1998 年获得第三届全国高校人文社科成果二等奖。他以历史见证人和研究者的双重身份，回忆他所认识的音乐界的师长同仁，撰写论文集《乐苑谈往》和《萧友梅传》，为近现代音乐史研究提供了鲜活、可信的史料。他平生诗词结集《兼堂韵语》深受学界赞誉；词学研究专著《谈词随录》以其一家之言，饮誉海内外词坛。另外，廖辅叔还是个文学翻译家，译著中包揽了戏剧、小说、论文、诗歌等体裁。所译德国诗人席勒的戏剧《阴谋和爱情》被誉为信、达、雅的范本。

廖辅叔先生德艺双馨，德高望重，淡泊名利，虚怀若谷，为学人楷模，为世人景仰。

怀念廖公

——代前言

时光流逝得如此之快，我们尊敬、爱戴的廖辅叔先生离开我们已经五个年头了，与先生遗体告别的那一刻，好像就在昨天。

今年是先生的百岁诞辰。百年在人类历史中只是一瞬间，但是，当我们从史料中得知先生一生所经历的历史沧桑时，不尽为之肃然起敬。

20 世纪 60 年代初，我从异邦回到母校任教，住在学院 2 号楼三层的筒子楼里，若干年间有幸与廖先生一家比邻而居。近半个世纪过去了，然而那时的情景，先生的音容笑貌，如今犹如就在眼前。特别是每逢回忆起当年我同现已故去的何乾三等几位年轻教师一起，每周在廖先生家里上课，聆听他为我们讲授《文心雕龙》《毛诗序》等古代经典文论时候的情景，使我难以忘怀。先生对当时我们年轻一代人学术成长的热情而亲切的关怀和培养，堪称是为人师表的楷模。

在当今我国的音乐理论界，像廖先生这一代真正兼学中西的学者，用"凤毛麟角"一词来形容，恐怕是绝不为过的。廖先生有深厚的中国文化功底，特别是在古代文论、诗词领域，有很高的造诣。他的诗集《兼堂韵语》显示了他是一位情愫盎然的诗人。但同时他又对西方文化，特别是西方的文学艺术有深入的了解。他娴熟地掌握德语，熟悉德奥的文学艺术。他翻译的席勒的戏剧《阴谋和爱情》已经成为名著译文的经典。

廖先生对中国音乐史论研究的贡献是有目共睹的。他的《中国古代音乐简史》《萧友梅传》、音乐文集《乐苑谈往》等著述无不显示了他深厚、渊博的学识和丰富的人生经历；他那极富文采、质朴的文风，特别是那些追忆乐苑往事和师友同仁们的那些文章，读起来令人感到异常亲切，又趣味盎然，仿佛又带读者回到了那些值得回忆的往昔年代。

由于我本人的学术背景，我从廖先生那里受益最直接的，是他的那些译著。早年他从德文转译的苏联的音乐美学专著，以及后来由他主持并亲自参与执笔翻译的伊瓦茨凯维支的名著《肖邦》等等，都使我在自己的专业领域受益匪浅。

谈到廖先生在音乐译著领域的卓越贡献，最值得称赞的，是他晚年翻译的《瓦格纳论音乐》一书。有关该书的翻译过程和出版情况，廖先生的长女廖崇向女士曾在我院 2002 年 7 期的《音院信息》上有过很有价值的叙述。

这是一部将瓦格纳最重要的几部音乐理论著作收集在一起构成的译著，其中包括像《艺术与革命》《未来的艺术作品》《歌剧与戏剧》等最重要的篇章。瓦格纳这部著作的中文译本的翻译出版，无疑是中国西方音乐史研究领域中的一件大事。对第一手资料的掌握是基础的基础，对于不熟悉德语的我国西方音乐史研究者们来说，它的学术意义是无需赘言的。

令我们深深感慨的是这部译著的产生过程。这是廖先生一生的最后一部译著，其翻译过程从 1976 年底到 1989 年完稿交付出版社，整整经历了艰辛的 12 年，届时廖先生已经是 82 岁高龄。原文的翻译难度极高，瓦格纳的语言和文风之繁复、艰涩和随意，是音乐文论界尽人皆知的。记得大约是在 20 世纪 60 年代初，学院音乐学系的几位从事西方音乐研究的教师们在一起，曾计划翻译瓦格纳的这部著作，但当我们从图书馆借出这部著作的老版德文原书时，它的语言、文体，繁复的内容，和那令人眼花的"花体字"令我们望而生畏，最终还是将这个翻译计划放弃了。没想到，这个计划却在近 40 年后，由一位我们所敬仰的老人实现了。

廖先生虽是一位精通德语，又熟悉德奥音乐的渊博学者，但他翻译这部难啃的著作时，毕竟已是 80 高龄的老人。他右手执笔，左手拿着放大镜，为了做注释，还不得不查阅相关的诗歌、戏剧、甚至舞蹈、绘画、建筑方面的外文资料，日复一日地伏案工作，其艰辛是我们今日难以想象的。

这部纯学术性的、难有市场效益的译稿交付出版社后的经历，谈起时令人不禁唏嘘。焦急等待出版的 9 年后，竟于 1998 年被退稿，理由竟是找不到既懂德语、又懂音乐的编辑和校对。这对当时已重病在身的廖先生精神上的打击是可想而知的。在校内外多位热心者的鼎力帮助下，当这部译著终于在 12 年后得以出版时，曾为它呕心沥血的译者已经离我们而去，未能亲眼见到这个难产的婴儿。这是人间的何等憾事！

昔人已乘黄鹤去，留下的是我们晚辈对斯人的无限思念。在廖公的百年诞辰之际，写下上面一段怀念的文字，以寄托我的哀思！

于润洋

2007 年 9 月

博学多才的音乐学者

——《廖辅叔全集》序

　　廖辅叔先生是我国真正学贯中西的音乐学者，他从 20 世纪 30 年代初就开始撰写音乐文论和歌词，直到世纪末依然有著作、译作和文论出版和发表。他涉猎的领域十分广泛，从内容上看，既有音乐也有文学，既有戏剧也有诗歌，既有中国音乐也有外国音乐，既有民间音乐也有新音乐；从文体上看，既有文论也有评论，既有传记也有杂谈，既有史料记述也有作品评析；廖先生真可谓博古通今、学养精深。难怪学校有许多老师都称廖先生为中央音乐学院的活字典。

　　廖先生的"博"是有深度的，"学"是有思想的。记得我第一次见到廖先生是 1978 年 10 月我刚入学不久，我受词学家夏承焘先生委托到廖先生家送书时见到他。夏先生是我伯父的挚友，我初来北京时到他家做客，谈话中说起他在中央音乐学院认识一位喜好作词的朋友，叫廖辅叔，并称赞廖先生知识广博、造诣极高。初次见面，廖先生给我留下极为深刻的印象。他平易近人、侃侃而谈，从词学谈到词作，从诗词谈到音乐。对于我这样一位与他初识的年轻学生，他竟然完全打开话匣子，不仅传授给我许多知识，还引导我向艺术深处探究。告辞前，我把夏先生新出版的《瞿髯词》送给了廖先生。数年后，我再访廖先生，他托我回赠一本他的新作《谈词随录》给夏先生。那时，我已留校任教，他得知我在系里担任音乐美学的教学，又和我谈了许久。有一句话我至今牢记，也一直成为我学习和研究音乐美学的指南。廖先生说："美学是从哲学而来，音乐美学更多的应该是从对音乐的思考而来。"那次谈话，他给了我终身受益的启发，至今想起来，还深怀感激！

　　廖先生曾送给我多本他的著作和译作，每本书我都会认真阅读。《全集》第一卷《音乐著作卷》中的《萧友梅传》，1993 年年底出版，廖先生于 1994 年岁首送给我。正如先生在这本书的后记中所说："写一个音乐界的开山人物，只写出了 5 万多字，似乎是未免单薄了一点。好在这与先生朴素平实的作风是相称的，而且保证没有什么水分。这也许是这本书的一点可取之处吧。"这何止是一本小书？虽然篇幅不大，但他是我读过的传记中，最真实和最有亲切感的一本。廖先生曾多年在萧先生身边工作，这本传记的内容多数是廖先生之"亲见亲闻"，它虽然缺乏编年史式的完整性和系统性，但却用极为生动的笔触，用最直接的感受和最光彩的事例，刻画出这位中国专业音乐教育开山鼻祖的胸怀、抱负、人格和功绩。说来也巧，廖辅叔先生与萧友梅先生也是通过替别人传递信件相识的，在他还未到国立音专任职前，一直是通过替兄长青主为萧友梅传递书信和他交往的。后来，廖先生到音专图书馆工作，不久又改任文牍。用廖先生的话来说，他是在萧友梅的"耳提面命之下，开始在音乐教育机关的漫长经历。也正因为这样，说到他的生平行事，才不至于像是隔靴搔痒"。的确如此，《萧友梅传》没有任何吹捧和浮夸之处，它的撰述是在一件件生动翔实的事例中展开的，萧友梅的伟大之处也正是在于用平实的人生书写光辉的业绩。

在第一卷里，还有廖先生所著《大音乐家及其名曲》，这是我国早期介绍欧洲古典音乐的普及读物，也是我国研究西方音乐史的发端之一。音乐文集《乐苑谈往》，收集的均为廖先生在"文革"后所写的各类音乐文章。作者以回忆录或中西音乐考察的形式，记述了70年间与音乐有关的人和事。这些记事，一方面展现出一片新的史学视野，补充了中国近现代音乐史研究的史料和实证；另一方面为中西音乐交流史学科的创建打下了坚实的基础。所著《中国古代音乐简史》，也是我初学中国古代音乐史之时爱不释手的读本。书中对中国古代音乐史的时期划分、史料选择、音乐形式演变、音乐评述以及西方音乐传入中国的途径和方法作了深入浅出的阐述。为后来音乐学术界研究和中国古代音乐史研究提供了丰富的历史资料和宝贵的史学依据。这本教材式的著作，从初版以来，几经再版，流行不辍。

在第一卷卷末的"音乐篇什荟萃"里，收集了廖先生的86篇文论，主要包括两部分内容。一部分是20世纪30年代先后发表在《乐艺》《音乐教育》《音乐杂志》和《音乐周刊》上我国早期音乐刊物中的各类文章，这些文章堪称为中国早期西方音乐研究与新音乐文化中值得回望的珍贵记忆。另一部分是新中国成立之后直至"文革"前，在《人民音乐》《音乐研究》《音乐艺术》等国内重要音乐学术期刊发表的音乐文论。他记录了"文革"前17年中国音乐的发展与变迁的历史，以及在那个时代意识形态的影响下中国音乐学术的种种动态。

廖辅叔先生精通多国文字，他的译作也十分丰硕。在第二卷《音乐译著卷》

里，给我印象最深的是他的 40 万字的巨型译作《瓦格纳论音乐》。这部译作是廖先生"文革"后完成的，但几经周折，译稿也转至多家出版社，从翻译到出版用了 20 多年时间，直到 2002 年 5 月才由上海音乐出版社出版。遗憾的是，出版之时廖先生刚过世一个月，但愿他在另外的一个世界里，能带着微笑抹去这份遗憾。记得当时，廖先生的女儿廖崇向老师把这部厚重的译作送到我手中之时，我顿时觉得沉甸甸的，由衷敬佩这位渊博而谦逊、多才而勤勉的世纪老人。这部译作结集了瓦格纳重要的学术著作，包括体现他一生为之努力的艺术理想之《未来的艺术作品》和阐述他歌剧创作的艺术追求之《歌剧与戏剧》；此外，还包括《艺术与革命》《艺术与气候》《未来的艺术家行当》等。这些被音乐史学家称之为"奠基性的经典著作"，经廖先生精心翻译后展现给中国读者，这无疑是中国音乐学术界的一次突破（此前国内尚无出版系统介绍瓦格纳音乐思想的著作）。值得一提的是，这部译作的耕耘者廖辅叔先生既精通德语，又熟悉德国文化；同时，他又是一位音乐学者，通晓德奥音乐的文化和历史。用已故著名音乐学家于润洋先生的话来说：这"在国际上也是不多见""将是音乐学术界一件非常有意义的事"。

另可一提的是：20 世纪 50 年代，廖先生翻译了三部音乐理论著作，分别是前东德音乐学家梅耶尔的《音乐发展史论纲》和《音乐与现代社会》，苏联音乐学家万斯洛夫的《论现实在音乐中的反映》。这三部著作虽然代表了当时苏联和东欧的意识形态，从哲学立场上来看，有许多值得商榷之处。但从历史学的眼光看，它体现了某个时代、某种政治意识下的音乐理论观念。因此，依然具有不可忽略的史学价值。1961 年廖先生主持编译波兰诗人 J. 伊娃茨凯维支的《肖邦》，本卷只选用廖先生译文。1989 年翻译了萧友梅早期在德国留学时完成的德语论文《17 世纪以前中国管弦乐队的历史的研究》。特别是，在萧友梅的论文中引用了大量中国古代文献，如《通志》《通典》《文献通考》《古今图书集成》《资治通鉴》等典籍和文论。要将这些文献从德文还原到中文是一件十分困难的事，这需要有很深的文献功底和语言功底。由于廖先生精通古文，熟悉古代文献，才能比较精确地把这篇富有史学价值的学术论文展示给中国的音乐学者和广大读者。1951 年由廖先生主持编译的《苏联歌曲集》（第一集），不仅作为历史资料为当代音乐学术研究提供文献依据，而且也在一定程度上丰富了我国某个历史时期的音乐文化生活。

在译著卷里，还收集了廖先生在 1930 年至 1983 年间翻译并在各种期刊发表的音乐译文 28 篇。

廖先生从小就爱好诗词，他在词学界的名声不亚于音乐界。我最早读过的廖先生的书，不是音乐著作，而是一本词论。在第三卷《文学著作卷》里，首先是诗词评论《谈词随录》，这是我收到廖先生赠我的第一本书。这是一本学词的好书，对于初学古词的读者来说，读了此书后会有茅塞顿开的感觉。他用极其清新的笔调，讲述了词的起源与历史演变、词体辞风与词论词话、词与诗的关系、词与音乐的关系等有关词学的种种问题。书中还对五代至两宋100多名词家的代表作做了分析，引导读者从对词学的理解走向对词作的欣赏。中国古诗词，尤其是古词，与中国音乐的发展密不可分。他的诗词修养必然带给他研究中国古代音乐史得天独厚的条件。我们从大量廖先生的音乐文论中，可以看出这份深厚的词学和诗学的功底。

其二是廖先生的诗词创作《兼堂韵语》，那是一本记述了他的生活经历、治学纪事、咏叹故友、人生感悟的诗词集，共有600多首。犹如门德尔松用无词歌记录和表述自己不同经历的心情一样，廖先生用诗词讲述了人生的心途，当然也记录了影响人生路途的社会变迁所带来的酸甜苦辣。据说这本诗词集的前半部分内容，由于是早年的诗作和词作，经历了"流离迁途和文革抄家"，已经"消失殆尽"。但凭廖先生的博闻强记和朋友们的提示，逐步收集起来，最终形成了一本史书式的诗词集存。

其三是廖先生早年撰写的《中国文学欣赏初步》，是中国新文化运动时期简述中国文学的一本读物，其实用性和普及性足以奠定了这本书的地位。

卷末"文史掇英"里，集先生于1956年至2002年发表在《文丛》《文化史料》《文史资料选辑》《惠城文史资料》等报刊中的文章33篇。是关于文化和历史的散论和史料记述文章，充分体现了廖先生的博学和广思。这些文章在文学界和史学界都有一定的影响，而且也为后人研究文史提供了有价值的史料和观点。

第四卷《文学译作卷》，是廖先生在文学领域中的译作集，有德国浪漫派诗人埃贤朵夫的小说《饭桶生涯的片段》，据说此译本得到郁达夫先生的肯定。有巴塞维茨长篇童话《小彼得云游记》，此译本被商务印书馆列入小学生文库，1934年出版后一直备受少年儿童青睐；2012年又被海豚出版社列入《中国儿童文学经典怀旧系列丛书》。此外，还收集了20世纪50年代翻译出版的三部戏剧剧本，分别是沃尔夫的以法国大革命为背景的《博马舍》，赫贝尔的德国现实主义代表作《玛利亚·玛格达莲》，诗人、剧作家席勒的《阴谋和爱情》。尤其是第三部剧本的译本，已成为世界名著译作的范本。不仅多次再版，还被中国的话剧院搬上舞台。在这卷里，还有一部德文版的波兰作家席包尔·里尔斯基的著名小说《煤》。

卷末是廖先生于20世纪40年代至80年代发表在《新建设杂志》《朝报月刊》

《新赣南月刊》《文丛》和遗稿 13 篇。

第五卷《综合卷》里包括廖先生晚年所写的《人生自述》、年谱、书信、图片手迹、词作和译作歌曲。

写到这里，我突然感觉到自己像似写流水账一样把《廖辅叔全集》介绍了一遍，作为廖先生全集出版的序言，深感浅薄和单调。好在廖先生为人宽厚、爱护后辈，想必他在天之灵也不会责备我。在写这篇序言的过程中，我常常会带着微笑追忆那些与廖先生相处的时光，总是那么幸福和倍感亲切，尤其是他那浩瀚的文思和渊博的文才，让我如在文海荡漾，深感艺海无边。衷心希望这部《廖辅叔全集》能带给广大读者多方面的帮助和无限的喜悦！

王次炤

2017 年 7 月修订

序

廖辅叔教授是我十分敬仰的前辈，是中国音乐界的一座丰碑。

侠之大者，为国为民。廖先生是文艺报国的革命先驱，他身体力行，为我们树立了一个德艺双馨的楷模。

20 世纪 20 年代，廖先生在其兄长青主（廖尚果，法学博士、作曲家、音乐美学家）的影响下投身革命事业。青年时代，他投身国民革命，因为参加共青团受到反动派迫害，被学校除名。1927 年，廖先生参加了震惊中外的广州起义，后辗转于香江沪上，为传播先进思想义无反顾。1930 年起，廖先生任职于萧友梅在上海创建的中国第一所独立的高等音乐学府——国立音乐专科学校，开始涉足音乐研究。抗战爆发，廖先生再次投身民族解放事业，在广州第十二集团军、第四战区政治部、军委政治部等单位任职，以文为器，与日寇和反动势力进行斗争。1946 年，廖先生受聘为南京国立音乐院教授，任常州幼年班班主任，投身音乐人才培养，为新中国的音乐教育事业积攒了众多人才。

学高为师，身正为范。廖先生是从师从教的典范，他那呕心沥血、孜孜不倦的品格，为我们树立了一座学艺兼备的丰碑。

新中国成立后，廖先生积极投身于党的教育事业，1958 年加入中国共产党。作为中央音乐学院第一代教授，而后又成为全国首位音乐学博士生导师，廖先生为新中国的音乐教育、为中央音乐学院的教学科研建设、为中国特色音乐理论体系建设，不辞辛劳、呕心沥血。廖先生的学问纵贯古今，他的著作《中国古代音乐简史》以马克思主义历史观研究中国音乐的发展，是我国音乐理论体系中的经典作品。廖先生的研究融通中西，他的译作《瓦格纳论音乐》洋洋 40 万字，"十年磨剑终成器，一朝破竹势如虹"，是中西音乐学术交流史上的标志性作品。廖先生还开拓了"中西音乐交流史"学科；作为历史的亲历者和参与者，他把自己认识和了解的音乐往事结集出版,《乐苑谈往》《萧梅友传》等著作是我国近现代音乐史研究中珍贵的资料。

我院第四任院长于润洋教授曾说过,在中国的音乐理论界,像廖先生这样的学者"凤毛麟角",恐不为过。中国文联、中国音协授予廖先生首届中国音乐"金钟奖"终身成就奖。这个奖项是音乐界的崇高荣誉,是对于德高望重的廖先生传奇一生的最大肯定。

廖先生的人品、学识也让我等后来者明白,中国文艺园地里百花齐放、硕果累累的局面,是一代又一代人接续奋斗的成果。我们既是成果的受益者,更要做硕果的传承者,不断创新发扬光大。丰碑在前,我等后学唯有继续奋斗,才无愧于先生终其一生而开拓的音乐事业新局面;唯有继续奋斗,才是对先生最大的敬意和告慰。

《廖辅叔全集》的出版对后人进一步了解、认识、研究廖先生的人生经历、学术成就、道德人品具有重要意义,为有心研究廖辅叔的学人提供了一份可靠、可供思考的珍贵资料。《全集》彰显了廖先生的革命情怀、教育思想、艺术理念。它不仅是廖先生一生的写照,也是近代中国音乐发展史的一个缩影。

在纪念廖先生 110 周年诞辰之际,仅以《廖辅叔全集》的出版,追忆和缅怀廖辅叔先生。

中央音乐学院院长　俞峰

2018 年 2 月

第一卷编辑说明

一、本卷是廖辅叔的音乐著作卷，专著包括：作为研究西方音乐史发端的《大音乐家及其名曲》，以文学笔法写出的《中国古代音乐简史》，有开创简约式、感受式文风的《萧友梅传》，有展示 70 多年间里与音乐有关的人和事的音乐文集《乐苑谈往》。单篇文论收集了 1930－1981 年刊登的 83 篇及遗稿 3 篇。统称以"音乐篇什荟萃"。

二、《中国古代音乐简史》是于 1959 年在中国音协和音研所拟定提纲的基础上完成的。从试用教材到 1964 年正式出版，半个多世纪，几经再版，流传不辍。《萧友梅传》是于 1994 年为纪念萧友梅诞辰 110 周年而作。

三、本卷所辑以作者的首刊稿、初版本为依据校勘整理，参照部分手稿校录。编校严守存真慎校的准则，对文稿中明显的笔误、衍文、漏字、标点加以订正；繁体字、异体字按现行规定书写。

四、因时代原因，文中的字、词、语言表达方式，涉及的人名、地名、曲名等译法与当今译法有较大出入者，在其后做出注释。对未译中文的外文词语，均保持原貌，以利于读者从著述原样进行研读探索。

五、遗稿中的外文人名、地名、曲名按现行规定书写。

目 录

（上　册）

大音乐家及其名曲

中国古代音乐简史

萧友梅传

乐苑谈往

（下　册）

乐苑谈往（续编）

音乐篇什荟萃

大音乐家及其名曲

版本：生活·读书·新知三联书店，1949 年 11 月

署名居甫

巴哈——他的音乐就是福音书

（J. S. Bach，1685—1750）

　　巴哈①族是近代音乐家的开山祖，J. S. 巴哈更是高出一族的名师，他才 10 岁，父母双亡，孩子的音乐教育因此转到了哥哥手上，他的哥哥藏有卜斯特胡德、法罗北格尔的手稿，却不许巴哈碰一碰，他偷偷的在月光底下抄了 6 个月，抄好之后，不幸给他哥哥发觉了，一把毁掉。辛苦的结果只换得目力的损伤，他瞎眼的病根就在这时候伏下，15 岁，他的美丽的高音得到圣密雪尔教堂的领唱职位，逢到假日便徒步跑到汉堡去听赖涅庚的风琴演奏。为了练琴，他可以通夜不睡觉；练琴之外还要研究名家的作品。1705 年卜斯特胡德在吕壁克主持音乐晚会，他跑上 50 英里的远路去参加。卜氏是赋格和组曲的大师，这一次访问对他的影响自然是很大的。1704 年他在阿仑城教堂任风琴师，他的表妹玛利亚亦在一处工作；3 年之后，她做了他的良妻。那时他已经是缪尔豪森的风琴师。次年，他被邀为外马大公弹琴，大受赏识，即聘为宫廷风琴师。1714 年任演奏领班，假期则作演奏旅行。1717 年德列斯登有一个法国风琴师马杭，自称未逢敌手；巴哈找他约期比赛，老马自知不敌，溜之大吉。这个时期也是他创作的丰年。

　　1720 年他的妻子逝世，曾流传过一段轶事：巴哈是不理家事的，一切均由太太主办。现在要办丧事了，家人向他请示办法，他想不出好主意，一边伏案啜泣，一边吩咐家人说："问太太去吧！" 1721 年他续娶吴尔庚。吴氏天分极高，雅善歌唱；跟托尔斯泰夫人一样，长期替他分写乐谱的清稿。

　　先是 1714 年他已经到过莱比锡妥玛斯教堂编制乐曲，指挥歌唱。1723 年便再到那边任风琴师兼乐正，同时任教妥玛斯学院；仍然遥领列奥坡尔德亲王的指挥衔。

---

　　① 今译巴赫。

他的声名太大了：1736 年任魏森菲尔斯大公的名誉指挥及波兰的宫廷作曲师。他终老于莱比锡。27 年间一直不曾离开过他的职务，他的神乐大部分成于这一时期。他常去德列斯登，听赏意大利歌剧。1747 年他应腓特烈大帝的邀请赴朴斯丹，宫中有各种各式的西尔柏钢琴。他一个房间又一个房间的即席弹奏，国王及其他乐师便一个个房间的跟着跑。第二天他试奏朴斯丹的大风琴，依照国王的命题即席作成一首六部赋格曲；后来他还用来谱成一大堆的名曲，题作音乐的献礼。

1749 年他的眼睛开了两次刀，依然不能挽救瞎眼的厄运。1750 年 7 月 10 日，他的双眼忽然复明；可是 10 天之后，他便因中风逝世。死前不久他还口授他的合唱曲：我凭着这个走近你的宝座。

瓦格纳说过："巴哈……是德国精神的最内在的生活的，同时也是德国人民的完全溶和的历史。"就宗教性一点说，他是音乐的马丁·路德；就工作的忠诚和精力的充沛说，他是音乐的杜勒；甚至于尼采也说出，他的音乐就是福音书。有人还说这就是福音书第五部。

他的逝世，大家都只知道是损失了一个演奏圣手，却不知道他在作曲方面是一位"大师的大师"（Master of Masters）。"谁像我一样的用功，便可以有我一样的成就。"这是他的答客问。

他为了教育儿子写过两部书：《钢琴小册》和《赋格的艺术》。他提倡平均调律，校订自己的钢琴，写成《平均律钢琴谱》（Wohltemperiertes Klavier）。这部书包含 48 首序曲和赋格曲，每一类的两首各用一个大调和小调；对于指法的改良，就到现在还是有它的价值。

他的作品生前很少出版。1829 年，经过孟德尔松的发掘才炫耀了世人的耳目。1850 年他的百年祭，巴哈学会开始刊印他的全集，重要作品有清唱剧、受难乐、弥撒乐、经文曲（声乐）；《法国组曲》《英国组曲》《平均律钢琴谱》、序曲、赋格曲、创调曲、《布兰登堡协奏曲》（器乐）等等。

圣马太受难乐

未说本题之前，让我先抄几段《圣经》：

> 耶稣……对门徒说："过两天是逾越节，人子将要被交给人，钉在十字架上。"……耶稣在伯大尼长大麻疯的西门家里。有一个女人拿香膏来趁耶稣坐

席的时候，浇在他的头上。……当下十二门徒里有一个称为加略人犹大的，去见祭司长说，我把他交给你们，你们愿意给我多少钱？他们就给了他 30 块钱。……到了晚上，耶稣和十二门徒坐席，正吃的时候，耶稣说："我实在告诉你们，你们中间有一个人要出卖我了。"……耶稣同门徒来到一个地方名叫喀西马尼，……对他们说："时候到了，人子被卖在罪人手里了。"……说话之间，……犹大来了，并有许多人带着刀棒，……于是那些人上前，下手拿住耶稣。

明天早晨，祭司长和民间的长老，大家商议要治死耶稣，就把他捆绑解去交给巡抚彼拉多，……彼拉多（正坐堂的时候）说："那称为基督的耶稣，我怎么办他呢？"他们都说把他钉十字架。

——《马太福音》第 26、27 章

《圣马太受难乐》（*Saint Matthew Passion*）的内容，就是这两章福音书的故事。曲中词句全录原文，人物是耶稣、彼得、犹大、彼拉多、使徒和群众。全曲分为两部，从前两部中间插入一段说教。事迹的叙述有时用合唱，有时用独唱；赞美歌是从路德教堂常用的选出来的。经文的引述一律用宣叙调；讲道或说书的部分交给男高音；偶然到场的人物则由其他歌人担任。对话，凡是耶稣的说话便是四部的弦乐伴奏，使其与其他各部有别，所以显出特别的优雅与肃穆。群众的、使徒的合唱是简短的、轻快的，多数采用牧歌的形式。有一首赞美歌《认清我，我的守护人》在全曲的进行中重复五次，造成教堂情感的基调；而且每一次的和声都是变化的。另外一首《降福的耶稣》则使用两次：一次是当救主声明他要被钉十字架，一次是当喀西马尼的场面。全曲为两个合唱团写成；赞美歌的和声即由两团唱出来，并有乐器伴奏；群音则是齐唱。每一个合唱团有它自己的乐队和风琴伴奏。双料乐队的组织是洋管、长笛及弦乐器；鼓和铜乐器是不应用的。据巴哈的意见，教堂的音响与其说是势力的，毋宁说是柔和的感情的音响。

第一部开头是一首双重合唱《来，女儿们，哀哭吧》；第一部分警醒的信徒哀悼这罪恶的世界；第二部分做了一番简短的回答，终于转入第一部分悲感的音调。这两部分的交织就是一段独立的器乐曲调，接着女高音唱出一首赞美歌《上帝的羔羊完全无辜》，接着又是另一首《说吧，绝顶柔和的耶稣》，这样便构成一篇序引。下去就是一段宣叙和一首赞美歌《你亲爱的救主》，和一首悲壮的女中音咏叹调，牵涉到涂抹香膏的女人；次一段是女高音咏叹调《血还是流吧，你最亲爱的心》，追摄着犹大收受 30 块钱的事实，加强了悲痛的情感；过后是最后的晚餐的画面，虽然色调是凄凉的，巴哈仍然给予柔和而且雍容的性格。到了门徒提出问话"主啊，是我吗？"另一队唱出"是我啊，我的罪恶迷了我的心"。咄咄逼人的宣叙调传达出伟大的神力；引到一首优美的、温软的女高音咏叹调《我的心永不会拒绝你》；一首最简单、最明白，同时也是最丰富、最有表情的曲调。再经过一段宣叙和赞美歌《我要留在你身边》，我们便来到喀西马尼的花园。那是一段乐队的序曲：男高音唱出西门，合唱团唱出门徒，同时准备第一部的结束。一首女高音和女中音的咏叹调《哎呀！我的耶稣现在是给带走了》和一首双重合唱《闪电啊，打雷啊！》，两部独唱的歌声凑合成伤心惨目的哀歌。合唱的应和发出简短的、迫切的乐句（"放他走吧！住手！不要绑他！"），双重合唱于是暴风雨般的爆出了愤怒；乐器用尽它们的力量在助威，表现世界对于这场谋害的愤激。一首赞美歌《哦，人，悼惜这穷凶极恶的罪行吧》结束了第一部。

第二部开始是一首女中音咏叹调《哀哉，耶稣去了！》，接着便是该亚法的审判和彼得的三次抵赖，导入女中音咏叹调《哦，恕我吧，上帝！》，便急急转入全部乐曲的煞尾。女高音宣叙调唱出彼拉多的询问《他平日所做的都是好事》，女高音咏叹调《无拘束的爱》、女中音宣叙调《朝下望吧，哦，上帝！》，赞美歌《哦，头部满是鲜血和创痕》、女中音咏叹调连合唱《看啊，耶稣在站着向我们招手》和充满和穆的、慰安的男低音宣叙调《黄昏后，安息的清凉的时辰》，逐步陪伴我们接近最后的、悲痛然而优美的使徒双重合唱《我们绕着你的坟墓在哭泣》，——和穆然而壮大的有如西天的落日。所谓坟墓是一张平床，耶稣正在安息。宏伟的马太受难乐，就在这一段壮美的安眠歌中完场。

布兰登堡协奏曲

《布兰登堡协奏曲》（*Brandenburg Concertos*）包含六套管弦乐，是巴哈受布兰登堡侯爵路易的特约编制的。这位侯爵是一个热爱音乐的业余艺人，经常保有一个管弦乐队。协奏曲这个字现在总是认为由一种乐器主奏出神入化的乐曲，可是在 18 世纪却是多种乐器甚至于歌唱组成的乐曲。巴哈这套作品正好是出色的代表。1721 年写成之后，巴哈便寄给路易。路易死后，原稿落在他的学生肯北格尔手上；由肯北格尔再传到普鲁士公主亚玛利亚。现存柏林国家图书馆。

这套乐曲使用的乐器是和我们现在的很有差异的地方。为了帮助考究起见，所以不怕麻烦的抄出来。

第一套是 F 大调。原题作："Concerto Imoa 2 Corni di Caccia, 3 Hautbois e Basso-no, Violino Piccolo concertato, 2 Violini una Viola e Violoncello col Basso continuo。" Corno di Caccia 就是现在的法国铜角, Violino Piccolo 是一种小型的小提琴, 作为独奏乐器用的, 比平常的高四度。全曲共分四章: 首章没有注明速度, 但无疑的是 Allegro moderato, 第二章是 Adagio, D 大调, 由洋管吹出主题。第三章是 Allegro, 主题先由第一小提琴及第一洋管传达出来; 超级小提琴占有特殊的位置, 第三章奏完之后, 由一首小步舞曲结束全篇。

第二套也是 F 大调。曲中有键琴, 巴哈时代经常作为艺术的一部, 指挥依据键琴发出的速度, 维持乐手的齐一。全曲计分三章: Ⅰ. Allegro moderato, F 大调; Ⅱ. Andante, d 小调; Ⅲ. Allegro assai, F 大调。经过 F. 莫特尔适应现代乐队的改编, 这首乐曲成为 20 世纪音乐会的重要节目。

第三套本来只有两章: 前章是 Allegro, G 大调; 后章也是 Allegro, G 大调。可是有时会由指挥就巴哈作品中选奏一篇慢板的乐曲作为两章快板中间的调剂。第一章并经作者应用到圣灵降临节清唱剧: 我全心敬爱最高的主掌上面去。

第四套乐器表内有一项叫做 Fiulte d'Echo, 也许就是回声长笛, 或者应该写作 Flanto a bec, 吹嘴加上一支小管的; 可是这种乐器早就已经淘汰了, 换上一种叫做交叉长笛（Flanto traverso）的。全曲分为三章: 头一章是 Allegro, G 大调, 内分三段, 头一段和第三段是一样的; 次一章是 Andante, e 小调, 主题由独奏乐器传出, 和声则寄托在低音的弦乐器上面; 末章是 Presto, G 大调, 主题交给中音提琴①, 后来转到独奏小提琴上面去, 末了由全副乐队总动员, 结束。

第五套标明有主奏小提琴, 键琴仍然保有它光辉的地位。全曲的次序是: Ⅰ. Allegao, D 大调, 键琴——或者钢琴——有非常难人的出色的表演; Ⅱ. Affetuoso, b 小调, 是一章长笛、主奏小提琴和键琴的三重奏; Ⅲ. Allegro, D 大调。巴翁写有一段"演奏须知"作为对于乐手的指示。

第六套亦有一些乐器是现代不用的: 其一是 Viola da gamba, 张有六条琴弦, 夹在两膝之间像大提琴, 弹起来却又是低音提琴的气派; 在当时已经是被淘汰的乐器。Viola da braccio, 是现代中音提琴的前身, 但是张着五条弦。现在弹这两部只能找寻替身: Viola da gamba 用大提琴, Viola da braccio 用中音提琴, 当然, 多少总不免走

---

① 中提琴。

样。全曲计分三章：Ⅰ.降 B 大调，作者没有标明速度，但是通常总是弹作 Allegro moderato；Ⅱ.Adagio ma non tanto，降 E 大调，将近结束的时候，立刻转入降 B 大调，造成 Allegro 的乐章作为煞尾。

末了，这部协奏曲的几个名词还需要补说几句话：18 世纪的习惯，凡是独奏的乐谱便叫作 Concertino，伴奏则叫 Repieno，所以 Violino concertati 即是指独奏小提琴，Violin principale 亦是独奏小提琴；Traversiere 即是交叉长笛，所以别于洋管式的接嘴长笛的。

亨德尔——咏史乐的大师

（G. F. Händel，1685—1759）

　　亨德尔是音乐史上杰出的多产作家，他的作品超过了巴哈与贝多芬的总和。他是咏史乐的最高的代表，他以前其至他以后都不会有过那么丰富的、庄严雄伟的作品，反对的人可以提出海顿或者孟德尔松来，可是他们是偶一为之的，不像亨德尔那样"一步登天"。他又是头一个有意识的冲破了国界，入英国籍，连姓名也英国化了（George Frederic Händel）；他在英国，不甘忍受贵族的欺凌，终于回转头来向民众，他毫不难为情说，他的作品得力于街头巷尾的卖唱歌人。这是 18 世纪的奇闻。他改入英国籍，有人说是投机，可是我们透深一层看看德国当日政治的腐败及精神的贫乏，便可以明白他背井离乡，并不是从什么个人的利害出发，因为在英国才可以看到市民的觉醒。这种急进性，这种敏感性，才真正是先哲的典型，后生的楷范。

　　他的父亲是德国哈莱的理发师，后来做了外科医生。父亲希望儿子做一个律师，儿子却自小便偷偷的去玩弄哑羽琴。7 岁，他上魏生菲尔斯拜问他的哥哥。因为弹奏小风琴，给公爵听见了，吩咐他的父亲注意儿子的音乐教育，于是从风琴师查浩受业。查老师教他对位法、卡农和赋格，他自己练习洋管、羽琴、大键琴及风琴。没有多少时候，他已经写出了洋管和低音提琴的模范曲，受任助理风琴师，每一个礼拜日写一首经文曲，如是者继续了三年之久，到了 11 岁，他在风琴及大键琴上面的精熟的技巧，使他在柏林得到亚里奥斯提的友谊及波农荷尼的妒忌。选侯本来要送他到意大利去，他父亲却带他回哈莱。不久，父亲逝世，他遵照遗嘱考入哈莱大学研究法律（1702—1703），同时兼任大教堂风琴师。哈莱的空气太沉闷，他于是跑到汉堡去，发生了与马台孙的决斗，一只钮扣救回了他的性命，马氏后来做了他的朋友，并且是他的传记的作者。

　　1705 年他写过两部歌剧。1706 年他教书挣到了一笔款子，就拿这笔款子做旅费旅行意大利。这次旅行公演了他的歌剧，开始了咏史乐的创作。他结识了当地音乐家斯卡辣谛①，作品也常有浓厚的意大利色彩。1709 年回国，任汉诺威选侯的乐队指挥。次年旅行英伦，以两星期的时间写成了他的歌剧《里纳尔多》。1712 年再游英伦，因为王后生日及为庆祝阿特列希特和平的颂歌得到王族的眷顾，而且领到200 镑的年俸。1714 年汉诺威选侯登上了英国的王座，作为乔治一世。当时有人传说，他失去英王的宠幸，当得启尔曼啬克男爵的调停，他写了那套优美的水乐，才博到恩主的回心转意。事实上却全出于好事之徒的编造，《水乐》的编制不会早过1717 年，1716 年英王归省汉诺威的时候，他已经是随员之一了。

1720 年他任皇家音乐学院院长，那时他已经写过了 12 部歌剧。1726 年正式取得英国国籍。1733 年到牛津接受音乐博士学位，同时指挥他咏史乐的演唱。是年发生了巨大的歌剧风潮，韦尔斯王子跟父王抬杠，终于恨棒打人，朝亨德尔身上发泄他的怨气。亨德尔的歌剧广告给撕掉了，戏院门口布置了打手团，公开鼓动群众不要看亨德尔的歌剧，他的公司只得宣告破产。因为过度的疲劳，他一只手因此麻痹了，迁地疗养一次，才带着健康的身体回到伦敦，一口气写了 5 部歌剧。

现在他抛开歌剧，专心写他的咏史乐了。1739 年写成了《以色列在埃及》。1741 年访问都伯林，又写成了《救世主》。1742 年就地公演，结果解救了他破产的厄运，回伦敦重理旧业，无奈敌人的进攻依然继续，1745 年再度破产。他不歇奋斗的结果是留下 8 部新作咏史乐。最后一部成于 1752 年，他的眼睛开始出毛病，经过三次无效的手术，双眼终于失明。瞎眼之后，仍然继续演奏风琴协奏曲，并且担任咏史乐的风琴伴奏，到死方休。卜葬西惠司敏斯脱大寺。

他的笔锋独及当日音乐的各部门，全集共计 100 卷：歌剧 41 部，咏史乐 21 部，及其他管弦乐、协奏曲等等。

救世主

Oratorio 是有独唱、合唱及管弦乐伴奏的戏剧性的乐曲，从前还有化妆，就差没有表演动作，又因为均从《圣经》取材，所以译为"神剧""圣迹乐"，或者依日本人的译法稻为"圣谭曲"，如果抛开宗教性不说，那么，作者所歌咏的不过是人类的史迹，——人类的起源的解释是神话的还是科学的，不过是时代不同的现象，

---

① 　今译斯卡拉蒂。

我们正不必拘泥。中国有一句老话说六经皆史，所以《圣经》也照样可以归入人类起源的史料，作为某一时期的智力的成就。不独此也，假如我们的 Oratorio 的宝库只限于亨德尔、海顿、孟德尔松甚至于列斯匹基的作品，那么什么圣谭曲都可以由他去，可是现在苏联的作品《普加乔夫》也题作 Oratorio，这个译名确实有修正的必要了。我现在大胆译为"咏史乐"，不知道有人反对不？

《救世主》（Messiah）音译为"弥赛亚"，这一部咏史乐显示出亨德尔横绝一代的才华，他自己说过："我想到，我看到，天国就在眼前，而且连同伟大的上帝自己。"开始写作是在 1741 年 8 月 22 日，脱稿则在 9 月 14 日，头尾合计不过 24 天的时间！

全曲共分三部：第一部描写世界对于救主的渴望，他的到来的预告，他的出生的报导；第二部分配给基督的受难，死亡与复活，宣告福音的广泛的、最后的胜利；第三部充满了圣教的最高的真理的宣言。

第一部开头是一段庄严和弦的前奏，引向一段简短的赋格曲，发展是雍容的简洁，准备好了伴奏宣叙调《祝福万民》及男高音咏叹调《低下的溪谷应使高平》的道路。咏叹调再一回转便是雄厚的大合唱《帝主的光耀》。——就结构上说，这是音乐的三位一体。先知宣告出来，跟上来的是男低音咏叹调《可是谁得领受他到来的日子？》，写法是西西里的牧歌体。咏叹过后，便是细针密缝的赋格式合唱《他得施洗》。先知再来一次宣告《注意，一个少女》，接着便是女低音独唱《哦，你说出来了》作为合唱的楔子。次一号咏叹调《人民在黑暗中行走》引出另一首赋格式合唱《为了接近我们，这便诞生了圣婴》，同小提琴部交织起来，随着提出救主的名字的宣告。裂帛的声音终结，经过一会深刻的休止，于是一段短小然而精彩的弦乐合奏，连同四节的吟诵说出了天使到伯利恒的报信。然后突然转入一段合唱《光荣归主》，它的明净跟先前的赋格恰好形成尖锐的对照。临近结束的时候是女高音咏叹调《开怀大乐》，一段温暖的咏叹调，《他得饲养他的羊群》及一段简短的合唱《他的劳役是轻易的》。

第二部开头是庄严的合唱《看守上帝的羔羊》，接上来的是女低音咏叹调《他横受凌辱》——一首沉痛的绝调。两段合唱——前者具备复杂的和声，后者是徒歌的赋格式合唱。——就好比浮屠合尖的趋向另一段《我们全像是羔羊》。结束是美丽的柔板《帝主在他身上担起我们的罪过》。现在是一些短章，——合唱的赋格《他信赖主》，伴奏的宣述调《你的责难伤了他的心》，男高音咏叹调《当心有什么哀愁》及女高音咏叹调《你可没有离开他的灵魂》，——充分显示出哀愁和怜悯的音乐表现力。过后便是合唱及半合唱声中的胜利的欢呼《抬起你们的头来》，达到

11

了辉煌的权力和对照的效果的顶点。经过了合唱《让所有天使都礼拜他》、咏叹调《你升向高处》和合唱《帝主发言》之后，我们便听到另一段牧歌式的咏叹调《这双脚是多么美》。咏叹调之后便是大合唱《他们的声音到处都传到》、男低音独唱《各族人民为什么要这样做》，合唱《让我们打碎他们的连结》和咏叹调《你得打破他们》的排场一直达到了弥纶六合的 Hallelujah 大合唱。

本来一部乐曲发展到 Hallelujah，已经可以算是结束的了，因为形式内容都已经达到完整的一致。可是亨德尔才大如海，写到第三部仍然没有一点破绽。开头是一段忠诚的供状《我知道救主活着》，接着是两段四部合唱及大合唱的支撑，造成的强力的对照。重要的最后的咏叹调《吹起号角》，是男低音独唱附喇叭补足调，显示作者浑厚的一面。结末是三号合唱，一样的调性，一样的感情：《羔羊有价》是平匀的流动的和谐，《亲吻和荣耀》是一首赋格曲，由男高音和男低音的同度合唱，重复到女高音和女低音的八度隔唱，唱到《永远又永远》的时候重复数次，达到饱满的和谐；末了是一章亚门合唱，处理的手法是大胆的，作者放开缰绳，任由天才的驰骋，由此宣告全曲浩瀚的结束。

慢　板

1933 年巴黎《音乐杂志》举行世界十支最美曲调的"选举"，票数最多的一支就是亨德尔的 Largo（慢板）。说起 Largo，我们总得想到亨德尔。它本来是歌剧《色尔斯》的一首咏叹调。色尔斯是波斯国王，纪元前 480 年入侵希腊。亨德尔拿他做歌剧的主角，实际上同他穷兵黩武的业绩是没有一点瓜葛的，不过寻寻开心，来一回音乐游戏而已。《色尔斯》的上演地点是伦敦，时为 1738 年。这首咏叹调的场面是美丽花园附近的一所消夏别墅，中间长着一棵高平的大树。主角躺在树下，咏叹调就是他对大树的絮语。

亨德尔的歌剧已经从现代舞台退下了，可是个别的曲调却是不朽的，现成的实例就是这支 Largo。后人很喜欢就某种乐器加以演编，最著名的要算赫尔梅斯北格尔的小提琴谱。

水　乐

《水乐》（*Water Music*）的传说如小传中所述是不能成立的，可是话得说回来，

《水乐》的写作又确确实实是为了英王陛下，而且龙颜大悦的。1717 年启尔曼啬克男爵为乔治一世布置了一场水上游乐会。御艇之外还伴上一大批游艇，游艇之一便是亨德尔的乐队。一队 50 人的配备，有喇叭、猎角、洋管、日耳曼横笛、法兰西横笛、巴逊①、小提琴及低音提琴，只差没有歌手，亨德尔的音乐是太妙了，英王陛下听过之后，乐得不可开交，特别吩咐用餐之前奏一次，用餐之后奏一次，虽然每奏一次需要一个钟头的时间。

　　这套《水乐》出版于 1720 年，总共包含 20 章，其中 6 章经由曼彻斯特的哈莱乐队指挥哈提爵士特为现代乐队改编一次，因此得到更新的生命。

---

　　① 大管。

海顿——交响乐之父

（J. Haydn，1732—1809）

海顿在音乐史上被称为交响乐之父，这句话也对也不对，说对是因为交响乐在他手下才得到确定的地位和形式；说不对是因为在他以前，已经有过类似的曲式。即就斯卡辣蒂①说吧，他的歌剧序曲便由三部组成：第一部是迅速的，第二部换上慢板，第三部又回复到首章的迅速。这三部逐渐发展为三个独立的乐章，而且也在独立表演了，这不是交响乐的前身吗？不过，这且不管他，海顿总归有他光荣的地位，他父亲是轮匠、乡村教堂的司事兼风琴师。母亲是哈拉赫伯爵的厨娘，参加教堂的合唱。海顿出世5岁，即开始学习拉丁文，唱歌，弹小提琴。他加入圣士梯芬合唱团，雷铁尔教他指挥，因为剪掉同学的辫子，1748年给轰了出来。他流浪到维也纳，拜梅太斯太梭做老师，擦鞋子代替学费，梅老师觉得这个孩子不错，除了用心教授之外，还介绍他到一个西班牙人那里去当家庭教师。那时他借到一笔款子，租得起一具破钢琴，于是"躲进小楼成一统"，自称乐如国王。

他的作曲生活开始于1745年，20岁已经写过6部三重奏、模范曲、弥撒乐及滑稽歌剧等等。1759年P. A. 爱斯脱哈齐侯爵听到了他的第一部交响乐，大加赞赏，次年聘为副指挥。又两年，爱氏弟弟尼古拉继任爵位，海翁即升正牌。在他服务期间前后写成交响乐30部，四重奏40部及歌剧的大部分。1790年爱家的主人轮到了安东，海顿又来了一次加俸年。

1791年海翁漫游英伦，牛津大学赠予博士学位。新作《梭罗门交响乐》公开演奏。归途访问他母亲的故主，哈氏建议为他铸造铜像。贝多芬来执弟子礼。1794年

---

① 今译斯卡拉蒂。

14

再游英伦，英王有意聘为上卿，却因爱家的催请，返国。1796 年，开始计划写作咏史乐《创世纪》，他说创作期间经常祈祷上帝赐给他创作的活力，1798 年全部完成。越四年又作《季节》。那时他已经是 70 老翁，太太悍泼，分居了事，他过的是退隐的生活。1809 年奥大利发生了反法运动，拿破仑的雄师盘踞维也纳，海翁深受刺激，遂致不起。临终之前，他还挣扎到钢琴前面去，教家人听他弹奏圣主曲——《皇家四重奏》《德国德国超越一切》的曲调就是从这部乐曲出来的。想到这位白发老翁最后一息的爱国的无言的诚条，我们相隔 100 多年，还是照样会受到深深的感动。

他的得意门生除了贝多芬之外，还有莫扎特。当时称为"维也纳三杰"。莫扎特有一次问他："爸爸，你漫游各国，为什么不多学点外国话？"海翁笑着回答他："我的话是全世界都懂得的！"真所谓幽默之中有至理。

他的全集单是交响乐就有 100 部以上，以《告别交响乐》《烈火交响乐》《玩具交响乐》《牛津交响乐》《惊愕交响乐》《滚鼓交响乐》为最著名；协奏曲 51 部；四重奏 77 部；钢琴三重奏 38 部；咏史乐 3 部；弥撒乐 4 部；歌剧 27 部；此外尚有不少合唱歌曲之类。

惊愕交响乐（G 大调）

《惊愕交响乐》开头是一段短小的柔板序引，例外的升降频繁的音阶，很快便转入正章的 Vivace assai. 进入的步调是轻倩的，迅速开出饱满的生命。

第二章行板，是使交响乐得名的乐章。它的建立是在特别简单的音调上面：轻微开始，重复时更转微弱，结束时却是意外的乐队总攻击。写作之际，海翁是颇开玩笑的，有一个朋友来看他，他指着乐谱说道："这一定会叫太太们跳起来。"音题的发展取变奏曲式，乐章的结束回复到起段的持续，在微弱声中渐渐消逝了。

小步舞正好调剂第二乐章的简单，小提琴的昂扬在第一部的后两节造成第二部的主题，形式是卡农的，在小提琴和低音提琴上面轮流演奏，而且结合起普通形式的中段。

末一章的基调是快乐的，变化的脱落和精巧就像是在大师血管里的本性。虽然比之有些煞尾，他是没有特别的发挥，可是迅速的小提琴音型的阔绰的运用，充分表现出作者乐天的精神。

军人交响乐（G 大调）

《军人交响乐》作于 1794 年。开头一段具有宽绰的甚至悲歌慷慨的性格，正章是严格的正派的快板，音题由长笛和洋管传达出来，重复又是一段簇新的乐器的联结，转入木管乐器和弦乐器的答唱。后来作者都是从这里学师的。奏过了第一音题的半收之后，第二音题轻轻的摸进来。性质上那是一段进行曲，虽然出现的时候是低抑的，却有顿音打出了显明的记号，它主要的是建立在固有音题，到了低音提琴接上来，便取得了重要地位，这一章的悠长，它的和声的处理，加强音的强悍的性格，顿音音阶在小提琴上面的断续的三度，都显示出作者卓越的天才。

第二章建基在一首古代法国传奇曲上面，也就是使得乐曲取名《军人的乐章》。乐器的变换应用以及轻快的运动，使人仿佛看见军人离家以前的话别。数度重复之后，喇叭召集列队，几个转入降 A 的和弦，意味到开始的行进。鼓、铜钹、三角梗的应用是我们大师的特长，这一章提供了有力的证据。

第三章小步舞在形式上接近舞曲，中段的附点节奏使人听到原始的舞曲，并不是交响乐的连绵的中段。

第四章急板，同样表现了海顿活泼的天机。从头到尾没有一丝勉强和做作，有的只是浑成的整个。

创世纪

1796 年，海顿 65 岁，开始进行他伟大的工程——《创世纪》的写作，1798 年正式脱稿。据说海翁天天祈祷上帝赐给他创作的精力，中间经过别人的催促，他回答说："我花费大部时间，因为我希望它能够延续长久的生命。"首次公演是 1799 年 3 月 19 日，海翁命名日。成绩之佳，直与亨德尔的《救世主》相伯仲。的确，从头到尾我们找不到一点才尽的痕迹。天才毕竟是天才！

开头一段楔子描写混沌的世界，阴沉、荒凉、黑暗。渐渐的一种乐器又一种乐器的交替，推过了本身的发展，及至觱栗①和长笛一声长啸，冲出了混乱的重围，秩序的感觉便开始显现。最后更来一下生动的插绘（《上帝的灵运行在水面上》），

---

① 双簧管。

一到上帝说"要有光"，音乐从小调转到大调，全副乐队爆发出一阵宏大的音响，"就有了光"。男高音唱一段短小的促调，显示光明与黑暗的区别。混乱的终结，导引一首赋格式合唱，包含撒旦的狡猾和地狱的性格，及到他们打落地狱，音乐便显示奇怪的转调。可是在它结束之前，音乐又结合上新造的大地的美丽（《依照上帝的命令》）。拉斐尔传述天体，流水、闪电和轰雷，雨水的点滴以及轻飘的雪花，伴奏发出了神妙的模拟。第二日的工作构成（《神工》）的音题，交付给女高音补足调和合唱。合唱终结，音乐便泛滥出一片汪洋的海水，流动的江河，潺湲的溪涧。水流过后便说青草。青草说完便接上一首合唱，天使在赞美造物主。再次讲到星球的创造。乐器逐步散出特殊的音色，直到太阳出现。太阳出过，来了月亮，伴奏的色调跟着变柔和了。众星的闪耀报告出第四天，第一部就借天空大合唱结束了。歌手和乐队，和声与和弦，发挥出无比的威力。

第二部由咏叹调（《威灵的手笔》）开始，刻画出战斗的鹰隼，灵活的云雀，纯洁的鸽子，曼妙的夜莺。鸟雀是唱的，用音乐描写起来并不算怎样费力。一段三部合唱摆出长满青草的山冈，泉水出地，雀鸟鸣晴；男低音独唱唱出水里的游鱼，终结于强大的合唱（《上帝伟大》）。次一号传述各种走兽，它的多样性和能动性是很难找到对手的：狮吼的低音落在木管乐器上面；猛虎跳上了琴弦；迅速的跃动则是麋鹿；马的特点依靠奔腾与嘶鸣；至于昆虫牲畜来回觅食，更活像是田园乐章（《在田畴和草原上面》）；空中嗡嗡声的飞动构成了漫长的和声的线索。现在轮到一支咏叹调，报导上帝在造人（《拉斐尔唱：天空发出饱满的荣光》）；跟着又是乌里尔唱出夏娃的创造；结束的时候是新生配偶的快乐。一段宣叙调（《上帝看着一切所造的都甚好》）领到了一首大合唱（《完成了光荣的工作》）。

第三部开头是交响式的楔子，描写创世的"元旦"。宣叙调（《穿着玫瑰服出现》）叙述亚当和夏娃的愉快，命令他们连同天使合唱歌颂上帝的神工；随即得到回答；合唱表明上帝永恒的荣耀；于是又是亚当和夏娃的更迭独唱；同时连结起另一首合唱（《慈悲的造物主，无上的威权，万岁！》）；天使的欢呼终结，亚当和夏娃的对话发展成二部合唱。经过一小段的宣叙调（乌里尔唱：《幸福的配偶》），结束大合唱便紧接上末一号（《歌颂上帝，众口同声》）进来了：开始是迂缓的、庄严的，逐渐发展成盛大的赋格（《耶和华的赞美永世无极》）独唱部；合唱部和乐队部比对起来构成横绝大宙的气势。

莫扎特——"炎夏的心，春的面"

（W. A. Mozart，1756—1791）

人类有了莫扎特，才使人觉得人类的可爱。海涅说要把他的情人改成炎夏的心，严冬的面，莫扎特却具有炎夏的心和春的面。他自己说：没有人看见他摆出过一张苦脸，他死了也无遗憾。似乎别人对他的陷害、欺骗和凌辱，他全一股脑儿忘掉了。他对音乐的某一门类除非不沾手，一到手便前无古人：交响乐是这样，四重奏是这样，歌剧尤其是这样。天仙化人，此之谓也。

他才3岁，已经发现了三度音程。引起他父亲对他的指点，一指点，立刻便谱制《小步舞曲》。那时他还不会拿笔，只好老子屈驾做纪录。勉强算是6岁，他和他的姊姊一同登台，于是札尔慈堡、明兴、维也纳、巴黎、伦敦和阿姆斯特丹造成他音乐活动的漫长的路线。7岁，模范曲在巴黎出版。8岁，开始写作交响乐，在伦敦出版小提琴和竖琴模范曲，11岁，写作咏史乐和歌剧。12岁登台指挥乐队，大主教聘他为首席小提琴师，他父亲却要他到意大利去继续研究，一到意大利，教皇给他金马刺勋章，入选波龙那学术院。14岁在曼图亚开过一次特别的演奏会，节目如下：

> 一部自作的交响乐；一部键琴协奏曲，乐谱到手之后，立刻随看随弹；一部模范曲，弹法如上，但须加以变奏的发挥，弹完之后，另换调号重弹一次；一首咏叹调，歌辞到手之后，立刻随谱随唱，同时自弹伴奏；一部键琴模范曲，先由小提琴的领班奏出音题，然后随手谱奏；选定一个音题即席奏出一部严格的赋格曲；三重奏，担任小提琴部随手和奏；末了，最近脱稿的一部交响乐。

在罗马他听到亚列格里的那首《九部哀悼曲》。因为教堂的封锁，这首乐曲是绝对不许付印的，外间无法听到。莫扎特再听一次之后，立刻全部默写下来，一音不错，这才溶解了教堂的封锁。

16 岁以前，他是一帆风顺的，到了大主教一死，他的后任却拿莫扎特当奴仆看待，要他跟仆人同坐；莫扎特请求辞职，他吩咐差役踢他出去。从这个时候起，他便开始尝到人世的苦辛，他是豪爽的、坦白的，他的生活因此越来越艰难，他的歌剧虽然受人欢迎，但是经不起意大利派的排挤。《费加乐的结婚》① 在维也纳上演之后，他到普拉格又写一部《唐·琼》②，这是意大利歌剧《唐·琼》的最高峰。过后，他写《魔笛》，为韦伯尔他们开辟了平坦的道路。可是过度的疲劳和委屈，他终究是支持不住了，当时有一个神秘的客人约他写一部诔乐，他一怔，以为那是预告他自己的死亡。后来知道那是瓦尔西格伯爵的家臣，该伯爵是打算冒名出版，出出风头的。然而莫扎特挨不过全部的完成，便长逝了。校订和补充的工作是他学生居斯迈雅担任的。

莫扎特出殡之日，太太正在卧病，送丧的朋友又因为严寒暴雨，半路折回。他的遗骸埋在贫民墓地，墓标一失，再也找不出来。现在维也纳巍峨的碑像底下实在只是一座空墓。

依照柯侠尔的编目，他的作品共计 626 号：歌剧 20 部；交响乐 41 部；室内乐 76 部；钢琴、小提琴、长笛、竖琴、铜角和觱栗等乐器的协奏曲 40 部；教堂音乐 20 部以上；此外钢琴曲、歌曲、合唱曲等等不遑枚举。1934 年又发现一部他 10 岁谱成的《小提琴协奏曲》，此外，巴黎音乐院和白金汉宫均有发现。

g 小调交响乐

1773—1788 年之间，莫扎特写了 16 部交响乐，只有这一部是小调的，因此许多论客都说这是一部愁苦的乐曲。舒伯尔特说："你可以在那里面听到天使的歌唱。"孟德尔松③评价亦非常之高。同时还有人说，贝多芬曾经从一部钢琴谱演编成管弦乐，虽然这部乐谱始终找不到。

当时的习惯，交响乐总有一段开头的柔板，莫扎特这一部却单刀直入，奏出主题：

---

① 今译《费加罗结婚》。
② 今译《唐璜》。
③ 今译门德尔松。

E调 $\frac{4}{4}$

0 0 0 1̂7 | 7 1̂77 1̂7 | 7 5 0 5̂4 | 3 3̂21 1̂7 | 6 6 0

接着是一段处理巧妙的新音题，然后引入中音提琴和洋管接奏的曲调：

B调

5 - - #4 | ♭4 - - 5432 | 1 1 1̂ 2 | 3. 4̲2

低音提琴提出回答：

3 - - 4 | ♭4 5 #4 6 | ♭7

在第二部里面主题拆散了，构成灵活的万花筒，一转一变，美丽之极。

第二乐章一反平日的作风，不建立在悠长的歌调上面，可是短小的音组在乐器上的来来去去，显示出作者天真的面相。

小步舞的顽强的切分到了第二部分的开头，更加强了它的表现力，中段的音题的变化尤其轻快入神。

0 3 1 | 7̣ ♮7̣6̣71̣ | 6̣

作者的本领还未使尽，到了第四乐章加快板，才真是"神妙直到秋毫颠"，活力和毅力的饱满加上了音调的清明和美丽，从头一个音符到末一个音符，都刻上了莫扎特的宝印。而且当日的乐队组织并不如我们现代的庞大，除了弦乐四部之外，只有两支铜角、一支长笛、两支簧栗、两支洋管和两支巴逊，居然发挥出滔滔的口才，这才更显出天才的手法。

周比特交响乐（C 大调）

论起品格、气派和手法，莫扎特的交响乐是没有别一部可以比得上这部 C 大调的。这是他的最后一部，所以也是最成熟、最美满的一部。它的称为"周比特"

（Jupiter）①，不独是对自己的作品居于至尊的神座，而且也是对任何其他的同类作品的。想想吧：莫扎特死后四年，贝多芬才写成了他的第一部交响乐啊！

一开头便是快板的主题，题分两个：一个是茁壮的、威武的，有时复为平静；另一个是轻松的、愉快的。第一音题是全体合奏，第二音题是在弦乐器上面，那股活气贯穿了整个乐章。

第二章行板的表情同样发挥到最高度，曲调的美妙直可诉诸任何麻木的耳朵：

F调 $\frac{3}{4}$

```
1· 5̲ 3·  2̲1 | 7̣ 0 4 0 0 | 2· 5̲ 4·  3̲2
1 0 5 0 0 | 1·5̲ 3·  2̲1̇7̲2̇1̲7̲6 | 5♮4 ♭4 3
6  6̲7̲6̲5̲6̲7 2̇1̲7̲6 | 6· ♭5̲ 5  5̲#5̲6̲4 | 3
```

经过低音提琴的四节重复之后，巴逊又传出一支新曲调，由此引向第二音题：安详洒落的洋管主奏。第一部分的结束是曼妙的；第二部分则是全部曲调材料的对位式的发展，手法的神化是很难用说话形容的。

小步舞是这类舞曲少见的快乐和妩媚的极致，一种动作的飞扬和灵活，明快和自由，愉快和清新，真是只此一家，并无分出。中段可以算是前部的延长，但更表现出天真和嬉笑的脾气。

末章可以说是全曲的顶点：不独发挥作者卓绝的天才，而且还倾倒作者渊博的学问；惊人的对位的技巧，出之平平无奇。他写《紫罗兰》，算是狮子搏兔，亦用全力的；写这部交响乐，该当是搏象了吧，却又毫无吃力的痕迹：四个音题依从赋格式的发挥，每一个都具备独立的性格，却同时构成天衣无缝的整体。一入尾声，音乐便如百川归海，一片汪洋，顺势总结，神完气足。

---

① 今译《朱庇特》。

贝多芬——音乐上的英雄

（L. V. Beethoven，1770—1827）

提起音乐家的名字，没有比贝多芬更响亮更庄严的了。他是音乐的英雄，——不，人类的英雄。奥国诗人格里尔巴彻在他墓前的演说有曰：

> 所以自古以来总有英雄，……在他们身边那些穷苦的，受尽践踏的人们抬起头来，想念到他们的出处——以及他们的目的。

所谓英雄，并不是个人事业的野心家，他是从人类生活的提高出发，必要时甘心交付出个人的生命。因此贝多芬没有一般的感伤的气息，虽然痛苦始终纠缠着他的生命。他说："大多数人为了一点好事便回肠荡气，这可不是艺术家的天性，艺术家是火一样的，他们不会哭泣——人得凭音乐从他的精神打出火来。"他从小便遭受到父亲酒疯的折磨；他贫困、失恋、疾病；但是他从不屈服，从不灰心。用罗曼·罗兰的话正是："在不肯委身于灵魂的庸俗的人们，是日日夜夜的战斗；而且大抵是没有威严，没有幸福，转战于孤独和沉默之中的战斗。"他心胸广大，他承认他的工作是困苦的解放，其他都不算一回事。而且只是为了这些，他才延长他惨淡的生命。他没有一根媚骨，即使在贵族圈中，一发觉到别人在他的弹琴声中继续谈话的时候，他也毫不犹豫的拍上钢琴盖，忿然离席说："我才不高兴对猪弹琴!"他提高了音乐家的地位，他博极群书，从希腊拉丁到英法的文学哲学他全是内行；精神上他是卢梭的弟子。他爱好自然。他也崇拜莎士比亚和歌德，瓦格纳说过，他和莎士比亚是一对普罗米修斯，他维持了瓦格纳的斗争的意志，他忠实于自己的艺术，他的作品经过不知多少次的修改之后才肯付印。付印之后甚至在刻版之后，他还是一面校对，一面修改，即使毁版亦不肯将就一点。他写《庄严弥撒乐》延误了交稿的日期；有人看见他写作的时候，头发蓬松，满额大汗，正如在打一场大仗。垂死之前他说好像才开始作曲。罗兰翁说得好："对于邪恶和正气的不决的永久的战斗，我们疲乏了的时候，在这意志和信仰的大海里得以更新，也是莫可名言的庆幸。"好好先生海顿说他是无神论者，这是贬辞，可是我们听见，却未必是与海翁同一感想的。

他的名字照理是应该读作 Bāt'－hō－fen 的，并不是 Bā－tŏ'－věn。所以讲到译名，倒是王光祈先生的白堤火粉和徐志摩的培德花芬对，可是贝多芬这个字已经用惯了，似乎用不着再来改动，所以不妨说一句："吾从众。"他生于 1770 年，可是他自己曾经说过是 1772 年，这也只好由他去。他的祖父是男低音歌人，歌剧作曲家，奥古斯特选侯的乐队指挥。父亲是男高音歌人。算是具有音乐的血统。14 岁他在公立学校念书，音乐教育则从 4 岁开始。8 岁已经弹得一手好提琴；11 岁认识了巴哈的平均律钢琴谱。1779 年以后拜费飞尔、爱登做老师；爱登预言他是莫扎特第二。1785 年跟利斯学提琴。1787 年转入莫扎特门下。1793 年海顿到过波恩，赞赏过他的一部清唱剧（原稿遗失）。他还仿佛记得 1781 年写过一部《丧葬清唱剧》，同时（或者翌年）他的三首钢琴模范曲出版。1783 年任代理风琴师。1784—1792 年为歌剧乐队的演习义务弹奏键琴，并任副风琴师。1788 年起兼弹第二中音提琴。前一年曾游维也纳，因为即席演奏引起莫扎特的注意，他说：他有一天会在世界上发出一种声音来的。那时他的慈母逝世；父亲是一个酒鬼，丧失了他的歌声。他唯一来往的地方是白吕宁夫人的家庭。他做她的子女的教师，开始热心研究英国文学。他认识了瓦尔德斯丹伯爵，成为他终生的知己。1792 年瓦氏送他去维也纳，从此定居这 18 世纪的音乐名城。1795 年他首次公开演奏他的 C 大调钢琴协奏曲。1798 年到普拉格，举行两次盛大的音乐会。回到维也纳却碰到了两位钢琴名手：史太贝尔特和涡尔夫耳。前者向贝多芬挑战，输了；后一个却从相打变成相识，还把他的作品第六集献给贝多芬。

因为生活的不安，恋爱的失望，他所教养的侄子得到他的过于生父的仁慈，报答他的却是伤心与呕气。他的肝火旺了，变粗暴了；听觉也开始烦搅他；甚至对于最要好的朋友他都不免闹意见、生疑心，过去的宽容慷慨的气质变了样；一不高兴就搬家；在别人的眼中他变成一个怪人，幸亏他的创作力是旺盛的。他对于大自然有极大的喜好，他总随身带着笔记簿。1822 年他的耳朵完全聋了，对客谈话总是用笔谈；从千百本的谈话记录中，可以看到他的生活和工作的态度。

1805 年他的歌剧《菲德里乌》①上演，——正当法军开入维也纳一个星期之

---

① 今译《菲岱里奥》。

后，——连演三场，贝多芬认为不满足，拿回来修改一次；1806 年再次上演，只演两场又停了下来；再经过第三次的修改，直到 1814 年才算是得到定本。

十八九世纪之交，欧洲的主宰人物是拿破仑，革命的法兰西关系到人类的命运。拿破仑不独是法国的救主，而且是欧洲问题的中心。贝多芬为他写了一部交响乐，前后经过三年的时间（1802—1804）。可是他的交响乐才脱稿，拿破仑已经登上了皇帝的宝座。他撕掉乐谱上面的献辞，把乐谱扔到地下，猛力践踏，怀恨地说："他竟来做专制魔王了！"1806 年，普鲁士军队碰到拿破仑的雄师，一败涂地，消息传来，他说："可惜啊，我对于战争艺术的了解不如声音艺术，——我该得一手打垮他！"

1809 年拿破仑请他到卡色尔任乐队指挥，可是他的知己鲁朵夫、洛布科维慈亲王和金斯基却留他在维也纳，他于是在维也纳生了根。1826 年 12 月患肺炎，后转水肿病，医生每天替他放水三次，他对医生说："从我的肚皮比从我的笔头放水好。"三个月的治疗终于落了空，经过两天半清醒地挣扎之后，到了 1827 年 3 月 26 日，雷轰电闪当中，他向空挥舞着紧握的拳头，就此向人世告辞了。下葬之日，送殡的有两万人，一个老太婆对人说："这里埋葬的是一个音乐的主帅。"

他的创作据练慈的分析可分三个时期：第一期，1781—1800 年；第二期，1800—1815 年；第三期，1815—1827 年。

第一期作品包含：Op. 1—18. 钢琴三重奏、弦乐三重奏、弦乐四重奏、钢琴模范曲、变奏曲、第一及第二交响乐等。

第二期包含交响乐第三到第八、歌剧《菲德里乌》《哀格蒙特》配乐、《C 大调弥撒乐》、咏史乐《耶稣在橄榄山》、2 部钢琴协奏曲、1 部小提琴协奏曲、3 套四重奏，4 套钢琴三重奏、14 首钢琴模范曲及歌曲集等。

第三期包含 5 首钢琴模范曲、《雅典古迹序曲》、四重弦乐的大赋格曲、弦乐四重奏 5 部。作品的极峰则是《第九交响乐》和《庄严弥撒乐》。

作为古典主义到浪漫主义的桥梁，他是主调音乐的宗师。他的交响乐第三章废除了小步舞曲却换上一章谐谑曲；《田园交响乐》扩充到五章，每章均有标题；《第九交响乐》还添上一部大合唱。这已经是打破了形式的拘束，而且为裴辽士①的标题音乐开了路。比罗称他的模范曲是新约《圣经》，作为旧约的则是巴哈的《平均律钢琴谱》。贝尔特郎说他的作品是诙谐与悲壮的莎士比亚式的糅合。

他的作品编号的 138；没有编号的 70；还有一部交响乐于 1911 年在耶拿大学图

---

① 今译伯辽兹。

书馆发现，曾在莱比锡及波士顿公开演奏，但还是海顿式的简单，近乎莫扎特的回响。他的书简集及手记早经陆续印行，1936 年终于全部出版。

英雄交响乐（降 E 调，第三交响乐）

《英雄交响乐》（*Eroica Symphony*）的故事在小传中已经提到了，作者的偶像已经破灭，拿破仑的名字便从标题底下消失了。

第一章 Allegro con brio，主题

$$1 \quad - \quad 3 \ \bigg| \ 1 \quad - \quad \underline{5} \ \bigg| \ 1 \ 3 \ 5 \ \bigg| \ 1 \quad - \quad \underline{7} \ \bigg| \ {}^\sharp 6 \quad - \quad - \ \bigg|$$

由大提琴迂徐地、安详地奏出，经过 24 节之后，我们便接触到一幅决绝的、强韧的、战斗的图画：木管乐器吹出一段温柔的插曲，响乐器重复一遍，打断了那场骚乱，可是经过短促的平静之后便接入一阵急促的强音，一直领入惊天动地的场面。第二部的处理约略相同，于是造成管弦乐上有史以来不曾有过的性格的描写。

第二章《丧葬进行曲》，速度记号是 Adagio assai，凭它 c 小调的曲调和从心到心的音响，比较能够直接地传达给听众，这一章挽歌之后，忽然接上一章谐谑曲，乍眼一看也许会以为这是不称的对照，可是在贝多芬的手下是没有困难、没有别扭的，他有他征服一切的手腕。

谐谑曲开头是一段很弱的颤音，性格上是神秘的，四节的移动不过二度，在小提琴的下音位，到了第五节曲调才升到较高的八度，而且在第九节上面我们才找到真正的谐谑曲的轻快的本性，那是一串联接的下泻的音响。第二部仍然是一步一步的弱音的进行，中途才突然爆出一阵加强音，而且还不能少掉首章的重复的回顾。中段带着铜角的排场划破先前的阴沉的姿态，唤起相当和睦的印象。

末章 Allegro molto 由主七和弦开始，接着是音题拨进来，这一支曲调就音程说，确是名符其实的奠基性的底音，取变奏的形式逐层开展，有一个主和弦不时切断了全段的联系，直到更快乐、更明朗的新音题出现，主宰了乐章的末段，这里有第一音题的对位的严格的处理，它慢慢的拖长起来，忽然一气直前，混入煞尾的快板，结束全篇。

命运交响乐（c 小调，第五交响乐）

《命运交响乐》（*Fate Symphony*）成于 1808 年，事先还经过多年的酝酿。在贝

多芬9部交响乐之中，这也许是最流行、最受人欢迎的一部，且不提它绝顶人性的内容，单是那雄浑的节奏，流利的曲调，从头到尾一气呵成的组织，只要有耳朵便可以领略到的绝对的音乐的壮美。全曲的内容是描写一场人对命运的战斗、希望和失望的交替，终于达到最后的胜利。一开头的四个音0 3　3 3 | 1 -排山倒海般杀过来，贝多芬曾经说过："那就是命运在敲门。"《第五》，正如《第三》，中心的题材是思想和劳力的集中，所以两部音诗在效果上同样具有雷霆万钧的势力和不可一世的气概。

敲门的声音领起，乐曲的主题跟着得到向上的加强的发展。为了缓和内在的狂热，音位降低了三度，却由两个破坏的和弦打断了，这就表示伟大的精神跟人生的不幸的持续的战斗。铜角吹出命运的顽强的宣言，小提琴的声音差不多使人相信，人生是在求得一点怜悯的布施。可是声调一转，无情的叫喊激出对神的反抗。中间木管乐器和弦乐器的交互演奏，造成一段声嘶力竭的时间，然后又是一场战斗的锻炼。

第二章 Andante con moto，由中音提琴和大提琴开场，木管乐器也担任重要的角色。忽然转入强音，同时有小提琴的泼辣的弹奏，增加了内容的丰富。这一段发出甜蜜的慰安的气息。一面向前，一面向上的过门保证了艰苦的胜利和快乐。第二小提琴和中音提琴的曲调底下的伏线形容命运的魔鬼，产生出特别刺激的效果。

第三章是谐谑曲，开始是一番小心的询问，可是那个少年的英雄的答复，却似乎只是瞄准敌人杀过去。敲门的声音重复出现，而且是一组一组的高昂了。第二段C大调，所谓中段，是一阵大提琴和低音提琴的迫促的排场，还借小提琴加强了它的威力，从而达到快乐的高潮，然后又逐步微弱的回到第一段。

现在是到了决定阶段了。觱栗吹出微弱的引子，然后是逐个乐器的转换，依然微弱的，像是提防任何操切的廉价的胜利的诱惑。末了，旋转鼓登场，一直延长了48节的时间。小提琴开始了一段上行的弹奏，细声的而且是远程的，及至达到了增七和弦，一阵短促的加强的乐节开始了C大调的轻快的欢呼的进行曲，解放，胜利，结束。

田园交响乐（F调，第六交响乐）

《田园交响乐》（*Pastoral Symphony*）是贝多芬天才的另一方面的表现。初稿成于 1808 年，同年冬天即在维也纳公开演奏，每一章的内容都已经由作者注明，还题上一句：《乡村生活的回忆》。后面又说："让听者自己找寻个别的情况。"同时贝多芬还给予郑重的提示："感应的表现多于描绘。"所以，这一部交响乐固然是爱好自然的大师的杰作，但不是赋得田园。音乐是平易的、简明的，可是依然包含湛深的、热烈的思想，狩猎的号角常常做了母题的支柱，第一章的发展大略如此，那是初到乡间的愉快的感觉。

第二章题名"溪边"。是一个漫步的游客在溪边的所见，单调的伴奏，弦乐器几乎一直保持着优游上下，回复了原来的平衡。第一小提琴弹出乐调的主题，同时木管乐器担任起第二乐段。一些短小的音组分发给各式各样的乐器：有时是声音的模拟，有时又是一段距离三度或者六度的应和，有时又是短促的颤舌或者拨音。我们从此可以听到和畅的晚风，夹杂上归鸟的飞鸣以至草虫的啾唧，末尾作者还插入鸟唱。曾经惹起一部分人的非难，德褒西①更发出无情的指摘，以为幼稚，以为庸俗。不过，作为田园交响乐，这些穿插也不见得就是破坏了雅人深致。

第三章是"农家乐"。开首八节引入农民的活泼的游乐；接着便走近大锣大鼓的舞会：一阵短促的快板打断了这小步舞曲式的乐章，像是要另外换上一种舞蹈，粗悍的程度增加了，中间却有了两次短时间的休止，像是给舞客留下一点喘息的时间，然后回到三拍的小步舞曲式结束全章。

第四章降 E 调，题作"大雷雨"。天是低压的，雷声隆隆，空气沉闷，大雨来了，这是一阵自然的狂暴。可是"飘风不终朝，骤雨不终日"，一霎时烟消雨散，歇拍立刻转入第五章的愉快的牧歌，"大雷雨过后的愉快和感谢的心情"。各个音题主要的是牧歌的变化和模拟，到了中段。小提琴占了上风。经过铜角的主题的重复，小提琴的声音的低沉，忽然急管繁弦，全部出动，来一个措手不及的意外的结束，像是一次激情的回顾。

合唱交响乐（d 小调，第九交响乐）

《合唱交响乐》（*Choral Symphony*）是贝多芬作品的极峰，完成于 1823 年，也即是距离我们宗师的逝世只有四年的时间。他凭借他生活的战斗的经验，道德的艺

---

① 今译德彪西。

术的修养，"推倒一世智勇，开拓万古心胸"。他不独成就了音乐的圣王之业，而且给人类指出光明的路向。合唱的诗篇是席勒的《欢乐颂》，那正如罗兰翁所指陈的，"经过苦痛的欢乐"，正无怪瓦格纳在德列斯登指挥这部杰作的演奏，一到结束的时候，巴枯宁立刻跳上前去说："假如有一天发生了世界火灾，所有乐谱都要丧失了，我们还得冒我们生命的危险去抢救这一部交响乐！"贝多芬说过，自由和进步是创作的意义也是目的。思想的结晶就是《合唱交响乐》，天才如瓦格纳，也不得不收敛野心，认为无从再写交响乐了。

交响乐加上大合唱，贝多芬并不是贸然开始的：远在15年以前，他已经写过一部合唱幻想曲，可是这一回却更跨出了大胆的脚步。他自己也说这是合唱幻想曲类似的体裁，不过规模更大罢了。

一段引子开头，经常的弱音，大提琴、第二小提琴、铜角奏出不完全的和弦，第一小提琴只是半明半暗的随伴着。经过一番的重复之后，正戏便出场了。背景仍然是大提琴和第二小提琴，同时有铜角、觱栗和长笛的定场的声音，小提琴和低音提琴只是零星出现。过了一会，木管乐依次登场，临末是乐队全体昂扬的同声转入第一个音题，一阵加强音消歇了，只有巨人的吼声反复出现。第二个音题是宁静的、优雅的，跟第一个恰好形成强烈的对照。将近结束的时候，小提琴另外宣示出强毅的乐段，成为一段又一段的简短然而悠扬的插曲；弦乐器弹出同度音，强力的催促第一部分的收束。贝多芬对于题材的处理，各部分的进行都是独立的，而且经常显示出对立，然而仍然没有妨碍伟大的统一。结尾之前，一个新起的、晦暗的音题借弦乐器现出来；管乐则奏出一段哀歌；弦乐器再复奏一段升降的大型音组，音组之上可以听到洋管的哭诉；可是裂帛一声，首章即告结束。

谐谑曲充满了灵性和光彩，经过溶合的乐器奏出来。木管乐器接上第二个音题，伴奏是弦乐器；经过一番重复之后，木管乐器又另外传出一个母题，结束时是微细的弱音。可是铜角和伸缩喇叭宣告了中段的开始，那是一段柔媚的牧歌的开场，过后便是中音提琴和大提琴的活泼的声音，再下去则是铜角连结起主导音题，一直达到尽情欢呼的结尾。

第三章换上一种天国般的安宁和开朗，高贵的、纯洁的、壮美的、欢乐的颂歌，在我们宗师生平的作品里面亦可以说是压卷的杰作。那是两个分立的音题的交互进行，说话是多余的，索性将头一个抄下来吧：

$$3 - \underline{7} - \mid 1 - \underline{\dot{5}} \cdot \underline{\dot{4}} \mid \underline{\dot{3}} \underline{\dot{5}} 1 \cdot 2 \mid \underline{5\ 4}\ 4\ 2\ 0 \mid$$

$$0\ 0\ 0\ 2 \mid 2 - 1 \cdot \underline{5} \mid 5\ \overset{\frown}{4\ 4}\ 3 \mid 2\ \underline{2\ 3\ 4}\ 3\ 2^{\sharp}2 \mid$$

$${}^{\sharp}2 \cdot \underline{3}\ 3\ 0 \mid 0\ 0\ 0\ 3 \mid 2 - 1 \cdot \underline{5} \mid 5 \cdot \overset{\frown}{4\ 4}\ 3 \mid$$

$$0\ 0\ 0\ \underline{3\ 6} \mid \dot{1} - \underline{6\ 6}\ \underline{7\ \dot{1}} \mid \dot{1} \cdot 3\ 5\ \underline{4\ 2} \mid 2 \cdot \underline{3}\ 1 \parallel$$

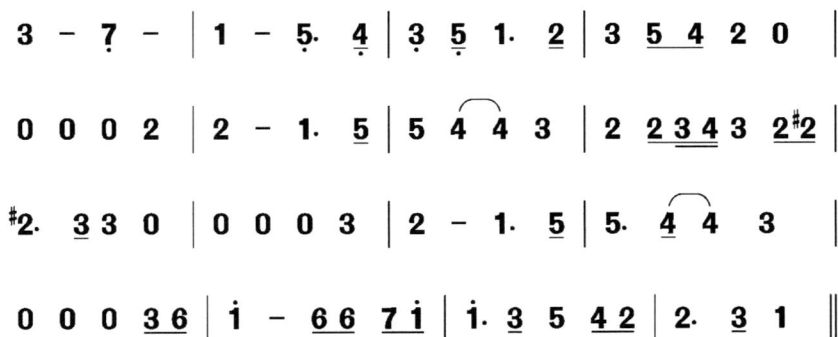

四重弦乐器完结了这一支曲调之后，这一乐章的前段即告结束。拍子和调号都改换了，第二小提琴和男声铜乐器同声报道新调的到来。管乐器和鼓族加上双重巴逊，冲出一段热闹的吹打，因为低音提琴的宣叙的音组中断了。宣叙再出现，热闹再抬头，可是临末却是一阵急迫的沉寂；前三章的小引回转来，跟宣叙的声音交互来往，事实上似乎是不等用的。未了，煞尾音题已经发出了预告，静静的，几乎是羞怯的；待到大提琴和低音提琴上场这便是时候了。音乐从大提琴和低音提琴升高到中音提琴和大提琴，再升高到小提琴，又发展到乐队的全体，经过这一番的变奏之后，那是婴心的吵闹重复出现；这一次中断的任务再不是交付给低音提琴，却是男中音的宣叙调。宣叙调之后是诵歌，由洋管和觱栗伴奏。更后便是合唱：最先是没有女高音的、独立的四声部更番歌唱："欢乐啊，美丽的灵光，艺术乐园的娇女。"

现在是管弦乐队使出排山倒海的气力引出男高音独唱和大合唱，连同音题的变奏。下一项也是合唱，它的庄严和虔诚，跟先头的金铁的玲琮恰巧形成有力的对照。最初是由男声开始的，然后由女声接唱："拥抱你，千百万生灵！"唱完这一首合唱接着又是一首合唱，建立在两个血缘的音题上面的（"欢乐啊，美丽的灵光，艺术乐园的娇女"等等）。接着又是独立四重唱与合唱（"俗流划分了各人的身份，你的神力却结合起众人；只要你柔软的翅膀张起，人与人全得成为兄弟"）。节奏一步步向飞快板推进，歌声与乐队整顿全神，结束了大同的合唱：

拥抱你，千百万生灵，
向全世界我分送亲吻！

韦伯尔——近代歌剧的开山祖

（K. V. Weber，1786—1826）

韦伯尔①如瓦格纳，绝世的伟大是在歌剧方面。他不仅限于为后代歌剧开辟道路，他的作品充分显示他坚强的个性；作为钢琴家他建立了灿烂响亮的殿堂：他一手可以管到十二度。他的歌剧写作从 12 岁开始，13 岁作《森林少女》，15 岁作《彼得·许摩尔及其邻居》。1810—1811 年作《西尔凡娜》及《阿布哈山》。《魔弹射手》一出世，他便建立了舞台的霸权，以后的名作还有《爱尔仑特》及《奥比郎》。些外还有两部未完稿：《萝卜尾》及《三品图》。其他作品包括配剧音乐 4 部，清唱剧 4 部，序曲、协奏曲、模范曲、散曲、歌曲等，这里只举出他的名作《邀舞》作为璀灿作品的实例。

邀　舞

《邀舞》（*Invitation to the Dance*）是舞曲的辉煌的标本，作于 1811 年，献给他的太太卡罗里妮的得意之作。开头是一段楔子，"邀请"由各组的乐器反复弹奏，从此领向作品的"正传"，惊才绝艳的旋转舞音题。第二音题是轻盈的、娇软的，接弹一番经过精巧的发展之后，便来一段插曲和一个新音题。这个音题亦是经过饱满的发挥的，由此引向第三段：这一段建筑在先行音题的乐句上面；一段活泼的尾声跟在后面，经过一阵停歇，便接上楔子的慢板。据韦伯尔传记的作者、他的令郎的报导，当他坐在钢琴上面试弹新曲的时候，他告诉她这首乐曲的纲领：

1—5 节，舞客的最初出现。5—9 节，女士的退避的回答。9—13 节，他的紧迫

---

① 今译韦伯。

的邀请。13—16 节，她的同意。17—19 节，他开始谈话，19—21 节，她回答。21—23 节，说话时增加了温情。23—25 节，同情的融和。25—27 节，恭敬的提议同她跳舞。27—29 节，她回答。29—31 节，他们取定他们的位置。31—35 节，等候舞曲的开场。舞曲的收场，他道谢，她回礼，他们的引退。里尔对于这首舞曲曾经有过下面的评语：

> 它注明现在舞乐的转变：旋转舞在从前不过是一种灵活的小步舞，可是韦伯尔却给舞曲丢入火热的快板。……世界的步伐加快了，为什么跳舞不要加快呢？……韦伯尔是表现深刻感情的舞曲的鼻祖，后来 R. 斯特劳斯则是这一乐派的随从而已。

舒伯尔特——歌曲之王

（F. Schubert，1797—1828）

尼采写《快意的学识》，曾经自夸将庸俗的、粗糙的德意志语言改造成美丽的文辞；可是让我们说句公道话，美丽的语言是在舒伯尔特①的歌曲里面。当然，伏尔夫把德意志乐歌引上更高的阶段，可是，没有舒伯尔特，会有伏尔夫吗？伏尔夫本人便不敢鄙薄舒伯尔特，夸说自己第一，舒伯尔特第二。他实爱自己的作品，也不过说，舒伯尔特和舒曼以后久无此作。舒伯尔特仍然是歌曲之王。

说起舒伯尔特的生平，我们不能不叹息地说，那是少有的黯淡，虽然是彻头彻尾闪烁着天才的光芒：他受尽出版家的剥削（歌曲的稿费只有美金两毛钱）和欺负（布赖特阁夫拒绝印行他的歌曲，虽然现在最完备最精美的全集就是布赖特阁夫版）；他受尽世人的奚落（他谱好歌德的诗作，集成一册，献给这位一代诗宗，简直得不到他一封复信）；他死于劳作，死于营养不足，然而钱一到手却又随手施与，毫无吝惜。他不是没有恚恨的，然而他不肯放弃艺术的工作。格里尔巴彻在贝多芬葬礼中的演说提到这位屈辱的天才，希望世人加以关切，一年之后，舒伯尔特也逝世了；遗嘱附葬于贝多芬陵寝的旁边。

他是维也纳附郭乡小学校长的儿子，同胞 14 人，因此无从得到丰足的哺养和良好的教育。他跟他的父亲学习小提琴；10 岁加入一个教堂合唱团，担任第一高音，同时开始写作歌曲和器乐小曲。后一年，加入维也纳宫廷合唱团并入宫廷歌人训练学校 Convict 受训，参加学校乐队，不久即升为首席小提琴师。他那一些正统的音乐理论是跟格禄克的学生沙尔耶里学来的。他的最早的大规模作品是 13 岁写成的：一部十二乐章的《四手联弹幻想曲》。他写呀写的写个不休，却没有钱买谱纸，多得

---

① 今译舒伯特。

一个慷慨的同学斯抱恩之助，他才得到经常的供应。15 岁写序曲，16 岁写交响乐。1813 年他的歌声变了样，他便离校。明年改入师范学校读书，数月之后，在他父亲底下做教员，教完书便干他本行的那一套：一天写过 8 首乐歌；到 18 岁那一年，他已经是 144 首新歌的作者。名歌《赤扬王》即作于此时。

1814—1816 年，他的重要作品有两部小歌剧、三部唱剧及四部弥撒乐。1817 年起他长住维也纳——除了 1818 年及 1824 年的两个夏天，任匈牙利爱斯脱哈齐伯爵的家庭教师。

他有时弹起钢琴，会问问在座的朋友，他在音乐方面会不会有点出息，到他得到肯定的回答之后，他便有点感慨地说，活在贝多芬后面还能够有什么作为呢？

他同一个文学朋友经常在一起，两个人一样穷；人家问起他的生活，他说，谁有钱便谁付账。问起他的恋爱经过，他指指一块空地说，他的未婚妻住在那座房子里面，他是长年过着独身生活的，一直专心作曲，不管闲事。他的音乐有时缺乏严整的形式，却正是他作为歌曲作家的特色。

佛格尔，一个有名的男高音歌人，扩大了他歌曲的流行范围。到了 1821 年，他的作品数目已经超过了 600。他的《赤扬王》在音乐协会的一个公开演奏会上被人选唱了，随即流传各处——作品的出版这才得到一个转机。1828 年他第一次举行自己作品的演奏会，成绩很好，可是这只算是我们的天才死前的慰藉——因为那年 11 月，他便因伤寒症逝世了。

就天性说他是抒情的，实际上不适宜于歌剧的制作，加以没有良好的脚本，他的歌剧因此大部成为精力的浪费，虽以黎斯特的大力，亦无法维持它的舞台生命，他的不朽是由于他 600 多首的艺术歌。他作歌的进步阶段可以分做三期：第一期是纯粹歌唱的，只求曲调的美丽；第二期近乎吟唱，一方面求曲调的悠扬，同时对于诗意的发展加以较大的注意；第三期是朗诵式的，可称现代乐歌的开山工作。如海涅的《海滨》及律凯尔特的《你是安宁》就是实例。他选诗的范围除了本国的古今名作之外，还远及于英伦三岛。有人说，要是他不是"不幸短命死矣"，他会谱尽世界的名诗。名作略举一斑，那就是歌德的《赤扬王》，《葛莱卿在纺轮边》《草原的蔷薇》《流浪人》《流浪人的夜歌》《苏赖加歌集》《迷娘歌集》《美丽的磨坊女郎》及《冬天的旅行》，两部《牟勒歌集》《湖上的女郎歌集》（斯葛特）、《莪相歌集》《海涅歌集》。

器乐方面作有 9 部交响乐，外加《未完成交响乐》；室内乐尤其是他器乐作品的精粹：《八重奏》《鳟鱼五重奏》《钢琴三重奏》及《弦乐三重奏》都是经常可以听到的。他的钢琴散曲如《偶成》及《音乐瞬间》都是每一个音乐学生手头的珍宝。

1928 年当他百年祭的机会,哥仑比亚唱片公司曾经发起一次国际竞赛,课题是补足那部《未完成交响乐》,因为音乐界普遍的非议,才改为《拟舒伯尔特体》——得奖作者是瑞典的阿脱堡。

未完成交响乐（b 小调,第八交响乐）

依照编号,《未完成交响乐》（*Unfinished Symphony*）是第八。封面注明"维也纳,10 月 30 日,1822 年"。第一和第二两章是完整的,第三章谐谑曲只写了 9 小节,就此永远搁笔。已经找不到类似的续稿,也找不出搁笔的理由:总之,《未完成交响乐》永远是音乐的 Torso。可是说到乐意的优美及形式的圆满,在作者的全部作品中都是无比的,首次公演于 1865 年,直到现在还是音乐会最受欢迎的节目之一。

快板没有通常的楔子,立刻借大提琴和低音提琴奏出动人的主题。一段完结,便是洋管和觱栗吹动另一个悠扬的加弱的音题,小提琴从旁伴奏发出动荡的气度。经过这个音题一段短小的发挥,大提琴便带进一支美妙的曲调。小提琴拨上八度的复奏。片刻休止,立刻开始小调的热烈的宣告,像是要吞没幸福的过去的回忆。现在回到美妙的音题,于是乐章前半部便在十足快乐和粗野的热情两者的战斗声中达到结束。后半部自己包含独特的音题,在低音提琴上面往复变奏,这一番变奏度入全副乐队直到威力的顶点。从高处逐渐低降,第一音题再来,仍然是迷人的变奏。全章总结又换上一套新花样,发端音题转作尾声的运用。

第二章行板由铜角和巴逊先来一阵楔子的排头,低音提琴在作拨音伴奏,从此领入另一个小提琴的可爱的音题。经过这一个音题的更迭的发展,第二音题便在觱栗上面连同弦乐伴奏宣告出来,再由洋管重复一次。重复之外另有点缀则由长笛通力合作。现在全副乐队发出瑰丽的和声,一段对调插进来,随手引向第二音题在弦乐上的新处理。于是通常的发展造出万花缭乱的奇观。尾声依然饱满地结束,显示作者横溢的才华。

夜　曲

《夜曲》（*Ständchen*）作于 1826 年,本来是为一个女低音独唱和男声合唱的,后来改作专用女声。乐曲本身实在再不用什么说明和分析，它干脆是瞬间的感兴，从头一个音符到末一个音符都充满了可爱的气息，它的写成的经过，据他的传记作者海尔波仑的叙述，倒是满有趣味的：

> 1826 年的夏天，一个星期日，舒伯尔特和他的几个朋友要从朴慈兰村回到城里去。他们荡呀荡的行过华陵，他的朋友梯才在啤酒花园的一张桌子旁边坐下，一群人也就决定半路歇一歇脚，梯才面前放着一本书，书是打开的，舒伯尔特不一会便动手去翻看，忽然间他停住了，指着一首诗说："这样一支美妙的曲调，……可惜我随身没有带着一张谱纸。"朵普勒先生就在一张菜单的背面划上一组组的谱线递给他，于是正当星期日的吵杂声中，拉琴的，弹吉他的，拿着菜单跑上跑下、跑东跑西的乱做一团的气氛中，舒伯尔特写成了他可爱的歌曲。

这首歌曲，乐队演奏谱曾经费过好些作曲家的大笔，音乐会中最常听到的是妥玛斯和奥芬巴赫的曲谱。

裴辽士——现代管弦乐的开山祖

（H. Berlioz，1803—1869）

裴辽士①以前，法国音乐没有可与巴哈、莫扎特或贝多芬抗手的作品，巴加尼尼说裴辽士是贝多芬的苗裔，他的伟大也的确是先在贝多芬的国土被赏识的。他是音乐家，可是除了六弦琴之外，绝对不会弹奏其他乐器；作为世界作曲家的他，只能够用一只手指在钢琴上面敲出单音的曲调。可是也正因为这个缘故，使他可以抛开一切单独乐器的滞碍，彻头彻尾的做一个管弦诗人——现代管弦乐的开山老祖。

他去巴黎原先是要学医药的，可是他看中了音乐。他从巴黎音乐院看到了格禄克和韦伯尔的歌剧谱，于是找到了师承。他加入戏剧学院的合唱团，因讨厌赖沙的形式主义，他退学了。他发疯似的倾向于浪漫主义。1825 年他的管弦弥撒乐开始问世。本来他的文才是很受称赞的，偏偏他要做音乐家，这一次演奏的结果于是给他带来揶揄与讥笑。可是他的《幻想交响乐》终于堵住了反对者的嘴巴；显示出他标题音乐的特殊爱好，以及乐器配合的出色的技巧。1829 年他再入音乐院，莱绥尔做他的保镖，打消了院长凯鲁比尼的反对。1830 年他获得罗马奖，在意大利漫游了 18 个月。返国之后，即开始他的音乐旅行，那时他的新作如《哈罗尔德在意大利》（1834）和《罗密欧与朱丽叶》（1839），已经奠定了他乐坛的基础；只有那部歌剧《切里尼》还未曾受到应受的欢迎。他想做音乐院教授，不成功，只好坐图书馆的冷板凳。1843—1847 年，他再作音乐旅行，经过德国直到俄国去。这一次旅行的经验，写成了一本《音乐的旅程》。他的咏史乐《浮士德的惩罚》成于 1846 年，被公认为音乐的瑰宝。可是他的两部歌剧却是在德国首次公演的——刚好与格禄克的遭遇来一个对调。1852 年他游伦敦。1865 年被选为法兰西学艺院的院员，受颁大勋

---

① 今译伯辽兹。

章；他终于是击破了顽固与庸俗加上音乐的荣冠了。

裴辽士的一生，可以说是艺术的成功，事业的失败。没有他，瓦格纳、黎斯特都没有现成的师法。作为艺术家，他具备了一切的条件：热烈、深刻、纯真、善良；可是作为一个人，他是矛盾的、软弱的。所以虽然"他音乐的一章抵得上法兰西音乐的一世纪"（罗曼·罗兰语），他的生活却支离破碎；还不得不因为生活的顾虑，弄得一部交响乐胎死腹中。

他的太太是英国女优斯密孙，她的拿手好戏是朱丽叶。他看到了，立刻叫出来。他追求，她拒绝；他简直是疯狂了，他魂不守舍的乱跑乱闯，倦到那里，睡在那里；一听到人家造她的谣言，他便借《幻想交响乐》骂她一顿，后来，斯密孙再来巴黎，裴辽士不管她的青春已经凋谢，她的债务可能是他的负累；他再追求，修改了《幻想交响乐》，献给她。他于是成功了。可是因为结婚生活的不平衡，他又爱上了一个西班牙女优。正当斯密孙卧病的时候，他又悔恨了，他是永远保持着人类的良心的呀。为了顾虑妻子的医药费和旅费，连交响乐也不敢写出来，怕耽误了其他挣钱的"正经工作"，这真算得是灵魂的自杀。直到他的晚年，他的经济状况才算是好一点，可是死亡已经跨上了他的门槛。

他眼见自己眷爱的人们一个一个的死掉，最后只剩下一个儿子路易。他说：他们两人相爱就好比孪生兄弟，可是过得几个月，儿子死在辽远的海上（1867）。他不得不长叹一声："无穷是无情的，无情是无穷的。"他是孤独的老头子，心情却仍然是孩子气：他61岁的时候还忽发奇想，要跟他童年恋爱过的现在快到70岁的老太婆一起生活——他熬不过的是他的寂寞病。

他是伟大的天才，渺小的凡人。

除了乐曲之外，他还有一部《乐器配合法》留给后人，虽然这部著作已经失掉它的现代性，可是终是音乐历史的丰碑，其他文字著作还有《回忆录》（1803—1865）及《音乐趣事》等数种。

罗密欧与朱丽叶

《罗密欧与朱丽叶》（*Romeo et Juliette*）是一部戏剧交响乐：有合唱、独唱、平诵及和合宣叙的序引；是从莎翁名剧取材的。开头是一段火热的导引，表现高普列和孟泰谷这两家世仇的争斗、吵闹和那位亲王的穿插。导引之后，是一段四个女中音、男高音和男低音的和合宣叙（《长期郁积的仇恨》）。到了合唱（《酒阑人散》）

前部即宣告结束。那两支轻松的小调（《初恋的愉快》），就体裁说是严肃的，然而非常之悦耳。一阵短促的和合宣叙及男高音代表梅古卓的嘲弄的数节，进入那首男高音独唱和小规模合唱的精妙的小谑曲（《玛柏！梦国的光彩的小妖》）。曲终之后，即来一段简短的合唱的花头，第一景就此闭幕。

第二景是管弦乐。朗诵式的印象深刻的乐段发展为温柔旖旎的曲调，传达出罗密欧的忧愁，正对高家狂欢的嘹亮的舞曲。这一章可惊的效果充分发挥了裴辽士驾驭乐队的天才和魄力。

第三景是静夜的高家花园。高家的公子王孙正在互道再会，重复哼出促拍的舞曲；到了他们的声音逐渐去远，逐渐消失的时候，罗密欧与朱丽叶的露台的一幕便上场了。那是管弦乐上少有的、充满了热情与沉忧的天才的情诗。

第四景如第三景，亦是管弦乐队担任主角。梅古卓传达王后玛柏的说话，那是一首谑曲：紧张的、迅速的、而且是游丝一般的进行，乐器的搭配已经到了鬼斧神工的程度，特别是铜角的那一段传奇性的排场。

经历了那段曼妙的气息之后，现在便沉入痛苦的深渊。第五景描写朱丽叶出丧的仪仗：开始是赋格式的庄严进行曲，最初是乐器的，偶然有单调的歌声穿插；后来歌唱开始（《哀悼啊哀悼，散上特选的鲜花》），单调由乐器接收过去；一会又是管弦乐的咆哮：那是罗密欧的祷告，朱丽叶的苏醒以及痴男怨女的绝望和死亡。

煞尾主要的是双重合唱：表现孟泰谷和高普列两家来到墓前的怨诅以及经过骆仑斯的调停终于消释前嫌，言归于好。那些朗诵式的独唱是富有刺激性的，尤其是那首咏叹调（《我不幸的儿女啊，接受我深沉的哀悼》）。

幻想交响乐

《幻想交响乐》（*Symphonie fantasque*）附有一条小标题：《一个艺人的生活的插曲》，作于 1829 年。除了首章的 Adagio 还是一般音乐的速度符号之外，其余四章都是标题。作者订定乐曲的纲领，音乐则是表现的手段。他对斯密孙热烈的爱慕和疯狂的追求，他自己的心理变态和当时生活的放浪与狼狈，一一清楚的反映出来。全曲的目录是：1. Adagio，2. 《舞会》，3. 《田野景色》，4. 《送上刑场》，5. 《安息夜的怪梦》。

一开头出现一个音乐家，发狂的爱上一个理想的完美的女人。音乐是各个具有定型的，作者称为"固定题旨"（L'idée fixe）。全章的音乐都建立在固定题旨上面，表现那一段神魂飘荡的痴情。主题抓紧了音乐，正如理想的女人的幻象抓紧了那个天真的艺人。

第二章把我们领进一场舞会，而且一直领到盛会的中心。一面听到悠扬的圆舞曲，一面看见艺人盯住那位嘉宾的娇面，从技巧的观点说，这显示出作者细针密缝的旋转节奏的交响式的处理；同时这一段辉煌的舞曲又不时会遇到别一曲调的贯穿，那就是那位爱情化身的女人作主。

第三章是一幅十全十美的田野景色，虽然色调的演变是不祥的晦暗和沉寂。那个被爱情苦恼着的艺人在黄昏的田野听到了牧童酬答的歌曲（由洋管和铜角吹出）；四近的迷人的宁静，渐来渐浓的暮霭；农家的天然的咏唱勾引起心中爱宠的影象，同时烧起了他的希望。到了云幕扯上，大地一片昏黑的时候，抬头的希望又沉没了。牧童之一重复他的歌曲，可是得不到回答；河水是呜咽的，失望的爱情于是走上了忧郁的狭路。

热情得不到回报，我们的艺人再也感不到一点人生的乐趣；他拿起毒药要结束他悲惨的生命，可是药石无灵，并没有要他的命，只是使他陷入昏迷的状态，充满了恐怖的、凶暴的幻象：他以为他杀死了他的女主，自己做了自己罪行的见证，押赴刑场的进行开始了：我们听见震怒的末日审判的平诵，叮当的铃声和各色各样的掩藏的流动的鼓声，甚至于群众的拥挤和他们的脚步声都一一传出。可是那段致命的曲调自始至终都没有走失过，直到断头台的斧光一闪，这才断绝了线索，第四章也就结束在阴森的气氛中。

末一章实际上是第四章的延长，描写这个痴情男子混在妖女和鬼怪中间，他们送他入土，一般粗野的宴会的伴奏，使人记起《浮士德的惩罚》的一首合唱。

哈罗尔德在意大利

《哈罗尔德在意大利》（*Harold en Italie*）共分四章：1. 哈罗尔德在山中：忧郁，幸福和愉快的场面；2. 进香行，晚祷；3. 阿布鲁慈山民给他情人歌唱的求凰曲；4. 山寨大王荒唐的宴会：往事如烟。

这部交响乐叙述哈罗尔德浪迹江湖，终于走上梁山的故事。阿布鲁慈是中部意大利荒山野岭的总称，海拔 2921 公尺。哈罗尔德那种不安的、烦忧的放浪，接触到自然界最可爱同时亦最庄严雄伟的景色，依旧找不到一点乐趣；他置身快乐的人群里面，一路跟着进香的善男信女朝拜圣地，宗教也无法平息他的经受扰乱的精神；

他看见一个山民在他情人窗下献唱求凰曲，简单的恋爱场面滋润不了他的心田。绝望之余，他加入贼伙去了，倒到他们荒唐的宴会里面去。无可挽回的他终于丧失掉一切纯正的思想，高贵的感情，卷入了迷乱的疯狂的旋涡。

山中一章分为两片：一片 Adagio 传达哈罗尔德的忧郁；另外一片强烈对照的 Allegro 则表现他霎起霎没的幸福和快乐的思想。Adagio 由低音提琴和大提琴的性格描写开头，更加上巴逊的升降音符的音题。到了第二音题借木管乐器出现，后来又从中音提琴得到进一步的发展，完全刻画出哈罗尔德的性格。竖琴和霶栗陪伴着走向下片的独白。中音提琴经过四次改换的试探，终于转入愉快的 Allegro，神气完足，色调鲜明，没有半点装腔的俗套。

第二章进香行是作者的杰作：进行的音题是很简单的，就是乐器的搭配太高明了，他的乐音画一般的灵活；强弱的变化教我们好像听到了香客的整队的脚步，人远了，声音也慢慢的消失了。临末便是那一篇晚祷。

第三章就性质说，可以算是前章的续编。一开头是牧歌式，铜角和洋管造成了山村的效果，同时领入一段比较迂缓的优雅而且精巧的夜曲。可是即使是在夜曲声中，或者是在进香声中，我们总可以听到中音提琴如怨如慕，如泣如诉的声音。

末章荒唐的宴会又使我们领略到裴辽士胆量的放纵以及恐怖气氛的爱好。哈罗尔德冒险的生涯也像《幻想交响乐》的主人公一样，走入一场荒唐的、粗暴的、热闹的宴会。起段是回忆先前的音题，织成一片，哈罗尔德主题宣告了他的在场。进香行由小提琴和大提琴奏出经过与消失。哈罗尔德像是改转念头，一往情深的倾听着那支美妙的曲调，恨不得加入他们的队伍。中音提琴提出了答复。可是这不过是急促的一闪，疯狂的宴会立刻开始，吞没了一切的回忆。

这部杰作成于 1834 年；同年 11 月 23 日首次公演于巴黎音乐院。

浮士德的惩罚

《浮士德的惩罚》（*Demnation de Faust*），戏剧的传奇，成于 1846 年；是法国乐坛的压卷作品。初在巴黎公演，裴辽士曾经说过："他们只是冷淡而已。"到了法国同胞了解作者的伟大的时候，裴翁已经不及见了。

它的组织共分四部：第一部三个场面；第二部四个；第三部六个；第四部五个，临末还有一段余韵和玛加莱特的颂赞。

开头是浮士德独在匈牙利的平原看日出：满心喜悦的唱出温情的、宁静的曲调

（《严冬过后好春来》）。唱完便接上一段牧歌式的序曲：我们可以听到农夫轮旋曲和匈牙利进行曲的断片。从这里更进一步，便是土风舞：活泼的轻快的合唱（《牧童穿起首选的服装》），发端是女中音，末了加上女高音、男高音、男低音，节奏是越来越急促。现在出现了平原的另一部分：一支军队正在行进，配上了响亮的、光彩的《拉阁济进行曲》（拉阁济生于 1676 年，殁于 1735 年，匈牙利自由运动的冒险性的领袖，为他谱成的《拉阁济进行曲》定为匈牙利的《祖国进行曲》）。

第二部（第四场）显现出浮士德独处一室，自言自语，表示不满意俗世的欢乐；正在要拿毒药淹死他的愁思的时候，却听到复活节的颂歌（《基督从死亡苏起》）：一首雄伟的欢畅的六部合唱，勾消了他服毒的念头，他也唱上一份。合唱终结，他继续唱他的歌（《天国的声音，为什么找我到红尘?》）；可是梅菲斯陀忽然出现，打断了他的歌唱。他一边唱（《哦，心意的虔诚的形象》）一边便把他拖走了。他们去后，场面换做莱比锡的奥亚巴赫的酒窖。酒窖里面挤满酗酒的学生，正在唱着疯狂的饮酒歌（《乐莫乐兮风雨翻》）。有人要求酒鬼唱一只歌，于是他唱《窖有大鼠》。那些放浪的学生哥又借用原歌的母题即席演成一篇《亚门赋格曲》。梅菲斯陀恭维了他们一番，并受他们的怂恿唱了一只歌（《昔有国王，有虱大而且黑》）；伴奏部有极出色的写实的手法。后来浮士德离开了酗酒的学生群，跑到厄北河畔的长满鲜花的草原，梅菲斯陀在那边唱出人的曲调（《在绿阴中》）。浮士德躺下去，睡梦中听见了格农士和西尔佛的合唱（《睡吧，幸福的浮士德》），音乐的美已经进入了化境；待到《西尔佛舞曲》兴起的时候，还有更进一步的迷人的效果。他们的歌声逐渐消歇，浮士德一觉醒来，一五一十地把天仙化人的梦景告诉梅菲斯陀，梅菲斯陀答应带他去她的妆阁。他们于是加入丘八丘九的合伙。士兵合唱《那怕你铜墙铁壁》，学生唱拉丁文歌。两者最初是各唱各的，后来混合为一，结束了这一部。

第三部最先奏出一段器乐的序引，鼓角发出归队号，随后便是玛加莱特的闺房，浮士德唱热烈的情歌（《甜蜜的黎明，我欢迎你》）。歌声停止，梅菲斯陀警告他说玛姑娘就要到来，把他藏在窗帘后面，她进来，借简短的宣叙调报道她的好梦——她梦见浮士德，宣布她对他的爱情———面解衣，一面唱图莱王叙事诗，临到结束的时候，音乐忽然转变了：梅菲斯陀使出她迷惑少女的魔术，跟着便是他们轻情的小步舞。裴辽士又一次发挥他支使乐队的写实的绝技。最后是梅菲斯陀出场，俏皮的合唱预告未来的悲剧，作为煞尾。

第四部开头是玛加莱特的独唱（《心中充满了忧愁，多沉重啊》），近似歌德原作的《纺轮边》的情景。这一个场面在远处的士兵和学生的歌声中结束。下一个场面浮士德对大自然唱出凄凉的强力的歌声（《博大的自然，精神何其壮美!》）。梅菲斯陀正在攀登石岩，借一首激动的宣叙调向他的伙伴叙述玛加莱特犯罪和入狱的故事。他逗他签一卷字幅，只要他签过字，便可以从过去行为的恶果救出他自己。浮士德于是卖身给魔鬼。过后便开始了《朝向地狱的驰骋》。农民正在祈祷，一看见这些骑师。后面跟着吓人的野兽，巨大的飞鸟，狞笑的、手舞足蹈的骷髅，他们全都亡魂失魄地逃走了。他们一队后来进入一个洞穴，地狱的鬼魅来一番合唱欢迎他们，声调的怪异，横冲直撞的不协和音以及伴奏部的超自然的效果，够得上说是音乐的群鬼大会串。过后，一小段尾声（《人间》）宣布了浮士德的判决，又一小段（《天上》）却描写天女替玛加莱特的上诉。于是双重大合唱（《玛加莱特的颂赞》）带来她的特赦和赐福的消息。全曲终了。

孟德尔松——幸运的音乐家

（F. Mendelssohn，1809—1847）

　　音乐家能够一帆风顺过日子的，大概没有一个比得上孟德尔松[1]。他们一家只难为了他的老子：他做到柏林银行的行长，本来也已经够抖的了，可是他似乎终生没有独立的地位：少年时代人家说他是老孟德尔松的儿子，因为他的老子是哲学名家；长大了，应该可以出出头了，可是人家又叫他是孟德尔松的老子：因为他的儿子9岁已经公开演奏，12岁已经写成了清唱剧、音乐喜剧、钢琴三重奏、钢琴模范曲、小提琴模范曲及歌曲等等；17岁已经写了序曲《仲夏夜之梦》。这样比较起来，银行家又有什么稀奇呢？

　　孟德尔松10岁进歌唱学院，作为中音歌人。同年他初写的赞歌即在学院演唱。他的老子每星期日总在家中布置一个管弦音乐队；他的作品是经常演奏的，他本人也经常担任指挥。他极得歌德的喜爱，他因为歌德的提议背奏巴哈的赋格，不知怎么一来他忽然忘记了，便根据原作的音题随手弹出宏富的发展——那时他才12岁。到了17岁的时候，他的正式作品已经编到第20号。同年他入柏林大学——取得学籍的原因是凭他那部《古代罗马喜剧家台仑慈》的译稿。除了正课之外，他还绘画，更是体育和台球的能手。再过一年他的歌剧《卡玛孤的婚姻》在柏林歌剧院公演。开始使用领演母题，作为瓦格纳的先驱。

　　自从巴哈逝世以后，他的遗作《马太受难乐》给堆在尘灰里过了将近80年，到了孟德尔松手上才再次与世人相见。没有他，巴哈的被认识是还得延迟若干年月的。他还是一个20岁的青年，居然建立了伟大的阐扬幽光的工作，尤其是值得大书的盛事。

---

　　[1]　今译门德尔松。

1830 年他游伦敦，风头之健简直是亨德尔后第一人。那时他亲自指挥他的《c小调交响乐》演奏，同时作为一个光辉的钢琴家和风琴家。于是再游苏格兰、瑞士、意大利，然后再回伦敦。他的《没字歌》开始出版。

1833 年指挥杜塞尔多夫的音乐节，并即受任市府音乐监督，主持教堂音乐、歌剧及两个歌乐社的演唱，越二年转赴莱比锡指挥最有历史地位的 Gewandhaus 管弦乐队，他的活动这便达到了顶点。1836 年得哲学博士名誉学位，同时他的咏史乐《保罗》加入杜塞尔多夫音乐节的节目，1837 年又在伯明罕公演。于是普鲁士国王也要借重他的名气来主持管弦乐队和合唱团的工作，可是柏林的敌意太强烈了，他极想辞职不干，终于因为国王的慰留才打消辞意。他的遗泽就是著名的大寺合唱团；后来又与舒曼等创办莱比锡音乐院，至今仍为世界著名的音乐学府。由于他的姊姊凡妮（他的童年的钢琴教师）的暴卒，接讯之后，立刻晕倒；6 个月后，他也死了，得年 38 岁。

他的创作触及音乐的各部门，而且门门出色，除了歌剧——可是这是要由脚本作者多负责任的——他写了 3 部咏史乐，《伊里亚斯》最有名；配剧音乐四套，《仲夏夜之梦》已经成为尽人皆知的杰作；交响乐 4 部《苏格兰》及《意大利》两部可称杰作；序曲除了《仲夏夜之梦》之外还有 7 首；《e 小调小提琴协奏曲》是可以排作贝多芬的名作的姊妹篇的；钢琴曲方面最有独创性的便是《没字歌》，共计 8 册；过来则是两部钢琴协奏曲；室内乐合计 20 多套；此外歌曲、杂曲分量亦是很大的，质量之高，亦无异议。

苏格兰交响乐（a 小调交响乐）

《a 小调交响乐》（*Scotch Symphony*）是孟德尔松这一类作品的第三部。他 1832 年的《罗马书简》是给它题名《苏格兰》的。1829 年他初游英伦，在伦敦勾留两月之后，他便去苏格兰，7 月 28 日到达爱丁堡；第二天他听见有人吹芦管，引起他对于当地谣曲的兴趣；第三天游览霍里路德，他便写下了开始 16 节的楔子，这不单是全曲的开头，它简直是结束全曲各章的基调。

楔子的音题是上面提及的行板，曲调是萧瑟的而且还含有忧郁的成分。正章的第一音题也没有两样，一个辅助音题，温软的、平易的领回到楔子的行板，全章因此得到音乐的、诗艺的均衡的发展与结束。

长笛、铜角和巴逊的急促的排音，连结起严肃的乐章和第二章的谐谑曲。现在情形变了，眼前换上了一幅截然两样的图画：田园的景色充满了乐天的气象。开头音题落在罂粟上面，第二音题虽然占有较小的位置，可是处理方法仍然没有一毫大意，正所谓孟德尔松的出色当行之作。

第三章柔板歌唱化又是另外一番景象。第一章是萧瑟的；第二章是自由的、田园风味的；第三章呢，虽然仍有多少苍凉的情调，可是那却是一种沉思，显示作者对这古城的流连与凭吊。这一番庄严的结构意味着末章的准备。现在显示出浪漫的感伤，从那三个音题中间我们得到了英雄性的充满威力和元气滂沛的启示。末了终于转入庄严的第二部分，染上了民族曲调的色彩，这样便结束了苏格兰访问的一部声音的纪录。

仲夏夜之梦序曲

孟德尔松天才的发轫便是《仲夏夜之梦序曲》（"*A Midsummer-Night's Dream*" *Overture*），以一个 17 岁的小伙子居然无意中做了瓦格纳的清道工作。算起这部莎翁名著的配乐的写作是在 17 年之后，可是还像是一气呵成的，我们不能够怪我们的大师没有进步，实在是他开头一步跨得太大了。它包含全剧的母题：仙女的歌曲和舞乐；情人的追逐，小丑的顽舞；花妖的轻盈以及妖仆的捣乱的玩意。它带我们走入缥缈的幻境，充满了诗意的美丽、精巧、轻倩和光彩；更难得的是这一切诙谐和装扮的混合仍然运用强壮的、紧密的组织力量。一开头是木管乐器的四个延续和弦，算是进入仙境，可以听到第一音题的出现。经过仙乐的几节之后，第二音题的号角曲调便引进来了。接着是一段柔情的曲调，简单然而充满了轻盈的妩媚。从这一点出发，我们便听到了嘲弄的大排头，小丑的舞曲，带有驴面先生的顽皮的模仿。台修士的号角重复传出，仙人的嬉笑得到了新鲜奇幻的综合表现，从头到尾都是细针密缝的，结尾那一段悠扬的乐音尤其是使人玩味不尽。

平静的大海及快乐的行旅序曲

作为题目的是歌德的两首诗（*Meeressiell und Glückliche Fahrt*），首次公演是在莱比锡，时为 1835 年。全曲分为两部：前部是柔板，后部是 Molto allegro vivace 及 Allegro maestoso。柔板的开头是一段低音提琴的弹奏，算作序曲的题辞。平静的大海是弦乐的饱满的和声，木管乐器造成优美的伴奏。长笛的繁杂的音型宣告了行旅的开始。首先是一段长长的引子，叙述船上的匆忙和海水的流泛。这一部的第一音题是由长笛和吹乐器传达的，弦乐在作拨音伴奏。第二音题具有相同的性质，大提琴的一段弹奏可以说是孟德尔松最美曲调之一。现在是一番正常的处理，简短的尾声是一段喇叭的排头报道安全的登岸以及对游客的愉快的问讯。

舒曼——抒情作曲家

（R. Schumann，1810—1856）

浪漫主义的作曲家，除了舒伯尔特之外，其余各位全在 19 世纪的初期的十个年头之内先后出世：1803 年的裴辽士；1809 年的孟德尔松；1810 年的肖邦和舒曼；1811 年的黎斯特；1813 年的瓦格纳。诸人之中，在抒情方面成就极大而又有他理论基础的，则是舒曼。

舒曼是一个书商的儿子，可是那位老子并不是庸俗的市侩，他有文学的趣味，这一份遗产也给舒曼承受了下来。

他跟昆区学钢琴，昆老师预言这个孩子将来定会留下不朽的声名。6 岁开始作曲，没有先生的指导，11 岁已经写合唱曲和管弦乐曲。14 岁已经分担父亲著书的工作。17 岁给自己写的诗篇配上音乐。

虽然音乐的爱好是那么强烈，他还是依照普通的教育程序一路入学。中学毕业之后，入莱比锡大学研究法律和哲学。1829 年转学海黛堡，每天练习钢琴 7 小时。明年，回莱比锡，从卫克先生学钢琴，他的野心是做一个当代的领袖演奏家，自己改造自己的手指，不幸手指弄僵了，这正好比缴了械，他不得不把念头转到作曲方面去。

卫克有一个女儿克拉拉，13 岁已经弹奏舒曼的作品。舒曼爱上了她，她父亲死命反对，一对少年男女因此闹上法庭，请法官批准他们合法的结婚，他和岳父因此不再见面，直到他的大合唱大出风头之后，岳父大人才开始自愿承认舒曼是他的女婿。他们夫妇是音乐史上少有的佳偶，说者比之文学史上的白朗宁夫妇。

1834 年他创办《音乐新报》，自任主编至于 10 年之久。他的论文和批评是音乐史上最名贵的文献，裴辽士、肖邦和勃拉姆斯的天才，都是这份杂志宣示出来的。他分用几个笔名：一个名字代表他激烈的，另一个名字代表他温文的一面。1840 年受耶拿大学哲学博士学位，亦即是他结婚那一年，结婚那一年又名为乐歌年，因为一年之内他写了126首的乐歌，占了生平所作（246首）的半数以上。1841年是交响乐年；1842年是室内乐年；1843年是大合唱年。随应孟德尔松的邀请往莱比锡新创音乐院，担任钢琴、作曲及综谱视奏。

现在他的创作范围只是还没有触及歌剧，他动手来他一部：《哲诺维娃》——序曲是优秀的，全剧却失败了，群众不高兴欣赏雅致的宣叙调。此后数年他尽力于音乐的组织与指挥工作。1853年脑病发作。越一年投入莱茵河；幸亏船夫把他救起来，于是送到疗养院去，就此抑郁到死。

他的全集是由夫人亲手编订付印的。大曲有交响乐四部；序曲《梅西那的未婚妻》《凯撒》及《赫尔曼和陀罗台亚》；拜伦名剧《门弗列特》配乐，歌德名剧《浮士德》配乐，大合唱《乐园和仙女》及《玫瑰进香行》；《迷娘诔乐》；钢琴协奏曲，大提琴协奏曲，小提琴幻想曲等。室内乐最著名的是那部《钢琴五重奏》。小曲是舒曼最本色的作品，《童年情景》、*Kreisleriana*、*Novelletten*、《少年曲集》等等，都已经收入世界音乐的宝库。歌曲方面，他是舒伯尔特以后、伏尔夫以前的大家。他选谱的标准也是浪漫主义的，歌德、海涅、拜伦、埃贤朵夫和律凯尔特便是他心爱的诗人。文集四卷，外加书信集。

莱茵河（降 E 调，第三交响乐）

照写作次序说，《第三交响乐》实在是第四部，那是舒曼交响乐年以后的作品，一名《莱茵河》（*Rheinish*），是作者在莱茵区生活的印象。从起稿到配器完篇的全部时间是一个月又一个星期，时在1850年。那时舒曼正任杜塞尔朵夫市音乐监督，明年2月即在作者指挥之下首次公演。

开头不用楔子，第一音题即在小提琴上面奏出，一度简短的发展便又回复本相，但加上了活泼的气度。从此向洋管、巴逊和簜栗度上第二音题，两个音题的糅合和变化是绵长的、精巧的。

第二章是谐谑曲，中音提琴、巴逊和大提琴奏出一个性格鲜明的音题，充满了天性善良，花样古老的幽默。发挥过后，第二音题出现，一直领上簜栗、铜角和巴逊的新题，从此转入中段，音色是繁富的。后来主题回转，再来一番意味深长的变奏。

行板的开始是巴逊和簜栗的安详优美的曲调。全章的情调都是愉快的、感情的，准备下一章慢板的道路。慢板乐章的感兴，曾经作者自己注明："隆重"。最初还记下一句话："性质上作为一次庄严典礼的助兴。"所谓典礼就是科隆大寺的庆祝会，盖色尔大主教晋任红衣主教的盛典。及至这部乐谱出版的时候，他却又涂去那份附注，他的解释是：

> 一个人不应该给别人揭示他的心，对于他们还是艺术作品比较一般的印象要好一点；这样，他们至少不会发生错误的估量。

乐章的基础是宽绰的教堂和声，在伸缩喇叭上面表现出庄严的气派，而在这个上面他兴起一座对位的建筑，形式上是同样的寺院式，却加上了耀眼的堂皇和富丽。末章采取谨严的形式引入新鲜的活泼的音题，例外的是教堂母题的出现，凭借它雄伟的表现力，使你听过之后，还留下深刻的印象。

门弗列特序曲

《门弗列特》（*Manfred*）是拜伦的剧诗，主人公门弗列特爱上了继妹阿斯泰台，把她杀掉。因为良心的谴责，痛苦非常。可是他不肯皈依宗教，住居阿尔卑斯山；精灵问他的愿望，他只求忘掉自己。可是万一死后还有灵魂，他的记忆便仍旧不能消灭。祈求阿斯泰台宽恕他，当然更无用处，魔鬼来诱惑他，他却严词击退了魔鬼：

> 内心的苦痛我是自作自受，心，本来是恶和苦痛的根由……去吧！死已经在我手上了，但并不是我的手。

这种个人主义的精神正是舒曼的孪生兄弟。他的《门弗列特》配乐作于1848年，前后共16号，序曲尤其是一篇杰作。开头一节奏出三个不安的和弦，稍停之后，就是楔子：洋管宣示犷悍的、热情的音题，小提琴接奏一段随即引入序曲的主要部分，逐步达到强力的顶点。顶点过后，主题注明"热烈的速度"的是出现了。经过一番发展之后，又出现了另一个音题，平易的曲调象征阿斯泰台的身世，跟着两段对调：一段粗暴，一段安详，两段的更迭再引出第一音题，比先前"更加多一些威力"。威力之后另外是一个新音题，放在弦乐器和巴逊上面，新的音题得到新的发挥，充满了生命的坚毅。原本音题现在来一番新样的复奏，具备着特别倔强的性格。简短的尾声提炼了楔子的主要的曲意，结尾的一阵排奏暗示出门弗列特的死亡。

黎斯特——钢琴之王

（F. Liszt，1811—1886）

　　说起黎斯特①，第一便教人想到他是一代的钢琴之王。他出生在匈牙利，9 岁公开演奏。不久全家移到维也纳，他跟彻尔尼②学钢琴，沙尔耶利学理论，这样经过了 18 个月。在一次音乐会上担任贝多芬三重奏作品集第 97 号的钢琴部，我们的大师在场听见，情不自禁地吻他一顿。12 岁举行演奏会，得到极好的成绩。于是他的父亲带他去巴黎，遭遇到凯鲁比尼的反对，不能入院求学。因此除了作曲方面拜过老师（佩厄尔和赖沙）之外，其他是全靠自学的。14 岁作了一部独幕小歌剧，曾在皇家音乐学院上演五场。1827 年他父亲逝世时，他已经可以靠教授音乐维持母亲的生活了。他在钢琴方面受肖邦的影响很大；技巧的转化则得力于巴加尼尼③；管弦乐是裴辽士的徒弟；精神上却又得溯源到韦伯。凭借他那光辉的技巧他变成了沙龙的宠儿。他的恋爱故事是很多的，他跟戴孤尔伯爵夫人的同居生活，诞生了一男三女；幼女柯西玛就是大名鼎鼎的瓦格纳夫人。

　　1849 年他任魏马的宫廷指挥，造成了他新音乐方面的领导地位。大音乐家得到他物质上或精神上的支持的，有瓦格纳、舒曼、裴辽士和柯涅留斯；如是者十年之久，此后十年大部分时间是在罗马，曾经得到教皇的封号。1870 年再回魏马，五年后受任佩斯特音乐学院院长，晚年的来往地点是佩斯特、魏马和罗马，形成了一个三角站；背后是一大群的免费门徒。他逝世的地点是拜雷特，正当《节日》演出的时候。

　　他旅行演奏的路线一直延伸到克里姆林宫：有一次他在弹琴，沙皇还在谈闲天，

---

① 今译李斯特。

② 今译车尔尼。

③ 今译帕格尼尼。

他于是欠伸而起，补充一句谦卑然而骄傲的话："陛下说话，小子理应缄默。"比起贝多芬的阖琴怒骂的气派来，这自然是客气得多了，波恩的贝多芬铜像，是靠他的演奏收入建造起来的。有人说他好名，所以有时不免流于虚伪，但是提拔后进的盛心却终究是可以纪念的。某一次他旅途中看见一个女子举行钢琴演奏会的广告，自称是黎氏弟子，他记不起有这么一个人，因此跑去找她，不料这一找急得那位姑娘哭出来了，原来她是冒充的。黎斯特不动感情的叫她弹些曲子给他听。他听过之后，纠正了一些重要的错误——也许她的天分还不算低吧，他对她说："现在你真是黎斯特的学生了，放心吧！"

因为他驾驭了音乐的技术。他的创作也就不免有些炫技的地方，流行的作品多数不是他得意的作品。就拿小小一首歌来说吧，他也不免是大才小用，海涅的《罗眛濑》是一首平易的小歌，济尔夏的民歌体的曲谱已经算是很合配的了；我们的黎翁行经莱茵河，望见罗眛濑的岩石，听不见罗眛濑的歌声，于是发思古之幽情，给海涅的原作另谱新调，形式当然是通谱的艺术歌，钢琴伴奏更是浪涌山摇，兔起鹘落，原来他搬出他标题音乐的家数来了。宏伟是的确宏伟的，一发表自然是"不胫而走"，可是他老人家倒不高兴再听了。因为他也知道这首诗是不需那么铺张的。

他的作品计有交响乐两部：《但丁》和《浮士德》，前者有女声合唱，后者有男声合唱；交响诗 13 篇，以《序曲》《太梭》《节日音响》《哈孟雷特》及《匈奴之战》为最有名；钢琴协奏曲两部，匈牙利狂想曲 15 首及其他赋格曲、变奏曲、练习曲等等。声乐方面有咏史乐 3 部、清唱剧 3 部、弥撒乐 4 部及歌曲 60 首等等。此外还有改编的交响乐，序曲及舒伯尔特歌曲 50 首的钢琴谱。文字方面他写过《肖邦传》《法兰慈传》等等，合计 6 卷之多。全集是由腊柏领衔的纪念委员会编印的。

浮士德交响乐

《浮士德交响乐》（*Faust Symphony*），顾名思义，也可以想到是所谓标题音乐，但是它并不是场面或者情景的连环，却只是性格的传达。黎氏自己称它做"性格的图画"。他只提出三章的三个人物：浮士德、葛莱卿和梅菲斯陀，除此之外没有更多的纲领。

第一章《浮士德》代表人生的彷徨、追求、焦虑和苦难。头一段慢板，显示出自己的不满足，没有休止的彷徨和追求。沉重的和弦担任报导，随后转入一段独白，从一个乐器传递到另一个乐器，然后发展为强暴的快板。第二音题性质上是晴朗一点，活泼一些，那是表示希望的黎明。中间一段对调，再现出原有的感情，可是经过并不长久，铜角和簧栗已经引进了第三音题。第四音题连同喇叭的呼唤掩盖了浮士德怀疑的本性。

第二章经过一段简短的序引之后，葛莱卿的第一音题便借洋管的娴雅温柔的曲调出现，低音提琴担任伴奏。第二音题叙述葛莱卿的恋爱故事终于造成本身的罪孽。中间还有几段美妙的插曲，其中之一由于逐步的加强传出葛莱卿的疑问，"他爱我，他不爱我？"末了铜角吹出浮士德的恋爱母题，随手便是恋爱场面，从热情的高扬转到柔媚的结束。

梅菲斯陀的描写采取谐谑曲正规形式，造出冷嘲的狡猾的典型。可是梅菲斯陀不能延续他的影响，他终于不得不被迫下场。我们于是接近了更加纯洁的顶点。风琴的庄严的音响发动了，男声合唱《万物一瞬》应声登台，男高音独唱带入葛莱卿母题，全部交响乐就此达到神秘的、胜利的结束。

神曲交响乐

《神曲》不独是意大利文学的极峰，也是人类一份最宝贵的文学遗产。作者但丁借这一部巨著发表他的哲学的、人生的意见。全书共分三部：《地狱》《炼狱》和《天堂》。黎斯特的《神曲交响乐》（*Symphony after Dante's Divina Commedia*）只有两章：《地狱》和《炼狱》。虽然第二章《炼狱》之后引进一首颂歌，预示天堂的行近。

《地狱》章一开头就是低音乐器的性格的点染，伴奏是威猛的，宣叙调宣告地狱门的标贴："从我走向恐怖的窟宅。"接着便是伸缩喇叭和铜角传布周知的警告："你们进来的全把希望丢到背后去。"于是作者使出神工鬼斧的本领，描写地狱的惨酷和残忍：不自然的联结、半音的乐句、火燄的不协和音、痛楚的呼号，充分描写出罪人的受难。在铿锵的竖琴和弦乐器及长笛的轻妙的音型中间，低音簧栗提起一段宣叙调，并从英国号角得到回答。两具乐器凑成一段对白，告诉抱洛和里米尼夫人法兰采斯加的恋爱后果的悲惨：他们的偷情给亲夫里米尼发现，因此双双死在跛约翰手上；死后还得挨受第二层地狱的苦刑。对话的结尾又回复了先前的咒罚，在啼哭呼号和亵渎神明的鬼声中，第一乐章即告结束。

第二乐章《炼狱》，开头是一个圣歌体裁的宁静的音题，它那柔软的、温雅的曲调烘托出一段期待的插曲，也算是对于天堂的欢乐的序引。跟在后面是一首宏富的赋格，表现忍从和忧郁的情感。还在赋格结束之前，第一音题再度回转，消逝是静穆的，从此引向煞尾。独唱跟上合唱，唱出古典体裁的颂歌，乐队整顿全神，听候歌诵的效果的驱使。最后的结束，黎氏曾经写过两个尾声：一个柔软的消逝像是从远处传来的妙乐；另一个充满了欢欣鼓舞的感情，唱出威灵显赫的哈利鲁亚。

序　曲

《序曲》（*Les preludes*）是黎斯特交响诗中最流行亦最成功的一篇，他的根据是法国浪漫派诗人拉马丁的诗作。

开头的低音提琴的加弱的拨音，暗示出无常歌。音题扩大了，重复在 D 和弦上面，归结到 G 音的增和弦，由是逐步高扬达到伸缩喇叭的加强乐节，同时所有低音乐器却在奏先行的曲调，重复各别的和声的变化，然后逐步低降，由小提琴承接住了。伴奏部也是非常动听的。小提琴结合或者领导入各式各样的重复，同时低音提琴弹奏的音组落到伴奏方面像是采取牧歌的形式。接着便是暴风雨爆发入生活的快乐的春天。及到天再放晴，洋管便吹出美妙的田园景色，这是本章的梦游性、缥缈性的活动，可是终于中断了，由于两个突击的和弦，于是铜角和喇叭奏出进行曲式的快板，联结起第二音题。一串胜利的乐节引进主题的重复，那是头段的伸缩喇叭的乐句，不过现在是借新派乐队的配备加强了它的气势。

这篇音诗的特色是借节奏的变换，使音程的简单的编排造出了惊人的效果。说它是交响诗的模范作品，是不算得过誉的。

瓦格纳——乐剧的首创者

（R. Wagner，1813—1883）

歌剧方面的瓦格纳，约莫相当于交响乐方面的贝多芬，咏史乐方面的亨德尔。

瓦格纳是德国浪漫主义的极峰。他小时候喜欢自己裁剪的纸人戏。12 岁译过《奥德赛》12 卷。14 岁时学写莎士比亚式的悲剧，可是演完了第二幕，剧中人物 42 个已经通通死光，临末只有鬼魂出现。他听过《魔弹射手》之后，他向他母亲要钱，目的是用来买五线谱纸来抄写《魔弹射手》的音乐。后来听了贝多芬的交响乐和《哀格蒙特序曲》，引起他自编剧本，自配音乐的野心。1834 年任马代堡剧院的指挥，认识了各国的歌剧，积集了不少的剧场经验。在服务期间，他写了一部歌剧《爱的禁条》①，底本是莎士比亚的一报还一报。1837 年指挥《里加》歌剧，受了迈雅别尔的巴黎胜利的引诱，他从波罗的海、北海趁船到伦敦，由伦敦再去巴黎。长时间的海行帮助他打好了《飞航的荷兰船长》② 的腹稿。回到德国，他又写了《檀海塞》③ 和《罗亨格林》④，受到赞美同时也受到非难。1848 年他参加了德列斯登的人民暴动，失败之后，他逃到魏马去，再从魏马逃到巴黎，最后定居瑞士。1861 年遇赦返国，一望见莱茵河，他便高兴到流出了眼泪。拜恩国王的知遇，保证了他乐剧的成功。

他的理论的特点是音乐不是歌剧的主体，音乐，也同诗、图画、建筑、演技、跳舞一样不过是造成戏剧效果的一种手段；歌剧里面也有独唱，然而不是平常意义的咏叹调；情节的发展就是音乐的发展；领演音旨配定了剧中的角色；序曲也废弃

---

① 今译《爱的禁令》。
② 今译《漂泊的荷兰人》。
③ 今译《汤豪舍》。
④ 今译《罗恩格林》。

了刻板的形式，预先报导一剧的内容，成为一气呵成的整体。他晚年创建的拜雷特节日剧场，有掩蔽的乐队位置，有向后斜起的观众地盘，在当日也是先知先觉。

他的名作除了上面提到的几部之外，还有《特里斯丹和伊佐尔德》①《匠师歌手》《尼贝龙的指环》②四部曲及《巴西法尔》。

瓦格纳认为，凡是伟大的、地道的、真实的艺术是不可能由某一个艺术家独力完成的，哀史鲁斯、梭福克莱斯的悲剧是整个雅典的创作。他的《尼贝龙的指环》因此也是德国人民的——他的取材不是12世纪的《尼贝龙歌》，而是直接向它的本源即哀达的传说伸手。

瓦格纳的歌剧创作年表：

1832：《婚礼》（未完成）

1833：《仙女》

1834：《爱的禁条》

1842：《里恩慈》③

1843：《飞航的荷兰船长》④

1845：《檀海塞》

1848：《罗亨格林》

1854：《莱茵河黄金》⑤

1856：《华巨猎》

1857：《特里斯丹和伊佐尔德》

1868：《匠师歌手》

1869：《质格佛力德》⑥

1874：《众神的落日》⑦

1874：《尼贝龙的指环》

歌剧之外，他还写过1部交响乐、6篇序曲及一些进行曲、清唱剧、歌曲等等。

---

① 今译《特里斯坦和伊索尔德》。
② 今译《尼伯龙根的指环》。
③ 今译《黎恩济》。
④ 今译《漂泊的荷兰人》。
⑤ 今译《莱茵的黄金》。
⑥ 今译《齐格弗里德》。
⑦ 今译《众神的黄昏》。

他的论文有《艺术与革命》《未来的艺术作品》《艺术和气候》《音乐中的犹太气派》①《歌剧与乐剧》② 等等。

檀海塞序曲

《檀海塞》的写作是由于瓦格纳 1842 年访问瓦特堡的古堡。剧中叙述檀海塞和瓦特堡的歌手竞赛；檀海塞的对伊利莎白的爱情；爱神在他身上发生的诱惑的影响；他参加歌手竞赛唱出了对她的歌颂；他往罗马去忏悔的进香；归途与海女的战斗；最后终于在伊利莎白的灵柩旁边得到他的饶恕。这中间的反正离合构成了一部可歌可泣的歌剧。《序曲》可说是千古绝作之一，让瓦格纳自己开口吧：

> 开头的时候乐队演出《进香歌》，香客越走越近，歌声越来越大，然后是悠长的消散，时间是入夜的微光；《进香歌》的余音缭绕着耳朵。夜色来到之后，神秘的影象现身；粉红的香雾升起，给我们传来一片快乐的狂呼。我们可以体察到一阵可惊的舞蹈的晕眩的动作。

> 爱神山的迷人的神怪的描写，正当黑夜的时分他们向那些胸中烧起俗世的欲求的人们施使他们的手段。受到这些幻象的勾引，一个高大的、昂藏的身影走近来；那就是檀海塞，爱情歌手，骄傲而浮快的，他一路唱出他礼赞的情歌，像是要向神怪的丑鬼挑战，叫他们提起对他的注意。粗野的呼声应答他的叫唤；粉红的云幕在他的周围更扯紧了；它那沉醉的香气征服了他而且鼓动了他的脑髓。现在已经交付给幻象的超自然的力量，他觉察到，在他面前散开昏暗的、诱惑的光辉，有一个说不出可爱的女人的形象；他听见她的声音，带着它的悠扬的甜蜜，活像是海女的呼唤，答应这位勇士得到他最野心的愿望的满足。这是爱神本身，他在眼前看到了。心和灵魂他全烧起了欲望；热辣、思量，脉管的血液都给燃烧起来，他再也按捺不住，对着女神的坛场他充满了最高的陶醉，他唱起对她的颂歌。像是回答他神奇的呼唤，爱神山的奇迹对他显现出饱满的光辉；豪情的呼啸从各方得到反响；酒神的灵异在他们沉醉的欢乐中间来回反复，于是，檀海塞也给拖入他们晕眩的舞蹈，把他推入女神可爱的温暖的怀抱，她，一般热情的亲吻他，带他走开，沉入快乐的迷醉，直到她无形王座的无法

---

① 今译《音乐中的犹太精神》。
② 今译《歌剧与戏剧》。

测量的深渊。野性的拥挤随即分散，他们的活动也就停止。只有一阵愉悦的、平易的音波在翻动天空，同时还有一种恐怖的絮语传过来，世俗的耽溺的魔道现出它的本来面目，于是又重新遮上了黑暗。时间是开始了漫长的破晓，归来的香客的歌声从远处可以听见。到了他们的歌声行近，白天按上了黑夜。天空的翻动和絮语，现在传到我们耳边就好比罪犯的号咷，可是让出一条路给比较欢畅的管弦。直到最后，太阳升起一切灿烂的光华，香客的歌唱凭借威猛的感兴，向世界及所有存在的及得救的生命发出宣告，它的高扬的声音泛涌入一种庄严的顶礼的洪流。这段神力的歌唱指示我们领略他从爱神山的亵渎的罪恶得救的欢呼，所有生命脉搏的跳动及欢乐的飞扬，全注入这首解脱的歌曲；还有这两样区分的原素，精神和心志，上帝和自然，彼此拥抱起来归结到神圣统一的爱吻。

博罗丁——新俄乐派的代表

（A. P. Borodin，1834—1887）

博罗丁①生于圣彼得堡，是音乐五人团之一，新俄乐派的代表、业余音乐协会的会长。说功名他做到了国务顾问，说荣誉他得到了骑士勋章。他本来是圣彼得外科医学院的教授，因为巴拉基莱夫的劝告才研究起音乐来的。他的代表作是三部交响乐（a 小调一部的第三章，还是他死后由格拉俦诺夫完成的），还有一篇交响诗《中央亚细亚大草原》②；歌剧《伊哥尔亲王》③ 也没有完篇，补苴的工作除了格氏之外，还加上李姆斯基·柯萨科夫，1890 年公演，成绩极好。其他重要的作品是一首管弦谐谑曲、两部弦乐四重奏、一部钢琴五重奏、一部弦乐三重奏及钢琴杂曲等等。

关于他作品的评价，据万加尔特纳说，《第二交响乐》的艺术价值还在柴可夫斯基的《悲怆交响乐》之上。

第二交响乐（b 小调）

《第二交响乐》的写作，经过了五年的时间（1871—1876），又过一年才在圣彼得堡公开演奏。

第一章开头是弦乐器的同度合奏，巴逊和铜角加强了它的威力。这一个音题就是全章乐曲的基础。对面发出木管乐器的吹奏，管弦交替，达到了第二音题。第二音题落在大提琴上面，后来再度到木管乐器那边去，到了全副乐队复奏第一音题之

---

① 今译鲍罗廷。
② 今译《在中亚细亚草原上》。
③ 今译《伊戈尔王子》。

后，乐曲开始广大的发展，一直达到重复然而复杂的加强乐段。于是一阵煞尾，宣布了第一乐章的结束。

第二章先由第一铜角和第二铜角吹出主题，跟着是弦乐器齐声来一阵浩荡的排头，然后与第一音题更番迭奏，奏到中段的出现。忽然觱栗吹出悠扬的曲调，竖琴和三角铁伴奏，到了音乐转入微弱的时候，便是尾声到来了。

觱栗的兴头还未消尽，第三章于是再来一段独奏。接着是一支怨抑的民歌，由铜角变换一些花头再转到管乐方面去。经起一阵新起的排头，音乐的发展已经到了顶点。谁开头也谁结尾：觱栗独奏。独奏完毕，便是乐队总动员，一步一步紧下去，立刻宣告第四乐章的开始。第二音题最先落在觱栗上面，接着是长笛和洋管，伴奏由竖琴和弦乐器担任。第一音题的发展最先是从三支伸缩喇叭和土巴开始，后来则是弦乐器和管乐器，及至第二音题拿着现成的材料再来一番加工改造的时候，那已经是交响乐的大团圆了。

中央亚细亚大草原

《中央亚细亚大草原》写于 1880 年，是俄皇亚力山大二世登极 25 周年庆祝会的一个节目。形式是自由的，速度是 Allegretto，是一首典型的标题音乐，乐谱上面印有作者的写作纲领：

> 在中央亚细亚风沙滚滚的大草原上面，传来一阵和平的俄罗斯歌曲的稀罕的声音。从远处可以听到马匹和骆驼的脚步声和东方曲调的特别的音响。一队土著的行商正在行近，他们赶他们的路，在俄罗斯军队保护之下走过广漠的荒原，一点不用顾虑旅行的安全，他们一步一步的去远了，俄罗斯的歌曲和亚细亚的曲调结合起来，形成一片平正的和谐，和谐的回声又逐渐消失在大草原的空中去了。

勃拉姆斯——古典主义的回光

（J. Brahms，1833—1897）

勃拉姆斯是古典主义的回光，作为一个音乐大家的声誉，是经历过无数的争论的。恭维他的说他是贝多芬以后的第一人，与巴哈、贝多芬共称乐家三 B，骂他的又说他在古人阴影底下讨生活。其实都是有所见，同时也不免有所蔽的。不错，勃拉姆斯是好古的。他生平最服膺歌德的一句话："我们是有独创性的，因为我们一无所知。"但是勃拉姆斯到底不同于巴哈、贝多芬？他好古，却不为古典主义所笼罩，他并不能拒绝浪漫主义的影响。他的古典主义，正用得着纪德的说法：无意寻求个性的发挥，却因为不装腔，不弄乖，倒写出了最有个性的作品。他没有巴哈的典丽、贝多芬的雄浑，然而严肃沉冥，自成一家，而且我们试一推想当时德国哲学的趋向，勃拉姆斯倒真是 19 世纪 50 年代的德国艺术家咧。艺术家并不是超然于时代和环境之外的天骄。

他生于汉堡，具备北方的厚重气质。父亲是汉堡市立剧场的低音提琴师。童年的教育就是"庭训"。因为家境穷苦，他有时也给当地水手弹弹音乐，挣点钱来补贴家用。长大一点拜马克森和阿尔唐拿做老师。10 岁初次登台，弹奏自己根据一首民歌作成的变奏曲。20 岁跟雷门义作音乐旅行，雷氏是小提琴家，他任钢琴伴奏。有一次临时发现钢琴低了半个音，找人调律已经来不及，音乐会又不能不开，于是他照原来乐谱通篇弹高半音，得心应手的完成任务——那是贝多芬的《克雷奢模范曲》。姚亚钦当时听见了，大为惊叹，所以当他远游的时候，他给他大写其介绍信以壮行色。舒曼见到他，便一见倾心，在他主办的《音乐新报》上面为文介绍，欢迎音乐的弥赛亚，自己做了忘年交，终身维持深厚的友谊。他访问黎斯特，先弹自己的作品作为进见的礼物，黎斯特说好，自己也不免弹奏一番以娱佳客。可是到了黎斯特弹完之后，回头一看，勃拉姆斯已经睡着了。结果自然是不欢而散。

那时德国乐坛爆发了有名的论战：一边是维新的瓦格纳派，一边是保守的勃拉姆斯派。据说勃拉姆斯自己并不感觉特殊的兴趣，不过旧派没有猛将，只好捧出他来撑门面。他自己对于瓦格纳是尊重的，他还保有瓦格纳的手稿。当时骂勃拉姆斯最厉害的要算伏尔夫，几乎每天要痛击一次。他读到那些文章也没有面红耳赤，有一次伏尔夫称赞他的新歌《永恒的爱》，他看了，笑了一笑说："谁也是不能信赖到底的，连他也说起我的好话来了。"从这段逸事可以窥见他对论战的风度。

1876 年他的《第一交响乐》公开演奏，比罗说：总算我们有了第十部交响乐——意为贝多芬死后 50 年来的第一部交响乐。那时他的名声已经传过英伦海峡：1877 年剑桥大学送他名誉博士学位；1881 年布列斯劳大学的学位又送来了；1886年普鲁士政府颁给勋章，并入选柏林学艺院；1889 年选为汉堡荣誉市民。这一连串的体面，比起初出茅庐的时候，虽以舒曼的努力还不能替他的《钢琴模范曲》和歌曲集找到出版家和演奏厅，《德国谍乐》的稿纸还是东拼西凑，真所谓不可同日而语了。而且也只有出身穷苦，才可以说明他的俭朴简直到了吝啬的地步。但他的爱体面却差一点到了肉麻的地步。他说过，"勋章并不在我眼上，可是我还是想要"。

勃拉姆斯生平没有结过婚，有人说，那是因为他对舒曼夫人的柏拉图式的恋爱勾消了对于一切女人的好感。1896 年舒曼夫人逝世，他赶到佛朗克府去送丧，老泪纵横，说从今以后，再没有可以哀哭的人了。他的肝病本来已经很重，经这一番刺激，病更厉害了，不到一年，他也离开了人世。

他的创作触及声音艺术的各部门——除了歌剧，因为他"没有一点剧场的知识"。器乐方面有交响乐 4 部、室内乐 11 部、模范曲、协奏曲、变奏曲、狂想曲、幻想曲、传奇曲、夜曲等等、声乐方面大规模的有《挽歌》《黎纳尔朵》（歌德）、《哈尔慈狂想曲》（歌德）、《命运歌》《哭墓歌》（席勒）、《司命歌》（歌德）、《圣母颂》及其他种种合唱或徒歌。至于他的艺术歌普通都是认为拗嗓的，可是音乐会上有所谓勃拉姆斯歌人，可见唱他的歌曲已经是一种专门技术，我们毋宁附和伏尔夫的意见，他的缺点是不合朗诵的法则。

第一交响乐（c 小调）

日本作曲家山田耕作说过：一个人不到 50 岁，无法真正了解勃拉姆斯的音乐。这番话用在他的交响乐上面是确有道理的。作者经历了人世的贫穷、冷落和挫折，到了 43 岁的中年才完成了他的《第一交响乐》。写作的时间有 10 年之久，当时传说纷纭，有人问到他，他只表示已经有过一部 c 小调的了，还需要另外一部吗？直到 1876 年，新作终于问世。

开头一段简短的导引，回荡的带有多少忧郁气息然而和谐的性格，建立在 Allegro 的两个音题上面，那是由序引的四节分隔开来的，事实上这是全章明白的总纲。小提琴奏出主题，大提琴和巴逊的升降音型是伴奏，后来再度出现，从第一音题过渡到伴奏部，保持了整个乐章的完整。第二音题充满了希望的追求，落在洋管、犟栗、巴逊、铜角上面，再由洋管附加一支新调，并得到巴逊、中音提琴和大提琴的连续的支持。其中一节由于犟栗、铜角、长笛和巴逊的互相应和，产生了比较安详的感觉。可是一阵弦乐的排头，重新唤起过去的骚乱，第一部即告结束。经过一番的重复和改造之后，强度的、悠长的低减造成一种娴雅的效果。到了一阵乱弹，轻微的耳语发展到惊人的加强音，于是急转直下，达到了一章的煞尾。

第二章先由弦乐器传出精练的音题，接着第二音题也强力的、热情的落在弦乐器上面，开场曲调的变腔作伴奏，处理的方法一如前章。过后第一音题回转来，改借洋管出现，同时结合起犟栗，伴奏部则是小提琴和中音提琴的顿音。临到结束的时候，第一音题分拆为小提琴和长笛之间的轮奏，伴奏是满有风趣的，使人领略到浪漫的气息。

第三章从犟栗的甜蜜的曲调开头，跟着是同样的轻情的音题落在犟栗和长笛上面，第三曲调仍由犟栗宣布，却由长笛和洋管结尾，连同弦乐伴奏。中段是头段的强烈的对照，收束的时候第一部不再重复，却是老套的谐谑曲，它的音题轻巧的转入了煞尾。

末章是全曲最有威力、最有戏剧性的部分，而且企图做交响乐的总结，序引是三个底音，具有高度的悲剧的表现力，逐步昂扬，后来应用作快板一段的伴奏。小提琴弹出极富戏剧性的排头，同时形成了乐章的发端音题。全部通过那段庄严的柔板，像是希望和命运的交替，铜角和伸缩喇叭一入场，速度加快了，调性改变了，前者发表热烈极点的音题，后者造成神秘的和谐的立体的背景。Allegro 发端音题使人记起贝多芬的《第九交响乐》的合唱曲调，它落在弦乐器上面，铜角和巴逊从旁协助，过后由管乐器再度奏出，弦乐器来一番拨音的伴奏，它的效果是动人的。拿前头的晦暗、神秘和苦难比较起来，现在已经是愉快的、健康的满足。大收场是前行音题的回复。

第四交响乐（e 小调）

《第四交响乐》是被认为勃拉姆斯最有个性的作品。它的音题的简明和独特，曲意的主观的性格以至它的发展都忠实地反映出作者自己的面相。

第一章 Allegro non assai 的发端音题是异样的悠长，具有大家的气派然而复杂的体裁。那是任性的幻想：一会是愉快的，一会又是严肃的；可是当第二音题进入的时候，它便陷入忧郁的沉重，直到章末才得到更多的愉快、壮健以至戏剧性，终于在怡悦的繁杂和艺术的效果的路上留下了愿望。

第二章的曲调，就声音的温暖，纯粹的精神的性格说，是与乐歌血缘相近的；第三章取回旋曲式，充满了活气和幽默，可是风格是高级的，表现是有力的，无论什么时候，作品总具有它崇高的目的。

结章是变奏式的舞曲的形式（Passacaglia），庄重的匠师的气度，每一节都是谨严的。开头是一阵紧密的和弦的关节，引入三番四复的第一音题，中间插入悠扬的长笛，接着便开始了乐曲的发展，宽广的手法，丰富的音色，崇高的风格以及谨严的态度，都够得上杰出的考语。

挽　歌

《挽歌》（Requiem）实际上并不是严格意义的诔乐，说它是神圣清唱剧还来得比较适当。歌辞充满了对于丧家的安慰，后来则是欢乐的保证，对于俗世的虚骄与浮华的警告，归结到克服死亡与坟茔的圣灵的胜利。全部包含七个项目——两项男中音独唱和合唱，女高音独唱和合唱及四个各别的合唱。

开头的合唱（《伤心人应受爱抚》）最值得重视的是它伴奏的丰富。次章丧葬进行曲表现送丧行列的郑重的脚步，三拍子的运用得到非常凸出的描写。第三号（《主啊，教我明白地上的大限》）开头是一段男中音独唱，跟在后面是两段合唱的赋格。第四号合唱跟先行的比较起来是锐利的对照，那是一章慢板，体裁上是悠扬的。第五号是女高音独唱和合唱，一方面显示作者写歌的才能，另一方面又发挥他动人的力量。次一号是合唱加上男中音独唱（《地面没有我们久安的地方，现在得到天上找》），音乐的性质又改变了，死人的复活凭借艰难的赋格的排场得到形象的显现。经过大风暴之后，又回复到平时的宁静，末章包含开头号目的回龙，在优雅然而深刻的祝福声中结束全部。

穆索斯基——俄罗斯民族音乐之王

（M. P. Moussorgsky，1835—1881）

生前不为人认识，不为人尊重，死后才戴上俄罗斯民族音乐的王冠的是穆索斯基[①]。他生于乌克兰，家庭是破落贵族，发蒙的钢琴教师是他的母亲；第二位名侯尔克。他的音乐知能多数是靠自学的。中间有过一次进修的机会是凭瞿伊介绍他认识巴拉基莱夫，后来即与他们两人及博罗丁和李姆斯基·柯萨科夫合称"音乐五人团"。13 岁他被送入近卫士官学校，毕业之后，即在近卫联队服务。到他离职那一年（1859），他已经写成功一些优秀的歌曲。除了音乐之外，他还研究法国的进步哲学、达尔文的进化论和车尔内雪夫斯基的文学理论。他不断地学习，不断地工作，贫穷和委屈都不能使他降服，作品的查禁也不能断绝他创作的血脉。他是一个卑微的公务员，但是他写了《戈杜诺夫》，表现人民打击外敌，惩创叛徒的业绩。渺小的地位不能限制伟大的灵魂的飞跃。他自信他的工作是凿石的苦工，然而决不应该放弃；他知道"停止就是后退"，所以要求"勇敢前进"。

在他逝世的前两年，他的生活算是遇到光明的一闪，那是 1879 年陪同女歌人莱昂诺娃的南俄旅行，担任钢琴伴奏。可是长年的屈辱与磨折已经毁灭了他的健康，终于死在彼得堡的尼古拉陆军医院。

穆索斯基的肉体倒下来了，穆索斯基的精神却永远屹立着！

他的巨著第一部无疑的是他的歌剧：《波里斯·戈杜诺夫》[②]，过来是另一部：《哈顽斯齐那》。人类的语言和自然的曲调得到了浑然的糅合，格林加未完的伟业——使俄国歌剧摆脱意大利的束缚，在穆索斯基手上完成了。同样伟大的也是他

---

① 今译穆索尔斯基。
② 今译《鲍里斯·戈杜诺夫》。

约莫 60 首的乐歌。他从民间音乐汲取生命的泉源，他是俄罗斯音乐反形式主义的王父。就民族性一点说，他的伟大是无比的；就独创性一点说，他的成就是划期的；何况他不间饮食，形诸梦寐的，还有对于人民苦难的关切。

荒山之夜

《荒山之夜》（*A Night Bald Mountain*）是一篇幻想曲，开始于 1867 年，原先计划是为钢琴和管弦乐队的乐曲，因为自己感到不满足便丢下了。到了 1870 年，博罗丁、瞿伊和李姆斯基·柯萨科夫约他合作一套歌剧舞曲，他才又把它拿起来。舞乐流产，这叠稿子便再一次搁起来。第三次再动手是他打算改作成一首插曲，描写基辅附近荒山妖魔鬼怪的行乐。据传说，每年中定有一夜尽放地下的妖魔鬼怪出来狂欢一次，穆氏此曲即在描写这一夜的情景，可是当他逝世的时候，这篇作品还只是一部草稿，经过李姆斯基·柯萨科夫的编订和配合适当的乐器，才于 1886 年首次在圣彼得堡公演。谱表上面印有一份写作的纲领：

> 非人间的阴府的音响；黑暗的鬼魂的出现，随后便是黑神的降临；黑神的颂赞及黑弥撒；欢宴；正当狂欢的高潮，听见远处一座小教堂的钟声，催促鬼魂的离散；黎明。

圣·桑——他保持了法兰西传统风味

（C. Saint-Saëns，1835—1921）

圣·桑的音乐显示出他高贵的精神和巧妙的手法，曲调是优美的，形式是谨严的然而并不呆板，他保持法兰西传统的高尚的趣味，《今日的音乐家》（罗曼·罗兰著）有一篇长文，所论极有见地，很可以帮助我们对于这位作曲家的了解。

3 岁以前，圣·桑开始学弹钢琴，5 岁已经能够视奏《格列翠》歌剧的综谱。7 岁入巴黎音乐院；曾得风琴首奖。16 岁作交响乐，18 岁起先后任风琴师及钢琴教员，并到各处演奏，作为一个钢琴家并指挥自己的乐曲。年过 70 还在远游美国。第二次横渡大西洋，已经是一个 80 老翁了。

他生平创作歌剧 14 部，长久保持演唱序目的地位的是《森孙和达里拉》。加列的《迭雅尼》的配乐曾经动员到 250 人的乐队及 200 人的合唱，舞工 60 人，举行露天表演（1898 年）。作品计有：交响乐 5 部、交响诗 4 部，此外协奏曲、模范曲、室内乐、咏史乐、弥撒乐及其他散曲，都有大家的气象。

鬼魂跳舞会

《鬼魂跳舞会》（*Dance Macabre*）是一篇交响诗，底本是亨利·卡查里斯的诗篇。死神作为一个琴师，午夜的时分号召那些骷髅摸出他们的墓穴来一次盛大的舞会，时辰的报告是放在竖琴上面。苍白的欢乐，有时是给一些枯槁的音响打断了的，一直延续到鸡声的出现。全曲包含两个音题：一个是舞曲的乐节，簸动着枯骨的碰击；另一个比较严肃一点的，则象征夜色的阴森和丘墓的冷寂。两个音题的交替和变奏一直继续到洋管的吹动，那是鸡声，散会的信号。总而言之，这是一套旋转舞的排场加上了滑稽的成分。它的成功是在乐器的配合与运用上。

柴可夫斯基——音乐上的妥斯退也夫斯基

（P. I. Tchaikovsky，1840—1893）

　　俄国初期的音乐大家，很少是一开头便拿音乐做他的本业的，柴可夫斯基也没有例外。虽然 5 岁便已经能够在钢琴上面复弹一个自鸣钟的曲调，可是他学法律，进司法部坐冷板凳。直到 22 岁，才决定进彼得堡音乐院，在查棱巴和罗宾斯坦的指导之下，1865 年以席勒的《致欢乐》的大合唱得到金奖牌毕业。明年即在母校教授和声。他的大著《和声学》就是他教授的心得和作曲的经验的结晶，与李姆斯基·柯萨科夫的《配器法》堪称双璧。他那一次违反本意的结婚也发生在他教书期间。那时有一个女学生成绩不算高明，要找柴先生补课。柴先生便借用一句成语，通常是作为劝告对方放弃音乐学习的暗示："你还是结婚的好。"那晓得这句话应在他本人身上。他们结婚了。可是过了没有多少时候，他感觉到他没有丈夫的本领，于是两人永远分居。他精神的依靠是他的姊姊，后来他姊姊的女儿还担任柴可夫斯基纪念馆的管理工作。

　　他的生活是恬淡的，使他可以安心作曲，不愁衣食的却是一个不知名不识面的寡妇（梅克夫人）。他们通讯，他们还供出了由衷的仰慕，可是彼此没有会见过一次。这也是少有的逸事。他也受过沙皇的召见，他事后告诉人，那种朝觐比什么都难受，他简直说不出话。他不会宣传，不会活动，他的出名完全是实至名归，"桃李不言，下自成蹊"。此之谓也。

　　彼得堡、意大利、瑞士是作者长期勾留的重要地方，1888 及 1889 年他访问英国，出席指挥爱乐社的音乐会；1893 年即受剑桥名誉博士学位。接受博士的前二年，纽约卡南琦音乐厅落成，他应纽约的邀请，参加开幕典礼，指挥自己的作品演奏，发现到"在这里比在欧洲要出名十倍"。

　　除了意大利、瑞士、英国和美国之外，他也旅行法国和德国。他的《小提琴协奏曲》曾被韩斯力克讥评为"臭屎的音乐"，但是现在却成为每一个向上的小提琴学生的课目了。

散步是他特有的癖好，他随时记录民歌的曲调作为他创作的源泉。他的《弦乐四重奏》（*Andante cantabile*），就是听过一个泥水匠多次的随扫灰水随唱歌之后，跑出门外去请他唱出歌辞来——原来是一首民歌，后来并经李姆斯基·柯萨科夫收入《俄罗斯民歌集》里面去了。

1893 年他的《悲怆交响乐》首次公演，公演后的第三天，他被一群青年拥到了一家酒馆。当时霍乱正在彼得堡流行，他不小心喝了一杯生水，当晚就生起病来，过了四天，这位音乐上的妥斯退也夫斯基，已经咽出了最后一口气。

他的主要作品有歌剧 11 部，包括：《沙皇特务队》（1874）、《奥尼金》（1879）及《黑桃王后》；交响乐 6 部，以第六部《悲怆交响乐》最著名，但论民族色彩的丰富，则不及第二部 c 小调；交响诗七部，包括：《暴风雨》《里米尼夫人法兰切斯加》《门弗列特》《罗密欧与朱丽叶》《哈姆莱特》等名曲；序曲的压卷作品是《1812 年》、组曲的杰作是《胡桃擘》；钢琴曲《季节》已经成为钢琴学生的必备课本。此外钢琴协奏曲、模范曲、室内乐及歌曲等为数亦不少。

悲怆交响乐（b 小调，第六交响乐）

《第六交响乐》一次公演之后，作者给它题名《悲怆》（*Pathetigue*）。写作纲领是没有的，他写信给他的朋友说要给每一个人留下一个谜，同时又说："我爱它，从来不曾这样爱过我的任何另一部音乐创作。"

第一章先来一段楔子，第一音题的音型之一交付给巴逊，盖住一个延长底音，处理的手法非常之精妙。第二音题是一支曲调，安详的、迂徐的发展开去，停歇之时，强力的第一音题回转来，充满了犷悍的毅力。风暴过后，又换上美丽的第二音题，乐章结尾是最弱音的安详的气度。

第二章比起第一章来是强烈的对照，它具有一点谐谑曲的性质，一折入跳舞节奏，主题便由大提琴奏出，加上弦乐器的拨音伴奏及木管乐器和铜角的交互和弦。第二音题属于简单的一类，可是没有多少时候，第一音题又紧接上来，随后便是柔和的、轻快的结束。

第三章开头是一个真正的活泼音题，弦乐器和木管乐器轮流演奏，末了弦乐器独占了第一音题，木管乐器便拿起另一个对立音题表示对抗。两个音题的矛盾和协调归结到一段宏大的进行曲，从铜乐器的渗入逐步扩大到全体乐队，威力是强大的，达到几乎是残酷的效果。

末一章 Adagio lamentoso，这个题名是奇妙的，那是愁苦和绝望的升华。作曲家拿柔板结束一部交响乐是少见的，但是尤其少见的是柔板的那么阴森以致造成所谓"自杀的音乐"，它没有正规的形式和发展的条理，它是痛苦的呼号，绝望的呻吟，凡是生路都给阻塞了。可是说到处理的手法，是富有戏剧的效果的。末尾乐节的微弱的收场算是生命的解脱。论者以为作曲家是用颤栗的音乐唱出他的天鹅歌。

1812 年序曲

1880 年春天，柴可夫斯基传记作者，尼古拉·罗宾斯坦向柴氏提议，为莫斯科基督教堂写一套纪念音乐。为了加添教堂盛典的节目，罗宾斯坦愿意来布置一项音乐的，这一项音乐节目应该具体叙述这座教堂的建筑历史，那就是说 1812 年的事变。柴可夫斯基的幻想曲或序曲，是预定在大寺前面的公众方场由庞大的乐队演奏的，大鼓的位置换上了排放的礼炮。

这篇序曲成于 1880 年，开头引用旧俄颂歌《上帝保佑你的人民》的主题，各部的发展分配给木管乐器，中音提琴和大提琴的轮奏，更进一步扩大到全体乐队，从此达到了顶点。顶点过后是一段比较平静的排奏。现在到了序曲的主体，描写波罗金诺的战役，在大炮的轰击声中交织出《俄国国歌》和《马赛歌》。序曲造出一场可惊的骚乱，骚乱之上是《俄国国歌》胜利的荡漾。尾声包含国歌的底音和钟声的响动，结束了这篇特殊的、有时粗悍的乐曲。

德伏沙克——波希米亚的巨星

（A. Dvorák，1841—1904）

德伏沙克①是波希米亚乐坛的将星。出身很穷苦。父亲是一家小客店的掌柜，对他儿子的期望是做一个屠商，因此他学屠猪，算是他安身立命的事业，可是他在学校里却学起小提琴来。16 岁入普拉格风琴学校，靠在一个小规模的管弦乐队里面弹小提琴来维持他卑微的生活。1862 年毕业，任国家剧场中音提琴师，这样过了 12 年。他的男声大合唱《颂歌》公演，于是平地一声雷，引起大家的注意。第二年，政府颁给优待年俸，这才决定了专心作曲。

1874 年他开始歌剧的制作。15 年之内先后完成了 6 部，同时交响乐及种种式式的大合唱亦陆续出版，为波希米亚的民族音乐建立了不拔的基业。1891 年剑桥大学赠与博士学位。翌年，横渡大西洋，任纽约音乐院院长。1895 年后重回普拉格。1901 年任普拉格音乐院院长。他的作品计有歌剧 8 部、交响乐 5 部、咏史乐 2 部、清唱剧 2 部，此外管弦乐、室内乐、钢琴曲、歌曲亦多名作。他汲取了波希米亚民间谣曲的精华，而且不执成见，采用了黑人音乐的成果，所以他的成就是世界性的，然而又彻底保存他的民族性。

勃拉姆斯因为舒曼的揄扬，打开了走上乐坛的坦道；德伏沙克的成功却得力于勃拉姆斯的奖掖。后来提起勃拉姆斯的遗事，他便要流泪，从这一点可以窥见他博大的、纯朴的人心。

第三交响乐（D 大调）

《第三交响乐》成于 1884 年，作品号码是第 60，可是还是他正式出版的头一部

---

① 今译德沃夏克。

作品。形式上是正统派的，却充满了斯拉夫民族的特质。

第一章在音题上包含了音乐作意的繁复的排场。楔子分配了木管乐器、低音提琴和巴逊。四节之后便达到了音题的指标。可是一下便改换了调号而且来了强力的中断，过后音题寄托在宏大的铜乐的排头上面，回复了原有的速度，可是这仅是暂时的，于是发生了中断。性质上是轻快的，领到第二音题的序引——大提琴和铜角奏出唯一的、独立的曲调，连带形象化的弦乐伴奏。接着是一段洋管和巴逊的二重奏，伴奏部是中音提琴，同时由小提琴拉长了延续的音调。后来，全体乐队重复了这个音题，于是本章内容的全部，总计达六点之数，依据谨严的形式得到精彩的处理。

第二章音色是丰富的，虽然在感性上是那么优雅和醋醉。经过一段简短的楔子之后，第一音题便落在弦乐器上面，木管乐器担任伴奏。又一段短小的短调，我们便听到音题的后部。长笛主奏，洋管在反复，于是变换调号，又由另一段简短的对调带回原调和主题那边去。另一段，从眼前音题产生的对调出现了，跟在后面的现在是煞尾，煞尾有一段性格鲜明的大提琴独奏。

第三章是全部交响乐的中坚，因为它点出了民族性。它是谐谑曲，可是注明Furiant，快步的、野性的波希米亚舞曲。不论在形式上、质料上，跟德伏沙克改编的《斯拉夫舞曲》差不多是一模一样的。发端音题是那么鲜明、浓郁和兴奋，三重四复的朝向粗暴的伴奏，听到那奇怪的重音和特别的节奏，自然而然的会加强了、而且加深了你对波希米亚的音乐的印象。到了中段，音乐已经达到了顶点，长笛和弦乐拨奏担任曲调的演出，高音短笛更添上斯拉夫的独绝的音色，中段的第二音题比较宽广而且具有高贵性，临末是谐谑曲回头，结束了这骚乱的泼辣的乐章。

第四章是简单的波希米亚谣曲的会串。处理的手法非常高妙。发端音题由弦乐器和觱栗奏出来而且逐步加快，连同洋管的第二音题一直闯过去。第二音题并渗透全副乐队，于是得到壮美的发展，由于一开始的铜角和伸缩喇叭的排场，仍然具有诙谐的面相。尾声借第一音题开始，先由铜角和中音提琴来一番预告，于是很巧妙的展开了。一阵辉煌生动的急板宣布了乐曲的结束。

新大陆交响乐（e 小调，第五交响乐）

《新大陆交响乐》（*From the New World*）是德伏沙克作品的极峰。它的著名固然是倚赖它内在的优美和浑成，但尤其重要的是作者运用黑人的谣曲，给音乐注入新鲜的血液。首先是一段小序，第一音题交付给铜角，新世界给简明地描画出一个轮廓来。担负这种工作的是长笛和洋管的狂欢的排头，过后是一个音题由长笛主奏，伴奏是弱音的弦乐。这一段任何人都可以认出是从黑人的民谣 *Swing low，sweet chariot* 借过来的。乐章的余韵完全依照成法，可是非常之紧凑和复杂，虽然题材是简单的。

第二章经过木管乐器和铜乐器的一段短序之后，便是英国号角的迷人的曲调，伴奏是弱音的弦乐器。它的情感和格局是很难用言语形容的。经过序引的大部分的重复之后，美妙的曲调回转头来，不一会长笛和洋管又吹着反响的音题。它的回转引起了相当复杂的发展，从此直到结束。那段美妙的曲调，先前已经提到过了，现在转入更新的编排，似乎越发动听。

第三章是正统派的谐谑曲，除了自己的音题之外，还包含有首章的回龙。末章不独处理了本身的题材，连前行各章，包括次章的铜角音题，都得到出色的搭配，然后神采飞扬的结束了全部交响乐。

现在将那段黑人风的独奏曲抄在下面：

三连序曲

《三连序曲》的作品号码是第91—93，作者的意思是一起演奏的三部曲，三曲各有标题，首次公演的时候注明：

1. 《大自然》。

2. 《生活》（波希米亚的嘉年华会）。

3. 《爱情》（《奥赛罗》）

照题目看，三首序曲似乎是各管各的，可是一个音题的连锁把它们贯穿起来，第一和第三是显明的，第二首则是变调（嘉年华会的现行意义是狂欢的、化装的节日，原义则为谢肉祭，从三王节到撒灰水曜日的节期，撒灰水曜日前于复活节四十天，复活节则是立春首次月圆之后的星期日。奥赛罗是莎翁名剧的主角，俗谚指为妒忌的典型）。

《大自然》序曲有作者留下的说明可以帮助我们的了解：

> 作者在这一部分题名《大自然》，时间是静穆的春天的下午，人影越来越长，直到它在暮霭中消失，逐渐转入初生的夜色。

发端音题落在巴逊和中音提琴上面，同时得到长笛的温软的支持，逐步向强音发展，临末是全副乐队的加强音。经过低降的、连续音组的繁响之后，弦乐器弱音发出轻情的音题。这一音题也是逐层处理的，达到顶点之后，第一音题又加强音势回过头来。现在来过一番乱弹之后，第三段便带着第一音题开始，由英国号角和低音觱栗宣布出来，随手便是更进一步的发挥，于是尾声夹起加强的第一音题落到铜角和喇叭上面去。伴奏是小提琴和中音提琴，过后，序曲便在静穆声中结束。

嘉年华会作者的意思是：

> 设想那个孤独的，沉吟的行客乘夜入城的情景。城中正在举行盛大的嘉年华会，每一个角落都充满了乐器的声响，渗杂的欢乐的叫喊，至于人民的尽情的无限制的兴致，则从他们的歌唱和舞蹈找到一条发泄他们热情的出路。

序曲的开始是一幅人民行乐图，全副乐队在大卖力气，响亮的、泼辣的音题的发挥是自由的。经过低降的密集音型之后，第一和第二小提琴引入比较宁静的第二音题，比对的、繁杂的乐句出现在洋管和觱栗上面。发展一番之后，发端音题又回到小提琴、木管乐器及竖琴这边来，一阵加强音带出一个簇新的音旨。作者心目中的行客，无意中在一个僻静的角落碰到了一些秘密的谈情说爱的场面。长笛和小提琴轮流奏动穿插的曲调，英国号角担任伴奏，便是这一段旖旎的描写。穿插过后，回到第一音题的原来的快板，达到顶点之后，加上一番出色的发挥，盛会于是再度开始。

　　第三首的音题是跟《大自然》一家的，可是只此而已，此外没有什么共通点。与其说是序曲，还不如说是一首情诗。《大自然》序曲的音题构成楔子的基调，作为迭斯德摩娜的典型（《奥赛罗》剧中人物）。正曲开头的音题首先点明了奥赛罗的苦恋。它的宣布出来，迭斯德摩娜立刻提出答复，伸诉与回答交互来往，一方面是悲剧的愤恨，一方面是哀怨的呼号，它的贯穿和对照造成乐曲的特殊的兴味。

格里格——北欧的巨星

（E. Grieg，1843—1907）

格里格是北欧第一个占有世界地位的作曲家。从前曾经有人慨叹过，生在语言偏僻的国度，作为一个文人，是不易冲破国界，得到世界的赏识的。天才如易卜生，还得走一段漫长的道路。就这一点说，格里格的成名是来得便捷一点的，虽然初出茅庐，他的歌曲出版一年之内，还只是躺在书店里，总共卖出了两份。连他的岳母也拿这个理由，反对她的女儿同这个穷小子结婚咧。

他的生活纯粹是艺人的生活，小时候是母教，15 岁留学德国莱比锡音乐院，从豪普特曼和里希脱学和声对位，从力慈和赖涅克学作曲，从温彻尔和莫舍莱斯学钢琴。毕业之后，再游丹麦哥本哈根，从加德受业。他的漫游时代从此算是终结。此后虽然两游意大利（1865 及 1870，第二次在罗马结识了黎斯特），一游英伦（1888），并曾现身莱比锡演奏他的《钢琴协奏曲》（1879），可是自从 1880 年之后，他主要的还是逗留在他的故乡北尔根。虽然他的生活是非常的平静，要说是充满了战斗性却也不是瞎扯。他没有忘怀他的祖国，少年时代他便离开挪威作曲家诺德拉克，宣言"反对柔媚的孟德尔松派，加德的斯堪的纳维亚主义；鼓起狂暴的热情遵循北欧乐派眼前的路线，转身走上新辟的坦荡的道路"。1867 年在克里斯恰尼亚（挪威京城，1924 年起改名奥斯陆）创立音乐协会，自任指挥至 13 年之久。这是北欧音乐史上的大事。

他的肺病是很利害的，只有半边肺支持了他的后半世。可是他每年总要攀登高峻的雪山，加强他病肺的抗抵力。

他的重要作品有序曲《秋天》；大合唱《寺院门前》《乡土的认识》《特力夸孙》《孤独者》（弦乐队及铜角伴奏的男中音独唱曲）；钢琴曲以《抒情杂曲》最流行；《培尔·金特》组曲配合易卜生的名剧，是一部可以和贝多芬的《哀格蒙特》

配乐比肩的作品；《小提琴模范曲》《大提琴模范曲》《钢琴协奏曲》亦极有名；传达挪威民族的风习的则有管弦乐的《挪威舞曲》、钢琴的《挪威民谣》及《舞曲》，《人民生活的画面》等。歌曲则谱制易卜生、安徒生、加博克等的诗篇，替北欧文学生色不少。晚年创作力渐渐减退，他说道："诗神飞马不肯开步的时候，你便死命鞭打也是没有用处的，可是我是动物保护协会会员，责任所在，也不想多虐待这匹可怜的畜生了。"这也可见此老的风趣。

培尔·金特组曲（第一套）

《培尔·金特》（*Peer Gynt*）是易卜生名剧。主角培尔·金特那股任性的、蹈空的气质，暴躁的骄矜使他带走他的乡下姑娘索尔怀格。不久又抛弃了她，跑到山大王的厅堂，经历了爱情的冒险，结果给轰跑了，于是回到老家。他的母亲亚斯那时已经挨过了孤独的死亡。他于是再度远游，在沙漠上遇到了流民少女亚尼特拉，随即陷入恋爱的罗网。经过了假先知的可悲的遭遇，年纪老了，腰包空了，终于回到索尔怀格的怀里，死掉了。格里格根据这部剧本的情节，编成这套组曲。初稿完成于 1867 年，本来是作为钢琴双重奏出版的，后来经过作者的选择，改成了两套组曲。

第一套包括四章：1. 清晨；2. 亚斯的死；3. 亚尼特拉的舞曲；4. 在山大王的厅堂上。第一章和第四章是大乐队演奏的，第二和第三则取消了吹奏乐器。

第一章描写山中清晨的觉醒以及培尔·金特的沉思。他那股傻劲以为他就是眼前景色的主宰。乐曲的性质是明朗的、愉快的，包含单一的牧歌的主题，经过自由的然而细密的处理。后来又有一段大提琴的低唱的音题交织在一起。

第二章是一曲哀歌，更实在一点说，那就是一篇丧葬进行曲，传达出亚斯独居山边的寂寞的死亡。和声很阴惨，而且缠绵往复，它的乐句的重复就是单调的悲哀最恰当的表现。

第三章描写亚尼特拉跳舞时那种灵活的媚态。节拍是马竹加式。大提琴独占一支独立的曲调，贯穿着整个乐章，三角梗连同弦乐器的使用造成了东方的效果。

第四章复述出培尔·金特访问山神的洞穴以及他们各色各样的魔法和舞蹈。这一段插曲的构成是放在一个单独的母题上面的，先由巴逊开始，然后逐步发展到整个乐队，除了开头数小节之外，全章都是四节乐句从弱到强的重复，逐渐造成紧张的、浓郁的气氛。

西骨德·约沙尔法的配剧音乐

《西骨德·约沙尔法》①（*Sigurd Jorsalfar*）是波仑生的一部戏剧的名字。1872 年上演于克里斯恰尼亚。格里格跟这位北欧大诗人本来是老朋友，而且在这以前也已经根据波仑生的名作谱制过一些声乐曲，这一次又接到诗人的邀请，给他的新作写一些配剧音乐，他自己有过有关的记载：

> 这部剧本是预备在克里斯恰尼亚剧场上演的，准备时间是这么短促，只容许我得到八天的时间来起稿和演编乐队谱，可是我有的是青春的活力，说做就做下去了。

剧本的题材是冰岛历史家斯诺里·斯图鲁生的挪威国王的传说。西骨德连同他的兄弟埃斯坦于 1103 年登上了挪威的王座，十字军东征，西骨德鼓起了宗教的热情，冒险的雄心，率领挪威健儿参加了远征的队伍，经过好几场的血战和大批的俘获之后，他终于回到老家，死于 1130 年。

为了配合波仑生的戏剧，格里格曾经写了两项声乐及三项管弦乐，现在要说的就是这三项管弦乐的内容。初版印行是 1893 年，作为作品集第 56。

1. 序曲《国王的殿堂》，Allegretto simplice，A 大调。开头先由觱栗和巴逊及弦琴拨奏报导音题，第二段——名副其实的 Trio——长笛带来乐曲的主题，由洋管来一番和应，第三段是复奏头段。

2. 插曲《博格希尔德的梦》，Poco Andante，b 小调。第一部是弦乐，情调是宁静的。大提琴从一段经常流动的繁音开始，转到旋转鼓上面漫长的滚花。过后进行的速度改为 Allegro agitato，情调变为不安的。一阵休止之后，再改为 Andante espressivo，长凡 13 节。

3. 《颂祷进行曲》，Allegro molto，降 B 大调。喇叭先打头阵，接上全副乐队的强音和弦，过后便是四具大提琴的主题的力奏（Allegro marziale）。一段加强乐节回到原来的主题，随手是乐队全体的加强演奏。中段由第一小提琴的音题开始，竖琴及其余弦乐器担任伴奏，喇叭的喧闹再次出场，进行曲的首段来他一次完全的复奏。完结。

---

① 今译《十字军战士西古尔德》。

李姆斯基·柯萨科夫——俄国的歌剧大师

（N. A. Rimsky-Korsakov，1844—1908）

李姆斯基·柯萨科夫初入海军学校读书，同时学习钢琴。1861 年因为巴拉基莱夫的熏陶，终于决定了音乐做他安身立命的事业。

他的第一部交响乐作于 21 岁那一年。1871 年入彼得堡音乐院任作曲及配器法教授，差不多稍为重要一点的俄国作曲家都出自他的门下。1873—1884 年他兼任海军乐队队长，1874—1887 年任自由音乐学校校长。1883 年改任帝国乐队副指挥，领头的是巴拉基莱夫。自此以后，长期担任俄国音乐会的指挥。1889 年远征巴黎，把俄国音乐带到西方去。他的创作的主要部门是歌剧，共计 9 部之多：《五月之夜》《白雪公主》及《金鸡》最有名。《金鸡》是一部喜剧，讽刺当日帝俄的专制政治的。交响乐亦有盛名，此外对于俄国歌曲的纂集及前人遗著的补订（穆索斯基的《戈杜诺夫》和《哈凡斯齐那》及博罗丁的《伊哥王子》）均有极可纪念的贡献。他的《和声学》后来成为理论作曲的基本教本。他的《配器法》是超卓的，他接受了黎斯特的音诗的家法，加上他个人的好尚和点染，卓然为独立门户的一代大师。他的自传《我的音乐生活》亦是一部极有生趣的著作。

作为一个有良心的艺术家，他还做过一件大事：1905 年，俄国发生了革命的风暴，沙皇的军队和警察到处搜索乱党，音乐院的学生亦因政治见解的歧异，闹到军队来院弹压。李老教授悲愤之余，提出书面抗议，反对武装箝制学生的思想。抗议书提出之后，立刻受到革职处分。他一革职，格拉侍诺夫、里亚朵夫及其他教授也连名引退。当时舆情愤激，他的歌剧因此更得到群众的热爱。可是他写的《金鸡》，便碰到禁演的严令，到了经过审查机关的删改，特准上演的时候，作者已经死了三个月了。

安塔尔（第二交响乐）

《安塔尔》是一篇仙可夫斯基的《阿拉伯故事》。依照作者的大纲，安塔尔是一个沙漠的隐士，曾经发誓憎恨一切的人类。有一天，有一只美丽的羚羊在他面前出现，正当他要去追赶的时候，他瞥见一只鸷鸟恰巧要抓它。他扳动他的武器瞄准那只鸷鸟，鸷鸟长鸣一声便飞去了。安塔尔随即躺着睡觉，发觉他给搬到叙利亚古城巴尔眉拉的天后宫。天后不是别人，就是羚羊自己。她首先多谢他救命之恩，过后答应给他人生的三大乐事：复仇、权力和恋爱。他在沙漠中醒来，重新给搬到宫里去了，经过长时间的享乐，这位娘娘觉察到他已经开始厌弃她。她吻他，她热情的火焰销镕了他的心，他死在她的怀里。

曲中包含两个主导的母题：一个是开头的时候交付给中音提琴和木管乐器，称为《安塔尔》母题；另一个妩媚的曲调在长笛和铜角上面，便是仙女母题。四章乐曲曾经塞沙尔·瞿伊加上如下注解：

第一部：《安塔尔在沙漠里》，他从鸷鸟爪下救出了一只羚羊。羚羊是一位仙女，答应给她的恩人三种快乐作为酬报。本章全篇，从头到尾都是一幅荒凉的、广漠无边的沙漠的图画，作者的神化的画笔是值得称道的。

第二部：《复仇的快乐》，一段强暴的、粗蛮的、任情的快板，连上加强音有如怒风的回荡。

第三部：《权力的快乐》，一首东方进行曲，最精妙也最光辉的传述的杰作。

最后一部：《恋爱的快乐》，在这中间，安塔尔咽出了他的最后一口气——优雅的、诗意的、精妙的行板。

德襄西——印象派音乐家

（C. A. Debussy，1862—1918）

罗曼·罗兰论述裴辽士的时候，曾经提到法国开创一代的风气是很自然的事。标题音乐是这样，印象主义的音乐也是这样——领衔的是德襄西[①]。可惜人类的历史趁他未死之前已经又翻转了一页，德襄西的象牙塔也只好留供后人凭吊了。不过，他的工作终究是值得纪念的，他的音乐作品已经放进了经典的宝库。

他出生于一个商人的家庭，音乐的遗传和环境都谈不上。11岁进巴黎音乐院曾经多次获得钢琴奖——马斯涅是他的业师。一篇清唱剧《浪子》帮他获得罗马奖，于是旅行意大利。学生时代的作品不过是牛刀小试，到了意大利，他的独创的天才，才开始爆发灿烂的光芒。他的管弦组曲《春天》，因为和声的大胆曾经震惊了当时的守旧派，同时他还写了一部两个女声独唱和女声合唱的《首选的少妇》。后来回到巴黎，与象征派文学家交游，写成了他的钢琴名作《阿拉伯式花边装饰曲》《北家马组曲》等。

他的初期作品是马斯涅的家数，稍后又有瓦格纳的影响。自立门户，创建音乐的印象主义的奠基作品，是《森林神的下午》序曲（1894）。所谓印象主义，是从绘画方面引伸过来的，要点是：真实的再现；色彩及光线；把握事物的一瞬间的活动相，还它一个本来面目，不受任何形式的拘束，《森林神的下午》是法国诗人马拉默的名诗。德襄西使用遥遥呼应的盖音，扩大了和声的领域；他的和弦不是连续结构的部分，却是个性的实体；曲调的飘扬代替了主题的发展；他的音色是明亮的、稀罕的又是捉摸不定的，却能够构成洒落的、独立的整体。说到做法，却又和点线派相近。

---

① 今译德彪西。

与他的序曲同样建立革命的业绩的，是他的《弦乐四重奏》（1893）、《抒情散文》（自作歌辞）及三首管弦乐的《夜曲》（《云》《节日》及《海女》，末一首还有一段女声的没字合唱）。

说起他的杰作，大家都认为是他的歌剧：《培列亚和梅里桑》①。脚本取自梅特林克的剧本，也可以说是象征主义的精英。1902 年初在巴黎公演，群众的赏识却在数年之后。关于这部剧本的研究，罗曼·罗兰曾写过一篇大文，文见《今日的音乐家》。

除了上面提到的作品之外，在他后期还有邓南遮的《神秘》的配乐、《圣色巴逊的殉道》舞剧《幸福的赌博》《大海》《春天轮旋曲》和《伊伯里亚》。德襄西也如裴辽士一样，具有写作的才能，他的论文集题名《克罗雪，反对半瓶醋》（1923）。

森林神的下午序曲

《森林神的下午》②（*L'apres midi d'un Faune*）本来是法国诗人马拉默的名诗，马氏是象征主义的诗人，也许我们可以说，多得我们作曲家的努力，他的诗意才比较容易认识到。音乐是精美的、条畅的、轻倩的，表达出森林神的感官的、乐天的性格。没有固定的形式，效果上却是牧歌式的狂想曲。作者似乎有意交付给原诗不拘形式的、感官的性格作主。主题落在主奏的长笛上面，而且渲染了全篇序曲。曲调是缥缈的、梦幻的，在木管乐器和铜角的远音程上面也可以反复听到。到了主调走完了它的路程，洋管和麝栗便上场来一番热烈的对话。不一会长笛的音题回转来，经过大提琴的一段滑溜的密奏之后，又结合上长笛。末了，迷人的景色消失了，曲调就从此收场。关于渗透这结段的精神，我们可以借用戈斯的原诗的笺释：

> 美妙的时辰越来越奇幻，是经历还是幻梦，他（森林神）根本就不想知道，太阳是温暖的，青草是茂盛的；在赞美过醇酒的陶醉之后，又是盘起身子，他得凭睡梦的更有希望的林莽，追求那渺茫的怡悦。

夜　曲

《夜曲》三首作于 1897—1899 年，并不是本义的夜曲，不过是作者的印象而

---

① 今译《佩里亚斯与梅丽桑德》。
② 今译《牧神午后》。

已。虽然它也有纲目，可是并不能说是事象，不过是事象的幻化而已，正确一点说，也许不如说是梦——美妙的、飘忽的、渺茫的想象，联结起事物的流转或者节奏，三首夜曲的纲目是：

云及其横过天宇的浮动；

佳节，运动，节奏在大气中翻翻；

海女，大海及其韵律，海女的歌唱。

逐段解释是多余的，法国音乐家勃鲁诺有过极好的说法：

在这里由于魔力的乐队的协助，他放浮云游过阴凄凄的天宇，凭他的创造力，他创造了种种色色的云相；奇幻的存在给他转变作奔驰的、舞动的，那是他向月光中闪烁的银尘观察所得的；他曾经把永不平静的大海的白沫，改变作音韵悠扬的海女。

德襄西自己解释这套《夜曲》的命题，有过下面的话：

Nuages——天空的不变的面相以及云的缓慢的、严肃的运动，溶化入灰暗的色调，加上轻的、白的笔触。

Fêtes——大气的、不安静的，翻翻的节奏，借光辉的闪忽散布开来，同时还有一段偶然的行列（眩眼的异象）川流不息的经过，溶合起飘浮的幻景；可是绝不中断的佳节的背景却凭借它音乐的混和保持着。还有，光辉的微尘也渗入万汇的宇宙的节奏。

第三首题名《海女》的产生最迟。1901 年在巴黎作首次公演，曲中有 8 个女中音，可是从头到尾不唱任何的字句。德襄西自定义的纲目如下：

大海及其无穷的韵律；月光的临照给巨浪泛起银花，巨浪中间可以听到海女的歌唱。她一边笑，一边转过去。

大海（三篇管弦乐的速写）

这三篇管弦乐的速写总题名曰《大海》（*La Mer*）开始于 1903 年，完成于两年之后。首次公演，由作者亲自指挥，赞美派和反对派当堂闹出了大乱子。反对的原因是说这套乐曲太过摩登了。于是猫叫声、嘘声及其他种种拆台的声音和形式，都应有尽有的应用起来，要不是演奏节目很快就轮到提博的小提琴独奏；乱子还不知要闹到什么地步才收场。

德褒西说过："没有固定的规律可以引导创作的艺术家。所谓规律者，乃是由于艺术的作品而建立，不是为了艺术的作品而建立的。"所以瞎做经义，难免弄巧反拙。对这三篇印象的速写，也就只好抄出标题，让听者自己揣摩作品的诗意：

1. 海上的黎明到中午；
2. 海浪的翻涌；
3. 风和海的对话。

小组曲

《小组曲》原本是四手连弹的钢琴曲。完稿于 1889 年，1909 年比塞尔改编为管弦乐。全曲共分四章：

第一章舟中的音题由长笛开始，弦乐在作弱音伴奏，经过一番发展，有新音题在小提琴和觱栗上面出现。回过来发展之后，开头音题再度登台，可是这一次是从长笛搬到小提琴这边来了。

第二章行列的发端音题是落在长笛和洋管上面，弦族拨音，竖琴和三角梗分发出进行的节奏。低音弦乐器接受了一个对比音题，对比音题之后，又回到原先的行进，跟在弦乐的新出音题后面，进行曲结束了这一乐章。

第三章小步舞先由木管乐器奏出一段小序，然后由第一小提琴奏出音题，中段的音题由巴逊负责宣示。弦乐伴奏发挥一番之后，第一部的音题移到了洋管上面。

第四章舞剧的音题先由弦族的同度合奏传出，经过弦乐器的连接乐段及其发展之后，第一音题支配了全副乐队。此时有新音题依旋转舞的节拍在小提琴上面出现。第一音题回复之后，乐章即在旋转舞的模拟声中结束。

斯特劳斯——晚年失节的音乐家

（R. Strauss，1864—?）[①]

斯特劳斯和豪普特曼一样，经历了德国的三代：帝国、共和国及纳粹政权。他们一样的早出风头，一样的晚年才尽，可是纳粹登台，我们的老诗人是沉默了，我们的作曲家却做了希特勒统治下的第一任国家音乐局局长。

他4岁开始作过一首半步圆舞曲，17岁所作的交响乐立刻得到公演的机会，自是一帆风顺，交响诗和歌剧陆续演奏和出版，本人也成为红极一时的乐队指挥。

歌剧有《火灾》《沙乐美》《哀列特拉》《玫瑰骑士》《没有影子的女人》及《和平日》等14部，交响诗有《唐·琼》等10部。此外尚有歌曲及钢琴曲等多种。补订裴辽士的《乐器配合法》亦是理论作曲的重要教材。

堂·吉诃德

《堂·吉诃德》（*Don Quixote*）是绝对的标题音乐，斯特劳斯创作全盛期的产品，他像是要挖尽管弦乐队的最后一点表现力量来供他诗笔的驱使。故事的来源，如所周知，是西万提司的巨著。乐曲的写法是变奏曲式，主人公有他固定的音题，吉诃德先生在大提琴上面，仆从山差·潘查在中音提琴上面，楔子的出现报道主人公的侠义的感觉，及其决心要做武士的经过。可是到了吉诃德先生读到侠义小说入了迷的时候，他已经变作一个疯子，音乐的表现是一簇凌乱的不协和音。

他现在开始他冒险的途程，变奏的乐曲构成一串冒险的连环图画。最先是他对风磨的进攻，空气的激动表现在小提琴的颤音弹奏及木管乐器的奇怪的排头；他的

---

① R. Strauss，1864—1949。

跌倒落在木管乐器上面，加上空前的旋转鼓的敲击。第二件是拿羊群当作军队，单骑冲杀，那一场可惊的战事由弱音的铜乐器传出来。第三段是这位武士和他的伙伴关于侠义行为的辩论。第四段我们看到他听到进香客歌唱教堂的歌曲，以为他们是匪党，于是又上前攻击。第五和第六叙述他的沉思，他对杜尔齐娜的怀念。那个仆从开他一次玩笑，指出一个乡下农妇说这就是他颠倒爱恋的对象。第七段是一支插曲，这位武士和他的伙伴的假想的御风游行，风势的描写借助竖琴、旋转鼓、长笛和一个特别风箱。第八段是一首棹歌，描写他对那艘怪船的驰骋，第九段则是他与两个僧人的遭遇战。第十段是他跟那位白月武士的最后的冒险，也就是他武士经历的结束。结段回复了他的理性，可是小提琴的闪奏已经预告了死的行近。接着一阵奇怪的和声，大提琴最后划出他的笑话及他的生命的终结。

杜卡斯——自由奔放的作曲家

（P. Dukas，1865—1935）

杜卡斯是法国近代最有独创性的作曲家之一。初入巴黎音乐院，从杜博亚、马提亚及规罗受业，先后得对位奖及罗马次奖。在罗马逗留一年，回国服了一年兵役。27 岁，他的作品已经打进了法国的演奏厅，20 世纪的开头，他的歌剧已经打出国界，远征维也纳和纽约。他的作品目录有交响乐、歌剧、清唱剧、舞剧、钢琴曲等。对于拉摩遗著的印行亦有功绩。1909 年起，任教巴黎音乐院。

魔术徒弟（谐谑曲）

《魔术徒弟》（*L'apprenti Sorcier*）是一篇轻松的 Scherzo，根据歌德的叙事诗《魔术徒弟》作成的。1897 年在巴黎作首次公演。形式是自由的，手法是简单的，一个俏皮然而越来越着急、越狼狈的小伙子及其失败的冒险场面，逐幕揭示在你的眼前。作者的成功就在音乐的形象化。作者首先描写河流，极尽流动的能事。河流原是供给浴水的，后来师父走了，徒弟好奇心起，也学起师父的法术来，要扫帚替他挑水，一、二、三，扫帚站了起来，提起水桶去汲水，那时小徒弟真是得意之极。可是水满了，扫帚仍然一桶又一桶的提进来。徒弟心中一急，发了慌，记得起咒却忘掉解咒，于是屋内泛起了水灾。徒弟急不暇择，抢起斧头对正扫帚劈过去。这一劈把扫帚破作两边，可是汲水的速度和数量因此增加了一倍。幸亏这位外行的法师找到了师父，才算解救了他这一场捣乱的灾难。

格拉俦诺夫——从旧俄到新俄

（A. Glazounov，1865—1936）

格拉俦诺夫①是旧俄到苏俄的一个新旧递嬗的作曲家。18 岁以前，是在工程学院念书的，因为他音乐作品的公演得到广大的赞美，这才决定了要做音乐家。又得到李姆斯基·柯萨科夫的深厚的友谊和师道，所以成功他音乐史上光辉的地位。原来在 1881 年，他已经写了他的第一部交响乐，1884 年黎斯特雄踞魏马乐坛，领导他的处女作的公演，于是年未弱冠，即已名驰全欧。1889 年他的《第二交响乐》出征巴黎，自任指挥，第四部交响乐又渡过英伦海峡，闯入伦敦演奏厅。并与李姆斯基·柯萨科夫和里亚朵夫巡回指挥俄罗斯交响乐会。1899 年起，入圣彼得堡音乐院任配器法教授，1909—1912 年晋任院长。十月革命之后，依然留在苏联，得到应有的敬重。1930 年起寄寓巴黎。

他的作品有交响乐 8 部、组曲 5 套、舞剧序曲 4 首、交响诗《拉晋》，交响幻想曲《通过黑夜到光明》及其他管弦乐、室内乐、清唱剧、小提琴协奏曲等等。

第八交响乐（降 E 大调）

《第八交响乐》作于圣彼得堡，1906 年脱稿，1907 年出版。出版那一年，已经在纽约公演了。

第一章 Allegro moderato，在两节小引之后，巴逊和铜角点明了主题，进行的度数是迅速的，一会便由伸缩喇叭承受过来了。第二音题借洋管传达出来；后部则转给长笛，这一部后来还有相当的照应，主要的题材回到了铜乐器和大提琴上面，跟

---

① 今译格拉祖诺夫。

87

着便是更进一步的发挥。第一音题的重复调经过一番繁杂的变化，插入铜乐器中间去了，第二音题于是搭上了大提琴和巴逊，同时还带进一个长笛的对立音题。我们可以听到第二音题第二部分的发展，过后发展轮到了第一音题，乐章也就结束了。

第二章 Mesto，主题由弦乐器担任奏出，随手来一番精工的点染。现在是长笛吹出第二音题。乐章的结尾是两重音旨的综合的发展。

第三章 Allegro，主题的宣告是由第五节的中音提琴开始，小提琴接手的时候，添上了一些新花样。花样翻完便出现了第二音题，它的现身是第一第二小提琴的接力演奏，第一音题（piu tranquillo）回到中音提琴和巴逊上面，曲调变繁复了，第一小提琴高高在上的弹着拨音。经过第二音题的发展之后，又转到了第一音题，乐章于是达到辉煌的结束。

末章由管乐器开头，带有楔子的性质（Moderato sostenuto）。正篇是 Allegro moderato，借低层弦乐器、铜乐器及巴逊推进主题，它跟慢板乐章是发生交互作用的，一番发挥便度到第二音题的罂粟主调。过后交付给小提琴，于是又回头结合上开头的楔子乐段（Moderato sostenuto）。现在是抓住主题用工夫，第二音题却也不冷落，到了顶点便是综合的重复。尾声（Moderato maestoso）连结起乐章的发端音题，一气贯穿首尾。

东方狂想曲

《东方狂想曲》具有洋溢的曲调，而且具有截然的东方色彩。它的纲领指示出一幅音乐的紧凑的速写。开头是城市之后，并传出阍人的呼唤，阍人去后，来了行吟诗人的即兴歌唱，那是弦乐器的扮演，渐渐传到其他乐器上面去造成一段饱满的伴奏。更进一步得到非常盛大的发展，临近结束，又听到阍人的呼唤。呼唤停止，洋管发出活跃的舞蹈的信号。舞曲在敲击乐器上面变花样，花样变完，有一个老头子出场，唱出一段温软的曲调，和上阴沉的竖琴伴奏。歌声停止，阍人吹起号角，于是进行曲调宣告国军胜利的归来，人民的欢呼和活泼的舞蹈夹上去，中间还传出胜利的歌颂。末了，综合各个音题来一个巧妙的总结。

斯吞卡·拉晋（交响诗）

这是一篇伟大的史诗，出版之时，谱前写明献给博罗丁，可见作者自己是很喜欢的作品。斯吞卡·拉晋①（Stenka Razin）也同普加乔夫一样，是活在人民心中的草莽英雄，他本来是一个哥萨克，活在 19 世纪，他的出名是因为他反抗亚力西·罗曼诺夫的统治及在伏尔加河上的"替天行道"。曾经有过一次，他给官军抓到了，亚力西声明可以赦免他，只要他来一次效忠的宣誓。这个哥萨克当时是答应的，可是没有多少时候，他又声称他是沙皇以及所有贵族的敌人。他肩起人民解放的大旗，自称领袖，横冲直撞，一声号令，他可以召集起一支 20 万人的大军。可惜他的流寇性格没有洗伐净尽，以致人民怀抱着期望的心情，以为新的主子会比沙皇高明，终于碰了失望的厚壁。结果拉晋脱离了人民，到了沙皇的军队部署成功，拉晋便给拖上了绞架，时间是 1672 年。

乐曲的开头是 Andante，描写伏尔加河的景色。不一会，伸缩喇叭吹出了一个音题，仿佛教人听到船夫曲的凄厉的歌声。这一音题差不多贯穿了整部乐曲。拉晋的船帆是丝织的，船上有一个给他们绑票的波斯公主。她告诉他们一个恶梦，她看见斯吞卡给射杀了，她自己给淹死在伏尔加河。她的梦居然成为事实：沙皇的军队一重重围住拉晋，拉晋也知道自己临近了毁灭，他嚷道："30 年来我出没在百川之母的伏尔加河上，还不曾送过她一件礼物，可是今天，我要把我心目中认为地面上最贵重的东西送给她。"一边说，一边把公主扔下了伏尔加河。喽啰群于是唱起他们领袖的颂歌，正对沙皇军队冲过去。正篇（Allegro con brio）的主题是从楔子转过来的，经过一番发展，便由觱栗奏出新音旨（Allegro moderato）。先行的乐队回过来，民歌曲调又来一次再发挥。余韵的材料是现成的，发出一阵凶野的气势，结段回复到楔子的速度，民歌借铜乐器传出满腔痛悼的愤激。

---

① 今译《斯金卡·拉辛》。

西别里乌斯——芬兰的民族音乐家

（J. Sibelius，1865—?）[1]

作为一个民族音乐家，西别里乌斯[2]跟穆索斯基一样，他完全是从芬兰的泥土生长的，不受外来音乐的重大影响，他的天赋和自由的手法造成了他的音乐地位。不过比起穆索斯基来他是幸运的，穆公潦倒终生，临死还给人拿来当勤务兵看待；他却漫游欧美，受尽尊崇，公私一致，至老不衰。人为的幸与不幸，就是这样造成无情的比对与嘲讽。

凡是天才，总是从小便显示出他的音乐本领的，西别里乌斯也没有例外。他在学校里，一直是全校音乐活动的中坚人物，可是他1885年还是循规蹈矩的考进赫尔新基大学，做一个法学系的大学生，四年之后，丢掉法律课本，远游柏林，后来到维也纳拜戈尔德麦克和传赫斯做老师，1892年，学成返国。

使他引起世人普遍的注意的是一部管弦乐作品：《传说曲》。短期间在赫尔新基音乐学院教授作曲和小提琴，可是1900年，芬兰政府已经发给定额年俸，于是他专心在作曲上面努力。那一年他游巴黎，旅法赫尔新基管弦乐队公开演奏他的一些作品，明年，他参加指挥海黛堡音乐节的演奏。他的名声，不论在国内还是国外，是一天大过一天。1914年横渡大西洋，指挥新作交响诗《海洋的女儿》，耶鲁大学授给音乐博士学位，他的70寿辰（1935），赫尔新基曾经举行过盛大的庆祝。

他的作品大部分是庞大的器乐和声乐，计有交响乐8部、交响诗12篇、组曲、夜曲、室内乐、配剧音乐、清唱剧、合唱和独唱的歌曲、钢琴和小提琴的散曲等等。

他有一种独特的手法，简短的单位的音题交织起来，统一在最后的形式上面。

---

① J. Sibelius，1865—1957。

② 今译西贝柳斯。

他的作品可以说是属于绝对音乐的范围，同时却充满了芬兰的史诗的画面。有人说他是神秘的或者沉闷的，可是谁也不能像他在创作上面所表现的豪放的幽默和雷霆的力量。

图涅拉的天鹅

《图涅拉的天鹅》是他交响诗《廉敏凯仁》的第三段。全曲演奏极少，常常听到的就是这个第三段：

图涅拉，死的王国，芬兰神话的府库。周围是环绕一条黑水和急流的大河，河上有图涅拉的天鹅在浮泛和歌唱，那副形相是满神气的，庄严的。

纽玛区在她的《西别里乌斯传》里面，亦记有这篇作品的笺释：

庄严的然而绵密的、哀愁的，天鹅一般的曲调像是一段英国号角的独奏，最初的伴奏是加弱音器的弦乐及轻柔的滚鼓，现在和以后这支曲调从第一大提琴或中音提琴的乐句得到回答，这段答题可以算是一些灵魂渡过黑水河进入死国的伤别，好多小节，铜乐器一直保持沉默，到了第一铜角（弱音的）忽然回答天鹅曲调几个音符便充满了阴森的效果，渐渐的，音乐发展到伟大的顶点，注明 con gran suono，接着是加倍的轻弱音，弦乐器用弓背弹奏。伴奏暗示翼尖微弱的拨动，天鹅的最后乐句应声唱了出来，弦乐器回复原来的弓法。这篇作品即在大提琴的哀伤的乐句，最有性格描写的乐句之一的演奏声中结束。

拉威尔——最出色的新派作曲家

（M. Ravel，1875—1937）

拉威尔一向被算作最出色的新派作曲家之一，他不是德褒西的奴隶性的信徒——他凭个人的才能和技巧丰富了印象主义的花色。他出生的地点是比里牛斯山边，因此自小留有很深的西班牙印象，这些印象后来还留在他的音乐里面。

12 岁他随家移居巴黎，两年后进巴黎音乐院。1902 年曾得第二罗马奖，可是 1905 年，他却被从竞赛上除名，虽然他已经创作过一批钢琴曲，出色的弦乐四重奏及歌曲集。这种无理的处置引起拉威尔拥护派的愤怒。他们抗议的结果，院长杜博亚不得不提出辞职。这是学生时代的大事，到了他的作品公开问世，又搅出一次拥护派和反对派的争执，问题是：拉威尔是或不是德褒西的模仿者。然而事情终于明白了：他并不是文抄公。他的《西班牙狂想曲》奠定了他乐坛的地位；他的《旋转舞》《舞曲的坛场》，使他的荣誉达到了顶点。他的钢琴协奏曲及左手独奏的协奏曲，显示出他独特的风格和技巧。除此之外，还有精妙的管弦乐《鹅妈妈》歌剧、室内乐、钢琴散曲及歌曲等。

西班牙狂想曲

拉威尔的作品的西班牙气息是浓重的，小时候住在比里牛斯山边是一个原因，他的母亲是巴斯克的遗裔也是一个原因。代表作者这一方面的性气的作品则是《西班牙狂想曲》。

《西班牙狂想曲》作于 1907 年，封面的献辞是给别尔约的，别氏是他巴黎音乐院求学时期的老师（钢琴）。首次公演是在 1908 年，演到第二章，楼座有人大呼："再来一次！"话才讲完，另外又有人向指挥叫出："再弹一次！给楼下没有听懂的人听听吧!"

全曲共分四章:1. 序曲。全章的重点都安置在发端的加弱音器的小提琴和中音提琴的排奏上面。2.《马拉居娜》,马拉居娜是南西班牙的舞歌之一,通常的节奏是三个八分音,拉威尔却变成三个四分音,低音提琴开章的排奏重复了 29 节。3.《哈巴尼拉》,据说哈巴尼拉是一种古巴舞曲,可是还是非洲黑人传到古巴去的。拉威尔始作这首舞曲是在 1895 年。4.《年市》,这一章是三段体,第一和第三段采用同样的材料,中段的速度比较减低了一些,音题的开始是落在英国号角上面。

格里厄——苏联音乐的奠基者

（R. M. Gliere，1874—）[1]

同格拉俦诺夫一样，格里厄[2]也是从旧到新的俄罗斯作曲家，可是格拉俦诺夫终于不过是站在时代的边缘，格里厄却同他的学生普罗柯菲耶夫一样跃进了新时代，完成了各项建设的音乐纪录。

他以 1874 年生于基辅，如果照新历推算，他的生日应该是 1875 年 1 月 11 日。初入莫斯科音乐院，曾得黄金奖牌。1913 年任基辅音乐院教授，次年晋任院长，十月革命之后，改任莫斯科音乐院作曲教授。他的舞剧《红罂粟》曾经受到苏联群众的欢迎。新作《竖琴协奏曲》并经美国国家广播电台采作播音节目，他的作品有交响乐、交响诗、室内乐、钢琴曲、协奏曲及舞剧等。

第一交响乐（降 E 大调）

《第一交响乐》成于莫斯科，那时格里厄只有 24 岁。三年之后才得到公演的机会。

开头是一段长的楔子，预示出乐队的主题，楔子之后转到中快板，主题由洋管奏出，连同弦乐伴奏。此时声音逐渐加强，占有了整个乐队。低音提琴和大提琴的一段繁演领入第二音题的罂粟演奏。它的发挥便意味到一章的结束。

第二章包含两个重要的音题：第一音题由弦乐器奏出，第二音题连结起第一个落在中音提琴和巴逊上面。中段的音题由罂粟主奏，弦乐伴奏，之后，再来一次精

---

① R. M. Gliere，1874—1956。

② 今译格利埃尔。

密的发挥，便转到第一部各个音旨的综合的重复，同时宣布第二章结束。

第三章先由小提琴奏出主题，随即开始漫长的发展，过后，第二音题出现在木管乐器上面，再由弦乐器接奏，并从各方面支配了整个乐队。于是发端音旨重复一次，达到顶点之后，即转入安详的结束。

末章的音题挟着强烈的气势由铜角先奏出来，再由弦乐器重复一番，然后转入全副乐队。后来大提琴和低音提琴连同洋管和长笛的和应再来一次生发的时候，音题重复出现，直到第二音题在管乐器上面的开始。现在第一音题换了一套新花样重新出场，接着便听到第二音题在铜角和大提琴上面的追随，临到结尾则是所有题材的综合的复演。

海女（交响诗）

《海女》首次公演于圣彼得堡，时为 1912 年。这是一部标题音乐，纲目如下：

1. 大海；
2. 海女的岛屿；
3. 船舶的接近；
4. 海女的歌唱；
5. 沉船。

海女的传说是很古老的，我们可以从史诗《奥德赛》找寻她的本源。她用歌唱引诱过往的舟子，使它触石沉船或者发生其他的不幸。开头是小提琴的弱音排奏，伴上低音提琴和旋转鼓，算是描写大海。大提琴、第二小提琴和铜角指点出海岛，过后还有一段长笛的密集音型。现在船舶渐渐来近了（弱音铜角的吹动），海女随即唱出迷人的歌曲（中音提琴和觱栗，）音乐越来越生动、越有力，终于达到了顶点，象征船舶的触礁和破碎。船沉了，歌声也停止了，剩下来的只是一片空虚，于是便在微弱声中结束了我们的音诗。

米亚可夫斯基——近代交响乐作家

（N. Miaskovsky，1881—）[1]

有人说过，"9"是交响乐的命运数，因为贝多芬写过 9 部之后，没有人可以写到 9 部以上，裴辽士、舒曼、孟德尔松、黎斯特、勃拉姆斯、博罗丁、柴可夫斯基都写不到 9 部，舒伯尔特、勃鹿克纳、马勒都恰巧是 9 部（马氏的第 10 部是未完稿），似乎没有办法可以打得破"9"关，打破 9 关的作家，我们不得不数米亚可夫斯基。

米氏生于波兰华沙附近的诺伏佐尔兹耶夫斯基。父亲是俄国的工兵将官，他小时候是打算继承父业的，彷徨了一些时候，到 25 岁才决定了他的道路。他进了圣彼得堡音乐院，拜格里厄、里亚朵夫、韦陀尔及李姆斯基·柯萨科夫做老师，初出茅庐，写过一些钢琴模范曲之类的作品。大战爆发，他在军队服务，革命之后，他任莫斯科音乐院作曲教授，作为现代交响乐的一流作家之一，截至 1943 年止，他已经写了 23 部交响乐。他是受有斯克里亚宾、普罗柯菲耶夫和德褒西的影响的，可是大体上他是在直接继承李姆斯基·柯萨科夫、穆索斯墓、博罗丁的道统的。他像柴可夫斯基，作品染上了浪漫主义的色彩，同时具有苍凉的情调，直到《第 12 交响乐》，才换上了鲜明饱满的颜色。《第 16 交响乐》《第 18 交响乐》《小提琴协奏曲》及《第五部弦乐四重奏》一出世，他便完全现出崭新的面目了。他的《第 22 交响乐》与肖斯塔可维奇的《第 7 交响乐》，同为爱国战争的历史的丰碑。

除了 23 部交响乐之外，他还写有 5 部弦乐四重奏、钢琴曲，歌曲及其他叙事管弦乐等等。

第 6 交响乐（降 e 小调）

《第 6 交响乐》作于 1922 年，谱表上面附有一张说明：

---

①   N. Miaskovsky，1881—1950。

　　写作的时候，米亚可夫斯基曾因两个知心的深刻的亲人的逝世，受到很深的刺激——雷维捷夫博士（1920 年逝世），米亚可夫斯基大战期间（1814—1918）及革命年代的密友，及他的姑母，作者父亲的姊妹，自从作者童年以来她便像是他的第二母亲，《第 6 交响乐》的有些部分也受到比利时诗人魏尔海仑的《黎明》的影响（魏尔海仑以为诗的美不在和谐而在动力，因此歌颂工厂，歌颂机械，歌颂都市，《黎明》一剧更预言新时代的新胜利）。

　　第一章开头是一段豫序的乐句，由全体乐队奏出，算是弁题。一段高扬的排头领入了正章，主题落在第一小提琴上面。从此来一番强烈的发挥，直到第二音题在弦乐器、觱栗和巴逊上面出现。这一个挽歌似的音题还有它的第二段，最先是交付给铜角的，后由独奏小提琴接手。乐曲的发展引用到开头的豫序乐节。结末是拿现成的材料变出一套新花样。

　　就性质说，第二章是全曲的谐谑曲。低音觱栗吹出第一音题，半音升降的进行。稍后来了一个比较苍凉的音题，跟上来的是简短的中段，中段的主题交付给长笛、洋管和觱栗，作为弦乐器的开五度的延续和声的对调。经过一阵进度的加快之后，原本速度和全章材料便再来一次精细的处理。

　　第三章行板加上热烈的表情，楔子过后，便是正题，正题是光华灿烂的觱栗曲调；现在接上一段抽拨乐器和弱音铜角的奇巧的和弦排奏，再回头，后面便跟上比较热烈的部分——实际上是第二音题——由大提琴担任演奏，感情是愈见活跃了，有时又有第一音题及开头乐节的宁静的性格的回复。结束时一片沉静，像是把活气留给第四章的发扬蹈厉。第四章一开始就是铜角吹出法国大革命的名歌《加满虐》的变奏，这是一场暴风雨的发展，接着又是一首法国革命歌［1789 年 10 月 5 日巴黎人民向凡尔赛进军时唱的：《准会行得通》（捉到贵族吊灯笼）］，现在是铜乐器全体动员。及至第一音题回到木管乐器上面，再来一次过门的排头，竖琴和低音提琴便预告出《愤怒的日子》。管弦乐队突然爆出一阵暴烈的声音，算是《愤怒的日子》的另一番引导。于是觱栗吹出一首俄国民歌的音题，随手又是《准会行得通》的重复，同时也没有遗漏了第一音题，音乐发展到这个地步，《愤怒的日子》终于到来了。从紧张回到缓和的局面之后，作者还有一个无言合唱团的布置，不过那是随意的，因为合唱团只有送丧的任务，号咷一通完事。煞尾是俄国民歌的第一中音的复唱及前章慢板开头主题的回顾。

普罗柯菲耶夫——天才的现代作曲家

（S. Prokofieff，1891—）[1]

　　说起现代作曲家天分之高，我们不能不数到普罗柯菲耶夫——即使不是第一个，也总是其中之一。他的发蒙教师是母亲，其他先生的名字还有格里厄、坦涅耶夫、哀西坡夫夫人、里亚朵夫、李姆斯基·柯萨科夫和车列浦宁。

　　他开始作曲是在 5 岁半的年龄，7 岁便写成一部歌剧《巨人》。学生时代的作品已经达到 100 的数目，其中包含歌剧 2 部、交响乐 1 部、钢琴模范曲 6 部。他在彼得堡音乐院获得罗宾斯坦奖。18 岁那一年，圣彼得堡现代音乐协会举行他的作品演奏会，他开始现身指挥台。自此以后，世界大战，十月革命，都不曾中止过他的音乐活动，他的《古典交响乐》是 1919 年在莫斯科演奏的，在那个饥寒交迫，内外夹攻的年头。

　　他的作品显示出大胆的和声，独特的节奏同时还包含尝试的精神，讽刺的气质。欧美的一流乐队都在演奏他的作品，他自己亦常作旅行演奏。他的歌剧早期的有：《赌徒》《三个桔子的恋爱》及《冒火的天使》；近期的有：塞米央·科得戈（卡达耶夫的《我是劳动人民的儿子》《1812 年》（托尔斯泰的《战争与和平》）此外还有一套配剧音乐《罗密欧与朱丽叶》组曲，交响乐 4 部、舞剧 4 部、钢琴、小提琴、大提琴协奏曲 9 部、弦乐四重奏、杂曲、歌曲数亦不少，清唱剧《涅夫斯基》尤为近年乐坛的巨作。

古典交响乐（D 大调）

　　《古典交响乐》作于第一次世界大战期间（1916—1917），首次公演是在 1919

---

[1]　S. Prokofieff，1891—1953。

年。谱前注明献给亚沙菲耶夫，音乐学者。普氏自称假如莫扎特复生，定会拿这部《古典交响乐》当作他自己的作品。演奏乐队的配备亦是老式的——两支长笛、两支洋管、两支觱栗、两支巴逊、两支铜角、两支喇叭，旋转鼓及弦乐器。

第一章由第一小提琴奏出主题，转化的排头引上第二音题，本身却在长笛上面变出新的主意。小提琴现在奏出第二音题，发展部分连上了第一音题的过渡。现在是转化的排头接手，过后又转到第二音题，首段的重复在弦乐器上面弹出 C 大调，可是第二音题却现出 D 大调的本相。一阵尾声，乐章结束。

第二章拖着第一小提琴开展它的主题，对调来了，发端音题再度出现。现在又来了第二对调，主题仍然在场，发端四节的出现便意味着这一章的完结。

第三章是一首嘉禾舞曲。弦乐器和木管乐器合奏主题，第一段 12 节之后便接上 C 大调的中段，低部弦乐器弹出一个延长音，延长音之上是长笛和觱栗的音题，本章的前部现在来一次原样的重复。

第四章主题交付给弦乐器，经过现成材料一番转化的排奏，便可以从木管乐器听到第二音题。音题随手加以广大的发展，于是达到重头的复奏，总结全曲。

萧斯塔可维奇——苏联音乐巨星

（D. Shostakovitch，1906—）①

萧斯塔可维奇②是苏联的作曲家。他的名字的响亮，由于他早熟的天才，更由于他正确的路线。当然，他也犯错误，可是一面克服一面进步，终于与哈察图扬成功苏联音乐的两极。

最初，他拜见西洛蒂，这位老钢琴家不相信他会成功一个音乐家，后来还是格拉佣诺夫给予这个孩子善意的鼓励，于是他列名列宁格勒音乐院。毕业的考卷先送给斯坦堡教授，他的业师给他来一次大量的修改，他照办了，可是考试委员会却还他一个本来面目。

他声名的建立是由于他的歌剧《鼻子》（依据果戈里的底本）。随后陆续发表了一些舞台作品，及一些交响乐、室内乐及钢琴曲，不久便传到美国，在斯托考夫斯基指挥之下演奏。他的新作歌剧《麦克白夫人》最先在列宁格勒演出，立刻流行各地，1935年并在美国大都会歌剧院公演，英国也曾摘演一些断片作为音乐会节目。因为作者是滥用他的天才，依照写实歌剧的血腥的、性感的、诡计的手法写成的，所以受到禁演的处分。

截至最近为止，他写有7部交响乐、1部清唱剧、3部舞剧、1部弦乐四重奏、1部钢琴五重奏、钢琴协奏曲、模范曲、散曲亦有相当的数目。

他的《第五交响乐》是一部宏大的、震惊世人耳目的哲学音乐，它证明，性灵的忠诚可以使音乐的现实主义提高到世界观的一般化的高度，主题的发展达到最广泛的客观的承认，它沟通了历史的空间和时间。

---

① D. Shostakovitch，1906—1975。

② 今译肖斯塔科维奇。

室内乐的压卷作品是《钢琴五重奏》，所谓"压卷"的意义，并不限于作者个人的作品，根本就是现代音乐的最高成就。这一部杰作演奏过后，给他画像的画家就是当年图写柴可夫斯基的丹青妙手。

第七交响乐

《第七交响乐》是作者最近的作品，完成于列宁格勒的围城中。那时作者除了作曲之外，还做战时救火队队员。为了节省煤炭，他把卧床和钢琴一起搬到厨房里面去工作。这是作者对希特勒的攻击和轰炸的有力的答复。他称这部作品是战斗及其未来胜利的交响乐。他不是作为作曲家现身，他是人民的精神的代表。

小提琴开头唱一段幸福人民的无忧的生活，心情是轻快的，可是就在这轻快里面潜伏着灾难。于是从不可解消的矛盾的深处泛起了战争的音题——短促、冰冷、斩截，有如钢铁的钩纽。

战争音题保有相当的距离，最先好比是简单然而撞击的舞曲，接着集结的威力像是一场风宰制了全副乐队，吹卷的、昂扬的、争胜的气势。战争的步伐落在旋转鼓和大鼓上面，并从小提琴榨出一阵死战的、失望的叫喊。乐队的演奏就是无边的烦杂和混乱。

可是事情还没有完，弦乐器开始了战斗，小提琴的和声和巴逊的人类的声音压倒了鼓皮的打滚。战争的混乱驯伏在小提琴的和声底下，鬼卒的吆喝也被迫停止了。于是小提琴降低了弓位，巴逊保持沉着和严肃。

中间乐章是从灰烬中苏生的美丽。

结章一直指向辽远的未来，在你耳边展开了崇高的热情和理想。强力的音题开始发言，你给拖向光明，卷入旋涡，再来一次承当海洋的巨浪。音乐的昂扬继续下去，终于达到了尾声。小提琴带来开朗的大气，连同管弦乐队的和声的风暴，人类全给带向未来，带向辽远的、更高秩序的、蔚蓝的都城。

中国古代音乐简史

版本：音乐出版社，1964 年 3 月，北京

中国古代音乐简史

廖辅叔 编著

人民音乐出版社

第一编　原始社会的音乐

第一章　原始社会的音乐

一、音乐的起源及远古人类对于音乐的理解

要讲原始社会的音乐，一般是从音乐的起源讲起的。音乐的起源也如同其他艺术一样是起源于劳动，也就是起源于生存斗争，对自然的斗争和对动物的斗争。所谓歌唱主要是对自然的、动物的声音的模仿，所谓舞蹈就是对自然现象、动物动作以及生产劳动和战斗行为的模仿，所谓诗歌就是斗争经验的记录。而不论歌唱、舞蹈或诗歌，除了记录之外，还包含有传授的意义。"言之不足，故嗟叹之；嗟叹之不足，故永歌之；永歌之不足，不知手之舞之，足之蹈之也"。事实上凡是话说不明白，就要加强语气，加上动作，所以原始音乐是诗歌、音乐、舞蹈合为一体的。当然，这种声音动作的模仿还不限于传授经验。我们的祖先还要通过音乐起一种巫术作用。他们以为在举行狩猎仪式的时候又歌又舞的话，那边的动物也将会受到巫术的感应，自然而然地等候你来捕捉，或者静静地作你射击的靶子。这是狩猎时代的情况。到了农耕时代，就又增加了耕种的一套。这说明音乐是反映现实生活的，同时也证明了一条真理：人民的社会生活是创作的唯一源泉，第二个源泉是没有的。

二、原始社会音乐的内容

关于生产劳动的音乐作品，我们可以举相传为黄帝时代流传下来的《弹歌》为例：

断竹，续竹，飞土，逐宍（肉）。

这是关于狩猎的。稍后，就是畜牧和种植，《吕氏春秋·古乐篇》提到的是八

首歌：一、《载民》，二、《玄鸟》，三、《遂草木》，四、《奋五谷》，五、《敬天常》，六、《建帝功》，七、《依地德》，八、《总禽兽之极》。更后，就是农业为中心的表现。伊耆氏的《蜡辞》说：

> 土反其宅，水归其壑。昆虫毋作，草木归其泽。

关于音乐反映对自然的斗争的记载：《吕氏春秋·古乐篇》有一段说："昔阴康氏之始，阴多滞伏而湛积，水道壅塞，不行其原，民气郁阏而滞着，筋骨瑟缩不达，故作为舞以宣导之。"这里把阴康氏排在葛天氏之后，这是作为一个历史的帝王来叙述的。我们今天却只能当他是传说甚至于神话。但是它却说明了人类进步的一个阶段，而且是与祖国地理相结合的。我们的祖先住在黄河流域，最伤脑筋的事情就是洪水。关于洪水的传说里也有音乐的材料，而且指出音乐与劳动正确的关系，为劳动服务。舞蹈的作用相当于我们的体育锻炼，这也是接触到历史的真相的。

洪水的故事的进一步发展是关于禹的功绩的故事，而且有了《大夏》或名《夏籥》这样的乐舞，来庆祝治水的成功。这个乐舞分九段，伴奏乐器以管乐器籥为主。

《吕氏春秋·古乐篇》还有一段说："昔古朱襄氏之治天下也，多风而阳气蓄积，万物散解，果实不成，故士达作为五弦瑟以来阴气，以定群生。"这段话当然也是神话的成分多过历史的成分。朱襄氏这个人根本就很渺茫，那个时候更不可能有这样发达的弦乐器。但是这段话却反映出音乐的巫术作用。

由于古人对音乐有一种超自然力量的设想，所以对于音乐家也常常设想出不同于普通人的形象，例如《山海经·西山经第二》里面有一段话说："……有神焉、其状如黄囊、赤如丹火、六足四翼、浑敦无面目，是识歌舞，实惟帝江也。"既然音乐家是一种特殊人物，由他们演奏出来的音乐当然也会发生一般人力所不能及的效果了。

传说中还有关于战争的舞蹈，那是当舜的时候，禹曾奉命和苗人进行了 30 天的战斗，还是没有决定胜负，于是收兵回来，"舞干羽于两阶，七旬，有苗格"（《尚书·大禹谟》）。

关于宗教的舞蹈也可以提供一点材料。原始人崇拜自己的图腾，传说中的黄帝氏族是以云为图腾的，乐舞因名《云门》。此外，也有以玄鸟为图腾的，如葛天氏之乐的第二阕。

尧的乐舞叫做《咸池》。咸池是天上西宫的星名，也是日落之处。乐舞采取这样的名称正可见古人幻想的豪放。舜的代表性的乐舞是《韶》，也是带有宗教性的，因为主要的伴奏乐器是排箫式的箫，所以称为《箫韶》；因为全曲分为九段，所以又称为《九韶》；因为九段有九次变化，所以又称为《九辩》；又因为歌唱部分有九段，所以又称为《九歌》。这是古代非常出名的音乐，孔子听过了竟至于三月不知肉味。

三、原始社会音乐的形式

关于远古乐舞的演出形式，有一种是："昔葛天氏之乐，三人操牛尾，投足以歌八阕"（《吕氏春秋·古乐篇》）。另外一种是"八佾……皮弁素积，裼而舞大夏"（《礼记·明堂位》）。至于乐曲的形式，就可考见的而论是极简单的，《吕氏春秋·音初篇》载涂山氏之女候禹于涂山之阳的情歌，只有一句话："候人兮猗。"说明当时歌曲的形式。闻一多说过："这种声音是音乐的萌芽，也是孕而未化的语言。声音可以拉得很长，在声调上也有相当的变化，所以是音乐的萌芽。那不是一个词句，甚至不是一个字，然而代表一种复杂的涵义，所以是孕而未化的语言"（《闻一多全集》甲集 181 页）。

这一时期的音乐特点，是与劳动实践密切结合的，它是原始公社全体成员的创作，为整个公社服务的。当时还没有阶级，音乐的任务是组织全体成员同心同德进行生产劳动，并对自然灾害和野兽进行斗争。它反映出人类的智慧和要求，同时也显示出他们认识的原始性。他们常不免幻想出某些具有超自然的魔法来解决他们的困难，但是他们的想法正好显示出他们控制自然、征服自然的愿望。他们的精神也是乐观主义的。

四、关于原始社会乐器的一些推测

最后说一说当时的乐器，它主要是从生产工具改变过来的。

打击乐器有鼓，这是最早的乐器，它是与劳动结合最密切的东西。《礼记·明堂位》说："夏后氏之足鼓。"这是说鼓的形式，它是有脚的。《明堂位》又说："土鼓苇籥，伊耆氏之乐也。"这是说明鼓的原料是泥土，鼓面可能是鳝（鼍）、麋的皮。

磬，石制的乐器，据《礼记》说还可能有编磬，称为离磬。由杂音到定音，再由定音到有一定音列的编磬，也不是没有可能的。它还有另一种名称叫"鸣球"。

钟，最先可能是竹木制成的（郭沫若：《彝器形象学试探》，见《两周金文辞大系图表》），后来改为陶制和铜制。

关于吹乐器，现存有陶埙三个，一个略如管状，只有一孔；一个近于椭圆形，顶边各有一孔；一个近于球形，有三孔，音高是还不确定的。还有就是籥，由芦苇管子编成，称为苇籥。它不可能是伊耆氏的创造，但与《大夏》同时则是可能的，这个字在甲骨文中写为 或 ，照字形推测，可能是编管乐器。甲骨文是商朝的文字，已经有进一步的改进，夏朝使用的也许一管只有一孔，几支合起来，吹出简单的旋律。

弦乐器有没有呢？照理应该有，但是因为得不到有关文献的证明，只好存疑。

总的来说，原始乐器的发展是遵循一定的步骤的。形式上由不定型到定型，种类由少到多，音律则由不定音到固定音，由不相联属的单音到有一定的高低关系的音列。

原始社会的音乐大致说来就是这样。

第二编　奴隶制社会的音乐

——夏、商、西周、春秋（公元前 21 世纪—公元前 475 年）

第二章　夏、商、西周、春秋的音乐

一、概况

原始公社的解体是从夏朝开始的。夏的年代约为公元前 2033 到公元前 1562 年。照历史的记载，夏朝开始了阶级社会，产生了世袭制度。奴隶主和奴隶分裂为两个对立的阶级。贵与贱、贫与富逐渐分化，这就造成了原始公社的解体。但是我们还不能说它已经开始建立奴隶制度的国家，因为原始公社制度还是当时的主要形式，由于实物的缺乏，不能多说什么，所以讲历史还是从商朝开始（盘庚即位，迁都到殷，所以商又称殷，亦称殷商，本名仍称为商）。

殷商是奴隶制社会，生产工具已经不用石头，而是以金属为主。箭镞用铜，而且箭镞的样式完全一致。由于箭是一次消耗的，证明铜的应用已经很广泛，不然的话就不能应付大量消耗的射击。样式的一致，又证明铜范技术已经达到一定的水平。由此可以确定，殷商是处于青铜时代末期，畜牧耕种都已经相当发达，手工业有了很多种类，分工颇细，而且有了商业。

殷商历史之所以可靠，是因为有了甲骨文的记载。公元 1898—1899 年间，河南安阳小屯村（即盘庚统治时期的国都）农民翻地时掘出了无数的龟甲和兽骨，上面刻着一些古老的文字，是占卜的文辞。它是从盘庚到纣辛时期的遗物。商同夏比较起来，有了显著的进步。从商到周，就开始了古代文化的一个灿烂时期。

二、音乐的初步专业化及当时统治阶级的音乐

通过奴隶劳动，培养出具有较高文化水平的巫和史。巫担任沟通人与鬼神之间

的关系；史偏重人事。巫能歌舞，又能治病。巫字在甲骨文里写成㞢㞢㞢㞢巫，楷书为"巫"。照《说文》的解释，巫是"女能事无形，以舞降神者也，象人两袖舞形"。巫与舞是同音字又是同义字，可见舞是巫的看家本领。舞者为巫，动则为舞。巫之所以重要，是由于他服务于神权的统治。古人是迷信的，统治阶级相信有天在鉴察一切，而天又是站在统治阶级一边的。统治阶级称为天子，通过巫，天的威力给具体化了，成为巩固他的统治的有力助手，在精神上对奴隶起一种威吓欺骗的作用，以利于奴隶主的统治。

商朝的乐舞叫做《舞雩》；卜辞中写作霝；因为轮流传递，所以又称"代舞"或"隶舞"；隶字卜辞中作或，像手操牛尾；又因跳舞时要周围盘旋，所以又叫《盘隶》。

依据历史的记载，商还有一种舞叫做"濩"，是为了纪念成汤伐桀的功绩编出来的。这是一种民族乐舞，它是与另一古舞《韶》并举的。周朝的乐舞是《大武》，描写武王伐纣的军事行动，结构是先来一段击鼓，号召集合，然后是长的歌唱，然后是很快地进入战争表演。表演时一人饰王，一人饰大将，两个人手搖铎，分列舞队两边，队中表演种种战斗行动，然后舞队分行前进，表示战争胜利结束。这就是《乐记》所记载的："且夫武，始而北出，再成而灭商，三成而南，四成而南国是疆，五成而分周公左、召公右，六成复缀，以崇天子。"

周朝的音乐特点是等级化，乐队的编制是王排四面，诸侯三面，卿和士大夫两面，士一面。人数也有规定。王的舞队八人一行，共八行。诸公六人一行，共六行。诸侯四人一行，共四行。统治阶级认为音乐的价值在于德，因此评价的标准是：德成而上，艺成而下。

全般而论，当时统治阶级的音乐有如下的几个门类。

一、六代乐舞——简称六乐，包括黄帝时代的《云门大卷》，尧时的《大咸》，舜时的《大磬》，夏时的《大夏》，商时的《大濩》，周时的《大武》。这些都是代表性的乐舞。

二、小舞——包括 1. 帗舞——手持由五彩的丝织条子集合而成的道具。2. 羽舞——手持对半分开的鸟羽的道具。3. 皇舞——使用五彩全片鸟羽制成的道具。4. 旄舞——以牦牛尾为道具。5. 干舞——盾牌舞。6. 人舞——运用长袖的舞。

三、散乐——民间乐舞。

四、四夷之乐——这是当时王朝四周各部族的音乐。管这部音乐的乐官是最低级的——下士（当时乐官的等级有中大夫、下大夫、上士、中士、下士）。

从近年来出土的殷人墓葬中常常发现埙、磬、鼓、钟等乐器。1950 年从武官村发掘的大墓，西边有女性骨架 24 具，随葬物品有乐器和小铜戈。这些妇女是墓内主人的姬妾，小铜戈是道具而不是兵器，这就说明这些妇女是殉葬的"女乐"。1953年在大司空村的另一次发掘有三个钟，还有殉葬的人可能也是三个，而这三个人应该就是这三个钟的乐手。这些实物使人想象到奴隶主是要求活人陪他一道去死的，因为他相信死后还要像生前"恒舞于宫，酣歌于室"那样的过日子，这是惊人的残忍行为。

三、这一时期的民间创作

1.《易经》中保存的歌谣

对奴隶的残酷剥削在我们今天看来是荒谬的，但是从历史的发展上看，奴隶制度却是社会进化必经的一个阶段。恩格斯在《反杜林论》里面说过："我们绝不应该忘记，我们一切经济的、政治的和知识的发展都以奴隶制为其先决条件……我们有理由说，没有古代奴隶制，就没有现代的社会主义。"因为奴隶制度的产生使人类脱出野蛮状态，从而"成为文明的基础"。奴隶制使专业化成为可能，至于奴隶本人即使脱离了生产从事别的专业活动，他们的地位仍是非常低下的。卑贱者最聪明，他们是文化创造者。富有生命力的音乐，不是奴隶主的乐舞而是奴隶反抗的控诉的歌唱。虽然由于统治阶级的排斥和窜改，这一类作品很少保存下来，但我们还是能够从一些古书中找到若干残存的痕迹（例如《易经》）。《易经》是商周之间出现的一部书，它是统治阶级作占卜用的东西，剥开它神秘的外衣，还是很有一些关于奴隶社会中经济、政治、文化等方面的材料，它们大都是出于人民之手的作品。例如：

归妹上六：女承筐，无实；士刲羊，无血。——这是青年男女共同劳动——剪羊毛的画面。

贲六四：贲如，皤如，白马翰如。匪寇，婚媾。——这是关于婚姻的。

中孚六三：得敌，或鼓，或罢，或泣，或歌。——这是关于战俘的。

泰九三：无平不陂，无往不复。艰贞无咎，勿恤其孚，于食有福。——这一段话有强烈的剥削意识，有对于俘虏的虐待，同时它却也包含有辩证法的因素。

睽六三：见舆曳，其牛掣，其人天且劓。无初有终。

困六三：困于石，据于蒺藜。入其宫，不见其妻。——以上两条是关于做苦工的囚犯的描写。

2. 第一部民歌总集——《诗经》的出现

《易经》的材料比较零碎，《诗经》就相当完整了。

谈到《诗经》，不得不先说一说当时的采风制度。"古有采诗之官，王者所以观风俗，知得失，自考正也"（《汉书·艺文志》）。统治阶级对待民歌的态度和我们不同，他们常常加以修改、删除和歪曲，因此，《诗经》长期笼罩在封建思想的迷雾底下，我们必须恢复它的本来面目。《诗经》是我国民歌创作第一次的结集，虽然有些地方经过了改作，但并不因此失掉它的光辉，它有揭露，有讽刺，也表达了人民真挚的、健康的感情和追求幸福的愿望。

《诗经》是孔子编订的，所谓"删诗"，恐怕只是校订和改定。诗即是歌，它在孔子规定的课目中占有重要的地位，"不学诗，无以言"。"诗可以观，可以兴，可以群，可以怨"。《诗经》存诗 305 篇，分为风、雅、颂三部分。

风——包括 15 国的民歌。风的意义相当于乐调。"国风"即等于各国的地方乐调。流传的地域约当今天黄河流域的陕西、山西、河南、山东四省及长江流域的湖北北部和四川东部，时间约当周初（公元前 1066）到春秋中期（约公元前 570）。

雅——雅等于夏，即中国的正声。雅本来是乐曲名，《鼓钟》篇有"以雅以南"的话，可为明证。它主要是贵族文人的作品，小雅里面则有一些民歌。

颂——祭祀宗庙乐舞中的歌曲，阮元说颂就是舞容，王国维说"颂之声较风雅为缓"。

三类之中，风是《诗经》的精华，它有关于劳动生活的，如豳风《七月》；有表现阶级压迫与阶级觉醒的，如魏风《伐檀》《硕鼠》；有关于统治阶级的荒淫无耻的，如鄘风《墙有茨》、齐风《南山》、陈风《株林》；有关于人民生活的痛苦的，如召南《小星》；有关于爱情生活的，如卫风《木瓜》、郑风《溱洧》《出其东门》、鄘风《柏舟》等等。举《硕鼠》为例：

硕鼠硕鼠，无食我黍！三岁贯女，莫我肯顾。逝当去女，适彼乐土。乐土乐土，爰得我所。

硕鼠硕鼠，无食我麦！三岁贯女，莫我肯德。逝将去女，适彼乐国。乐国乐国，爰得我直。

硕鼠硕鼠，无食我苗！三岁贯女，莫我肯劳。逝将去女，适彼乐郊。乐郊乐郊，谁之永号！

从《诗经》的结构来推测当时歌曲的形式，我们可以说，当时占主导地位的是我们现在一般所说的分节歌，此外也有在前头或后头加上副歌的，或者加上引子做开头，或者结束时来一段尾声，形式的变化是很多的。

四、音乐教育

1. 商朝的"教戒"

统治阶级的音乐享乐是大规模进行的，这样大规模的演奏必然要求专业的水平，而且他们有时要亲自主持或参加带有音乐歌舞的祝典，因此也有必要具备这类乐舞的知识，甚至掌握一定的技术。不难设想，担任音乐的传授工作的人员或机关很早就有了。卜辞中有：

丁酉卜：其呼以多方小子小臣，其教戒。

据现代专家的解释，殷时邻国多遣子弟游学于殷。戒字的形体是"像人手持戈"。它的含意有二：一是持戈而警戒，一是持戈而舞蹈。以戒为教育内容，正包含习武和习乐两个方面（沈灌群：《中国古代教育和教育思想》）。《礼记·明堂位》又有"瞽宗"的名称。"瞽宗，殷学也"。郑注："瞽宗，乐师瞽蒙之所宗也。"古代习乐的人大都是盲人，盲人之所宗，应该就是音乐教育的机关。

2. 音乐在周代教育中的地位

殷商的音乐教育，因为文献不足，很难多讲，到了周朝，因为有一部包罗万象的《周礼》，我们就有了比较详细的史料。说《周礼》这部书是周公所手定，是不足信的，说它是六国时人的手笔比较可靠；但是作为有关周朝史料看，却还是可以的。周朝的音乐机关有总揽一切的首长，称为大司乐。据《周礼》的记载，工作人员确切可考的是1463人，表演民间乐舞的"旄人"还未计算在内。这个机关分三部分：行政、教学和表演。这1400多人中间，除了少数低级贵族之外，有1277人属于奴隶阶级。领导的权力则掌握在少数贵族手里。

受音乐教育的人，主要是世子和国子。世子是王和诸侯的嫡子，国子是公卿大夫的子弟。课程的内容是音乐思想、演唱和舞蹈。学习有一定的进度："十有三年，学乐、诵诗、舞'勺'；成童（15岁）舞'象'，学射御；二十而冠，始学礼，可以衣裘帛，舞'大夏'。"（《礼记·内则》）。至于音乐教育的目的，也说得很清楚："施十有二教焉……四曰，以乐礼教和，则民不乖"（《周礼·大司徒》）。又："以六乐防万民之情，而教之和。"这就说明统治阶级的音乐教育是为他们的政治服务的，目的在于巩固他们的阶级统治，巩固的方法则是"防万民之情"。他们意识到他们和万民之间需要有一道"防"，他们同人民是处于对立的地位的。但是他们不认为镇压是好办法，主张导之以德，齐之以礼，可见他们还有统治阶级上升期的信心，而且他们这样做，客观上也还有一点好的影响，那就是他们用国家的力量提高了音乐水平。他们从老百姓中间选拔了一些优秀的人才。这些人才为统治阶级的音乐注入了新鲜的血液。到了"天无常贵，民无终贱"从空话变为现实，亦即社会发生变化的时候，他们就为文化下移承担了重要的工作。

3. 孔子对音乐文化的贡献

文化下移对我国文化的发展是有很大关系的，孔子就是文化下移的一个重要人物。

孔子的学说是士阶层思想的结晶。所谓士，上有贵族大夫、下有农、工、商贾，在社会上虽重要而地位则不高，他们希望通过做官来实现他们的理想，却又不愿意为了做官就抛弃理想，因而总是失意的时候多。既然没有经济基础，他们的生活也就比较接近一般人民或者过着比较贫苦的生活，因而懂得民间疾苦，思想上有其进步的一面。孔子只做过三个月的鲁司寇，长期挤不进当权派里去，最后只好教书为生，完成了文化下移的历史任务。他是私人讲学的祖师，称为"万世师表"，"自行束修以上，吾未尝无诲焉"。他有一套政治理论，"道之以德，齐之以礼"。礼指统治阶级规定的秩序。但是单要求礼，是不够的，必须用乐来配礼，用乐来缓和上下的矛盾。礼乐的根本是道德。"人而不仁，如礼何！人而不仁，如乐何！"这样，礼乐的作用到了孔子手里就系统化了。孔子的思想是为统治阶级服务的，所以历代都受到极高的待遇，一直到被尊为圣人。他授徒讲学，有教无类，使本来贵族专利的教育在当时情况之下，做到了一定程度的普及，这是他的历史贡献。他的学生什么人都有，有的学生还问他如何种田和种菜。孔子所设的六门功课中间有一门就是乐，居第二位；对音乐教育的推广也有些贡献。他的学生去做官的地方有弦歌之声，孔子听了也就很高兴。

五、各族音乐文化及中外音乐文化的交流

中国音乐是国内各族人民共同创造的。从音乐史的开头就可以找到这一命题的论据。在《竹书纪年》里面有这样的一段材料："少康即位（公元前2015年左右），诸夷来宾，献其乐舞。"《古本竹书纪年》也有"（夏）后发即位，元年（公元前1774年左右）诸夷宾于王门。再保庸会于上池，诸夷入舞。"朱右曾本"再"改为"卂"，认为卂与那通，国名也。在湖北荆门州东南，保墉盖卂君之名，按《说文》邥字云："西夷国。"惟夏时是否有卂国或卂夷，尚乏明证。《路史》后纪十三作：

"其始即继，诸夷式宾，献其乐舞。"照前面说过的"其呼以多方小子小臣，其教戒"的例子来推论，他们除了献其乐舞之外，也可能要学些有关音乐的东西回去。

这所谓"诸夷"，在地理上说，有许多部族根本就是我们国内的少数民族，但是《穆天子传》却有真是属于外国的记录。穆天子指的是周穆王，他在公元前964年左右带着乐队去旅行，游踪所及，据近人的考证已经到达阿富汗附近的蜀山。他在蜀山之下奏所谓"广乐"，书中所说的玄池，据说也即是与里海相连的黑湖（karakul）。在他回国的路上又曾经把一位能表演傀儡戏的艺人名叫偃师的带回中国来，这种行动在中外音乐交流上无疑会留下影响。

六、乐器和乐律

这一时期的乐器大致有下列各种。

打击乐器，属于商朝的有鼓。公元1935年在河南安阳西北岗1217殷大墓的西墓道中有木腔蟒皮鼓一面，已经腐烂了。日本有一面双鸟饕餮纹铜鼓，据考古家说，这个鼓也是商朝的遗物，甲骨文的鼓字写作壴，屮说明鼓上有装饰，凵是鼓身，凵是鼓架。

磬，公元1950年春季安阳武官村出土的有虎纹大石磬，音比略高，制作非常精美。

编磬，故宫藏有三枚，铭为永启、夭余，永余。音高为

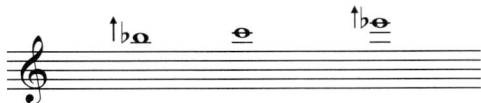

这三个磬可能还不是全套，音高的不同暗示出古人对音阶的认识还没有达到标准化的程度。

钟，据文献记载，有挂着敲的，有用木制的座子把他竖起来敲的，有手拿着敲的。

编钟，一般出土的商朝编钟，常是三个成一组，我们保存两组。至于目前我们所有最完整的一套则是1957年在信阳楚墓出土的，共有十四个。墓是战国时代的，但其中最大一枚的钟铭却记的是鲁昭公十七年（公元前525年）晋灭陆浑戎时事，因而断为春秋末期的制品（依郭沫若说）。

缶，盛饮料的陶制用具，也可作为打击乐器。证明这时的音乐和生活有了密切关系。

吹乐器有埙，这种乐器很常见，前面已经讲过了。

龠，卜辞中的写法是 ⿱品冊、⿱品冊，像编管吹奏乐器之形，可能是排箫的前身。

言，大箫，已见于卜辞（⿱吕吕），郭沫若认为是单管乐器。

龢，小笙的前身。

弦乐器，在商朝还没有具体的证明材料。卜辞中还没有发现琴、瑟等专名。过去我们喜欢拿乐字来推断，认为是丝附木上，作为弦乐器的证明；加以甲骨文有丝、绵、蚕、桑等字，极可能用作琴弦的材料，甚至还有一说，认为乐字中间的 ⽩ 是以像调弦之器。但是也有人认为那是鼓放在木架上，所以还不能下一个肯定的结论。

到了周朝，随着社会生活的复杂化，音乐向前发展了，乐器也增加了，见于记载的乐器将近 70 种，《诗经》所见的就有 29 种。乐器增加，就有分类的需要。周朝的乐器分类法是以乐器的制造材料为根据的，那就是所谓八音：金、石、土、革、丝、木、匏、竹。

根据乐器制造的材料来分类，本来是难免出些漏洞的，最明显的例子是笙属匏类，但他的竹管却也占有相当重要的地位。但是说起漏洞来，不论如何分类都是难免的，外国的长笛属木管乐器，实则木制长笛越来越少见了。所以把它说绝了没有必要。现在讲历史，就讲八音吧。

1. 金之属：钟、镈、铙等；
2. 石之属：磬等；
3. 土之属：埙、缶等；
4. 革之属：鼓、鞞等；
5. 丝之属：琴、瑟等；
6. 木之属：柷、敔等；
7. 匏之属：笙、竽等；
8. 竹之属：管、籥、箫、篪等。

如果依照演奏手段来划分，那么，这里已经包括有打击乐器、管乐器和弦乐器；更精密点说，弦乐器只是弹弦乐器，弓弦乐器还未出现。镈摇舌发声、敔叉刷齿发声，都各有它的特点。所以分为八音，在当时来说，是有它的道理的。

通过音乐实践的丰富经验，周代开始了相当有系统的音乐理论。

音乐理论的第一件事是五声的确立。五声是宫、商、角、徵、羽，最先见于《管子·地员篇》："凡听徵，如负豕，觉而骇；凡听羽，如马鸣在野；凡听宫，如牛鸣窖中；凡听商，如离群羊；凡听角，如雉登木（以鸣，音疾以清）。凡将起五音凡首，先主（立）一而三之，四开以合九九，以是生黄钟小素之首，以成宫。三分而益之以一，为百有八，为徵。不无有三分而去其乘，适足，以是生商。有三分而复于其所，以是生羽。有三分去其乘，适足，以是成角。"

用算式可以表示如下：

$1 \times 3 \times 3 \times 3 \times 3 = 9 \times 9 = 81$（宫）

$81 \times \dfrac{4}{3} = 108$（徵）

$108 \times \dfrac{2}{3} = 72$（商）

$72 \times \dfrac{4}{3} = 96$（羽）

$96 \times \dfrac{2}{3} = 64$（角）

五音相生的次序是 81（宫）→108（徵）→72（商）→96（羽）→64（角）。

高低的次序是 108（徵）→96（羽）→81（宫）→72（商）→64（角）。

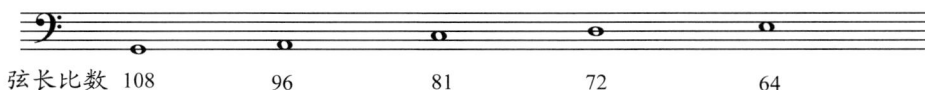

弦长比数　108　　　　96　　　　81　　　　72　　　　64

这就是有名的三分损益法。用现代的话来说，就是根据管或弦的长度计算，先以一条空弦的长度为基础，依次乘以 $\dfrac{2}{3}$ 或 $\dfrac{4}{3}$，即加长三分之一，或缩短三分之一，就有了不同的长度，由此产生不同的振动数而形成不同的音高。

《管子》这部书相传是管仲的著作。管仲生卒年约为公元前 725 至公元前 645。欧洲最早的五声音阶的理论是毕太哥拉斯奠定的，毕太哥拉斯生卒年约为公元前 580 到公元前 501，后于管仲 140 多年。但是《管子》这本书的产生年代并不能十分确定，有人认为这部书，特别是《地员篇》这一部分是后人写的，成书的时间可能还后于《吕氏春秋》。《吕氏春秋》大约作于吕不韦为相之后、免职之前的一段时间，也有人说即成于始皇八年，即公元前 239 年。（吕不韦公元前 249 年为相，公元前 237 年免职，死于公元前 235 年，即始皇 12 年。）另一方面，宫、商、角、徵、羽的名称，早见于周景王和伶州鸠的问答。周景王在位时间为公元前 544 到公元前 520，五声的建立当然还要早些，然后才能成为周景王君臣问答的材料，可见五声的建立总是很早的事。五音建立之后，又逐渐增加为七音，那就是加上变宫和变徵，次序是：

宫、商、角、变徵 徵、羽、变清 宫宫

这和现代大音阶的中部的半音音程在第三与第四音之间是不同的。

五音之外，还有十二律。五音指明乐曲的调性，规定音程的大小，如宫商距离为一个全音；角徵距离为一个小三度之类。十二律则指一定的音高。十二律的名称初见于《吕氏春秋·音律篇》，它所说的方法基本上与《管子·地员篇》的方法相同，但它已经算全了十二律的弦上音位："黄钟生林钟，林钟生太簇，太簇生南吕，南吕生姑洗，姑洗生应钟，应钟生蕤宾，蕤宾生大吕，大吕生夷则，夷则生夹钟，夹钟生无射，无射生仲吕。三分所生，益之一分以上生；三分所生，去其一分以下生。黄钟、大吕、太簇、夹钟、姑洗、仲吕、蕤宾为上，林钟、夷则、南吕、无射、应钟为下。"

这种什么生什么的方法叫做隔八相生法。黄钟、太簇、姑洗、蕤宾、夷则、无射为六阳律。大吕、夹钟、仲吕、林钟、南吕、应钟为六阴律。阳律为律，阴律为吕。黄钟为元声，余声则依十二律的次序循环计算，每隔八位，照黄钟管之长或加或减三分之一以得之。如自黄钟算到第八位为林钟，黄钟管长九寸，三分损一，得六寸，即为林钟管之长；自林钟算到第八位为太簇，林钟管长六寸，三分益一得八寸，即为太簇管之长；自太簇算到第八位为南吕，太簇管长八寸，三分损一得五寸三分点三强，即为南吕管之长，如此类推。这种计算方法是依汉代方法计算的，因为这个方法比较清楚。以图示之如下：

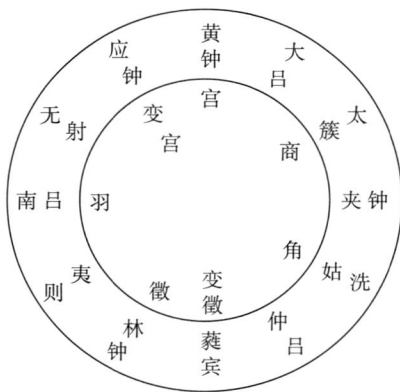

有了五音十二律之后，接着又发明了旋宫的方法，《礼记·礼运》说："五音六律十二管，旋相为宫也。"旋宫的意义，用现代的话来说，就是转移主调位置。一个调可以旋宫十二次，五种调式共可得六十调。

七、音乐思想——孔子及公孙尼的《乐记》

这一时期音乐思想表现得最有系统的是儒家。

儒家的代表人物是孔子（公元前551—前479）。关于孔子的音乐思想，在前面讲述音乐教育的时候，已经介绍过一些，现在只就他关于音乐本身的话作一些说明。他承认音乐的社会功能，指出"移风易俗，莫善于乐"。孔子和鲁太师曾经讲过音乐的一般规律："乐其可知也：始作，翕如也，从之，纯如也，皦如也，绎如也，以成"（《论语：八佾》）。这段话也许还不算十分具体，但是他看到音乐的开头，导引，协和，清浊，高明开朗综合的发展，那还是有启发的意义。他也不是形式主义地来考虑音乐问题的，所以他说："乐云乐云，钟鼓云乎哉！"这也是和"德成而上，艺成而下"的伦理思想一致的。孔子没有著书立说，为音乐科学建立系统化的理论的是公孙尼子。公孙尼可能是孔子的弟子，相传是他所作的《乐记》是儒家初期有系统的音乐思想的代表著作。公孙尼虽然被推为这本书的作者，但是事实上现在通行的见于《礼记》的本子已经搀进了后人的也许就是汉人的阴阳五行的思想，所以一书之内很有前后矛盾的地方，例如一会说："礼乐之情同，故明王以相沿也"（《乐论篇》），一会又说："五帝殊时，不相沿乐"（《乐礼篇》），就是一例。至于《乐记》的基本精神大略可以归结为四点：

1. 他认为音乐是受到外物的影响而产生的。"凡音之起，由人心生也。人心之动，物使之然也。感于物而动，故形于声"。关于音乐形成的过程，书中也有一段传诵千古的说法："故歌之为言也，长言之也。说之故言之，言之不足故长言之，长言之不足故嗟叹之，嗟叹之不足，不知手之舞之，足之蹈之也。"书中也反对音乐的模仿，"五帝殊时，不相沿乐；三王异世，不相袭礼"。说明作者的历史观点。

2. 他看到音乐和政治的关系。"是以治世之音安以乐，其政和；乱世之音怨以怒，其政乖；亡国之音哀以思，其民困。声音之道，与政通矣"。因此制礼作乐的目的是"将以教民平好恶，而反人道之正也"。这里就使我们看到儒家思想的局限性以及它为统治阶级服务的本质。所谓教民平好恶，就是调和阶级矛盾，巩固统治阶级的地位。

3. 因为看到了音乐与政治的关系，而儒家的理想政治是礼治，因而就进一步认为"乐者，通伦理者也"。又说："唯乐不可以为伪。"音乐的最高标准是"德音"，发挥了"德成而上，艺成而下"的论点。

4. 由于儒家的根本立场是为统治阶级服务的，所以书中非常推重"君子"，贬低"小人"。书中说："知音而不知乐者，众庶是也。惟君子为能知乐。""君子乐得其道，小人乐得其欲"。"君子以好善，小人以听过"。于是乎就得到等级制度的结论："天尊地卑，君臣定矣；卑高已陈，贵贱位矣"，最后陷入了唯心主义的泥坑，说什么礼乐是"极乎天而蟠乎地，行乎阴阳，而通乎鬼神，穷高极远而测深厚，乐著太始，而礼居成物"。

第三编　封建社会前期的音乐

——从战国到南北朝（公元前475—公元589年）

第三章　战国、秦、汉的音乐

（公元前475—公元220年）

一、概况

这一时期的关键是秦帝国的出现。秦帝国的出现标志着一个统一的封建帝国的建立。在中原地区形成了以汉族为主体的融合各民族的音乐的中心。

秦是战国吞并的产物。战国时代是兼并剧烈的时代，东周列国逐渐兼并为七国，秦在西方，齐在东方，楚在南方，燕在北方，韩、赵、魏位居中央（赵在北，韩近南，魏居中；三家分晋，是为战国时期的起点）。

战国时期，特别是公元前3世纪以后，铁制工具得到了比较广泛的应用。生产力的迅速提高改变了农业经营和手工业生产，从而促使土地所有制形式的改变，封建地主代替了奴隶主式的领主。领主地位的下降以至于没落，说明新兴势力的抬头。新兴势力要求打破现状，打破陈规旧套。落后势力为了争取拥护，也在拼命养士，从而出现了百家争鸣的局面。

百家是指成数，其中在学术上的贡献比较大的是儒家、墨家、道家、法家、名家等等。此外，擅长策略的是纵横家，传授技术如天文、历算、地理、农业、医药等等的是所谓阴阳家、农家、杂家。其中和音乐关系比较大的是儒、道、墨三家。

由于社会制度的变革和阶级关系的改变，民间音乐受到了重视，从而使音乐得到更大的解放和发展，突出的事实是楚辞的繁兴和乐府的创立。

二、人民的音乐生活与民间音乐

由于工业、农业的逐渐发达，商品贸易的频繁，城市逐渐地兴盛起来，例如齐国的临淄，《战国策》形容它人口的众多，就用过"挥汗成雨"的考语，又说那里的居民每一个人都会奏乐器。楚国的郢，有人唱一首歌之后可以得到多至数千人的和唱。因此音乐可以做谋生的工具。江湖卖艺是一条活路，做吹打手是另外一条活路，教徒弟也是一条活路。例如韩国的韩娥，她跑江湖就曾经一直跑到齐国，卖唱雍门以求食。她的艺术成为传说性的材料。我们所说的"余音绕梁"这句话，就是从她传开的。她哀歌一曲，老少为之悲泣。三日之后，人犹食不下咽，于是追她回来。她快乐了，又唱一通快乐的歌曲，老少也随之欢欣舞蹈，厚赠之。雍门长期模仿韩娥的歌唱，因此特长于哀乐之音（《列子·汤问》）。

关于当时有职业的吹打手的事实，可以周勃为证。周勃是刘邦的开国功臣，封绛侯，文帝时又拜为右丞相。在参加刘邦起义军之前，《史记》说他"尝为人吹箫给丧事"。

秦国的秦青是歌手，同时也收徒弟，薛谭就是其中之一。经过一段时间学习之后，薛谭自以为学完了老师的本领，就想辞师回家。秦青也不留他，只在郊外的饯别宴会上唱一首歌，使得林木振摇，行云欲停。薛谭这才知道他还没有学完老师的本领，于是打消了回家的念头，请求继续学习。

人民的社会生活造成了各有地方色彩的民间音乐。楚声、秦声、郑声等等都具有特殊的风格。

"晋侯观于军府，见钟仪，问之曰：'南冠而絷者谁也？'有司对曰：'郑人所献楚囚也。'使与之琴，操南音"（《左传》成公九年）。楚声的特色是变化曲折，富于幻想。

"夫击瓮、叩缶、弹筝、搏髀而歌呼呜呜，快耳目者，真秦之声也。"（李斯：《谏逐客书》）

"郑声淫"。（《论语·卫灵公》）

反映人民音乐生活丰富的故事，见于《列子·汤问》——"伯牙善鼓琴，钟子期善听。伯牙鼓琴，志在高山，钟子期曰：'善哉，峨峨兮若泰山！'志在流水，曰：'善哉，洋洋乎若江河！'伯牙所念，钟子期必得之。"（这个故事又见《吕氏春秋·本味篇》。）这种各具地方色彩的民间音乐正是造成我国音乐百花齐放的盛况的前提。

三、民间音乐对专业创作的影响

前面讲过的《诗经》是北方民歌的代表，南方民歌的代表则是《九歌》。它被收录在《楚辞》里面。

《楚辞》之前，关于南方民歌的记载有徐人歌："延陵季子兮不忘故，脱千金之剑兮带丘墓。"（《新序》）

楚狂接舆歌："凤兮凤兮，何德之衰！往者不可谏，来者犹可追。已而已而！今之从政者殆而！"（《论语·微子》）

孺子歌："沧浪之水清兮，可以濯吾缨；沧浪之水浊兮，可以濯吾足。"（《孟子·离娄》）

越人歌："今夕何夕兮？搴舟中流。今日何日兮？得与王子同舟。蒙羞被好兮，不訾诟耻。心几烦而不绝兮，得知王子。山有木兮木有枝，心悦君兮君不知"（《说苑》）。按鄂君子皙泛舟河中，打桨的越人唱此歌，鄂君听不懂，请人用楚语译出来，是为我国文学史上第一首方言重译的民间文学。

这些材料是零碎的，所以正式的代表应该算是《九歌》。

《九歌》是楚国南部民间祭祀时唱的一套歌曲，一般认为是屈原（公元前340—278）的作品。但是它和屈原别的作品不同，它本来是属于人民的创作，经过屈原的加工而成现在的样子（在历史上也有些不同的说法，王逸说是重作，朱熹说是改作即加工）。

《九歌》是祭歌，《九歌》举成数，除了致祭的对象之外，《东皇太一》是迎神曲，《礼魂》是送神曲，共11首。其中《云中君》《湘君》《河伯》《山鬼》等等都是写神的；《国殇》则是写为国牺牲的阵亡将士的。《九歌》中看到的乐器是钟、鼓、琴、竽、篪等，都是民间常用的乐器，有歌有舞，其中又有故事的叙述，可以说是完整的一套，而且也是人民的创造。屈原只是做一些文字的加工而已。

此外，我们从屈原的作品里面还可以找到一些有关乐曲形式的因素，那就是"少歌"、"倡"和"乱"。

少歌，一名小歌。它可能是叙述之后的咏叹部分。也暗示出我国古代大型声乐作品有说和唱这两个组成部分。少歌在小型作品里也可以作结束用，即经过一段叙述之后再唱一段做结束。叙述是介绍歌唱的内容的，小歌则是故事情节的咏叹。如果换在大型作品里面，少歌又是转调的关键。至于倡，它大都位于少歌之后，乱之前，它是少歌的展开部。

乱是一篇歌唱的煞尾，亦即结束全曲的乐段。它总结全歌大意，感情的变化趋于强烈，等于我们现在的所谓高潮。这个"乱"字正是作为热闹的形容词来使用的。

如果说少歌是叙述之后的咏叹部分，暗示出说唱的结构，那么，荀子的《成相》篇就可能是我国最早的说唱音乐。

《成相》篇是以相作为伴奏乐器的一种说唱。"相"古书的注解是："相乃乐器，所谓舂牍。"是用几尺长的竹筒制成的乐器，由夯转变而来。舂击地面，打出节奏，证明它和劳动人民的密切关系，而《成相》的辞也就是和"快板"、"梨花大鼓"等等相近的一种说唱形式。

《成相》篇之被定为说唱，并不始于今日。卢文弨（1717—1795）早在乾隆年间已经指出："审此篇音节，即后世弹词之祖"（《荀子集解》）。它的词是这样的：

> 请成相，世之殃，愚暗愚暗堕贤良。
> 人主无贤，如瞽无相何怅怅。

荀子还有五篇赋，前面是问，比较整齐；后面是散文式的答辞。一问一答，本来就是民歌惯用的形式。赋近于叙事，也与说唱有相通之处。这都说明说唱是在我国民间扎根的，而且根源实在长远得很。

民间音乐由于富有生命力，所以进入宫廷也就压倒了雅乐。魏文侯就曾经说过："吾端冕而听古乐则唯恐卧，听郑卫之音则不知倦。"齐宣王也老实供认："寡人非能好先王之乐也，直好世俗之乐耳。"

四、乐府的规模和它的历史意义

民间音乐的大规模搜集是在汉武帝时（公元前140—前87年在位）。当时正是汉帝国的全盛时期，公元前112年设立了"乐府"，"采诗夜诵，有赵代秦楚之讴"。乐府的前身是汉高祖的百二十人歌大风。这个编制一直继续维持着，有缺，辄补之。到了汉武帝，随着国力的发展，乐府也大大扩充起来了。乐府的工作是收集民间音乐创作或配写歌词和曲调，安排演出等等。全部人员共有829人之多，每一种民间音乐的演奏都由道地的民间艺人担任。收集到的民歌可考者138篇。虽然汉武帝设立乐府的动机是自己享乐，但保存了一部分当时的民间创作，却是好事。当然，全体而论，乐府保存下来的作品并不都是好东西，如房中歌、郊祀歌等就属于糟粕的一类。

乐府所收集到的民间音乐，东到海边，南到长江以南，北到匈奴及其他少数民族地区，西到西域。鼓吹曲来自北方，横吹曲出自西域。

乐府的领导人是李延年，官衔称为协律都尉。史书上说他"身及父母兄弟，皆故倡也。初给事狗监中，善歌，为新变声。时司马相如等作诗颂，延年辄承意弦歌所造诗，为之新声曲"。司马相如（公元前79—前18）也不算是上流人出身，当时的乐府很可以使人感到健康活泼的气息。就其反映当时的社会生活而论，它有现实主义的因素；就当时人们胸襟的阔大和情感的强烈在作品中的表现而论，它又有浪漫主义的因素。它是上接风骚，下开唐宋的我国的光荣艺术传统的一个重要组成部分。

五、创作、演出的多样化

1. 相和歌名称的由来，艳、趋、乱的意义

《乐府诗集》说，相和歌"并汉世街陌讴谣之词"。它的原始形式是"徒歌"，进一步发展为清唱加帮腔，古书上说是一人唱，三人和的"但歌"。更进一步是"丝竹更相和，执节者歌"。这就从无伴奏变为有伴奏的歌唱了，相和歌的名称也因此确立。

相和歌发展成为"汉代大曲"，一曲分好几节，称之为"解"。用一个曲调反复歌唱，有时加进华丽婉转的抒情乐段叫做"艳"。如果是急促部分就叫做"趋"。有时也继承了楚辞的形式加上"乱"。"艳"大都在一曲的开始，偶尔在一曲的中间。"趋"则常在末尾。这些结构为日后适于歌舞的大曲准备了条件。

2. 多样的民间舞蹈

说到民间舞蹈的多样性，我们首先就得提起各少数民族的贡献。例如巴渝舞，就是西南少数民族的一种集体舞，以描写战争为主。《后汉书·南蛮列传》载："至高祖为汉王，发夷人还伐三秦。秦地既定，乃遣还汉中……世号为板楯蛮夷……天性劲勇，初为汉前锋，数陷阵。俗喜歌舞，高祖观之，喜曰：'此武王伐纣之歌也。'乃命乐人习之，所谓巴渝舞也。"

鞞舞，用有柄的单面鼓作为道具的一种集体舞，后世亦称为鞞扇舞。

公莫舞，以巾为道具的舞，亦名巾舞。

铎舞，以铎为道具的舞，铎的形式像钟，铜制，有钮或柄，摇舌发声。

槃舞，舞时先把鼓平放在地上，由一人或数人在鼓上或四周跳舞，乐队、歌队随伴唱奏。

3. 乐器独奏的发展

乐器独奏的发展，可以《广陵散》为例。《广陵散》的名称最初见于应璩（190—252）与刘孔才书："听广陵之清散。"傅玄（217—278）《琴赋》又有"马融覃思于止息"的话。内容据说是聂政为父报仇，刺杀韩王的故事（另一说是为严仲子报仇，刺杀了韩相侠累）。初见于蔡邕的《琴操》，可以说是见诸记载的极有名气的一套标题音乐。

另一有名的琴曲是《胡笳十八拍》，传蔡文姬作。文姬约生于177年，陷入匈奴，到了208年前后为曹操派人赎回。《胡笳十八拍》相传是她借胡笳的声调翻入古琴，创造出一种结合胡笳与古琴特点的新曲。

六、各族人民之间和中外之间的音乐文化的交流

说起音乐文化交流的产物，前面所举的《胡笳十八拍》就是一个例子。但是还有比它更早的交流的结果则是"鼓吹"。鼓吹是打击乐器和吹乐器结合的音乐。打击乐器中鼓占有特别重要的地位。吹乐器中有排箫、横笛、笳、角等等，而且可以带有歌唱。此外，同是鼓吹，还可以因场合不同而有不同的名称。随着时间的演变，渐渐区分为鼓吹和横吹两类：用排箫和笳为主要乐器，在仪仗行进用的仍称为鼓吹；用横笛和角为主要乐器，作为军乐，在马上演奏的称为横吹。鼓吹兴于汉初，秦末有一个名叫班壹的人，到北方避乱，和当地少数民族共同生活（地点是楼烦，今山西西北部静乐县南），以畜牧起家，出入游猎，旌旗鼓吹，以财雄边。这是鼓吹名字出现的开始。横吹是汉武帝时，李延年根据张骞从西域带回来的乐曲改编而成的。

鼓吹主要是作为军乐使用的，大都带有歌词。可是就现有歌词来看，却是抒情的诗歌占不少分量，与鼓舞士气全不相干，如《上邪》：

> 上邪，我欲与君相知，长命无绝衰。山无陵，江水为竭，冬雷震震，夏雨雪，天地合，乃敢与君绝。

《有所思》也是爱情歌曲，大胆、坦率、感情强烈而又婉转。

至于以战争为题材的，却有反战的内容，如《战城南》之类。这是人们对于非正义战争的控诉。由此可见，鼓吹乐的基础是民间音乐，统治阶级加以利用，歌词因此被连带的保存下来。

到了后来，鼓吹曲渐渐离开歌唱，而转向器乐的方面发展。

关于各族文化交流的故事，在历史记载里还有不少，如乌孙公主嫁到乌孙去，

旗鼓歌吹作为陪嫁的一部分，乌孙公主的女儿又来长安学琴，无疑会促进当时的音乐交流工作。

在我国的东部同朝鲜的关系非常密切，汉武帝时就有鼓吹使人传到高句骊。中国的箜篌也有来自朝鲜的一说。《公无渡河》这首歌写的就是朝鲜津卒霍里子高的妻子听见子高叙述一个白发狂夫横渡急流，妻阻不及，堕河而死，妻亦因此在弹箜篌哀歌一曲之后，投河自杀的故事。它的曲名是《箜篌引》。

西南方面，前面在民间舞蹈那一项底下已经提到了巴渝舞，此外，还有《后汉书》所记载的筰都夷，他们曾经把他们的诗歌送给汉朝，《后汉书》上还记有汉语和筰都语对照的歌词，这是当时在边地工作的汉人直接从筰都语译为汉语的。

掸族即今天的傣族，居住在今云南边境。东汉安帝永宁元年（公元120年），他们曾经献乐及幻人。幻人能变化吐火，又善跳丸。这个幻人自称是海西人。海西指的是大秦，大秦者罗马也，可见交流道路的辽远了。

七、乐器和音乐理论的发展

这一时期的乐器在管乐器方面值得指出来的有：

排箫，在鼓吹曲中占有重要地位，河南出土文物有吹排箫俑。

笛，横吹的乐器。横吹的名称就是来自这种乐器的吹奏形式。汉武帝时开始出现。

羌笛，汉时简称为篴，即现在的箫的前身。原有四孔，京房（公元前77—前37）在它后面加了一个最高音的按孔，故有五孔（在汉之前，笛是横竖两种管乐器的总称，汉时笛始横吹，以后两者常相混淆，现在一般指横吹的为笛）。

笳，最初可能是用芦叶卷起来吹的，后来是用芦苇制成哨子装在管子上吹的，亦称为笳。在有按孔的觱篥产生于南北朝之后，比较原始的笳就逐渐归于淘汰。

角，最初以动物的角得名，后改用竹、木、革、铜等为制造材料。汉代的角形体很大，已经不可能是动物的角了。

弦乐器有箜篌，即现在的竖琴。在中国开始弹奏是在公元前111年，即前面说过的关于《箜篌引》的故事。

琵琶，从秦汉至隋唐，这一名称适用于多种弹弦乐器——长柄的、圆形的、梨形的、木面的、皮面的、弦数多的或少的，都叫做琵琶。"批把，马上所鼓也。推手前曰批，引手却曰把，象其鼓时，因以为名也。"（刘熙：《释名》）

关于这时期的乐律研究有所谓京房的六十律。他利用第13音和第1音之间音差的存在，扩大三分损益法的应用，机械地算到六十律。这并不是什么新的发明。过去他的名气所以那么大，只是因为他迎合汉代对于阴阳灾异的迷信心理，把它和《易经》拉扯在一起。所以他之推算六十律的目的并不在于音乐研究，而是作为灾异占验的粉饰。拿一个律去代表五天、六天、七天、八天等等，轮满一次恰好满366 天，因而利用它为宣传迷信的工具。这是说不上有什么科学价值的。

中国什么时候开始有乐谱？《汉书·艺文志》有河南周歌诗七篇，别有"河南周歌声曲折七篇"的记载。这句话说明在歌诗之外，还有声曲折。所谓声曲折，就是乐谱。王先谦（1842—1917）《汉书补注》对声曲折的解释是"声曲折即歌声之谱，唐曰乐府，今曰板眼"。邹汉勋（1805—1853）《读书偶识》也说："曲折即乐歌抑扬往复之节。"这应该即是乐谱的先河。可惜目前找不到实物，不能作更多的推测。

现在讲一讲这一时期的音乐思想，主要的代表是儒家、道家和墨家。

墨家的代表是墨子（公元前468—前376），新兴的自由民阶层的代表。他说过："官无常贵，民无终贱。"他的思想方法是所谓三表法。"何谓之表？墨子曰：有本之者，有原之者，有用之者。于何本之？上本之于古者圣王之事。于何原之？下原察百姓耳目之实。于何用之？发以为刑政，观其中国家百姓人民之利"（《非命》上）。他提倡非攻、兼爱，他认为"仁之事者，务求兴天下之利，除天下之害"。奇怪的是他认为应除的一害却是音乐。他看到音乐的害处是：1. 造乐器，须厚敛万民；2. 奏乐须耗费民时民事；3. 听音乐须废君子小人之事。但是他是哲学家，不至于不知道音乐还是有它利的一面。问题是他从狭隘的功利主义出发，虽然他"非以大钟、鸣鼓、琴、瑟、笙、竽之声以为不乐也……耳知其乐也，然上考之不中圣王之事，下度之不中万民之利，是故子墨子曰：为乐非也"。他公开斥责儒家"弦歌鼓瑟，习为声乐，此足以丧天下"。

道家是没落贵族的知识分子的思想体系，代表人物是老子和庄子。老子和庄子都是战国时人，这里的老子不是孔子问礼于老聃的老子而是战国时代的李耳。庄子的活动年份为公元前369—前286 年。《老子》一书有辩证法的因素，他看出事物的矛盾性，看出了事物的对立的发展（"反者道之动"），而且看到了正反两面的互相转化（"祸兮福之所倚，福兮祸之所伏"），但是没落贵族想恢复的是他失去的特殊地位，同时又看到了没落的不可避免。虽然他也看到社会的不合理（"民之饥，以其上食税之多"，"天之道，损有余以补不足；人之道则不然，损不足以奉有余"），但是他所希望的不是解决矛盾，而是阻止其发展，甚至向后倒退，因此就得出了虚无主义的结论："五色令人目盲，五音令人耳聋。"评价音乐的标准也只能认为是"大音希声"。

老子的书是非常简短的，格言式的，没有发挥他的论点。庄子就比较汪洋恣肆，说得非常透彻。他的思想也是虚无主义的，怀疑主义的，他甚至于怀疑他为人的存在。他对于知识的了解是："世俗之所谓知者，有不为大盗积者乎？所谓圣者，有不为大盗守者乎？"他举出来的事实是："彼窃钩者诛，窃国者为诸侯。诸侯之门，而仁义存焉。"因此他就比老子的绝圣弃智更进一步说：

> 多于聪者，乱五声，淫六律。金石丝竹，黄钟大吕之声非乎？而师旷是已。（《骈拇》）

> 性情不离，安用礼乐？五色不乱，孰为文采？五声不乱，孰应六律？（《马蹄》）

> 擢乱六律，铄绝竽瑟，塞旷之耳，而天下始人含其聪矣。灭文章，散五采，胶离朱之目，而天下始人含其明矣。（《胠箧》）

儒家是 2000 年来封建社会的正统思想的代表，战国时期的代表人物应推孟子。但是孟子很少说到音乐问题，所以这里主要介绍荀子的音乐思想。荀子的活动时间是公元前 313 至公元前 238 年，距离秦始皇统一中国只有 17 年。他是儒家后辈，也是集大成的人物。荀子的《乐论》有许多地方是引述《乐记》的，或者还不如说，编缀《乐记》的人吸取了荀子的论点。荀子的论点较之《乐记》更有系统。并在许多地方采取与墨子辩论的方式。

荀子说："乐则不能无形，形而不为道则不能无乱。"这说明音乐应该有指导的思想才不会出乱子，从而归结为"善"，"使邪污之气无由得接焉"，这是乐通于伦理的一面。但是音乐的功用还不止此。他进一步指出"故乐者，出所以征诛也，入所以揖让也；征诛揖让，其义一也"。这就说明音乐正是政治的工具——统治阶级手中的工具。说到这里，荀子和墨子就到了针锋相对的地步，他说："墨子之于道也，犹瞽之于黑白也，犹聋之于清浊也，犹欲之楚而北求之也。"

由于荀子站在统治阶级的立场，所以强调"贵礼乐而贱邪音"，而且跟《乐记》一鼻孔出气，说什么"君子乐得其道，小人乐得其欲。以道制欲，则乐而不乱；以欲忘道，则惑而不乐。故乐者所以道乐也，金石丝竹所以道德也。乐行而民乡（向）方矣。故乐者，治人之盛者也"。

本来荀子看到人生而有欲，这是荀子实事求是的优点；他又不主张压制人的欲望，却制礼义以养人之欲，给人之求，使欲必不穷乎物，物必不屈于欲，两者相持而长，所以承认"钟、鼓、管、磬、琴、瑟、竽、笙，所以养耳也"，这也有一定的道理。但是他的《乐论》是与他的《礼论》相辅而行的。"君子既得其养，又好其别。曷谓别？曰：贵贱有等，长幼有差，贫富轻重皆有称者也。"这就又与等级观念碰了头，证明荀子的思想始终没有改变儒家巩固统治阶级地位的本质。

可以说，荀子看到音乐的社会作用和政治作用，这是他比墨子高明的地方。当然，他的立场是统治阶级的。但是他以儒家思想为基础，承百家争鸣的时会，吸取了诸子的优点，以当时先进的唯物主义的观点和方法建立了自己学说的完整的体系，最后提出以法治代替礼治的主张，为2000年的封建统治打下了理论基础。即以《乐论》这一部分而论，也是从性恶的认识出发，强调教育作用即所谓"隆积"的手段，就历史意义上说，无疑是起了进步作用的。

到了汉朝，承袭了秦朝专制主义中央集权制度；刘邦虽然说过除秦苛法，"与父老约，法三章耳"，但是骨子里却是秦朝制度的继续，思想上也是强调统一的。董仲舒就是思想统治的指导人物（苏舆董子年表：起于公元前179，即汉文帝元年，止于公元前104，即汉武帝太初元年）。他说过"天不变，道亦不变"，他提出"诸不在六艺之科，孔子之术者，皆绝其道，勿使并进。邪辟之说灭息，然后统纪可一，而法度可明，民知所从矣"。由此可见，董仲舒的思想方法是形而上学的，他巩固大一统的办法就是罢黜百家，独尊儒术。音乐方面他也没有什么新的见解。他说："王者未作乐之时，乃用先王之乐宜于世者，而以深入教化于民。"因此，当时的音乐是倾向于恢复古乐的。但是民间音乐并不因此而息灭。民间音乐好比一条长河，继续走它自己的道路。事实证明，从汉乐府起，倒是统治阶级及其御用文人经常从民间音乐吸取新的养料，才能维持专业创作的生命。

第四章　三国、晋、南北朝的音乐

（公元 220—公元 589 年）

一、概况

东汉末年，农民起义失败以后所引起的军阀割据战争，松懈了西北的边防，北方和西方边疆地带的少数民族陆续内迁，加以吴蜀的建立，晋室的南渡，北方混战所引起的北方人民大量南移，使得南北各族在汉族先进生产方法和文化影响之下不断地融合起来。音乐上也没有例外，它为隋唐音乐的大发展准备了前提条件。这是一个动乱的时代，同时亦是各族人民和各族文化的大融合的时代。

在变乱时代，宗教，特别是佛教得到广泛的流行。统治阶级利用宗教以欺骗人民、麻醉人民，人民由于乱世苦难的感觉，也易于接受佛教的宣传，以图解脱。宗教音乐为了便于宣传，必须迎合人民的趣味，宗教音乐也就利用民间音乐接近人民的特点创立了起来，这样就出现了"改梵为秦"的佛教音乐。寺院利用民间音乐为宗教服务，同时也起了保存和推广民间音乐的作用。寺院的宗教节期的集会常常带有群众文娱活动的性质，因此客观上还是有助于音乐的发展的。

随着音乐的发展，三分损益法已经不能满足实际的需要，新的探求又起来了。古琴的纯律，荀勖的笛律，何承天的三分损益均差律都说明这一时期律学的成就。这也是科学和神秘主义进行斗争的结果。

思想界随着传统儒学的动摇，于是产生了玄学。玄学说理之风影响了音乐思想的探求，因而出现了嵇康的音乐理论，从阐述音乐的社会意义转而探求音乐的美感作用。随着文学理论的发展，与诗歌密切关联的音乐在刘勰的《文心雕龙》中也有了进一步的探讨。

这就是这一时期的社会文化的极简括的叙述，各族人民音乐文化的大融合构成这一时期的特色。

二、各族音乐文化的大融合

公元316年西晋灭亡之后，北方形成各族混战的局面。在反抗统治阶级的斗争中，汉族人民和各族人民的命运结合在一起了。在共同命运的岁月中伴随着各族人民的融合出现了各族音乐文化的融合。

音乐文化的融合以西域和西凉地区为中心（西域大部为今新疆，西凉为今甘肃西北部，以敦煌、酒泉为中心）。具体的事实是：

天竺音乐，公元4世纪中叶已经传入中国，那是东晋张重华据有凉州的时候。

鲜卑音乐，由于北魏王朝的建立（386—556），推广到中国北部，凉州的音乐和另外一些外族音乐也跟着传播进来。

龟兹音乐，原在西域地区受到外国音乐的影响的音乐（龟兹即今新疆西部库车、沙雅二县之间的地方）。公元384年，吕光据凉州，称北凉（384—403），把龟兹音乐和他由中原带去的音乐结合而成秦汉乐。公元431年，北魏太武帝又加以应用改称为西凉乐。公元 435 年，北魏又吸收了悦般国（新疆西北的苏联边区）的鼓舞音乐。公元 436 年又吸收了疏勒音乐以及安国与高丽的音乐（疏勒在今新疆西南喀什市、疏勒、英吉沙一带；安国为中亚细亚古国，当今阿富汗北边布哈拉地方；高丽即今朝鲜）。

北齐（550—577）的统治者是汉族，但是宫廷音乐也包含西凉乐曲，所谓杂乐更有龟兹乐、西凉乐的因素，此外则有清商乐和鞞舞等等。历史上说："后主唯赏胡戎乐。胡人善乐，至有封王开府者。幼主恒盛为无愁之曲，自弹琵琶而唱之，侍和之者以百数，人谓之无愁天子。"

北周（557—581）出于鲜卑，惯用高昌音乐为飨宴之用（高昌即今新疆中部的吐鲁番地方）。周武帝在位时，曾聘突厥皇后（公元 568 年），带来康国和龟兹的音乐（康国当今新疆北境及苏联中亚细亚塔什干的地方）。随同突厥皇后一同进来的还有一个龟兹音乐家名苏祗婆。他能弹琵琶，又懂得调式的理论。

这样，鲜卑、龟兹、疏勒、西凉、高昌、康国等地的少数民族音乐就在中原地区流行。此外，也还有悦般、安国、高丽等属于外国的音乐。经过二百年左右与汉族音乐的融合，就为隋唐音乐的发展奠定了牢固的基础。

三、民歌的新面目

1. 南方的清商曲、吴歌和西曲

上面所说的相和歌从汉朝到南北朝之前，即五六世纪之前，一直在北方流行。进入了南北朝之后，相和歌就让位给清商曲。

清商曲和相和歌一样是民间歌曲，但也包含有从民歌基础上发展而来的更高水平的艺术作品，连一部分舞曲在内。

清商曲的一部分原是北方的相和歌。相和歌向南方流传，是和当时的政局分不开的。公元 304 年刘聪起兵反晋，316 年西晋灭亡，翌年（317）司马睿在建康（南京）上尊号（初为晋王，318 年称帝），北方人民大量南迁，相和歌也随同渡江。随着生产力的提高，音乐也有了新发展。南方的音乐和北方的音乐逐渐融合而成一种新型的音乐，即所谓清商曲。清商曲有北方音乐因素，但主要是南方音乐。北魏时期，即第五、第六世纪之间，由于同南方的战争，又连带把保存在南方的北方音乐和南方音乐都带到北方去，也称之为清商乐。从这一时候起，清商乐就成为南方音乐和北方音乐的总名了。但也有简称之为清乐的，《旧唐书·音乐志》就干脆说道："清乐者，南朝旧乐也。"清商曲之得名是因为它以夹钟为宫。夹钟比太簇高半音。

太簇名商，夹钟因名清商。

构成清商乐的主要部分而且现在还可以考见的是当时的南方民歌吴歌和西曲，亦即《魏书·乐志》所说的"江南吴歌，荆楚西声"。

吴歌是从4世纪到5世纪中叶也即晋宋时代的徒歌，有十几个曲调，产生于以建业（南京）为中心的江苏一带。它的内容大都是抒情性的，《子夜歌》和《华山畿》特别著名。从保存的歌词来看，它是一些短歌，伴奏乐器是弦乐器。吴歌《上声歌》说："初歌子夜曲，改调促鸣筝；四座暂寂静，听我歌上声。"另一首又说："丝竹发清响，假器扬清音；不知歌谣妙，声势由口心"（《大子夜歌》）。可见也兼用管乐器。还有值得注意的一点就是"歌上声"。据《古今乐录》说，上声歌是因为上声促柱得名，和前面的"改调促鸣筝"结合起来看，这就还有转调的意味在内。《乐府诗集》说："子夜警歌无送声，仍作变，故呼为变头，谓六变之首也。"这里的问题是在六变。六变也许是六段或六解，因而可能是若干不同歌曲接连歌唱的组曲形式。它的内容是细腻的，如谐声的莲和怜，丝和思（"果得一莲时，流离婴辛苦"；"理丝入残机，何悟不成匹"）。但也有强烈夸张的描写，如："啼着曙，泪落枕将浮，身沉被流去。"（《华山畿》）

西曲的出现后于吴歌，盛于齐梁时代，以荆州为中心，流行在湖北一带。曲调比较多，有30多种（《三洲歌》《乌夜啼》《石城乐》《莫愁乐》《估客乐》等）。它所接触到的生活面也比吴歌宽广一些，其中有许多是关于游子思归的离别歌词，这是商业繁盛的反映。有一组"那呵滩"是由舟子夫妇唱和的六首歌组成的，很有生活的现实意义，它反映出统治阶级征调船只给人民造成的痛苦。同时西曲也反映了妓女生活，说明商业兴盛所产生的歌楼酒肆以及随之而来的娼妓。

西曲之得名由于地点，也由于"声节送和与吴歌亦异"。所谓送和的不同，是西曲的"送"和"和"分开前后，吴歌的送和却不一定截然划分。还有伴奏形式也不同。西曲不用弦乐器，而用管乐器加上铃和鼓，专名叫做"倚歌"。而且倚歌之后，还可以加上几段舞曲，如《孟珠曲》共有十节：二节倚歌，八节舞曲。《翳乐》三节：一节倚歌，二节舞曲。这也是唐代大曲所继承的一种形式。

除了吴歌和西曲之外，南方还有一种神弦曲。就歌词来看，它很像是《九歌》一类的民间祀神歌曲。所祀的神是不见经传的，如青溪小姑、圣郎之类，说明是民间自己崇奉的。值得指出来的一点是，南方民歌保存下来的绝大部分是情歌，这是由于南朝统治阶级及其御用文人的生活多数是花天酒地的。《南齐书·乐志》说："自宋大明（孝武帝）以来，声伎所尚，多郑卫淫俗。雅乐正声，鲜有好者。"我们评价一首音乐作品,不能一看见民歌因素就给它加上进步的称号;也不能一提到搜集民歌就认为是应该肯定,这中间也要做具体分析。欧洲浪漫主义文学家中间也有许多喜欢搜集民歌的,可是他们喜欢的却是些安贫知命、忍受屈辱的诗歌,这就不能不说是站在统治阶级一边对人民进行麻醉说教的反动行为了。

2. 北方的鼓角横吹曲

比较南方民歌另具面目的是北方民歌,这里所谓北方是指十六国的混战到后魏的统一和北齐、北周的分立这一段时期(公元318—581)的中国北部。由于战乱频仍,生活困苦,压迫严重,它的现实性,斗争性比较强烈,外来因素也比较多,正如《折杨柳》歌辞所说的:"我是虏家儿,不解汉儿歌。"(虏家儿云云,也许是译为汉语的时候受到译者的窜改的结果。)

北方民歌称为鼓角横吹曲,名称是旧的,内容上却有新的发展,其中贡献最多的是鲜卑族。鲜卑族居住的地方约当今山西北部和内蒙古自治区南部,进入中原,建立北魏,他们在宫廷中经常由宫女们歌唱"《真人代歌》,上述祖宗开基之由,下及群臣兴废之迹,凡一百五十章,晨昏歌之,与丝竹合奏"。也有人以地域为根据称之为"北歌"。除了丝竹合奏之外,也有用箫鼓的。箫鼓只是鼓吹的变名。后来从北方传到南方,梁、陈两朝,都有很大的发展。陈后主为了追求道地的北歌,还派遣宫女上北方学习"箫鼓",称之为"代北",作为宴会的娱乐音乐。因此我们看到的鼓角横吹曲是加上梁朝的标志的,实则仍是北方的产物。

这里还应该特别提到说唱叙事歌《孔雀东南飞》和《木兰辞》这是分别代表南方和北方的、具有历史意义的民间叙事歌。《孔雀东南飞》在韵文之前先有一段序文,和说唱的结构有共同之处。《木兰辞》叙述木兰女扮男装,代父从军的故事,具体显示出南北民歌不同的性格。

四、歌舞向故事表演的发展

歌舞包含一定的故事内容,是早已有之的。春秋时楚庄王时的优孟化装成孙叔敖已经是一种角色的创造。汉朝桓宽《盐铁论》里面也说到"家人有客,尚有倡优奇变之乐"。张衡《西京赋》描写西汉首都的盛况,又有"女娲坐而长歌,洪崖立而指挥"的话,可见歌舞已经有化装为神仙或古人的形象。东海黄公和老虎搏斗,说明它还有表演。至于河南出土的汉砖,其中有一块的场面是表现嫦娥奔月的,阿英同志指出这是"最突出的故事舞",是"奔月舞"。到了晋朝,庾亮家人在庾亮死后曾经假为其面，执翳以舞，像其容，取其号以谥之，谓之《文康乐》。曲有行曲，有散花；乐器有笛、笙、箫、篪、铃槃、鞞、腰鼓等，这已经是以真人的事实为蓝本的歌舞戏的雏形。到了南北朝时代，有故事情节的歌舞更为流行，其中特别有意义的是大面、钵头和踏谣娘。

大面别名代面，即现在的面具，本是剧种之一，指戴面具表演的歌舞。北齐兰陵王高长恭才武而貌美，常着假面以对敌，以五百骑兵冲入敌阵，终克周师（约公元 564 年）。军中因谱《兰陵王入阵曲》，再由入阵曲发展为演故事的歌舞戏。这出戏亦名《代面》（见《乐府杂录》）。

钵头一名拨头。杜佑《通典》说出自西域，可能是译音。故事内容是"昔有人，父为虎所伤，遂上山寻其父尸。山有八折，故曲八叠。戏者披发、素衣、面作啼，盖遭丧之状也"。（《乐府杂录》）

踏谣娘，产生于北齐。"北齐有人，姓苏、䶈鼻。实不仕，而自号为郎中。嗜饮，酗酒。每醉辄殴其妻。妻衔怨，诉于邻里。时人弄之，丈夫着妇人衣，徐步入场行歌。每一叠，旁人齐声和之云：'踏谣，和来！踏谣娘苦，和来！'以其且步且歌，故谓之踏谣，以其称冤，故言苦，及其夫至，则作殴斗之状，以为笑乐。"（见《教坊记》）

从这几段材料看，值得注意的是：南北朝时代歌舞已经倾向于故事表演，题材也注意现实性，以至采用真人真事。在表演上有逼真的化装和表演，由男子扮妇人，这些都有关中国戏曲的传统。踏谣娘先诉苦，后帮腔，丈夫回来，就换场，换上打架的场面，已经具有分幕结构的雏型了。

五、宗教和音乐的关系

1. 宗教对音乐的利用

公元第 1 世纪，佛教自天竺传入中国。为了翻译佛经，梵文的拼音字母也连带介绍了进来。《隋书·经籍志一》中说："自后汉佛法行于中国，又得西域胡书，能以十四字贯一切音，文省而义广，谓之婆罗门书。"这是反切的方法的开始。汉末魏初人孙炎对这种方法加以系统化。到了魏晋之间，就以五声命字，魏李登撰《声类》十卷，把 12520 字分隶宫、商、角、徵、羽五声之下，再进一步就有了平上去入四声的名称，代表人物则是沈约（公元 441—513）。他著有《四声谱》。从此以后，音韵学开始成为一门独立的科学。

为了宣传宗教，不论中外都是把音乐作为有力的工具的，佛教也没有例外。但是佛教是外来的，既然要在中国推广，就不能不利用中国音乐来吸引听众。关于初期佛教的宣传工作，梁僧慧皎（497—554）在《高僧传》中曾有一段记述："自大教东流，乃译文者众，而传声益寡。良由梵音重复，汉语单奇。若用梵音以咏汉语，则声繁而偈促；若用汉曲以咏梵文，则韵短而辞长。是以金言有译，梵响无授。始有魏陈思王曹植深爱声律，属意经音……于是删治瑞应本起，以为学者之宗"（《高僧传》第十三）。《法苑珠林》也提到曹植："关内关外，吴蜀呗辞，各随所好，呗赞多种。但汉梵既殊，音韵不可互用……又至魏时，陈思王曹植……遂制转赞七声，升降曲折之响，世之讽诵，咸宪章焉。"为了吸引群众，宣传佛教还利用了杂技，例如当时受到特别称赞的和尚法愿（公元414—500）就因为他"家本事神，身习鼓舞，世间杂技及蓍爻占相，皆备尽其妙"。而且也有不死守陈规的奇才，如道慧（508—558）就是"……偏好转读，发响合音，制无定准"。我们可以说，佛教虽然是印度的东西，但是它要在中国传播，总不能不求其中国化，或者特别倾向于把适合中国人的气质的特点加以发展，如"顿悟成佛"，"一念相应便成正觉"之类，都是与中国"人皆可以为尧舜"的信念相适应的。思想如此，音乐也是这样。上述材料，已经可以证明这一点。道理很清楚，为了取得宣传效果，他们宁可利用中国民间音乐，以人民喜闻乐见的形式向人民宣传，才容易被人接受，决不是使用陌生的腔调所能收效的。

2. 寺院的宗教集会与人民音乐生活的关系

宗教总有一套特定的节日，通过这些节日进行宗教的宣传。为了吸引群众，不仅要有音乐，就是杂技、演戏等等也是尽量采用的。因此，这些节日无形中就成为群众的一种文化娱乐活动。有些人只是为了看戏，顺便接受宗教宣传的；有些人甚至于听了音乐，忘了教义，这就为推广音乐、提高群众音乐水平起了一定的作用。虽然这是与佛教宣传的主观意图正相反对的事，但在客观效果上寺院往往成为保存音乐、传授音乐的机关，这在中外都是一样的。

六、乐器的改制和器乐的独立倾向

1. 新乐器的流行与乐器的改制

各族音乐文化大规模交流的结果，出现了不少新乐器，举其要者则有：

曲项琵琶，曲颈，音箱作梨形，有四弦，约在公元350年前后由印度传入中国的北方，551年以前已经传到南方，历史记载的这一年，侯景要杀害梁简文帝，先送酒肴和曲项琵琶给他，这一件事就可以证明这一点。

五弦琵琶，略小于曲项琵琶，梨形，五弦，与曲项琵琶同时由印度传入，以上两者均见敦煌壁画。

筚篥，木制管子，上开九个按孔，管口插芦哨一，约当公元384年随龟兹乐传入内地，即吕光据凉州之时。

方响，最初见于北周（公元557—581），由十六块定音的铁片放在分成两行的木架上构成，音高约以十二律为中心，前加 ♪ ，后加 ♪ 。

锣，第6世纪前期，后魏开始有铜锣出现，称为打沙锣，来源不明，可能是由西北少数民族或外国传进来的。在西洋管弦乐队中，锣称为gong，一般认为是中国乐器或印度乐器，另一说是这个字源出自马来亚，还没有公认的定论。

钹，可能公元350年左右随天竺乐传入，北齐时代（550—577）已在北方流行。

星，即碰铃，北魏间（386—556）已经流行。

达卜，初次出现在北魏，是一种单面鼓。

至于有科学价值的乐器的改制应推荀勖（？—289）十二笛（现在的箫）。他看到当时流行的笛没有一定的规格，七个孔位平均排列，不能符合乐律的准确要求，于是设计出笛的制法，制成了发音准确的十二笛，每笛吹一个调子；他的贡献主要在于管口校正。我们知道，笛的旁边有着若干个连续的音孔，而且它的每一较高的音孔所发的音的高度，是常与其下若干相邻音孔间的距离及各孔的大小有关的，因此管口校正并不那么简单。可是公元274年（晋武帝泰始十年），荀勖就初步找到了。他的笛有六个按孔，五个在前，一个在后，譬如做黄钟笛的时候（放开上数第五孔），首先以相当于四倍姑洗的长度作为全笛的长度，并且把六孔全按所发的音作为黄钟宫均的第三度音（黄钟角即姑洗音），然后由此出发，得到各个按孔的音位，这是一项出色的科学成就。

2. 但曲——独立器乐曲的成立与古琴艺术的发展

随着演奏水平的提高，演奏家常常选出某些声乐曲调进行加工，逐渐作为独立的器乐来演奏。过去那种只有人声唱和，不用乐器伴奏的歌唱称为"但歌"，现在就出现不用歌唱的纯器乐的曲子称为"但曲"。

前章提到过《广陵散》，是器乐的大型作品。前一个时期是这个曲子的萌芽，这一时期它就逐渐接近定稿了。此外，嵇康（223—263）《琴赋》里还列举了很多琴曲，这些琴曲的素材有不少是汉代的民歌，如《飞龙》是汉房中乐，《鹍鸡》、《东武》（东武吟行）、《太山》（太山梁甫吟）、《王昭》（王昭君）、《楚妃》（楚妃吟）是相和歌，可见器乐创作的基础还是离不开民歌。

这一时期的古琴曲谱保存到现在的有唐人手抄本《碣石调幽兰谱》，传授的人是丘明（494—590）。据谱前小传，"丘明，会稽人也，梁末隐于九疑山。于幽兰一曲，尤特精绝。隋开皇十年，于丹徒县卒，时年九十七"。这是现存最古老的古本文字谱，经过各地古琴家打谱试奏，现在已经有了眉目了。就标题看，那是描写空谷中孤芳自赏的兰花，与丘明的隐士身分是相称的。曲调可能不完全是他的创作，所谓碣石调（碣石是山名，当今河北省东北部昌黎县），是根据拂舞的曲调编制的，又称《碣石舞》。现在保存的《碣石舞》的歌词是曹操的新作，即"东临碣石"那一首。不过这也许是偶合，因为这里的碣石调是另一个意思。

七、音乐理论领域中对神秘主义的斗争

1. 乐律研究的神秘主义倾向及对它的斗争

在乐律研究领域内，自古以来都存在唯物主义对唯心主义思想的斗争，这一时期乐律研究的胜利也是在同神秘主义的斗争中取得的。京房的六十律是神秘主义的先河，钱乐之（刘宋时代的太史，时当 5 世纪前期）又在京房的基础上再钻牛角尖，一直算到三百六十律。但是他搞这玩意的目的并不在于音乐，而是在于历法。配合一年三百六十天，每天一个律来附会他的迷信的理论。两律之间的差值不到三十分之一分，实践的意义是没有的。

但是胡闹并不是历史的全部，另一方面却有杰出的科学家何承天（370—447）对京房的六十律提出正式的反对的议论："上下相生，三分损益其一，盖是古人简易之法，犹如古历周天三百六十五度四分之一，后人改制，皆不同焉。而京房不悟，谬为六十。"对于班固的论点，也指明他"未能通律吕本原，徒训角为触，徵为祉，阳气施种于黄钟，如斯之属，空烦其文而为辞费。又推九六，欲符刘歆三统之数。假托非类，以饰其说，皆孟坚之妄矣"。他自己对乐律的研究却找出仲吕还生所得的黄钟，长度为 8.8788 寸，与正黄钟比较差 0.1212 寸，何承天将这 0.1212 寸，平均分配于林钟以后所生之十二律，以 0.0101 为基数，每一律递加 0.0101 寸，亦即是林钟加 0.0101 寸，太簇加 0.0202 寸，南吕加 0.0303 寸，如此类推，到变黄钟时加 0.1212，恰为九寸之长，与正黄钟相合，这就是《宋书·乐志》的所谓新律，我

们现在称之为三分损益均差律。这是人类历史上最早的有关十二平均律的探索。两音相差，最大的不超过一个半音音程的百分之一，最小的只有一个半音音程的千分之五。当然，何承天的计算方法还有缺陷，真正精确的平均律要等到16世纪末叶才出现，那就是朱载堉的《乐律全书》的贡献。

这一时期还有一种值得特别提出来的事实是新音阶的出现。从前的古音阶的前一个半音是在第四音与第五音之间的。

黄	大	太	夹	姑	仲	蕤	林	夷	南	无	应	清黄
钟	吕	簇	钟	洗	吕	宾	钟	则	吕	射	钟	钟
宫	商		角		变徵	徵		羽		变宫	清宫	

但是荀勗的新笛的每一支都有三种调——正声调、下徵调和清角调，其中下徵调音列如下：

林	夷	南	无	应	清黄	清大	清太	清夹	清姑	清钟	清蕤	清林
钟	则	吕	射	钟	钟	吕	簇	钟	洗	吕	宾	钟
宫		商		角	变徵		徵		羽		变宫	宫

这就说明这时的新音阶已经相当于我们今天通行的音阶了。

2. 嵇康与阮籍在音乐思想上的分歧

音乐思想界唯心主义同唯物主义的斗争在这一时期也没有中断。唯心主义的代表人物是阮籍（210—263）。阮籍在文学史上是与嵇康齐名的，音乐上也有嵇琴阮啸的说法。实际上嵇康应该占有比阮籍更高的地位。虽然在玩世不恭这一点上是共同的，但在处理政治问题上两人就显出高下来了。

当时的政治环境是曹家统治已经接近末日，真正当权的是司马懿父子。为了扩充自己的势力，司马氏笼络一批士族，同时用残酷的手段对待另一批忠于曹家的士族。由于私利的冲突，司马氏集团内部又有另外一套勾心斗角的斗争，因此形成错综复杂、黑暗恐怖的局面。据《阮籍传》的记载："籍本有济世志，属魏晋之际，天下多故，名士少有全者，籍由是不与世事，遂酣饮为常。"他喝酒是为了逃避。在不肯同流合污这一点上，可以说有他一定的进步意义。他不遵守礼法，如在嫂嫂归宁时同她打招呼，母丧饮酒等，都表示他一定的反抗性。但是他那种明哲保身的做法，有时却到了丧失原则性的地步。他终于做了司马氏的官，甚至写劝进表，这就是他不及嵇康的地方。他的《乐论》所表现的思想，正好说明他是正统思想的卫士。他从神秘主义的观点出发，认为音乐是天地的本体，万物的本性。音乐协和，就能使万物和谐一致。“夫乐者，天地之体，万物之性也……故律吕协则阴阳和，音声适而万物类，男女不易其所，君臣不犯其位，……自上以下，降杀有等，至于庶人，咸皆闻之。歌谣者，咏先王之情，頫仰者，习先王之容……先王之为乐也，将以定万物之情，一天下之意也。”虽然他也说，“礼与变俱，乐与时化，故五帝不同制，三王各异造，非其相反，应时变也。”但是并不因此改变他心目中的音乐本质——先王定万物之情，一天下之意的本质，所以他反对自由作乐：“自后世衰末之为乐也，其物不真，其器不同，其制不信，取于近物。取于近物，同于人间；各求其好，恣意所存。闾里之声竞高，永巷之音争先。儿童相聚以咏富贵，刍牧负戴以歌贱贫。君臣之职未废，而一人怀万心也。”这种反对人民自由创作音乐，反对反映现实生活的态度是他思想中最恶劣的部分。

嵇康（223—262），比阮籍年轻13岁，但是却比阮籍早死一年。他是被杀的。被杀的原因，据说是因为他“龙性难驯”。山涛要推荐他接他的官位，他就写信和他绝交，他自己承认“非汤武而薄周孔”，这正好打中司马昭的要害，因此借吕安的案子把他牵连在里面把他杀了。他临刑的时候，有太学生3000人请求赦免他，他们要拜他做老师。这样的请求当然没有效果。临死的时候，他“顾日影而弹琴”。这种从容不迫，置死生于度外的气度也是一种对统治阶级的轻蔑。他的音乐思想具见于他所作的《声无哀乐论》。

首先他认为音乐是与时变化的，这种变化是从运动中产生的。他说：“夫天地合德，万物资生，寒暑代往，五行以成，章为五色，发为五音。”但是运动的发生是由于一种什么力量的作用呢？嵇康对这一点没有加以说明，照他的思想体系来考察，那该是一种元气，即所谓太素。那是一种最初的自在的因素，也就是一种概念的产物。虚幻的概念与具体的形形色色的存在对比起来看，必然要陷入二元论。于是他心目中的音乐具有一种奥妙的“至和”，与普通的所谓音乐相对立。“无声之乐，民之父母也。至八音会谐，人之所悦亦总谓之乐”。在具体的声音问题上，他也同样发挥他的二元论。

“琴瑟之清浊，不在操者之工拙。心能辨理善谈，而不能令内籥调利，犹瞽者能善其曲度，而不能器必清和也。器不假妙瞽而良，籥不因慧心而调。然则心之与声，明为二物。二物诚然，则求情者不留观于形貌，揆心者不假听于声音也。察者欲因声以知心，不亦外乎。"

于是乎他就得到了声无哀乐的结论。

"五味万殊，而大同于美；曲变虽众，而大同于和。美有甘，和有乐，然随曲之情，尽乎和域；应美之口，绝于甘境，安得哀乐于其间哉！"

"声音自当，以善恶为主，则无关于哀乐；哀乐自当，以感情而后发，则无系于声音。"

从他承认音乐是客观的存在这一点说，他的思想是唯物主义的，因而是合理的。但是他认为音乐并不能引起人的感情的变化，人之所以从音乐得到悲哀或快乐的感觉，那只是由于人本身先有悲哀或快乐的情绪的缘故，那却是唯心主义的，因而是错误的。他理论中所具有的一点唯物主义因素也给他绝对化了，他忽略了人所具有的主观能动作用，因而又是片面的、机械的。

但是嵇康的理论，在他所处的时代中还是有积极的意义的。他的论点有时似乎是一些反语，骨子里是反对儒家"移风易俗，莫善于乐"的说法，间接打击了统治阶级的门面话。至于他另外的有些提法，例如他摧毁了汉朝以来的神秘主义的音乐观点，肯定劳动人民借助音乐来表达自己的思想感情的欲望，他说："声音和比，感人之最深者也。劳者歌其事，乐者舞其功。"他也承认"……郑声是声音之至妙"，而且"声音和比，人情之所不能免也，是以古人知情之不可放，故抑其所遁；知欲之不可绝，故因其所自。为可奉之礼，制可导之乐"。他的思想仍然是比较通达的。他所写的那篇《琴赋》，提到不少民歌，说明他是重视民间音乐的。这也是应该肯定的一点。

3. 刘勰的音乐见解

除了上面两位各成一派的理论家之外，还有一位刘勰。他是文学批评家，生于公元 465 年前后。由齐入梁，做过小官，晚年出家，改名慧地。他的杰作是《文心雕龙》。《文心雕龙》是文艺学一类的著作，也接触到一些音乐问题，而且大都限于与诗歌有关的声乐方面。但是里面仍然有些宝贵的意见。他的基本观点具有唯物主义的因素，他说："岁有其物，物有其容，情以物迁，辞以情发"（《物色篇》）。"时运交移，质文代变……故知歌谣文理，与世推移，风动乎上而波震于其下者"（《时序篇》）。这里指出艺术与社会的关系。至于他的所谓质文，则是内容与形式的关系。"夫水性虚而沦漪结，木体实而花萼振，文附质也。虎豹无文，则鞟同犬羊；犀兕有皮，而色资丹漆，质待文也"（《情采篇》）。文附于质而存在，质要通过文来表现，但是两者并不是平列的。质决定文，等于是内容决定形式，也就是说思想性居第一位，艺术性居第二位。但是他的思想基础是正统的儒家思想，他说："诗为乐心，声为乐体。乐体在声，瞽师务调其器，乐心在诗，君子宜正其文。好乐无荒。晋风所以称远；伊其相谑，郑国所以云亡。故知季札观辞，不直听声而已"（《乐府篇》）。他不独过分推尊正统思想，对民歌的认识也是不足的，甚至把亡国的责任推到郑风上面去，这是本末倒置的说法。

在体裁的划分上，他认识到诗与歌的区别。"凡乐辞曰诗，诗声曰歌。"而且指出曹植、陆机等人所写出来的诗篇已经是"并无诏伶人，故事谢丝管"。这种根据具体事实，说明诗与歌的各自独立的论点，也是科学的。不过刘勰并不是音乐学家，因而也没有留下对音乐的全面的论述。

第四编　封建社会中期的音乐

——从隋、唐到宋、元（公元581年—公元1368年）

第五章　隋、唐、五代的音乐

（公元581—公元960年）

一、概况

唐初统治集团鉴于隋朝这个短命王朝的崩溃，采取了对农民让步的政策，人民比较能够发挥自己的创造力，社会经济因之有了迅速的恢复和发展，造成了从唐太宗经过则天皇后到唐玄宗的相当长时间的所谓"盛世"。唐帝国当时站在世界的前列，长安是国际的文化中心。这就是唐帝国音乐文化辉煌发展的物质基础。

由于政权的统一和国内各族人民音乐文化的交流融合，人民眼界的开阔，生活内容的比较丰富，因此就能够创造出新的民族风格的音乐文化。曲子、变文和燕乐便是它的结晶。

安史之乱标志着唐帝国的衰落，由于阶级矛盾的尖锐化，揭露性、批判性的艺术创作有了新的发展，白居易、元稹发起了新乐府运动，在他们的诗歌理论中也接触到一些音乐问题。

各族音乐的大融合和音乐实践经验的积累产生了工尺谱和减字谱，犯调和移调也增多起来，在乐器和演奏技术上也有了许多改进和革新。

二、民间曲子的产生和发展

1. 曲子的特点

曲子是隋唐以来民间音乐的新形式。王灼《碧鸡漫志》说："盖隋以来，今之所谓曲子者渐兴。"张炎《词源》说："粤自隋唐以来，声诗间为长短句。"这两段话的前一段说明曲子产生的时间，后一段话说明曲子的形式。就其本质而论，曲子产生于民间，和乐府相和歌是一脉相承的。为什么又出现曲子这个新名堂呢？曲子是随着唐帝国经济的发展，都市的兴起，市民阶层的成长而产生的。因此，曲子的特征不仅在于它是从民间来的，它是配音乐的，它的形式是长短句的，也不仅是因为"歌者杂用胡夷里巷之曲"，而更重要的是它的社会基础，它的内容。它是从农村传到城市中来的新型歌曲。它活动的地点也不限于贵族家庭而扩大到歌楼舞榭。出入歌楼舞榭的固然有王孙公子，但也有商人估客。它的音乐固然是更为新鲜活泼，它的内容也更为广泛。除了一般的抒情写景之外，有许多是反映当时的兵役给人民带来的痛苦的，出征的军人离乡背井，思家怀人，家中是妇女思念征夫；也有是出外谋生，死在他乡的游子；也有出卖肉体的妓女的痛苦愤激的伸诉。我们知道，妇女地位的渐趋重要是市民意识觉醒的特征之一，曲子也反映了这一点。曲子里面的妇女不是带着病在想念她的爱人，而是生动泼辣的。它流行之广远打破了过去的纪录。白居易诗曰："六么水调家家唱，白雪梅花处处吹；古歌旧曲君休听，听取新翻杨柳枝。"

新的内容决定了新的形式。曲子与前代歌曲不同的一点是形式的新颖与自由。要求新颖与自由是市民思想的特征。曲子的长短句的形式是为了适应音乐要求而产生的。更由于曲子的活动场所偏重于当众歌唱，与一般的劳者自歌有所不同，因而所用的语言比较更接近于口语，节奏也更加活泼多样，内容比较偏重直觉而不是偏重理智。

关于曲子的创作有两种不同的方式，一种是由乐定词，一种是依词配乐。由乐定词就是依照"胡夷里巷之曲"的曲调配上新词，依词配乐就是根据新作的歌词创作新的曲调。前者是一般通行的填词，后者即所谓自度曲。

2. 曲子的发现，它的音乐形式的发展

说起曲子的起源的历史，过去是从中唐算起的（安史之乱以后八世纪中叶至九世纪中叶的一百年间）。为了替它争一个体面的地位，有些人还喜欢捧出李白来。事实上李白（？）的《菩萨蛮》《忆秦娥》只是填词，已经是曲子在文人手里达到文学上的成熟程度的作品，距离曲子产生的时间一定是相当长的。曲子的起源应该相信王灼的说法，自隋开始。明祝穆《事文类聚》二四《歌曲源流》条引吴曾《能改斋漫录》说："……明皇尤溺于夷音，天下薰然成俗。于时才士，始依拍担乐工之声，被之以词。句之长短，各随曲度。"这是有书可考的正式记载。可见是先有拍担的音乐，然后才有句之长短。也就是说，先在民间，后入宫廷。这个结论，过

去还很难下，敦煌石室发现之后，我们就有了真凭实据了。

敦煌石室的发现的经过，记录下了帝国主义分子盗劫我国文物的罪恶。许多珍贵的手写卷子现在都在伦敦和巴黎，我们保存的远不及他们所有的丰富。这些卷子主要是佛教经典，其次是变文，音乐的材料比较起来不算多，据现在所知主要是一些曲谱和曲子词。这些作品最早的当在武则天时期（685—704）。其中调名如《风归云》《天仙子》《竹枝子》《洞仙歌》《破阵子》《浣溪沙》《柳青娘》《倾杯乐》等共13首均见崔令钦《教坊记》。崔令钦是唐玄宗、肃宗时人，即八世纪的中叶，可见词在盛唐之前已在民间流行。现在抄录下来的曲词约有五百首，调名五十六个。就内容而论，《献忠心》有"臣远涉山水，来慕当今。到丹阙，御龙楼，弃毡帐与弓剑，不归边地，学唐化，礼仪同，沐恩深"的话。另一首又说："生死大唐好，喜难任。齐拍手，奏仙音。各将向本国里，呈歌舞，愿皇寿，千万岁，献忠心"（《敦煌曲子词集》）。这不像是汉族人的口气，使人想到唐太宗这位天可汗在各少数民族中的威望。盛唐之后这样钦慕的忠心就不易见到了。

曲子的词牌已见于《教坊记》，可见它是歌曲的歌词。这些曲子主要在唱，但也有兼舞的，敦煌卷中除工尺谱一卷，载有《倾杯乐》《西江月》《心事子》《伊州》《水鼓子》《长沙女引》等八谱之外，尚有舞曲两卷，载《遐方怨》《南歌子》《南乡子》《双燕子》《浣溪沙》《风归云》等六谱。

但敦煌曲子给我们指出更重要的一点是用反复数遍的曲调分别歌咏在一个总题目之下的各种不同的情况。如《长相思》，以做客不归为题，分咏富不归、贫不归、死不归三种不同的情况；《苏幕遮》六首，一首总起，然后五首分咏五台山的东台、北台、中台、西台、南台；《西江月》女伴三首，第一首描写同寻烟水，第二首描写游人的情绪，第三首描写游后的冷落心情。此外还有《五更转》《十二时》等等，虽然这还不能就算作套曲，但是却应该承认有套曲的原始形式的意味。

曲子这一形式是中唐以后和整个宋朝的歌曲的主要形式。从市民到贵族士大夫，只要他有创作的欲望，他就必然写曲子。鼓子词也不能不说是吸收了它的音乐成分。而且它从音乐更影响到文坛。从白居易、刘禹锡起，唐人就经常采取这种形式作为文学上的一种新兴的体裁，到了宋朝就更成为诗歌的主要形式。

三、变文和民间说唱的关系

1. 说唱形式的史的考察

说唱是一种叙事性的有说有唱的大型的声乐体裁。过去资产阶级学者一直认为说唱是从变文来的，而像变文这样散文和韵文互相结合的形式，他们则武断地说在中国是没有的（见胡适《白话文学史》），实则《孔雀东南飞》明明是先有散文的序，然后是韵文的歌唱。汉魏以来流传的碑版也是先来一段散文的叙述，然后加上一段韵文的颂赞。更早的《成相》辞也明明是说唱式的韵文。荀况另外的五篇赋大都是先来一段韵文，然后是无韵的精炼的散文。这还不是说唱相杂的一种体裁吗？还有楚庄王时期的那个优孟的故事，据《史记》所载优孟的话是散文的，孙叔敖碑则载的是韵文，这也间接说明优孟是先来一段散文的叙述然后接上一段动人的歌唱的。

这是书本上可以考见的材料。至于实物，那就是 1957 年成都天回镇汉墓中出土的说唱俑。俑的形状是左手拿着一面鼓，右手高高举着一根棍子，面部表情非常紧张生动，活现出一个性格的典型。这不是普通的舞蹈，也不是普通的歌唱，而是有强烈表情的叙述。单面鼓说明是带音乐的叙述，带音乐自然有歌唱，不能设想是拿音乐做散文的伴奏的。配乐朗诵只是近代才有的，古代只有歌唱。因此考古家断定它是说唱俑，正好证明专家眼光的锐利。

关于变文的作品我们目前所见的是中唐以后的居多。诗人说起变文的是张祜对白居易《长恨歌》所说的笑话，认为"上穷碧落下黄泉"云云是目连变。唐敬宗听文溆僧的俗讲是在公元 826 年，后于东汉 600 年。一定要说说唱产生于变文之后，那只能说是民族虚无主义的思想在作怪。

说到这里，我们可以下一个这样的结论：

说唱是中国战国末年以来流行于民间的一种大型的叙事歌的形式，经过佛教的利用形成了我们目前所占有的变文。

佛教为了向人民进行宣传以便收到推广佛教的效果，只进行冷冰冰的说教是不行的，因此产生了俗讲。俗讲是引伸一点佛教的经义，利用讲故事的方式进行宣传。既然目的在于吸引一般听众，就必须采用老百姓能够接受的东西，亦即是符合老百姓欣赏习惯的东西。于是乎利用了说唱来发挥佛教传统所谓的"唱导"和"转读"。《高僧传·读诵篇》有关少康的一段话说"康所述偈赞，皆附会郑卫之声"，就证明这一点。唱导是"宣唱佛法，开导众心"，亦即俗讲的目的；转读即前面讲曹植时提到的"转赞七声升降曲折之响"，亦即俗讲的方式。普通转读，多属三契，每契四句，或为五言，或为七言，以其音节与字句平均计算，每字至少有两个半或四个不同的声。音律共有三类，即平调、高调、折调。伴奏乐器，见于记载的只有拍板。

2. 变文的分类和它对后世的影响

变文的结构，一种是先用散文叙述故事，然后根据讲述的内容再来一段韵文式的唱叹；一种是开头来一段简单的说白，主要是以歌唱为主的；还有一种是说和唱交错进行，互相补充，比第一种的歌唱只是叙述内容的重复的形式有了更大的改进。

当时在寺院里进行通俗性的讲经的和尚叫做俗讲僧，俗讲的底本即所谓变文。现在所有的变文是在敦煌发现的。敦煌变文中有一大部分是宗教内容的，这是统治阶级用来麻醉人民的东西。但是人民接受了变文这一体裁之后，就按着自己的需要，创造出自己所喜闻乐见的，以民间故事、传说和历史故事为题材的世俗性的变文，如《伍子胥变文》《王昭君变文》《孟姜女变文》《秋胡变文》《董永变文》《李陵变文》等等。其中特别值得指出来的是反映当时社会现实的变文，那就是《张义潮变文》和有关张义潮族子张淮深的《张淮深变文》。张义潮是唐朝边塞上的英雄，他打败了异族侵略军，收复了敦煌等失地，因此得到了人民的歌颂。这是公元 860 年前后的事。

变文从寺院走向广大的群众，是经过一番斗争的。正史就诬蔑当时的俗讲，"不能演空有之义，徒以悦俗邀布施而已"。我们知道，所谓悦俗就是争取听众的喜爱，因为符合群众的趣味，就被判为"雅正全乖"。赵璘《因话录》有一段具体的记载："有文溆僧者，公为聚众谈说，假托经论，所言无非淫秽鄙亵之事。不逞之徒，转相鼓扇扶树，愚夫冶妇，乐闻其说，听者填咽寺舍，瞻礼崇拜，呼为和尚教坊，效其声调，以为歌曲。"这个文溆僧就因为受到群众的欢迎，"前后杖背，流在边地数矣"。那些封建卫士更破口大骂变文的爱好者："望酒旗，玩变场者，岂有佳者乎？"（见薛昭蕴《幻影传》）但是，头脑不那么僵化的文人却并不拒绝它，或者毋宁说是欢迎这种新形式的。白居易和元稹听一枝花话，一听就可以听它六七小时，亦即见诸吟咏的所谓"光阴听话移"。

变文的发展是以后的诸宫调，它的变形则是后来的鼓词、弹词、宝卷等等。

寺院用变文来吸引群众，寺院也就跟着变成了戏场。戏场的"戏"当时指的应该是百戏，不是我们今天所了解的戏曲。钱易《南部新书》说："长安戏场多集于慈恩，小者在青龙，其次荐福、保寿。"讲经日期，固然如此，即平时也有精采节目，连公主也成为"戏迷"。宣宗女儿"万寿公主适起居郎郑颢……颢弟顗常得危疾，上遣使视之，还，问公主何在，曰：在慈恩寺观戏场"（《资治通鉴》卷二百四十八）。这一则故事显示变文影响的深远，也使人想见当时人民音乐生活的一个侧面。

四、从歌舞到戏曲的成长

1. 民间歌舞是我国各族人民的共同创造

唐代歌舞是我国各族人民共同创造的产物，其中有些是民间固有的，如踏歌，最先见《西京杂记》，说汉宫女以十月十五日（即夏历八月十五日中秋节）相与联臂踏地为节，歌《赤凤凰来》。陈旸《乐书》说它是队舞曲，唐时最为盛行。民间妇女每逢中秋夜就手挽手地婆娑月影中，《宣和书谱》说它"最为盛集"。

这是汉族的民间舞蹈，还有少数民族的，略举如下：

"胡旋舞"是从康居传入的，康居即前面说过的康国，当今新疆北部及苏联中亚细亚塔什干的地方。天宝末年（755）康居国献胡旋女，舞步极急，有如旋风，故名胡旋。"胡旋舞居一小圆毯上舞，纵横腾掷，两足终不离球上，其妙如此"（《乐府杂录》）。白居易新乐府《胡旋女》云："天宝末年时欲变，臣妾人人学圆转。中有太真外禄山，二人最道能胡旋。"可见也盛行于宫廷中。

"柘枝舞"，是从西域石国亦即康居传来的。它是一种健舞，与《绿腰》等软舞相对。中间还可以有"谐优"，即做一些滑稽的穿插。它变化相当多，是介于纯舞与有情节的歌舞戏之间的舞蹈。至于包含情节的则叫做"合生"。

合生起于初唐，现存的资料见于中宗朝武平一的《景龙文馆记》。中宗"宴两仪殿……胡人袜子、何懿等唱合生，歌言浅秽"。武平一指责合生"异曲新声，哀思淫溺。始自王公，稍及闾巷。妖妓胡人，街童市子，或言娘子情貌，或列王公名质。咏歌蹈舞，号曰合生"。合生的意义没有确切的解释，可能是两人合歌对舞，随事生发。或者是结合实情，演唱相生。合生的表演是：一生一旦，分扮男女人物，通过歌唱、舞蹈的表情动作来表演一定的情节。清人焦循（1763—1820）《剧说》引王棠《知新录》的话说："合生即院本杂剧也。"不错，杂剧在唐是杂耍一类的名称，与后来的戏曲名为杂剧者是两回事，所以不能因此得出结论说，合生就是戏曲。但它是一种带有故事情节的歌舞，而且即作为戏曲的萌芽，却是应该可以确定的。

2. 歌舞的音乐因素及其更进一步的发展

说起歌舞，顾名思义，就是一种载歌载舞的表演，还有乐器伴奏。至于歌唱方面，有独唱与齐唱两种。有些地方是独唱的，另外又有独唱与齐唱相间的。比较特殊的演唱方式有所谓"立唱"。这个词意义不大明了。"站着唱"自然是最简捷的解释，但是恐怕不那么简单，也许是即兴应声立刻歌唱的意思也未可知。至于乐器，据《乐府杂录》所记，《代面》《钵头》等等的乐器有笛、拍板、答鼓和两杖鼓，更早的《文康乐》，即纪念庾亮的那套，乐器有笛、笙、箫、篪、铃槃、鞞、腰鼓等七种，乐手多至 22 人。至于段安节所记的胡乐曾使用琵琶、五弦筝、箜篌、觱栗、笛、方响、拍板之类，更应该是民间歌舞同样采用的乐器，不仅是宫中才使用的。

这一时期还有一种具有戏剧效果的表演形式称为参军戏。

参军戏以参军、苍鹘两个角色为主，通过双方的问答、呼应，指示主题思想。作法是滑稽的，但并不是为滑稽而滑稽，它是通过滑稽达到讽谕的目的。滑稽常常通过痴呆的言谈、动作表现出来。因为滑稽而且是一问一答，因此有人说它是相声的祖宗。但是侯宝林同志不同意这种说法。他写过一篇文章叫《相声的结构》（《曲艺工作通讯》第三期），认为相声和唐伎的关系是来自俗讲而不是参军戏。相声的垫话儿有如俗讲的押座文，由垫话儿开始，后有瓢把儿，活儿以至攒底结束，并不全讲故事。但是这也不能算是结论，因为说到曲艺的渊源，很难说定它只是从一个头来的，它也可能从参军戏汲取一部分的养料。

唐朝的歌舞表演真正说得上是戏曲的前身的也许是《樊哙排君难》。这是一出以鸿门宴为题材的历史戏，唐昭宗（在位时间 889—903）曾以这部戏来奖励那个帮他恢复自由，杀死他的敌手刘季述的孙德昭。可惜脚本已经失传，我们无从具体知道它的真面目。就剧情而论，是应该有相当多的登场人物的，情节变化也很复杂，正好标志着在戏曲发展过程中比《兰陵王入阵曲》《踏谣娘》更进一步发展的新阶段。

五、燕乐

1. 隋唐燕乐的变化

说起唐代音乐，总使人立刻想到燕乐。燕乐就是燕饮所用的音乐。唐朝的燕乐最初是沿袭隋朝的旧制，奏九部乐：①燕乐，②清商，③西凉，④扶南，⑤高丽，⑥龟兹，⑦安国，⑧疏勒，⑨康国。到唐太宗平定高昌，收其乐付太常，增加为第十部。这里要说明一点，隋朝的九部乐中并没有燕乐，只有礼毕乐即文康乐，列为第九。唐朝删除礼毕，另加燕乐，列为第一，又把天竺乐改为扶南，仍合九部之数。后又加上高昌乐而成十部。在十部之中，燕乐作为一部，是狭义的燕乐，同时十部乐的总名却又称为燕乐，以别于传统的雅乐。

十部乐到了唐玄宗朝改为从演出形式来分类，即所谓立部伎和坐部伎。"堂下立奏，谓之立部伎；堂上坐奏，谓之坐部伎"（《新唐书·礼乐志》）。立部伎八部，坐部伎六部。

立部伎：婆乐、太平乐、破阵乐、庆善乐、大定乐、上元乐、圣寿乐、光圣乐。

坐部伎：宴乐（①景云乐，②庆善乐，③破阵乐，④承天乐）、长寿乐、天授乐、鸟歌万岁乐、龙池乐、小破阵乐。

原来的十部伎是以民族特点来区分音乐门类的，到了改为坐部伎和立部伎之后，就依音乐性质来区分了。应该指明的一点是：这坐部伎和立部伎好像只规定一定的乐曲。太平乐是一种舞曲，即五方狮子舞；光圣乐演出时戴鸟冠，五彩画衣；鸟歌万岁乐是绯大袖，并画鹦鹉，冠作鸟象。可见还是化装的。

2. 乐部改名的意义

燕乐取消民族的专名，改以音乐性质来区分，说明汉族同各族音乐已经融化成为混一的音乐。即使有些曲名还是伊州、凉州等等，也只是指明它的来源而已，它已经含有新的成分，不再是纯粹的伊州音乐、凉州音乐了。它有了新的改进，新的提高，正如英国人写牧歌，俄国人写圆舞曲一样，不能说它是意大利音乐、维也纳音乐。

这里还有一件事情应该引起我们的疑问。十部乐改为坐立二部，仍然只是固定的一些乐曲和舞曲，这和唐朝音乐大发展的名气是不相称的。那么究竟还有什么别的东西来打破燕乐的单调呢？原来自隋以来，奏乐结尾都有一部特别的音乐，隋称为礼毕乐，即演庾亮故事的《文康伎》，唐太宗时废去礼毕乐代之以宴后，这个宴后是一种特定音乐呢，还是余兴的意思？是不是宴后的含义应该广一些，不限于一支称为宴后的乐曲？是不是隋朝简单一些，只用文康乐，而到了唐朝就有新的要求，因而改为宴后，而可以有伸缩的余地呢？

坐立二部不仅是演出方式的不同，演奏技术也有高下的不同。据《旧唐书·音乐志》云："太常阅坐部伎不可教者隶立部，又不可教者，乃习雅乐。"这段话说明唐朝音乐的重点是在燕乐，雅乐只是装潢门面的东西。

3. 法曲和大曲

燕乐创作中成就最大的是法曲和大曲

法曲初起于隋，唐朝加以发展，成为一种崭新的东西。法曲在《旧唐书·音乐志》中称为"词多郑卫"，是贞观中侍中杨仁恭姜赵方等所铨集，开元中从原来的宫、商、角、徵、羽五调歌词各一卷，经太乐令孙玄成整比为七卷，杂用胡夷里巷之曲，工人多不能通。但是唐明皇很欣赏它，选坐部伎子弟三百教于梨园，号"皇帝梨园弟子"，宫女数百亦为梨园弟子，居宜春北院。梨园法部更置小部声音三十余人。唐朝法曲的乐器与隋的比较，隋音清而雅，其器有铙、钹、钟、磬、幢箫、琵琶……其声金、石、丝、竹以次作，到了唐朝文宗（827—840）时乐器又增加了琴、瑟、筑、篪、箫、跋膝、笙、竽等等，童子五人，绣衣执金莲花以导，舞者三百人，这就是《云韶乐》，法曲也因此改名为《仙韶曲》。

就乐曲结构而论，最突出的是大曲。十部伎中燕乐、西凉、龟兹、安国、疏勒、高昌等部都有大曲。大曲一般分为三大段。

散板 {
1. 散序——包含无拍的散序若干遍，器乐独奏或合奏。
靸——节奏改变的过渡之处。
}

慢板 {
2. 中序，拍序或歌头——包含慢板的排遍若干遍，歌唱为主。
攧——由慢到略快的过渡。
正攧
}

由中板而入于急板 {
3. 破或舞遍——舞蹈为主。
入破——节奏略快的散板。
虚催——由散板转入一定节奏的过渡。
衮遍——比较快的节奏。
实催——催拍、促拍或簇拍——真的催促，逐渐加快。
衮遍——极快。
歇拍——节奏渐慢。
杀衮——结束。
}

衮的意义，在琵琶上，指连续的急速的弹挑，在鼓上指左右两杖急速连击。《羯鼓录》说："但曲急破，作戟杖连碎之。"连碎是急速的断音，亦即是衮。

散序是乐器的演奏，不歌不舞；中序重在歌，所以也叫"歌头"；入破以后重在舞，所以又叫舞遍。从大曲组织的各个构成部分而言，我们自然会想到前面讲过的艳、趋、乱。它们相互之间自然是有一定的传承关系的。

依照大曲的结构写成的作品，著名而又可以考见的，是《霓裳羽衣曲》和《六么》（《绿腰》《乐世》）《雨霖铃》《柘枝》《剑器》《浑脱》等。

关于《霓裳羽衣曲》的描写有白居易的《霓裳羽衣歌》，歌内有注，首先说："金、石、丝、竹次序发声。"又云："散序六遍无拍，故不舞。中序始有拍，故名拍序"；末云："霓裳十二遍而曲终，凡曲将终，均声拍促速，惟霓裳之末长引一声。"这说明这一乐曲并不公式化。

《六幺》，以琵琶为主要乐器，有多人合唱，所谓合韵，也用散序开头，渐渐入拍，入拍后有叠唱，其中有一段名《花十八》者最精采。结束时相当急速。《韩熙载夜宴图》里面有《六幺》场面的一个片段，可参看。

4. 乐工的训练和他们的屈辱的地位

当时宫廷的音乐活动是那么多，技术的要求又那么高，当然需要有一个专门的机关来负责这种工作，这就是教坊。

教坊是唐高祖（618—626 在位）武德初年设立的，称为内教坊，在太常寺领导之下，掌教习音乐，典倡优。开元二年（714）又置内教坊于蓬莱宫侧。此外又在京都置左右教坊，以中官为教坊使。把这一部分生活上的音乐活动从太常寺划分出来，因为它的任务再不限于宗庙礼仪那一套。它包括演奏、歌唱、舞蹈、戏弄各种艺人的训练和各种节目的表演。据《教坊记》的记载，右多善歌，左多善舞。那些色艺特别高的，则选入宜春院，称为内人、前头人，因为他们经常在皇上的前头。内人的技艺水平和一般称为"挡弹家"的比较起来有很大的差别。内人排练，一天就能够出场的，挡弹家需要排练一个月以上才行。教坊的成员，有男、有女、有儿童（即所谓小部声音，年皆 15 以下），人数单是左右教坊就有 382 人，宜春院又有数十家，梨园弟子 300 人则是专习法曲的。其他仪仗、行进乐可考者还有 1 千人。加上内教坊、别教院等等，总数在 1 万人以上。

当时教坊的训练是严格的，据太常署的记载："凡习乐，立师以教，而岁考其师之课业为三等，以上礼部。十年大校，未成，则五年而校，以番上下。有故及不任供奉，则输资财，以充伎衣乐器之用。散乐闰月，人出资财百六十，长上复徭役。"即在学成之后，也有考绩，坐部伎、立部伎的处理即其一例。

当时乐工的地位是卑贱的，唐宣宗曾经公然对祝汉贞说："我畜养尔曹，正供戏笑耳，岂得辄预朝政耶！"结果祝汉贞遭到充军的处分（《资治通鉴》卷二四九唐纪六十五）。宫廷乐工和乐伎随时都有挨打或被杀的危险。梨园弟子笛工尤承恩，因为得罪了洛阳令崔隐甫，就被唐玄宗命令打死（见《唐语林》）。唐文宗时琵琶名手内人郑中丞，因为触犯了皇帝的意旨，就被缢死（见《乐府杂录》）。即使碰到皇帝一时高兴，许以官品，赐给官服，也只是挂个空名，而且保不定什么时候又被摔在地上。所以我们不能够因为他们出入宫廷，就误会他们也属于贵族圈内。他们实际上是痛苦的，自己不能主宰自己的命运的。

5. 乐工的成就和贡献

乐工的生活是悲惨的，但是他们的艺术却开一代风气。现在将当时一些杰出的音乐家的名字记在下面：

①声乐：许和子（永新）、何满、米嘉荣、何戡等。

许和子籍宜春院，李暮吹笛逐其歌，曲终管裂。又一日，赐大酺于勤政楼，听者喧哗聚语，莫得闻鱼龙百戏之声，上怒，高力士奏请永新一歌，必可止喧。上从之。永新乃掠鬓举袂，直奏曼声。广场寂寂，若无一人。（见《乐府杂录》）

②器乐：

甲、琵琶：段善本、康昆仑、曹妙达、雷海青、曹纲、裴兴奴、杨志姑母等。

贞元中（785—805）康昆仑称第一手，"始遇长安大旱，诏移两市祈雨。及至天门街，市人广较胜负，及斗声乐。街东以康昆仑琵琶最上，弹一曲新翻羽调绿腰。西市楼上出一女郎，及下拨，声如雷，昆仑惊拜为师，乃僧也。德宗令教授昆仑，段奏曰：'且遣昆仑不近乐器十余年，使忘其本领，然后可教'。诏许之，后果尽段之艺"。（同上）

"曹纲善运拨，若风雨而不事扣弦；兴奴长于拢撚，下拨稍软。时人谓曹纲有右手，兴奴有左手"。（同上）

"雷海青初隶梨园，禄山获梨园弟子数百人，大会于凝碧池。乐既作，梨园弟子相顾泣下。贼露刃持满以胁之。雷海青投乐器于地，西向恸哭，因被缚于戏马台，肢解以示众人"。这件事亦采入《资治通鉴》。

乙、筝：李青青。

丙、箜篌：张野狐（张徽，兼善参军）、张小子（流落西蜀）、李凭。

丁、笛：李暮（独步一时，禄山乱，流落江东）。

戊、笙：尉迟章、孟才人。

已、觱栗：尉迟青、王麻奴、李龟年（兼擅歌，禄山乱后，流播湘潭，郁郁而死）。

"麻奴素骄傲，闻有尉迟青，欲与定优劣。尉迟经其门，如不闻。麻奴殊不平。已见通，因为于高般涉调中吹一曲。曲终，汗浃其背。尉迟曰：何必高般涉调。即自吹平般涉调。麻奴泣愧谢"。（见《乐府杂录》）

庚、方响：马仙期、吴缤等。

辛、羯鼓：李琯（花奴）、李龟年、邠娘等。

③歌舞：公孙大娘舞《剑器》，小蛮舞《杨柳枝》，沈河翘舞《何满子》，王屋

山舞《绿腰》，都很有名。还有留杯亭，杨惠之曾为塑像，面墙而置之，京兆人看它的后背就认得出是留杯亭。

④作曲：白明达，龟兹人，初随隋炀帝，配了许多曲调，到了唐朝，又曾谱《春莺啭》。

何满子能歌兼作曲，被唐玄宗杀死。被杀之前，曾留下他唯一的一个曲调，后人即管这支曲调叫《何满子》。

段善本也能作曲，曾作有《道调梁州》。

张野狐奏筚篥和觱栗，又能弄参军，又能作曲。公元756年曾作《雨霖铃》，757年又作《还京乐》。

李可及，善拍弹，兼擅参军戏，尤能啭喉为新声，曾创作《菩萨蛮》队舞。同昌公主丧除，又为《叹百年》舞曲。

六、雅乐的命运

隋初禅代北周，颜之推曾说："今太常雅乐，并用胡声，请凭梁国旧事，考寻古典。"隋高祖说那是亡国之音，不想用，叫乐工齐树提检校乐府，改换声律。搞不通，又叫太常卿牛弘、国子祭酒辛彦之、国子博士何妥等议正乐，但是由于长期战乱，雅乐沦亡，大众都寻不出一个头绪。高祖大怒："'我受天命七年，乐府犹歌前代功德耶！'欲罪弘等，因治书侍御谏而止"（见《隋书·音乐志》）。于是又诏求知音之士来商量，结果是收集到一些，但那实在是一个大杂烩。开皇九年平陈，获宋、齐旧乐；加以"前克荆州，得梁家旧曲；今平蒋州，又得陈氏正乐，史传相承，以为合古"（同上）。于是成为隋代雅乐的一个组成部分。但在定乐之前，在太乐教习清庙歌词的是曹妙达。曹妙达属西胡族，原在北齐封王开府，入隋仍为乐官，他既然参加，"胡乐"成分自亦不免。所以隋朝雅乐包含有南方音乐和西北音乐在内。但是隋朝制作雅乐过程中有极可笑的一段故事。原来在音律方面，他们争论了七年，最后得到通过的却是何妥的意见。他认为只有黄钟宫能够体现出皇帝的气象。他反对十二律旋相为宫，但是在演奏过程中，有人改奏了蕤宾之宫，他们却根本觉察不出来。（事见《隋书·音乐志》）

唐朝初年乐府尚用隋氏旧文，武德九年（626）才命祖孝孙修定雅乐，至贞观二年（628）奏之。孝孙以"陈梁旧乐，杂用吴楚之音；周齐旧乐，多用胡戎之伎，于是斟酌南北，考以古音，作为大唐雅乐。以十二律各顺其月，旋相为宫……制十二和之乐，合三十一曲，八十四调"（《旧唐书·音乐志》）。但是后来又因为庙乐未述祖宗功德，勅制宗庙乐。玄宗开元二十九年（741），又有修订，定为大唐乐。总之，雅乐在统治阶级手里只是一个装潢门面的东西，虽然由于曹妙达参与编订，比较有些新的成分，但究竟不能改变总的趋势。因此创造性还是不会很多的。

七、乐器演奏技术及音乐理论水平的提高

1. 拉弦乐器的出现

这一个时期乐器方面的新现象是拉弦乐器奚琴的出现。奚本是东胡族，元魏时自号库真奚，居鲜卑故地，至隋始号曰奚，居今滦平、平泉、承德、丰宁等处。陈旸《乐书》载："其制两弦间以竹片轧之。"后来才改用弓弦，与胡琴有渊源关系。

至于琵琶的地位在这时期有了显著的提高，当时大曲常以琵琶开始，即元稹《连昌宫词》的所谓"夜半月高弦索鸣，贺老琵琶定场屋"。它到现在还相当流行，特别是华中与华南。原先是用拨来弹的，唐贞观中（627—649）裴神符（洛儿）第一个不用拨而用手来弹，名为"挡琵琶"。但当时影响并不大，到了近代才肯定地改拨为弹，只有日本还用拨。

2. 记谱法的改进

记谱法在这一时期有了新的发展，即工尺谱的推行。我国古籍中最早谈到工尺谱的是沈括的《梦溪笔谈》。但是敦煌发现的曲谱据最新的考订是后唐明宗长兴四年（933）所写的，应该就是工尺谱的前身。陈旸《乐书》提到的"燕乐半字谱"也很可能属于工尺谱的一类。至于琴谱则始终保持它减字谱的形式，最早创立这种减字谱的是隋唐之间的音乐家曹柔。

3. 乐律的新成就和新音阶的确立

乐律方面有苏祇婆的龟兹宫调——七调五旦。七调即我国旧有的七声。

①娑陀力，汉言平声，即宫。

②鸡识，汉言长声，即南吕（据《辽志》应为商字之误）。

③沙识，汉言直声，即角。

④沙侯加滥，汉言应声，即变徵。

⑤沙腊，汉言应和声，即徵。

⑥般瞻，汉言五声，即羽。

⑦俟利篷，汉言斛牛声，即变宫。

七调之外还有五旦。旦者，汉言均也。所谓均是律位有定的一组，或五音，或七音，成为一个音列，也叫做宫。根据七宫加以推演，合成十二以应十二律。律有

七音，音立一调，与十二律交错配合，共合八十四调。最先提出来的人是万宝常。隋郑译、唐祖孝孙都是支持这一理论的。

前面提到过的下徵调亦即半音位置在第三、第四两音之间的新音阶，在这一时期已经得到普遍的应用。

隋开皇八年（588）郑译说过这样的一段话："案今乐府乃以林钟为调首，失君臣之义；清乐黄钟宫以小吕为变徵，乖相生之道。今请雅乐黄钟宫以黄钟为调首，清乐去小吕，还以蕤宾为变徵。"证明新音阶已经成为普遍流行的客观现实了。

4. 犯调和移调的流行

作曲理论方面唐朝出现了犯调，这是旋相为宫的发展。陈旸《乐书》说："乐府诸曲，自古不用犯声。唐自则天末年（685—704）剑器入浑脱，为犯声之始。剑器宫调，浑脱商调，以臣犯君，故为犯声。"又说："明皇时，乐人孙处秀善吹笛，好作犯声，时人以为新意而效之，因有犯调。"由此可知，犯调是先奏一调之后，转入他调形成一曲之中有几个不同的调式，这就增加了乐曲的变化，提高了音乐的表现能力，和我们现在的所谓转调相同。但是犯调也有一定的规则，如越调是无射商，正宫是正黄钟宫，两调的杀声都是"合"，杀声相同才可以相犯（杀声是指结束全篇的末一个字）。

还有移调，亦名转调，但是这个转调却不是我们现在所理解的转调。这里的所谓转调，只是增损旧腔，自成新声。康昆仑奏凉州曲，把本来是属于正宫的改为黄钟宫，段善本又改为"道调"。这都说明一个音乐家随时注意独创性的运用。

5. 音乐专业著作的出现

关于音乐的专业性的著作，在《隋书》中可以考见的有四十二部，一百四十二卷；《唐书》则为三十八部，二百五十七卷。传到今天的有下列几种：

《乐书要录》，传武则天著，成于公元700年左右。旧称十卷，现存五、六、七三卷。从这部书我们还可以看到一些失传的音乐书籍的梗概，其中旋宫的方法和十二相生之图也有参考价值。

《教坊记》，崔令钦著，成书当在唐明皇死后（762）。书中记述一些教坊的轶闻琐事。晁公武《郡斋读书记后志》说："开元中教坊特盛，令钦记之，率鄙俗事，非有益于正乐也。"这是用正统眼光来看这本书的结果。事实上它保存了一些俗乐的材料，还有曲牌325个，也为词家提供了考证的材料。

《羯鼓录》，南卓著，成于公元848及850年这两个年头（前录及后录）。记载了羯鼓的由来和羯鼓的名手。后录记有诸宫曲名。

《乐府杂录》，段安节著，书成于公元894年之后，已经接近唐帝国的末日了（唐亡于907）。书中多俗乐的材料。首列乐部，次列歌舞、俳优、乐器、乐曲和一些著名演奏家的姓名和轶事，最后是《别乐识五音轮二十八调图》，但是图已遗失。是一部有关唐代音乐史实的重要参考书。

6. 音乐思想及新乐府运动

至于音乐思想的论述，杜佑（735—812）在《通典》的音乐部分显示出他对音乐源流及礼乐相配的一些看法是比较正统的，序说："周衰政失，郑卫是兴，秦汉以还，古乐沦阙……而况古雅莫尚，胡乐荐臻，其声哀怨，其状促遽，方之郑卫，又何远乎？"说明他是不重视民间音乐和少数民族音乐的。他对古乐有一定的怀念，但他又推崇贞观所作的《破阵乐》，认为它"舞有发扬蹈厉之容，乐有粗和啴发之音，表兴王之威烈，何异周之文武？"可见他还是看重音乐的政治作用的，而且今不一定不如古。

当时真有进步的见解的是白居易，他的具体行动是新乐府运动。新乐府运动是反映当时阶级矛盾和人民的痛苦生活的，其所以要标一新字，因为旧乐府是拟赋古题，即以现成的乐府名篇，借古乐府以咏今事，如曹操的《蒿里行》之类。后来出现了即事名篇的办法，如曹植的《野田黄雀行》之类。元稹和白居易更是有意识地提出来，谓之新乐府。这是一次自觉的创作运动。白居易明白表示出他的基本思想是："文章合为时而著，诗歌合为事而作。"至于形式，白居易又特别指出："其体顺而肆，可以播于乐章歌曲也。"

因为他写诗注意到歌唱，对于歌唱他也就提出唱情的要求，他在《问杨琼》诗中说：

> 古人唱歌兼唱情，今人唱歌唯唱声。欲说问君君不会，试将此意问杨琼。

他对音乐的具体意见见于《策林》六十四《复乐古器古曲》。他认定"乐者发于声，声者发乎情，情者系于政"。他不赞成形式主义地恢复古代乐器和古代乐曲，他说："夫器者所以发声，声之邪正，不系于器之今古也。曲者，所以名乐，乐之哀乐，不系于曲之今古也。何以考之？若君政骄而荒，人心动而怨，则虽舍今器，用古器，而哀淫之声不散矣；若君政善而美，人心平而和，则虽奏今曲，废古曲，而安乐之音不流矣。"因此，改善音乐，不在于恢复古器古曲，而在于改善政治。至于他理想的音乐是什么呢？那就是："销郑卫之声，复正始之音。"他认为当时的音乐工作是不能完成这一重大任务的，因为"太常工祝，执礼乐之器，而不识器乐

之情。遗其旨则作忠兴孝之义不彰，失其情则合敬同爱之诚不著。所谓去本而逐末，弃精而得粗"。(《策林·救学者之失》)

他的思想一方面着眼在政治的盛衰，继承了儒家"声音之道，与政通矣"的理论，而归结于善其政，欢其心，这是有进步意义的。但是他把希望寄托在当时最高的统治者皇帝身上，他自己碰过钉子之后，也只好以闲适终老。即以唱声唱情的问题而论，也得到今不如古的结论，这显然是不妥当的，缺乏进化观点的。虽然重视唱情是正确的，那么为什么要把这个优点单独算在古人名下呢？

他说到音乐的作用在于"作忠兴孝"和"合敬同爱"，也说明他的思想不能摆脱封建思想的束缚，逃不出巩固封建统治的范围。但是他看到音乐的社会作用，说明他始终不是为音乐而音乐。他对当时的音乐现象也正面提出"乐稍失于奢"，可见他对统治阶级也是不满的。至于他反对胡乐，"愿求牙、旷正华音，不令夷、夏交相侵"。那就无疑是保守思想的表现！当然，喧宾夺主是不对的，但总不能单靠牙、旷来干好这件事。何况他认为音乐的"不辨兴衰与哀乐"的现象，就因为"一从胡曲相参错"呢！这无疑也是片面的，同他自己说过的"政失则情失，情失则声失"的道理也有矛盾。这正好说明白居易思想的局限性。

第六章　辽、宋、金、元的音乐

（公元 916—公元 1368 年）

一、概况

这一时期的特征是中国从混乱和分裂到相对的统一又从南北的对立到空前规模的多民族的国家的统一政权的建立。其中占有重要地位的王朝是辽、宋、金、元。但是辽的疆域只限于大漠南北、东北的大部分和河北，山西北部一带，虽然 946 年曾经进军到大梁（开封），却并没有站住脚。金的活动也只限于北方，不曾发生全国性的影响。所以真正有过深远的影响的还应该算是宋和元。至于其他一些边疆民族建立的封建国家如西夏、高昌、吐蕃、大理等等，这里就不能一一列举了。

宋朝的城市比唐朝有了更大的发展。唐朝的城市一般分为坊和市。坊门入夜关闭，市有一定的营业时间。到了宋朝，坊门日夜开放，商店也不限于市内。更大一点的城市，商业区还扩大到城外，称为"厢"。北宋的都城汴梁城外有八厢，许多城市在城外还有草市，即集市，更由草市发展为市镇。10 万户以上的城市有 40 多个，都城汴梁的人口，多到 20 万户以上。随着城市的发展，市民阶层的力量也日益壮大。与此相应，就产生了反映市民生活的音乐艺术。鼓子词、诸宫调、杂剧等纷纷出现。到了南宋，地方戏也达到了相当的水平。戏曲艺人专业化了，而且有了自己的行会组织。

曲子广泛流行，词人和音乐家受到这种民间艺术的哺养，创造出许多反映现实生活，揭露阶级矛盾，表现爱国思想的作品。到了元朝，代替曲子的地位的是散曲。

宋金的对立形成了两个音乐文化的中心。南方是临安（杭州），北方是从中都（北京）到平阳（山西临汾）一带。两者虽然互相渗透，但也各有其独立的发展。南北曲的争妍竞艳，就在这时孕育起来。到了元朝，由于民族矛盾和阶级矛盾的尖锐化，知识分子地位的下降，杂剧有了特别光辉的成就。

道学在宋代哲学思想上占支配的地位。宋代学者重视音乐，尤其是古代音乐的研究，以支持他们的复古主义。音乐书谱由于印刷业和造纸业的发达而有了比较广泛的刊行。除了百科全书式的《乐书》之外，探讨音乐理论和表演艺术的专门论著也陆续出现。乐器也有了进一步的改进。

二、从词到散曲

1. 词逐渐走上了脱离人民的道路

曲子从民间产生，前面已经说过了。到了中唐以后，它渐渐受到文人的注意，白居易、刘禹锡已经是有意识地在依乐填词，刘禹锡写《忆江南》，就注明是"和乐天春词，依忆江南曲拍为句"。经过晚唐温庭筠〔812（？）—870（？）〕、韦庄（836〔？〕—910）的写作，词的内容和技巧都有所扩大和提高，但是主要倾向还是风花雪月的，这从《花间集》的序可以看得很清楚："则有绮筵公子，绣幌佳人，递叶叶之花笺，文抽丽锦；举纤纤之玉指，拍按香檀。不无清绝之辞，用助娇娆之态。自南朝之宫体，扇北里之倡风。何止言之不文，所谓秀而不实。"

宋初的曲子一般以小令为主，到了柳永（约 10 世纪末到 11 世纪中叶）直接继承了唐代中叶民间慢词，来描写复杂的市民生活和他个人放浪不羁的精神状态。就内容而论，他和人民是有距离的，但是他反映了那种不受名利束缚的要求自由的市民感情，语气也比较接近口语，所以在当时是非常流行的，他的《乐章集》可以算是词的发展的一个里程碑。

在音乐上提高词的艺术水平的是周邦彦（1056—1121）。他曾任大晟府提举，我们可以从他的作品里了解到当时作曲的一些规矩，他的词牌也成为后代填词的典范。但是他的词缺乏思想性，说来说去，无非是离愁别恨、春花秋月。这种影响是并不好的。

同样注重音乐，但作品比较具有严肃的内容而又有乐谱流传到今天的是姜夔。

姜夔〔1155（？）—1221（？）〕，字尧章，号白石道人，鄱阳人。他的词，有一部分是属于流连光景一路的，而且非常注意技巧，因此有人给他扣上形式主义的帽子，这也许是苛刻了一点。他的词，即使罩上了一层感伤的情调，也往往曲折地传达出他对祖国命运的关心，他和辛弃疾的《永遇乐》，有过这样一段话："楼外冥冥，江皋隐隐，认得征西路。中原生聚，神京耆老，南望长淮金鼓。"正说明他对北伐的支持。他的《鬲溪梅令》也有类似的隐喻。

关于姜白石词的音乐的处理方式，大别之有两种，一种是参酌现成乐曲，加以剪裁，填上新词；一种是根据新词，自制新腔。前者如《霓裳中序第一》，是截取唐代的《霓裳羽衣曲》中序的第一段的音乐编配成功的，《凄凉犯》是杂取几个宫调的音乐合成的犯调；后者如《扬州慢》《鬲溪梅令》《暗香》《疏影》《长亭怨慢》等。现在保存下来的注上乐谱的作品有十七首。这些乐谱过去是认为无法读通的，解放后西安鼓乐谱的发现，给我们指出了认识姜谱的门路。初步探索的结果就是杨荫浏先生的译谱。

宋宁宗庆元三年（1197），姜白石曾上书论雅乐，进《大乐议》一卷、《琴瑟考古图》一卷，两年后又上《圣宋铙歌鼓吹曲》，结果并没有给他带来什么好处，有人说是因为"时嫉其能，不获尽所议"。却正好说明姜白石的清高事实上并不能隐蔽他对功名的热衷。至于这些议论和作品价值是不大的，艺术性上说不上什么，思想性更不用说了。

张炎〔1248—1320（？）〕是词人而兼音乐家。他28岁那一年，元兵攻破临安，穷到在鄞设卜肆。他是总结周、姜以来的创作经验的词人，缺点是他的总结只着眼于音律方面。而且说到音律的研究也是离开内容来进行的，这就必不可免地走上偏重形式主义的道路。至于他论到乐章，认为应该"出于雅正"，"一为情所役，则失其雅正之音矣"，更只能说明他是远离人民的词人，即使他在音律研究方面有点贡献，也还是舍本逐末的。

词已经脱离了人民，人民也就采取另外的形式来进行创作。这就是散曲。

2. 散曲的代兴

散曲是人民结合当时的城市生活在民间音乐的基础之上创造出来的抒情歌曲的新形式。吴自牧《梦粱录》说："今街市与宅院，往往效京师叫声，以市井诸色歌叫卖物之声，采合宫商成其词也。"但是由于北方政治形势的变化，女真之后，继以蒙古，所谓"胡乐番曲"也就同时流行。曾敏行（？—1175）《独醒杂志》有一段说："先君尝言，宣和（1119—1125）末，客京师，街巷鄙人多歌番曲，名曰《异国朝》《四国朝》《六国朝》《蛮牌序》《蓬蓬花》等，其言甚俚，一时士大夫亦皆歌之。"加以北方乐器如胡琴，浑不似之类所弹的乐曲也与汉人的不同，因此，散曲之所以形成一种新的体裁，也由于加进新的音乐成分。语言方面也渐渐的排除了入声，入声分别归入平上去三声之内。

散曲的形式有三种：小令、套数、带过曲。小令是单章的歌曲，又名"叶儿"。王骥德（？—1623）《曲律》说："渠所谓小令，盖市井所谓小曲也。"套数又名套曲或散套，也有与小令对比称为大令的，它集合一个宫调中的几个曲牌成为一套，全套各调，必须同韵，而且多数有尾声。带过曲亦名双调，必要时可以增加到三调，如《雁儿落带过得胜令》《沽美酒带过太平令》《骂玉郎带感皇恩、采茶歌》之类。

散曲的重要作家有关汉卿、马致远、张养浩（1269—1329）、刘致、睢景臣等人，他们的作品比较有些严肃的内容，其他如张可久、乔吉、徐再思等就好比南宋的词一样，偏重在音律形式上用工夫，内容是消极的，脱离现实的。

马致远的散曲像他的杂剧一样，艺术性重于思想性，代表作是套曲《北双调夜行船·秋思》，小令《天净沙》。关汉卿的散曲成就也很高，但还不如他的杂剧那么富于思想性和战斗性。重要的作品是《南吕一枝花·不伏老》。

张养浩的重要作品有《山坡羊·潼关怀古》，刘致的重要作品是套曲《端正好·上高监司》，睢景臣则以套曲《般涉哨遍·高祖还乡》出名。

三、市民音乐的兴盛

1. 人民的音乐生活

过去说到唐代市民的文化娱乐活动的时候，曾经说过当时的戏场是集中在寺院里面的，到了宋朝，由于商业城市的发达，独立的卖艺场所就出现了。

宋朝的游艺场称为"瓦子"，亦称"瓦舍"或"瓦市"，演戏的地方称为"勾栏"。单就杭州而论，就有南瓦、中瓦、大瓦、北瓦、蒲桥瓦等许多。其中北瓦一处，就有勾栏13座（北宋都城汴梁的里瓦大小勾栏凡50多座），演出的伎艺项目多至20余种，与音乐有关系的可以举出嘌唱、唱赚、说话、鼓子词、诸宫调、傀儡影戏、杂剧等等。担任表演的艺人，如许贡士是落魄文人，长啸和尚是和尚，陆妙慧是尼姑，尹常卖是小贩，其他名字如真箇强、撞倒山、张五牛、浑身眼、铁刷汤、乔骆驼儿等等，顾名思义，都是民间艺人无疑。此外，城外还有20座瓦子，还有独勾栏瓦市，中作夜场。瓦子之外，尚有路歧，不入勾栏，只在要闹宽阔之处做场者，谓之"打野呵"。

因为作场卖艺已经成为专业，而且场子多，派头大，脚本的供应工作提上了日程，于是有了书会的组织。书会的成员除了编写脚本之外，同时也大都擅长一些伎艺，现在可以考见的书会，有古杭书会、九山书会、武林书会、玉京书会等。

演出的团体有遏云社、绯绿社、女童清音社、傀儡社、雄辩社、翠锦社、绘革社等等，踢球之类也有他们自己的专业组织。

2. 说唱音乐的大发展

宋朝一般说话都有音乐，小说被称为"银字儿"，银字的意义是在乐器上镶上银子，标明音节。用的乐器可以是蒋捷《一剪梅》所说的"银字笙调"，也可以是尉迟青和王麻奴比赛觱篥时提到的"银字管"。

小说既然称为银字儿，可见是有音乐伴奏的，因为小说一般都有歌曲做穿插，说话人的本领也必须是"吐谈万卷曲和诗"（《醉翁谈录》）。现在保存下来的"蒋淑贞刎颈鸳鸯会"前后包含《商调醋葫芦》10首和结束的《南乡子》一首，正好为这种体裁提供了具体的例子。

《刎颈鸳鸯会》第一段先有"奉劳歌伴，先听格律，后听芜词"的话，然后每一大段唱歌之前都有"奉劳歌伴，再和前声"这两句话。这是从赵令畤的《商调蝶恋花》传过来的，可以说，它也属于鼓子词一类，鼓子词产生于北宋，欧阳修有《十二月鼓子词渔家傲》12首，咏西湖的《采桑子》10首，比赵令畤早一些。本来带有抒情性质的，到了赵令畤就转为叙事了。

赵令畤写《商调蝶恋花》的原因是因为看到一般"倡优女子皆能调说大略，惜乎不能被之音律，故不能播之声乐，形之管弦"。于是他就自己动手加上管弦，以便说唱，再也不仅是用鼓伴奏的简单形式了。

但是鼓子词的结构，不论是《会真记》的《商调蝶恋花》，还是《刎颈鸳鸯会》的《商调醋葫芦》，都只是反复使用一个词牌，日子久了，就会觉得腻烦，于是就来了《赚词》。

赚词也是从北宋开始的，最先来自缠令和缠达。有引子、尾声为缠令，引子后有两腔循环间用为缠达。到了南宋绍兴年间（1113—1162），勾栏艺人张五牛吸收了北宋崇宁、政和年间（1102—1117）汴梁流行的鼓板（鼓、笛、拍板合奏的乐曲）的变化复杂的特长，遂新创一种《赚词》。

《赚词》是歌唱加上鼓、笛、拍板和弦乐的伴奏，唱者自己掌鼓和拍板。现在可以考见的完整的作品是一套咏蹴鞠的《园社市语》。它是关于我国古代足球比赛的描写，用《中吕宫紫苏丸》《缕缕金》《好女儿》《丈夫娘》《好孩儿》《赚》《越恁好》《鹊打兔》《尾声》九首曲子。这是一部正式的套曲。到了端平年间（1235左右），又有所谓"复赚"。照字面解释，应该就是多套赚词的综合。因为是多套赚词的综合，就更适合于作情节复杂的叙事性的说唱了，因而也是直接促进诸宫调产生的一种体裁。

诸宫调，亦名诸般宫调，一个宫调谱出一套曲子作为一个单位，几套曲子就需要用上几个宫调，也就是所谓诸宫调，即复赚的一种扩大。

诸宫调比过去各种说唱形式都更进步的原因，在于它宫调的多样性，适合于反映日趋复杂的生活内容。首创诸宫调的伎艺人是孔三传。《碧鸡漫志》说："泽州孔三传者，首创诸宫调古传，士大夫皆能诵之。"同他一道的是耍秀才（三传也是绰号，他以多知古事，善书算阴阳出名）。《都城纪胜》又说他"编撰传奇灵怪"，可见他的才能是多方面的。

诸宫调的乐器是鼓板那一套，不用鼓板的时候，就用水盏。弦乐器方面用的是琵琶。在金国那边，还有用银锣的。

宋朝有目可考的诸宫调有《霸王》《卦铺儿》《三国志》《八阳经》那几套。张五牛也曾写过一套《双渐苏卿诸宫调》。但是这些都已经散失，保存到现在的只有金代无名氏的《刘智远诸宫调》和董解元的《西厢记诸宫调》。

《刘智远》作于12世纪前期，是1907至1908年间，俄国柯兹洛夫探险队在青海发现的，后存列宁格勒图书馆，现在已经送还我国。它是一个残本。唯一完整的诸宫调作品是董解元的《西厢记》。

《西厢记》作于金章宗时（1190—1208），比孔三传约后100年。它改变了崔、张故事的情节，临到紧急关头，他们想到逃走，这是士大夫不敢转的念头。形式上它分八卷，可能就是分八次演完。它有歌唱，有说白，说的部分有的是叙述，有的采用代言式，以致前人多误为是杂剧，它和杂剧的差别还在于它没有化装和表演。

元朝传到现在的诸宫调有王伯成的《天宝遗事》。全本已不可见，《雍熙乐府》（明嘉靖间郭勋编）选录了一些套曲。此外，明初涵虚子的《太和正音谱》，清初李玉的《北词广正谱》和乾隆年间周祥钰等人所编的《九宫大成南北词宫谱》也各选录了一部分，郑振铎和冯沅君都作过文字上的辑录工作，这部作品的缺点是很有些低级趣味的色情的描写。

这一时期的说唱还有涯词和陶真。《西湖老人繁胜录》记临安伎艺，指出涯词的对象是子弟，陶真的对象却是村人。因为没有具体的作品流传下来，我们也就无从谈起了。

3. 杂剧的含义的演变

杂剧最初的含义是杂耍，渐渐地杂耍各有专门，杂剧成为一种有动作、有歌唱、有化装的表演故事情节的舞台作品。它和金代的院本事实上是一样东西，到了元朝就只用杂剧来称呼戏曲。

耐得翁的《都城记胜》有一条《瓦舍众伎》记宋杂剧的演出情况说："……先做寻常熟事一般，名曰艳段，次做正杂剧，通名为两段……其次曲破断送者，谓之把色。"《梦粱录》又有一段补充说："又有杂扮，即杂剧之后散段也。"

艳段就是序曲一类的意思，是从艳、趋、乱的艳来的。杨慎说艳为今引子，亦即为楔子一类的东西。它往往是正戏之前的一本小戏。

把色约略相当于现在的"插曲"。

杂扮等于余兴，滑稽的成分居多，但也包含讽刺的目的。

杂剧的角色有：

正末，由当场男子扮演，称为色长，即主角；

副末，即末泥之副；

副净，有散说，有道念，有筋斗，有科汛；

装旦，即以男扮女；

装孤，当场装官者也。

戏文的最早的出现是在温州，这是民间产生的地方戏曲。为了与北方的杂剧有所区别，所以称为南戏，实则它的本名是"温州杂剧"，亦称"永嘉杂剧"。出生的时代有可考查的是在宋光宗朝（1190—1194），最初是一种地方戏，渐渐的传到临安，才成为正统戏曲。徐渭《南词叙录》说："永嘉杂剧兴，则又即村坊小曲而为之。本无宫调，亦罕节奏，徒取其畸农市女顺口可歌而已。"又说："其曲则宋人词而益以里巷歌谣，不叶宫调，故士大夫罕有留意者。"徐渭这些话的本意是在贬低南戏的地位，却没有料到这正是南戏真正价值之所在。因为这证明它是在民间扎根，在民间传播的。

温州杂剧最早的戏文是《赵贞女》和《王魁》两种。《赵贞女》的故事流行极早，蔡二郎转为中郎，已见于陆游的绝句，亦即元末明初高则诚《琵琶记》的祖本。但高本改雷震蔡伯喈为团圆，已经是受到了封建思想侵蚀之后的结果。

《王魁》即《王魁负桂英》，亦即《焚香记》的前身。明代传奇《焚香记》已经经过窜改，正如《琵琶记》一样宽恕王魁。但保留下来的民间的部分还是好的，例如《打神告庙》那一段。

除了扮演民间传说之外，温州杂剧还有它可贵的一点，是反映现实，参与实际的斗争。（事见周密的《癸辛杂识》）

温州乐清县的和尚祖杰，多财不义，被他霸占妻女的人家，被迫全家躲避，祖杰还要借端寻衅，闹到全家差不多都死在他阴谋之下。后来因原夫的告发，被逮。但他仍然四处花钱，运动释放。他的罪行激起了人民的义愤，有人编成戏剧，造成有力的舆论，终于在特赦命令下达的五天之前把他在狱中弄死。

从这段事实可以看出南戏的现实性和战斗性，这正是我国戏曲的光荣的传统。

戏文究竟有多少？就零碎的材料看，宋元两代合计有167本，但是完整的只有《永乐大典》所收的《小孙屠》《张协状元》和《宦门子弟错立身》3本，其中只有《张协状元》一种可以断定是宋代的作品。

南戏在杂剧南移之后，接受了杂剧的某些影响，出现了南北合套的局面，歌唱方面也有生、旦、净、丑，应唱何曲的规定，这就是过渡为明代传奇的张本。本来南戏的特点是"也不寻宫数调"，虽然并不是绝对的排斥这套规矩。徐渭说过这样的一段话："南曲固无宫调，然曲之次第，须用声相邻以为一套，其间亦自有类辈，不可乱也。如《黄莺儿》则继之以《簇御林》，《画眉序》则继之以《滴溜子》，自有一定之序，作者观于旧曲而遵之可也。"南北合套的例子如《荆钗记》第三十五出用《双调新水合套》，《幽闺记》第四出用《双调新水合套》，《杀狗记》第二十五出参用《北清江引》，第三十五出用《北后庭花》，《琵琶记》第十出用《北叨叨令》，第十六出用《北点绛唇》《混江龙》，都是南戏走向南北合套的结果。至于开始这样作的作者，据《录鬼簿》的说法是沈和（字和甫，杭州人），认为"以南北调和腔，自和甫始"。按《录鬼簿》成于元至顺元年（1330），那么，南北合套，就是从14世纪初期开始的了。

四、戏曲艺术的第一个高峰

1. 杂剧的特点和它的发展情况

元杂剧是一代人民智慧的结晶，它综合了我国文艺——词曲、歌舞、说唱以至舞台艺术的成果，放出了从所未有的奇花。但是元杂剧之所以可贵，主要还不在于它艺术上的创造，而是因为它反映了这一时代人民的苦难和斗争，反映了人民的爱国精神和追求美好生活的愿望。

元杂剧脚本的保存情况，据《太和正音谱》的记载有 535 本，现存 162 本。

一本杂剧一般是分为四折（五折的非常少见），外加一个楔子（偶然加上两个）。楔子通常用为引子，也有作为穿插的。一折之内只许一个角色歌唱，其他角色只有道白。音乐上是每折限用一个宫调，一韵到底。至于表演的成分，是歌唱、宾白和科泛。

扮演的角色，主要是末和旦，分扮男女的主角。还有净，一般扮演男角，有时也演女角。丑是配角，多做滑稽的穿插，但往往起一种关键的作用。此外，还有孤为官，酸为书生，孛老为老头子，卜儿为老太婆，俫儿为小孩，邦老为盗贼，曳剌为健儿。每一角色都代表一定的性格特点。

使用的乐器有三弦、琵琶、笙、笛、锣、鼓、板等。

音乐的组织，大都是先有引子，后有尾声。宫调一般都有互相结合的固定曲牌，如正宫通常由《端正好》开头，《端正好》之后例用《滚绣球》，接着是《倘秀才》，然后是《滚绣球》和《倘秀才》的循环使用；中吕宫由《粉蝶儿》开头，然后是《醉春风》和《迎仙客》互相衔接；南吕头一章照例是《一枝花》，《一枝花》接上《梁州第七》，然后再接《牧羊关》的时候最多。同时又可以借宫，如南吕则有《九转货郎儿》，九转九换韵，谓之夹套格局（所犯皆中吕与中吕之借正宫者）。

关于杂剧音乐的创造问题，由于特定的乐谱和演出的记录没有流传下来，所以很难说出某一作家在音乐上究竟具有哪些与众不同的特点。脚本所能提供的只是曲牌的配合与衬字的多少等等，具体的处理还要看做场的演员。因之要在音乐上评价某一作者的成就总不免要遇到材料不足的困难，这也是还待挖掘的一个创作的秘密。

元杂剧演出的时候，已经注意到"效果"，如《汉宫秋》四折有"雁叫科"的注明，《窦娥冤》三折有"内做风科"等等，都说明效果的处理已经属于演出工作的一部分。此外在演戏之前已经先贴海报，当时称为"招子"，因为是"花绿绿纸榜"，所以又称为"花招儿"，这已经属于广告一类了。

杂剧的中心是大都（今北京）。随着元朝的统一，杂剧也传到了南方，杭州成为南方的一个新中心。但是杂剧的黄金时代已经过去了。杂剧不仅在中国占有崇高的地位，早在 200 年前（1762），法国人杜·哈尔德已经把《赵氏孤儿》译为法文，后来外国人陆续翻译的还有不少。

2. 杂剧的重要作家和作品

杂剧的奠基人是关汉卿，可是我们关于他的生平行事的知识却非常贫乏。据钟嗣成《录鬼簿》（元至顺元年即 1330 年成书）的记载，他是"大都人，太医院尹（一作户），号已斋叟"，活动的时间约为 13 世纪 20 年代到末叶。他是元贞书会的成员，同他合伙的人物如花李郎、红字李二等都是教坊伶人。《析津志》说他："生而倜傥，博学能文，滑稽多智，蕴借风流，为一时之冠。"他有创作天才，但更重要的是他长期生活在被侮辱、被损害的人们中间，同人民结成深厚的友谊，也成为受苦人中间的一员，所以他有清醒的认识，坚强的意志和勇敢的气概。他的艺术是为正义事业服务的，他敢于轻蔑元朝法律关于妄撰词曲、犯上恶言就要充军或杀头的规定，揭发了统治阶级的黑暗，描写了人民的痛苦。在他笔下出现的人物有善良机智的妇女，凶恶的贪官和恶霸，也有为民除害的英雄和旧社会的所谓"清官"。他生平写了脚本 60 多个，现存的只有《窦娥冤》《救风尘》《望江亭》《单刀会》《鲁斋郎》等 18 部。《窦娥冤》是他的代表作。这里的所谓 18 部，是指文字说的，乐谱并没有那么多。窦娥是一个善良而有坚强性格的妇女，她对好人是一片好心，对坏人却一点不含糊。她有封建思想，也对官府存有幻想，但事实的教训使她知道"衙门自古向南开，就中无个不冤哉"。可贵的是她对恶势力始终没有屈服，直到押赴刑场，她还发誓要天地改变自然的规律来证明自己的无辜。她一个字一个字地正面揭露官吏的罪恶。"这都是官吏每（们）无心正法，使百姓有口难言"，结局的昭雪表现出作者浪漫主义的精神，也说明一部优秀的作品往往是包含有现实主义和浪漫主义的因素的。

同悲剧《窦娥冤》形成明显对照的是《赵盼儿风月救风尘》。它描写了一个义侠而又机智的妓女赵盼儿，为了结义姊妹宋引章不幸的遭遇，亲自投入恶少周舍的火坑里去，同他展开一场斗智的活剧，终于救出了宋引章，取得了满意的胜利。全剧处理的手法是轻松的，题材的内容却是严肃的。作者通过一个义侠而又机智的妇女鞭挞了那个荒淫无耻，欺侮软弱妇女的恶少。

除此以外，谭记儿、关羽、包拯这些人物都得到关汉卿不朽的刻画，同时也通过关汉卿的笔下使人看到特权阶级的罪恶，而且揭露出官官相护、同恶相济的秘密；如《鲁斋郎》剧中所表现的那样。

元曲四大家通称关王马白。王是王实甫，杰出的作品是《西厢记》。关于他的生平，我们只知道他"名德信，大都人"。贾仲明认为他的《西厢记》是"天下夺魁"的作品。据《录鬼簿》的记载，他的作品共有十种以上，完整的有《吕蒙正风雪破窑记》和《四丞相歌舞丽春堂》，零碎的是《芙蓉亭》和《贩茶船》。但是成就都远不及《西厢记》，我们的论述，也就只以《西厢记》为限。

《西厢记》的写作的根据，与其说是元稹的《莺莺传》，不如说是董解元的《西厢记诸宫调》，但又比董解元的诸宫调有所改进。董作重点不突出，差不多六分之一的篇幅用来叙述孙飞虎兵围普救寺事件，近乎喧宾夺主。王实甫则不然，他抓住恋爱事件，一切都环绕着这个中心，所以结构更为严整。

崔莺莺和张生是作为冲破封建礼教、争取自由幸福的代表人物而出场的，名门小姐和酸秀才的软弱性又使得他们不够坚决，亏得一个智勇双全的红娘，他们才达到了追求幸福生活的目的。她不仅是正直、善良、机智、义侠，她还敢于当面驳斥那个不守信用，拿相国的门第来吓唬人的相国夫人，使夫人只好认输。《拷红》一幕一直是《西厢记》精采节目的重要部分，证明人民的判断是公平的。关于张生和莺莺，有人说他们是市民阶层的代表，这是不正确的，但是他们思想上也带有若干市民意识的成分，却是可以说的。

《西厢记》的另一个优点是打破了杂剧的框框。普通杂剧一般是一本四折，《西厢记》扩大为五本二十折；平常杂剧是一折由一个角色主唱，《西厢记》也没有全受这种拘束，《草桥店梦莺莺》里面，生唱过了，旦接着唱，这无疑是更合理的处理。

依照传统说法，元曲四大家关、王之后就是马、白。但是就创作的成就而论，这个队排得并不完全适合，我们还是就杂剧的内容分条论述吧。

首先我们要谈的是"水浒戏"。这是梁山泊的英雄活在人民心中的反映，有目可考的有二十种以上，完整保存下来的有六种，其中的代表作应推康进之的《李逵负荆》。

《李逵负荆》显示出梁山泊人民队伍的本质，它以李逵和宋江的误会为关键，引起了保卫人民利益和损害人民利益两种力量的冲突，李逵听见人家说宋江抢走了老百姓王林的女儿满堂娇，也不管事情的真假，一口气赶回山寨去责备宋江。后来他们两人一同下山去对证，弄清楚了是坏人冒名。误会消除，李逵认错，履行诺言，准备自杀。恰好王林来报告坏人的行踪，宋江便顺水推船，派他去捉拿坏人，将功折罪。一场冲突以喜剧结束。

水浒戏之外，公案戏也占有相当的数量。它反映社会的黑暗，豪门恶霸的蛮横，流氓无赖的丑态和人民对政治清明的盼望。清官一般是代表人民利益的，但是他不能指出问题的症结以及改变那种社会制度的必要，因而必不可免地模糊了阶级的矛盾，还有清官本质上还是站在统治阶级一边的，这一类戏往往夹杂一些封建道德的说教，这无疑是属于糟粕的部分。

关汉卿的《鲁斋郎》就属于公案戏一类，但更有代表性的还是应推《陈州粜米》。陈州闹旱，朝廷派刘衙内去陈州开仓粜米，可是他却营私舞弊，抬高米价，大秤进，小斗出，还打死了灾民张撇古。小撇古上京告状，包公秉公断案，大快人心。剧中包公假装老汉，找妓女王粉莲去探听案情的真相，穿插轻松，意义深刻，剧中主角包公再不像流传的包公笑，黄河清那么僵硬，而是更真实地刻画出了这一个所谓"清官"的典型。

以爱情为题材的杂剧可举白朴的《墙头马上》。这是贵公子裴少俊和平民少女李千金的恋爱故事，比他的另一部作品《梧桐雨》更有现实的意义。过去对《梧桐雨》的评价是偏高的，那是艺术标准放在第一位的缘故。

历史戏以《赵氏孤儿》为最出色，作者是纪君祥。它是一部英雄性的戏曲，表现了程婴、公孙杵臼等舍己为人的崇高品质和牺牲精神，是一部悲壮动人的好戏。

马致远的《汉宫秋》写王昭君的故事，却把王昭君远嫁单于改为中途投江，突出了王昭君眷念祖国的思想，这一形象到现在还活在舞台上。

元杂剧也有一些消极的作品，以马致远为代表的神仙道化剧是一股逆流，传为关汉卿所作的《裴度还带》同样充满了因果报应的迷信色彩，这是必须指出来的。

杂剧到了后期，亦即在南方形成一个新的中心之后，就逐渐走上了下坡路，杂剧在人民音乐生活中地位，也就为南戏所代替。

五、复古思想在音乐上的表现及统治阶级音乐的衰微

1. 赵彦肃的《风雅十二诗谱》

统治阶级对音乐的态度是两面性的，往往被重视的东西，只是装装门面，真正被重视的，倒是一些消遣用的东西，亦即《东京梦华录》里面所说的："每遇内宴前一月，教坊内勾集弟子小儿，习队舞作乐，杂剧节次。"至于教坊的规模和名字虽然和唐朝的相同，但质量却差得很远。碰到大宴的时候，近一点是拉衙前乐的乐工。还不够，就到外面拉路歧人来帮忙（事见赵升《朝野类要》）。关于这种矛盾的现象，欧阳修《新唐书·礼乐志》里面已经给指出来了，这就是所谓"治出于二，而礼乐为虚名"。既然互相配合的礼乐，在唐朝已经成为虚名，宋朝就更是这样了。

但是宋朝统治阶级，有它非常显著的一个特点，那就是复古思想的浓厚。它在音乐上的表现是屡次改变乐律，增加琴和笙的类型的制造，甚至假造诗乐谱，例如赵彦肃的《风雅十二诗谱》。赵彦肃是宋朝孝宗乾道年间（1165—1173）的进士，他的《风雅十二诗谱》曾经受到朱熹的称道，据说是唐朝开元年间用于乡饮酒礼的。但是就他所传的诗谱来看：一字一音，有时又含有不易歌唱的不协和音程，整个曲调也缺乏民歌所具有的鲜明的节奏和重叠的唱法。说它是唐朝实际应用的乐谱，

已经值得怀疑，更不用说是周代传下来的了。至于作伪的痕迹，却在于它恰好符合宋人所主张的起调毕曲的理论。这就是复古不成，只好出于拟古了。

2. 鼓吹乐与钧容直

鼓吹乐用的乐器一般都是枹鼓、铙鼓、长鸣、金钲、箫、笳、觱栗等等，长官称为鼓吹令。宋、辽的编制差不多，金入中原，也参用辽、宋的办法。元朝初用西夏旧乐，后又加入金人的，历史上并没有详细的记载。至于宋代的鼓吹乐，可考的只有四曲，即《十二时》《导引》《降仙台》及《六州歌头》。除此之外，还有一首御制的《奉禋歌》。

鼓吹乐之外，还有独立的军乐。辽用横吹乐，宋初名引龙直，是用来为皇帝的车驾开路的。本来是从军队里面挑选一些懂音乐的人组成一队，后来扩大组织，还吸收了一些边疆的乐工来担任，改名为钧容直。这是宋太宗时（976—997）的事。宋真宗景德二年（1005），除了原来的368人之外，增加了板、琵琶、笙、筝、觱栗、笛、方响、杖鼓、大鼓、羯鼓等乐器的乐工将近200人，杂剧40人，排歌40人，还有掌撰词一人，这就有点近于综合性文工团的组织了。但是水平并不高。教坊伶人有一首短歌是唱出来嘲钧容直的，词曰："钧容击鼓，百面如一。教坊不如他齐整，打一面如打百面。"

六、乐器演奏与器乐创作

1. 演出的新形式——小乐器

这一时期的乐器演奏有了新的独立形式，即所谓小乐器。规模相当小，便于适应日常生活的需要，演出形式和室内乐有相通的地方。据《都城纪胜》的叙述，"小乐器只是一二人合动"的，如双韵合阮咸，嵇琴合箫管之类。当时著名的艺人有张艺多、浑身眼、宋寿香、尹士安等等，但是特别突出的人物也许应该算是教坊伶人徐衍。他在一次宴会上奏嵇琴，琴弦临时断了，他根本不换另外一张琴，就在一根弦上面弹完一首曲子。从此以后，开创了一种所谓"一弦嵇琴格"。

2. 器乐创作的新收获

器乐创作方面，有反映东北人民狩猎生活的琵琶曲《海青拿天鹅》。元朝诗人杨允孚《滦京杂咏》里面有一首诗提到过这曲子："为爱琵琶调有情，月高未放酒杯停。新腔翻得凉州曲，弹出天鹅避海青"。曲名《海青拿天鹅》，本来具有民间气息，《华氏琵琶谱》改为《海青拿鹤》，自以为文雅，却实在是对原作的歪曲。

古琴的创作有姜夔的《古怨》。《事林广记》载有《黄莺吟》及以宫、商、角、徵、羽五调曲为题的乐曲。如果按照老的说法，前者可以算是标题音乐，后者就是"绝对音乐"了。这种以调为题的曲子在我国是很少见的，有所出现，正好反证其少。此外题作宋人作品的古琴曲还有五六十首之多，但是这都需要有进一步的考证才能断定真伪，目前还不敢随便归在谁的名下。可以肯定而且值得特别提出来的是郭沔的《潇湘水云》。郭沔，字楚望，永嘉人，这首作品有自然景物的描写，更可宝贵的却是蕴藏着深厚的感情，并没有为自然景物来一番自然主义的刻画，应该称为标题性的音乐作品的杰出代表。传他的衣钵的是他的学生毛敏仲。

毛敏仲生当南宋末年，他亲身经历了 1279 年元兵占领临安的变局，写出了《渔歌》《樵歌》和《禹会涂山》等一些古琴曲。一方面表明他要求归隐，亦即不与统治阶级合作的志愿，一方面也表示他对祖国历史上的光荣的怀念，都可以算作曲折地反映了当时的历史事变的乐曲。他晚年到过大都，说明他并没有做郑所南式的遗民。

3. 新乐器的出现

乐器制作方面这一时期有新出现的火不思。《元史·礼乐志》说它"制如琵琶，直颈无品，有小槽，圆腹，如半瓶榼，以皮为面，四弦皮绒，同一孤柱"。也有别译为浑不似的。但是望文生义，而且牵扯到王昭君身上去，那就近于附会了。

胡琴广泛流行，它是从奚琴转过来的。奚琴原先使用的竹片改为弓，腹板也改为圆筒，同今天的样式已经差不很远。二胡与四胡的区别在于弦的数目二根和四根。二胡亦称南胡。还有一种提琴，亦张四弦，上下四轴偏在一边，头部装饰很讲究，正好显示出蒙古乐器的特殊风格。

敲击乐器有云璈，以铜为小锣 13 面，同一木架，下有长柄，左手持柄，右手以小槌敲打。清朝的云锣就是从云璈改制而成的，但小锣从原来的 13 个减为 10 个。

由于欧亚交通的发达，簧管风琴也传入中国，名曰"兴隆笙"。根据《元史·礼乐志》的描写，它形如夹屏，上竖紫竹管九十，柜外出小橛十五，下有座，座上柜前立花板一，板间出二皮风口，用则系风囊于风口，一人按小管，一人鼓风囊，则簧自随调而鸣。它是元世祖中统年间（1260—1263）回回国送来的，据说还经过玉宸乐院判官郑秀的改制，成为中国化了的管风琴。

七、音乐理论的成就

1. 有关乐律和音乐思想的理论

乐律方面比较有科学价值的探讨是蔡元定（1135—1198）的十八律。他著有

《律吕新书》，在十二律的六个大半音之间各增加一个变律（变黄钟、变太簇、变姑洗、变林钟、变南吕、变应钟），使与次一律之间构成小半音关系，因而解决了古代十二律旋宫后的音程关系与黄钟宫调不尽相同的问题。朱熹说他"超然远览，奋其独见"，就当时的条件而论，这句话是不算溢美的。

音乐思想方面情况相当复杂，比较有代表性的是下面这几个人。

沈括（1031—1095）是北宋时代学问特别博洽的一个人，他关于音乐的一些见解均见他的《梦溪笔谈》。例如在声词关系问题上，他这样说："古诗皆咏之，然后以声依咏以成曲，谓之协律。其志安和，则以安和之声咏之；其志怨思，则以怨思之声咏之。……今声词相从，唯里巷间歌谣及《阳关》《捣练》之类稍类旧俗。然唐人填曲，多咏其曲名，所以哀乐与声尚相谐合，今人则不复知有声矣。哀声而歌乐词，乐声而歌怨词，故语虽切而不能感动人情，由声与意不相谐故也。"

这段话值得注意的是：1. 依词配乐，是作曲最正当的方法；2. 词与声必须一致，即所谓声意相谐，内容与形式的统一；3. 声词相从的只有里巷歌谣，说明他对民间歌曲的重视。

在表演问题上他批评一般为乐者"文备而实不足，师之志主于中节奏，谐声律而已。古之乐师皆能通天下之志，故其哀乐成于心然后宜于声，则必有形容以表之，故乐有志，声有容，其所以感人深者，不独出于器而已。"这一段话指出表演以传达内容为主，"文备而实不足，"只是一些缺乏真正感情的卖弄技巧的演奏。这是对只知死钻技术的音乐家的忠告。

当然，沈括也并没有摆脱时代的限制。他谈乐律，说什么"乐六变则天神皆降，可得而礼，……八变则地只皆出，可得而礼，……九变则人鬼可得而礼，……"从而企图证明音乐能够"交上下，通幽明，合人神。"而且认为是"天理不可易者"，说明他的思想终究是处在儒家礼教思想束缚之下的。他又说郑译八十四调清浊混淆，纷乱无统；又指责犯声无复条理，对法曲与胡部合奏，则说是"乐奏全失古法"。他所主张的中声和正声，目的在于"致大和之音，应天地之节"，也显示出他的保守性。

王灼是北宋到南宋之间的人物，他的《碧鸡漫志》完稿1149年，已经是南宋时代。这是一部以谈论歌曲为主的书，称为漫志，说明它不是体系完整的科学著作。他的音乐思想大略可指出如下几点：

1. 他认为歌曲之所以起，是因为"人莫不有心"。他引《乐记》"诗言其志，歌咏其声，舞动其容，三者本于心，然后乐器从之"的说法，并没有突出"人心之动，物使之然也"和"感于物而后动"这一唯物主义的命题，所以是不完全的。但是他论作曲：认为"先定音节，乃制词从之，倒置甚矣"，倒是与沈括的论点一致的。2. 虽然他常常说，"今不及古"，但也承认音乐是"本之情性，稽之度数，古今所尚，各因其所重"。这说明一首曲子的形成是以情性为基础的，即所谓本。度数等于曲拍，是表现内容的形式。至于乐之有拍，"非唐虞创始，实自然之度数也"。他更进一步说："古人岂无度数？令人岂无情性？用之各有轻重，但今不及古耳。今所行曲拍，使古人复生，恐未能易。"可见他并不完全是古人的俘虏，在复古空气中依然保有独立思考的能力。但是他也主张中声和正声，而且指出雅郑之分，即在有无中声与正声，因而承认"中正则雅，多哇则郑"是至论。此外，他又说什么"中正之声，正声得正气，中声得中气，则可用。中正用则平气应，故曰：中正以平之。若乃得正气而用中律，得中气而用正律，律有短长，气有盛衰，太过不及之弊起矣。"这就把音乐神秘化了。至于他对待民间艺人，大都是贬辞多而赞语少。但是许多有关当时市民音乐生活的材料靠这本书保存下来，也算是一种贡献。

道学家中谈论音乐的可以周敦颐和朱熹为代表。

周敦颐（1017—1073）论音乐，提倡"淡和"，他的说法是："……淡而不伤，和而不淫。入其耳，感其心，莫不淡且和焉。淡则欲心平，和则躁心释。"他之所以提出淡和的主张，是想拿淡和的庄正齐肃来和当时的政刑苛紊、纵欲败度、下民困苦做比较，是对当时统治者过分的音乐享乐采取批判态度的表现。但是周敦颐哲学的基础是唯心主义，他的音乐理论也同样是从天人感应的观点出发，得出了阶级调和的结论："乐者，本乎政也。政善民安，则天下之心和。故圣人作乐，以宣畅其和心，达于天地，天地之气感而大和焉。天地和则万物顺，故神祇格，鸟兽驯。"这就无怪乎何平仲送诗给他，称赞他为"乐本咸池得正声"了。

朱熹（1130—1200）的音乐思想和周敦颐的一样，偏重在道德修养方面。他说："古乐不可得而见矣，只如今日弹琴，亦自可见，如诚实的人便雍容平淡，自是好听。若弄手弄脚，撰出无限不好的声音，只是繁碎耳。"他根据声依永，律和声的说法认为"乐乃为诗而作，非诗为乐而作也。"他论诗偏重求义，是与后来郑樵的意见相反的。就重视内容而论，他有一定的道理。但不求声，也就等于空谈内容而不作艺术分析，那也是有一定的偏差的。他自己也知道空谈音乐理论是片面的，因此他主张从实践上去研究音律，因为"今之士大夫问以五音十二律，无能晓者。

要之当立一乐学。使士大夫习之，久后必有精通者出"。

事实上当时已经有人在进行严肃的音乐理论的研究而且写成规模巨大的著作，那就是陈旸的《乐书》。书成于宋哲宗元符二年（1099）。全书共二百卷，前九十五卷引《礼记》《周礼》《仪礼》《诗经》《尚书》《易经》《春秋》《孝经》《论语》《孟子》等十部儒家的经典里面有关音乐的论述，一一加以训义，后一百五卷分论律吕本义、乐图——内分乐器、歌舞、杂乐——和各种典礼——吉礼、凶礼、宾礼、军礼、嘉礼等细目。乐器，乐曲又各分雅、胡、俗三部分。不难想象，这样规模巨大的著作在同时期的音乐理论著作中几乎可以说是无与伦比的。但是作者生在中央集权的封建主义统治和复古思想笼罩之下，他的著作无可避免地有它的缺点。它的基本思想是中庸之道："古乐之发，中则和，过则淫。"而这种中庸之道的基础又是唯心主义："乐以太虚为本，声音律吕以中声为本，而中声又以人心为本也。"在乐律问题上他甚至反对变宫与变徵，因为"宫有变宫，黄钟又有黄钟清，是两之也。岂古人所谓尊无二上之旨哉！"这里面所蕴藏的保守思想是显然的。但是整体而论，他是尽了他的历史使命的。他给我们留下了一部经过整理的音乐百科全书式的纪念碑性的著作。

史学家中间论述音乐表示出一定进步见解的是郑樵（1102—1160）。他把史学范围从帝王的政治事变扩大到人民的文化生活方面去。他的理想境界是"会通"，所以论诗也并不把风雅颂割裂开来，而是从它的关键着眼，找出它们相互之间的关系，即所谓"积风而雅，积雅而颂，犹积小而大，积卑而高也"。这是一种民本论的思想表现。但是他终究是为统治阶级立言的，所以他虽然抨击汉儒，说他们"不知声歌之所在，而以义理求诗"，他自己却提出"乐以诗为本，诗以雅颂为正"的说法，说明他对国风缺乏正确的了解。此外他对"声"与"义"的关系也有他自己的看法。他说："乐为声也，不为义也……有声斯有义。与其达义不达声，无宁达声不达义。若为乐工者不识铿锵鼓舞，但言其义可乎？"他强调注重艺术实践是针对当时空谈义理的学风来说的，应该承认他有正确的一面。但是如果硬说"无宁达声不达义"，恐怕也不免转入另一个极端，正如朱熹所主张的另一个极端一样。

最后我们谈一谈这一时期有关创作和表演的专门著作，那就是燕南芝庵的《唱论》和周德清的《中原音韵》。

《唱论》作者推重声乐，同意"丝不如竹，竹不如肉"的说法。他也重视一首歌曲以至整套节目的完整与和谐，所以说："大忌郑卫之淫声续雅乐之后。"又说：

"子弟不唱作家歌，浪子不唱及时曲；男不唱艳词，女不唱雄曲。"对于嗓音的特色各有标明，同时指出应该避免的偏向，如"有唱得雄壮的，失之村沙，唱得蕴拽的，失之乜斜之类"。他还细致地分析："凡歌一声，声有四节，起末、过渡、揾簪、擞落。"关于调式的问题，书中概括为六宫十一调，如"仙吕调唱清新绵邈，南吕宫唱感叹伤悲，……"等等。当然，如果有谁要把这一套调式理论绝对化了，那是不免要走到形式主义的道路上去的。但是作者生在14世纪30年代，已经有了总结音乐实践的经验，以便概括出一套调式理论来的企图，这无疑是值得称许的，就历史条件而论也是有进步意义的；如果今天还有人要离开作品的内容，专要玩弄表面的技巧，那是他不善于批判地学习前人，不能说是作者的过错。

《唱论》是以探索歌唱艺术为主的著作，比较偏重创作理论的是周德清的《中原音韵》。周德清是江西人，生平事迹不详，他的书有一篇作于元泰定甲子年（1324）的序，已经说到作乐府三十年；那么，他可能生于宋末，但可以确定活动时间在元朝，书分两部分，前一部分论音韵，后一部分是正语作词起例。作者论音韵的特点是根据声乐实践的经验提出统一国语的主张，而且根据北方生活中的语言大胆规定阴平、阳平、上、去四声，入声派入三声。这同一般只能依靠书本玩些音韵游戏的书呆子比较起来，当然是有意义得多。至于全书而论，"正语作词起例"对创作的影响还要重大一些。他提出所谓作词十法是：①知韵，②造语，③用事，④用字，⑤入声作平声，⑥阴阳，⑦务头，⑧对偶，⑨末句，⑩定格。因为他的理论是从艺术实践中总结出来的，所以很有一些独到的心得。他反对那些"执而不变，迂阔庸腐"的所谓通儒，他要求的是易懂。从舞台出发，所以他反对那些"书之纸上详解方晓，歌剧莫知所云"的书生语，他认为"不必要上纸，但只要好听，俗语、谚语、市语皆可"。但是他的主要理论却是有关"务头"的说法，务头究竟应该作何解释，可以说还未得到最后结论。他说："要知某调、某句、某字是务头，可施俊语于其上。"究竟什么是务头呢？王骥德的《曲律》认为"务头是调子最要紧句子，凡曲遇揭起其音，而婉转其调，如俗之所谓做腔处，每调或一句，每句或一字或二三字，即是务头"。吴梅的《顾曲尘谈》说："务头者，曲中平上去三声联串之处也。如七字句则第三、第四、第五之三字不可用同一之音，大抵阳去与阴上相连，阴上和阳平相连，或阴去与阳上相连，阳上与阴平相连亦可。每一曲中必须有三音相连之一二语，或二者相连之一二语，此即为务头处。"例如《寄生草》的"但知音尽说陶潜是"那一句，陶字是务头，尽字读阳去，说字原入声改用作阴上，陶字是阳平。很显然的，这是偏重在字音上用功夫。如果从内容出发，所谓务头应该是一首作品的节骨眼的地方，也可以说是"高潮"。周德清在这一点上没有详细说明，有些地方甚至于把形式强调到不适当的程度，流弊所及是搬弄字眼，有些形式主义的倾向。而且他终究是士大夫，对于俗语、市语还有贬低的意思，因而特别抬高乐府的地位，附和前人"有文章者谓之乐府"的说法，认为俚歌没有文饰，不配称为乐府，这就更是文人的陋习了。

第五编　封建社会后期的音乐

——从明初到鸦片战争前夕（公元1368—公元1840年）

第七章　从明初到鸦片战争前夕的音乐

一、概况

明清是中国封建经济高度发展的时期，自明中叶以来，土地大量集中，虽然资本主义因素已经逐渐滋长，但是封建经济还是这一时期社会的基本特征。既然是封建经济占有主导地位，资本主义的萌芽只能是缓慢的、曲折的发展。加以明帝国的政治压迫，以及后来清帝国的上层贵族的军事统治，使得当时阶级的和民族的矛盾更加尖锐化和复杂化。

朱元璋在1368年篡夺了农民起义的胜利果实，建立了中央集权的帝国，废除了有1000多年历史的丞相制度和有700多年历史的三省制度，由皇帝独揽大权。除了杀戮大臣之外，还设立锦衣卫，进行恐怖的特务统治。文人往往为了一句诗或一个字就要杀头。洪武二十二年（1389）还以命令规定，"在京但有京官军人学唱的，割了舌头"。他的儿子朱棣（明成祖）对待词曲则是"限他五日都要干净将赴官烧毁了，敢有收藏的，全家杀了"。后来禁令虽然没有那么凶，但是，"凡乐人搬做杂剧戏文，不许装扮历代帝王、后妃、忠臣、烈士、先圣、先贤神像，违者杖一百；官民之家容令装扮者与同罪。其神仙道扮及义夫、节妇、孝子、顺孙劝人为善者不在禁限"。清朝统治阶级对待戏曲的态度基本上也是同明朝差不多的，目的是清除反抗鼓动的因素，加强巩固封建统治的作用，这无疑是戏曲的一场灾难。《琵琶记》特别得到朱元璋的赏识，说明了这并不是由于这部作品的艺术性。

但是16世纪，亦即嘉靖（1522—1566）、隆庆（1567—1572）、万历（1573—1620）年间，一年的炼铁已经有780多万斤，造船工业也很发达，三宝太监下西洋的船只是长 40 丈，阔 18 丈的大船，工场手工业也逐渐代替了家庭手工业，苏州当时已经出现了"机户出资，机工出力"的雇佣劳动的现象。这些资本主义经济的因素促进了城市的繁荣，随之而起的是市民力量的抬头。作为市民意识的标志的个性解放和自由平等的要求在民歌中得到鲜明的反映。说唱、戏曲也大量流行。这一时期的特殊现象是民间创作对专业创作取得了压倒的优势而成为音乐的主流。

汉族和各少数民族在共同发展的过程中日益加强了彼此的联系。清代的音乐呈现出较之前代更加多样的奇花。

这一时期的民间音乐和进步知识分子的音乐创作和音乐理论具有相当强烈的思想性和战斗性。作为这一进步现象的对立面的是音乐上的复古主义和繁琐考据。统治阶级企图诱使音乐脱离人民，以便于他们的统治。另一方面，由于科学技术的发展，朱载堉就有可能在这个基础上发明了十二平均律。这是这一时期值得大书特书的一件大事。

二、内容崭新的民歌小曲

1. 民歌的收集从官府转到了文人手上

明代民歌的发展是在明代中叶，沈德符（1578—1642）《野获编》说："嘉（靖）隆（庆）间乃兴《闹五更》《寄生草》《罗江怨》《哭皇天》《干荷叶》《粉红连》《桐城歌》《银纽丝》之属。自两淮以至江南，渐与词曲相远……后又有《打枣竿》《挂枝儿》二曲，其腔调约略相似，则不问南北，不问男女良贱，人人习之，亦人人喜听之，以至刊布成帙，举世传诵，沁人心腑。"

明代民歌和前代不同的一个特点是私家文人担当起了收集民歌的工作。这和过去由封建统治阶级组织专门机关来进行的意义是不同的。这是一种新时代的声音，也就是资本主义经济因素产生的结果。它是意识形态上民主思想和人文主义思想开始萌芽的标志。袁宏道（1568—1610）说过："故吾谓今之诗文不传矣，其万一传者，或今闾阎妇人孺子所唱《擘破玉》《打枣竿》之类。"冯梦龙（1574—1646）是收集山歌的杰出代表，他说："世但有假诗人，无假山歌。则以山歌不与诗文争名，不屑假。"因此，那些比较有见识的文人大都看到民歌的价值，卓珂月曾不无自豪地说："我明诗让唐，词让宋，曲让元，庶几《吴歌》《挂枝儿》《罗江怨》《打枣竿》《银纽丝》之类为我明一绝耳。"（见陈宏绪《寒夜录》）

2. 明代民歌内容的多样性

明代民歌的产生由于市民力量的抬头，作为思想内容的新因素是要求自由，要求个性解放。加以阶级矛盾的尖锐化，也产生了不少反抗剥削和压迫、歌颂农民起义的歌谣。情歌也具有新的特色。

反抗剥削的民歌，可举《夺泥燕口》为例：

> 夺泥燕口，削铁针头，刮金佛面细搜求，无中觅有。鹌鹑嗉里寻豌豆，鹭鸶腿上劈精肉，蚊子腹内刳脂油，亏老先生下手。

歌颂农民起义的则有《吃他娘》：

> 吃他娘，穿他娘，开了大门迎闯王，闯王来时不纳粮。

情歌的数量特别多、单是冯梦龙的辑本《山歌》里面就有300多首，这是和收集者的阶级意识和艺术趣味有关的，山歌的主人公有在乡村的，也有在城市的，而且女子常常扮演起主角来，反封建的意识很强烈，公然说是："当初只道郎偷姐，如今新泛世界姐偷郎。"甚至于打起官司来了，仍然勇敢地承认："斩钉截铁我偷郎！"这种偷郎偷姐的说法，我们今天说起来也许已经不容易理解，当时敢于这样说却实在需要相当大的勇气。但是，我们不能忽略这样一种事实。前面已经提到，情歌特别多是和收集者的阶级意识和艺术趣味有关的，他们还不免沾染到统治阶级的影响，分不清什么是精华，什么是糟粕。一些经过统治阶级的窜改和二流子的歪曲和丑化的东西也以民歌的面目出现，占据了相当的篇幅。真正具有反抗性的人民创作反而得不到流传，这是必须予以指出的，这一点甚至于连冯梦龙也没有例外。

三、各少数民族的民歌和史诗

1. 少数民族的民间创作是少数民族生活的反映

我国是统一的多民族的国家，少数民族各有他们自己的民歌叙事歌。更大规模的史诗也在许多少数民族中流传，试以苗族为例。远古时期就产生了反映历史事变的迁徙歌，如湘西地区的《果聂》，黔东地区的《跋山涉水》，广西大苗山的《龙乌支离》，以及贵州中西部的《杨老话》和《格罗枯桑之歌》等等。就思想性和艺术性而论，一般都认为云南东部的《迁徙组歌》达到了极高的水平。此外还有歌颂英雄人物的史诗如《居诗老》《者甘乐》……，至于反映人民生活的情歌、叙事歌、劳动歌、祝颂歌、婚姻歌、道理歌、祭歌、春歌真是应有尽有。说唱也占有相当大的分量。黔东南流行着一种《嘎福歌》，由双方对歌说理，唱不赢的一方算输理，说唱变成了说理斗争的工具了。民间歌手有的同时是巫师，唱歌没有报酬，生活靠自己劳动来维持，这些都是和社会的生产情况相适应的，符合一定的历史阶段的具体物质条件的。

2. 少数民族的史诗举要

傣族的民间叙事诗以《召树屯》为最著名，叙述一对青年男女的恋爱故事。它广泛流行于西双版纳，歌唱形式是古老的情歌对唱式。富有浪漫主义色彩的唱本是《玉喃苗》（即《猫姑娘》）。史诗性的而又染上了佛教色彩的长诗是《兰嘎西贺》，它往往用来作考验歌手本领的唱本。

藏族的民间史诗是《格萨尔王传》。它是以歌唱的韵文为主，叙述的散文为副的史诗。它流行西藏、青海、四川、甘肃、云南等省的广大藏族民间，与蒙古族的《格斯尔传》形成两部"同源分流"的，各有千秋的巨制。格萨尔王是实有其人的英雄。他生于1060年，所以说这部史诗产生于11世纪，完成于14世纪或17、18世纪是比较可靠的论断。蒙古族的《格斯尔传》1716年首次在北京出版，俄、英、法、德、印度的部分译本也早已流行于国外。它是我国民族艺术的瑰宝。

彝族史诗以《梅葛》为代表，分创世、造物和风习三部分，音乐调子称为梅葛调。梅葛调唱腔颇多，大约不下十种，主要是赤梅葛和辅梅葛。赤梅葛一般是悲调，用于丧事；辅梅葛是喜调，多用于婚嫁、生产和放牧。《梅葛》流行于楚雄自治州，在姚安、马游一带的《梅葛》又分为正调和慢调。悲怨部分用慢调，喜悦部分用正调。恋歌采用的是《过山调》，儿歌则称为《娃娃梅葛》，一般说来，《梅葛》是在跌脚、打跳的时候唱的，也许歌曲同舞曲还没有正式分家。

以上云云，只是一些极简略的叙述，说它"挂一漏万"也不算夸大，但是要说个详尽，那是不可能的，这里不过是开一个头而已。

四、南北各具面目的说唱

1. 鼓词的来源及子弟书的产生

说唱因南北的不同，分化为鼓词和弹词。鼓词流行于北方，弹词流行于南方。

鼓词的来源是唐代的变文。到了宋代，变文这个名词已经不用了，变文形式的说唱却仍然继续发展，那就是涯词和陶真。到了元朝，代之而起的是词话，明朝之后演变而为鼓词和弹词。

鼓词是说唱相间的一种曲艺，歌词以七言为主，也有十字一句的，采取三四三式。字数少的，则以三三和七字为对句。偶然也有四言五言的句子。

鼓词多以战争为题材，目前所有的最早的鼓词是《秦王演义》，一般认为是明末的作品。此外，还有《呼家将》《杨家将》《忠义水浒传》《三国志》《封神演义》等等。

鼓词中有一部分是写恋爱故事的，篇幅比较短，内容大都是一些穷书生中状元，奉圣旨成亲的故事。比较有意义的是《蝴蝶杯》，其中"胡老晏龟山卖鱼，田公子怒打不平"那一段描写了人民对于特权阶级的憎恨和反抗情绪。

根据文学名著改编的鼓词除《水浒》《西游记》之外还有《聊斋志异》等书，根据戏曲的则有《斩窦娥》《西厢记》《白兔记》之类。

表现当时一定的进步思想的作家鼓词是贾凫西的《木皮鼓词》。贾氏在明亡之后不肯做官，自号木皮散客。木皮者，鼓板也。《木皮鼓词》亦名《历代史略鼓词》，帝王将相几乎无一不受到他的嘲笑，反之，他却歌颂了荆轲报仇，田横死节，以至武二郎手刃西门庆，黑旋风法场劫宋江，最后借《桃花扇》的《余韵》作结，表明这是一部具有爱国思想的作品。

鼓词的伴奏乐器是三弦和鼓。

由于鼓词往往都很长，即如《封神》一书就长达 220 册，所以到了清朝中叶就兴起了"摘唱"。所谓"摘唱"是从南戏的摘出引申过来的，就是从大部鼓词中摘出精采的某一段来演唱。久而久之，就有人索性写作短篇的大鼓书。现在流行的"京音大鼓"、"奉天大鼓"、"梨花大鼓"等等基本上属于一个类型。大鼓书形式的改变是比较偏重歌唱的发展，说白部分大都被删除了。这样，又出现了所谓"子弟书"。

子弟书是单唱鼓词，据震钧的《天咫偶闻》说："旧日鼓词有所谓子弟书者，始创于八旗子弟。其词雅驯，其声和缓，有东城调、西城调之分，西调尤缓而低，一韵纡萦良久。"有人认为"说书人有四等，最上者为子弟书"。但也正由于学起来相当费力，所以它的乐调几乎可以说是中绝了。目前仅有的少数子弟书的曲谱抄本只记着空洞的工尺字谱，并没有标明乐曲的板眼，所以还是很难唱准的。目前研究子弟书的有任光伟、胡光平等人，文俊阁还及见韩小窗，究竟能否把子弟书继承下来，还不敢轻易下断语。

子弟书的结构比较短小，短的只有一两回，长的最多亦不过三十二回，每回之前往往用七言诗一两首概括全曲的内容，约略相当于传奇的家门。题材相当广泛，有取自历史故事的，如《三国》《水浒》之类，有取自京剧的，如《一匹布》《打面缸》之类，也有取自日常生活的如《厨子叹》《先生叹》《逛护国寺》之类。作者以罗松窗和韩小窗为最著名。罗松窗生于乾隆年间，作有《红拂私奔》《长生殿》《百花亭》等等。韩小窗过去说他是嘉庆、道光年间人，但据文俊阁的回忆，他还及见韩小窗，当生于 1840 至 1896 年左右。他作品的内容比较多样，有反封建礼教的《露泪缘》，有反映私有社会夫妻关系的《得钞傲妻》，也有描写历史人物方孝孺的《千钟录》。至于《宁武关》曾经享有盛名，实则是一部仇视农民起义的坏作品。因此可以说子弟书也有糟粕部分，甚至于糟粕还不少，特别是那些通过表彰忠臣、孝子、节妇、烈女来宣扬封建思想以至宣传宿命论的思想。至于那些歌功颂德、粉饰太平以至充斥着色情描写的作品，则更是腐化思想的具体表现。

2. 弹词的特点和它的听众

弹词是在城市中流行的，特别是苏州、南京、杭州这样的一些大城市。它的主要听众是下层市民和妇女。弹词的伴奏乐器以三弦为主，琵琶、扬琴次之。词句的形式多数是七言，也有加上三言的补句，成为三七式的十字句的。

弹词的篇章组织，复杂的有开篇、诗、词、赞、套数、篇子几种。篇子等于弹词的正文；开篇是具有相对独立性的楔子性质的段落，主要起定场和导向正书的作用；诗和词用于开始或结尾；赞和套数视需要而定；穿插的东西是自由的，山歌、小唱、乐府等等都可以使用。后来开篇逐渐演变为一种独立的形式，例如马如飞的开篇就是非常出名的。

弹词大别为国音及土音两类。国音是用国语写的，《安邦志》《天雨花》等等属于国音；土音用的是方言，或者夹杂些方言，往往是生旦用国音，丑角用土音，土音之中又以吴音为最多，如《义妖传》《珍珠塔》《玉蜻蜓》《三笑姻缘》等等都属于这一类。陈士奇和俞秀山是这类的作者。国音弹词多采用历史题材；风格也较雄伟；吴音的以恋爱故事为主，表情非常细腻。

前面说过，妇女是弹词的主要听众，因此，也出现了女作家，如陶贞怀、陈端生、梁德绳等。

陶贞怀的《天雨花》成于顺治八年（1651）之前，写左维明和奸徒的斗争，反映了明代的政治生活和作者的爱国思想，这是应该肯定的，但是左维明这个人物，究竟是封建社会的士大夫，他忠心耿耿加以维护的正是封建制度，尤其是书中对农民起义的敌视显示出作者封建统治阶级的立场。这是不容含糊的。

《再生缘》是弹词的名著，作者是陈端生，写到第十七卷，她就没有写下去、由梁德绳续完二十卷。书中叙述孟丽君和皇甫少华悲欢离合的故事，表达了妇女要求解放，提高社会地位的愿望。结局是妇女仍然回到家庭，做个贤妻良母了事，这已经是续书人的而不是陈端生的思想了。

弹词中另一部名作是《义妖传》，以白蛇故事为题材，妖而冠以义字，正好说明作者肯定的立场。书刊于嘉靖十四年（1809），是思想性、艺术性都达到相当高度的作品。

吴音之外的土音弹词，在福建的称为评话，在广东的称为木鱼书，但流行范围都没有吴音那么广。

3. 说唱音乐的变种——"宝卷"

"宝卷"的出现有人说是在宋朝，事实上却提不出有说服力的证据。北京图书馆所藏的最古的宝卷《销释真空宝卷》，虽然有人说它是宋朝的，但不一定可靠，它可能是元人的抄本。《目连宝卷》残本是元末明初的东西。从明到清初也有一些，大量出现则在清末，它是变文的变种。它和变文的不同，是除了佛教故事之外，还讲神仙故事，也就是说，它包含一部分道教的东西。这是以宣传宗教迷信为主的东西，不能算作人民的创作。印刷发行的地方也是一些流通善书的机关，如"翼化堂"之类，只有极小的一部分曾被人民改编为农民起义的宣传材料。此外《雷峰古迹》也以白蛇故事传为题材，《窦娥冤》《珍珠塔》《蝴蝶杯》等也被改编为宝卷。这是清代宝卷向较好的方面的转变，但是所占的比例仍然是不算大的，不足以改变它宣传宗教的本质。

五、杂剧的衰落与传奇的兴盛

1. 贵族朱有燉的把持剧坛与杂剧的短剧化

明朝戏曲由于统治阶级提倡义夫、节妇、孝子、顺孙一类"劝人为善"的东西，明朝戏曲完全变成了为统治阶级服务的工具。元朝以来表现在杂剧中的那种斗争性已经不见了，加以朱有燉（1374—1437）以贵族身份把持剧坛，所作杂剧多至31本，大都是一些歌功颂德、粉饰太平的作品，思想内容也很难说得上有什么价值。他写乐籍妇女，也并不像关汉卿那样写出她们的痛苦生活和她们的义侠和机智以至于斗争。他在当时社会风气影响之下，刻画一些娼妓的生活，看不到自由思想的觉醒和要求。那部《香囊怨》可以说是歌颂了刘盼春的忠实的爱情，但是她自经火化之时，香囊居然不着火，因为书生周恭给她的书简和词都在里面。结局不是大团圆，也许可以说是打破了旧套，但是这种迷信的描写却是不足为训的。至于《复落娼》写妓女的变心堕落，更是对弱者的嘲弄。作者掩蔽了社会的罪恶，只能说明他的阶级立场是与普通人民对立而已。总的来说，他的杂剧在技术上还有一些改革，吸收了南戏的因素，唱词不限于一个角色，也可以生唱北曲，旦唱南曲，而且出现了合唱和队舞，合唱还可以多至数十人。但是离开内容来谈技术的改革，这样改革的意义究竟是不大的。

当时比较有意义的一种尝试是杂剧的短剧化：不受折数的限制，少者一折，多者三四折，完全视内容而定。开始的人是王九思（1468—1551），作有《中山狼》。取得更大的成就的是徐渭（1521—1593），代表作是《歌代啸》和《四声猿》。《歌代啸》是滑稽剧，以两个和尚为线索，暴露了当时社会的黑暗。《四声猿》共演四个故事：1. 狂鼓吏渔阳三弄（一出）、2. 玉禅师翠乡一梦（二出）、3. 雌木兰代父从军（二出）、4. 女状元辞凰得凤（五出）。曲调没有一定的排列，可以说完全是自由创作。就总的倾向来说，它是从民间取材的，而且给妇女一个扬眉吐气的机会，这是作者进步的地方。但是这一时期的杂剧已经脱离人民，只在文人中间讨生活，因而再也不能生长，倒是在传奇里面还可以使人感到一些民间的气息。

2. 《琵琶记》和《荆刘拜杀》的高低不同的评价

明朝的传奇是从南戏演变出来的，它虽然吸收了北方杂剧的一些因素，但是始终保持它特有的体制。传奇和杂剧的差别大概有以下四点：

①杂剧一般是每折由一人独唱，传奇则有独唱、对唱和合唱，唱的角色没有规定某一个人，谁需要唱就可以唱。这是比杂剧较为灵活的地方。

②杂剧每折限用一个宫调，一韵到底；传奇则不必寻宫数调，可以换韵，打破了宫调的束缚。

③杂剧大多数是一本四折，必要时扩充为五折，如《赵氏孤儿》，外加一个楔子；传奇则长短不拘，一直可以长到四五十出。

④杂剧有楔子，传奇则用家门（又称开场，开宗），概括地向观众介绍全剧的情节，它的作用也是和楔子不同的。

标志南戏从民间到专业创作的过渡的代表作品是《琵琶记》。

《琵琶记》的作者是高明，字则诚，生于温州杂剧的家乡——温州永嘉，生卒时间约为1305年到明初，活到70岁以上（一说他只活到元末，待考）。

《琵琶记》的故事最早流传的地点就是温州，赵贞女、蔡二郎的形象应该是高明从小熟悉的。但是高明的《琵琶记》却做了极不高明的翻案，把蔡中郎的忘恩负义改为全忠全孝。本来是挨雷打的，现在也变成了大团圆。一句话，把富有控诉意义的民间创作利用来做封建伦理道德的说教。但是这并不等于说《琵琶记》就一无可取了，它究竟是有深厚的民间基础的，即使把人物改写了，有些地方还保有着原来的骨架，因而赵五娘的形象还是鲜明的，优美的。加以高明本人也还是正直的知识分子，做官也算是清廉的，了解人民的疾苦，为人民做过一些好事，不肯为了做官出卖自己的人格。到了他进行创作的时候，有些地方也就真实地反映了当时的社会情况，艺术上也保存了民间流传的优点，如《吃糠》那一出就是例证。但是一碰到要说正面道理的时候。他就暴露出他封建士大夫的本来面目，造成作品的严重缺点。这正好说明世界观和创作的关系是非常密切的，不可能在落后的世界观指导之下却创造出十分进步的艺术作品来。

《琵琶记》之后，作为这一时期传奇的代表的是《荆刘拜杀》。它们产生的年代有的是在元末，现在为叙述便利起见，一并放在这里。

《荆钗记》的作者署名丹丘生，于是引起作者是柯敬仲的误会，因为柯敬仲号丹丘。但是朱权自号丹丘先生，把《荆钗记》算在朱权名下，当然更有道理。因此版权究应属谁，始终没有确实的证据，我们只可以说，它是元明之际经过多人加工的一部民间流传的戏曲。它之所以至今还能够取得保留剧目的地位，主要是由于它歌颂了王十朋和钱玉莲的专一纯洁的爱情。一则甘心嫁给寒士，一则贵不易妻，这在封建社会里是难能可贵的。当然，钱玉莲的忠贞里面还有一些封建意识在起作用。但是总的来说还是值得肯定的。创作上的缺点是结构松懈。

《白兔记》作为戏曲流行之前，已经有了诸宫调。剧中的李三娘是一个劳动妇女，具有坚忍不拔的性格。但是她为之含辛茹苦的刘知远却背弃了她，另娶了上司岳帅的女儿，而且隐瞒了自己已经结婚的事实，应该算是一个反面人物。所以现在流行的有关这本戏的节目只有《打猎回书》那一场，群众的取舍是有道理的。

《拜月亭》是四者之中比较成功的一部，又名《幽闺记》。作者定为施惠（君美）也不一定可靠。在这之前，舞台上已经有关汉卿的《闺怨佳人拜月亭》和王实甫的《才子佳人拜月亭》，南戏《幽闺记》显然受有杂剧的影响，但是它还是有它独到的地方。

这本书歌颂了蒋世隆和王瑞兰的坚贞的爱情。作为他们相识以至产生爱情的机缘是兵荒马乱的逃难，也是符合历史真实的。王瑞兰的父亲的那对势利眼也是封建士大夫的真实的写照，因而引起自己亲生女儿"毒如蛇蝎"的咒骂。王瑞兰对爱情既有追求的愿望，同时又表示一定程度的畏缩和犹豫，正好说明她还是一个千金小姐的身份，因而也是非常恰切的描写。至于结构上的缺点则是陀满兴福那个山大王的另一条线，破坏了全剧的完整。

《杀狗记》的祖本是元萧德祥的杂剧《杀狗劝夫》，但是作者（一说是徐畛，字仲由的作品）片面强调了女主角杨月真这一封建社会贤妻的典型，杀狗劝夫，但决不敢碰一碰丈夫孙华独尊的地位，那个弟弟孙荣受到哥哥的欺负，也只是逆来顺受，这就充分说明这本戏思想上的落后性。倒是反面人物柳龙卿、胡子传的描写相当成功。但是作为主导思想的封建伦理的说教，即在当时也没有什么进步意义。

3. 从地方诸声腔的兴起到昆腔的支配地位的确立

人民音乐生活的日趋丰富，促使各种地方戏曲形成了各具风格的独特的声腔。徐渭的《南词叙录》说："今唱家称弋阳腔，则出于江西，两京、湖南、闽、广用之；称余姚腔者出于会稽，常、润、池、太、扬、徐用之；称海盐腔者，嘉、湖、温、台用之；惟昆山腔止行于吴中，流丽悠远，出乎三腔之上，听之最足荡人，妓女尤妙此。如宋之嘌唱，即旧声而加以泛艳者也！"

徐渭这一段话所叙述的就是我们通常所称的四大声腔。其中海盐腔的兴起可以追溯到南宋的张镃（1153—?），通行的乐器伴奏是用银筝、象板、月面琵琶。

弋阳腔即高腔。伴奏用金鼓、铙钹之类，并没有管弦乐器，尾音有多人随和，形成所谓帮腔。根据侧面的材料，有所谓"好一篇弋阳，文字虽欠大雅，倒也热闹可喜"的评语（见《鸾鎞记》第二十二出），所以旧的文人说它是俗腔，和昆腔的雅奏是对立的。民间色彩始终相当浓厚。

余姚腔与弋阳腔同样不受士大夫的欢迎，有人疑心它与后来的乱弹或的笃班有一定的渊源关系。

四大声腔是一种现成的说法，事实上这是不能包括各地方的声腔的，即如青阳腔，当时也已经占有不小的势力，流行于安徽一带，可能就是清代徽调的祖宗。

随着时间的演变，南方戏曲的各种声腔渐渐让位于昆山腔，昆山腔最后取得了盟主的地位。

奠定昆山腔的唱法的人物是魏良辅。魏氏生于 16 世纪中叶，他的改革唱法是吸收弋阳、海盐的腔调另创一种水磨调，"声则平上去入之婉协，字则头腹尾音之毕匀……启口轻圆，收音纯细"（沈宠绥《度曲须知》）。伴奏方面加上了洞箫和月琴。按海盐腔原有弦索筝琶之类，昆腔增加的大都为管乐器箫笛等，因之昆曲所用的乐队可以说是比较优雅的室内式的编制。至于水磨调的特色是一个字分为字头、字腹、字尾；音分开口、闭口与鼻音。字头是声母，字腹是韵母；如箫字以 x 为声母，iao 为韵母；x 即字头，iao 即字腹；细分之，则 iao 又可分为 i 和 ao 两个韵母；i 即字腹，ao 即字尾。前人用反切的原理说明箫字的头腹尾是西鏖乌，就是这个道理。为了认真咬字，每字都分割为三个音陆续念出来，旋律的进行显得非常缓慢，因此虽然听起来有腔有板，实则往往有音无字。这是昆腔的弱点。

至于昆曲的音乐，基本上属于南曲，但也吸收了北曲的因素。曲牌不同固然是音乐的不同，但更重要的是五声与七声的关系。南曲的宫谱一般是五声，北曲则增加了变和闰。变即变徵，闰即变宫，于徐缓之中稍稍变为雄健。但是这里还应加以说明，昆腔的改革不能算是魏良辅一人的力量。魏良辅本人曾拜过云适做老师，吴中老曲师袁髯、尤驼虽然自以为不及魏良辅，却也不见得对改革工作毫无作为。此外，娄东人张小泉、海虞人周梦山、吴人张梅谷、毗陵（常州）人谢林泉都是名音乐家，而且和魏良辅有交往，对昆腔改革也各自献出了他们的力量。

昆曲的第一部作品是梁辰鱼（1520—1580）的《浣纱记》。这是从创作上支持魏良辅的改革的举动，因而是值得纪念的大事。但是昆曲之成为文人创作，越来越离开舞台实践的需要，却也多少免不了要记梁辰鱼一笔帐。如果就戏论戏，《浣纱记》应该算是历史戏，它的主角是西施和范蠡。但是故事的中心并不是他们两人的恋爱，而是吴越的兴亡变化，特别是有关越王勾践的准备复仇的描写。西施和范蠡因此成为为了祖国前途宁愿牺牲个人幸福的爱国志士，恋爱只起了穿插的作用。这种处理应该说是正确的，西施这个角色后来还成为京剧同名作品的蓝本。缺点是这本戏缺乏戏剧性的效果，结构也不够严密。

昆曲流行的范围逐渐由南方扩大到全国。明代中叶以后，京剧兴起之前，专业戏曲界几乎成为昆腔的天下。

4. 文采派对格律派的斗争

在昆曲发展过程中出现了以沈璟（1533—1610）为代表的追求格律的吴江派和以汤显祖（1550—1617）为代表的注重曲意的临川派。

沈璟是吴江人，做过官，受到一些挫折之后就索性辞官归隐。他是创作家，又是理论家，他的著作有《南九宫谱》《论词六则》和《唱曲当知》，还选过一本《南词韵选》，考订过《琵琶记》的曲律。他的主张是"名为乐府，须教合律依腔"。他的创作总名《属玉堂传奇》，包括《义侠记》《埋剑记》《桃符记》《博笑记》等17种。文字上他反对行文骈俪，但在音乐上却追求格律，固守宫调音韵。他说："宁协律而不工，读之不成句而讴之始协，是曲中之工巧。"这无疑是形式主义的邪道。但他自以为是，还擅自改订汤显祖的《牡丹亭》，引起汤显祖极大的不满。

沈璟创作是服从他思想的指导的，据吕天成为《义侠记》所写的序，他是"命意皆主风世"的，用他自己的话说，就是"作劝人群"，好像是非常重视思想性的样子。但是他所重视的思想性却是封建的思想性。就说他的代表作《义侠记》吧，这是写武松故事的，武松这个人谁不知道他是坚决反抗统治阶级的顶天立地的好汉，但是到了沈璟笔下，武松的正面敌人已经不是勾结官府的恶霸西门庆，毒死武大郎的责任全给推在潘金莲身上，这是不真实的，也是不正确的。至于他把武松描写成为只关心个人功名富贵的庸人，梁山泊的英雄也尽是一些盼望招安的良民，终以招安归朝，武松夫妇团圆结束，这倒为现实主义也有庸俗的、落后的一面提供了具体的实例。

《博笑记》共包括十个喜剧性的短剧，思想上却没有什么可取。

在沈璟提倡格律的乌烟瘴气的时代，一扫当时戏剧界的阴云，给戏曲指出向上的道路的是汤显祖。

汤显祖生于江西临川，他进京应考，正碰上当时宰相张居正为他儿子拉些名人一同上榜来抬高声价。他也是被拉的对象，但是他不肯"高攀"，结果落了第。后来虽然还是中了进士，官却只做到知县，而且是五天一办公，大部分时间是用来谈论文章学问的事情，还把因犯放出去过年看灯。艺术上他注重曲意，沈璟改订他的《牡丹亭》，他嘲笑沈璟说："彼恶知曲意哉！予意所在，不妨拗折天下人嗓子。"他是与沈璟的格律派形成强烈对立的文采派的代表人物。

所谓文采，用他自己的话来说是"意趣神色"，而以意为先。意趣神色到了家，谁还管它什么九宫四声！他的主张也许是偏激了一些，但是过正为了矫枉，那还是有进步意义的。

汤显祖的戏曲作品合称《玉茗堂四梦》，名称是《还魂记》《紫钗记》《邯郸记》《南柯记》。其所以称为四梦，因为情节都与梦有关，其中最出色的一部是《还魂记》，流行的名称是《牡丹亭》。这是歌颂恋爱自由，个性解放的作品。创作手法是浪漫主义的，但是他真实地反映了典型的封建社会的各种各色的人物，所以又是现实主义的。它不愧是明代传奇的高峰。关于这部作品流传着许多轶事，当然，它也有它的缺点，例如剧情的发展有宿命论的色彩，色情的描写也还没有彻底消除。还有《还魂》《冥判》等出把鬼引上了舞台，也是值得商量研究的问题。整体而论，应该说是"大醇而小疵"。

《牡丹亭》的女主角是杜丽娘，同时他也塑造了一个泼辣的丫头形象——春香，《春香闹学》成为最出名的一场戏。她拿读书人极端重视的文房四宝开玩笑，同《西厢记》里面的红娘相比，真可谓异曲同工。

《紫钗记》是汤显祖根据他早期的作品《紫箫记》重写的。故事的根据是唐人小说《霍小玉传》，但是作者笔下李益之负霍小玉是由于卢家的阴谋，减轻了李益的罪恶，团圆的结局更加削弱了门第思想所造成的悲剧意义。至于《邯郸记》和

《南柯记》都是把功名看作梦幻的，在轻视功名富贵，揭露封建制度的腐败及官场的勾心斗角等方面固然也显示出作者不与统治阶级合作的进步思想，但是不能否认，剧中的主导思想都是消极的。揭露之后，只落得失望与消沉。《南柯记》更有佛家思想，所以都远不及《牡丹亭》。

5. 昆曲的复振：《长生殿》和《桃花扇》

明清之际阶级矛盾和民族矛盾所造成的社会剧变产生了两部杰作：《长生殿》和《桃花扇》。

《长生殿》的作者是洪升（1645—1704），浙江钱塘人，破落的士大夫家庭的子弟，在北京住了很久，但只做了 20 多年的国子监生。1689 年因为在皇后国丧期间演唱《长生殿》，连监生也给革掉了。于是回到南方，1704 年在浙江吴兴醉后落水，不幸淹死。

他生于明亡的第二年，成年之前，还遭过一次家难。所谓家难，在清朝来说，多数是受到统治阶级迫害的代名词。加以他师友中间还有不少明末遗民，所以他的民族感情是强烈的。他在《长生殿》里面突出安禄山是胡人这一点，而且对雷海青发出热情的歌颂，都说明他是一个有心人。他的剧作流传下来的只有《长生殿》和《四婵娟》，其余传奇《回文锦》，杂剧《青衫泪》等七种都散失了。

《四婵娟》包括四个以富有才华的妇女为主角的短剧：《咏雪》（谢道韫）、《簪花》（卫夫人）、《斗茗》（李清照）、《画竹》（管仲姬）。歌颂了历史上一些突破封建势力束缚，在文艺上取得杰出成就的妇女，应该说是值得欢迎的。但就洪升现存作品而论，最成功的作品还是《长生殿》。

《长生殿》汲取了白居易《长恨歌》和白朴《梧桐雨》的经验，歌颂了专一的爱情。《长生殿》比《梧桐雨》更高一着的地方是作者的态度更加严肃、更加恰当地揭示了当时错综复杂的民族矛盾和阶级矛盾。李、杨的爱情通过《埋玉》这一场达到了悲剧的结局，政治上却使阶级矛盾服从于更大的民族矛盾，从而出现了抵抗敌人、打败敌人的局面。作者在前半部描写了唐明皇的荒淫生活，指出引起战祸的原因，然后描写唐明皇对杨贵妃的怀念，终于感动天神，月宫重会。他们的爱情关系已经脱离了皇帝和妃子的关系，抽象化为一般男女之间的专一的爱情，虽然闯了大祸，他们的团圆终于能为群众所接受。作者的处理是成功的。作者着力塑造了爱国将军郭子仪、普通人民老农夫和乐工雷海青的形象，无疑提高了这部戏曲的价值。但是作者对唐明皇和杨贵妃两人究竟是原谅多于责备，这是不符合历史的真实的。《窥浴》一出所表现的低级趣味甚至于色情描写，也说明作者还不能彻底肃清他自己所反对的"秽语"。

音乐上洪升曾经请教徐灵昭，自称"审音协律，无一字不慎也。"从构思到定稿，前后经历了十多年。

《长生殿》之后，崛起剧坛的名作是《桃花扇》。《桃花扇》作者是孔尚任，因此说起当时的戏曲作者，一般人习惯称为"南洪北孔"。

孔尚任（1648—1718），出生于明亡后四年，当时南方还有些零星的抵抗，郑成功雄据台湾，奉明正朔。孔尚任的父亲就是不肯和清王朝合作的一个人。孔尚任从小受到当时认为关系终身名节的民族大义的思想教育，一直养亲不仕，直到1685年康熙南巡，经过曲阜，才把他拉出来做了国子监博士。但是他本人是没有多大兴趣的。他的事业是写成一部《桃花扇》，通过李香君和侯方域的爱情故事反映了明末的社会情况和统治阶级内部争权夺利的丑态。作者自己说是："借离合之情，写兴亡之感"，事实上《桃花扇》的扮演早已突破了才子佳人、悲欢离合的范围，明显地指出了一代兴亡的遗恨，所以每次上演，总有"掩袂独泣"的看客。这种事实传到宫廷，逼作者交出原本，漏夜进呈。就在这一年（1699年），孔尚任被清朝免了官，其原因是可想而知的。

作者突出描写了李香君对名士侯方域坚贞的爱情和对权奸阮大铖不可调和的憎恨。最后为了抵抗田仰的武力的威胁而血溅扇上，终不屈服。这样顽强坚定的斗争精神出现在一个被侮辱、被损害的妇女身上，实在是激动人心的。

剧中另一个光辉的形象是民族英雄史可法。

这种激动人心的场面就在有名的《守楼》《寄扇》和《沉江》的几出中表现出来。结尾也打破了大团圆的常套。当侯方域和李香君在栖霞山劫后重逢，照例应该是喜剧收场的，作者却出人意外地借张薇的口说出了一番大道理："你看国在那里？家在那里？君在那里？父在那里？偏是这点花月情根，割他不断么？"这么一说，侯、李两人好像如梦初醒，双双入道。作者的用意是深长的。《余韵》一出意思更明显。可惜的是作者所表现的究竟只限于对故国的凭吊，而对新兴的贵族统治阶级并没有正确的揭露和控诉，反之，对农民起义是仇视的，甚至认为清兵入关是替明朝报了大仇，这就说明作者的阶级本质了。

《桃花扇》在演出方面考虑得很周到。如一出太长，上演时就不免临时删节，因此规定长的一出只填八曲，短的或六或四；说白部分过去常常是写出三分，其余七分由演员临时补充。现在他全部写完，这就比较更能保持作品上演时的完整。音乐上作者也力求适合演唱。他自己说："每一曲成，必按节而歌，稍有拗字，即为改制。"但是作者究竟不是音乐家,所以论者认为耐唱的只有《访翠》《眠香》《题画》《寄扇》这几出。曲牌的删减影响了音乐的完整和有机的结构,因而它在文学上是成功的,音乐上比之《长生殿》就不免逊色了。

六、雅部与花部的对立

1. 昆腔的衰落与花部的勃兴

昆曲的改革,实质上是一种歌唱技术的改革。经过这一番改革,引起了文人学士的注意,专业创作多起来了。文人的插手使昆曲有了更多的艺术的加工,在戏曲发展上做出一定的贡献,这是事实。但是文人的插手也使昆曲同人民的距离越来越远,"南洪北孔"也不能挽回颓势。另一方面,就在昆曲极盛的时候,人民的创造也并未消歇。王骥德在他的《曲律》里明白指出:"数十年来,又有弋阳、义乌、青阳、徽州,乐平诸腔之出,今则石台、太平梨园几遍天下,苏州不能与角什之二三。"这是 17 世纪初期的情况。到了清初,刘廷玑《在园杂志》里面又有这样的记载:"近今且变弋阳腔为四平腔、京腔、卫腔,甚至等而下之为梆子腔、乱弹腔、五娘腔、琐哪腔、啰啰腔。愈趋愈卑,新奇叠出。"这一段话除了"愈趋愈卑"的说法不能使人同意之外,正好说明弋阳腔流行地区是非常广大的,它的影响也是非常深远的,而且许多地方的唱腔都可以把它们的祖师算到弋阳腔上面来。可见弋阳腔是富有生命力的一种地方戏曲。这种生命力从哪里来?据顾起元(1565—1628)的《客座赘语》说,那是因为"弋阳则错用乡语,四方士客喜闻之"。它传到一处,就在当地扎根,溶合当地的唱腔。例如一到安徽,就适应当地特点,变为青阳调;传入京都,"更为润色其腔",成为京腔的一个组成部分。久而久之,戏曲界就出现昆、弋并行的局面。加以弋阳腔的多变与各处地方戏曲的日趋成熟,昆、弋并存的局面就变为雅部与花部的对立了。雅部是昆曲,花部是昆曲以外的各种声腔。这些声腔本来是在民间长期流行的,现在说他们与昆腔并行,证明它们已经凭借自己的艺术取得群众的承认,使昆曲陷入孤立的窘境。张漱石《梦中缘》序云:"长安之梨园……所好为秦声啰弋,厌听吴骚。歌闻昆曲,辄哄然散去。"由此可见,花部与雅部的对立,表面上是昆曲保有它崇高的地位,花部不过是乱弹,而骨子里却是昆曲已经到了岌岌可危的地步,只好依靠统治阶级的撑腰了。至于分部的确切时间,因为史无明文,不敢确定,大约是在乾隆帝第五次和第六次游江南这一段时间内,亦即1780 年到1784 年之间。乾隆帝游江南,两淮盐务为了"迎驾",经常准备着花雅两部。两淮盐务机关设在扬州,扬州是南北交通的枢纽,各种戏班集中这里也就不足为奇了。至于各种声腔所属的地域，可以大略做一个这样的说明。

弋阳腔，前面已经说过一些了，它又名高腔，入京后又名京腔。所谓京腔，已经包含其他成分，如梆子腔就是。此外，还有人认为弋阳腔的远祖是金元的院本，向南方兜一个大圈子之后，又回到老家北方来。不过，这种说法还没有具备足够的说服力。它的特点是"一人启口，数人接腔"，即我们所了解的帮腔。它又有一种独特的唱法——滚唱，即所谓"带白作曲，以口滚唱"，王骥德称之为"流水板"，也就是说，在歌调前后或中间插入一些诗句或成语，连念带唱的，达到王正祥《新定十二律京腔谱》所定的"情文接洽，排场愈觉可观"的目的。弋阳腔历史长久，今天还可以在现存的地方戏曲里面看到它影响的痕迹。川剧、赣剧还直接继承了弋阳腔戏曲的关目。

秦腔起源于陕西、甘肃一带，不用笙笛，以胡琴为主，月琴副之。如果时间上说远一点，明朝传奇已经有西秦腔犯的使用。《缀白裘》里面也已经收有梆子腔，而且注明，"西秦腔"。此后北京、山东、山西虽然各有自己的梆子，大约总不外乎秦云《擷英小谱》所说的"音虽递改，不过即本土所近者少变之"。至于空间上如果说远一点，那么，乾隆年间句容有梆子腔，安庆也有梆子腔；现在的河北梆子、豫剧都属这一个系统。

罗罗腔，一说来自湖广，一说来自浙西，另一名称是弦索调，亦名吹腔。吹腔这一名字早见于《缀白裘》，称《雁儿落》《寄生草》《一枝花》等为吹调。欧阳予倩同志1927年在《小说月报号外：中国文学研究》发表的那篇《谈二黄戏》里面又说："梆子调又称吹腔"。两者的关系有点像是母子关系。吹腔是从梆子腔分化出来的，湖南称为丝弦调，亦即弦索调的异名。加以咬字规定要作北音，追溯起它的渊源，是不是还应该算到金元院本上去。因为秦云《擷英小谱》指出过，"（金元）院本之后，演而为曼绰，为弦索……弦索流于北部，安徽人歌之为枞阳腔，（原注：今为石牌腔，俗名吹腔。）……陕西人歌之为秦腔。……"说来说去，得出的结论似乎回到了一点：各地声腔虽有不同，归根结蒂却并不是截然划分，而是互相影响的。

2. 二黄调的流行与京戏的形成与发展

二黄调是现代京剧的前身。二黄这一名称的由来，大都认为是由于它最初在湖北流行，湖北唱戏的人又以黄陂、黄冈的人为最多，所以称为二黄。二黄戏从湖北向两路发展，一路传到湖南、广西、广东，一路传到安徽。本来在黄陂、黄冈本土生长的花鼓戏已经吸收了弋阳腔的某些长处，到了安徽又和安徽原有的石牌腔发生接触。加以安徽自从明朝以来就成为各种声腔的熔炉，而且一省之内分化出五光十色的腔调，因此，二黄虽然产自湖北，却是在安徽拐了一个弯，添上安徽戏曲的各种因素，然后通过徽班带到北京去，再从北京出发，支配了全国的舞台。当然，到了北京之后，二黄又转为皮黄，那是由于二黄之外加上了西皮的成分。西皮是秦腔的一种。西指西秦，皮是当地称为唱段的专名。西皮云云，即是西秦的唱段。皮黄名称的确立就是京戏的正式形成。至于京戏在北京站稳脚跟，则是在高朗亭入京之后。时为乾隆五十五年（1790）。

高朗亭艺名月官，安徽人，以演旦角出名，被称为"一颦一笑，一起一坐，描摹雌软神情，几乎化境"。他是徽班三庆班的台柱，他的拿手好戏是《傻子成亲》。顾名思义，这样的戏同当时士大夫所欣赏的昆曲比较起来，雅俗的差别无疑是相当大的，也就是说，它更有群众基础。二黄本来可以说是各种声腔的集合体，入京之后又吸收了汉剧的西皮调。汉剧是以楚调新声得名的。这样，"皮黄"的名称成立了，它还结合北京当地的语言和风俗习惯，形成一种新兴的剧种——京戏。即使原先偏好昆曲的人也渐渐承认这种戏班"选材自是出人头地"了。百年以上的戏园广和楼，至今还以历史名迹的资格被保存下来，经过改建，焕然一新。虽然皮黄在当时士大夫的笔记里被贬为"巴人下里"，却也正好说明从这一时期起，戏曲的主要品种已经转到地方戏曲方面来了。地方戏曲虽然由于统治阶级文化思想的影响，内容上不免带有某些落后的因素，但是总的方向是健康的，乐观主义的，对恶势力表现了强烈的反抗。也只有对民间创作先有这样的认识，然后才能了解，乾隆帝一方面搞什么"月令承应"、"劝善金科"，甚至审改梁山好汉故事为《忠义璇图》，另一方面却通合各省督抚查禁各地戏曲，"但须不动声色，不可稍涉张皇"。这两手是够狡猾而又毒辣的。

七、演奏艺术的长足发展

1. 乐器独奏和合奏

这一时期的音乐活动总的来说是戏曲为主导，乐器演奏家的独立演奏远不如戏班活动那么广泛，倒是由于戏曲活动范围的扩大促进了乐器演奏艺术的发展。虽然统治阶级也制造一些人为的障碍，例如封建帝王由于对老弦、子弦的忌讳，禁止胡琴作为戏曲的伴奏之类，但是人民的艺术是封建帝王压制不住的，当时的乐器演奏艺术依然取得长足的发展。琵琶是唐朝以来主要的独奏乐器，明代杨琵琶、清初白壁双都是这一领域的名手。其他如陆君旸的三弦、张心孟的箫、僧福田的笛子，也都能自成家派。

因为师承不同，流派特别繁多的现象在古琴家中间是比较突出的。虞山派最早出现于明朝万历年间，讲究古琴演奏艺术的最高境界是"清、微、淡、远"。到了清朝，可以举出来的有虞山派、金陵派、楚派、浙派、蜀派等许多派，后来又有广陵派、诸城派、九嶷派、浦城派、凤阳派的名称。康熙年间，程允基专访虞山，已经发现有所谓古调和时调的分别。但是古琴有一个特点，无论流派如何众多，主要的还是士大夫中间的事情，因为普通老百姓在封建社会连学文化的权利都被剥夺的情况之下，是不可能欣赏什么"清、微、淡、远"的艺术境界的。但是老百姓自有他们自己的音乐活动：北方有"管乐"，西安有"鼓乐"，南方有"十番鼓"……还有"弦索十三套"（1814年曾经蒙族文人荣斋编入他的《弦索备考》里面去，而且称之为"今之古典"）。据《扬州画舫录》的记载，"十番鼓"也是明前已经有了的。此外还有一些自由演奏的曲调如《八板》《三六》《四合》等等。

2. 西洋音乐的传入

西洋音乐的演奏也出现在当时文人的著作里面。赵翼（1727—1814）有一首关于管风琴的演奏的五言古诗，地点是北京宣武门内天主堂，诗中备述他从这一新乐器所听到的各种不同的音响效果，然后加以概括的描写道："孤唱辄群和，将喧转稍寂，万籁繁会中，缕缕仍贯脉。方疑宫悬备，定有乐工百，岂知登楼观，一老坐挡擘。一音一铅管，藏机掖关膈；一管一铜丝，引线通骨骼。其下韡风囊，呼吸类潮汐。丝从囊鱕管，风向管孔迫。众窍乃发响，力透膝理砉。清浊列若眉，大小鸣以臆，韵仍辨宫商，器弗假匏革。……始知天地大，到处有开辟。人巧诚太纷，世眼休自窄。"但是管风琴活动的范围还很狭窄，它与普通老百姓是不发生关系的。除了管风琴之外，传教士也带来了圣咏。应该指出，传教士是跟在帝国主义军舰后面到中国来的。介绍西洋音乐也许算得是向好事方面的发展，但是更应该看清楚的是隐藏在背后的阴险毒辣的文化侵略和宗教麻醉。不少教堂后来变成间谍机关。艺术也罢，教育也罢，都成为帝国主义分子认为比攻城更加高明的攻心战术的一部分。

八、音乐思想领域内的逆流和新苗

1. 复古和考古

明、清两朝就社会经济而论，虽然有过一定程度的上升，但从历史发展的角度看，却还应该说是处于停滞状态的，表现为思想方面的特点就是复古。音乐方面也没有例外，突出的例子是诗经乐谱的拟制。复古主义的诗经乐谱的推行是从宋朝乾道年间的赵彦肃开始的，他们之间的差别只是一点：赵彦肃说是古代相传的，自元以来，从熊朋来（1246—1323）的《诗新谱》到清高宗的《钦定诗经乐谱》则是进行仿制。他们的工作曾受到朱载堉的批评，例如李文察得到的评语是"雅颂无别"，刘濂则是"曲折不分"，都是不合古法的。不幸朱载堉自己也犯了同样的毛病，于是乾隆皇帝就指斥他"穿凿拘墟"，"自行杜撰"。但是乾隆自己也并不高明，他搞的钦定什么什么也同样是主观的杜撰。

在复古主义思想指导之下，清朝学者的考古工作，是做得有声有色的。本来考古工作开始于由明入清的一些遗民。他们这样做是有实践意义的。他们通过考古来宣扬汉族文化，教人民不要忘记自己是汉族的子孙。还有一种作用就是对清朝统治的不承认，例如画人物则穿古装，以示不穿满人服饰。后来实践的意义消失了，考古成为避开文网的手段，一些食古不化的人物于是成为厚古薄今的先辈。不过事情还得从两方面看。考据的盛行说明当时学者的脱离实际，另一方面却也出现了一些探究音乐理论的著作，如应㧑谦（1619—1687）的《古乐书》、凌廷堪（1755—1809）的《燕乐考原》、陈澧（1810—1882）的《声律通考》等书，都是有一定学术价值的。

2. 乐律研究的是非成败

音乐科学研究方面这一时期成就最大的是十二平均律的确立。朱载堉有关这套理论的著作都收到他的《乐律全书》里面去了。从他最早的《律学新说》的序看，那是万历十二年（1584）。他的十二平均律的理论，欧洲音乐学家经过试验之后，也承认是比他们的理论更精确。照时间计算，威尔克迈斯特的《音乐的调和律》成于1691年，比朱载堉成书晚一百年以上。《乐律全书》包括乐律、乐经、乐谱、舞谱等十三种音乐研究和四种算学、历法的著作，实在是一部划时代的巨著。可惜的是当时的统治阶级埋没了这个科学的成就，不像欧洲科学家的研究那样发生了实际的作用。

清朝康熙皇帝是一个雄才大略的统治者，在文化上很有一些作为。《律吕正义》是康熙五十二年（1713）御定的音乐专门著作。全书分三编：上编二卷曰"正律审音"，下编二卷曰"和声定义"，续编一卷曰"协韵度曲"。它是《图书集成》《佩文韵府》、《佩文斋书画谱》《康熙字典》的姊妹编，但是质量却不如上列各书那么高，它是专制皇帝冒充内行弄乖出丑的实例。为了表示皇帝的威风，他要与朱载堉立异，弄出一套非驴非马的十四律，连声音的高下都纠缠不清。但是由于皇帝有不少捧场的臣子，他们不但不敢出来纠正他，反而跟着他一道错下去，如邱之稑的

《律音汇考》、钱塘的《律吕古谊》，就都是这样的。另一方面，《律吕正义》也介绍了一些新东西，如五线谱就在这部书里面正式记载了下来。但是总的说来，这部书的价值却是不大的。

3. 有关音乐创作和表演的专门论著

总结创作经验和演出经验的论著有《李笠翁曲话》，研究声乐艺术的是徐大椿的《乐府传声》。至于焦循的《剧说》和《花部农谭》则是市民意识在剧论上的表现。现在分述于下：

李笠翁名李渔，生于1611年，卒年不详。他也是传奇作家，有《笠翁十种曲》行世。他的《风筝误》就是目前上演的同名戏曲的根据。他的作品思想性都不很强，甚至于还有些低级趣味和色情描写，但是他的戏曲理论却是总结了前人创作经验的名著。一般通行的称呼是《李笠翁曲话》，实则是他那本《闲情偶寄》的《词曲部》和《演习部》。《词曲部》分结构、词采、音律、宾白、科诨和格局六章，《演习部》分为选剧、变调、授曲、教白、脱套五章。

关于创作，他主张先立主脑，即确定一剧立言的本意，这与我们所讲的主题思想有相同的地方。在情节处理上他认为应以一人一事为中心，因而在结构上就要求减头绪，一线到底。至于内容取材，他主张："戒荒唐"。"凡作传奇，只求当之耳目之前，不当索诸闻见之外，……凡说人情物理者，千古相传；凡涉荒唐怪异者，当日即朽"。但他也并不机械地追求一切皆真，所以要求"审虚实"。"若谓古事皆实，则莺莺果嫁君瑞乎？"这是艺术的真实和历史的真实辩证的统一的见解。情节的处理应以现实为依据，情节的变化则可凭作者的想象。剧中角色还得具备一切理想的品质，这是与我们现在追求的典型化的意义相近的。

以上是关于构思的意见。词采部分，他提出"贵浅显"。他的根据是："传奇不比文章，文章做与读书人看，故不怪其深，戏文做与读书人与不读书人同看，又与不读书之妇人小儿同看，故贵浅不贵深。"他又说："诗文之词采，贵典雅而贱粗俗，宜蕴藉而忌分明。词曲不然。话则本之街谈巷议，事则取之直说明言，凡读传奇而有令人费解，或初阅不见其佳，深思而后得见意之所在者，即非绝妙好词。"在这方面他很有破除迷信的勇气，他敢于提出《牡丹亭》的缺点，如"袅晴丝吹来闲庭院，摇漾春如线"一类的话就不易听懂。

为了说一人肖一人，他非常重视宾白，认为宾白是戏文的一个有机组成部分。为一人立言，先要为此一人立心。立心端正者，代生端正之想；立心邪僻者，也要舍经从权，暂为邪僻之思。这种做法他称之为"语求肖似"。

插科打诨在戏剧发展过程中是公认为能够起调剂作用和穿插作用的，但是目的却是为了让观众更加深入了解情节的意义。为了预防流弊，他提出"戒淫亵，忌俗恶"。我们平时一提起科诨总会联想到丑角，李渔则认为科诨不仅为花脸而设，生旦也有生旦的科诨，而科诨之所以可贵，并不是为科诨而科诨，应该做到"于嘻笑诙谐之处，包含绝大文章，使忠孝节义之心得此愈显"，使科诨成为"引人入道之方便法门"。这是上接我国戏曲里面丑角的讽刺作用的优良传统的说法。当然，什么忠孝节义以至包含这些内容的所谓"道"同我们今天的标准是有本质的不同的。

创作方法的意见大略谈到这里。至于演习方面，李渔也有他独到的想法，那就是"变调"。具体地说是缩长为短，变旧成新。缩长为短是为了适应观众的实际条件，就全剧进行适应的压缩，使观众用较短的时间看完全剧的开头、发展和结束，这是较之摘出更进一步的办法。变旧成新的理由是"世道迁移，人心非旧，当日有当日之情态，今日有今日之情态"，改变的办法是"易以新词，透入世情三昧，虽观旧剧，如阅新编"。

李渔要求歌唱家先要"解明曲意"。他说："唱曲宜有曲情，曲情者，曲中之情节也。解明情节，知其意之所在，则唱出口时，俨然此种神情，……"否则"口中有曲而面上、身上无曲，此所谓无情之曲。"这种要求重视情节内容的提法是很深刻的，也就证明李渔的戏曲理论是确有"发前人未发之秘"的新东西。它的可贵正在于它是从实践中得来的，用他自己的话说，那就是："笠翁手则握笔，口却登场，全以身代梨园，复以神魂四绕，考其关目，试其声音，好则直书，否则搁笔，此其所以观听咸宜也。"

但是李渔究竟是封建时代的士大夫，一部《闲情偶寄》，除了"词曲""演习"这两部之外，还有讲究饮食、玩好、花木、居室等等属于玩物丧志的东西，这已经够说明李渔思想的局限性了。就是这些论戏曲的属于精华的部分也夹杂有不少的糟粕。他主张"戒讽刺"，认为讽刺等于杀人，所以自己要"沥血鸣神，剖心告世，倘有一毫所指，甘为三世之瘠，即漏显诛，难逃阴罚，"而且以自己精神强健、儿子满堂来证明自己善心所得到的报应，这就完全忽略了戏曲是阶级斗争的武器的作用，只认为它是劝善惩恶的工具，而在剥削阶级当权的阶级社会里来说"劝善惩恶"，那是只能为巩固剥削阶级的统治效劳的。他自己也明说"有一日之君臣父子，即有一日之忠孝节义"，这是李渔思想的根本性的弱点，因果报应的落后思想倒还在其次了。

他一面说"词贵浅显"，一面仍然主张要有"文人之笔"。他之所谓浅显是不能同我们的通俗、普及相提并论的。他的封建礼教观念也处处流露，甚至于在赵五娘琵琶上路的时候还斤斤计较她还是一个"冶容诲淫"的少妇，怕他半路出事，这就简直不是头巾气作怪，而是说明他自己心术不正了。还有论服装则严君子小人之分，论词采又划才人艺士之界，都是士大夫的本性的流露。他自己作品之所以仍有色情描写和低级趣味的缺点，正决定于他的阶级本质。

与李渔的美学思想比较接近的另一种音乐论著是徐大椿（1693—1771）的《乐府传声》。

《乐府传声》就其性质而论，是关于声乐的论著。接触到的问题有关于北曲唱法的咬音吐字、发声方法以及思想情感的表现各方面。现在只就其较有美学意义的地方说一说。

书中首先提出源流问题，认为唱法改变，是风气自然之变，"如必字字句句皆求同于古人，一则莫可考究，二则难于传授，况古人之声已不可追，自吾作之，安知不有杜撰不合调之处？即使自成一家，亦仍非真古调也。"这是有历史观点的说法。至于他论戏曲这一体裁的特点，认为："全与诗词各别，取直而不取曲，取俚而不取文，取显而不取隐，盖此乃述古人之言语，使愚夫愚妇共见共闻，非文人学士自吟自咏之作也。"但是取直、取俚、取显、又不是片面地追求直、俚、显，而是"直必有至味，俚必有实情，显必有深义"，这也是有辩证观点的说法。

关于声乐技术的讲究，主要是在咬音吐字、五音四呼的分析上面。这一部分说得相当深刻和细致。五音是唇舌齿牙喉，是关于审字的方法，即今之所谓子音；四呼是开齐撮合，是关于读字的方法，即今之所谓母音；五音是字之所由生，四呼是字之所从出。五音为经，四呼为纬，这就是发声加上了口形的讲究了。但是，这只是纯技术的歌唱。要唱得好，光有这些还是不够的，因此他进一步提出："唱曲之法，不但声之宜讲，而得曲之情为尤重。盖声者众曲之所尽同，而情者一曲之所独异。不但生旦净丑，口气各殊，凡忠义奸邪，风流卑俗，悲欢思慕，事各不同。使词虽工妙，而唱者不得其情，则邪正不分，悲喜无别，即声音绝妙，而与曲词相背，不但不能动人，反令听者索然无味矣。"唱得好的方法是："必唱者先设身处地，模仿其人之性情气象，宛若其人之自述其语，然后其形容逼真，若亲对其人，而忘其为度曲矣。故必先明曲中之意义曲折，则启口之时，自不求似而自合。"这一段话为创造角色指出努力的途径，也就是说要从内容出发，不能死扣技术，这应该是我国有关声乐论著的一宗宝贵的遗产。但是作者考究唱法，目的仍在于复"先王之教"，所谓天地之元声，也还是"履中蹈和之具"，因此作者搬出来的招牌也还是

"礼乐不可斯须去身"的儒家的说教。

这一时期论戏曲的作家还有个比较特殊的人物焦循（1763—1820）。他是经学家及数学家，在这方面留下了可以传世的著作。在戏曲方面他著有《曲考》《剧说》及《花部农谈》。《曲考》已经遗失，现存的有《剧说》和《花部农谈》。

《剧说》一书辑录历代有关戏曲的资料和他自己的见闻，他为写这部书用过的参考书有166种，这是极有参考价值的史料性的著作。书中说到乾隆年间西洋贡铜伶18人，能演《西厢》一部的故事，可见他是能够注意新鲜事物的。但是更能显示他对戏曲的进步见解的则是《花部农谈》。

花部在当时是不登大雅之堂的，它作为雅部的对立物而存在，一般文人雅士并不重视它。焦循独能破除成见，正式声言："所谓花部不及昆腔者，真鄙夫之见也。"他认为花部的剧目："其事多忠孝节义，足以动人；其词质直，虽妇孺亦能解；其音慷慨，血气为之动荡。"强调忠孝节义，说明他的思想依然是正统的，他之重视花部，也是"礼失而求诸野"的意思。但是他从民间戏曲看到他的教育作用，公然指出昆曲的缺陷，"使未睹本文，无不茫然不知所谓"，可算是当时文人中难得的论点。

他论到剧中人的态度一般而论是爱憎分明的，对杨业是作为爱国英雄来歌颂的，对秦香莲审陈世美则认为大快人心，特别是后一点，作者的思想已越出了封建主义的范围，显示出市民意识的抬头。但是他对陈世美的忘恩负义，甚至为了保持郡马的虚荣，不惜派遣刺客谋杀自己的妻室和亲生子女的卑劣行为，还要替他曲为原谅，认为陈世美"未尝不自恨失足，计无可出，一时之错，遂为终身之咎"，又表现出他思想的矛盾。

以上是这一时期有关音乐理论的一些比较重要的著作。焦循死于1820年，再过20年就爆发了鸦片战争。开始了中国近代史的篇章。

萧友梅传

版本：浙江美术学院出版社，1993 年

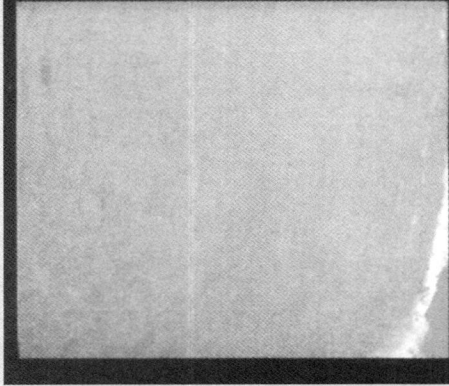

萧友梅传

廖辅叔著

一、楔子

说起萧友梅，可以说是一致公认为他是中国近代最早系统地、多方面地专攻音乐的留学生。他的学习包括演奏技术、作曲理论以及乐队指挥。学成返国之后又是出版了一本又一本的音乐作品的作曲家和一本又一本的音乐教科书的音乐理论家。特别是他1920年回国之后，立即投身到音乐教育岗位直到1940年积劳成疾，病逝上海，整整20年间不间断地全身心地扑在音乐教育上，呕心沥血，任劳任怨。今天健在的，有的还在为音乐事业发挥余热的老一辈音乐家，绝大多数都出在萧先生门下。虽然由于志趣不同，同是音专同学，却分别走上了不同的道路，但是各人掌握的诸般武艺却是同一个学校出来的。关于他的称谓，有人说是近代音乐之父，有人说是近代音乐的保姆，有人说是近代音乐的先驱。总之说他是中国近代音乐史上开基创业的一代宗师，是没有疑义的。

我最早知道萧友梅这个名字，是在我刚上中学的时候。那时商务印书馆新出一套新学制教科书，其中的唱歌教科书写明作者是萧友梅，德国留学回来的博士。一部中学的教科书由一位博士编出来，那真是非同小可。当时我的哥哥廖尚果（即后来以青主出名的）刚从德国回来，我于是问他认不认得一个音乐家叫做萧友梅的。他说当然认得，说是留德同学，还问我怎样知道这个名字的。我如实告诉他是看了商务印书馆的新书广告。他对此很感兴趣，我也因此更加牢记住这个名

萧友梅（1884—1940）

203

字。不久，我又在商务印书馆的《图书汇报》上看到《今乐初集》的介绍，说根据新作歌词写成歌曲，而且结集成书单行出版是音乐界的创举；具体的话记不得了，只记得结尾两句："密合情调，堪称二难。"用这样的话介绍歌曲，我还是头一次看到。因此更对这位萧友梅表示由衷的钦佩。

我初次见到萧先生是替青主给他送信。当时青主是南京国民党政府通缉的政治犯，而且是被汪精卫通电定为"著名共党"的。在那腥风血雨的年代，图官卖友的事情是司空见惯的。优秀的话剧导演，毛泽东访问苏联期间担任翻译组长的孙维世的父亲、北伐期间青主在国民革命军总政治部的同事孙炳文，就是因留法同学的出卖惨遭毒手的。青主还为此写过一首长歌当哭的悼诗。在这样荆天棘地的形势之下，他放心去找萧友梅，是只有相信他是可以交心托命的好人才会走这一步的。当青主从香港到了上海，上门去找萧友梅的时候，萧友梅见面的头一句话是："你是人还是鬼？"因为当时报上是说广州起义失败之后，他已经被广州当局拘捕了的。这句话充分表现了老友相逢，又惊又喜的心情。当时萧友梅正在计划组织乐艺社，刊行音乐杂志，非常高兴有青主这样的人来共同工作。但是青主处境还是危险的，平时不敢公开露面，有事就凭书信往来，我因此成为"信使"。

我从小养成一种成见，做官的人总是不学无术的，所谓"肉食者鄙"。只有专家学者才是值得尊敬的。因此，我在替青主送信之前，想到我将要见到的就是我心目中久已仰慕的名人。他是博士，是音乐家，是大学教授，可谓全具备了专家的条件。不由得产生一种敬畏之情，甚至于有些胆怯。我先到音专传达室，说明我要见萧先生。值班的工友说："在楼上，你去吧。"什么登记的手续都没有。我于是直奔校长室。敲门进去之后，我眼前的这位专家是一副瘦削身材，戴一副玳瑁边眼镜，身上那套西服，也并不笔挺，几乎可以说是有点"蔫"了。他既没有居高临下的架势，也没有虚伪的客套。说一声请坐之后，就从我手上接过青主的信。看过之后，口头告诉我对信中所提的问题的答复，顺手把那封信放到火炉里去，说："就这样吧，他放心好了。"话非常简单。

从此以后，我就有了不少同他见面的机会，当然都不是为我自己的事。他有空也不时来看青主，有时还留下来喝杯咖啡或者吃晚饭，我也才有机会插上几句话，知道他生平的一些事情。但是几乎听不到他吹嘘自己的话。从他那里听到或者看到他处理问题的态度，倒使我学习到不少做人做事的道理。特别是1930年2月我自己正式到音专图书馆工作，后来又改任文牍，在他耳提面命之下，开始我在音乐教育机关的漫长的经历。也正因为这样，说到他的生平行事，才不至于像是隔靴搔痒。

二、从启蒙到负笈东瀛

萧友梅，字思鹤，又字雪朋，1884年1月7日生于广东省香山县（今中山市，是为纪念孙中山改为今名的）。1884年相当于清光绪十年，岁在甲申，这是不错的。但是这里的1月7日是从阴历换算成阳历的，依照阴历却还是光绪九年癸未十二月初十。这是生日若在阳历年头，就要公元退后一年的例子。反之，生日若在阴历年底，则应该公元推前一年。例如苏东坡，他生于宋仁宗景佑三年，相当于公元1036年。但是他生于12月19日，这个日子换算成公元就应为1037年1月8日。过去之所以一般误为苏轼生于1036年，正是笼统地只照年头推算的结果。

过去写萧友梅生平的文章，多数是说他生于澳门。据他自书履历手稿说，"在澳门居住10年"，那是在澳门住到16岁（虚岁），时间为1899年。那么居澳10年是1889至1899年。他是5岁离开香山去澳门的。因而澳门决不是他的出生地。关于这个问题，我当面问过萧淑娴。萧大姐也断言他是出生香山。她是问她的姑姑，即萧友梅的妹妹。她证实了萧友梅是生于香山的说法。

萧友梅别字思鹤，这是从林和靖梅妻鹤子的逸话产生的。又字雪朋，很容易使人联想到梅雪争春或者踏雪寻梅的雅兴。都是与他的大名友梅相应的。事实上却不尽然。雪朋固然与友梅相关，但是它的读音却与波兰作曲家Chopin的读音相近（现在Chopin这个名字通译为萧邦）。萧友梅1916年向德国莱比锡大学提交的博士论文署名为Chopin Hsiao Yiu-mei，证明雪朋的确是Chopin的音译，而又是巧妙地与他的名字友梅相应的别号。这也说明萧友梅的传统文化的知识是丰富的，而且运用的程度也相当灵活。有人也许会问，外国音乐家比萧邦更伟大的也不少，为什么他偏偏选中了萧邦？是的，这就需要结合19世纪与20世纪新旧交接前后中国国情来考虑这个问题了。甲午战争之后，清朝的纸老虎的原形暴露无遗，有志之士当时多举波兰亡国为中国国势阽危的例证。康有为早已给光绪皇帝写过一部波兰亡国记，鲁迅作《摩罗诗力说》也有一大段叙述波兰诗人密茨凯维支、斯洛伐斯基和克拉辛斯基，突出他们热爱祖国，反抗外族压迫的精神。音乐家中间符合这种情况的当然是萧邦了。有了这种以萧邦为同调的思想，他参加孙中山领导组织的同盟会自然是顺理成章的了。

萧友梅5岁，随父亲移居澳门。父名萧煜增，字炎翘，一字砚樵，是前清秀才，教家馆，即充当私人教师。萧友梅从小跟父亲读古文。依照中国的老规矩，知识分子是主张易子而教的，所以萧友梅进了陈子褒的灌根草堂。灌根草堂属于私塾一类。取名灌根，本是培护根本的意思。陈老师不用培而用灌，实兼采佛教醍醐灌顶的说法，即以智慧灌输于人，使人头脑清醒，彻底领悟。还有，这所私塾除了教授四书算术等等之外，还教授英文和日文。所以灌根草堂颇有别于广东一般的所谓"搏斋"（粤语称敲打为搏，斋即书房。私塾之所以得到这个带有贬义的称号，是因为那些冬烘先生动不动以敲脑袋、打手心作为惩罚的手段）。

多得从小的家庭教育及灌根草堂的攻读，为他打下了相当深厚的旧学的功底。加上从小熟习了外文，为他留学准备了良好的条件，特别是在德国准备博士论文，参考古籍的时候，能够应付裕如。那是在五四运动前几年，还没有标点古书那回事。古书都是木板线装的，不仅没有新式标点，连断句都没有的。翻阅古书起码要懂得断句。这就非要下过多年的笨工夫不可。他的旧学功底，还表现在日常书写上。我看他写给青主的书信，即使是简单的一件事，他也会用比较典雅的字眼。我看过后还不免对青主说，他对旧学还真的是有两手啊！青主也会应声说，认真读过书的人，到底是与众不同哩！

在澳门还有一件事，也许还是更重要的一件事，对他发生了深远的影响。那就是他隔壁住着一个葡萄牙神甫。当时来中国的传教士，一般都是兼通几套本领的，即除讲道之外，还要会行医施药，或者弹琴唱歌，借以接近普通老百姓，并取得他们的好感以至信任。萧友梅这个邻居，既是传教士，又是音乐家，家里有一架风琴。据历史的记载，早年的西方传教士多数是取道澳门转入内地的。澳门是远在香港之前沟通中外的枢纽。萧家之所以移居澳门，也可能是因为澳门可以吸收到一点新鲜空气。虽然澳门这个"东方的蒙特卡罗"也谈不上有什么丰富、高尚的文化生活，但是同内地比较起来，多少总是开通一些吧。即如这架风琴就是值得注意的新鲜玩意，对萧友梅这个少年很有吸引力。他听得多了，于是跟着唱，唱到后来引起那个神甫的注意，终于领他到他家里去，让他摩弄那个洋玩意。然而他自己还是只能说："羡慕不已，然未有机会学习也。"（见自书履历手稿）

萧家与孙中山家是世好。萧煜增移居澳门3年之后，孙中山也于1892年来澳门开设诊所。两家往来甚密。萧友梅因此从小认识孙中山，终于发展为革命的战斗的同志。

1898年春天，广州创设了第一所洋学堂——时敏学堂。一年之后，萧友梅去广州报名入学。当时广州还有一种日报叫《时敏日报》，可能这是同一系统的文教机关。时敏学堂开设的课目有国文、历史、地理、格致、算学、图画、唱歌、体操等等，却没有做官必须学习的"八股制艺"。如果说，当时北京的京师大学堂的课目设置依然是诗、书、礼、易四堂及春秋二堂，并没有摆脱旧日书院的格局，那么，时敏学堂倒不妨说是走在时代前头的洋学堂了。[①] 1901 年时敏学堂第一届毕业生 10 人，在堂长（校长）邓家仁率领之下远赴日本留学，萧友梅就是这批留学生中间的一个。

清末留学生攻读的专业一般是注重实际的，有的学工艺，有的学军事，有的学法政。学音乐的可说是凤毛麟角。李叔同算是一个，但是他主要是学美术，兼及戏剧与音乐。而且他是 1905 年去日本的，比萧友梅还晚了 4 年。

1901 年萧友梅与大兄伯林（中）、三弟卓颜摄于广州。

萧友梅先是在东京高等师范学校的附设中学肄业，同时在东京音乐学校学习钢琴及唱歌。毕业后，转入东京帝国大学教育系，同时兼在东京音乐学校专修钢琴。他是自费留学生，家庭经济并不宽裕，因此需要获得一点生活费的补助。当时"清国"的留学生有相当一部分是还没有学过日语的。他们有一种很别致的补救办法，找一个懂日语的做跟班翻译，萧友梅便兼做这差使，以获得一定数目的报酬。遇到

---

① 慕容华：《羊城话旧，最早的学堂——时敏学堂》，稿存广东省文史馆。

中国到日本来的旅行团，他又去充当临时导游，借此得些外快。清朝末年还没有勤工俭学这个名目，萧友梅却先有了勤工俭学的实践。他生平第一架旧钢琴就是靠这些翻译酬金购买的。

19 世纪与 20 世纪新旧交替的那些年头，日本成为中国那些不满清政府以慈禧太后为代表的专制残暴、丧权辱国的反动措施，要求改变现状的种种色色的人物的集合地。保皇派，立宪派、革命派都可以登台表演。正在这个时候，孙中山也从欧洲来到日本。1905 年 8 月，以兴中会和华兴会为基础，联合光复会和科学补习所等反清团体组成中国革命同盟会（简称同盟会），通过了"驱除鞑虏，恢复中华，创建民国，平均地权"的政治纲领。萧友梅比孙中山年轻 18 岁，在澳门的时候，他已经以世侄的身份与孙中山建立了相当亲密的关系。现在他已经成年，政治上也有了相当的认识，不久他就于 1906 年加入同盟会。由于他是学音乐的，政治色彩比较淡薄，不会引起警探的注意，他的住处因此成为孙中山与胡汉民、廖仲恺等人聚会的地方。他们开会的时候，萧友梅常常以逗小孩为名，抱着廖仲恺和何香凝的孩子到门外去，担当望风的任务。

1907 年摄于东京。左起第一人为廖家保姆巧钗，保姆前的女孩为廖梦醒，第二人为廖冰筠，第三人为廖仲恺，第四人为何香凝，第五人为萧友梅。

有一个时期萧友梅与廖仲恺同住一幢楼。萧住楼上，廖住楼下。1980 年萧友梅逝世四十周年，萧的儿子萧勤从意大利回来参加纪念活动，曾与萧淑娴一道去访问廖仲恺的女儿梦醒。梦醒还谈到她童年欣赏萧叔叔弹琴的往事。

同盟会成立之后，武装起义的活动日益扩大，终于发动了规模巨大的萍（乡）浏起义与醴陵起义。洪门会首领龚春台以"中华国民军南军革命先锋队都督"的名义发布檄文，公开宣言"破除数千年之专制政体"，"建立共和民国"。在此之前，以孙中山为代表的革命派与以康有为为代表的保皇派展开了激烈的论战。孙中山为此引起了清政府更强烈的仇恨，于是下令通缉孙文，并咨请日本政府协力缉拿。为了逃避清政府和日本警探的追捕，最后躲藏在萧友梅的卧室，饮食生活全由萧友梅包了下来。到了 1907 年 3 月，孙中山才离开日本，前往越

1909 年夏在东京。时已毕业，行将归国。

1908 年大兄伯林随唐绍仪使美路过东京时合摄。

南（关于这次孙中山避居萧氏宿舍的时间究竟是在哪一年，因为缺乏书面材料，一时还难确定。关于萧友梅的生平行事，我主要是从他的妹夫俞诚之那里听来的，当时并未问明是在什么时候。从 1907 年孙中山遭日本政府驱逐出境的事实来推测，把它定为 1906 年底到 1907 年初之间是比较符合实际的）。

1909 年夏在东京帝国大学文科毕业时与教育系教授及日本同学合影。

1909 年他在帝国大学毕业。返国之后，曾应清政府的留学生毕业考试。据《清史稿》所载"考验游学毕业生"的规定，是"援照乡、会试复试例，奏请在保和殿考试，给予出身，分别录用"。它还规定："酌照分科大学及高等学校毕业章程会同钦派大臣按所习学科分门考试，酌拟等第，候钦定分别奖给进士、举人等出身，仍将某科字样加于进士等名目之上，以为表识。"由此可见，留学生考试是在北京保和殿举行的，萧友梅在他那张背着折叠式桌椅照于香山会馆的照片后面也注明是殿试后所摄，而且说是"以保和殿不备桌椅也"。过去有关他生平的这一段记载，几

1908 年在东京市外大久保村励志学舍照。左起第一人为廖仲恺,手抱的即其女梦醒,第二人为何香凝,第三人为廖冰筠,第六人为萧友梅。

1910 年应殿试后摄于香山会馆。中为唐有恒,右为张汝翘,左为萧友梅。萧氏自写之说明曰:凡殿试须自携此种布裹洋铁之桌与竹椅,以保和殿不备桌椅也。

乎无例外地说是在东京应清政府留学生毕业考试，显然是说错了的。至于萧友梅取得文科举人的"学位"，有些文章说是普通人梦寐以求的，萧友梅却于无意中得之，很为萧氏庆幸。其实与其说是值得庆幸，毋宁说是委屈了他似乎更合适些。因为清政府当时所列的学科可以说是包罗万象，独独没有音乐。那么，给予一个文科举人，究竟算是优待呢，还是随随便便敷衍了事呢？

留学生考试结束之后，他被安置在北京学部（教育部）当视学，取得了掩护革命活动的合法身份。一年之后，就爆发了敲响了清王朝统治的丧钟的武昌起义。

三、还乡与远游

1912 年中华民国成立，孙中山当选为临时大总统，萧友梅被任为总统府秘书。同时担任秘书职务的还有易韦斋，即后来与萧友梅合作出版我国最早歌曲专集《今

1912 年 3 月在南京临时大总统府摄。当时萧友梅在秘书处总务科供职。前排左起萧友梅、唐绍仪、孙中山、胡汉民、冯自由，二排左起第三人为易韦斋，五排左起第六人为杨杏佛。

乐初集》及《新歌初集》的歌词作者。当时总统府秘书长是胡汉民。萧友梅谈起这一段往事的时候，认为胡汉民是文人从政，很讲究文章词藻，所以很看重易韦斋这样的人才。广东近代词人能够取得全国性的地位的，大概除了梁鼎芬、陈洵、叶恭绰之外就数易韦斋了。

由于帝国主义和封建势力非常强大，加以革命内部力量的涣散，孙中山虽然进行了不懈的斗争，终于被迫让位给那个窃国大盗袁世凯。萧友梅也跟着去职。总统府同人分手之前，胡汉民和廖仲恺各自题诗送给萧友梅作为纪念。

当时袁世凯虽然攫夺了统治中国的大权，但是广东还是在孙中山的影响之下，胡汉民担任广东都督。萧友梅因此回广东工作，任教育司（教育厅）学校科科长。在他工作期间广东学校很有些新气象，如提倡男女同学，注重体育，军国民教育等等，都是与萧友梅工作分不开的。半年后，他接到北京教育总长蔡元培发出的官费留学的通知，于是再一次出国留学，而且是去德国。本来他在日本留学期间，主要是以音乐为重点的学习。日本音乐教育是以德国为蓝本的。既然想学个彻底，那么当然是去德国才是上策。据萧友梅在出国前与同行者合摄的照片后面的说明，孙中山在总统府解散之前，曾经问这些青年今后的行止，他们有一部分人表示愿意继续学习，出国深造。萧友梅即其中之一，而且表示想去德国研究音乐与教育。孙中山当即批示教育部帮助他们想办法。但是教育部没有钱，可教育总长蔡元培一直把这件事放在心上。到了10月，蔡元培才从北京发出公费留学的通知。

1912 年 10 月在上海摄。当时正等候教育部发给旅费赴欧留学。前排左起第二人为谭熙鸿，第七人为张竞生，后排第一人为杨杏佛，第四人为任鸿隽，第六人为萧友梅，第七人为宋子文。

他的出国也并不是顺利成行的。萧家景况一向不大好，这从他留学日本开始实行"勤工俭学"也可以看得出来。萧友梅的生母梁太夫人不幸早逝，萧老先生续娶的副室是一位"母亲英雄"，先后生有二子十女，其中有几个是萧友梅出国之后才

1912 年 12 月与留德学友摄于柏林。

　　1914 年中国留学生新年会，摄于柏林。前排左起第一人廖尚果（青主），第四人萧友梅，第六人胡庶华；中排右起第三人为廖馥君。

出生的，但是人口已经够多的了，家庭开支一直由萧大先生伯林负担。好容易盼到萧友梅学成归国，有了固定的职业，可以分担家中的开销。现在他又要出国，家计的困难是明摆着的。但是萧友梅的出国计划是雷打不动的，解决的办法最后商定是萧友梅出国之后从每月领到的官费中拿出一部分寄回家中贴补家用。萧淑娴在她的回忆文章里面曾说她的父亲长期负担萧友梅的学习费用，留学期间也不例外。我以为她所指的应该是留学日本那一段时间。留德之后，他不仅没有再要家里一分钱，还要抽出一部分官费寄回国内补贴家用。这是我听他亲口讲的，那决不会错。他生平精打细算，勤俭办学的作风正是他在经济紧迫处境中长期养成的。

1914 年夏摄于莱比锡哈同公寓。该公寓中大多为音乐学生，有钢琴 14 架。

在德国学音乐，当然是上莱比锡音乐学院。不过他头脑里始终是张着教育这根弦的，所以他除了登记上莱比锡音乐学院的学生名册之外，他同时还在莱比锡大学研究教育学。德国高等学校有一条不成文法，那就是体现大学自由的所谓"学院一刻钟"（akademisches Viertel），上课开始一刻钟之后，学生才进课堂，不算迟到。所以教授先生常常是坐在空荡荡的课室里等待学生。萧友梅却正好利用这个机会请教授先生单独为他修改作业，比较详细地给他讲解那些不足之处，使他比别的学生得到更多的教益。他的遗物里还保留有当时的成绩单：

用功程度：极好（sehr gut）

学习成绩：良好（gut）

道德操行：无懈可击（tadellos）

初到德国，第一件事使他眼花缭乱、应接不暇的是音乐会之多。每年的 10 月到第二年的 4 月是音乐会大荟萃的音乐季。柏林是每天有大小音乐会十几个，交响乐、清唱剧、歌剧、室内乐、独唱、合唱，各种乐器的独奏，应有尽有。莱比锡每天也总有三四个音乐会。据萧友梅说，有一年他在柏林听了二百多个音乐会。当然，正厅的票他是不敢问津的，只能买三四层的门票甚至于站票。此外，图书馆也是他常去的地方。使他高兴的是图书馆的中国书也相当丰富。据法国比较文学专家洛里哀说，德国汉学家在欧洲是首屈一指的。如果他们站在一边，欧洲各国的汉学家集中站在另一边，恐怕还是德国这边的人多。因此图书馆收藏许多中国书是意料中的。这为他撰写博士论文提供了极大的便利条件。而且那里图书馆的工作人员还有一个特别的优点，他看见你来的次数多了，彼此熟悉了，碰到你需要的书他这里没有，

1917 年新年摄于柏林中国学生会馆。中排左起第二人为萧友梅，第三人为应时及其子，第七人为胡庶华。

他还会慷慨地替你向外地图书馆借来给你看。

1916 年春天，莱比锡音乐学院课程修毕，他向莱比锡大学哲学系提出博士论文：《17 世纪以前中国管弦乐队的历史的研究》（一译《中国古代乐器考》，因为这篇论文分两大部分，第一部分题为《17 世纪以前中国管弦乐队的历史的研究》，第二部分题为《乐队乐器概貌》。为了称呼的方便，所以简单译为《中国古代乐器考》）。为了准备论文的撰写，他用蝇头小楷写下的笔记有密密麻麻的寸多两寸厚的一大本，都是关于乐器的形制的绘图和说明，还不算文字的笔记。按德国学制规定，音乐学院是培养作曲理论及独奏、独唱的表演艺术家的，音乐学则在大学举行答辩，经过评委认为合格之后，由大学授予哲学博士的学位，不另立音乐学博士的名目。所以萧友梅是中国第一个以音乐学论文获得博士学位的留学生。至于莱比锡大学当时主持萧友梅博士论文的答辩的则是德国 19 世纪后期至 20 世纪初期影响深远的音乐学泰斗胡戈·里曼。

这篇论文第一部分对中国古代音乐行政、音乐教育以及用于祭祀、宴会直到各种仪式的乐队编制等等做了相当详细的历史的叙述。第二部分是分类介绍各种乐器。第一编为节奏乐器、舞蹈道具及打击乐器，打击乐器又分为金属制造的、石制的及蒙上鼓皮的各种；第二编为吹奏乐器，细分为箫管、簧片乐器、木制与铜制喇叭、带振动簧片及斗子的以及其他各种乐器；第三编为弦乐器，细分为拨弦乐器、击弦乐器及拉弦乐器。这就把传统的八音纳入现代的乐器分类法而又加以详细的区别。最后作者加以总结性的比较，认为本来走在世界前列的中国音乐，到了中世纪以后之所以没有再进一步地向前发展，主要原因在于保守的伦理学家的排拒，他们只承认郊祀音乐的地位；另一方面也在于乐曲的无系统的发展，例如西方从圣咏合唱到多声部赋格的过渡，在中国就全然没有。虽然作者承认近代中国的不能发展责任在于中国的最后一个王朝，但是他引用古语说："凤兮凤兮，何德之衰？往事不可谏，来者犹可追。"于是作者相信："我们始终可以寄希望于未来……因此我个人的愿望是，除了推广一般的科学与技术之外，还应该更多地注意音乐的，特别是系统的理论和作曲学在中国的人才的培养。"这篇博士论文的结语，认为应该更多地注意音乐的，特别是系统的理论和作曲学的在中国的人才的培养，从此成为他毕生为之奋斗到最后一息的誓言，他本人也因之成为中国近代专业音乐教育的开拓者。

在莱比锡 4 年（1912—1916）的学习时间，他留下的图像资料是几张个人的及与人合影的照片。据《里曼音乐辞典》的记载，泰氏是当时最有名气的钢琴教育家之一，曾与他的学生巴雷塞尔合著《国际现代钢琴音乐》一书。巴雷塞尔还写有专著《泰希缪勒与莱比锡钢琴传统》，可见泰氏在钢琴领域的特殊地位。1930年萧友梅将新出版的《乐艺》季刊寄给他，顺便向他约稿。不久就收到他热情的回信，附有三张照片。一张是他签名的近照，另外两张是充满生活情趣的化装留影：一张是泰希缪勒坐在钢琴前面装作回琴的样子，他的学生充当老师站在那里给予指点；一张是他与两个学生穿着工作服扮演制作钢琴的工人。同时又寄来那本介绍现代钢琴音乐的专著。关于写文章的问题因为他已经年近70，教学工作还很忙，一时抽不出时间写

1916年8月在德国东海格拉尔避暑时，与钢琴教授泰西缪勒合影。

文章，所以由他的学生写了一篇题为《音乐的青年教育》，介绍泰希缪勒的教学思想，说他特别注重学生的资质和能力，然后定出他的因材施教的教学方案，让学生自己选定正确的道路，决不用僵死的方法去破坏学生的兴趣，使学生凭自己的认识和创造去获得上进的喜悦。他实在不愧为现代钢琴教育的理想的典范。这篇文章和照片同在《乐艺》第二年的第一卷（总第五号）发表。

经过博士论文的答辩，大学决定授予他博士学位，他的学业已经可以说是宣告结束了。但是1914年开始的第一次世界大战已经打了将近两年，还是打得难解难分，交通阻断。他不可能返国，于是再到柏林大学听课。课目真是包罗万象，计有哲学、教育学、伦理学、儿童心理学、音乐美学，并参加音乐学课堂讨论会。这样还不满足，于是再进施特恩音乐学院，研究作曲、配器、指挥及古谱读法（施特恩音乐学院是施特恩私人开办的音乐学院。施特恩这个名字的原文Stern本义为星，所以萧友梅手稿称为"私立星氏音乐院"。我当初以为星字是Sing的音译，柏林原有Singakademie，因此曾将施特恩音乐学院误译为"歌唱学院"）。

第一次世界大战期间，由于协约国的封锁，德国生活资料极度缺乏，因此开始了定量供应的做法，而且多数是代用品。工业化的城市平时生活资料主要依靠进口，

一封锁自然是供应紧张了。农村是自给为主的，因此生活好一点。面对绝粮的威胁，当时的留学生还是留在城市。萧友梅则不然，他把生活的重点移到乡下去。他定居的地点是波森的布什朵尔夫。波森本为波兰领土，原名波兹南。1795 年俄罗斯、普鲁士、奥地利三国瓜分波兰，波兹南割归普鲁士，改名波森。第一次世界大战结束之后，波兰复国。根据凡尔赛条约，波森归还波兰，恢复了旧名波兹南。萧友梅寄居波森的时候，波兰暂时还不复存在。所以有些文章说萧友梅欧战期间，"因中德失和，避居波兰"，显然是没有弄清波兹南这个地方的来龙去脉的说法。说到"中德失和"，也不符合当时的历史事实。第一次世界大战爆发之初，中国是守中立的。所谓"中德失和"，大概是指中国对德宣战，那是当时掌握北洋政府实权

1917 年 4 月在波森（原波兰波兹南）布什道尔夫村马铃薯田上摄。萧氏自写之说明曰：时因柏林绝粮，特下乡实行种马铃薯，是年收获至二千五百磅。

的皖系军阀头子段祺瑞玩的把戏，时间是 1917 年 8 月 14 日。萧友梅则是 1917 年 4 月去波森的，这就是说在中国对德宣战之前，无所谓中德失和了。萧友梅还留下一张扛着锄头的照片，背后说明是因为德国绝粮特下乡实行自己种马铃薯。他寄住在一家修道院，还教当地青年学习法文，收取一点微薄的学费。1919 年波兹南归还波兰，萧友梅仍回柏林，准备束装归国。

现在萧友梅的学习生活算是终于结束了。德国人谈论一个人的生活经历常常喜欢引用歌德那部长篇小说《威廉·迈斯特》的标题，说某某人的学习年月和漫游年月。萧友梅的留学生活，先是在日本的将近 10 年，后是在德国的将近 10 年，中间只隔了 1 年左右的时间，可以说他的学习年月和漫游年月是很难截然划分的。他在日本和德国虽然不能说是漫游，但是海行数万里，做客 20 年，也够得上是漫游了。他这 20 年的留学生活，应该说是够刻苦的。首先是学外语。他在日本学了日语和英语，在德国学了德语和法语，而且每种外语都是能够运用的。日语有相当水平是没有问题的，他很早就已经能够充当日语翻译。即使 20 多年之后，他用日语的机会已

1917 年 8 月在波森郭斯汀县散德堡村玛丽辛修道院前与德国中学教员郎格一家及国人合影。

经很少，还是能够与近卫秀麿直接对话。英语是他在音专时期与外籍教师交谈的固定的用语，许多文件都是英文的，他都是自行阅读，不必假手他人。法语呢，他在德国还曾经教德国人学习法语。1930 年比利时朗诵家里腾访问音专的时候，他是同他用法语交谈的。德语的运用当然更不用多说是没有问题的了。其次说业务学习，他从来不是单打一的学习音乐，总是同时在大学听课，而且是以教育学为主修课目的，此外哲学、伦理学、心理学等等也并不忽略。他的遗书里面就有的是 16 开本寸把厚的大部头的专门著作，不下苦功应付得了吗？至于音乐的学习，据他的成绩单的评语，"用功程度"一项是"极好"，完全是有根据的。古人说："读万卷书，行万里路。"他读书是不是破万

1918 年夏寓居玛丽辛修道院时与钢琴女学生合影。

卷，很难说，但是总不算少；而行万里路却是大大超过了。

说到日常生活，应该说是非常俭朴的。在日本"勤工俭学"，当然说得上是刻苦；在德国，还要把留学官费的一部分寄回国内贴补家用；为了"绝粮"，搬到乡下去，住修道院，种马铃薯，也不是一般留学生愿意做。我就没有听青主说过他和他的朋友有过这样的活动。至多是有时到乡下去弄点东西回柏林来吃吃而已。萧友梅的做法正是他日后勤俭办学的扎实的功底。

还有成绩单上"道德操行"那一项的评语"无懈可击"也决非溢美之辞。关于有些留学生在国外的生活作风，鲁迅、苏曼殊、王光祈都有过不同程度的冷嘲热讽甚至于斥责。我平时在青主同他的老同学闲聊的时候，就听到过不少寻花问柳、钉梢、吊膀子之类肉麻当有趣的所谓"风流韵事"。但是萧友梅和这一类的"风流韵事"是绝对无缘的。由于寻花问柳等等对有些留学生来说可以说是家常便饭，所以说到谁是"守身如玉"的时候，听的人往往是抱怀疑态度，为此我就亲眼看见他斩钉截铁地说过："我敢发誓！"当然，萧友梅并不是禁欲主义者或者苦行僧，更不是《圣经》中所指责的"法利赛人"。如果什么恋爱故事都不曾有过，那恐怕会做不成艺术家，一首抒情歌曲也写不出来了。他那部弦乐四重奏不是写明是献给莫伦道尔孚小姐的吗？这位小姐恐怕正是他所崇拜的对象吧。其所以没有更进一步的发展，我们固然无从知道是什么原因，总之他的所作所为恰好是有如我们古语所说的，"发乎情，止乎礼义"，同时也正适应了"无懈可击"的评语。

"归欤归欤！"天涯游子学成归国了。归国之前，他先去了瑞士，一览这个素有

1920 年 3 月在南京号船上，时正绕道美国返国。

欧洲花园之称的国度，并写信给他的哥哥，萧淑娴的父亲伯林，说他先去瑞士、法国和英国一行，然后转赴美国纽约，西行到旧金山，打算环行地球一周，才回祖国。

四、小试牛刀

1920 年 3 月他返抵上海，随即沿江东上，去武昌看望哥哥伯林。兄弟两人 8 年没有见面，这次久别重逢，心情的愉快是可想而知的。吃饭的时候，大嫂特为万里归来的小叔做了一些家乡风味的菜肴。萧友梅一边享用美食，一边讲述留德期间战时绝粮的苦况，大家都为他度过难关，举杯庆贺。

在武昌稍作休息，他还是惦记着他旧游之地广州。说起广州，他现在所能见到的，同他在教育司任职的时候相比，真可以说是面目全非了。他去国之时，广东还是代表进步势力的国民党的根据地。现在却是广西军阀的"殖民地"。在孙中山影响之下的粤军在广东连一块立足之地都没有，只好挤在福建南部伺机反击。萧友梅所熟悉的镇海楼，俗称五层楼，曾因明末清初的诗人陈恭尹写过"五岭北来峰在地，九州南尽水浮天"那样使赵瓯北称为"切定地理，而又声振金石"，"虽少陵（杜甫）亦当视为畏友"的名句，现在却是铁将军把门，游人不得其门而入。荔枝湾也同南京的秦淮河一样差不多变为臭水沟。他的母校时敏中学在他回国的前一年因为经费支绌，关门大吉。他回来的时候，时敏中学校址已经被铁路专门学校占用。能够说明别来无恙的大概只有那道横跨荔枝湾的时敏桥。孙中山和廖仲恺那几位他认为可以信赖的领袖群伦的人物，正在退居上海，创办《建设》杂志，发表《实业计划》。面对当时的现实，广东还能有他用武之地吗？他于是转向新文化运动的中心——北京。北京大学校长蔡元培原是当初派他赴德留学的教育总长，是提倡"以美育代宗教"的教育家。这里应该是他的希望所在。

按照留学章程的规定，他先去教育部报到，报到之后，他被安排为教育部编审员，兼任高等师范学校实验小学主任。当然，他到了北京，决不会忘记去谒见北京大学校长蔡元培。在此之前，蔡元培已经在北京大学组织了一个音乐研究会，还发行了一本《音乐杂志》。现在萧友梅来到北京大学和蔡元培见了面，蔡元培当即把出版的《音乐杂志》送给他。萧友梅自称看到了这本杂志，真是喜出望外。接着他就陆续为《音乐杂志》写文章。这些文章大都是启蒙性的，或者用当时时髦的说法为"音乐常识 ABC"。例如什么是音乐。说是"别的美术用图画、形象或文字来描写人类的精神状态，音乐则用声音来描写。它用的声音有长有短，自然跟时间有关系，和别项美术跟空间有关系的刚在相对的地位"。他还引用牙打孙（今译雅达松）所下的定义："音乐就是声音和节拍的联络。"他叙述他回国后碰到的熟人，有好几位一见面就说："你在德学音乐的，你一定精通各种乐器了。"他因此感到国人音乐知识实在是贫乏得可怜，从而认为必须多做启蒙工作，一切从零开始。也许他是遵循着《天演论》的作者赫胥黎所讲的从法拉第那里得来的经验。有人问法拉第，当他讲演科学的时候，他如何假定听众对他讲的题目预先具备有多少知识。法拉第的答复是："我假定他们什么都不知道。"因为假定什么都不知道，这才会想方设法选出最易懂的字句让他们听懂你所说的道理。我们今天回头看萧先生当时所写的文章，不难想像他几乎是把着手巴掌反复开导的苦心。他说中国近代音乐不发达的原因，一是音乐教育机关或作或辍，二是进入教坊的学生没有受过普通教育，三是教坊里头品类复杂，顽固的假道学就利用这个机会来排斥音乐。现在要振兴音乐就要"赶紧设一个音乐教育机关，参考外国的经验订定各种规章制度"。随后他在《乐学研究法》那篇文章里面介绍了音乐学的五个部门：声学、声音生理学、音乐美学、乐理（狭义的乐学）、音乐史。文章最后还介绍了有关音乐学的德文、英文及法文的参考书目。《说音乐会》是一篇介绍音乐会这个"名目的来历"、各种性质的音乐会和作品以至音乐会后来发展成为一种"伟大的营业"。文章结末还提到会场秩序，"譬如一曲未终，不应该许人出入，更不应在会场卖物"。这是针对当时我国戏园可以随便出入，随意送茶水、抛手巾的陋习特别点明的。他甚至要求"座位要分第几行第几号，免致人争座位"。这固然是小事，但却给我们留下了中国旧日戏园混乱的现象的历史的记录。萧先生的启蒙工作也真是做到实处了。至于那篇《中西音乐比较研究法》，分列音乐教授法的比较，乐谱的比较，乐器的比较，音阶的比较及译谱五部分。篇幅虽然不长，却是属于我国早期对于音乐比较研究的文献，富有历史意义。就在这个时候，他接受蔡元培的聘请，担任北京大学哲学系讲师兼音乐研究会导师，主讲和声学、音乐史等课程。消息一传出去，听讲的人蜂拥而来，课堂坐满了，迟到的站在后面听；课堂挤满了，就在走廊上伸长脖子从窗口望进去听。所以当时报道说听讲者近千人。

在他回国后的这一年间，他还参加了国歌研究会的活动。查鲁迅这一年的日记，屡次提到赴国歌研究会，并听演唱。萧友梅可能就在这些会上与鲁迅相识。1919年北洋政府决定采用国歌的歌词，据说是根据章太炎的提议采用《尚书大传》所载的《卿云歌》。歌词只有四句："卿云烂兮，纠缦缦兮。日月光华，旦复旦兮。"头两句借光辉灿烂的云彩象征国运的昌盛。"旦复旦兮"则是一天比一天进步。当时奉命制谱的一是古琴家王露（心葵），一是萧友梅。国歌研究会经过演唱和讨论，"议决采用本会会员萧友梅所制新谱，定于民国十年 7 月 1 日通行"。

萧友梅当时曾写有一篇短文，附在《卿云歌》曲谱后面，题为《对于国歌用〈卿云歌〉词的意见》，说明"欧美各国的国歌本来都是国民歌，歌词都是很浅近的文字（并不是完全白话体），而且没有选做国歌之前，已经有许多国民会唱而爱唱的。因为这样子选法才可以得国民大多数的同意"。至于他对自己这首作品的评论，认为是"不能当他做国歌，不过依照题目用声音描写歌词的内容出来，以备国民的参考就是了"。作者的态度是谦虚的，也的确说明了国歌流传的普遍规律。就曲论曲，一般人还是认为是他所写的比较成功的一首，而且还产生过不比寻常的政治效果。那是 1921 年中国留法学生因反对中法反动分子互相勾结，出卖国家利益，被法国军警野蛮逮捕的时候。作为当时中国留法学生的领袖，陈毅曾在狱中高唱《卿云歌》，以这首当时通行的国歌表示中国人坚强不屈的意志。"旦复旦兮"，黑夜是必然要过去的，光明是永在的。

说来好笑，我在广东始终没有听人唱过这首歌，虽然乐谱早就已经看到过。原来从前广东人唱歌一般是用粤语唱的。"卿云烂兮"，这句话根本没有人敢在大庭广众中用粤语唱出来。听说还有广东同乡同萧友梅开玩笑，问他为什么作这样一首"破鞋"歌！

因为写《卿云歌》，引起他对章太炎那首拟国歌歌词的回忆，先是在中华民国成立的第二年，教育部曾公开征集国歌歌词，并请国内专家协助，章太炎得到来函，当即写了一首寄给教育部。词如下：

> 高高上苍，华岳挺中央。夏水千里，南流下汉阳。四千年文物，化被蛮荒。荡除帝制从民望。兵不血刃，楼船不震，青烟不扬，以复我土宇昄章。吾知所乐，乐有法常。休矣五族，毋有此界尔疆。万寿千岁，与天地久长。

但是当时的教育部是冷门。熊希龄担任内阁总理，请杨度来做教育总长。杨的答复竟是："我帮忙不帮闲。"这样无足重轻的教育部还能有什么作为呢？国歌问题当然就胎死腹中了。现在萧友梅写完了《卿云歌》，却再一鼓作气，把章太炎这首也许是这位国学大师生平所写的最通俗的歌词制成曲谱。萧友梅自己说："是歌既未经教育部审定，直不能命为国歌。然又不能无一名目，查太炎先生当时致教育部函内有'余之所作先述华夏名义'语，故遂以（华夏）名之。想太炎先生见之，或不以余为谬妄也。"1936 年萧友梅接到章太炎逝世的讣告，嘱我代拟挽联，开头就提起为章词作曲的旧事，随即把这首歌词默写出来给我看。本来这首歌词早就从青主口里背诵出来给我听过。现在他又能一字不遗地把这首歌词默写出来，可见这首歌词的确是深入人心的，也的确比当时别的国歌歌词高明。虽然字里行间仍有大国思想的流露，五族共和也不符合我国多民族的国家的实际情况，但这是时代的局限，不能苛求于前人的。

1920 年是非常值得纪念的年头。萧友梅的到来，对北京音乐界来说，真的好比是一石激起千重浪。他在北京大学音乐研究会开讲和声学不到半年，北京女子高等师范学校聘请他为音乐体操专修科主任。经过一段时间的实践，他认为音乐与体操共同的地方不多，而矛盾的地方却不少。每个人的禀赋各不相同，很难两方面都能够学好。如果应付普普通通的唱歌、体操什么的，也许还可以凑合。要想真正造就合格的师资，那就难免两方面都不讨好。即使你是天生的多面手，一个人的精力究竟有限，时间也不能让你面面俱到。结果恐怕不仅不能满足双方兼顾的要求，反而容易造成两败俱伤的局面。他于是向学校提出两科分立的意见。学校也从善如流，从此两科分立。他留任音乐科主任，同时讲授乐理、音乐史等课程。他那份《近世西洋音乐史纲》的讲义就是这个时候编成的。后来女子高等师范学校改为女子师范大学。再后又因成立女子大学，音乐科划归女子大学，科改称系，他仍然继续担任系主任。

是年他与赵元任等发起组织乐友社，还配合当时教育部公布注音字母，写了一首《注音字母歌》。此外他又为胡适的新诗《四烈士冢上的没字碑歌》作曲。所谓四烈士，是辛亥革命期间"杨禹昌、张先培、黄之萌用炸弹炸袁世凯不成而死，彭家珍炸良弼成功而死"。民国成立，他们被合葬于三贝子花园（今北京动物园），名为"四烈士冢"。但是当初只有一面刻着杨禹昌的名字，其余三面全空着，所以称为没字碑。胡适这首诗当时很有名。"他们的武器：炸弹！炸弹！他们的精神：干！干！干！"曾经传诵一时。另外一首《平民学校校歌》头一段："靠着两只手，拼着一身血汗。大家努力做个人——不做工的不配吃饭！"是与当时强调"劳工神圣"的精神相一致的。这是比科学与民主更进一步的，受了俄国十月革命的影响的强有力的口号。从萧友梅这两首歌曲的创作可以想见他的思想是与五四精神合拍的。他的音乐创作也是以五四精神为代表的新文化的组成部分。

经过前前后后的一些音乐活动，萧友梅在北京显然是崭露头角。北京大学音乐研究会也必然要扩大它的活动范围，即从一般的研究机关发展为一个教学机关，才能做出更大的贡献。萧友梅于是向校长蔡元培建议，随即得到蔡元培的同意，改音乐研究会为音乐传习所。按萧友梅的本意，是仿照耶鲁大学的方式，在大学之内设立一个不同于各系的音乐院，译为外文就是 Conservatory of music。但是当时没有考虑得那么周到，却采用了一个比较雅致的符合传统命名习惯的音乐传习所。这样一来就被误认为是讲习会或是补习班一类的东西，也就是说，不是正式的大学的研习单位。当时中国各省为了促进本地文化教育的发展，多数定有升学各大城市重点学校发给津贴、补助之类的制度。现在进入音乐传习所学习的学生向本籍教育厅、局请求补助的时候，却以不是正式大学生为由常被驳回。为了解除学生的困难，萧友梅于是提出改名的议案。蔡元培虽然同意了，评议会却以为音乐院的院字和预定要改设文学院、法学院的等级混淆，有损其他学院的尊严为理由不予通过。其实呢，萧友梅说，他们认为什么音乐院是可有可无的东西。刘禹锡《陋室铭》夸称陋室的好处之一是"无丝竹之乱耳"，现在有了音乐院，竟然整天是没完没了的让丝竹来

1922 年 12 月 12 日北大音乐传习所开幕纪念摄影。前排左起第一人为傅松林，第四人嘉祉，第五人谭熙鸿，第六人萧友梅，第七人易韦斋，第九人刘天华；后排第二人为吴伯超，第五人为郑颖孙。

乱耳，实在是够讨厌的了。而且学校的经费本来就不多。音乐传习所花钱还少，一升级为音乐院，就更要分薄他们原有的经费。所以碍难同意。音乐传习所只好小媳妇般忍受各方的闲气。萧友梅之所以舌敝唇焦，想方设法要创办一个独立的音乐学校，实在是受够了形形色色的奚落和刺激，觉得只有独立门户，才是根本解决的办法。

1923 年秋北大音乐传习所教职员学生合影。后排右起第一人为冼星海，前排左起第五人为萧友梅，第八人为刘天华。中排右起第三人为吴伯超。

　　早在萧友梅归国那年年底，他已经开始向北洋政府的教育部提出创办独立的音乐学校的建议。当时的教育总长是范源濂，萧友梅留学日本时期的先后同学。鲁迅对他曾有过一段的论述，认为他"个人所叹服的是在他当前清光绪末年，首先发明了'速成师范'。一门学术而可以速成，迂执的先生也许要觉得离奇罢，殊不知那时中国正闹'教育荒'，所以这正是一宗急赈的款子"。既然范源濂还算是一个关心教育的教育家，萧友梅就准备提出一个开办音乐学校的经费预算。由于萧友梅刚从国外回来，对中国官场的官僚习气还不了解，所以订出了一个相当庞大的计划，要开办费 35 万元，常年经费 15 万元，学额 200 名。计划送上去之后，范源濂正式提交财政部。不料内阁阁议议决，所有经费概照民国八年（1919 年）预算支付，音乐学校的预算被原封不动退还教育部。可是范源濂还算通达事理，他劝萧友梅另编一个最低限度新预算。萧友梅天真地以为这是"柳暗花明又一村"，于是实事求是地把原定计划削减到三分之一。可怜新的计划还没有抄出来，范源濂已经下台。北京的政局越发是一天天烂下去，连原来那一点可怜的经费还要一欠再欠，再也谈不到创办音乐学校的事情了。

扩大的计划虽然无从实现，萧友梅总不甘心维持残局，他要在有限的范围之内做一点力所能及的发展工作。他认为音乐界当前的任务，一是为将来的发展培养人才，一是向社会普及音乐教育，提高群众的欣赏水平，以期引起大家对音乐的重视。除了努力办好音乐传习所之外，还要经常举行公开的音乐会。音乐会的节目必须循序渐进，引导群众更多地了解纯正的严肃的音乐。他称这种进行普及工作的音乐会为国民音乐会。他认为国民音乐会的目的，"不单是想给国民一种高尚的娱乐就算了事，还想对于完全未学过音乐的借此引起他们学音乐的兴味。对于已经学过音乐的，常常给他们一个机会练习他们的听觉。这就是'温故知新'的用意。总之，一方面是想引起国民向美的嗜好，一方面是想音乐普及"。至于音乐会的好处是"票价最廉，因为它的目的是在于普及"。就作品内容而论，"第一种是比较浅近而高尚的小品，第二种是整套的大乐（即当今通行的名称交响乐）。这种乐曲虽然比较高深，但是还希望可以逐渐普及的"。就他举行过的这一类的音乐会的经验而论，他觉得有两种很好的现象："第一，听众一次比一次多，第二，会场秩序一回比一回好（着重点是原有的——作者注）。"他因此对普及音乐教育充满了信心，只要努力把工作搞好。"工欲善其事，必先利其器"。他想到需要有一个管弦乐队。

中国人搞西洋乐队，见诸记载的大概只有乾隆皇帝闹过一阵子。到了近代，第一个管弦乐队是前清光绪年间英国人赫德在他海关总税务司任内延聘意大利、德国等专家于原有军乐之外兼教管弦乐器之后组成的。赫德死后没有多久，乐队就给解散了。到了民国三年（1914 年）京汉铁路局的法国人何图再将乐队旧人加上新招的学员重新组织，改名"北京外洋音乐会"（法文名 Union Philharmonique de Pekin），但是到了民国八年，它也寿终正寝。现在是萧友梅来叫它起死回生了。经过一番寻访，陆续找回一些乐队的旧人，加上音乐传习所一些热心的师生，因陋就简，乐队也就凑起来了。有些乐器还缺乏适当的乐手，那就由女子高等师范学校音乐科和音乐传习所的钢琴教师嘉祉在钢琴上补足缺乏的声部。这样总算开始有了一个中国人组织，中国人指挥的具体而微的管弦乐队。音乐会的影响，如前所述，听众是越来

1923 年 8 月摄于北京饽饽房八号。时每周在寓练习乐队一次。奏第一大提琴者为傅松林。

越多，会场的秩序越来越好。好到"与在外国音乐会场无异"。萧友梅高兴地认为"足见听众有爱乐的真表示"（着重点是原有的）。事实上不单是中国人听了高兴，外国人也为我们喝采。俄罗斯盲诗人爱罗先珂到北京没有多久，便曾经向鲁迅诉苦说："寂寞呀，寂寞，在沙漠上似的寂寞呀！"他是在北京大学教世界语的，他听了北京大学音乐传习所音乐会之后，称赞这样的音乐会是"中国新音乐的曙光"。这无疑是对萧友梅的极大的鼓舞。

这个小乐队的社会影响还可以举出另一个例子。北京大学教授徐志摩在给北大学生讲济慈的《夜莺歌》的时候，曾经有过这样的一段话："你们没有听过夜莺先是一个困难。北京有没有我不知道。下回萧友梅先生的音乐会要是有贝德花芬的第六个沁芳南（The Pastoral Symphony）时，你们可以去听听，那里面有夜莺的歌声。好吧，我们只要能同意听音乐——自然或人为的——有时候可以使我们听出神。"徐志摩是作家中间比较喜欢音乐的一位，所以他办《晨报副刊》的时候，也没有忘记请萧友梅写音乐的文章。

1924 年李华萱将他所收录译谱的《梅花三弄》《高山流水》《柳青娘》《夜深沉》《哭长城》等传统曲调编成一卷，题为《俗曲集》，请萧友梅校阅并作序，萧氏

1923 年 11 月摄于北京大学附设音乐传习所。自左至右前排：甘文廉、李廷桢、冯莲舫、李廷贤、程光清。中排：嘉祉、邢全立、赵年魁、全子贺、孟范泰、乔吉福、徐玉秀。后排：杨仲子、连润启、萧友梅、潘振宗、王广福。

欣然命笔，"但细阅各曲，未曾注明其来历，恐尚不足以博史家之信仰也"。他提的这个为收集整理民间音乐的要求，正是过去音乐界所忽略的探本溯源的科学态度。

1925 年 3 月 12 日中国民主革命伟大的先行者孙中山病逝北京。逝世之后，在中央公园（今中山公园）举行公祭，需要演奏哀乐，这个任务自然是落到了萧友梅肩上。但是时间非常急迫，萧友梅只好将旧作《哀悼引》改编为军乐演奏的进行曲。篇首有序，说明进行曲的体裁，"全曲分三大段，前后两段各三十节，发表哀悼感想，中段十六节改用大调，以雄壮声音描写'努力''奋斗''救中国'之意，尾声亦悲亦壮，末数音特别延长，表示无穷之悼意"。乐谱首面写明写作的日期是"民国十四年 3 月 19 日"，可见是赶任务的急就章。该谱现被收入南京中山陵管理处所藏《哀思录》第三编卷二。

正在这个时候，女子师范大学的学生不满校长杨荫榆的家长统治，杨荫榆则自恃有北洋执政府教育总长章士钊的撑腰，悍然开除了学生自治会的负责人许广平、刘和珍等六个学生，激起了教师鲁迅、周作人、马裕藻、沈尹默、李泰芬、钱玄同、沈兼士等七人的义愤，出来主持正义，指出杨荫榆的错误的措施。杨荫榆则反过来

1926 年春摄于北京寓所琴室。所挂对联，右联为"岂能尽如人意"，左联为"但求无愧我心"。

1926 年冬与艺专学生数人合影。

1926 年夏与音乐传习所师范科毕业生宴教职员及同学于北海。居左四为萧友梅，右边穿黑色西服者为刘天华，前者为吴伯超；前面坐于石阶之左者为储师竹。

1926 年夏摄于北京艺术专门学校。该校自 1925 年秋由旧美专改组。加设音乐、戏剧两系。此为音乐系部分师生。前排左起第五人为林风眠，第六人为萧友梅；后排第六人为冼星海。

本书编者按：该图前排右 1 为李惠年。生前曾任中国音乐学院声乐教授，2007 年辞世，享年 101 岁。

1926 年夏与女子大学音乐科师生摄于教育部西花厅之假山前。右下角为萧友梅，后排前坐者为刘天华。

本书编者按：后排左 1 为曹安和，女音乐学家（1905—2004）。1950 年，中央音乐学院在天津成立后，她出任研究员。1975 年中国艺术研究院成立，她出任该院音乐研究所顾问。

拉拢一些"名流学者"对那几位支持学生反对杨荫榆的教师肆意丑诋，公然说出这样的话："而于该校附和暴徒，自堕人格之教职员，既不能投畀豺虎，亦宜屏诸席外，勿与为伍。"这就理所当然地引起鲁迅义正词严的驳斥。至于在那张支持杨荫榆的宣言上签名的名流学者，除了马寅初、陈源（西滢）、丁西林、周鲠生、高一涵、李四光等人之外，也有萧友梅。为了寻求对那次风潮的更多的了解，我曾经走访中国艺术研究院音乐研究所研究员曹安和。她当时是女师大音乐系的学生。她说，音乐系的同学听从萧友梅的劝告，"你们学音乐的全部时间投到学习与练琴上去还怕时间不够用，哪里能管那些分外事"。所以她们对于风潮始终是不介入。但是萧友梅却是在支持杨荫榆的宣言上签了名的。他之所以签名，恐怕李四光的态度起了一定的作用。1924年北京图书馆利用美国退还的"庚子赔款"加以扩充，聘请梁启超担任馆长，副馆长就是李四光。李四光夫妇都是喜欢音乐的。先生能拉小提琴，还写过小提琴的曲子。他的夫人许淑彬是音乐教师。她指挥学生唱歌，经常是萧淑娴给她弹钢琴伴奏。他们夫妇又是萧家的常客。既然是李四光签名支持的事情，萧友梅也就可以敬陪末座了。哪里知道这个名一签，就意味着站错了队呢！好在鲁迅虽然自己也承认，"在中国，我的笔要算是较为尖刻的"，但也并不是不分青红皂白地乱打一气。他是善于区别对待的。他的主要论敌是陈源，所以说"与陈源虽尝在给泰戈尔祝寿的戏台前一握手，而早已视为异类"，对马寅初，则说是"北大讲师，又是中国银行的什么，也许是总司库，这些名目我记不清楚了"，别人一般是点出姓名及职务了事。对萧友梅说是"前女师大而今女大教员"，不多一个字。也许正如他对李四光的态度那样，"因为我知道李教授是科学家，不很'打笔墨官司'的，所以只要可以不提便不提"。对于萧友梅，也许看他是音乐家，因此也可以不提便不提了吧。说到知人论世，一时一事是不能决定一个人的一生的。即以女师大风潮来划线吧，支持杨荫榆那一派如李四光、马寅初等人，他们就为中国革命与建设做出过重大的贡献，至今还受到人民的称颂；另一方面那曾经与鲁迅一道支持进步学生反对杨荫榆的人如周作人者，也决不能因此掩盖他在抗日战争时期堕落为汉奸文人的丑史。就拿杨荫榆这个鲁迅称为寡妇主义教育思想的代表人物来说吧，在女师大风潮之后一直销声匿迹，只在乡下教教中学。但是据曹安和说，她在沦陷区眼见日本侵略军占领苏州，奸淫烧杀，无恶不作的时候，却能不顾个人安危，面斥日本兽兵的暴行，致遭日军杀害，把她的尸首抛到河里去。另据曾在北京女子师范大学毛邦伟校长任内担任秘书职务的华林的记载，杨荫榆是在与日军激烈斗争之后，被日军抛入苏州河内。她是会游泳的，可是游到对岸，爬到岸上的时候，日军对她连发三枪，她才献出了宝贵的生命。两说虽然不同，但是为了斥责日军暴行以致死在日军屠刀之下却是一致的。她一死保持了民族气节，这一点也是不应埋没的吧。

萧友梅回国之后住在北京的这几年，可以说是他创作的丰产期。除了前面提到的那些作品之外，以专集的形式出版的有1922年出版的《今乐初集》，收歌曲21首；1923年出版的《新歌初集》，收歌曲25首。又有《歌集》第一、二、三共三册，各收歌曲10首。此外还创作有《注音字母歌》《民本歌》《五四纪念爱国歌》《别校辞》及管弦乐曲《新霓裳羽衣舞》。他的歌曲绝大部分是由易韦斋作词的。易韦斋是兼工诗词、书画、篆刻的多面手，比较自成家数的是填词和刻印。叶恭绰说他"审音琢句，取径生涩"。他自己也承认是"百涩词心不要通"。萧友梅在北京看到他，他正在荣宝斋挂出润格，承接写字刻印的订货。旧友相逢，他欣然愿与萧友梅合作，试写歌词，新创格调。我们今天看他的歌词，颇有点像是胡适的自我批评，"我现在回头看我这五年来的诗，很像一个缠过脚后来放大了的妇人，看她一年一年的放脚的鞋样"。不过胡适写的究竟是白话诗，易韦斋写的还不免是旧词句的堆砌，差别只是长短不一，而且不断试创新格调。不过五四运动刚过了不久，新旧之争还在激烈进行的时候，他能够试制新腔，比起那些抱残守缺，诅咒新文学的老顽固来，总算是略胜一筹了。

《民本歌》的作者是范静生，静生即范源濂的别字，亦即鼓励萧友梅草拟创办音乐学校经费预算的北洋政府教育总长。《五四纪念爱国歌》是为纪念五四运动五周年而作。五四纪念那天在北京青年会国民音乐大会上由他亲自指挥歌唱。《注音字母歌》是他一贯关心普及工作的具体表现。至于这一时期的重点作品应推《今乐初集》《新歌初集》及《新霓裳羽衣舞》。

萧友梅对新歌的要求是"一洗以前奄奄不振之气"，"宜多作愉快活泼，沉雄豪壮之歌"。《今乐初集》与《新歌初集》基本上满足了上述的要求。或欣赏自然的美景，或歌颂纯真的友情，或对先贤的赞美，或对穷苦人家的同情。至于爱国的感情更是随时不断的流露。如《渐渐秋深》一下子就提到"破碎山河"；《新雪》一首先是描写一番雪意的感受，然后忽然一转，"试看呵，玉交加，金叵罗，又那知狭路隅，穷檐下，无衣无褐奈寒何！"《登高》则从眼前的景色联想到圆明圆"有人来认劫灰遗，剔损苔衣"。至于那首《问》，经过一番好像不相干的提问之后，"蓦然变轩昂"，问"你知道今日的江山，有多少凄惶的泪？"听的人未有不惕然警醒的。这首歌长期是音乐会的保留节目。有一次那位音专教授，持有苏联护照的男低音歌唱家苏石林在校庆音乐会上用中文唱这首歌，特别引起群众的震动。可是中国诗歌的传统是讲究比兴的。常常是即物起兴，特别耐人寻味。那首《南飞之雁语》就是很好的例子。萧友梅写这首歌的时候，正是孙中山在广州成立大元帅府，筹划北伐，吴佩孚则勾结那盘踞广东东南部的陈炯明部队伺机偷袭广州。革命形势非常严峻。萧友梅与易韦斋都曾经是孙中山临时大总统任内的秘书，而今身处北京，遥望南天，自不免浮想联翩，这就写成了这首《南飞之雁语》。曲中的一些话，如"一行行写不了归怀，乍霜前嘹唳"。"君莫问春秋来去征途苦，请想想南北分歧冷暖殊！这便叫我们仆仆空中欲留不可留，欲住无从住。盼得到气候平和，愿珍重汝一封书"。旋律是充分表现出缠绵婉转，欲言不尽的感念。还有值得记上一笔的是那首管弦乐曲《新霓裳羽衣舞》。

为了能够深入领会霓裳羽衣舞的本来面目，萧友梅反复揣摩了白居易的《霓裳羽衣舞歌》。他从"散序六奏未动衣"那句话看到这首舞曲是有引子的；"中序擘騞（bōhuō，形容刀砍的声势）初入拍，秋竹竿裂春冰坼。飘然转旋回雪轻，嫣然纵送游龙惊"，说明散序奏完始入舞拍，而且是相当于圆舞曲的形式；至于"繁音急节十二遍……唳鹤曲终长引声"那一段说明全曲分为十二段，尾声是慢板长声，于是予以总结曰："故此曲慢曲散序之后，始入舞拍，分十二段，各段曲调均有变化，惟俱用快板，尾声用慢板长声，以结全曲。惟白氏所云散序之'六奏'，如作六次解，为近代作曲家所不用（西乐曲每段至多变奏三次），故本曲散序只用六乐句，且不反复演奏。惟曲调内容以用五声音阶为主，表示追想唐代之音乐也。"作者注明用五声音阶，这是有意识地洋为中用。对散序"六奏"的理解，也表示作者一方面注意中国音乐的特点，另一方面又不是不加思索地盲从。

这首乐曲1923年12月由北大音乐传习所管弦乐队在作者本人指挥之下作首场演出。当时曾出版钢琴谱石印本。1930年又由商务印书馆刊行另一钢琴谱。首次演出的时候，不知道哪一位收藏家献出了道光、咸丰年间的扬州画家王素（小梅）的一幅《广寒图》，画的是唐明皇游月宫的故事。过去的民间传说，唐明皇曾与罗公远（一说叶法善）游月宫，欣赏仙女舞《霓裳羽衣》，回到皇宫之后，把所听到的音乐记下来，是为《霓裳羽衣曲》。王小梅的画即以此为题材，易韦斋用隶书题曰《广寒图》，杨仲子又以他独擅的张廉卿体写了一篇缘起，结语曰："古调新声，人间天上，二梅（王小梅与萧友梅）不朽矣。"商务版的《新霓裳羽衣舞》即用这幅画制成三色版作为封面，那是一时称为乐坛盛事的。

五、水穷云起

综观萧友梅回国以后的这几年，虽然一些宏大的计划和创办音乐学校的经费预算一次又一次地泡汤，扩充管弦乐队的计划没有成为事实，但是他为音乐国度所做的垦荒工作还是不能说是没有成效的。北大音乐研究会改为音乐传习所，从研究机关变为教学兼演出的机关，扩大了它的社会影响；女子高等师范学校设立了具有专业性质的音乐科；音乐会的听众的范围越来越大，会场的秩序越来越好；作品的出版也相当顺利，而且作品写出来有人唱。这些都是值得高兴的。现在是工作取得了进展，生活也比较安定，同过去留学的生活比较起来，自然是进了一大步了。有一件事应该排上日程的，那就是他的终身大事。他的异母妹妹，年纪比他小得多的，都一个一个结婚了，他自己却还是像老话所说的，"行年四十，中馈犹虚"。他不是苦行僧，当然也会想到室家之乐。虽然也有人给他介绍过女朋友，但是"强扭的瓜不甜"，终身大事是要自己看中的才好商量。恰好当时女高师音乐科有一个学生袁慧熙，平时学习成绩优异，已经能够与萧淑娴在钢琴上四手联弹，补充管弦乐队缺乏的声部。萧友梅在家中举行家庭音乐会，也常常有袁慧熙的钢琴独奏。日子久了，萧友梅对她产生了感情，于是托他的八妹福媛，袁慧熙的同班同学，给袁小姐带去一封求婚信。也许是年龄相差太大吧，又或者这封信来得太突然吧，袁小姐没有接受他这番好意。这次打击对萧友梅来说虽然不轻，但是萧友梅是有相当的克己功夫的。即使是郁郁寡欢的过了好些日子，结果却是更加把精神用到教学、创作和著述上面去。

正当萧友梅在音乐园地里辛勤耕耘，简直到了耳不闻天下事的时候，中国政治却发生了巨大的变化。广东孙中山生前创立的黄埔陆军军官学校已经发展成为举足轻重的政治力量和武装力量。1925年先后举行两次东征，肃清了盘踞在惠州、潮州一带的陈炯明残部，两次东征之间又一度回师广州，讨平了霸占广州为中心的广东心脏地带，又与段祺瑞、吴佩孚以及香港英帝国殖民政府和大买办陈廉伯互相勾结，妄图内外夹攻广东革命政府的滇桂军阀的叛乱，实现了广东全省的真正统一。于是誓师北伐，节节胜利。不料蒋介石包藏祸心，竟与帝国主义分子及江浙财阀抱做一团，发动了名为"清党"的反革命政变。北洋军阀政府的宝座这时也已经由段祺瑞段执政换上了安国军张作霖张大帅。跟在张作霖背后走马上任的教育总长刘哲，本是一个不学无术而又无知作妄的政客。一朝权在手，便把令来行，乱命之一竟是取消北京大学音乐传习所，北京艺术专科学校音乐系及女子大学音乐专科。所持理由更是骇人听闻，认为音乐是"有伤风化"，"无关世道人心"云云。面对这样荒谬绝伦的当权者，萧友梅陷入了《南飞之雁语》所说的"欲留不可留，欲住无从住"的境地，他唯有悄然南下，写下了一首易韦斋作词的歌曲《闻艺专音乐系解散有感》，然后去找在南京国民党政府担任大学院院长的蔡元培。同时他还以同盟会老会员的身份向国民党党部办理重新登记的手续。也许他看见蒋介石开口孙总理，闭口孙总理，天真地以为蒋介石的政府是真的继承孙中山遗志的。正如他那次签名支持杨荫榆是看李四光行事，这一次则是以蔡元培为进退的。据《蔡元培年谱》纪述，国民党中央监察委员会在上海召开反共会议，参加者有蔡元培、张静江、吴稚晖、李石曾、陈果夫等占全体三分之二的人数。当时议决将各共产党首要分子"分别看管监视，……仍须和平对待……"。另据香港《平民日报》所载《辽海梦回室笔记选录》，则清党阴谋策划之际，是吴稚晖拉出德高望重，誉满国际的蔡元培来为蒋介石撑门面，蔡元培拗不过吴稚晖的纠缠，只得登台表演。但又提出应对共产党人"和平待遇"的意见。后来对共产党实行穷凶极恶的大屠杀，却是大大出乎蔡元培意料之外的。当时孙伏园主编的杂志《贡献》曾刊载蔡元培一首七律的影印稿，中有一联曰："世局知难逃坏劫，灵魂无处识真评。"钟敬文曾对此一联加一按语曰："隐痛语也。"蔡元培在《辽海梦回室笔记选录》的剪报上有一段批语："于我多恕词，而于稚晖多责备。"既然用了"恕词"的考语，可见他自己也承认这件事是做错了的。因为他终究没有大开杀戒，所以这个"恕"字才有着落。后来他与宋庆龄、鲁迅、杨杏佛等人组织民权保障同盟，营救陈独秀、营救丁玲、营救牛兰、营救范文澜……等等才算是蔡元培的本色。就其全人而论，正用得着《论语》里面的那一段话："君子之过也，如日月之食焉。过也，人皆见之。更也，人皆仰之。"

现在回到萧友梅。他重新加入国民党，政治嗅觉不灵是无疑的。但是他并没有"助桀为虐"，反之，他倒有些事情是普通人未必做得来的。例如青主，萧友梅已经在报上看到了青主（报上的名字是廖尚果）在广东被捕的消息，而且汪精卫通电里点名他是"著名共党"。萧友梅看报后的第一个反应是想约集有关系的老同学进行营救。当时他们想到有力相救的也许只有朱家骅。朱当时正在广东担任中山大学副校长兼广东省民政厅长。但是朱的答复却是证据确凿，无能为力。萧友梅对待青主却不管什么证据确凿，仍然是帮助他解决生活上、工作上的问题，毫无害怕株连的意思。还有当时音专的一个女会计，他也曾对青主说过，她的丈夫原是苏联留学回来的，"清党"之后下落不明。现在给她安排在音专工作，算是有一个落脚之地。

不错，提起这些事，并不是要把他算在同路人里边，目的只想借此说明他立身待人的一贯态度。一个人只要是为了社会进步，特别是为了他心爱的音乐事业，能够不图私利，严肃工作，他是会发自内心地以道义相期许的。

1927年2月与女子大学音乐科师生合影。前排左起第五人为霍尔瓦特，第六人为萧淑娴；后排左起第一人为曹安和，第五人为刘天华，第六人为杨仲子，第七人为萧友梅，第八人为嘉祉，第九人为韩权华，第十一人为汪颐年。

1927年6月女子大学音乐科及音乐传习所师生为嘉祉饯别于北海公园。

1927 年 9 月萧友梅、易韦斋（中）、杜庭修（左）在上海。

上海国立音乐院开院纪念。前排左二为蔡元培，二排右三为萧友梅。

1927 年五六月间，南京传出了大学院——一个比教育部范围更为广泛的领导全国学术教育的最高行政机关将要成立的消息，院长就是蔡元培。萧友梅立即抓紧机会，向蔡元培提出设立音乐院的计划。他们在北京本来就有北京大学音乐传习所关系，蔡元培又是提倡美育不遗余力的人。这一关是顺利通过了，由蔡元培将这计划正式向南京政府提出来，当然也引起了不少反对的意见。老爷们认为现在还是"军政时期"，哪里有闲钱弄音乐这个玩艺。好在蔡元培究竟比北洋政府的教育总长范

1928 年 7 月摄于音乐院门前，时校舍在霞飞路（今淮海中路）。

1928 年 5 月 7 日摄于澳门白鸽巢花园。

源濂更有影响。经过他一番解说，总算通过了设立音乐院的建议。不过说起来可怜，这是一个多么寒伧的计划。萧友梅有过北京那两次失败的经验，这一次不敢再提太大的计划，免致再度落空。他想出一个分年递展的办法，每年招生 50 名，经常费每月 3000 元，逐年增加。暂定出招到第五年的计划（第五年应有学生 250 名，每月经费 15000 元）。提出之后，果然得到批准。于是从 10 月起开始筹备，11 月 27 日，国立音乐院正式成立了。院长由蔡元培兼任，教务主任是萧友梅。举行开学典礼那一天，蔡元培亲临主持。他首先致词，从历史上说明我国音乐教育有长远而又优秀的传统。可惜历来没有专设的研究机关，遂使理论与技术两方面都得不到应有的发展。比之欧美各国，显有逊色。但是只要我们"勇猛精进，日新不已，则不难大有创作，而回向以供给贡献于欧美，亦非绝不可能"。蔡元培这一段具有远见卓识的讲话，成为音乐院同人前进的动力，今天可以说是渐渐接近预期的目的了。

萧友梅报告筹备经过及开学前后的具体情况，说是 10 月间才由大学院教育行政处处长杨杏佛送来一笔钱作为开办费，于是登报招生。因为已经过了开学时间，所以报名的学生不多。有的学生是放弃了原先考取的学校，特别赶来报考的。一共才录取了 23 人。人虽少，而学的热情却是极高的。萧友梅随即举 1823 年伦敦皇家音乐院为例，"成立的时候只有 20 个学生，过了 80 年学生增加到 500 以上。我们不怕今天同学少。但我们同事同学大家努力，那么不到 10 年就可以有 500 以上的同学了"。萧友梅事业上是乐观的，这是他事业成功的秘密所在。

那天发言的还有杨杏佛。他现身说法，说他留美的时候，有一次开大会，要中国学生出台唱一个歌，当时还没有国歌，也没有全体留美学生能唱的歌，于是赶忙把某君编成的《亚东开化中华早》一歌漏夜练习，结果还是唱得不三不四，以致听的美国人莫名其妙，从而得出不甘永远落后，现在就必须设立音乐专门学校的结论。

至于这所中国破天荒的专业的音乐院的经济状况是怎么样的呢？这倒是应该多说几句，以便了解当事人是如何的精打细算，不愧为我们今天反复强调的勤俭办一切事业的典型。

依照原定的计划，第一年的经费预算每月 3000 元。由于招生的时间是在各校开学一个月之后，报考人数不多，录取的学生因之也不足预定的 50 人的名额，于是被扣回去 400 元，实领到 2600 元。10 月份的经费呢，竟然异想天开的算作开办费，开办费 60000 元从此抹掉。第二学期招足名额，才领足 3000 元。第二年加招一班，应照预定计划每月增加 3000 元。但是政府又临时变卦，只批准 2000 元，亦即增至 5000 元，原定逐年增加的经费预算从此限定在 5000 元这个数目之内。后来国民党政府借口九一八事变，停发经费三个月，第二年开始又借口一·二八淞沪抗战，1月份欠发六成，2、3月份欠发七成，4、5、6月欠发五成，前后共计欠发32500元。加上扣发开办费60000元，国民党政府前后共欠音专92500元。在扣发教育经费这一点上，南京国民党政府与北洋军阀政府倒有点做到了南北媲美呢。

音乐学校的学生主要不是上的大班课而是个别课。所以教师人数的比例比别的学校要多得多。现在拿五千元来办音乐学校，即使不是无米之炊，也够难为巧妇的了。按当时音乐院的编制，院长蔡元培是兼任，萧友梅是教授兼教务主任。既然学生少，事务比较不会那么多，所以教琵琶和笛子的朱英兼管注册，教钢琴、二胡和乐理的吴伯超兼管会计，教国文、诗歌的易韦斋兼管文书。这些行政人员的职称都是事务员。事务员之上总该有一个事务主任吧，那暂时也不要另选贤能，由教务主任兼管一下算了。这样简单的机构实在是惊人的，也是了不起的。

随着学校事业的发展，这种兼差的局面是结束了，但是这样的编制差不多一直延续下去，只是除了注册、文书、会计之外，增加了一个图书和一个庶务。教务主任下面是一个注册，事务主任下面是一个文牍，一个会计，一个庶务。此外是一个书记（缮写员），一个门房，两个勤杂工。后来会计再加个出纳。后来有人要求加设一个注册主任，会计听了立刻援例提出升级要求。萧友梅概不同意，他那套精兵简政的做法是雷打不动的。

音乐院没有自己的校舍，设在上海是因为萧友梅看中了上海公共租界有一个管弦乐队，对音乐院的音乐学生甚为有利。开学之初是租了法租界陶尔斐斯路一幢房子。不久就从陶尔斐斯路搬到霞飞路。一年之后又从霞飞路搬到毕勋路。过了一年，毕勋路又被房东收了回去，于是搬到了辣斐德路。限于经费，房屋不会很大。原先校长室还有一个独立的房间。后来学生逐渐增加，学生上课需要有单独的琴房，琴房不够用，校长室也取消了。恰好大课堂外面的阳台比较长，于是在阳台的栏干上装上一排玻璃窗，阳台居然成了校长室。地窖也派作琴房，汽车间则作了传达室。传达室顶上本来是汽车司机的卧室，现在也变作职员宿舍。

说起汽车间，倒有一段与汽车有关的故事。经过长年的精打细算，年终有了一笔结馀的款子。到了年底，也就是到了我们现在习惯称为突击花钱的时候。别的高等学校是买了汽车，可是萧友梅回头一想，学校还没有一架可供音乐会使用的质量比较高的钢琴。一切都应该服从教学的需要，汽车自然应该给钢琴让位，于是用这笔钱向德国定购了一架伊巴赫牌三角琴。现在上海音乐学院决定把这架三角琴保留作珍贵的历史文物。（**本书编者按**：很可惜，这架琴已不知去向。）

当初蔡元培所以兼任国立音乐院院长，完全是号召性质的，借以唤起社会对音乐教育的重视。事实上蔡元培的名字加在音乐院的头上也的确纠正了有些人对音乐的误解或轻视。据我国当代首届一指的钢琴家、作曲家、音乐教育家丁善德的回忆，他当初看见音乐院的招生启事，暗自庆幸可以得到学习音乐的机会。他为此征询他中学老师的意见。那位老师对音乐是不很了解的，他相当虚心，又相当谨慎。按照当时上海滩的实际情况，挂羊头，卖狗肉的所谓野鸡学校是不少的，音乐历来是倡优并畜的行当尤其使人放心不下。但是他对丁善德说，看那个学校蔡元培是院长，教务主任是萧友梅，这两位都是好人，正派人，你可以去。丁善德的这段话是有典型意义的。不过话又说回来，蔡元培究竟不是以音乐为职业的，他本身的工作是够多的，哪里有多少时间来管音乐院的事情。所以到了当年年底，他就委萧友梅为代理院长，次年秋季开学，大学院正式任命萧友梅为院长。萧友梅辞不受命，院长一席一直虚悬在那里。萧友梅认为问题在于实做，什么名义是不必计较的。

正当音乐院师生弦歌曼妙的时候，日本帝国主义军队悍然开进山东，占据济南车站堵住蒋介石的军队，不让他北上进攻张作霖，还惨无人道地杀害中国人民，连交涉员蔡公时也惨遭毒手，是为五三惨案。消息传来，群情激愤。萧友梅领头与音院师生印发《国立音乐院特刊·革命与国耻》，发表了他所谱的《国难歌》《国民革命歌》及《国耻》三首歌曲。为了扩大宣传的影响，这份特刊还寄给北京《音乐杂志》转载。

他一贯的作风是教学、创作、著述齐头并进的。移居上海之后的第一本新著《普通乐学》在商务印书馆出版。这是一本属于乐理一类的著作。它与一般乐理课本不同的地方是它不仅说明乐谱、音程、音阶之类，它还包括作曲理论如和声、对位、卡农、赋格、曲体以至音乐的历史发展、音乐教育机关与演出的各种类型都有扼要的叙述，是一本具体而微的音乐小百科。书中的叙述常常采用中西比较的方法引导读者同时学到我国传统的音乐遗产。译名方面作者也像严复当年所做的那样，力求做到中国化，结合传统的名称，如大曲、觱栗、乐正等等，有的直接沿用，有的稍作变通，使之尽可能读起来没有陌生的感觉。如交响乐译为大乐，即沿大曲的旧名稍加改变；乐队指挥译为乐正，即直接沿用旧名，取其简便；奏鸣曲因为乐曲的奏鸣曲式是音乐最主要的曲式之一，是大型乐曲的主要乐章的基本结构，所以译为模范曲。虽然他这一方面的劳作，也与严复当年"一名之立，旬月踟蹰"的惨淡经营一样，随着时间的推移，译名的逐步完善，多数已成为历史的陈迹，但是拓荒者的苦心始终是值得怀念的。

六、一段终身遗憾的变故

1929 年暑假，不回家乡的学生照旧留住学校。暑假时间长达两个月以上。宿舍是租用的房屋，房租、水电等等依学校经费的比例算还不能不算是一笔可观的数目。所以学校决定暑假留校学生每人交纳八元杂费。依照当时的物价来计算，八元钱不能算是一个小数目。有些穷学生认为这是不轻的负担，请求学校考虑学生的经济情况酌量予以减免。这样的事情本来通过协商是不难解决的。不幸是有人希望事情闹大，借此改变学校的局面。恰巧这个时候南京政府公布了《专科学校组织法》，音乐院即将因此降格为音乐专科学校，与税务、会计、保险、交通管理等等并列。音乐院的师生当然情绪波动，本来就要插手学潮的人认为这是促使学潮张大声势的好机会，于是提出组织护院会，鼓动学生去南京请愿。为了维护音乐艺术的尊严，不让音乐学校降格到与会计、税务一样的水平，学生的心情是可以理解的，也是应该爱护的。但是当时的现实，保留音乐院的大学一级的地位是护院运动的一方面，另一方面却把护院与倒萧联在一起。萧不去，音乐院也办不好。学潮越闹越大，越来越僵，僵到学校锁琴房，断水电，真是到了剑拔弩张的地步。

萧友梅为此曾与青主谈过，凭他与同盟会的历史渊源和多方面的社会关系，什么地方找不到作为谋生之道的职务。只是习性所近，音乐已经定为自己安身立命的终生事业，甘心坐冷板凳，不计较什么"同学少年多不贱，五陵裘马自轻肥"的生活的差距。现在既然有人来争这个席位，那就让给他好了。他大笔一挥，向南京教育部请辞代理院长职务（他根本没有接受部派的院长职务）。不，不止是代理院长，连教务主任也认为聘书已经到期，并请教育部派人接替，以示引退的决心。但是南京教育部并没有批准他的辞职，却是另外派出一个改组委员会，处理改组与学潮问题。改组的结果是国立音乐院改为国立音乐专科学校，这是南京政府正式公布的《专科学校组织法》的规定，教师不能称为教授，只能称为专任教员，明明白白的降了级。对于原音乐院学生的处理办法是，一律凭收到新发的通知书来办理入学手续。闹事的重要分子没有收到通知书，即被取消了入学资格。插手学潮的某些教师没有收到新聘书，即等于解聘。校长一职由萧友梅担任。

学潮平息之后，有一个参与闹事的积极分子曾经对人说，那位插手学潮的老师给他打保票，事成之后，送他出国留学。他想，当初闹事本是为了支持同学的合理要求，减轻他们的经济负担。如果是为了自己捞点好处，那还有什么价值。而且这次运动的目的也决不是为了帮一派老师去打倒另一派老师。这样一想，他的积极性没有了，他打退堂鼓了。他这段话很能够启发我们了解旧社会有些事情的真实的背景。

七、挫折后的奋起

这次学潮对萧友梅的冲击相当沉重。他认为痛心的不是部分学生的感情冲动，对自己苦心的不了解，而是一些本应为中国方始萌芽的音乐教育事业并肩奋斗的同事竟然煽风点火，差一点把音乐院这棵幼苗连根毁掉。他自觉身心交瘁，曾经请假休养了一段时间，终因担心耽误校务，不久即力疾返校。但是他身体始终没有恢复到原来的健实。

有一天我替青主送稿件去萧家。管家的领我进了客厅，然后上楼去通知萧友梅。我趁空看了一下他这个客厅兼书房，在入门对面窗户的左边，挂着一副篆书的对联。联语是：

> 岂能尽如人意
> 但求无愧我心

我想起不久前发生的学潮，这两句话似乎很能表明他身处逆境的心理状态。右边墙壁挂满了沈彭年写的行草四屏。写的是孟子一段话："故天将降大任于是人也，必先苦其心志，劳其筋骨，饿其体肤，空乏其身，行拂乱其所为。所以动心忍性，增益其所不能。"沈彭年是音专教员，曾留学日本学习音乐，1908 年出版了一本《乐理教科书》。民国成立，他即为南京新成立的中华民国拟作过一首国歌，亦即杨杏佛在音乐院成立大会上说他在留美期间应付大会漏夜赶着练习的《东亚开化中华早》。他又是北京刘天华主持的国乐改进社的成员。有关他的生平行事我了解不多，只记得他在音专任教期间因车祸丧生，章太炎曾为他写过这样的一副挽联：

> 大乐竟希声，广陵散绝于叔夜。
> 哲人有遭命，覆车下宁无仲尼。

章太炎这样推许他，也许他真的也有可取之处吧。他写的这副行草四屏，是萧友梅指明要他写出来充作自己精神的支柱的呢，还是他主动写来送给他略尽朋友互励互勉的深意的呢？这就不敢妄加揣测了。墙的另一面挂的是他侄女淑芳画的松树及易韦斋游太湖的自书诗。并没有别的大人物的"墨宝"。这也说明他不愿借名人以自高声价的德性。

说到名人的墨宝，倒使我想起碰钉子的一段旧事。我有一个哥哥，青主的二弟，喜欢收藏名人的字画。他一时兴起，要我通过萧友梅的关系去求一副蔡元培的法书。我冒昧地向萧友梅谈了，他立刻给我一个 staccato 的答复："不行，我自己就没有为这种事求过蔡先生。"（他说话直截了当，行就说行，不行就说不行，少说空话，学生给他起了个外号：staccato，义为顿音。黄自说话则尽量说得婉转，特别是在不能满足对方要求的时候，学生因此给他起的外号是 legato，义为连音，兼有缠绵不断的意思。）

他不喜欢借名人的自重，那是指装门面说的。对于真正的名人他却是十分重视的，特别是在有所借重的时候，那倒真是古语所说的："求贤若渴。"

1929 年原俄罗斯圣彼得堡音乐院钢琴教授查哈罗夫与他的夫人汉森从事环游世界的音乐会旅行，到了上海之后，汉森继续前进，他却留在上海不愿再走。他一听到这个消息，立刻找上门去，请他来音专任教。可是这个钢琴家却说，中国音乐学生好比是刚生下来的小孩子，用得着我去给他们上课吗？经过萧友梅一而再，再而三地登门求教，这位执拗的艺术家终于心软了下来，答应了萧校长的聘请。条件是待遇要比别人高。照音专的规定，专任教员担任 12 个学生的教学，月薪 200 元。查哈罗夫只收 8 个由他挑选的学生，月薪 280 元。事情也怪，他教呀教的，兴趣来了，愿意接受更多的学生。于是学生增加到 15 人，月薪 400 元，与校长的薪水拉平。后来在一次校庆宴会上，他起立发言，谈他先是拒绝，后又接受聘请的经过，接着表示他愉快地承认自己当初估计的错误。中国学生的聪颖和勤奋使他感到安慰和高兴。他愿意永远教下去，为中国的音乐教育贡献自己的一份力量。他也的确履行了他庄严的许诺，一直教到他病逝为止。当时上海周围已经全被日本侵略军占领。只有海路可通香港，一般称上海为"孤岛"，生活条件一天比一天差，他的处境也越来越窘迫。他的丧事还是靠他的学生合力操办的。他辛勤的教导算是得到了感情的回报。

与查哈罗夫的任职同时，黄自也从美国学成归国，初受聘于上海沪江大学，萧友梅知道了也立刻登门造访，请黄自参加音专的建设工作。黄自以已经接受沪江大学的聘书，只能来音专兼课。原来萧友梅自从实际负责音乐院的领导工作之后，一直在为教务主任一职物色适当人选。他已经同青主说过，请他来当教务主任。现在黄自回来，他觉得黄自是比青主更为适合承当这个职务。他这种为事择人，不讲私情的襟怀，使得青主和黄自两人一进一退，毫无芥蒂。青主还为黄自和汪颐年的结合把他以希腊神话为题材的小说《爱神与美魂的结婚》献给他俩，并在扉页写上献词，才交给商务印书馆出版。可惜这部书稿与萧友梅的《和声学》连同《今乐初集》和《新歌初集》的新抄本通通在 1932 年一·二八战役爆发的时候惨遭日本帝国主义侵略军的炮火的毁灭。

经过多方的网罗才俊，音专的教师阵容真够得上是焕然一新。课程设置共分五个组——不能叫系，系是大学才有资格设立的：理论作曲组、国乐组、钢琴组、小提琴组（实际包括各种管弦乐器）及声乐组。理论作曲组主任由萧友梅兼任，国乐组是朱英，钢琴组是查哈罗夫，小提琴组是法利国（后改名富华），声乐组是周淑安。洋乐器由洋人做主任，而且的确是功夫过硬的，没有问题。声乐呢，当时是洋嗓子为主的，外籍教师，就歌唱艺术而论，也许要比周淑安略胜一筹。萧友梅之所以聘请周淑安为主任，理由是声乐组要多唱中国歌曲。中国歌曲是洋人教不来的。萧友梅的决策无疑是有更深远的意义。

中国人学声乐应该多唱中国歌，道理是对的。事实上中国有那么多的歌曲吗？好吧，即使目前可作保留节目的中国歌曲并不那么多，却是会一天天多起来的。当务之急是要加以鼓励，加以促进。为了提供发表的园地，萧友梅想到了办杂志。

本来他与青主早就已经商量过办杂志的计划。现在音专各方面都已安排就绪，教学也已经走上正轨，办杂志可以提到日程上来了。第一步是组织一个学术团体，定名为乐艺社。署名的发起人是萧友梅、胡周淑安、黄自、易韦斋、朱英和吴伯超六个人。社章拟定的宗旨是："培植高尚优美之音乐，凡旧乐的整理、新乐的创作与乎音乐的文学皆属焉。"社章预定的工作有演奏、演讲、出版、研究等等，同时还公开征求新作歌词以便创作新歌，解决音乐教材缺乏的困难；征求民间歌谣，除汇编出版外，兼充创作新歌的素材。

乐艺社提出来的各项工作基本上是做到了的，即以《乐艺》季刊为例，创作方面歌曲有萧友梅的《夏日园游》，周淑安的《乐观》及《老鸦》，华丽丝的《浪淘沙·帘外雨潺潺》《少年游·并刀如水》及《易水的送别》，青主的《卜算子·我住长江头》、《长相思·红满枝》等等；合唱曲有黄自改编的《目莲救母》，周淑安编的《箫》，华丽丝的《金缕衣》；器乐曲有黄自及赵元任的钢琴用的《创意曲》，萧友梅的《秋思》（钢琴独奏带大提琴补足调）都算得是一新耳目的作品。关于旧乐的整理方面，萧友梅和朱英都写了文章。朱英和吴伯超还为琵琶和二胡写了新的作品。朱英用现实的题材写了《五三惨案》及《上海之夜》，吴伯超写了钢琴伴奏的二胡独奏曲《秋感》。特别有意思的是吴伯超运用和声手法将古曲编成交错呼应的合奏总谱，打破了单音齐奏的老套的《飞花点翠》。赵元任看到之后，兴奋地说这是一个创举。音乐论著方面关于整理旧乐的文章，萧友梅先后写了《九宫大成所用的音阶》《关于大同乐会仿造旧乐器的我见》《中国历代音乐沿革概略》等等。介绍西洋乐，也已经初步改变了过去照搬洋人材料的做法，提出了自己的意见。如黄自关于音乐欣赏及西洋音乐史的论文就属于这一类。青主已经开始介绍勋伯格及巴托克。

萧友梅非常关心歌词的创作。他的老搭当易韦斋，平心而论，韵文的功底是相当深厚的，也可以说是旧诗人中比较愿意向新靠拢的。所以 20 年代能与萧友梅很好地合作。但是同五四以后的诗歌比较起来，究竟是过于陈旧了。他为此常常对易韦斋提出通俗化的要求，易韦斋又实在改不过来，加以易老先生的名士派习气非常之深，连定期上课都觉得是一种束缚，终于以"精力就衰，不任奔走"为由请萧友梅另外找人接替他在音专担任的诗歌课。接替易韦斋的是龙榆生。龙榆生的本职是暨南大学中国语言文学系主任。他来音专之后，即与萧友梅发起歌社的组织，并发表了歌社成立宣言。这里需要加以说明的是，他们的所谓歌，并不是歌曲的歌，而是他们心目中一种诗词曲之外的又一种新体韵文的专门名词。叶恭绰有一段话可作他们的代言人的公告。他自称是"倡导韵语与音乐合一之说，以为今后长短句之韵文，必别生变化，但其体制，当与宋代之所谓词不同，即与元曲暨明清之词曲亦殊异，殆将合诗骚歌谣而为一，而要点则章句之长短，音韵之平仄，皆不必局限而以必能合乐为主。因此可信必有一种新体词曲之产生。余拟定其名曰歌"。叶恭绰的这种主张早已在易韦斋的歌词创作中得到实践。易韦斋与萧友梅合作的歌曲集《今乐初集》及《新歌初集》每一首歌曲标题下面都写明"易韦斋作歌，萧友梅作曲"。因此萧友梅与龙榆生新组织的歌社实际上是歌词社。可惜的是当时的文人，不仅是歌社同人，对于歌词的概念并没有深入的了解。他们还背着过去词曲的框架，相信歌词的作法是"依声填词"，却忽略了中国传统的另一面"因词配乐"。萧友梅有一次问叶恭绰有什么新作可供谱曲。叶恭绰竟然反过来向萧友梅索取新的曲调供他配词，弄得萧友梅啼笑皆非。还有，30 年代有人提出过"词的解放"什么的，其实只是斗方名士的玩艺，可是也有老实人为此提出积极的意见。填词可以走的新路子是依照新兴的歌曲以至西洋歌曲的曲调填写歌词，以便造成新的歌词的形式。殊不知西洋古典歌曲所据以谱曲的诗作有时竟是严格的格律诗，例如舒伯特据以谱曲的吕克特的《你是安宁》，是他受了翻译中国《诗经》的影响，一句只有四个音节的抒情诗。如果依谱填词，岂不是最彻底的复古，顶多是新式方块诗的变种。但是歌社还是做了一些实际的工作。他们提出新作歌词应该注意的要点：

1. 多作愉快、活泼、沉雄豪壮之歌；

2. 歌的形式句度最宜参差（即长短句）；

3. 采取各国民歌的形式，如两段式、三段式等等；

4. 歌词以浅显易解为主；

5. 注意韵律，可以换韵，可以四声通协。这是结合传统与现代需要加以变通的办法。

歌社成立之后，音专校刊特为他们辟出专栏，称为《歌录》，刊登新作歌词。这也许算是我国近代发表歌词的最早的专刊。在《歌录》发表作品的，除了龙榆生之外，还有青主、傅东华、曹聚仁、胡怀琛、张凤等。九一八事变之后，曹聚仁立刻写了《九一八战歌》，经过音专同学谱曲，成为当时街头宣传的歌曲之一。

抗日宣传走上了街头，是音专师生爱国的实际行动。萧友梅也动手写了《从军歌》，鼓励音专师生成立抗日后援会，组织有关日本侵略的历史报告会，支付爱国歌曲集的印刷费，举行支援东北义勇军的募捐演出。他认为，反抗日本侵略是长期的事情，要让大家认清日本帝国主义处心积虑，控制中国的真面目，因此叫人把日本当年强迫袁世凯签订的吞并中国的二十一条写成横幅，挂在显眼的地方，作为长期的警号。

九一八之后，日本帝国主义得寸进尺，竟于1932年1月28日突然袭击上海闸北。出乎日本侵略军意料之外的是，他面对驻扎当地的十九路军在军长蔡廷锴指挥之下竟不是反身逃跑，而是奋勇反击，使侵略军遭到沉重的打击，战事因此延续下去。南京国民党借口军需供应紧张，减发经费。音专为此不得不裁减人员，在职工作的薪水也大打折扣。那些基层职工，特别是勤杂人员，平时生活已经是够拮据的了。工资一打折扣，更加陷入左支右绌的苦境。萧友梅考虑到他们的工作关系到学校局面的稳定，决定将自己应领的那份薪水分给那些贫苦的勤杂人员，好让他们安心工作。

八、生活的喜庆的插曲

自从他向袁慧熙求婚遭到拒绝之后，他一直怕提婚姻问题，他移居上海是与他的庶母——随着男女平等思想的推广，庶母的称呼逐渐改为继母——和异母的小妹妹同住的。日常饮食和清洁工作请了一个保姆来料理。上海的保姆变动无常，一时找不到合适的，就临时由继母偏劳。这样一来，日常生活就不免脱出正轨。有时他因事耽搁，回家晚了，发现菜冷饭冷，只好凑合填饱肚子。他的继母也觉得麻烦，甚至于有点内疚，迫切要求改变这种不正常的生活状况。音专的声乐组主任周淑安有时到萧家来，老太太看见她是女的，于是请她承担起红娘的任务。周淑安果然不负所托，做了尽职的撮合山。沪江大学女学生戚粹真，毕业后留校充当附属小学音乐教员。经过周淑安的介绍，男女双方都表示同意，于 1932 年 10 月 10 日在杭州旅游结婚。证婚人是杭州国立艺术专科学校校长林风眠。萧校长事先不动声色，只说是国庆旅行，事后才给亲友发出一张结婚通知书，说是"国难期间，诸从简节，事先未及奉闻，诸希亮察"。回到上海之后，特在音专邀集同事举行一次茶话会，领新娘子同大家见面，没有大操大办，也没有变相的逼人送礼。关于他结婚的年龄，历来都说他 50 岁做新郎。如果照阴历推算，正如开头所说的是在清光绪九年，公元 1883 年，到 1933 年正好 50 岁，所以都说他结婚是在 1933 年，直至 1980 年他的哲嗣萧勤回国参加先生逝世 40 周年纪念会，顺便整理遗物，发现当年林风眠作为新婚礼物送给他的一幅画，写明是 1932 年，这才无可争辩事确定他们结婚是在 1932 年，萧氏行年 48 岁。

1933 年与夫人戚粹真合影。

1930 年鲁迅曾抱着海婴照了一张相，上面有两行字："海婴与鲁迅，一岁与五十。"无独有偶，五年之后，萧友梅也抱着小儿子照了一张相。虽然没有题字，事实却是可与鲁迅先后媲美的："萧勤与友梅，一岁与五十一。"遵照萧先生一贯俭朴的作风，我只送去一束鲜花，上面系着一条缎带，写上一行字："祝福新人的诞生。"我问萧先生小孩子叫什么名字，他说："叫萧勤，'民生在勤'，'业精于勤荒于嬉'嘛。"先生一生学习、工作都注重一个勤字，现在给孩子也定名为勤。接着他津津有味地说，他与法国作曲家奥柏的生日同一天：1 月 29 日。奥柏在音乐史上恐怕还不能算是很伟大的作曲家，难得萧先生对他的生日也记得那么清楚。固然他讲授过音乐史，头脑里装有不少作曲家。但是奥柏之所以引起他的注意，而且记得那么清楚，恐怕还是由于他写了《波蒂契的哑女》这部划时代的大歌剧，主角又不是什么帝王将相，才子佳人，而是普普通通的人民，富有反抗精神的渔民，才使他留有深刻而又清晰的印象的吧。

1936 年萧友梅与长子萧勤。

九、从学校扩大到社会的活动

音专成立了好几年，国民党政府原定拨给音专的开办费始终未发，租赁房屋，已经超过了孟母三迁的纪录。即使不迁，也是根本不适合学校的要求的。作为一所国立学校，连一片栖身之地都没有。萧友梅知道，依靠南京政府，真不知何年何月音专才能够有自己的校舍。于是借用蔡元培的名义拉到一些社会名流和企业家组成建筑费筹募委员会。经过一年的努力，共收到捐款 10950 元。最努力的是一位女学生的家长，单独募集到 650 元。总数的那个零头 50 元则是四大家族之一孔祥熙捐的。收到这笔 50 大元的款子之后，大家都觉得好笑。孔府赏给仆役的小费恐怕也不止这个数目吧。倒是当时的四川军阀杨森大笔一挥，掏出了 10000 元。他并不是音专建筑费筹募委员，是胡然、刘雪庵一批音专学生走上门去捐来的。记得筹委会活动过了一段时间之后，再没有收到什么钱，于是以筹委会的名义请各筹募委员为音专校舍建筑费帮一把，结果依然落空，其中有两封回信颇有代表性。其一是国民党政府考试院院长戴传贤又名戴季陶的，信中说"贤素不推诿，惟今年特别窘迫"，所以无能为力云云。这里用得着世界珍闻惯用的大标题："信不信由你。"另一封是上海著名的慈善家、画家、佛教徒王一亭的回信。原文记不清楚了，大意是目前百业萧条，为音乐这种事情向人募捐"更难启齿"，原来音乐竟是见不得人的东西。自此以后，音专建筑费筹委会终于名存实亡。那么，后来江湾新校舍又是怎样建成的呢？原来是当时的教育部长王世杰根据音专的请款呈文批准拨给音专50000元建筑费。分十个月发给，每月5000元。王世杰之所以那么慷慨，说来恐怕又是私人关系起了作用。原来王世杰20年代与萧友梅同在北京大学任教，两家来往密切，王世杰和萧友梅的妹妹结了婚。

从领到第一批建筑费起，萧友梅就责成事务主任作为专款，连同过去筹募所得一起存入银行。半年之后，开始与上海市政府交涉建筑基地。当时南京政府正在计划建设"大上海"，以江湾为市中心区，在那里兴建了市政府大厦、运动场、体育馆、游泳池、图书馆、航空博物馆等等，并在市政府大厦前面树立起一座孙中山的铜像。所以欢迎音专在江湾建筑新校舍，拨给相当面积的地皮。于是在1935年春天，以音专的名义招标兴建。动工之后，萧友梅不管什么大热天都在建筑工地来回奔忙，直到9月校舍落成，才算是了却他多年的心愿——有了他梦寐以求的自己的根据地。照当时的经济条件说，校舍结构可以说是相当宏伟的。大门内的两侧是两排琴房，琴房中间是一大片绿草如茵的广场。从广场进入主楼，大礼堂、合奏厅、图书馆、课室、办公室、宿舍都相当宽敞。同过去租界里租来的校舍相比，的确是所谓的"鸟枪换炮"了。

一说起建筑费的曲折的情况，不觉跑了野马了。还是回到法租界的辣斐德路去吧。

《乐艺》被迫停刊一年之后，音专师生静极思动，又计划新的组织。这一次易韦斋相当积极。既然乐艺社不再存在，势必另立新名。他提议名为"音乐艺文社"。既可以把范围扩大到文艺方面，中间两个字又与乐艺社一脉相通。杂志的名称也相应的称为《音乐与艺文》，显示乐诗并重的含意。但在与良友出版公司商量出版杂志的时候，良友公司方面认为这个名称过于冗长，提议干脆名为《音乐杂志》，新的名称从此定下来了。音乐艺文社与乐艺社最大的不同点是，乐艺社纯粹是以文会友式的自由松散的组织，不拘形式。音乐艺文社则把蔡元培、叶恭绰两位社会名流拉来担任社长和副社长，又设置秘书、总务、会计等工作人员，俨然一个机关。还开成立大会，由名人发表演说，闹得沸沸扬扬，颇有大干一场之势。其实蔡、叶两位仍然不过是挂个空名而已。叶恭绰说过，如果真有了成绩，捐款是不成问题的。问题是杂志办了，音乐会开了，算不算成绩？《音乐杂志》上发表的黄自纪念勃拉姆斯诞生一百周年的论文，旁征博引，体大思精，三期才刊登完毕，是黄自研究勃拉姆斯的力作，直到现在，像这样精深的专题论文还不是经常看到的。说音乐会，那次赴杭州举行"鼓舞敌忾后援音乐会"，黄自亲自主持报幕，讲解每一个演出的节目，沪杭各大报均有报导，给予高度的评价。还有龙榆生论歌词与声韵的关系的文章，应该是受到重视的。凡此种种总不能视而不见吧。事实上叶公对于音乐，恐怕与其远祖好龙的故事差不多，他真正有兴趣的事业并不在此。为了青岛缺乏一座像样的庙宇，他毅然发起建筑湛山寺，还有刊印《广箧中词》以至《梁节庵遗诗续编》，他都是慷慨解囊的。对于音专，不论是筹募校舍建筑费，还是支持音乐艺文社，终归是口惠而实不至。

十、稳定与发展

1932 年 12 月，美国一个在中国住了 25 年之久，长期研究中国音乐和中国声韵学的音乐家来维思（J. H. Levis）准备去美国做有关中国音乐的学术讲演，路过上海，应邀来音专做报告。萧友梅听过之后，对来维思的报告发表了他一些具体的意见，有同意他的论点的，也有不同意的，也有认为值得研究的。例如就曲调的组织而论，可分为自由曲调即加花曲调（florid melody）与精确的曲调（exact melody）两种，中国实兼备之，但其发展之倾向，则仍趋于"纵"的一方面。中国乐师每学得一曲之后，必喜将曲调略为改变，或加些花腔（即西乐所谓装饰音），或加头尾数句，以期有所变化，不与其师所授者相同，故一首同名之乐曲，而人人奏法不同。这种意见萧友梅认为极有见地。至于中西乐器的异同，来维思认为西方乐器只有刚性的一种，中国乐器则兼有刚柔两种。萧友梅认为他关于西洋乐器只有刚性的一种是不符合事实的。至于来维思主张中国曲调不宜配以西方和声，应另寻出宜于中国音乐的和声，方不至失去中国音乐之本色，萧友梅认为值得好好去研究，希望音专同学多解剖中国乐曲，学习国乐的同学多致力于乐理及和声、曲体等功课，方可以扬长避短，搞出一点名堂来。想到他在百忙中为这一问题提出自己的意见，鼓励音专同学融会中西，创造具有中国特色的新音乐，的确是语重心长的。

对于来维思所说的不要失去中国音乐的本色的意见，萧友梅特别注意，这也是他一贯的主张。他对西洋音乐的接受常常说，看它是不是适应中国人的耳朵。他也随时注意收集传统音乐的著作。他一下子给图书馆送来一套《纳书楹曲谱》，过一些时候又送来一套《九宫大成南北词宫谱》。日本音乐家近卫秀麿关于中国音乐的遗著也是他特别送给图书馆的。这是一部用棉纸印刷的线装的精印本。

1932 年 11 月 27 日，音专建校五周年，出版了一本《五周纪念刊》。萧友梅为此写了一篇《感言》，除了叙述为了创办独立的音乐学校历年所受的"不快的刺激"之外，还为音专成立五年来的工作做了简单的总结。在校学生在这五年间共开过大大小小的 29 次音乐会，个人在外面参加的演奏活动还没有计算在内。他们在校学习的同时已经在市内各校，包括艺术学校的音乐系独立授课。有的还没有等到毕业，已经接受外省学校的聘请，离校任教去了。一张音专的修业证明抵得上响当当的正式文凭。事实证明，音专的工作是有成绩的，社会对音乐的需要是迫切的，国家应该认清事实，重视音乐教育。萧校长于是趁热打铁，与教育部算账，要求清理历年积欠三万二千五百元，补发当初规定的开办费六万元，恢复国立音乐院的原名，使中国音乐教育取得它应有的学术地位。当然，这完全是知其不可而为之的一种表态，说说而已。

为了恢复国立音乐院的原名，萧友梅一有机会就要提出来。在他介绍欧美各国音乐专门教育机关的时候，特别强调"音乐院的地位完全和大学相等，它的研究院且在大学之上。一般人不明其中组织，把音乐院当作一种中等职业学校看，完全是

1933 年 6 月，萧友梅、黄自（右二）与国立音乐专科学校首届毕业生裘复生（右一）、喻宜萱（左二）、李献敏（左一）合影。

一种误会"。但是,"言者谆谆,听者藐藐",尽管你舌敝唇焦,终究无济于事。

1934年2月,蒋介石发起所谓"新生活运动"。按蒋介石的说法,新生活运动是使全体国民的全部生活(衣食住行)都合乎民族固有道德——礼义廉耻的运动。是使"国民生活军事化、生产化、艺术化","改造社会,复兴国家"。值得玩味的是,发起这个运动的地点正是蒋介石发动反共"围剿"的南昌。军书旁午的时候却要管起老百姓的生活,这不是有点小题大做吗?其实不然,蒋介石正是利用封建伦理道德来整治人心,禁锢人民的思想和行为,让人民像封建社会的"蚁民"一样规行矩步,接受国民党封建买办法西斯的统治。当时正式公布了《新生活运动纲要》和《新生活须知》,算是立下了人民生活的"准则"。蒋介石自任新生活总会会长。为了造成广大的声势,正中书局要出一套丛书,其中一部分是各行各业的专家,如戏剧家、文学家、音乐家……等等的新生活。每一种都要找一个头面人物来执笔。音乐家呢,当然是非萧友梅莫属了。于是编辑先生亲自上门拉稿。萧友梅先是以工作太忙,抽不出时间,推辞了。但是来人不依,萧友梅只好找出一个办法,给他介绍作者。来人看见萧友梅是不会动笔的,于是让步,书可以别人写,作者一定要用萧友梅的名字。只有萧友梅的名字才够分量。怎么办呢?萧友梅这时候想到了在他手下长大的廖辅叔。要他"委屈"一下是可以的。具体做法是由萧友梅选定一些德奥音乐家,都是有过克服困难,或者担当重任的人物。廖辅叔写好一篇,他审定一篇。最后写一篇《绪论》,说明音乐的重要及入选音乐家的成就与贡献,同时强调音乐家道德修养的重要,而且现身说法,叙述自己刻苦学习的经过。虽然学习西洋,目的仍在于创造富有民族特色的音乐。从开头到结尾,只有"现在新生活运动亦非常注重音乐"这句话算是与新生活运动搭上了关系。这套丛书出版之后,正中书局很为这些丛书的一些作品大肆吹嘘,始终没有提到萧友梅署名的这本书。因为它实在没有为新生活运动卖什么力气。

萧友梅不愿为新生活运动写文章,但是法国俄裔作曲家车列普宁(由于他后来在北京对京剧着了迷,拜京剧重镇齐如山为义父,齐如山给他取名齐尔品。从此中文著作一律使用齐尔品这个汉名)到上海拜访过他,谈得非常起劲。他为齐尔品对中国音乐及对中国人民的热情深受感动,居然相当详细地介绍了齐尔品的作曲理论,强调他融合欧亚的音乐素质的作品的特色,而且用了俄国的一句俗谚:"剥掉一个俄国人的皮,就露出一个蒙古人的骨。"他解剖了齐尔品九级音阶的理论和他那有别于对位法(contrapunctus)的对间法或对空法(intrapunctus)的作曲技术。"对位法是以音对音之法(拉丁语所谓 punctus, contrapunctus),而'intrapunctus'(英语名 interpoint）就是以音对间之法。"

齐尔品除了访问音专并为音专师生举行音乐会之外，还在上海美国妇女俱乐部、大光明戏院及圣约翰大学举行音乐会，以其比较现代派的作品变换了一下上海音乐界的欣赏习惯。至于另一宗对中国音乐界发生积极的影响的事件则是悬赏征求一首中国风味的钢琴曲，奖金 100 元。他请萧友梅负责办理。应征作品的姓名一律密封，外面标一个号码。经过试奏评定之后才揭示姓名，这就完全排除了感情的影响。这次评选的结果大家都知道，得奖的作品是贺绿汀的《牧童短笛》。但是引起评委的兴趣的是应征的作品还有不少佳作，一概黜落实在于心不忍，于是从中再选出 5 首作品给予二等奖，由齐尔品再拿出 100 元作为奖金。其中贺绿汀的又一首因为他已经有一首获得头奖，这一首不再发给奖金。那 100 元分发给四位二等奖的作者。会开过了，人散了，萧友梅觉得还有一件事要做好，那就是如何对待落选的作者。按照悬赏的老例，既然落选了，只好自己承认不行，评选机关是不必再予理会的。萧友梅却认为这样不好，他决定分函各位落选的作者，说明评选的经过以及他那首作品不能入选的原因，随后再劝他继续努力，"果能益加淬砺，持之以恒，则成功之门，未有不为君开放者也"。他特别强调应该对他们多加鼓励，不要叫他们丧失前进的勇气。

齐尔品对萧友梅说过："中国和中国人实在太好了。我游历过欧美各国多次，始终找不到一个像中国那样的地方。"萧友梅特聘他为音专"名誉教授"，回答他对中国的厚意。他欣然履行他作为教师的义务，向萧友梅提些有关音乐教育的建议。他有一项建议是，中国音乐不必像欧洲走过的道路那样，古典主义、浪漫主义、印象主义、表现主义那样一步一步地走下去，尽可以直接引进现代派的西洋音乐，正如点灯，不必蜡烛、灯芯、煤油灯、煤气灯、电灯那样一步一步走下去，而是直接从煤油灯一步跳到电灯这一级。对于这一点萧友梅可不是言听计从的。他还是要走自己的中西结合的道路。衡量音乐始终不离他那句老话："要适应中国人的耳朵。"

1934 年，上海市教育局邀请音专担任通俗音乐播音工作。本来前一年音专已经开始参加上海市教育局的"通俗学术播音讲演"，每月播送音乐一次。经过一年的实践，教育局方面认为效果不错，建议增加次数。对于这种有利于推广音乐教育的工作，音专当然同意。于是约定每星期五播音一次。每次播音的前一日，将预定播送的节目在《新夜报》刊载，并为每一节目加以说明。届时不独本市，就连外地的音乐爱好者也可以借助节目说明，加深对播放节目的了解。说明由教务主任黄自负责编写。原定名为《音乐专刊》，第四期起改称《音乐周刊》，占该晚报的半个版面，成为上海报纸仅有的普及音乐知识的副刊。除了节目说明之外，还刊载一些通俗性的短文。负责演出的一般是音专的高年级学生，教师也有时参加。第一期发表了萧友梅为播送音乐撰写的专文，阐明播送音乐的目的是"让听众多听些好的音乐"，希望借此提高听众欣赏能力，拒绝接受现在社会流行的音乐，即那些"颓废的曲调或靡靡之音"，同时希望做家长的最好不教年轻人到演奏这种音乐的跳舞厅和游艺场去。这一次是唱片音乐会，介绍了亨德尔、古诺、多尼切蒂、托玛、奥芬巴赫、瓦格纳及威尔迪的作品，是一些比较通俗的名曲。

当时他还写有一篇与这篇讲稿互相呼应的文章，在音乐艺文社编辑的《音乐杂志》上发表。文章题为《为什么音乐在中国不为一般人所重视》。文章先从历史上看统治阶级对待音乐的态度，认为周朝和唐朝都很重视音乐，但有本质的不同。"周朝的提倡音乐，虽然不免偏重贵族方面，但是同时'礼'与'乐'一律重视。司乐者必须习礼，必须知礼，必须守礼。礼就是维持社会安宁的一定的秩序，也就是人与人之间的道德的制裁。音乐生活是从感情和心灵发出来的，礼是以理智为立场规定一切的，礼乐互相节制，互相调和，然后才易收效。所以孔子说，'礼乐不可以斯须去身'。"唐朝就不然了。"唐朝的教坊，不过是乐工练习音乐之地。它的地位绝对不能同周朝的太学相比。唐明皇指挥乐队，是他自己个人的消遣；教坊及宜春院、云韶院的男女乐工，专为娱乐皇帝而演奏音乐的，他们只须有一艺之长就可以被选进去，他们的常识如何，品行如何，概不过问的。宋朝的教坊子弟，宋以后的戏子，也是如此。他们既没有受过普通教育，又缺乏理智的节制，因此常有逾闲失检的举动。""音乐的地位于是一落千丈，更不可收拾了。"此外，他还提倡，"以音乐为职业的人对音乐同事要有合作的精神，对音乐同道要抱定互相尊重的态度"。作曲家则应该加强对社会的责任感。他指出有一部分"一知半解的乐工，专迎合下流社会的心理，编成许多淫荡颓废的乐曲歌曲，廉价印刷出版散布全国"。凡此种种，都是他根据亲身的体会与深入的观察得出的结论，实在是慨乎言之的。

经过多年的努力，加上音专日新月异的成绩，萧友梅早已成为乐坛重镇。举凡聘请音乐教师，准备音乐会演出节目以及音乐创作及论著出版的写序等等都会登门求教，他也差不多是有求必应。这其间也引起过一些误会。照常理推测，他是近代中国头一个以音乐学为专业获得博士学位的老前辈，又是一个新式音乐学校的校长，来往的同行包括国内及国际的音乐专家，平时定例是西装革履，虽然他穿的还是背后开叉的过时的款式，还可能是从德国带回来继续穿着的。不管怎样，表面上总是一位洋气十足的名人。有一次上海某音乐团体要开音乐会，负责人某女士——很遗憾忘记了她的姓名，写信给我们的 Dr. Y. M. Hsiao，请他同意派音专的几位同学充实她们的音乐会节目。那封信竟是用英文写的，署名是中国人姓名的西文译音。萧友梅一看，火了。明明是中国人给中国人写信，为什么不用中文？难道我们是大不列颠帝国的臣民不成?! 于是决定不答复她请求为音乐会提供帮助的问题，先对她给中国同胞用英文写信提出严肃的异议。当然，某女士也真的从善如流，立刻回了一封中文信，先做了番认真的自我批评，然后提出请求音专同学参加演出的建议。萧先生这才按照正常的规章制度，请黄自根据实际情况派出适当的同学和准备演出的节目，友好地写了回信。

有一次，上海的关勒铭自来水笔公司要印一本推广性质的小册子，请求海上名人用它出产的钢笔题字，以便显示这种钢笔适用于写中国字。萧友梅也得到邀请，为此题了于谦的《石灰吟》：

千锤万击出深山，烈火焚烧若等闲。
粉骨碎身全不惜，要留清白在人间。

顺便说一句，我们平时习惯于说"粉身碎骨"，所以有些人引用这首诗的时候，往往把第三句的"粉骨碎身"写作"粉身碎骨"，殊不知这是不符合平仄的格律的。萧友梅却一字不错地写作"粉骨碎身"，足见他平时读书，一丝不苟的精神。虽说是小事一桩，却正是每于小事见精神哩。

说到这里，我又记得另一件事。1931 年青主的通缉令取消了，他自称是"亡命乐坛"的生活随之结束。青主的禀性好排场，我说过，青主参加革命，近似瓦格纳。爱铺张，讲排场，也与瓦格纳一脉相通。要他专做比较清苦的文教工作，是很难安下心来的。一旦恢复自由，他就静极思动，他的老同学也关心他的出处问题。恰巧当时国民党政府搞中德合资的欧亚航空公司，薪金比较优厚，于是一致同意他进航空公司。薪金抵得上两份教授薪水的总和。这样的机关是讲究应酬的，加上他又喜欢热闹。于是乎"座上客常满，樽中酒不空"。酒醉饭饱，兴犹未尽，于是拉几个人坐下来，搓几圈麻将，亦即严复的所谓"竹戏"。不过严复邀人竹戏，已经是年逾耳顺，哮喘缠身的老人，所以发出"谁能长向灯窗下，头白扬云老著书"那样强自排解的话。青主那时刚好是四十出头的盛年，流连竹戏，总不免近乎玩物丧志。碰巧有一次萧友梅来访，看见他竹戏方酣，他当时没说什么，很快就辞出了。事后曾对我说："青主打麻将，这一下青主该没有下文了。"萧友梅真的是"不幸而言中"。青主自从离开音专之后，除了偶尔给江西《音乐教育》写过几篇文章和寄去几首简短的歌曲之外，简直没有写过什么够分量的作品。解放之后，他照旧在大学教书，才于教学之余，做一点中断多年的音乐工作，但也只限于翻译。萧友梅所下的"没有下文"的断语是不算苛刻的。"见微知著"，萧公有焉。

看了我讲的这些小故事，谁也不要以为他只管抓芝麻绿豆般的小事情。他更重要的一面其实是抓大事。

1936 年春天日本首相近卫文麿的弟弟近卫秀麿因来上海担任公共租界工部局管弦乐队的客座指挥，慕名前来音专访问，并指出要对音专学生发表演讲。萧友梅认为日本历年对中国的所作所为大大伤了中国人的感情，如果在台上使用日语，听众感情上难以接受，因此决定采用他与近卫都能通晓的德语讲话，由萧友梅亲任翻译，以便掌握措词的分寸。为了表示"亲善"，近卫在会后提出他回国之后要给音专赠送一台钢琴。后来钢琴真的运到上海来了，日本驻沪领事馆来函通知音专派人来领事馆洽谈交接事宜。萧友梅考虑到在中日关系极不正常的状态之下，于情于理都是不能接受日本的馈赠的，于是回信表示拒绝。在原则问题上他是决不含糊的。

《国立音乐专科学校五周纪念刊》上曾刊有一张学生家长职业比较图，分类是不够严密的，计有音乐、医、工程、军、律师、教育、政、商八栏，其中"商"一栏竟占了差不多百分之五十，显示出上海不愧为中国首屈一指的商埠。不过这个商字并不仅指狭义的商人，而是包括各行各业的企业家在内的。正因为这个缘故，所以有相当一部分的学生，特别是女学生，并不是以音乐为终身事业的，往往是中途退学，浪费了多年培养的人力和财力。萧友梅为此曾叹息道，音专学历只成了一部分女学生的嫁妆。为了改变这种情况，他想过各种办法，办法之一是改变学生的成份，扩大学生的来源。他相信要提高中国音乐的水平，当务之急是提高音乐师资的素质。他每一次音乐科系的设计都必定要有师范科。音专成立之后，特别招收初中毕业生投考高中师范科。高中师范科升入本科之后，修完中级即可毕业，以便及早提高一般学校的音乐教育水平。过去限于经费，不能在租界租来广大的校舍容纳众多的学生。现在已经在江湾有了自己的比较宽广的校舍，可以扩大招生的名额。过去招生限于大城市，边远省份报考的不多，加以入学条件要求高，连聂耳这样才华横溢的学生都过不了洋教授那一关，一般学生更只能"望洋兴叹"。这一次萧友梅打破常规，报请教育部通令各省教育厅保送数名学生来上海音专师范科学习，毕业后仍回原地工作。这样既可以免除入学考试这一关，又为边远省区培养出一批具有相当水平的音乐师资，为中国音乐水平的提高以至音乐事业的发展创造了有利的条件。富丽堂皇的音专新校舍从此迎来了平时不敢涉足这一最高音乐学府的，来自甘肃等边远省区的新学生。说实在的，当时音专也的确有一些少爷小姐不把这些"土包子"放在眼里。但是这一批作为音乐教育的种子学生在边远地区播下去的结果却无疑是史无前例的。

这几年间萧友梅先后应聘为教育部幼稚园、中小学音乐教材编订委员会委员（1933年），教育部音乐教育委员会委员（1934年），考试院考试委员会兼任专门委员（1935年），国民党宣传部文化事业计划委员会音乐研究会专门委员（1937年），教育部内政部乐典编订委员会委员（1937年）。他也尽可能参加各种活动，不做挂名委员。但是使他愤慨的是他已被聘为音乐教育委员会委员，教育部在编订普通学校音乐课每周时数这样的大问题却并不事先征求委员们的意见，仅凭一些外行官僚的意见把中学音乐教学时间缩短为每周半小时，音乐教育委员会经过一番非正式的集议，推举萧友梅代表全体委员向教育部普通教育司陈述委员反对的意见，认为每周一小时已经是够少的了。现在再减为半小时，那是绝对不应该的。可是普通教育司司长却以已经公布在案，碍难挽回。于是各委员乃联名给教育部长上书，请其于无可挽回之中，暂将图画、音乐两科各授半小时的计划改为学生任选一科每周上课仍保留为一小时。当然，每周一小时根本就是不够的，萧友梅说是"慰情聊胜于无而已"。

对于这个问题，萧友梅在《中学音乐教学的实际问题》那篇文章里面有相当详细的叙述，还提出了应该进行的具体办法，如修订中学课程标准，重编音乐教材，严定音乐教员资格，在各大都市设立暑期中、小学音乐教员补习班，订立音乐教育视察制度，划一养成音乐师资的课程等六项。不过这也只是他善良的愿望，究竟照办的地方是少之又少的。

十一、疾风知劲草

江湾迁校之前，音专教师的主力是洋人占多数，现在李惟宁、吴伯超、萧淑娴、赵梅伯等先后返国，而且都是以音专为落脚点的。教师的阵容一下子扩大了许多，这当然是好事。然而俗话说得好："灯光多，阴影也多。"人多了，关系跟着也变复杂了。大家都是留洋的，为什么你的地位比我高？！我的业务不比你差，甚至于还比你好，为什么我要排在你的后面？！我是国乐的一脉真传，为什么我不能扬眉吐气？！

总之，正如曹丕所说的，"各以所长，相轻所短"，而且谁有什么意见，差不多都要找黄自以壮声势。弄得黄自左右为难，连周淑安在"文革"期间写的历史材料里面还说"黄自有野心"。本来黄自早就觉得教务主任这个职务妨碍他的业务工作。他的《长恨歌》还差三段没有写出来；他打算凭借他多年的教学经验编一部有中国特色的和声学，始终无法动笔；还有音乐史也是他急待完成的扛鼎的工程，他已经写下了盈千累万张卡片，真是万事俱备，只欠东风，一有时间就可以开工。绊脚石就是教务主任这份差使。光是差使已经够烦人的了，更不用说要应付各方面的要索和申诉。他要辞职，因为没有适当的人选，萧友梅没有答应他的请求。现在事情越来越复杂，纠纷越来越难解，黄自辞职的决心于是下定了。但是对于音专的兴革与夫人事的进退，他还是提意见的，有时还征求我的意见，商量怎样提或者要不要提，并不是从此置身事外。主要的是摆脱了日常事务，特别是不再卷入是非涡里面去。

少了黄自这个得力的助手，萧友梅怎么办呢？他不在音专内部考虑继往的人选，却遵循聘请黄自那条为事择人的老路子，去找万里之外，素昧平生的陈洪。陈洪原是与马思聪合力创办私立的广州音乐院的副院长，主编《广州音乐》，并经常发表一些有关音乐现状的文章。萧友梅的聘请的确使陈洪感到意外。根据他平时对萧友梅的敬仰以及他平时听到的一些有关萧友梅的舆论，他觉得也不妨一试。于是一个人先来上海看看情况。结果是答应下来了，而且也的确没有辜负萧友梅的器重和期望。他8月1日来音专报到的时候，抗日战争的形势已经到了一触即发的紧急关头。第二天音专就从音专向租界再来一次大搬家。不过这一次与其说是搬家，还不如说是逃难。因为11天之后，日本侵略军已经大举进攻上海了。此后陈洪一直与萧友梅同甘共苦，支撑着孤岛上风雨飘摇的音专。日本投降之后，我回上海，看到萧友梅的妹夫俞诚之，他盛称陈洪是一个善始善终的好帮手，萧友梅找陈洪真的是没有找错人。

这次搬家对萧友梅来说无疑是痛心的。多年来惨淡经营的新校舍一下子就毁于日本侵略军炮火之下，重新过着寄人篱下的局促的生活。但是他仍然保持着"泰山崩于前而不惊"的态度，重复着多年来挂在口头的那句话："搬家是音专的家常便饭。"他们先是搬到法租界徐家汇一家私人开设的，但是已经停业的骨科医院。地方相当大，房租也不算很贵。但是与上海人习惯称呼的所谓"中国地界"只隔一条河滨。战事爆发之后，站在楼上就可以看见日本侵略军凶神恶煞的狰狞面目。他们还不顾国际公法，向"中立"的法租界随便开枪。萧友梅考虑到音专师生安全，决定搬到法租界比较中心的马斯南路。

　　为了应付突发的事变萧友梅真是操碎了心。他估计租界也不是万全之地，日本人是什么事都做得出来的。万一敌伪对音专下毒手，过分集中是容易一网打尽的，因此来一个"狡兔三窟"。一方面在比较僻静的高恩路租了一幢楼房作上课之用，另外又在福履理路租了一层楼做总务科的办事处，在台拉斯脱路租了一层楼贮藏图书和唱片。萧友梅本人在图书室办公，同时兼任图书管理员。搬家搬定了，于是在高恩路补行开学典礼。在讲话中他首先强调不要悲观。本来1937年是音专建校十周年纪念，原定要举行大规模的音乐会，刊印纪念论文集和乐曲集。现在是谈不上了，但还是准备开一个音乐会，既是纪念建校，也是要以售票所得救济遭难同胞。眼下学校已经组成一个乐队，以后还将经常开些音乐会，筹点钱献给慈善机关。此外，还要创办《音乐月刊》。总之，他再一次强调："我们不要悲观，……我们要建设一个更伟大的音专！"

　　离开了多年梦寐以求的江湾新校舍，不仅是离开，而且眼见它要在敌人的炮火之下灰飞烟灭，要说他不难过那是不近人情的。但是他的确是一个"强人"，他顶得住沉重的打击。他还要干出个样子来。每次看到他，他丝毫没有沮丧的神色，他所想的更伟大的音专，只有在逆境中才能显出它更伟大。他在困难的条件之下要建立一个乐队，要办一份杂志，即使是在战时，也应该尽可能具有战前一样的规模。同时他也没有忘记要同各方建立良好的关系。音专要在法租界站住脚，现在不能不向法租界公董局注册。当时法租界的华人教育处长是法国人高博爱，是第一次世界大战期间受伤不死的"独臂将军"，但他居然能用假手拉小提琴，与萧友梅有些音乐上的交往。平时法侨方面有什么音乐活动，他也没有忘记给萧友梅发请帖。现在萧友梅就领着陈洪去找他打个招呼，并介绍陈洪是留法音乐家，以后有事就由陈洪负责出面，还可以直接用法语交谈。当时用的校名是"上海音乐院"，是一所私立学校。高博爱明知这是萧友梅故弄玄虚。因为是对付日本人的，彼此也就心照不宣了。

　　由于音专的外籍教师多数是租界管弦乐队的成员，萧友梅又同指挥梅柏器打招呼，同时讲好让音专学生继续去听乐队的排练。

　　力所能及的事萧友梅都做了，但是天下事是不可能尽如人意的。其中最严重的是上海完全处在日本侵略军四面包围之中，仅有一条水路通往香港，由第三国的船只维持着孤岛与外面的交通，孤岛上更是魑魅魍魉，为非作歹，算得上是风声鹤唳，草木皆兵。沪江大学校长刘湛恩突遭暗杀，更是敌人摧残爱国力量的信号。萧友梅对此也开始做音专内迁的打算。于1938年4月间取道香港去当时国民党政府所在地的武汉，要求协助音专迁往桂林。即使一时办不到，也不妨先在那里办一个分校，作为应变的退路。结果是竹篮打水一场空。萧友梅的身体本来就不大好，经过这一段舟车劳顿的旅行，加上中途随时躲避敌机的轰炸，虽然没有受伤，精神的打击还是不轻的。回到香港，实在是支持不住了，只好留港治病，等待秋凉之后才回上海。然而在他离校期间，音专却受到一宗栋梁崩坏的损失——黄自因伤寒病于5月9日病逝于上海红十字医院。当医院宣告黄自病势恶化，需要紧急输血的时候，陈洪立刻发出通知，当即有十多个学生自愿献血，在陈洪率领之下，连奔带跑地赶到医院。可是已经太晚了。一代宗师从此永远离开了他曾经灌注了他宝贵的心血的音专。萧友梅正在汉口，无法赶回上海。他想到黄自生前对音专的卓越的贡献，他身后寡妇孤儿的生活的困难，当即列举黄自历年的劳绩请教育部同意，依照聘书的年限继续给黄自遗属支付全薪。他生前担任的功课一律由陈洪承担下来。

1938年秋季开学，萧友梅回到上海。据陈洪当时的描述，他是带病回来的。八一三战后留的八字须已经长得很"茂盛"。除了处理校务之外，他每周还上两门课：朗诵法和旧乐沿革。

朗诵法的讲稿没有保存下来。这是他一直非常关心的一个问题。这个问题之所以引起他的兴趣，是由于它关系到创作歌曲的趋向。他创作歌曲的合作者，最早也是最长久的是易韦斋。易韦斋是正统的词人，他称况周颐为亡友，况周颐正是清末民初雄踞词坛的梦窗（吴文英）派的大师之一。他强调"声韵是歌之美"，作曲不应忽略歌词的四声。青主则参照沃尔夫对舒伯特在艺术歌曲创作基础上向前发展的方向，认为作曲必须遵循朗诵的轻重原则，使听众不仅听出歌词的字音，而且听懂歌词的字义，才能理解歌词的完整的内容。同时赵元任在歌曲创作上也已经总结出一些成功的经验。他现在开始的工作就是结合各方面的意见找到一个比较圆满的解决办法，既可以避免青主所担心的"以文害曲"，又可以避免赵元任从另一个角度提出来的"以曲害文"。他曾经试图选定一个词牌，收集各个词人依照同一词牌写出不同题材的作品。既依照词牌的声韵，又遵循朗诵的原则配上适当的曲调，借以表明同一词牌却因其内容的差异，谱出不同的曲调。例如《浪淘沙》这个词牌，李后主的第一句"帘外雨潺潺"，是重轻重轻轻；王安石的作品第一句"伊吕两衰翁"，照字义的轻重应定为"重重轻轻重"；欧阳修的作品第一句"今日北池游"，则应为轻重轻重重。这样写出来的曲调当然不可能是相同的。遗憾的是他生前来不及实现他所计划的依照同一词牌选取不同题材的作品写出多样的旋律，他企图总结各方面的经验的朗诵法的讲稿也没有留下。

《旧乐沿革》其实就是中国古代音乐史。他心目中的"旧乐"是过去习惯所称的"国乐"。他对于"国乐"的涵义有他自己的标准，即"能表现中国人之时代精神、思想与情感者，便是中国国乐。国乐之要点在于此种精神、思想与情感。至于如何表现，应顺应时代的潮流及音乐家个性之需要，不必限定用何种形式。何种乐器"。"若仅抄袭昔人残余之腔调及乐器，与中国之国运毫无关涉，则仅可名之为'旧乐'，不能称为国乐也"。

题为"沿革"，表示作者志在说明中国音乐的产生、沿袭与变革。这是从纵的方面来叙述历代音乐的发展。同时作者在《卷头语》里面又说："读到某一个时代的历史，应该：拿同时代的别国历史去比较比较，方可知道那一件事在同一时代我国是比别国进化了呢，还是退化了呢？我们断断不能拿现代文化国家的情形去较量我们古代的陈迹，不能拿现代文化做标准，去批评我们过去的历史而认为在那个时候就已经退化了。必定要拿同时代的外国历史去较量，方可知道我国历史的真地位。"这是横的方面的考察。作者定下的这个标准，既可以防止夜郎自大的偏向，又可以克服民族虚无主义。

本书的一个特点是有许多乐器表、乐曲表。对于过去传统说的如伶伦"制十二筒，以之阮瑜（山名）之下，听凤凰之鸣以列十二律，其雄鸣为六，雌鸣亦六"之类，过去有些书认为信史，他认为"未免过于荒唐，令人难于相信"。类似的判断也应用于对《白虎通》关于宫商角徵羽的解释。至于音乐哲学方面，他对《乐记》也有相当详细的分析。他认为周代的音乐哲学是建筑在假说、实际、理想三个阶段，以"德"为基础，以"礼"做陪衬，而用"和"来贯通三级。

书中的另一个特点是对于"俗乐"，也就是所谓"新声"的重视。所谓新声，作者认为："当然一字不止唱一音，就是过门或衬音处也有许多变化。我们参看皮黄与昆曲的谱子便可以明白。旧曲的这种作法，许之衡先生命名为'转腔法'，对于雅乐每字唱几拍长的唱法，拟名为'拖音法'。像这种每字拖长来唱（古之所谓"歌永言"），在乐曲中偶尔有一小段还可以过得去，若是篇篇都这样唱法，无怪乎魏文侯对子夏说，'吾端冕而听古乐，则惟恐卧；听郑卫之音，则不知倦'。"他随后开列了秦始皇、汉高祖，汉武帝各个时期雅乐逐渐冷落，俗乐相继兴盛的史实，从而指出，"由周末以至于隋唐，音乐日趋于世俗化，——换一句话说，是节奏与曲调日渐要求有变化——是一定不易之理。儒家太过泥古，动不动骂为郑声，肆意攻击，未免太不顾事实，抹煞一切了"。这种议论无疑是突破了传统的儒家音乐理论的框架的。

历史上虽然有过外国乐器包括西洋乐器及乐理的输入，而且得到了皇帝的关心，编入了钦定的《律吕正义·续编》，但是究竟与老百姓没有什么关系，所以输入与未输入没有什么区别。至于我们自己虽然有朱载堉研究出了十二平均律，也始终没有实行。因此他指出我们应该汲取的教训：

1. 想音乐的兴盛非有正式的音乐教育机关不可。

2. 想音乐普及必须从中小学入手。

3. 想得良好的音乐教员，必须教以适当的音乐理论、优良的技术与丰富的常识。

4. 想音乐深入于民众，必须常举行各种公开演奏会、大合唱、音乐比赛及多刊音乐刊物。

5. 想得到特殊的作曲或技术的人才，必须注意培养音乐天才，不要教他们耽搁了光阴。

6. 想得到超等的音乐作品，须常用悬赏征求之法。

这份讲义是他在上海沦陷时期写成的，是他最后完成的一份完整的著作。欲知其详，有他的原著在，这里只是一个简单的摘要而已。

上海沦陷之后，他不用萧友梅而改用萧思鹤的名字，也算是隐蔽的一种手段。当时留在上海的国立高等学校，除了音专之外，还有交通大学、复旦大学、上海医学院、暨南大学及商船学校。为了互通信息，研究对策，他们每月举行一次秘密碰头会。

既然音专不可能迁入内地，就要在力所能及的范围之内做点事。萧友梅念念不忘的一件事是办杂志。这是不必依靠外力可以办到的。这就是《音乐月刊》，由陈洪主编。萧友梅写了《发刊词》。除了叙述过去办杂志的经历以及本刊所应致力的工作，如阐述音乐原理，普及音乐教育之外，目前必须注意的是"如何利用音乐唤醒民族意识与加强民众爱国心"。话虽然说得比较温和，已经是身处逆境所能表达的深沉的拳拳的爱国之心了。

《音乐月刊》第二期发表他的《十年来音乐界之成绩》。这是与他6月间所作的《十年来的中国音乐研究》互有出入的文章。后者是应中国文化建设协会的约稿写成的。作者在文章的开头说明："我因学校大考、学年结束各事均待办理，本来不想答应，后来该会屡函催索，又觉得责无旁贷，所以只好勉强答应。但是在百忙中草成此文，又因期限关系，自然缺漏的地方不少。今天已到了交稿之期，所发调查各表，尚未有一张寄回。这样的潦草文章，本来很不满意，但为时限所迫，实在无法可想。他日如有机会，再当设法补述，这是在这里要声明的。"文章末署写作日期为 6 月 20 日。现在《音乐月刊》第二号出版于 12 月 1 日，写作时间应该是在上海沦陷之后。据我所知，1937 年是音专成立十周年，萧友梅与黄自原已商定刊印音专十周年纪念文集，约集在校的与已经离校的新旧校友踊跃来稿。萧友梅自己预定要写一篇十年来的音乐活动的文章。现在抗日战争已经全面爆发，出版计划当然无从谈起。萧先生所准备的材料就成为这篇文章的基础。前一篇是限期交卷的，自以为缺漏不少。现在这篇文章就实践他前一篇文章所许下的诺言。

文章分为音乐教育、音乐出版物、演奏会、电影音乐、音乐播音、旧乐器之改造及歌咏团七部分。举凡上举的各项活动都开列名字。其中国民党政府为怕得罪日本帝国主义，不惜一度禁止发行的黄自的《爱国合唱歌集》也照样开列。何士德、吕展青（吕骥）等领导的旗帜鲜明的进步歌咏团也照样点明，这是萧友梅念兹在兹的一件大事。在他答复《音乐月刊》记者"关于我国新音乐运动"的时候，他也特别提到"在这国难期内，如环境许可时，应尽力创作爱国歌曲，训练军乐队队长及集团唱歌指挥，使他们在最短时间可以应用出去"。这在当时的租界总算是黑暗中的一线光明了。

在险恶的气氛笼罩之下，萧友梅还是组织了一个管弦乐队。当时比较有意义的社会活动已经不能公开进行，那就开一个救济难童音乐会，由音专师生分头向有关方面推销门票。音乐会是借美国教堂举行的，听众居然坐满了整个演奏厅。这是上海同胞对难童的同情，也是音专的真功夫，始终具有相当的号召力。收入是不错的。音专师生这种急公好义的精神是难能可贵的。当时乐队虽然已经不能公开活动，可是排练工作还是定期进行，学生无故也从不缺席。好像大家都明白"涸辙之鲋，相煦以湿，相濡以沫"的道理，对学校艰难的处境非常理解，也不提什么福利要求，所以沦陷期间在萧友梅任内始终没有闹过什么事。这一点是他最为感到安慰的。

在学校工作上是维持着一种同舟共济式的安定，在家庭中萧友梅却受到了不幸的干扰。萧师母是一位虔诚的基督教徒。她认为广收信徒是一个教徒对上帝应有的责任，对最亲的亲人更应该做好这种庄严的工作。萧先生不时受到殷勤的劝说。这种情况大概很早就已经开始。搬到江湾之后，我上萧家去就看到过萧师母"晴转多云"的脸色。萧先生看见我来了，好像是解围的机会来了似的，立刻过来问我有什么事，借以摆脱太太的纠缠。我当然不敢多问，我要猜也无从猜测起，我根本没有看见过什么矛盾的迹象。上海沦陷之后，我回广州，以后在大西南辗转过了八九年，日本投降之后，重到上海，其间也去看望过他的妹夫俞诚之。我们谈到过去，谈得最多的当然是关于萧先生孤岛期间的生活、工作和疾病等等问题，俞诚之为他的妻舅艰苦的晚年和萧条的身后表示了深沉的悲痛。言语之间也涉及他太太给他增添的烦恼。当然他没有多说，我也没有多问。数年前我在萧淑娴那里看见俞诚之的儿子写的有关他的母舅的回忆的文稿，才知道了比较详细的经过。萧师母始终没有放弃她传道的责任，而且越来越紧张。偏偏萧先生在这个原则问题上坚决不肯退让一步。他是相信无神论的，决然与宗教无缘。就我记忆所及，他对宗教一直是持批判态度的。有一次谈到某公对佛教颇感兴趣，萧友梅当即一语道破此公学佛的秘密。他认为下台的官僚总不免抱有患得患失的思想，因此皈依佛教，借四大皆空的理论来填补自己的失落感。他的这一论点与鲁迅所提的"大人先生一下野就要吃素谈禅"的说法不谋而合，也就谈不到要做什么宗教的信徒，对于传教的唠叨自然会感到厌烦。有时弄得很僵，他不得不跑到俞诚之家里躲她一两个星期，才说好说歹的回家去。然而事情还有更麻烦的，那就是汪精卫逃出重庆，在南京拼凑卖国政府的时候。

汪精卫早年参加同盟会，在日本主编《民报》。萧友梅留学日本，与汪精卫同是同盟会会员，可以说是老朋友。汪精卫30年代窃踞南京国民党政府高官厚禄的时候，萧友梅也曾找他为音专帮帮忙，虽然事实上毫无结果。现在汪精卫摇身一变，变为卖国求荣的第一号大汉奸，却想起了老朋友萧友梅，妄图拉他下水，替他撑撑门面。当时抗日战争已经进入第四个年头，物质生活越来越艰苦，有一些留在上海的文人，即使九一八以来写过慷慨激昂的文章或诗词的，也陆续落水。传到大后方来的消息，也有关于萧友梅的，有的还有眉有眼地说汪精卫已经准备给他教育部长的职位。但是他始终站稳民族立场。为了安定人心，鼓励同人坚守岗位，他报请重庆国民政府给在音专工作满十年的教职员工发给奖状，具体做法不知道，我只是在大后方的报上看到这条消息，名单上有查哈罗夫、佘甫磋夫、黄粱就明等许多人的名字。

十二、到死还是为学生操心

音专的局面是在风雨飘摇中稳住了，当事人的苦心孤诣不是身历其境是难以想像的。长年累月应付这样内忧外患的局面，即便是一个健康的人也会心力交瘁的，何况萧友梅本来就是近于病弱的身体。他常常说每天夜里躺在床上，耳边总还是叮叮当当，咿咿哑哑的响个不停，一直要闹到深夜才能够朦胧入睡。他知道自己是肺结核的老病号，所以从小就给他的孩子每天吃小量的鱼肝油，增强他的抵抗力。上海沦陷之后，生活水准急剧下降，营养日见缺乏，身体当然跟着是日见衰弱。1939年冬天，音专又一次搬家，从法租界的高恩路搬到公共租界的爱文义路。据陈洪的回忆，他每天"顶着北风，飘飘然从静安寺路向爱文义路踱来，第一个动作便是掏出手帕来揩鼻涕。他好像整年在感冒中，嘴唇失去了红润，假门牙在黑胡子下面显得更白，脸上的神色也更憔悴"。

1940年入秋以后，他已经不能经常来学校办公，有事就送条子与陈洪联系。举凡学生修了升级，上课时间如何适应学生去兰心戏院听工部局管弦乐队排练，课室如何调整以便教师支配上课时间，等等，等等，他都随时留意及时提出解决办法供有关人员采择。但是这样的时间也没有延续多久，他终于支持不住了。1940年12月23日，他最后一次到学校处理工作，回家后即患感冒。体温总是高一阵，低一阵，这样反反复复，医生终于建议住进医院去以便仔细观察。住医院不是轻易负担得起的，只好选定一家比较廉价的体仁医院。可是他身在医院，心仍然记挂着学校，每天都在盼望有人来汇报学校的情况。因为医生已经禁止他阅报，只有盼到来人他才知道一些外界的动向，其他验血，验大小便，照透视以及打强心针，打葡萄糖，输血等等实际上都是一些尽人事的工作。这时萧师母仍然不放弃她这个虔诚的基督教徒必须完成的任务。她劝萧先生回顾自己的生平行事，对过去的罪愆进行反省，表示忏悔，以求得上帝的宽恕，俾得早升天国。萧先生呢，即使是在这生死关头，他仍然不改他无神论的信仰，他自信自己生平行事，没有什么可以忏悔的，更没有祈求上帝宽恕的必要。

12月28日，音专教务主任，事实上的负责人陈洪最后一次去看他。谈话中间说到学校将要举行的考试，眼看天气一天一天冷起来，学生考钢琴要有一双好手。他记得钢琴旁边有一个通天井的门户，门缝是漏风的，北风吹进来会冻僵学生弹琴的双手。于是他建议陈洪回去裁一些硬纸条把门缝密封起来，才能保护好学生的双手。据萧师母说，这是他最后的遗言。从那天起直到12月31日天刚破晓的这一段时间里他没有再说一句话。

12月31日凌晨，陈洪接到老校友王浩川的报告，急忙披衣赶去医院。那时病人已经进入昏迷状态，不时地喘息着，只是喉咙里发出鸦鸦的声音。这样捱到5点35分钟，值班护士报告他已经停止了呼吸。

讣告是用萧宅治丧委员会的名义发表的。大殓的时间定于1941年1月2日下午2时30分在中国殡仪馆。据1941年1月5日《申报》的报道，大殓是采用宗教仪式的，记者以为"萧氏是基督徒，所以采取的是宗教仪式"。那里知道这只是丧主萧师母的安排，萧先生已经无从反对了。同年 3 月 15 日出版的《海沫》半月刊刊登一篇署名泳江的文章《中国新音乐运动者萧友梅》，详细记述了"萧友梅先生追悼会"的内容。追悼会是在美国教堂举行的。前奏曲之后是牧师诵读《圣经》，这也完全是丧主萧师母的安排。读过《圣经》之后是音专校歌的合唱，然后是主持人李惟宁的讲话，治丧委员陈洪的报告，音专教师代表朱英及交通大学校长黎照寰的演讲。陈洪的报告特别强调了萧校长的办学精神和对学生学习与生活的关心。朱英则根据他与逝者生前的接触指出他的俭朴、淡泊和勤奋的美德。虽然他与国民党元老人物素有往还，却从来不去寻求高官厚禄，甘心过着清苦的生活。黎照寰大概算是留在上海的各大学的代表来参加追悼会的，为了避免敌特的追踪，所以只以朋友的身份表示哀悼。为了显示这是音乐学校校长的追悼会，演讲完毕之后，还有一些音乐节目，计有余甫磋夫的大提琴独奏，查哈罗夫的钢琴独奏与赵梅伯指挥的男女混声合唱。原定的苏石林的独唱节目因为伤风临时取消了。其中震撼听众心灵的是萧友梅遗作《问》的独唱。唱到"你知道今日的江山，有多少凄惶的泪"的时候，听的人即景生情真的流下了凄惶的泪！

追悼会开过是下葬。葬地在虹桥万国公墓。学校决定仿照国葬的命意实行校葬，用以表彰逝者献身音乐教育事业的功德。墓碑大书"国立音乐专科学校校长萧友梅博士之墓"。旁书"国立音乐专科学校立石"。碑文是叶恭绰的手笔，可以说是有艺术的与文献的意义的纪念品。可惜在上海市区扩建计划实施的时候，萧、戚两家的亲属没有看到报上登载通知各墓主迁葬的公告，未能及时迁葬，墓碑也不知去向。想起王光祈的坟墓经受了史无前例的毁坏，剩下的墓碑变为猪圈的铺路石。幸亏被人发现，移到四川音乐学院校园内建立一座碑亭。萧友梅却是连墓碑也不见了。

萧友梅之死剩下来的是名副其实的身后萧条。孤岛的生活本来就是够不好过的了。不久，日本帝国主义偷袭珍珠港，太平洋战争全面爆发。汪伪政权凭借日本侵略军的势力进占租界，上海人民更加陷入了水深火热之中。萧师母不幸又害上了子宫癌，加速了她生命的终结。1946 年我回到上海，携同青主的女儿拜谒萧先生的坟墓。那时音专还能拨出一点钱来经营葬事，所以墓碑是相当堂皇的，但是左边那块萧夫人的墓碑却只是一块尺多高的石头，可见葬礼是非常寒酸的。

他们遗下子女各一人。长子萧勤是画家，次子雪真本来有志继承家学，学钢琴，偏偏遭到精神分裂的病害，长期困住医院。好在萧勤卓然有以自立。1949 年他随姑父王雪艇（世杰）去了台湾。1951 年考入台北师范学校艺术科，1954 年毕业。课外又从李仲生研习现代艺术。1956 年考取西班牙政府奖学金，从此在欧洲开展他的艺术活动。他是中国最早从事抽象艺术创作的，并先后在米兰创立各种新派艺术活动的据点。1969 年起历任美国纽约长岛大学、意大利米兰欧洲设计美术学院、美国路易斯安那州立大学、意大利乌尔比诺国立美术学院、都灵国立美术学院及米兰国立美术学院教授。所授课目计有绘画、素描、视觉交流理论、艺术解剖学、装饰美术及版画艺术。在他旅居欧洲 30 多年间先后参加西班牙、意大利、法国、美国、瑞士、英国、台湾、南斯拉夫、丹麦、葡萄牙、挪威、香港及苏联等国家和地区的全国性或国际性的画展及个人画展。收藏他的作品的美术馆如纽约的现代美术馆及大都会博物馆，罗马国立现代美术馆，费城美术馆，多伦多的安大略美术馆，德国的斯图加特、波鸿、勒弗库森、明兴格拉德巴赫及克晋费尔德博物馆，巴塞罗那现代及当代美术馆，瑞士洛桑美术馆，香港艺术馆，台北国立历史博物馆及台北市立美术馆、台中省立美术馆等共有 40 余个之多。作品出版者有个人画册及个人版画各十种。真可谓洋洋大观了。

1945 年我在重庆见到画家司徒乔。席间谈起萧友梅，他立即说，他要继为鲁迅画像之后为萧友梅画像，实现他怀念亡友的夙愿。遗憾是他在日本投降之后急于赶赴广东、广西、湖南、湖北、河南五省描绘劫后人民的生活状况，并在南京、上海举办灾情画展。随后即因肺病危殆，前往美国进行有效的治疗。1950 年他重返解放后的新中国，随即投入诸如革命历史博物馆的筹备工作，《亚洲及太平洋区域和平会议》等历史性的画卷的绘制，来不及实现他为萧友梅画像的夙愿，就于 1958 年 2 月 16 日病逝于北京。好在使司徒乔的遗愿得到补偿的是雕刻大师刘开渠完成了萧友梅的塑像，随即浇铸为青铜，于 1982 年上海音乐学院，亦即其前身国立音乐院成立五十五周年纪念日在该校校园揭幕。接着北京中央音乐学院又于 1990 年为纪念萧友梅逝世五十周年特请从苏联留学归来，任教于中央美术学院雕塑系的董祖怡教授铸造了一座萧友梅立像。后人瞻仰先贤，从此可以见到不怕风雨剥蚀的不朽的生动具体的风貌。

自从上海音乐学院有了开山院长的胸像之后，每年 12 月 31 日这一天，总有一个老人向胸像献上一大束线香。这个老人就是国立音乐院最早的工作人员，直到现在仍然健在的王浩川。他奉献的那束线香是从萧校长逝世的那一年算起，每过一年增加一支，到了今天已经加到 50 多支的一大束。过去别人看不见，有了校长胸像之后他就献到遗像之前，他那颗怀旧的诚心这才被别人觉察到了。这种朴素的怀旧的感情，正是萧先生遗爱的最真实的体现，也是俗谚所说的"有的人虽然死了，却永远在人们心中活着"的最有力的凭证。

后 记

《萧友梅传》到这里算是写完了。回头一看，涂改增补的地方真不少，非要重抄一遍不可。一想到重抄，就差不多等于定稿。定稿的下一步就应该是付印。这样子能够付印吗？对得起萧先生吗？自知生来才短。再改也好不了多少。丑媳妇终归要见翁姑的，于是硬着头皮决定重抄了。

据我亲炙先生多年的结果，萧先生一贯的作风是朴素平实，从不夸夸其谈，更不多谈他自己的历史。我现在记叙他的生平行事，自然不敢搬弄什么花言巧语，更不敢添枝加叶。知道什么就写什么，决不敢写成什么"传记小说"。当然，写一个音乐界的开山人物，只写出了五万多字，似乎是未免单薄一点。好在这与先生朴素平实的作风是相称的，而且保证没有什么水分。这也许算是这本小书的一点可取之处吧。

书中的材料多数是根据自己的亲见、亲闻，也得力于前上海音专教务主任陈洪，萧先生的侄女淑娴及其他一些有关的纪载。因为不是什么谨严的学术著作，不再一一加注。特此说明，幸恕掠美。

1993 年端午节
廖辅叔记于北京中央音乐学院

乐苑谈往

版本：华乐出版社，1996 年 9 月，北京

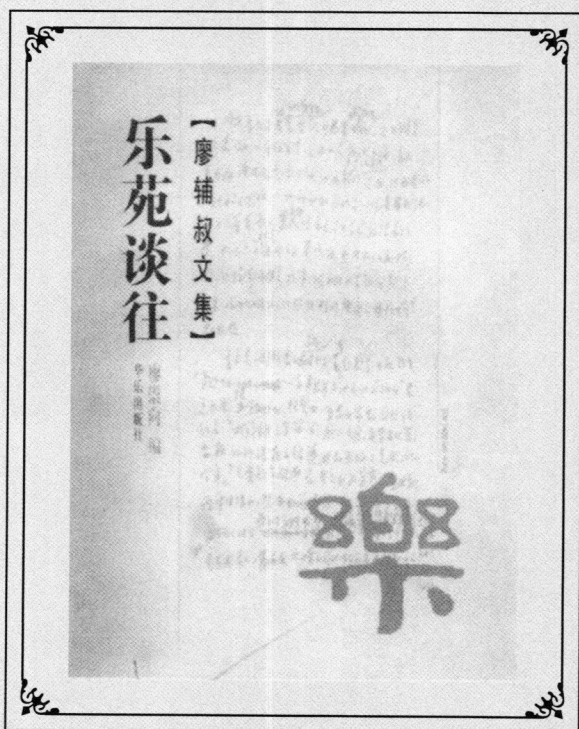

【廖辅叔文集】

乐苑谈往

廖崇向 编

中央音乐学院出版社

题　记

　　记得从前有过这么一件事：有人向我索阅我过去的一篇文章，我一面帮他找，一面说我从来没有想过要编印文集，所以发表的东西总是随便乱放，恐怕不易找到。结果真的是令他失望而去。

　　既然说不打算编印文集，那为什么现在又印起来了呢？那是由于一些热心朋友的怂恿。他们认为我那些关于近代音乐家的论述，多出自亲见亲闻，实为一代信史。那些历史上的人和事，也是一般很少涉及的，都值得好好收集，不能让它随便散失。我也就如齐白石生前说过的那样，老人善随人意。

　　先是《音乐研究》编辑部的黄大岗同志，把登载我文章的刊物拿去复印；随后是中国音乐学院的张静蔚和中央音乐学院的王凤岐两位同志走上门来，正式提出出版计划；中央音乐学院第一个音乐学博士陶亚兵为本书编制目录，再由中央音乐学院的孔庆先和方承国两位同志，在王次炤同志的大力支持下奔走联系，几经周折，终于决定由华乐出版社出版。至于编纂全书，翻检核校始终而总其成的，则是吾家崇向。现在出书已经计日可待，谨在此对热心诸君表示衷心的感谢。

　　本书所收文章，都是粉碎"四人帮"之后写成的。经过拨乱反正，虽然获得第二次的解放，仍然心有余悸。所以拿起笔来，积习未忘，还是高其姿态，批判先行，以致对素所尊敬的良师益友诸多失敬。每一念及，惭惶无地。为了证明在下并非是一贯正确，所辑文章一律保持原样，不予改动。又因为应付约稿，同一个人先后写了不同的几篇，内容自然不免重复，但也有可以互相补充的地方，所以除删落少量重复内容外，也尽可能保持原样，以存其真。

　　另外一点，我的藏书由于"抄家"丧失殆尽，参考资料缺乏，加之疏于考究，文中颇有失误，例如《萧友梅生平小考若干则》里面关于萧友梅藏匿孙中山先生的时间就是说错了的，这一点在《萧友梅传》里面已予改正，这里依旧保持原样，不予改正，以志吾过。

1996 年 5 月 27 日

廖辅叔于北京，虚岁 90

蔡元培先生与音乐教育

蔡元培先生（1868—1940）逝世 40 周年，中华书局及时出版了高平叔编著的《蔡元培年谱》。这本书取材精审，持论平允，为研究蔡先生的生平学行提供了不少第一手的材料，真称得上是一本好书。但是看过之后，觉得其中也不无小失。例如 1927 年 12 月这一条说："主持大学院艺术教育委员会第一次会议，通过《筹办国立艺术大学之提案》，……此项提案经大学院采纳，创设国立西湖艺术院，初办时由蔡元培先生兼任院长。后改为国立杭州艺术专科学校。"对于这段记载，我有点不明白，我所知道的是杭州艺术院与上海音乐院是在蔡先生赞同之后同时成立的。上海音乐院成立于 1927 年 11 月 27 日，蔡先生兼任院长，萧友梅任教务主任。不久，蔡先生即辞去院长职务，由萧友梅代理院长，1929 年改为音乐专科学校，萧先生任校长。杭州艺术院也同时改为艺术专科学校，校长林风眠。当时的《音乐院一览》第一次印出的蔡先生像称为"院长"。改为音专之后，《一览》照旧有蔡先生的照片印在前面，称呼则改为"本校创办人"。这固然有借重蔡先生的大名来提高学校的声价的意思，但是饮水思源，蔡先生对音乐教育的关心与维护，的确是值得我们怀念的。现在这一件事没有记入《年谱》，总觉得有点缺陷似的。

许德珩同志在蔡先生逝世 40 周年纪念大会上的讲话里面提到："蔡先生主张'教育救国'、'科学救国'，送派优秀青年十余人，赴欧美深造，后来大都成为我国著名的科学家，从事教育科学事业。"这一批优秀青年之中，就有去德国莱比锡音乐学院专攻作曲理论，返国后即以音乐作为终身事业的上海音专校长萧友梅。

蔡先生的教育方针是除了德育、智育、体育之外，还要加上美育。他在法国给当时的华工学校（第一次世界大战期间，中国加入协约国，对德宣战，没有派出军队，只是派出工人作为参战的象征）上课，讲到文化修养的时候，除了历史、地理、戏剧、诗歌之外，也提到图画与音乐。他跟一个比利时人学法语，也说到这位老师"长于音乐，欲改五线谱为三线谱"。这种琐事在一般人看来，也许是无足轻重的，他却在自写年谱中还要加上这一笔，无疑也是他对音乐颇感兴趣的表现。

为了丰富学生的课外活动，蔡先生在北大推动了各种文艺研究的组织，音乐研究会也与画法研究会、书法研究会一样成立了。1919 年 11 月 17 日的《北京大学日刊》刊载了蔡先生在音乐研究会的演说词，指出"音乐为助进文化之利器。共同研究高尚乐理，养成创造新谱之人才，采西乐之长，补中乐之缺点，使之以时进步，庶不负建设此会之初意"。此外，他经常到各校演讲，宣扬美育的重要，也总是绘画与音乐并举，而且指出"教育并不专在学校，图书馆、研究所、博物院、展览会、音乐会、戏剧、印刷品都很重要"。这样的议论出自 60 年前，今天听了还使人感到亲切。

但是音乐研究会虽曰研究，究竟有点近于暗中摸索。1920 年萧友梅由德返国，音乐研究会才算有了懂行的导师。蔡先生接受萧友梅的建议，改音乐研究会为音乐传习所，由萧友梅担任和声学和音乐史的讲授，并由校内研究扩大为对外开放，而且组织了小型的管弦乐队，演奏欧洲古典音乐，贝多芬的《田园交响曲》才第一次由中国人演出。

萧友梅的志愿是想在中国创立专业的音乐院。他在北京曾向北洋政府的教育总长范源濂提出创办音乐院的计划，结果是大小计划都是竹篮打水一场空。直到 1927 年，由于得到蔡先生的支持，萧友梅梦寐以求的音乐院才终于成为现实。

蔡先生辞去院长职务之后，对音乐院（音专）仍然是继续关心。就我所知，萧先生每逢音专有什么重大措施，都先向蔡先生汇报。蔡先生对萧先生的汇报总是耐心倾听，同意的就频频点头，不明白的就及时发问，听懂了就相视而笑，表示赞赏。他的态度是那么平易近人，虚怀若谷，从来没有看见他有一点架子。

音乐院建院之初，南京政府曾经批准了 60000 元作为音乐院基本建设的经费。但是这笔款子始终没有发下来。萧友梅没有办法，只好向社会发起募捐，以便凑到一笔建筑自己校舍的经费。募捐启事当然又是蔡先生领衔。后来音专江湾新校舍落成，蔡先生还在校园里种了一棵大松树，并在树前摄影留念。

也许有人会说，蔡先生对音专的关怀，只是由于他与萧友梅的个人关系。其实不然，他对艺术从来就有广泛的兴趣，同时包括音乐。他应郑振铎之请，为《世界文库》写了一篇序，说到各国文艺互相影响的时候，除了文学之外，他又举中国绘画可以在伦敦展览，得到欧洲人的欣赏；贝多芬的交响乐可以在上海演奏，引起中国人的共鸣为例证。

1936 年王光祈病殁波恩，他在国内的朋友为他举行追悼会。说实在的，这一类的追悼会当时可不容易受到大人物的重视，更不用说亲自出席了。然而蔡先生来了，还发表了演说：指出中国人从来是重视音乐的，两千年前音乐已经列为六艺之一。德国人也最重音乐，音乐理论著作尤为丰富。对这一门科学研究一番，很有益处；王光祈在德国研究音乐，并在波恩大学讲学，造诣甚深，壮年逝世，未展所长，实为一大损失；建议一是整理死者著作，二是后死者继续死者的工作，使之发扬光大。

今天，蔡先生所关心的音乐教育，已经真正的蓬勃发展了，这是可以告慰于蔡先生的。由于这些事情已经成为历史的陈迹，论述蔡先生生平学行的，又未必对这方面多加注意，所以我谨就见闻所及，略为陈述如上。

原载《音乐艺术》1980 年第 1 期

回忆萧友梅先生

辛亥革命以来，像萧友梅先生那样把音乐教育当作安身立命的事业，而且始终如一，到死方休的，算起来人数并不多。同他一辈的人物，如李叔同，曾经是创作新歌曲的开山，到了五四运动前一年，就已经在杭州虎跑寺做了和尚；王光祈，新文化运动以后研究中国律学和音乐史的专家，到了抗日战争前一年，就已经客死德国波恩。他们活动的时间都不及萧先生那么长，社会的影响也没有那么大。盖棺论定，萧先生可真够得上是中国近代音乐史上首屈一指的人物。当然，由于中国社会飞速的发展，到了后期他已经跟不上时代前进的步伐。但是饮水思源，萧友梅还是值得我们纪念的。听说中国社会科学院近代史研究所编写《中华民国史》将要为他立传，这篇回忆性质的小文章就算是萧传的参考资料吧。

香山萧家先前该是一个大族，我看过先生老家的一张照片，那是一座楼房，里面可以住上不少人，但是后来似乎中落了。所以萧先生留学日本的那段时期，在他考到留学生官费之前，要靠翻译来挣点生活费。那是这样的一种翻译：日本教师在那里讲课，他站在旁边跟着翻译。因为当时"大清帝国"的许多留学生，根本听不懂日本教师的话，必须花钱请一个翻译来传话。民国初年，他去德国留学，一开头就是官费生，生活应该富裕一些了。但是他的家庭不同意他出国，因为他有维持家庭生活的责任。解决的办法是他留学之后，要把官费的一部分节省下来，寄回中国去补贴家用。因此他在德国留学时期生活总比一般留学生俭朴。听我的哥哥说，他当时是在修道院里面租用一个房间，房租比城市住房便宜，又可以安心读书。中国从前的读书人为了安心读书，常常是寄寓在庙宇里面的。想不到萧先生出洋留学，依然继承了这个传统。

1906 年萧先生加入同盟会。由于孙中山先生的活动已经受到清政府与日本政府的注意，随时有被追捕的危险，萧先生的住处因此成为同盟会的联络点。萧友梅是学音乐的，与政治可以说没有什么瓜葛，可以避开暗探的狗鼻子。据说孙中山先生与廖仲恺先生一班人开会的时候，萧先生实际上不可能像其他革命家那样指天划地，审时度势，于是萧先生就站开一边，抱弄廖先生的孩子，以便他们专心筹划革命大计。经过实践的考验，孙中山先生很欣赏萧先生的为人。孙中山就任临时大总统之后，萧先生即被任命为总统秘书。他的书房里一直摆着一张孙中山亲笔题着"友梅先生惠存"的照片。

德国大学生有一种传统的自由主义的习气，通称为"学院一刻钟"，意思是迟到一刻钟进入课堂不算迟到。我们的萧先生却利用这一刻钟让教师当面修改他的作业。他那种爱惜时间的习惯是处处表现出来的。1916 年他考取莱比锡大学哲学博士学位之后，由于第一次世界大战正在打得难解难分，海陆交通都陷于断绝状态，他不能立即返回，于是又转到柏林大学听课，并在歌咏学社（Singakademie）研究合唱艺术。

要在旧中国推广音乐教育，萧先生具有善良的愿望，至于促使他的善良愿望得以实现的，则是主张"以美育代宗教"的蔡元培先生。早在 1916 年蔡先生接任北京大学校长之后，就在北大成立了音乐研究会。但是真正谈得上发生相当社会影响，却是由于萧先生提议将音乐研究会改为音乐传习所之后。特别值得一提的是当时还组织了一个管弦乐队。这个管弦乐队，说寒碜是够寒碜的，全体成员只有 17 人，其中有些人还是从前海关总税务司遗留下来的，但总算是我国人自己组织的管弦乐队，而且向群众介绍了西洋的器乐曲，甚至于交响乐。有一次徐志摩给学生讲英国诗人济慈的《夜莺歌》，认为学生"没有听过夜莺就是一个困难"，为了让学生得到一点对夜莺的实感，他建议大家去听萧友梅先生指挥的贝多芬的第六"沁芳南"（交响曲）。这在当时真可以算得是空谷足音呢。关于萧先生的作品的影响，值得大书特书的一件事，是 1921 年中国留法学生因反对中法反动派互相勾结，损害中国留学生的合法权益，被法国反动军警逮捕的时候，陈毅同志在狱中高唱《卿云歌》，借以表示中国人独立不屈的气概。这首《卿云歌》的作者正是萧友梅。虽然这首歌被北洋政府选定为"国歌"以及其后出现的一些情况，使得对于这首歌的客观效果的评价成为一个较复杂的问题。但陈毅同志当时高唱这首歌曲是用作战斗的武器的，这说明这首作品有其积极的社会作用的一面。

萧先生对中国音乐的贡献，主要是在教育方面，创作仅居次要的地位。他创作的旺盛时期是在 1920 年初到北京至他同时兼任北京几个大学音乐系主任的那几个年头。当时国内创作的新歌是很少的，为了教学需要，他往往是随写随教。1922 年他的《今乐初集》和《新歌初集》先后出版，这在当时不能不说是一新耳目的盛事。虽然这些歌曲，特别由于那陈旧以至俗滥的歌词，加以在作曲技术上也不无可议之处，今天大都已经成为历史的陈迹。但是，如果结合当时的历史条件看一看，这是将近60年前编印成册的新歌，而且想一想新文学运动初期，胡适的《尝试集》也曾经算是呱呱叫的新诗，两相比较，似乎也不必求全责备了吧。至于他在教育方面最快意的一件事则是他经手创立了中国第一个音乐院。过去他虽然身兼数职，总不免是寄人篱下，甚至于引起别人的讨厌。实际上音乐这一门在当时的高等学校里面不过是附庸的附庸，有的称为图音系，有的称为音体系，有的还称为图工操唱。经过他的努力，北京女子高等师范学校的音体科终于两科分立，然而究竟还不能说是理想的专业教育机关。只有开办了独立的音乐院，才可以放手去干。但是说起来可怜，堂堂音乐院一个月经费只有3000元，一年之后，几经交涉，才增加到5000元，因此精打细算是做得相当彻底的，真是"一个萝卜一个坑"。教务主任加一个注册工作人员就是教务处。图书馆从采购、编目到出借，全由一个人包办，当然更没有文化书、乐谱、唱片的分工，同时还要向德国定购乐谱，兼管代售，还要抄乐谱。虽然是穷打算，说到精兵简政，倒也是值得参考参考的。

要办好音乐院——后来又改为音乐专科学校，需要有一个得力的助手，即教务主任。最初萧先生想延聘青主担任这个职务，不久，黄自从美国回来了，这才改变了主意。聘请黄自，还因为黄自与黄炎培的关系，遭到国民党一些人的反对，只是由于蔡元培的点头，才算定局。也可见他处理事情总是出于公心，与蔡先生兼容并包的办学方针是一致的。

音专五周年纪念刊编印过一张"学生家长职业比较图"，"商"的比例几乎占了一半，这显示出上海这个十里洋场的特色，对发展音乐教育来说是不相适应的。相当的一部分人，特别是有些女学生，来学的目的并不是放在音乐事业上。萧先生曾经感慨地说，一个学生在音专上了几年学，领到一张证书，只是添了一份嫁妆。为了改变这种状况，萧先生出了一个主意：发函各省教育厅，每省保送音乐学生若干人来音专学习，毕业后回原地方工作，以便促进各省音乐教育的发展。这样一来，"富丽堂皇"的高等音乐学府也有了自边远省份来到上海的"土包子"。当然，不经过翻天覆地的社会主义革命，这种点点滴滴的改良决不能改变中国音乐教育的落后状态，更不能改变音乐教育的根本方针。时代的局限，阶级的局限，使先生不可能找到更好的办法。

"九一八"事变，蒋介石对外不抵抗，把祖国的大好河山拱手送给敌人；对内却借口国难，加强他的法西斯统治，派遣军训教官进入各学校。萧先生眼看他惨淡经营的学校有人插手进来了，他老先生还想抵挡一下，结果当然挡不住。最后他向国民党教育部打一个秘密报告，请求调走这个军训教官。这是我替他起草的唯一的密件。报告上去，一直没有下文。哪里会有下文的呢？这简直是"与虎谋皮"！

抗战期间汪精卫逃出重庆，投靠日本帝国主义，在南京组织伪政权，听说也曾企图拉先生下水。因为我早已离开上海，说不出什么具体情况，只知道他始终在孤岛上维护着那所风雨飘摇的音专，一直到他逝世，保持了崇高的民族气节。记得从前上海有一家自来水笔公司曾经约请各界名流用它的产品题字，并把这些笔迹汇印成册，证明它的金笔特别适用于写中国字。其中有一张是萧先生写的，写的是于谦的《石灰吟》："千锤万击出深山，烈火焚烧若等闲。粉骨碎身全不惜，要留清白在人间。"作为近代中国辛勤创业的爱国的音乐教育家，他是体现了于谦这首诗的精神的。

原载《人民音乐》1979 年第 5 期

我国现代音乐教育的开拓者萧友梅先生

1980 年 12 月，萧友梅先生逝世 40 周年纪念会会场上举办了一个小规模的音乐文献展览。其中有一幅题为"北京大学管弦乐队全体摄影"的照片。只见一些穿着长袍马褂的人，或手扶低音提琴，或夹着小提琴，或双手压住定音鼓……大家一看，先是感到滑稽，随即转为严肃，知道这是"作始也简，将毕也巨"的历史的见证。这是中国人自办的第一个管弦乐队，第一次演出贝多芬的交响乐，而第一位指挥即是萧友梅。饮水思源，我们不能不深切怀念这位现代中国音乐教育的开拓者萧友梅先生。

萧友梅，广东省香山县（今中山县）人。1884 年 1 月 7 日（光绪九年癸未十二月初十日）生于故乡石歧镇。五岁，随家移居澳门，就学于陈子褒的灌根草堂。"灌根"一词是从佛教的"醍醐灌顶"引伸来的。所谓"灌顶"是以智慧输入人的头顶。"灌根"则是灌溉根柢，亦即现在的所谓打好基础。这个书塾的取名，说明了陈子褒老师是一个严肃的读书人。萧家本来就是书香人家，加上灌根草堂的教育，萧友梅从小就积累了相当丰富的文史知识。他提交给莱比锡大学的博士论文之所以能够引经据典，左右逢源，是与早年所受的教育分不开的。

他名为友梅，别字思鹤（联系林和靖梅妻鹤子的故事），这该是父亲给取的。后来又字雪朋。据他德文证书上的写法，正是肖邦姓氏的原文 Chopin，可见是"肖邦"的谐音。他为什么要改字雪朋呢？梅雪争春，固然古有明文，但是主要的原因恐怕还是受到了肖邦身抱亡国之痛，不甘心屈服于沙皇暴政之下，宁愿流亡法国，支持波兰复国运动的爱国精神的感染。萧友梅留学日本期间，孙中山所领导的"驱除鞑虏，恢复中华"的革命运动已经蓬勃开展。青年萧友梅与肖邦产生强烈的共鸣是很自然的。别字雪朋，也说明这是他在对西洋音乐有了相当的认识之后，才选上这个与肖邦谐音的名字的。

在澳门有一件事对这个孩子产生了深远的影响，那就是他家的一个邻居——葡萄牙牧师，经常在家里演奏风琴。他越听越有味，终于会唱出不少听来的曲调。他后来在自述中写道，他当时"羡慕不已，然未有机会学习也"。他正式把唱歌当作一门功课来学习，是在他回广州进入时敏学堂之后，时间是 1899 年。

时敏学堂属于近代中国最早的一批新式学堂，也是当时最有生气、最有成绩的学校之一。它创立于 1898 年。当时的最高学府京师大学堂的课程设置还是诗、书、礼、易四堂及春秋二堂，还不曾摆脱旧式书院的格局，而时敏学堂却已经设立国文、历史、地理、格致、算学、图画、唱歌、体育等课程，偏偏没有那适应封建统治需要的，也是做官捷径的"八股制艺"。如果考虑到当时清朝还没有废除科举，那么，时敏学堂创办人目光的远大，就更加令人敬佩了。

萧友梅是时敏学堂的第一届毕业生，1901 年他们十名毕业生在堂长（校长）邓家仁率领之下前往日本留学。初去的时候是自费的，1906 年才取得广东省官费留学生名额。他在取得官费之前，生活是相当艰苦的。除了家庭接济之外，他还经常担任留学生的课堂翻译，挣一点生活费作补充。

他初到日本，先是考入东京高等师范附中，同时在东京音乐学校专修钢琴和唱歌，算是实现了他从童年起就要求学习音乐的愿望。这样过了五年，他在东京音乐学校唱歌科毕业。由于取得留学生官费，他进了东京帝国大学专攻教育学，同时继续在东京音乐学校学习钢琴。1909 年于东京帝大毕业，结束了他的学生生活。

日本邻近中国，是孙中山革命活动的海外根据地。孙中山在澳门行医的时候，已经是萧家的座上客。1900 年萧友梅在日本再见到孙中山，即经孙中山的介绍加入同盟会。他是以学音乐出名的留学生，比较不受警探的注意。他的寓所因此也成为孙中山与他的信徒廖仲恺、胡汉民等人商量革命活动的地方。萧友梅又不像其他革命家那样善于出谋划策，因此每当他们密商大计的时候，他就抱着廖仲恺的孩子在门外玩耍，实则担任望风。随着革命形势的发展，全国各地先后爆发了几次武装起义。清政府非常痛恨孙中山，于是照会各国禁止孙中山在他们国内居留。1910 年孙中山从檀香山再去日本，日本已经答应了清政府的要求，协同缉捕孙中山。孙中山陷入了走投无路的窘境。这时候萧友梅挺身而出，让孙中山匿居自己的寓所，饮食生活全由萧友梅包下来，同时承担了孙中山与外界联络的全部工作。这样过了一个月，孙中山才避开侦探的耳目，秘密去了新加坡。不久，萧友梅也束装返国。为了取得合法的身份以掩护，他参加了在北京保和殿举行的留学生考试，结果取得了文科举人的"出身"，并被任命为清政府学部（教育部）的视学。翌年，武昌起义打响了，中国从此结束了长达两千年的专制王朝的统治。

1912 年孙中山就任中华民国临时大总统，任命萧友梅为总统府秘书。4 月 1 日，孙中山解除总统职务，萧友梅随之离开南京。先是游览了慕名已久的杭州西湖，当然也没有忘记梅妻鹤子的孤山处士林和靖，然后回广东去当教育司（教育厅）学校科科长。当时广东属于国民党的势力范围，不受袁世凯的控制，已经提出了男女同学的倡议。10 月，北京教育总长蔡元培通知萧友梅，说是官费问题已经解决。于是他再次出国，去德国莱比锡留学。

对萧友梅来说，官费留学不成问题后，成问题的是家庭的生活费用。原来萧父续娶的夫人养了十来个孩子，光靠萧友梅的哥哥实在不能应付全家生活费的支出。因此萧友梅出国留学，还得把他官费的一部分节省下来寄回家中。他在德国生活俭朴异常，有一个时期还借住在修道院。

这次他留学目的地之所以选定莱比锡，是因为他要专攻音乐。他知道日本的音乐教育是取法德国的，再求深造，当然应该去德国，所谓取法乎上也。他在莱比锡也像在东京一样，兼读两个学校：莱比锡音乐院及莱比锡大学。莱比锡音乐院是门德尔松创办的，当时的乐坛泰斗如里曼、谢林等等都在两校任教。说到演出，又有世界闻名的布帛会馆音乐会及妥玛斯教堂合唱团，的确是学音乐的好地方。威廉帝国虽然是军国主义国家，大学却是非常自由的。学生迟到 15 分钟不算迟到。萧友梅与众不同，他准时进入课室，让教师利用这 15 分钟给他当面批改作业。他的结业证书上的各科评语都是"好"。"勤奋"这一项的评语则是"极好"。总评中又有"道德上无懈可击"的考语。据当时的留德同学说，像萧友梅那样始终没有发生过什么风流韵事的人，差不多可以说是绝无仅有。他把别人上跳舞厅、坐咖啡馆的时间都用到学习上去了。

1916 年春天，他在莱比锡音乐院的课程修毕，随即向莱比锡大学提出博士论文《中国古代乐器考》（这是中文通行的题名，德文实为《十七世纪以前中国管弦乐队的历史的研究》），7 月通过，被授予哲学博士学位。主持论文答辩的教授是里曼。由于第一次世界大战正在激烈进行，海上交通陷于停顿，他无法及早返国。于是再到柏林大学继续研究。他选听的课目有哲学、教育学、伦理学、儿童心理学、音乐美学等等，同时也参加音乐学的讲习会。这时比较音乐学经过施统夫和霍恩博斯特尔等人的努力，已经从当初以音乐文化的各个因素为重点扩大成为结合外民族的音乐观点作为整体，同时密切联系一切精神的与物质的文化加以考察的民族音乐学。因为时间的关系，萧友梅未能进行深入的、细致的研究，作为这一时期学习成果的纪念品，他写有《中西音乐的比较研究》《古今中西音阶概说》等有关的文章。除此之外，他还进柏林施特恩音乐院研究作曲、配器、指挥及古谱读法。他研究范围之广，用力之勤，都是当时音乐界少有的。

正当他迁居柏林，再求深造的时候，从 10 月底到 11 月初不到十天的时间内，先后传来黄兴、蔡锷相继逝世的消息。萧友梅对这两位伟人的逝世感到至深的悲痛，曾写成一首题为《哀悼引》的钢琴曲。据他的附注说，这是从贝多芬《英雄交响乐》的丧礼进行曲得到启发的，可以说是中国人最早运用西洋曲技抒写深刻的感情的有数的乐曲之一。

德国是发达的工业国家，农产品一向是靠国外进口来补充的，协约国看准了德国的弱点，对德国实行封锁。到了 1917 年，据萧友梅的回忆，德国人民已经濒临绝粮的危险。他于是移居波森的乡村布什朵尔夫。波森原名波兹南，是波兰的领土。1815 年波兰遭到俄、普、奥三国的瓜分，波兹南割给了普鲁士，到 1919 年根据凡尔赛条约归还波兰。他在那里自己动手种马铃薯，这才解决了缺粮的困难。波兹南由波兰收回之后，萧友梅仍返柏林居住。1918 年，他终于登上返国的航程。

这一年他回国之后，先任教育部编审员，兼任北京高等师范学校附设实验小学主任。一年之后，北京大学校长蔡元培从欧美考察教育归来，即聘萧为北京大学讲师，开始了他后来近 20 年的音乐教育工作。

北京大学本来设有音乐研究会，设立这个讲座，目的在"研究高尚乐理，养成创造新谱之人才，采西乐特长，补中乐之缺点，使之以时进步"。过去限于人力，所谓理论之研究并未能迅速开展。现在萧友梅来了，音乐研究会的工作立刻大有起色。为了扩大影响，音乐研究会改名音乐传习所，活动范围也从学校内部改为面向社会。萧友梅主讲的和声学及音乐史，是第一次设立的课程，听讲的人踊跃异常，同时组有 17 个人的管弦乐队，部分是从海关总税务司接收过来的，木管乐器及铜管乐器每一种只有一个人，没有乐器的那些声部则由钢琴担任演奏。说起来当然是够简陋的，然而总算有了一个中国人自己组织的管弦乐队，而且让群众有了定期聆听纯正音乐甚至于交响乐的机会。

1920 年北洋政府接受章太炎的建议，采用古歌《卿云歌》为国歌歌词，还设立了国歌研究会，公开征求曲谱。我们从鲁迅 1920 年的日记里还可以找到有关的记载，如 1 月 26 日，"下午赴国歌研究会"。4 月 16 日，"下午……赴国乐研究会"。6 月 7 日，"下午赴国歌研究会"。10 月 10 日，"午后赴美术学校国歌研究会听演唱"。评选的结果，萧友梅的曲谱获得通过。1921 年 7 月正式颁布定为国歌。

在 1921 年他担任北京大学讲师的同时，还兼任北京女子高等师范学校音乐体育专修科主任。鉴于体育与音乐两科的要求各不相同，他建议两科分立，音乐科主任一职即由他担任，音乐教育从此才比较带有专业性质。女子高等师范学校改为女子师范大学之后，他仍连任音乐系主任。1926 年起他又兼任北京艺术专门学校音乐系主任。此外他还于 1921 年与赵元任等组织"乐友社"，1923 年与刘天华、杨仲子等组织"国乐改进社"，大力推动我国音乐的研究与改进。

20 年代的中国，音乐教材是非常缺乏的。为了应付教学的需要，他往往是随写随教。1922 年他的第一部歌曲集《今乐初集》出版，一年之后又出版了《新歌初集》。这些歌曲都是先写歌词，然后依照歌词的内容配上适当的曲调和钢琴伴奏，一洗过去依调填词的旧习。中国近代创作的艺术歌曲，无疑应以这两本歌曲集为主要的代表。歌词的作者易韦斋，早年曾参加以柳亚子为领袖的革命文学团体南社，也是萧友梅在总统府秘书处的同事。可惜的是易韦斋终究是旧式文人，写起歌词来虽然力求创新，那些歌词总有点像那些"解放脚"，遣词造句，不大自然，从而影响了歌曲的推广。除了上述两本歌曲集之外，他还为商务印书馆编写了《唱歌教科书》《钢琴教科书》及《小提琴教科书》。他也曾根据白居易的《霓裳羽衣舞歌》探索霓裳羽衣舞的结构，写成一首管弦乐曲《新霓裳羽衣舞》，交由他所指挥的管弦乐队公开演出。胡适的《四烈士塚上的没字碑歌》是纪念辛亥革命时期谋炸袁世凯（没有成功）的杨禹昌、张先培、黄之萌及谋炸良弼（成功了）的彭家珍四位烈士的。但碑上却只有一个杨禹昌的名字，所以称为没字碑。萧友梅曾为这首诗谱曲。他还为胡适一首《平民学校校歌》的歌词配曲。歌中提出了"不作工的不配吃饭"的话。还有《五四纪念爱国歌》也是他在这一时期的作品。

萧友梅在北京六七年，虽然身兼数职，成为音乐教育的重镇，但是他梦寐以求的却是一所独立的符合国际标准的音乐学院。早在回国之初，他就向北洋政府教育部提出过一个创办音乐院的计划。教育部把计划送到财政部，财政部却原封不动地把计划退还给教育部。后来他的留日同学范源濂当上了教育总长，萧友梅还曾为他写的《民本歌》谱曲，此人算是对音乐比较有所了解的。萧友梅以为这一次有了指望了，范也真心答应支持他。可是在那军阀混战的年头，官场简直像是走马灯一样。萧友梅的预算计划还没有抄写完毕，范源濂已经下台了。到了张作霖高踞北京宝座的时候，那个教育总长刘哲来得更痛快，根本就要撤消北京国立九院校的所有音乐科系，他竟认为音乐是"伤风败俗"的玩艺云云。萧友梅有什么办法呢？他只好黯然南下。

中国有一句老话叫做"否极泰来"。这句话用在萧友梅的遭遇上倒是非常合适。撤消北京各院校的一切音乐科系，当然他是连一片立足之地都没有了。物极必反，等待萧友梅的却是要他去创办独立的音乐院。大学院院长蔡元培向南京政府提出的创办音乐院的建议经过反复讨论——还有争论——终于通过了。不过说起来也真可怜，堂堂音乐院说好的六万元开办费始终没有发下来，只拿到第一个月的经费 2600元，算是开办费。以后每月经费增加到 3000 元。1928 年度起要求增加 3000 元，结果只批准了 2000 元，每月经费定为 5000 元。其拮据是可想而知了。招生的时候碰到的困难也不少，因为 11 月 1 日开始报名，这时别的学校老早已经开学，加以音乐这玩艺即使不像刘哲所说的"伤风败俗"，总是"倡优所畜，流俗之所轻也"的，有的学生想报名，还不免徘徊观望。好在招生广告上写明"院长蔡元培，教务主任萧友梅"，这才使报名者壮了胆子，怀疑的家长也不敢坚持反对。因为蔡元培是大名鼎鼎的教育家，决不会坑害青年的。于是乎来学的人一年比一年多，以致于人们认为能够考上音专就已经算是一种荣誉。

如果说勤俭办学有什么标兵的话，那么，说萧友梅是最早的一个，该不算是过分夸大的。所谓勤俭办学，并不仅仅是会省钱就算了，这是要求用尽可能少的人，花尽可能少的钱，去办尽可能多的事，而且要把事情办好。试以注册工作为例，从学生报名、查验证件、计算成绩、填写证书、排课表、分琴房、订校历直到出通告、发通知，逢到节日放假、学生请假，还要另发英文通知给外籍教师。总之，凡是与教务有关的事情全由一个人包下来了。又如图书馆的一个工作人员除了管中外图书乐谱的采购、登记、分类、借还之外，还要代售进口乐谱。因为当时上海虽然是中国的第一个大城市，却还没有一家书店出售适合专业教学用的乐谱。外商琴行出售的原版乐谱又贵得惊人，学校只好委托一家德商书店直接向德国定购乐谱，然后照成本卖给学生。地窖是堆放煤炭杂物的，现在用来做学生琴房。比较大的房间全都用作教室，校长室就在阳台上，在栏杆上面装上一排玻璃，既能挡风，又能遮雨，满亮堂的。有一年年底，学校也像别的大学一样，有了一点节余。别的大学都用那笔钱买了汽车，萧友梅考虑到学校还缺少一台开音乐会用的三角琴，于是把它用到节骨眼上。不久，一台崭新的伊巴赫牌三角琴从德国运到了上海。这台历尽沧桑的三角琴现在还保留在上海音乐学院录音室，作为艰苦创业的历史的见证。至于汽车呢，这一次买不成，以后终萧友梅的一生，音专始终不曾有过一辆专用汽车。

先是，蔡先生早于音乐院成立的是年年底，即向南京政府推荐萧友梅继任院长。但萧友梅一再谦辞，只以代理院长的名义领导全院工作。不幸到了 1929 年夏天，却发生了一场风波。起因是学校规定暑假期间学生留校住宿每人需交8元宿杂费。因为学校的宿舍是租来的，房租水电费不管你暑假不暑假一样照收不误，学校经费短绌也是实情。另一方面呢，照当时的物价计算，8元钱对一般穷苦学生来说，不能不说是相当沉重的负担。本来嘛，只要互相体谅，这样的问题是不难解决的。不幸的是有人利用学生的不满情绪，希望事情闹大，指使学生跑到南京向国民党政府请愿，以便趁机取萧友梅而代之。结果萧友梅请求辞职，音乐院宣告停办。恰巧是年8月南京政府教育部公布了《专科学校组织法》，该法规定凡是传授一种专门技术的都应称为专科学校。音乐、绘画于是与陶业、制革、会计、保险、税务等等属于同一类。沾这个组织法的光，音乐也算是有了一席之地，可是却从原来的大学地位降低了一级，改名为音乐专科学校。南京教育部仍聘萧友梅为校长。原音乐院的学生凭音乐专科学校的通知来校注册。没有收到通知的学生——其中也有冼星海——从此被取消了入学资格。平心而论，这次风潮的起因纯属经济问题，并没有政治性质。如此折腾，实在是萧友梅生平最痛心的一件事。

萧友梅的办学方针是因材施教，学生可以自由选择教师，再由学校根据教师的具体情况统筹分配。主科分初、中、高三级。学生修满20学分即可升级。何时修满不取决于时间的长短，而是取决于学习的成绩。为了充分发挥师生的积极性，学校每隔一两个月即在校内举行汇报性质的音乐会，春秋两季则向社会上租用礼堂，举行比较大型的音乐会。为了促进师生的创作和研究工作，1930年起先后发刊《乐艺》季刊及《音乐杂志》，并与商务印书馆签订了印行音专丛书的合同。同时还在校刊上开辟歌词专栏，邀请校内外人士投稿，为歌曲创作提供歌词。每逢重大事变如"济南惨案"、"九一八"事变等等，他总要发动师生创作歌曲趁早在校刊上发表，或印成单本分发。"九一八"事变之后，他还组织了抗敌后援会，进行街头募捐，并先后在上海、杭州等地举行鼓舞敌忾音乐会，所得款项即捐赠抗日团体。他自己也总要在百忙中动手创作，从不放弃他应尽的责任。

音专是培养音乐独奏独唱人才的学校，但是萧友梅始终没有忘记另一个重要任务是培养音乐师资。因此本科之外特设师范科，音乐主科修毕中级课程（40学分）即可毕业，以便适应音乐教育的迫切需要。考虑到内地音乐师资特别缺乏的具体情况，要内地学生万里迢迢跑到上海来报考确有困难，何况能否录取也是一个大问题，于是他通过教育部通告各省教育厅保送学生若干人来音专学习，毕业之后仍回原地工作。这样一来，西北、西南那些边远省都有学生来接受系统的专业性的音乐教育。有些学生对人说，若不是这个保送办法，要来音专学习，那是想也不敢想的。当然，这种做法并不能彻底解决问题，但是像他那样念念不忘改变边远省区音乐教育的落后状态的心情，却是非常之令人感动的。

萧友梅毕生尽瘁于音乐教育事业，始终是在蔡元培教育思想影响之下进行工作的，即所谓"仿世界大学通例，循思想自由原则，取兼容并包主义"。他所要求的是艺术上相对的独立性，所以"九一八"事变之后，蒋介石借口国难，加强学生军事训练，派遣军事教官进入各大学，实则加强对学校的法西斯统治的时候，萧友梅曾经书生气十足地密报南京教育部请将军事教官调离学校。结果正好比泥牛入海，杳无消息。

音专虽然打着"国立"的堂皇的招牌，却长期租用别人的房屋，连自己的校舍也没有一幢，只要业主一提出收回，就得匆匆忙忙的找房子搬家。音乐院的开办费六万元始终不给补发，加上连年内战，特别是"九一八"和"一·二八"这样的重大事变，欠发经费几乎是家常便饭。为了兴建校舍，只好邀请一些社会名流组织筹建校舍募捐委员会，东求西讨，只凑到了 10000 元多一点。直到 1934 年南京政府教育部才批准了 50000 元建筑费，分十个月发给。于是在江湾买了地皮，建起了自己的校舍。1935 年年底举行了落成典礼。也因为有了比较大的校舍，才有可能接受各省保送的师范科学生。可惜好景不长，1937 年，日本的侵略从芦沟桥扩大到了上海，江湾立刻陷入日本帝国主义的炮火之下，音专于是又来了一次更大规模也更紧急的搬家。幸亏萧友梅临危不乱，亲临现场，将图书、乐谱、乐器、教学设备、家具全部安全运送到了法租界。10 月 18 日补行开学典礼，在开学典礼上老校长仍然非常乐观，说搬家是音专的家常便饭，等到秩序稳定一点之后，还应该开些音乐会，至少可以筹到一点钱来做救济工作。11 月上海沦为孤岛，只有海路可以通往香港。1938 年暑假，萧友梅曾亲自跑到国民党政府临时所在地武汉，商量音专内迁问题。也打算在桂林设立一个分校，以便应付突发变故。结果一无所获，只好空手回到上海。音专虽然风雨飘摇，仍然继续上课，发刊杂志《林钟》，进行唤醒国魂的工作。1940 年还为一些任教十年的教师举行纪念会，颁发奖状，以示毋忘祖国。这一年汪精卫已经公开投敌，跑到南京，在日本侵略军的刺刀底下组织汉奸政府。汪逆妄图利用同盟会的老关系拉萧友梅下水。萧友梅虽然贫病交迫，仍然坚决不受汉奸的勾引，保持了崇高的民族气节。萧友梅一死，音专就给换上了南京汉奸政府音乐院的招牌。这真是古语所说的，"疾风知劲草"，越发使人认识到萧友梅是中华民族的优秀儿子。说到民族气节，还有一件事值得大书一笔的，是他拒绝接受日本侵华首相近卫文麿的弟弟近卫秀麿赠给音专的钢琴。1936 年，近卫秀麿来上海指挥上海租界工部局管弦乐队，事后曾来音专访问，并对音专学生发表演说。演说之前萧友梅对近卫表示，目前中日关系很不正常，在台上讲日本话，恐怕学生感情上难于接受。好在他们两人都是德国留学生，他建议近卫讲德语，由他担任翻译。为了表示"亲善"，近卫说他回国之后，要赠送一台钢琴给音专。不久，日本驻沪领事馆通知音专，说近卫秀麿赠给音专的钢琴已经运到上海，请音专派人来商谈交接仪式。出乎日本人意料之外的是萧友梅并不领情，复函谢绝了。

音专的课程主要是西洋音乐，但是学生差不多都要学民族乐器，平时学生还有民乐合奏的组织。这说明萧友梅并不主张全盘西化，他反对的只是民族音乐的因循守旧。他晚年还亲自开讲中国音乐史。他评价音乐作品的标准是看它是否"适合中国人的耳朵"。他认为构成音乐的要素有三，第一是内容，第二是形式，第三是演出。音乐训练的目的是使学生懂得如何将其精神、思想与情绪通过适合的形式表现出来，而且要从传统的及民间的音乐收集材料，作为创作的基础。他的歌曲一般总听得出是中国风味的，采用西洋技法也并非在于争奇斗巧。他批评与他合作写过不少歌词的易韦斋，说他的作品多失之艰涩。

他回国之后，差不多每年都有新著出版，有时还不止一种。移居上海初期，还是把年出一书定为努力目标。但是随着校务的繁忙，年龄的增长，健康情况也在走下坡路，《普通乐学》之后已经再没有专著出版，但仍不断有文章发表。他的专门著作除了前面提到的那些之外，还有《和声学》及《曲体学》，单篇印行的有合唱曲《春江花月夜》、歌曲《杨花》、大提琴曲《秋思》。此外如弦乐四重奏《小夜曲》、管弦乐曲《新霓裳羽衣舞》及不少论文与歌曲均待结集刊行。

在不少介绍萧友梅生平的文章中，都会提到萧友梅生活严肃。要想打听什么有关他的罗曼司，你准要失望。40多岁了，还过着独身生活。有朋友向他提出这个问题，他说，"我已经同音乐结婚了"。直到1932年他才同沪江大学毕业生戚粹真结婚，做媒的是音专声乐组主任周淑安。据周淑安说，她每到萧家串门，萧老太太总要找她谈这个问题，说得多了，于是从中撮合，促成了这门亲事。他俩事先毫不声张，只是悄悄地去了杭州。杭州艺专校长林风眠作为证婚人，送给新婚夫妇一幅手绘的国画。回到上海之后，也不摆酒，不受礼，只在音专邀请教职员开了一个茶话会，同大家见见面，完成了50岁老新郎的韵事。所谓50岁是虚岁，从阴历光绪九年算起，算到1932年不就是50岁了吗？萧师母是教会学校出身，教会学校的学生中间不少是基督教徒，萧师母也不例外。结婚之后，她反复劝说萧入教，萧先生却坚持说他是无神论者，不入教。这个矛盾始终不能解决，直到萧先生病情恶化到连说话都已经十分困难的时候，他还挥手示意要那个为他做忏悔祷告的牧师离开病房。1940 年 12 月 31 日凌晨，萧先生的心脏停止了跳动。他病逝在体仁医院。医院设在旧法租界辣斐德路 325 号。1931 年到 1935 年，这里原是音专的临时校舍。死前两天，他还叮嘱前来探病的人回学校去记住把钢琴课室朝外的门缝用硬纸条塞紧，以防吹进冷风，冻坏学生的手指。据萧师母说，这是他最后的遗言，正好体现了这位毕生献身于中国音乐事业的作曲家、音乐学家、音乐教育家的博大高明的精神境界。遗孤两人，长子萧勤，抽象派画家。1956 年他赴欧洲学习绘画，先后参与东方绘画协会、庞陀国际艺术运动及苏尔雅国际艺术运动的创办，并在世界各大都市举行过个人绘画展览，参加各种公开绘画展览。他的作品已被世界四十多个美术馆收藏。现在定居意大利米兰。1980 年曾回国参加萧友梅逝世 40 周年纪念会。次女雪真，有志继承父业，专攻音乐，不幸患精神分裂症，长期病卧医院。未展长才，至堪惋惜。

　　1944 年我在重庆见到故画家司徒乔，谈到萧先生，他发愿要为萧友梅画像。可是日本投降之后不久，他就去了美国。1950 年他回到解放后的新中国，等着他去描绘的重大题材太多了，他还来不及揣摩他亡友的音容，死神就已经无情地夺去了他手中的画笔。现在，这个缺憾已经得到弥补了。刘开渠同志不顾繁忙的工作和炎热的天气，最近已经完成了萧先生的塑像，不久就要浇铸铜像，赶在今年 11 月 27 日上海音乐学院 55 周年校庆的日子在校园中树立起来，为中国乐坛的一代宗师留下一个启迪后人的永久的纪念。

原载《文化史料》第 5 辑 1983 年

萧友梅生平小考若干则

近年全国各地（包括台湾）都发表过一些论述萧友梅生平行事的文章。作为近代中国拓荒性的音乐教育家，他是应该受到后代人的纪念和尊敬的。遗憾的是他本人生前很少讲到他自己的事情，也没有留下多少重要的文字资料。因此很有些问题说得不够详细，甚至还有以讹传讹的地方。现在仅就见闻所及，就若干问题略加考订如下：

一、关于出生的时间和地点

过去一说到萧友梅的生平，开头总有大致相同的一句话：1884 年（清光绪十年，甲申）1 月 7 日出生于澳门。1884 年即光绪十年，甲申，当然不错。问题是1884 年指的是公历，光绪十年甲申则是阴历。公历年初有好多天还应该算在阴历旧一年的年尾。现在就说 1884 年吧，是年元旦是光绪九年癸未十二月初四，那么 1 月7 日就是光绪九年癸未十二月初十。萧先生的生日 1 月 7 日究竟是阳历还是阴历呢？据萧淑娴同志说，他们萧家各人的生日全是根据阳历推算出来的，那么萧友梅的生日显然不能笼统地写为 1884 年（光绪十年甲申）正月七日，而应定为 1884 年 1 月7 日（光绪九年癸未十二月初十），这才符合事实。其次是"出生于澳门"的问题。产生这一说法的原因是他幼年随父寓居澳门，并在邻居一个葡萄牙牧师的家里接触到西洋音乐的故事。据他自书履历手稿说，他"在澳门居住十年"。他离开澳门是因为回广州报考时敏学堂。他自传说他当时是 16 岁，那是虚岁，时间应为 1899 年，那么他在澳门居住十年是 1889 到 1899。他是 5 岁才离开香山去澳门的，因而澳门决不是他的出生地。关于这个问题我也当面问过萧淑娴同志，她也断言是出生于香山。她还问过她的姑母，即萧先生的妹妹。她证实了萧友梅生于香山的说法。

二、孙中山匿居萧寓的时间

萧友梅把孙中山藏在自己的寓所，逃避清政府及日本警探的追捕达一个月之久，是他生平的一件大事。但是究竟在什么时候，过去一直不曾有过明确的交代。考1905 至 1911 年武昌起义这六年间，孙中山先后四次到过日本进行革命运动。1905 年从法国去日本，与黄兴、宋教仁等会晤，旋即邀约各省留学生及华侨组织中国革命同盟会，然后才离开日本去越南。第二次是在 1906 年，他从欧洲转道南洋去日本，然后再去南洋。同年秋天，又从新加坡、西贡前往日本，是为第三次，直到1907 年 3 月才离开日本前往越南。1909 年起日本接受清政府的要求，不许孙中山以日本为革命活动的基地。孙中山因此转到欧洲的法国、比利时和英国活动，并从英国去美国。到了 1910 年 6 月，才从檀香山再去日本，是为第四次。据《孙中山年谱》说，那次是"秘密潜入寓于东京，计划'久住日本，以联络北中各省为一气'。因清政府和日本政府串通一气，居月余，又被迫离开"。综观孙中山四次赴日，只有 1910 年这一次才是秘密性质的，而且 6 月到日本，7 月即去新加坡，居东京只有一个月多一点。可见孙中山匿居萧氏寓所，只有 1910 年这一次才有必要，时间长短也与传闻相符，因此也就不妨这样确定了。

三、关于留学生考试

关于留学生考试需要弄清的问题有两个：一个是考试的地点，另一个是清政府授予的所谓"学位"。过去说到这件事的时候，几乎无例外地说是在日本举行的。据《清史稿》卷一百七《选举志·学校二》有关"考验游学毕业生"的规定，是"援照乡、会试复试例，奏请在保和殿考试，给予出身，分别录用"。这里明说留学生考试是在保和殿，萧友梅在他那张背着折叠式桌椅照于香山会馆的照片后面，也注明是殿试后所摄，而且说是"以保和殿不备椅桌也"。至于"文科举人"的所谓"出身"，据上引书所载，是"酌照分科大学及高等学校毕业生章程会同钦派大臣，按所习学科分门考试，酌拟等第，候钦定分别奖给进士、举人等出身，仍将某科学样加于进士等名目之上，以为表识"。有些文章说到萧友梅考取文科举人的时候，认为普通人梦寐以求的，萧友梅却于无意中得之，很为萧氏庆幸。事实上恐怕不是这样，更多的毋宁说是"委屈"了。因为接受过"考验游学毕业生"的留学生中间有不少是中了进士甚至是翰林庶吉士的。萧友梅虽然毕业于东京帝国大学教育系，主要学的却是音乐。清政府的大学分科看起来是包罗万象，独独没有音乐这一门。他之所以没有考上进士，也许这正是主要原因。总之这不是值得庆幸的一件事却是肯定的。

四、欧战期间避居波兰问题

最早介绍萧友梅的文章说过，欧战期间他"因中德失和，避居波兰"。事实是第一次世界大战爆发之后，中国先是守中立，所以中国留德学生仍像战事发生以前一样，不受任何限制。到了1917年8月14日北洋军阀头子段祺瑞对德宣战，中国留德学生才受到交战国民的待遇。但也好像没有什么严格的管制。只是通信限在50字之内。我还记得青主那时所写的家信总是整整齐齐的50个字，字句简练到好像电报式。由于协约国的封锁，德国食品十分缺乏，已经实行定量配给而且多数是代用品。因此留学生纷纷跑到乡下直接找农民想办法。青主当时还未应博士试，只好仍住柏林，趁空去乡下弄点东西回来吃。萧友梅则因为已经考取博士学位，所以索性住到乡下去。住地为波森的布什朵尔夫，波森是德国名字，原名波兹南，是俄、普、奥瓜分波兰时割给普鲁士的一个省。1919年凡尔赛和约规定波兹南划归波兰，于是萧友梅仍回柏林居住，因为他持有的是德国居留证。他有一张在马铃薯田上扛着锄头的照片，背后注明是因为德国绝粮，特下乡实行种马铃薯。时间是1917年4月，那时中国还未对德国宣战，谈不到什么"中德失和"，所谓"避居波兰"，也是与事实不尽符合的。

以上是目前遇到的几个需要弄清楚的问题，还有些小问题如说他与戚粹真结婚是在1933年，大家都曾经认为是不错的。去年萧勤回国参加萧先生逝世40周年纪念活动之后，清理先生遗物，发现一幅林风眠的绘画，上款写明是贺萧戚新婚的，时间题为1932年，可见1933年的说法实是传闻之误。说到这里觉得还有一件事值得提一提。萧师母是基督教徒，结婚之后屡次提出要萧先生入教。萧先生却说他是无神论者，虽然承认信教自由，自己却是决不入教的。听淑娴同志说，直到病危之际，他仍然拒绝萧师母延请牧师为他作忏悔祷告的建议。这也算是表现了萧先生耿直的性格的一个侧面吧。

原载《群众音乐》1981年第10期

萧友梅先生传略

　　先生名友梅，字思鹤，又字雪朋。生于 1884 年 1 月 7 日，原籍广东省香山县（今中山县）。童年跟随父亲寓居澳门，读书是进的私塾，澳门颇有名气的灌根草堂。他旧学之所以有相当的根底，无疑是应归功于这一段时间的学习。特别值得一提的是决定他终身事业的最初的音乐经历，却是来自他家隔壁的一个葡萄牙牧师。这个牧师家中有一台风琴，引起了这个儿童对西洋音乐的兴趣。他自己后来说，他听了风琴演奏之后，"羡慕不已，然未有机会学习也"①。

　　1898 年，广州第一所洋学堂时敏学堂开始招生，他即返广州报名入学。时敏学堂的课目有国文、历史、地理、格致、算学、图画、唱歌、体操等等，却没有做官捷径的"八股制艺"。如果联系到当时北京京师大学堂的课堂设置依然是诗、书、礼、易四堂及春秋二堂，并没有摆脱旧式书院的格局，那么，时敏学堂真应该算是走在时代前头的洋学堂了。② 1901 年时敏学堂第一届毕业生十人在堂长（校长）邓家仁率领之下远赴日本留学，萧友梅可能也是这批留学生之一。

　　萧友梅留日期间，先是在东京音乐学校唱歌科毕业，后又转入东京帝国大学文科教育系，并在东京音乐学校专修钢琴。他是自费留学生，家庭经济并不宽裕，因此他经常担任留学生翻译工作，借以获得一些生活费用的补助。

　　1909 年他在帝国大学毕业，遂应清政府在东京举行的留学生毕业考试"中式"文科举人。在此之前（1906 年），他已经由孙中山介绍加入同盟会。由于他那音乐学生的身份，政治色彩比较淡薄，不会引起警探的注意，他的住处因此成为孙中山、廖仲恺、胡汉民等人集会的地方。后来孙中山的革命活动越来越积极，影响也越来

---

① 自书履历手稿。
② 慕容业：《羊城话旧·最早的学堂——时敏学堂》，稿存广东省文史馆，待刊。

越广泛，清政府于是下令通缉"孙文"，派出密探在东京侦查孙中山的行动，并通过日本政府协力查拿。孙中山这时真是步步荆棘，最后是躲藏在萧友梅的卧室，饮食生活全由萧友梅包下来，同时由萧担任与外间革命活动的联系。这样过了一个月才转移到安全地点。萧先生这种为革命甘担风险的精神，极受孙中山的赞赏。

1910 年萧友梅学成返国，任北京学部（教育部）视学，取得了掩护革命的合法身份。一年之后就爆发了敲响大清帝国丧钟的武昌起义。

1912 年孙中山在南京就任中华民国临时大总统，萧友梅做了总统府秘书。孙中山辞职之后，萧回广东任广东省教育司（教育厅）学校科科长。当时的司长是钟荣光。比较新的措施有提倡男女同学、体育、军国民教育等等。是年 10 月，萧友梅得到教育总长蔡元培发出的官费留学的通知，再一次出国留学，而且是去德国。

日本音乐教育是以德国为蓝本的。萧友梅本不以留学日本为满足，这次他决定去德国留学，才算是达到了探本溯源的目的。既然他是以音乐为主科，目的也就选定了莱比锡，因为莱比锡有门德尔松创办、舒曼夫妇任教的音乐学院和布帛馆音乐会。他在莱比锡也像在东京一样，同时兼读两个学校：莱比锡音乐学院和莱比锡大学。当时在两校任教的有当时德国的乐坛泰斗里曼、谢林等等。1916 年春，莱比锡音乐学院课程修毕，随向莱比锡大学提出博士论文《中国古代乐器考》。7 月，大学通过授予哲学博士学位，主持口试的是里曼。那时第一次世界大战正在激烈进行，交通阻断。他既不能返国，于是再到柏林大学听课，课目真是包罗万象，计有哲学、教育学、伦理学、儿童心理学、音乐美学，并参加音乐学课堂讨论。但他还不满足，再进柏林施特恩音乐学院①研究作曲、配器、指挥及古谱读法。1920 年才终于登上返国的航程。

返国之初，他任北京教育部编审员，兼任高等师范学校附设实验小学主任。1921 年北京大学校长蔡元培聘请他为北京大学讲师。他的主要工作是扩大原有的音乐研究所的规模，改为音乐传习所，主讲和声学及音乐史，同时组织管弦乐队，自任指挥，面向社会。中国第一次有了中国人自己组织的初具规模的管弦乐队，介绍了西洋的古典音乐。他根据白居易《霓裳羽衣舞歌》的描写探索霓裳羽衣舞的结构，写成一首器乐曲《新霓裳羽衣舞》，即由这个乐队首次演出。

1920 年北洋政府接受章太炎的建议，采用古歌《卿云歌》作为国歌歌词，征求曲

---

① 施特恩音乐学院，1850 年施特恩与库列克及马尔克斯联合创办。初名"歌唱、钢琴、作曲音乐学校"。1852 年改名音乐院。1857 年以后施特恩单独领导该校，改名为"施特恩音乐学院"。它是柏林保存到今天的第一所音乐学院。1936 年改名"首都音乐院"，1945 年起称为"柏林市立音乐院"。

谱。评选结果，萧氏的作品获得国务院的通过定为正式的国歌。在此两三年间，为了适应教学的需要，他陆续写了不少配有钢琴伴奏的歌曲，编集成书的有《今乐初集》及《新歌初集》两种，在商务印书馆出版，是为 20 世纪中国艺术歌曲的先河。

在他 1921 年到 1927 年担任北京大学讲师的同时，他还兼任北京女子高等师范学校及北京女子大学音乐科主任。1926 年起又兼任北京国立艺术专门学校音乐系主任。北京女子高等师范学校原先是音乐与体育合为一科的，经他提议，音乐与体育才分为两种，音乐教育从此才比较带有专业性质。先是，1920 年年底，他已经向北京教育部提出创办独立的音乐学院的建议，可是他虽然一次又一次提出建校计划，却始终未被采纳。直到 1927 年，由于得到那位主张"以美育代宗教"的蔡元培先生的支持，才终于实现了他梦寐以求的愿望。1927 年 11 月，中国第一个音乐院在上海诞生了。

音乐院成立之初，由蔡先生兼任院长，萧先生是教授兼教务主任，事实上一切行政事务也由他承担起来。他要用每月区区 3000 元（一年后加为 5000 元）的经费办尽可能多的事情。经过他苦心经营，学校总算站稳了脚跟。先是音乐院成立不久，蔡元培即任萧为代理院长，明年暑假正式聘任，但他谦让不就。1929 年 6 月，忽然发生了一次风潮。起因是学校宣布，学生暑假留校住宿一律要交 8 元宿杂费，引起了家在外地、暑假主要住校的学生的反对，于是学生会决定罢课。本来这样的问题是不难解决的。不幸的是有人希望风潮闹大，闹到学生跑到南京去请愿，以便趁机把萧友梅赶下台。结果弄到萧友梅辞职，音乐院停办。恰巧是年 8 月南京教育部公布《专科学校组织法》，依照这个组织法的规定，上海音乐院和杭州艺术院都要改为专科学校。这样一来，原音乐院的学生要凭音乐专科学校所发的开学通知书才可以来校注册。没有收到通知书的"闹事"学生就等于被开除了学籍。萧友梅受聘为音乐专科学校的校长。

改组后的音乐专科学校比大学降低了一级，当时杭州艺术院与上海的音乐院都坚持艺术是一门须要刻苦钻研的学问，决不同于传授一般技术的学校，要求改称学院，但是没有成功。这时黄自已经自美国学成归来，萧氏当即聘他为教务主任。由于师生的共同努力，教学水平迅速提高。学生除了在校内经常举行汇报性演出之外，还定期假座公共礼堂举行比较大型的音乐会，受到社会的好评。具有典型意义的是查哈罗夫在一次校庆宴会上的发言。查哈罗夫原任彼得格勒音乐学院钢琴教授，后来同他的夫人、小提琴家汉森出国演奏。在上海开过音乐会之后，汉森继续她的演奏旅行，他却留住上海，并受聘为音专高级钢琴教授。他在那次宴会上说，当萧先生找他来校任教的时候，他曾不客气地说，中国音乐学生好比刚刚出生的小孩，用得着他去教他们吗？可是上课不久，他就发现自己的估计错了。他断言："中国学生很有才能，这样的学生给我带来极大的快乐。我愉快地承认我当初估计的错误。"

为了扩大影响，并为全校师生提供发表创作和研究心得的园地，萧先生与商务印书馆订约刊行《乐艺》季刊，音专丛书也在商务印书馆陆续出版。

"九一八"事变消息传来，音专师生群情愤激，萧友梅支持学生走出校门，进行募捐宣传，出版抗日的歌曲专刊，举行鼓舞敌忾的音乐会，他本人也谱写了抗日歌曲。

针对当时国内音乐师资缺乏的情况，音专特别设立师范科。事实上许多学生没有等到毕业就已经在外面担任教师。由于中国社会发展的不平衡，大城市与内地生活条件的差别是很大的。学生中有相当一部分不愿意到内地工作。他因此通过教育部发函到各省教育所，要他们保送学生若干人来音专上学，毕业后仍回原地方工作，以便发展边远地区的音乐教育。这在旧中国来说可以说是一个创举。

他的办学方针，遵循蔡元培的"仿世界大学通例，循思想自由原则，取兼容并包主义"[1]。但是总的来说，他的思想还是倾向保守的。他所要求的是艺术上相对的独立性。

音专的课程主要是西洋音乐，民族音乐只有琵琶、笙、笛、二胡等等。但是萧友梅的本意并不是全盘西化，他反对的是民族音乐的因循守旧。他刚从德国回来，即参加国乐改进社的工作。他评论音乐作品的时候，常说的一句话是看它是否"适合于中国人的耳朵"。这句话曾经引起音专当时一些洋教师的反感，他们强调音乐是国际语言，何必管它适合不适合于中国人的耳朵。但是萧友梅始终坚持他的主张，他要求中国人的音乐作品必须有中国风味，他非常赞赏丁西林和赵元任的笛子改革。至于他心目中的所谓"国乐"，主要之点不在于形式而在于内容。他认为构成音乐的因素有三，第一是内容，第二是形式，第三是演出。音乐训练的目的是使学生懂得如何将其精神、思想与情绪通过适当的形式表现出来，而且要从传统的及民间的音乐收集材料，作为创作的基础。[2] 他还曾向南京政府提议派遣留学生出国学习乐器制造工业，结果又好比泥牛入海，毫无消息。

---

[1] 《蔡元培选集》179 页，中华书局 1959 年版。
[2] 鸿倪：《萧友梅先生五年祭》，《文章》杂志创刊号，1946 年 1 月出版。萧友梅曾于 1938 年夏天亲去武汉国民党政府临时所在地，要求音专内迁，结果是空跑一趟，他只好返回上海。1940 年汪精卫叛国投敌，在南京组织伪政府之后，上海环境更加险恶，汪精卫妄想拉他下水，他虽然贫病交迫，始终不受汉奸的勾引，维护着那风雨飘摇的音专，保持了崇高的民族气节。

　　从音乐院到音乐专科学校不到五年的时间差不多年年要搬一次家。自己没有校舍，南京政府答应的建筑费一直拖延不发。萧友梅没有办法，只好向社会募捐，东求西讨，只弄到 10000 元多一点，直到 1934 年南京政府才批准了 50000 元建筑费，而且是分十个月发给的，但是总算有了着落了，于是在江湾买了地皮，造起了自己的校舍。但是两年之后，"八一三"上海抗战开始，江湾新校舍即陷入炮火之中，于是又搬到法租界继续上课。11 月，上海沦为孤岛。

　　1940 年深秋，他忽患感冒，体温时高时低，身体非常衰弱，不得不住进医院。医院是属于低廉的那一级，他的住房又属于医院中低廉的一级。只要有人来看他，他就絮絮叨叨地询问学校的事情。死前两天他还担心钢琴课室朝外的门缝会吹进冷风，影响学生的弹琴，吩咐探病的人回去用硬纸条把门缝塞紧，堵住冷风。据萧师母说，这是他最后的遗言，到了第二天深夜，他的病情突然恶化，延至 1940 年 12 月 31 日凌晨，这位辛勤创业的音乐教育家在熹微的阳光中停止了心脏的跳动。

　　他的著作除了上面提到的那些之外，还有《普通乐学》《和声学》《曲体学》及唱歌、钢琴、风琴、小提琴教科书。单篇印行的则有合唱的《春江花月夜》、歌曲《杨花》、大提琴曲《秋思》等。

原载《音乐艺术》1980 年第 1 期

李叔同的实心眼及其他

　　每一个人，特别是艺术家，都有他特有的个性。至于个性非常突出，突出到值得收入《无双谱》的音乐家中间大概李叔同可以算是一位。据陈田鹤听他上海美专的老师说，李叔同初学钢琴的时候，因为手很小，大拇指和小指张开来还按不到琴键的八度，怎么办呢？李叔同于是割开他的虎口，借以拉大手指之间的距离。曾国藩说俞曲园是"拼命著书"，李叔同就不愧为拼命学琴了。从这件事可以推想李先生实心眼是到了什么程度。这种实心眼可以说是贯穿他一生的行事。谓余不信，听我道来。

　　李叔同做事非常认真，认真到欧阳予倩认为他的脾气是"异常的孤僻"。那是有一次他约欧阳予倩早晨 8 点去看他。当时欧阳予倩住在东京牛込区，他住在上野不忍池畔，路相当远，要坐电车，等候电车又不免耽误些时间，所以他到达李叔同的住处，已经是八点零五分钟。这可惹恼了李叔同。他门也不开，只从楼窗探出头来说，你已经过了 5 分钟，我已经没有工夫了，改天再约时间吧。话一说完，窗门砰的一声随即关上。欧阳予倩只好废然而返。

　　有一次夏丏尊在一本日本杂志上看到一篇关于断食的文章，说断食是身心更新的修养方法。因为断食能使人除旧换新，改去恶德，生出伟大的精神力量云云。夏丏尊觉得这篇文章蛮有意思，便告诉李叔同。李叔同也好奇地拿了去看。看过之后，他俩还谈过这个问题，还说过有机会最好试一试的话。但是夏丏尊没有当真，李叔同却真的去试了试。那是一年之后的年假。按照历年的惯例，他是回上海过年的，不过这一次假满之后再过了两个星期他才回学校来。问他干什么去了，他说是去虎跑寺断食，并没有回家。为什么一声不哼呢？他笑对夏说："你是能说不能行的，并且这事预先教别人知道也不好。旁人大惊小怪起来，容易发生波折。"这一次的断食，也可以说是他披剃出家的前奏。他出家的时候还把上海名妓朱雁影、李萍香从前亲笔绘画题诗送给他的扇面（后来他特意装成卷轴）交给夏丏尊代为保存，可见他虽然出家，对于过去的一切尘缘还是有点未能忘情的吧。

他出家之后，初奉净土宗，后来专修律宗。他法号是弘一，人称"弘一法师"，又因他是专修律宗的，所以又称"弘一律师"。我们可不能望文生义，以为出家人还会帮人家打官司呢。律宗以持戒为主，他持律很严，遵守律宗戒律，每天只吃两顿，过了中午就什么东西也不吃。为什么不吃呢？据说，凡是打入饿鬼道的饿鬼，过了午时就从地狱里放出来，让他们看别人吃东西，自己却不准吃一点，算是活受罪。律宗午后不吃，是免得增添饿鬼的馋劲，减少他一点痛苦。同情及于饿鬼，真要讴歌我佛慈悲了。

还有一件事充分显示出李叔同的实心眼的是他出家之后曾经答应开明书店写一批常用字，准备制成铜模，以便浇铸铅字，排印书籍。当时上海有些印刷所是这样做的，整本书用楷体字排印出来，的确别有风味。可是他写了一段时间，忽然不愿意继续写下去了，最主要的一个理由是女部有些字（如婬奸等等），尸部有些字（如屎屁等等）都是出家人不应当写的。他的持戒真可谓严极了。说起写字，"文化大革命"以前我曾在琉璃厂收到了他的一幅篆书立轴。大概是物以稀为贵吧，价格竟比章太炎、严复的法书还要高。但是我还是买回来了。不料史无前例的罡风一刮起来，它也同样的遭了劫。冤哉枉也！

他青年时代是颇有用世之志的。康有为领头搞公车上书，组织强学会，都使他心向往之。他因此刻了一个图章，"南海康君是吾师"。他之所以从天津迁居上海，原因之一是当时有人说他是康党。1905年他去日本留学时填的那首《金缕曲》也显示出当时新党的文风："二十文章惊海内，毕竟空谈何有？听匣底苍龙狂吼。长夜凄风眠不得，度群生那惜心肝剖。是祖国，忍孤负！"1910年他学成归国，1912年参加柳亚子为首的南社，虽然已在辛亥革命之后，他的作品还是充满激昂蹈厉的气概。例如那首《满江红》："……看囊底，宝刀如雪，恩仇多少？双手裂开鼷鼠胆，寸金铸出民权脑。算此生不负好男儿，头颅好。……魂魄化成精卫鸟，血花溅作红心草。看从今一担好山河，英雄造。"这样一位悲歌慷慨的诗人后来怎么会出家做和尚的呢？是不是太矛盾了。我以为这也是正由于他的实心眼。试算一算他出家前那几年中国的政治局面：二次革命失败，袁世凯称帝，张勋复辟，军阀混战，哪一个关心国事的志士仁人不为此痛心疾首。就正在他开始茹素，挂念珠，看佛经，挂佛像的1918年初，周恩来在日本也有过"苦海无边，回头是岸，不如排弃万有，走那'无生'的道儿"的想法。不过周恩来"闹了多少日子，总破不开情关，与人类总断不绝关系，……哪能够再学达摩面壁呢？"李叔同之所以从茹素等等发展到正式披剃出家，正是他看不到出路的结果。既不愿同流合污，又缺乏回天之力，那就只好看破红尘，遁入空门了。有人说过，假如李叔同经历了五四运动，也许就不会出家了。也许是吧，不过"假如"是不能据为定论的。

李叔同早年，正如姜丹书《弘一律师传》所说的，"年少翩翩，浪迹燕市，亦曾走马章台，厮磨金粉，与坤伶杨翠喜、歌郎金娃娃、名妓谢秋云辈以艺事相往还"。他那首《金缕曲·赠歌郎金娃娃》就明说是"奔走天涯无一事，问何如声色将情寄。休怒骂，且游戏"。关于他这一段的浪漫生活，一般是不大提它的，似乎是怕损害了他高洁的形象。事实上倒是不必要的。历史上的民族英雄文天祥，小说里的女优泰伊思，都曾经有过一段风流倜傥的生活。《宋史·文天祥列传》说："天祥性豪华，平生自奉甚厚，声伎满堂。"全祖望《鲒埼亭集》也留下"文山尤不羁，留情声色"的话。到了国难临头，他就散家财作军费，招集兵马抵抗元兵。兵败被执，他写下了《正气歌》和《衣带赞》然后从容就义。女优泰伊思是法朗士的长篇小说，也是马斯内据以改作歌剧的女主角。音乐界的朋友差不多都欣赏过那一段《默想》的。她本来在亚历山大府过着妓女般的生活。在高僧点化之下，她恨恨地毁坏了她在俗时候的衣饰，从此静心修行。到了那位高僧为她那优美高雅的风度弄得神魂颠倒，最后跑到泰伊思那里准备向她表白他对她的热恋的时候，泰伊思已经气息奄奄，自称看见了天国了。

拿泰伊思来做比较，是不是亵渎了弘一法师呢？鲁迅先生不云乎，关于泰伊思这样一个典型人物，"其实也何可厚非，她在俗时是泼辣的活，出家后就刻苦的修……我宁可向泼辣的妓女立正，却不愿意和死样活气的文人打棚"（"打棚"是上海话开玩笑的意思，读如 dangbang）。也许这样看才算是看到了李叔同的完整的人格吧。

艺术上李叔同真不愧为多面手，诗词、音乐、绘画、书法、篆刻，无一不能，而且都有相当的造诣。孙过庭云："虽专工小劣，而博涉多优。"本是为书法立论的，李叔同则更从书法发展到艺术的各个方面。然而一个人的精力究竟有限，所"涉"太"博"，便难免顾此失彼，所以他虽然"博涉多优"，结果是各个方面都达不到"大家"的水准。即以书法而论，他出家之后，音乐、绘画等等都放下了，写字还是一直不断的，而且广结善缘，有求必应。但是与并世书家比较起来，恐怕还是得承认"稍逊一筹"的吧。

最后还有一个小小的问题不妨补说几句。李叔同的籍贯一般说是浙江平湖，主要根据是李叔同参加 1902 年在杭州补行庚子科乡试所填的籍贯："祖籍浙江平湖。"李叔同在杭州浙江两级师范任教时在履历表上所填的籍贯也是浙江平湖。故老相传，科举时代为了居住或人事条件的便利，应试的学子是可以改报籍贯的，甚至于有人瞄准了某一县应考人数少，录取机会多，便冒充该县人氏以便钻个空子的。李叔同说是祖籍平湖，因而可能是空言无凭的。前两年《钱江晚报》徐星平的文章所说的"李叔同的祖籍是山西，籍贯应是天津"，是他查阅了中国第一历史档案馆同治四年（1865 年）乙丑科会试题名录，李叔同的父亲李世珍的籍贯是"直隶天津府天津县"。作者又走访了天津李家的后裔，据李世珍姨太太生前的陈述，李叔同的侄孙女李孟娟及李叔同的次子李端，李家账房徐耀廷的孙子徐广中的回忆，一致认定李家是从山西省洪洞县迁来天津的。天津市郊宜兴埠及张兴庄共有李家三代的坟墓 20 余座，结论于是成为"祖籍山西，籍贯天津"。但是山东的《音乐小杂志》徐恭时的文章又对此提出异议，列举了许多李叔同早年的签题都自署为"当湖某某"。据《中国古今地名大辞典》，"当湖在浙江平湖县东门外，名东湖，亦名鹦鹉湖……湖中有二洲，大者曰大湖墩，墩上建有弄珠楼，登楼远眺，全湖在目，今辟为公园……"。李氏自称当湖某某，盖即以当湖代表平湖。可见李叔同一直自认为平湖人。因此，李叔同的籍贯，在还没有红学家式的考证可以据为定论之前，似乎不妨这样说：祖籍浙江平湖，寄籍山西洪洞，到了他的祖父（？）开始定居天津。他之所以喜欢自称祖籍浙江平湖，除了爱慕江南风物之外，也许也是"报本反始"思想的一种表现吧。

原载《中央音乐学院学报》1990 年第 2 期

略谈青主的生平[①]

　　50 年前，亦即 1929 年，青主写成了他的《乐话》。这本书当时是准备在上海 X 书店出版的。X 书店是以音乐为主的出版社。有一家在南洋开设的书店看见《毛毛雨》风行一时，良友图书公司的美国电影歌曲销路也很好，以为歌曲是有利可图的买卖，要 X 书店委托他们做南洋一带的总经售，每种乐谱包销 1000 份。合同订了之后，X 书店真是满心欢喜，以为这样一来，乐谱可以大印特印，不愁没有销路了。哪里知道，X 书店出版的是舒伯特、舒曼……等人的歌曲，创作歌曲则是华丽丝、青主的作品，既不同于《毛毛雨》，也不是如美国电影歌曲一类的流行歌曲，真所谓“曲高和寡”，买者寥寥无几。那家书店于是悍然废约，X 书店又鞭长莫及，只好自认晦气。可是乐谱已经大量印出来了，制版、印刷的本钱收不回来，结果是关门大吉。《乐话》当然出不成了。然而幸乎不幸乎，《乐话》后来作为音专丛书之一从站不住脚的小小的 X 书店转到分店遍及全国各大中城市的商务印书馆去出版，它的影响无疑是远远地扩大了。光是当时的音乐出版物甚至音乐会节目单上就经常可以看到一些有关音乐的语录，这些语录又多数是来源于《乐话》。可见看过这本书的人是比较多的。

　　如果一本书出版了，没人理会，随它自生自灭，那也罢了；既然它有一定的影响，那么人们也就有责任也有权利对它进行评论。《乐话》这本书的主导思想是唯心主义的，艺术至上主义的，它宣扬了音乐是“上界的语言”的观点，把音乐说得神乎其神，玄之又玄，它之受到严正的批评，那是理所当然的。不过话又说回来，天下的事情并不总是那么简单，这里有必要说一说作者当时的处境。1929 年，他还是国民党政府通缉的政治犯，用他自己的话说是“亡命乐坛”。他对革命失掉了信

---

　　① 　青主（1893—1959）原名廖尚果，作者的家兄。音乐学家、作曲家。

心，又不甘心同流合污，因此走上了音乐的道路，以为这样就可以避免接触政治。然而谈起音乐，他却要音乐引他的灵魂"完全超出物质之上，到虚无缥缈的上界去"，因为"它是精神，但是它却需要时间的调节；它是物质，但是它有离开空间的可能"（海涅）。他虽然引的是海涅的话，海涅又曾经和马克思交朋友，可是这段话却是一点马克思主义的气息也没有的。中国有一句古语说："穷则独善其身"，这正是他"亡命乐坛"的主观愿望。既是独善其身，又能逃避斗争，从十字街头躲进了象牙之塔，对他自己来说，算是收到了相当的效果。由于他以"为音乐而音乐"的音乐家的身份出现，居然感动了那位主张"以美育代宗教"的蔡元培先生——同时也多亏萧友梅先生在敲边鼓——帮他取消了国民党政府的通缉令，他才又恢复姓廖，在社会上公开露面。但是内心总是充满矛盾的，这种矛盾贯穿了他的后半生。

他从小爱好音乐，做学生的时候，每当整队游行，他总是吹起"洋号"，走在前头，平时是学生中间教唱歌的"小先生"，更喜欢直觉地谈论乐理，分析歌曲结构，摸索作曲规律。但是总的来说，他青年时代特别关心的，还是摸索救国图强的道路。他对于康梁变法已经不感兴趣了，他更喜欢阅读的是同盟会在日本出版的《民报》以至幸德秋水的社会主义的著作。我小时候还翻出过他在黄埔陆军小学的课堂作业来看，其中有一篇是说面对列强侵略的割地狂潮我国应如何自处的，他洋洋洒洒写了二十来张的方格纸，结论是：要救中国，只有破坏。当时的所谓破坏，即指革命。革命这个词在古书上是以为王者受命于天，所以革命是指王者易姓，改朝换代。革命作为 Revolution 的意译，则是从日本引进的。阅卷的老师的批语，认为他这篇作文是"天惊石破，言人所不敢言"。可贵的是那位老师并没有把他出卖，向上级告密请赏，只是在批语的末尾说他的言论是"过激"，为自己留一条辩解的后路。到了 1911 年 10 月，亦即武昌起义打响之后，他就趁一个星期六放假离校的机会，直奔香港，转赴汕头，会合当地起义部队扛着枪枝进攻潮州知府衙门，亲手把那个陈知府毙了，因此获得了一块银质的"革命军功牌"。

1912 年他以民国功臣的资格参加留学考试。原定的目的是去德国学陆军。由于中国当时的驻德公使是北洋政府派出去的，歧视南方国民党政权的留学生，而学陆军却必须由公使馆正式介绍。他学陆军的希望落了空，这才改学法律。德国大学生是以自由著名的，你高兴听什么课就可以去听什么课，他爱听的则是哲学和音乐。旧式大学的讲座一般是讲唯心论的，加上他早年受到老、庄思想的熏染，唯心主义在他头脑里是扎了根的，遇到了适当的气候就会冒了出来。这一点在《乐话》里面，在他的诗集《诗琴响了》里面也同样可以看得很清楚。

对待新鲜事物他一般是相当敏感。大革命时期他通过邓演达的关系进入黄埔军校工作。邓当时是黄埔学校的教育长，从德国带回不少马列主义的经典著作，让他随便带回家去看，而且看过了就写文章。一写文章就大量引用马克思、列宁的名言做他立论的根据。邓演达对他当然很欣赏，可是有些老朋友看见他那个样子，实在是左得够呛，不免劝他注意点策略，话说得温和一些，他的答复却是一句话，隐瞒自己的观点是可耻的。那已经是"中山舰事件"之后。当然，他也并不是不知道右派要翻天。1926年8月，邓演达派他去日本，争取日本舆论支持中国革命。当时他并没有具体告诉我什么事情，只是他返国之后日本朋友寄给他的一本杂志上看到他的一篇阐述孙中山三大政策的公开讲演纪录稿。这是考虑到北伐军已经逼近武汉，照当时的士气看，直捣北京不是没有可能，外交活动应该及时跟上去，所以有那次访日的安排。10月间他回到广州，问当时总政治部的广州留守主任孙炳文同志广州形势如何，孙炳文同志劈头一句就是：那帮浙江佬最讨厌，尽在捣鬼。原来国民革命军总司令部仍然设在广州，北伐军只设一个行营处理日常事务。总司令部各处处长多数是蒋介石的同乡，哪里会做什么好事情，所以孙炳文同志说他们捣鬼。

关于广州，鲁迅刚到广州就尖锐地指出：广州可以做革命的策源地，也可以做反革命的策源地。鲁迅能够观察到，身处其境的政治部当然也会观察到。也许是十月革命纪念吧，记不清楚了，政治部出版了一本纪念小册子，青主负责编辑，扉页上刊出他翻译的一首歌曲，题为《四面敌人》，歌词是这样的：

> 四面敌人，四面敌人。
> 对这些封豕长蛇，
> 用不着我们害怕。
> 害怕什么！害怕什么！

原作可能是在德共机关报《红旗》上刊载的。他之所以选刊这首歌，无疑是有感于当时左右派的矛盾渐趋尖锐的形势。不久就是新年，为了给新年联欢会上增加一点革命的气氛，他集合政治部工作人员教唱《国际歌》。他吹起他随身携带的长笛来领唱，必要时又挥动他的长笛权当指挥棒，那股狂热的劲头的确是感染了不少人。照当时通行的说法，管这种狂热叫做"感情革命"，热起来可以像李白所说的那样"一拳椎碎黄鹤楼"，缺点是不能持久，缺乏鲁迅所反复强调的"韧性"。因此一到革命形势发生逆转的时候，他就悲观失望，幻想有什么既不反动，又不激烈的第三条道路，结果自然使他倾向于邓演达的"第三党"。

广州暴动震动了全国。当时起义的武装主力是第四军的教导团，叶剑英同志是第四军的参谋长兼教导团长。青主在第四军的职务是政治部主任，加上他一年前访问过日本，香港、上海的报纸都是有过报道的。于是旧事重提，反复引用汪精卫给他加上的"著名共党"的头衔，说他被薛岳扣留了，黄琪翔去保他出来都没有成功。事实上第四军政治部的确有不少工作人员参加了广州起义，在国民党反动军队反扑广州的时候惨遭杀害。所以当他跑到上海，去音乐院找萧友梅的时候，萧先生对他说的第一句话就是："你是人还是鬼!?"原来萧先生已经在报上看到他被捕的消息，一些老同学还商量过进行营救的办法，他们一致认为具备这一条件的只有朱家骅，可是朱家骅却认为证据确凿，无能为力，因此他们都以为这一下是完了。现在他居然来登门拜访，怎能不使萧先生又惊又喜呢？也就是这一次的会见开始了他"亡命乐坛"的生活。

在编辑《乐艺》期间他为了写一篇关于作曲手法的文章，翻阅了不少有关这方面的著作，真是吃饭也谈这个问题，喝茶也谈这个问题，我曾经有点开玩笑似的对他说，你可真像是瓦格纳那样啊。他听了点头一笑，说道，真是这样了吗？说实在的，这并不算是一句好话。当然，比喻总是跛脚的，就才能而论，他根本比不上瓦格纳。瓦格纳在革命失败之后，还写有关艺术与革命的论著，而且公开表明了犯忌的观点，不怕用共产主义一类的字眼，他却写出《乐话》一类的文章，逃到虚无缥缈的上界。但是瓦格纳一个大转弯，变为宫廷的宠臣，把自己说过的话忘得一干二净，他却矛盾苦闷，写"月暗朱楼频怅望，城高白帝欲何之"一类的无题诗；给《我住长江头》谱曲，寄托他对老战友的怀念；借翻译海涅的关于国王与刽子手的叙事诗来哀悼邓演达；写献给孙炳文的挽诗；写《易水的送别》，一唱到"风萧萧兮易水寒，壮士一去兮不复还"，就不由你不联想到北伐时期一幕又一幕悲壮的场面。1944年在桂林田汉主持的为柳亚子祝寿的大会上，他站起来做了长篇的发言，一面颂扬了柳先生坚持原则，不畏强暴的精神；一面又引述了流亡苏联的德国反法西斯诗人贝希尔的十四行诗《摩拉将军》，对那位法西斯将军极尽嬉笑怒骂之能事，说在他身上只有那套军服像个人样。听的人都明白这是影射蒋介石。他就是这样在矛盾的夹缝中过日子。记得有一个晚上他从宴会上回来，我给他开门。也许他在回家的路上想起了什么吧，进门坐定之后，他立即感慨地说，一个人年纪大了，一事当前，从利害上考虑多，从是非上考虑就比较少了。我当时对他说，也许是吧，利害问题要考虑，又不能完全不管是非，像陈公博那样就太不像话了。他一听，几乎跳了起来："陈公博！狗彘不食其肉！那是不可饶恕的堕落。"

他同瓦格纳还有一点共同之处，那就是爱排场。房屋的布置，生活的安排，都有一番讲究，过不了清贫的生活。音专的工作是比较清苦的。通缉令一取消，他可以自由活动，于是改善生活免不了提上日程。去南京做官他是不干的，这是他的信条，所谓"有所不为"。经过老朋友的商量，他进了航空公司，算是超然于政治之外。只有当抗战开始之后，他不甘心这样混日子，又想在政治上有所作为，对抗战尽一份力量。找谁呢？邓演达已经死了，他只好去找李济深。但是李济深能够做些什么呢，他本人就郁郁不得志，只好从田汉的赠诗"西南百万攀辕手，李广何须叹数奇"得到一点安慰，对青主自然是爱莫能助，最后只能利用他特殊的地位给他安排一个挂名的职务，按月拿一份薪俸。由于他放言高论，又不时接到特务冒名的所谓"杀狗团"的恐吓信。

为了排除心情的苦闷，他喜欢读陶渊明和苏东坡的作品，他也真的像陶渊明那样试图"守拙归田园"，他也曾对我复述了苏东坡寄苏子由的《沁园春》里面的一段话："用舍由时，行藏在我，袖手何妨闲处看。"但是封建时代文人还可以"赋闲"，因为家里多少总有几亩田和一间老屋；资本主义社会可不行，因为房租必须按月交付，开门七件事也无一不是现钱交易。怎么办呢？最后我向他建议，还是去同济大学教书吧。他同意了。为了自选教材，他叫我把我历年收存的《国际文学》德文版搬给他，希望通过这些反法西斯的文学作品让学生多接触一些正统以外的德国文学，以便看到课堂以外的广阔的天地。教书生活从此成为他晚年的归宿。

原载《人民音乐》1980 年第 4 期

纪念青主百岁冥诞

1893 年 6 月 10 日（清光绪十九年四月二十六日）青主出生于广东省归善县（民国改称惠阳县，现为惠州市）一个书香人家。可以毫不夸张地说，他是一个神童。能说会道，读书过目不忘。家父是教书先生，觉得这个儿子不比寻常，于是下大功夫亲自教他。父亲对儿童教育有他特别的见解。他不教《三字经》《千字文》，也不教《论》（语）、《孟》（子）、（大）《学》、（中）《庸》，认为空洞的议论孩子不易接受，他要孩子读《左传》《战国策》和《诗经》。从一桩桩的历史故事，给孩子提供学习的榜样，同时又读到好文章。青主旧学的根底就是这样从小打好了的。

惠州开始办中学，青主是最小的学生。中学没有毕业，父亲就送他去广州工业学校。当时的工业学校有日本教员，他很快就学会日语。当时日俄战争结束还不太久，这是亚洲国家第一次打败了欧洲强国，被认为是一件大事，根本不懂得什么帝国主义战争的道理。他喜欢找日本教师讲述日俄战争的故事，而且认为学习军事才是救亡图存的捷径，于是又从工业学校转入陆军小学堂。

陆军学堂里面有不少孙中山的信徒如邓铿之类。邓铿随时留意学生中的革命种子，自然，看中了这个能言善辩的廖尚果，常常鼓励他要考个第一名。廖尚果却俏皮地说："第一名已经有邓演达，不用再找我了。"

他不希罕考个第一名，闹革命却不肯落在别人的后面。陆军学堂创立的本意也是为了应付强敌的，但是目的只限于自强御侮，根本上还是为清王朝服务的。由于孙中山领导的同盟会已经发展至相当大的规模，邓铿等人先后打入陆军学堂，廖尚果当然是他们的发展对象。廖尚果少年气盛，正是所谓的初生之犊不畏虎。有一次老师出了一道作文题，说是国势阽危，列强环伺，吾人当何以自处。他于是洋洋洒洒，一口气写了二十来张作文纸，结论是"则破坏是已"。这个破坏的含义用我们今天的话说，就等于是打碎国家机器，意思就是革命。革命这个词首先是日本报纸用来称孙文这伙"乱党"的，当时在国内还不怎么流行，直到辛亥革命以后，一般人还是习惯地称为"反正"。廖尚果这篇作文交上去之后，老师的批语有"天惊石破，言人所不敢言。益以气势豪宕，是真文坛健者"的话。但是教师有他的顾虑，要为自己留下辩解的后路，免得担当包庇"乱党"的罪名。所以说了一通破坏不是好办法之外，最后写道："阅者勿但知赏其笔墨之淋漓，而忘其持论之荒谬也。"写了之后，大概又觉得荒谬这个考语未免伤了学生的心，于是又把它涂掉，改写为"过激"。这位老师实在应该算是开明的。要是他给上级打一个小报告，廖尚果就没有命了。

武昌起义打响了，廖尚果和一些同学趁星期六放假出校的机会悄悄地溜到香港，再从香港乘船去广东汕头，然后从汕头直奔潮州。廖尚果领到枪枝，一马当先，攻入潮州府衙门，亲手击毙潮州知府陈绍棠。他为此获得"革命军功牌"。民国成立，广东省是孙中山影响下的革命根据地，广东政府有意培养这些青年成为建设新中国的骨干，于是派遣他们出国留学，他们多数是去日本。廖尚果认为自己是陆军出身，既然要学陆军，当然最好是去铁血宰相俾斯麦的国度——德国。按照德国规定，学陆军要由该国驻德使馆介绍。不料当时中国的驻德使馆是由北洋政府派出去的。那是袁世凯的御用机关，对孙中山影响下的广东留学生拒不受理。廖尚果只好改学法律。

德国大学是非常自由的，只要你按期交纳学费，上课不上课从来不管。廖尚果于是把正课颠倒过来，不上法学课，却去听哲学课，用更多的时间学习音乐，这包括钢琴、小提琴和音乐理论。但是特别使他振奋的却是留学两年之后爆发的世界大战。战争一开始，新武器一件又一件地推出来。他认为这是躬逢其盛，唱出了"斗智争奇会战忙，飞船巨炮破天荒。……少年当此宁非福，吞吐风云入绣肠"。兴登堡指挥的坦能堡战役给俄军队一次毁灭性地打击，他竟写诗献给兴登堡。称颂一通这位德国将军为国扬威的战绩之后，转到中国的恨事："君不见鸦片之恨犹未平，满蒙烽火又相告"，希望中国也有兴登堡这样的名将，让我们"斩尽楼兰报国仇，琼筵羘肉餐个饱"。他这种对待战争的态度，我们今天看来当然是不正确的。他远远落在罗曼·罗兰、萧伯纳等人和平、人道的非战精神的后面，更不用说德国国内李卜克内西、卢森堡他们反对帝国主义战争和社会沙文主义的号召了。不过就当时的具体情况而论，他本来是陆军学生出身，又受到清朝末年一些有志之士为了救亡图存，提倡军国民教育的影响，对帝国主义战争缺乏正确的认识，这是可以理解的。到了1918年大战结束之后，民族解放运动风起云涌，他作为中国人民的代表积极参加运动。当时没有广播，会场不能太大，人多了不得不分两个会场开会。他在一个大会会场发言之后，又赶到第二个会场再作一次同样的发言。会后他被选为被侮民族联合会的评议员。可见他已经接受了现实的教训，开始走上进步的道路了。

他学钢琴，学小提琴，这都是学音乐的人最易选上的乐器，奇怪的是他又学起长笛来。这是为什么呢？这要从普鲁士的腓特烈大王说起。旧的历史说他是七年战争的英雄，新史学则说他是普鲁士军国主义的鼻祖。七年战争是普鲁士对奥地利、俄国、瑞典、法国争夺中欧霸权的战争。在他留学的年代他是只知道腓特烈一战而成为"大王"，是值得崇拜的英雄。当时波茨坦无愁宫后面那座风磨还未炸毁，一直是作为他是"开明君主"的物证。他能吹长笛更是传为美谈的韵事。于是青主也学吹长笛了。军国民教育的影响，在他身上就是深到这个程度。当然，他还崇拜拿破仑，关于拿破仑的书他几乎是应有尽有。他遇事引用拿破仑的警句，更是左右逢源，摇手即来。在汪精卫点名说他是"著名共党"的时候，他的一位老同学居然不肯相信，理由是他那么崇拜拿破仑，哪里会是共产党。

留德十年，他捞到的是一个法学博士学位。严格地说，他留德的收获，在法学方面的还不及音乐方面多。他回国之后，只有在孙中山大元帅府大理院担任推事，北伐期间担任广东法官学校校务委员会副主席那两段时间算是与法学搭了界。此外便根本与法律毫无关系。

他回国的时间是 1922 年春天。他出国是由广东省派出去的。当时担任广东省都督的是胡汉民，副都督是陈炯明。他在潮州参加战斗，是陈炯明直接指挥之下进行的。现在学成归国，陈炯明正在孙中山统率之下做广东省长、粤军总司令和总统府陆军部长，还没有公开叛变。他当然要向陈炯明报到，并接受陈的委任做总司令部的秘书。陈炯明的部队炮轰总统府的时候，孙中山的亲信部队都在北伐途中，广东完全在"陈家军"控制之下。孙中山一面在永丰舰指挥战斗，一面电令北伐部队回师讨贼。可惜的是北伐部队遭到"陈家军"的堵截，无法南下。孙中山只好离粤赴沪，策划讨贼军事。忠于孙中山的军政人员仍然留在原位。他这时已经与邓演达取得联系。半年之后，孙中山纠集广东、湖南、广西、云南的部队组成各路讨贼军夹击广东。陈炯明节节败退，最后盘踞东江一带苟延残喘。廖尚果于是转入孙中山大元帅府大理院担任推事。

大理院相当于现在的最高法院。推事即审判官。但是廖尚果始终没有审判过一宗诉讼。大概打官司打到最高法院是很少的。有人说，廖尚果生平没有一帆风顺的经历，在大理院也不例外。忽然传出他属于陈炯明一派，他因此不安于位。直到邓演达当上黄埔军校教育长，他才在邓演达的保证之下当上了黄埔军校校长办公厅的秘书。但是邓演达因为不赞成蒋介石对中山舰事件的处理，被调离黄埔军校，廖尚果跟着去职。到了邓演达接任国民革命军总司令部政治部主任的职务，他又被委为总政治部的秘书，从此开始了他仰首伸眉的黄金时期。

关于他北伐时期以及"亡命乐坛"的那一段历史，可以说已经彰彰在人耳目，这里不再复述。我只想记一笔从 1928 年至 1931 年不到四年的时间用青主这个名字发表的作品。歌曲方面有《大江东去》《我住长江头》《红满枝》《我劝你》及一本《清歌集》。音乐论著有《乐话》及《音乐通论》。文学方面有一本传记性质的《哥德》，翻译了海涅的《抒情插曲》及《豪福童话》，此外还有散见于各个音乐刊物的文章数十篇，其中已经开始介绍勋伯格和巴托克。这里还应补上一笔的是，他还介绍了毕加索和玛克·沙加尔的表现派的绘画，以及毕加索和赫尔曼·巴尔的论文。还有值得一提的是他开始写了十几万字但还没有写完的《德意志文学史》。如果照这样的速度而且能够继续不断地写下去，他今天的文集恐怕可以与梁启超的《饮冰室合集》或刘师培的《刘申叔遗书》比一比分量了。然而他究竟是坐不住冷板凳的人，也可以说过不惯比较寂寞的生活的人。所以通缉令取消之后，他就另谋"高就"，跑到当时比较稀罕的中外合资的欧亚航空公司去了。记得罗西尼在写了《威廉·退尔》之后，直到他逝世的将近 40 年的时间，除了两部宗教音乐和一些短曲之外，再没有写过一部重要的作品。这一点青主倒与他有相似之处。

对青主的评价有争议的地方是在理论方面，如"就音乐论音乐"，特别是他那个音乐是"上界的语言"的命题。据青主自己说，他的理论是受了赫尔曼·巴尔的著作《表现主义》的启发的。巴尔观察绘画用的是"精神的眼睛"。现在青主谈音乐，所以用了精神的耳朵。他凭借这精神的耳朵收容"外界所加于我们的刺激，于是始得到一定的形体，这些一定的形体，并非他本来是如此，乃是我们把他造成如此"。也就是他所说的，"从自己的内界唤出伟大的神束，同自然界作对"。也就是"他在世界里面，另外创造出一个世界来"，这个世界就是他的所谓"上界"。因此上界云云，实质上就是他内心的世界，亦即精神世界，或称灵魂世界。至于所谓精神，他引海涅的话说，音乐是"精神，但是他却需要时间的调节；他是物质，但是他有离开空间的可能"。可见精神是与物质同时存在的。但是青主又是老、庄的门徒，他有"打穿后壁"的脾气，甚至于达到绝对化的地步。精神的作用夸大到过了头，就会有落到唯心主义陷阱里去的危险。因此他的上界又不免达到虚无缥缈的境界，而且上界又是天国的同义语。有一次我同他谈到梁启超的诗作《自励》，它结末两句是"世界无穷愿无尽，海天寥廓立多时"。这两句诗是打了夹圈的，表明诗人理想的远大。我提起它，也是表示欣赏的意思。不料青主却来了一个大翻案："严格说来，这两句诗应该打上杠杠才对。面对海天寥廓的景观，应该是越看越感觉自己的渺小，不是神通广大的造物主，谁能创造出这样茫无涯涘的宇宙！"所以平心而论，青主的音乐思想有其合理的因素，而且达到了相当的深度。但是掺杂着一些唯心主义的东西。给它戴上一顶唯心主义的帽子，一棍子打死，固然是太简单了。可是同时又不能不承认他矛盾的内心世界。

《中国大百科全书·音乐舞蹈》的条目《音乐美学》里面有关于青主的一段话："五四运动以后，西方浪漫主义和表现主义音乐美学亦开始影响中国。音乐理论家青主的思想即具有此种特征。他著有《乐话》《音乐通论》，对音乐的本质、内容、形式、创作、表演、功能等一系列音乐美学问题作了系统的阐述，其主张是：音乐是'灵魂的语言'或'灵魂的一种世界语言'（即'上界的语言'）；音乐是心灵的表现，是主观的创造，并具有改善人类心灵的功能。在重视音乐内容的情感性的同时，强调音乐的思想性、精神性，强调生活阅历对创作的重要意义。其不足是对音乐的民族性有所忽视。"这是相当公平的论断。文中所说的"不足"正是他历年所受的指责，诸如"民族虚无主义"、"买办思想"等等的依据。事实上，这也与鲁迅对中医的评价一样是有其具体的因由的。当然，他也不是一味排斥国乐，他还为改善国乐提出过改良乐器、制定新音阶以至改造国民精神等等一整套具体的意见。他反对的是抱残守缺。不过他对民族音乐缺乏深入的理解与认识，终究是他的弱点所在。他那篇杂文《十张留声机片的命运》是很能说明问题的。就事论事，这是与"五四"以来破坏一切偶像的思潮分不开的。强调西化，甚至于全盘西化，是当时革新派的特点。我们今天批评他们是容易的，他们自己后来也会认识到过去的偏颇。青主晚年翻译丽莎的音乐美学的著作，也承认是对过去的错误带有补过的意味。

有人论舒伯特，说他是行云流水型，兴之所至，一挥手就写出一首好歌。沃尔夫则是苦思冥想型，一首诗在他头脑里反复酝酿，直到考虑成熟才写在谱纸上。青主大概是属于沃尔夫型。他工作之余，很少看什么闲书，总喜欢踱方步，有时口中念念有词，有时两手交叉，不歇地旋转两个大拇指。他认为写作歌曲，首先是整体地构造歌曲的框架，然后从和声中抽出歌词的旋律，并不是写好旋律才去配和声。这样一首歌曲才不会支离破碎。

他读《老子》里面"凿户牖以为室，当其无，有室之用。故有之以为利，无之以为用"那段话的时候，他善于"能近取譬"，从长笛的按孔领悟到老子的精义。

要吹出特定的音，就有必要把某些按孔闭上。一有一无的妙用于是豁然开朗。他的音乐理论之所以达到一定的深度，正好是得力于他的这种冥想。

我们乡下的习惯，每逢某一位先人的生辰死忌，都要向祖宗的灵堂上香供茶以示纪念。但是如果没完没了的供下去，那势必天天都要忙个不停。因此定下一条规矩，到了某人满了百岁之后就要"封寿"。封寿过后再不为他举行上香的仪式。今年是青主诞辰一百周年，作为他的弟弟今天就要循家乡俗例为他"封寿"，以后不再纪念。如有必要，那就作为公众的精神财富，由大家进行研讨，对吗？

原载《中央音乐学院学报》1994 年第 2 期

悬念琵琶塚

——记琵琶大师朱英

琵琶塚是平湖派琵琶大师朱英（1889—1954）生前立下的遗愿：他死后墓碑上不要写出自己的姓名，更不要写什么职衔，只要大书三个字：琵琶塚。因为没有琵琶便没有朱英之所以成为朱英的依据云云。假如要说什么身殉艺术的表现，大概琵琶塚的设想应该说是够得上淋漓尽致的了。现在朱英先生早已作了古人，他的墓上也早已是"闻说白杨堪作柱"了，他的后人是不是满足了他的心愿，给他墓上树上了"琵琶塚"这个字样的一块墓碑呢？说来惭愧，我是一无所知，只能在此寄托着我的悬念。

我头一次听朱英的琵琶演奏，是在我进入音专工作之前的1928年，在当时还是称为国立音乐院的建院周年纪念音乐会上。那时我初到上海，对他是毫无认识，只觉得他的演奏和我过去所听到的大不相同，我默诵白居易的《琵琶行》，觉得还是韩愈那首听颖师弹琴诗，欧阳修认为不是听琴而是听琵琶的名句更能描写出演奏的技巧。"跻攀分寸不可上，失势一落千丈强"，凡手是很难到此境界的。后来我进了音专，接触到他本人，有了进一步的具体的了解之后，更加深了对他那大师的家数的认识。

他自己填写的履历说，"自幼从师古乐名家李芳园先生"，实际上他从李芳园那里学到的不仅是琵琶的演奏，还有中国传统的文化。他的演技的高超固然得力于名师的指授和他本人的勤学苦练，然而还有并不是不关重要的一点：他有从小打好的旧学的根底。因而作为一代琵琶大师，他并不限于是一个制造表面的舞台效果的能手（Virtuoso），而是一个注意心灵的刻画的艺术家。

1929年萧友梅提出组织乐艺社的设想，他是发起人之一。《乐艺》杂志出版，他是积极的撰稿人。他发表创作乐曲，他写有关音乐的现实问题的文章。如果要举行什么音乐会，那也一定少不了他的独奏节目。

他在《乐艺》发表的乐曲，有以古人生活为题材的《秋宫怨》《长恨曲》及《枫桥夜泊》，有表现爱国思想的《五卅纪念》《难忘曲》及《淞沪血战》，有反映现实生活的《哀水灾》及《海上之夜》。其中《枫桥夜泊》及《海上之夜》是器乐合奏曲。就其作品的内容而论，可以说通过民族音乐来反映现实生活而且具有积极的批判意义的，朱英应该算是屈指可数的民族音乐家之一。当然，为了显示他独到的音乐造诣，有时也不免流于炫技或者过分追求表面的效果，因而引起过某些人的讥评，说他是庸俗的自然主义。我却以为首先应该肯定他的积极意义，然后指出他艺术上的不足以至创作思想上的消极因素。这才是与人为善的态度，也就是我们传统的所谓"君子成人之美"的盛心了。

在他发表的每一首作品的后面，都定例有他自创的新指法的说明，而且创造出半音的奏法。他的确是实践了他"改造国乐"的思想的。他对当时国乐界存在的"守秘之法，嫉妒之能，窃谱改谱之恶，不知者而谓知，不能者而夸能，诋诽他人而自扬，耻辱相师而自误"的种种陋习，痛陈改造之必要。对大同乐会新编的《国民大乐》"将古有乐谱，冠以新名"的做法，公开提出异议。在他提到篡改旧谱是不足为训的同时，认为李芳园亦有此病，"鄙人从其学技，从未敢云改谱为是"。这更是"吾爱吾师，吾尤爱真理"的名言的体现了。

他在他新创指法说明之后，强调"读者如有不解之处，可来函询，当详细答复，决不守秘"。在这一点上他不折不扣地实践了他的诺言，他的学生可以为他作证。他彻底摒弃了旧社会师傅对徒弟"留一手"的陋习。即如我这个外行读到诗词里面有关琵琶演奏的描写，向他请教的时候，他总是不厌其详地一边讲说，一边"轻拢慢撚"，或者"推手含情还却手"的做出各种手势，不教你弄通不罢休。

同他接触逐渐的多了，对他的生平行事比较有了进一步的了解。据他说，民国初年，他曾在北洋政府做过一个小京官，官阶是"荐任职"，大约相当于现在的科级干部。北京是人文荟萃的地方，他凭他学到的本领渐渐地在一些文艺集会上崭露头角。他还曾与袁世凯的儿子袁克文串演过昆曲《出塞》，他饰演王昭君这个角色。他与袁克文的关系似乎相当不错。1922年中国派出以王宠惠、顾维钧为首的代表团参加华盛顿会议（亦称太平洋会议）。这是第一次世界大战之后主要是美国和日本争霸太平洋，特别是争霸中国的会议。这里不谈这次帝国主义国家勾心斗角的把戏，只说一说朱英以琵琶演奏家的身份随团同行的事情。他在一次公开演奏之后，美国的一个画家为他画了一幅速写像，袁克文曾在那速写像上面题曰："平湖朱荇青弹琵琶造像。"说起这个袁克文，在袁世凯炙手可热的那段日子里，他是被称为陈思王曹植再世的风流才子。但是当日本的说客对袁世凯说"请贵总统再高升一步"，筹安会制造帝制舆论，闹得沸反盈天的时候，袁克文却以《感遇》为题写出了"绝怜高处多风雨，莫到琼楼最上层"的诗句，表示他对帝制的担心。可见他是袁家子弟中间头脑比较清醒的一个人。朱英同他来往，也许算不上是攀附帝制余孽吧。

前面说过，朱英对传统文化有相当的根底，具体点说，他对书法曾下过一番功夫。他曾经写过一副对联送给黄自，黄自说那副对联对他称颂太过，他始终不敢挂出来。当然，同黄自客厅里挂着的其他书法家，如狄平子、马公愚等人的作品比较起来，朱英是肯定会黯然失色的。他的诗虽然够不上作手的程度，但是仍然是一板三眼的，平仄、对仗毫不马虎。正因为他对作诗下过一番功夫，所以给他写歌词带来很大的帮助。他为济南惨案写了一首琵琶曲，同时他还写了一首《五卅国耻歌》，控诉日本帝国主义的暴行。由吴伯超作曲，与萧友梅等音乐院师生所作的爱国歌曲题为《革命与国耻》特刊，发表在当时的国立音乐院院刊上，并将这一组歌曲寄给北京的《音乐杂志》予以转载。

"九一八"事变突发，朱英立刻写了一首歌词，请黄自作曲。大概这首歌词可以说是最早的抗日歌曲之一。日本关东军1931年9月18日夜袭沈阳，9月20日出版的上海报纸才登载日军进攻的消息。"九一八"这个日期还没有正式确定，所以朱英的歌词不是说"九一八"而是说"九一九"。从这一点也可以窥见朱英对国家大事反应的敏捷。

从他新创各种琵琶演奏指法看，可以相信他是反对故步自封、墨守成规的。在创作方面也总在企图开创新局面。考虑到中国过去没有系统的作曲法的著作，他提出一个应急的办法："鄙意以为在此作曲法未发明以前，惟有秉个人之经验所得，参考古谱组织、节拍用调以及收音，采取西乐精神、模范节奏以及表情等类，着手作去，谅无大谬。"他这样想，随即动手去做。他认为中国音乐缺乏和声，所以显得单调。于是决心去啃和声学。他请萧友梅介绍和声学教师，萧友梅介绍陈田鹤去给他上课，一直到陈田鹤应聘去山东省立剧院工作，这才告一段落。后来有没有另请别人接替陈田鹤，我就不知道了。上海沦陷之后，我离开了上海，他以后的行踪，我更是一点也不清楚了。

综观朱英的生平，大节上，他关心国家命运，痛恨残暴的侵略者；艺术上，他热爱民族音乐，但又不是抱残守缺的保守派，而在演奏方面，他不但新创各种指法，而且对学生无保留地悉心指授，不留一手；创作上，他除了摸索传统技法之外，兼能破除成见，借鉴西洋，立志为民族音乐开拓新局面，这些都是值得我们敬佩的，应该予以发扬光大的。然而语不云乎：金无足赤，人无完人。朱英是在旧社会长大的，难免带有旧艺人的习气，因而在人际关系上也就有点患得患失，语言失检的地方，以致引起有些不必要的纠纷。《论语》云："大德不踰闲，小德出入可也。"我们也就不必苛求于前人了。

　　附记：最近得读樊愉同志的文章：《应该珍视的历史贡献——琵琶大师朱英的艺术》使我所了解的有关朱英这位一代琵琶名手的事情得到核实和补充，特别是纠正了历年相沿的生年的讹误，谨在此表示谢意。

原载《中央音乐学院学报》1991 年第 3 期

千秋绝业　一代宗师

——杨荫浏先生十年祭

杨荫浏先生离开我们，一眨眼已经过了十个年头了。他逝世的消息传到我耳边的时候，我正因胃病住院，仅就一时想到的事情写成一首《八声甘州》：

> 忽无端凶耗破空来，失声但哀呼。记如磐风雨，如山节操，顾影咿唔。翻证古今宫徵，乐史告成书。后起多佳士，敢忘前驱？
>
> 袅袅二泉映月，仗南归抢救，写定音符。更尧章哑谱，复话劫灰余。算生平雕虫余事，郑文公犹识旧规模。遗笈在，界朱丝格，光我蓬庐。

追悼会是不可能参加了，只好请学院同事方承国同志帮我把这首悼词写出来送到八宝山表示我的哀悼。说实在的，他生平的业绩岂止是我词中所说的那几桩。他6岁起就开始跟一个小道士学吹箫、吹笛、吹笙，稍长又跟阿炳学琵琶和三弦。更使他深入音乐堂奥的则是天韵社社长吴畹卿老先生的指引，他一共教给他90多套昆曲，每一套都背得出来。可以说，像他这样具有多方面的扎实的功底的音乐家的确是少有的。但是仅仅这样，那也只限于是一个吹拉弹唱、无所不能的多面手而已，事实上他却是一个实践与理论兼备众长的大师。他除了演奏及唱曲方面花大力气之外，还深入探索传统的律学和音韵学。中国的音律历来是夹杂着阴阳五行之类神秘的东西的。为了求得科学地解决这个问题，他还借助物理学、音响学进行多方面的考究。同时又不忽略和声、对位、配器等作曲理论的学习，加上他经史的素养，用以审察历代音乐的沿革。凭他非凡的勤奋和细致，他终于成为博古通今、融合中西的我国近代集大成的音乐学泰斗。当然，社会是进步的，"江山代有才人出"，将来也会有开拓新领域的后起之秀，但是像他这一模式的音乐学家，也许很难再有了。

谈到他的治学，我觉得最不可及的一点是他那穷原竟委的精神。就说他对中国传统律学的研究吧。中国的律学从来是一种玄而又玄的学问。京房认为"夫十二律之变至于六十，犹八卦之变至于六十四也"。京房是治《易》的专家。公认为"其说长予灾变，分六十卦更直日用事，以风雨寒温为候，各有占验""以六十律分期之日，黄钟自冬至始，至冬至而复，阴阳、寒燠、风雨之占生焉"。经过科学的考察，杨荫浏认为律学的阴阳五行那一套是没有科学根据的，因而是没有说服力的。但是它流传了那么多年，有的人又一直沿用，究竟有没有一点道理呢？真是"礼失而求诸野"吧，他竟然找算命先生去学算命。算命先生说来说去，也说不出所以然，他这才终于下了结论：京房的所谓六十律，"他这样推算的目的，并不是为了音乐，倒是为了把这样的所谓'音律'，去粉饰他占卜的迷信行为"。

谈到戏曲研究，他也同样主张采用多方面的穷原竟委的方法。他认为研究京剧，就应该弄清梆子戏和徽剧的历史，然后再提出具体的做法。"……先到甘肃，弄清楚西秦腔（陇剧）；然后再钻研高腔，它源于弋阳腔，而弋阳腔又与北方的音乐相关。只有在下了这样的功夫之后，我们才能对京剧有更深入的、更全面系统的认识"。

"穷原竟委"，译为大白话大概就等于"刨根问底"，如果浅尝辄止，那是摸不到底的。要摸到底就一定要锲而不舍，亦即持之以恒。这一点杨先生是做到了家的。他为了研究管律，买回了大量的笛坯，自己挖洞去摸索音准。声音不准，他就贴上胶布再挖。挖呀挖的，挖到一支笛子满身窟窿。这样挖了好几百支，终于摸清了笛子按孔大小、洞孔位置与音律的关系。根据这一套挖洞的经验，做了两副尺子。他从此可以随意制成长短不同、粗细不同、高低不同的多调笛子。后来这副开笛孔的尺子用在制造应用乐器上，由于音调准确，大大打开了市场。不过这已经是他把这副尺子送给别人去作谋生之道之后的事情了，他自己却没有为此去申请专利。

我在悼词里提到了郑文公，这也是他锲而不舍的具体事例。本来他的父亲在他很小的时候就已经请人教他书法，不过当时他所取法的大概还是正统的颜柳一流。郑文公碑可能是他在碑学盛行的时候自己选中的魏碑名作。我见到他临郑文公碑已是注明二十四通。可见他对待这所谓余事也是一丝不苟的，认认真真的。由此我又联想到他贯彻认真这一特性的另一件小事。

他晚年为了调剂一下他紧张的工作，常分出一点时间去种花。现在留下的一张照片就是他的一些同事围着他在观赏他手种的花坛。特别值得一提的是他竟种起兰花来，一到要种兰花时他那认真的派头又显示出来了。兰花是相当娇气的，他认为北方的泥土不适合于种兰花，于是从南方运来为兰花特制的泥块。

杨先生生平还有值得特别称道的一点，就是他的爱国主义精神。1925年"五卅"惨案爆发，那是由日本资本家枪杀日本纱厂工人顾正红引起上海群众的义愤，于是举行示威游行，在游行途中惨遭英国巡捕的野蛮屠杀。杨先生当时是圣约翰大学的学生，与同学一起声援群众爱国运动，在圣约翰大学升起国旗。可是美籍校长悍然把中国国旗扯下来，学生大哗，终于引起直接冲突，学生八百余人愤然离校，另建光华大学。这是上海震旦学院学生反抗法国校长压迫、愤然离校另建复旦大学之后，中国学生反抗外国教会学校压迫的又一壮举。杨先生还依历代流传的满江红曲调配上题名岳飞作的"怒发冲冠"词油印散发，激起群众的爱国热情。

光华大学有一位教授名钱基博（钱钟书的父亲），他是杨荫浏的母舅。杨家是无锡望族，光是荫字辈就有好几位名人。其一是杨荫榆，中国第一个女大学校长，以开除许广平等学生代表而引发一场大风波。（详见鲁迅的《华盖集》及陈源的《西滢闲话》）。另一个是杨荫溥，杨荫浏的哥哥，经济学家，有专门著作在商务印书馆出版，在银行界有相当地位。但是钱基博却认为从长远看，从大处看，杨家最有出息的人物应该数杨荫浏。事实证明，钱基博老先生才真正是慧眼识英雄哩！

由于工作成绩的出色，杨荫浏的声誉渐渐从国内扩展到国外。1945年冬天，美国哈佛大学原来与他共同编译赞美诗并帮他研习赫尔姆霍兹的《音的感觉》与康德的《数理哲学》的刘廷芳和原燕京大学音乐系负责人范天祥，先后从美国来信，邀请他去美国专心研究音乐。他却以研究中国音乐，离不开蕴藏在民间的活的音乐宝库，离不开中国本土，而一一复信辞谢了，1952年范天祥又从美国来信，请他赴美讲学，他又一次予以辞谢。杨先生这一片拳拳的赤子之心，应该可以给那些为了能够踏上美国国土，不惜抛弃本身业务，甚至于不惜以三等公民自居的"洋迷"们一点触动和启发吧。

70年代初期，西德《古今乐典》（MGG）为了要将杨荫浏的生平事业列为专条收入该书，特地来信请他提供一份书面材料，以便编写词条。这封信是由我译出来转给中国音乐研究所的。当时还是"四人帮"气焰熏天的时候，这封信是不是交给了他本人，即使他看了是不是写了材料，我都毫无所知。照当时的形势推测，恐怕根本就搁了下来，谈不上什么回信。因为一不小心，就要担当里通外国的罪名的。

《古今乐典》并不是一般的商业性的世界名人录，而是百科全书式的集中专人撰写词条的大型音乐辞典。入选这部辞典固然是可喜的，但是即使形格势禁，杨先生无法提供资料，一时没有列入，也同样无损于杨先生的光辉。因为只要你想弄通中国音乐和中国音乐的源流正变，你就不能无视他那精心结撰的中国音乐史和他那多达 200 以上的编目的专题论文与研究报告，以至经他编纂校订的历代音乐文献、传统曲谱及民间音乐专集的宝库。这正是我们一代宗师的千秋绝业！

"诗有之：'高山仰止，景行行止。'虽不能至，而心向往之"（司马迁）。借花献佛，不尽欲言。

原载《中央音乐学院学报》1994 年第 4 期

语言学家赵元任和他的音乐创作

——在赵元任诞辰一百周年纪念会上的报告

提起赵元任①先生这个名字，这最先是从一本《国语留声机片课本》上看到的。课本前面有胡适写的一篇序，说赵元任不仅是语言学家，他还有音乐创作，得到美国专家的赞许。我于是知道赵元任原来还是一位音乐家，是萧友梅以外另一个音乐界的杰出人物。但是引起我的兴趣的还是刊在课本前面的格言："目见不如耳闻，耳闻不如口读。"中国过去有一句老话叫做"耳闻不如目见"，现在他翻过来说"目见不如耳闻"，这是针对学讲国语说的。可见作者善于翻案，而且翻出一条用于学习语言的颠扑不破的真理。至于他的音乐造诣，虽然课本末尾附有一首歌曲《尽力中华》，却是限于目见，没有耳闻，谈不上有什么印象。直到1928年他的《新诗歌集》出版，这才进一步认识到赵先生不仅是一位作曲家，他还凭他的理论修养和创作的实践提出许多新鲜的宝贵的作曲意见。同时我更认定他是一位学术的多面手。除了语言学、音乐之外，他还译过一本《阿丽思漫游奇境记》。徐志摩说过，这是少有的一本忠实而又传神的译本。还有一点使我佩服的，是他刚到33岁，就已经与梁启超、王国维和陈寅恪排在一起，担任清华大学国学研究院的导师，成为响当当的四大导师之一。

赵先生是江苏常州人。早在乾隆年间常州就出过一个史学家兼诗人，他就是在北京宣武门天主堂听洋人演奏管风琴，为此写了一首五古长诗，对管风琴的演奏加以生动而又细致的描写的赵翼赵瓯北。他又写过论诗绝句，发出了"李杜诗篇万口传，而今已觉不新鲜。江山代有才人出，各领风骚数百年"那样敢于向权威挑战的议论。赵元任谈他的家史，喜欢追溯到他的六世祖赵翼，可见他是为有这样一位第

---

① 赵元任（1893－1982）。

六代的祖先引以自豪的。从前有人评论赵瓯北的诗，说他什么民谣谐谈、秧歌俗曲都随便用作诗料。这样的评语原本是含有贬意的，我们今天却认为它正是赵瓯北直到今天还没有丧失他特殊地位的优点，赵元任找他攀亲是有道理的。赵元任先生本人也有严肃而又活泼的一面。刘半农逝世的时候，他曾写过一副挽联：

> 十载凑双簧，无词今后难成曲；
> 数人弱一个，教我如何不想他。

就挽联论挽联，本来总是以悲哀为主调的。但是一读赵先生这副挽联，即使你不破涕为笑，也总觉得多少是冲散一点悲哀气氛的。至于他平日对待工作的态度，他同女儿的一次谈话尽够说明问题。他的女儿问他，为什么他要研究语言学，他回答道："好玩儿。"这正是赵元任之所以为赵元任，虽然是名满四海的大学者，依然是没有一点学究气。

他出生在天津，原籍却是阳湖（现在并入常州市）。他父亲爱唱昆曲，善吹笛。母亲也是才女，诗词昆曲，都是行家。平时母亲唱昆曲，父亲吹笛子伴奏。赵元任谈起他父母的音乐生活，管他们叫"妇唱夫随"。原来男子中心的夫唱妇随的封建伦理，到了赵家就翻了过来。大概也算是封建社会末期的新生事物吧。赵元任与生俱来的音乐细胞，自然是有来头的了。

他的少年时代是在常州溪山小学及南京高等学堂度过的。他在南京高等学堂的英语成绩很突出，深受美国教师的赏识。他的师母会弹钢琴，引起了赵元任的好奇心，于是跟她学钢琴，唱英文歌。

1908 年光绪皇帝和慈禧太后一个接一个的死了，学校奉命为国丧举哀。赵元任虽然跟大家一样跪在祭坛面前，却是低下头来与同学们嬉皮笑脸装怪相。

1910 年赵元任往北京参加庚子赔款第二期官费生赴美留学的考试。据他的回忆，头两天考国文、英文、物理、化学等等都还可以，第三天考英国史、世界地理、拉丁文等等，他凌晨两点钟便起床温习。经过这样的拼搏，他考取了第二名。因为留美用的是美国退还的庚子赔款，清华学校又是用庚款建立的，所以过去常说赵元任是参加清华学校留美考试。事实上庚款支付留美官费是从 1909 年开始，1910 年是第二期。1911 年才开办清华学校，作为留美预备学校。这是一点顺便说清楚的小事。

他在美国留学前后住了十年。先是在康奈尔大学修习数学及物理，两科都够取得学士的资格。但是学校规定只能授予一个学位，所以他只好满足于一个数学学士的学位。取得数学学士学位之后，他再入哈佛大学专修哲学。三年之后又成了哲学博士。在这一段学习年代他虽然忙于学校的功课，在康奈尔四年，还不曾去过附近的纽约，却用省下来的奖学金以分期付款的办法买了一架旧钢琴，于是从几位音乐专家学习钢琴和作曲。他的处女作是一首以《老八板》为基础的乐曲。他的老师夸尔斯还在一次音乐会上公开演奏了这首作品，亦即胡适在《国语留声机片课本》序文里所说的，得到老师的赞赏的作品。他第一次公开发表的作品则是1915年刊载在上海出版的《科学》月刊创刊号上的《和平进行曲》。《科学》月刊是留美学生发起组织的中国科学社的社刊。社长是任鸿隽，书记是赵元任，编辑部部长是杨铨（杏佛）。《科学》月刊编辑例言里有一段话说："其余美术、音乐之伦，虽不在科学范围以内，然以其关系国民性格至重，又为吾国人所最缺乏，未便割爱，附于篇末。"这大概也是出自赵书记的手笔。既有一丝不苟的科学精神，又有生动活泼的艺术情趣，正是赵先生贯穿一生的风格。

1920年他学成返国，在清华学校讲授数学、物理和心理学。那年冬天，英国哲学家罗素来中国讲学，赵元任担任翻译。他每到一处，即学习一处的方言。有一次在长沙讲演，他干脆用湖南话翻译，听众居然以为他是湖南人。这是他多少年来津津乐道的一段轶事。由于他对语言学的浓厚的兴趣，以及他对不同语言的分析、比较以至掌握的才能，再加上亲友的鼓励，他决心专心致志从事语言学的研究，遂于1921年秋天再一次去哈佛大学专攻语言学，同时在该校讲授汉语和哲学，直到1925年再回清华。那时清华学校已经撤销了原来中等科、高等科的建制，只招高等科学生，1925年起开始招收大学部学生，并设立国学研究院，赵元任即应聘为研究院导师，讲授中国音韵学、普通语言学、中国现代方言及中国乐谱乐调等课目，同时他又是该校的音乐委员会主任。清华大学长期被公认为各大学音乐活动的先进单位，这一笔功劳是应该记在赵元任名下的。由于他在语言学上精深的造诣，1929年中央研究院历史语言研究所成立，他即应聘为研究员兼语言组组长。

从1929年到1938年他应美国夏威夷大学的聘请赴美讲学之前，他在中央研究院工作将近十年的时间里，他是一条心进行语言研究的开创工作。他订了两个大计划，一是打算在几年之内把全国的汉语及非汉语的各种方言调查一遍，作为今后研究的参考资料；二是建造一个语言实验室，把调查所得的材料灌制成永久性的音档。此外他还收集了六七百张地方戏曲和相声的留声片以及二十多套外语会话的留声片。至于辅助语言研究的仪器如录音机、音浪计、扩音器等等他也设置了当时属于先进的品种。据我国当今一些语言学家如吕淑湘、王力等人说，赵元任以活的语言作为研究对象，为中国语言学的研究开辟了一条新路。我国以前的语言学其实只是语文学、文字学。中国新的语言学的开山祖师这个称号，赵元任是当之无愧的。

30 年代有一段时间好像他还担任过南京国民党政府的留美学生监督。我目前看到的几份材料都没有提到这个职务，是不是我记错了？张冠李戴了？不过我清楚记得的是 1934 年赵先生从美国回来，路过上海，音专校长萧友梅特请他来音专做了一个有关美国音乐状况的报告。报告完了，我和陈田鹤跑上台去向他请教一些问题。报告内容记不得了，只记得他说美国有人做过一次试验，利用遥控技术在一个舞台上依照管弦乐队各种乐器习惯规定的部位放出各种乐器的声音，听众看不见任何一种乐器，却听到了各种乐器按部就班地合奏出一支管弦乐曲。他当时说出了这种遥控乐队的专门名字，可惜我完全忘记了，只记得他说这个名字的读音很像是"See no orchestra"（看没有乐队）。在演讲之前，萧校长来了一段开场白，说我们经常唱这位中国的舒伯特的作品，今天有幸得到赵先生同大家见面，真是高兴。赵先生则说他好多年没有写什么新东西了，不好意思说是什么作曲家，这与他平时常常谦称自己是音乐界的落伍者的说法相一致的。我们不承认他是落伍者，反而更加感到亲切。

1938 年他去美国，过了 35 年之后，才于 1973 年携同夫人回国访问。1981 年他又一次回来，接受了北京大学名誉教授的称号。同音乐界同事见面的时候还用无锡方言唱了《卖布谣》。照他预定的计划，他是准备第二年秋天再回老家常州住一些时候，想不到 1982 年 2 月 24 日因心脏病突发，离开了人世。

他居留美国共计 44 年，先后担任耶鲁大学、哈佛大学、密执安大学、加利福尼亚大学及阿加西兹基金会的汉语及语言学教授，并接受了普林斯顿大学文学博士、加利福尼亚大学法学博士、俄亥俄州立大学人文学博士的名誉学位，又是美国语言学会会长及美国东方语言学会主席。同时他也没有忘记向外国朋友及我国侨胞介绍中国音乐文化。1946 年南京国民党政府教育部长朱家骅曾经打电报给赵元任，请他担任中央大学校长。他回给朱家骅的电报只有简短的五个字："干不了，谢谢。"但是差不多就在同一时间里，他却把他那首《老天爷你年纪大》给谭小麟带回中国来。歌中历数社会的各种恶劣现象，最后发出了"老天爷，你不会做天，你塌了罢！"的呐喊。这首歌一传回中国，立刻不胫而走，成为解放战争时期群众反复传唱，震撼人心的战斗歌曲。

赵先生生平的音乐作品，据 1987 年上海音乐出版社出版的《赵元任音乐作品全集》所收集到的，包括改编的不同版本，共计 132 首。但是我在萧友梅的遗物中看到过赵元任的一封信，说他写的一首小提琴曲有些不甚惬意的地方，特来征求萧友梅的意见。现在全集里面并没有一首小提琴曲。1921 年胡适为北京高师平民学校写了一首校歌，赵元任作曲，收入《尝试集》第四版，现在全集里并不见这首校歌。又据他在 1930 年第一卷第九号《音乐杂志》上发表的文章《介绍乐艺的乐》里面介绍黄自的两首创意曲的时候，说他自己也曾经依照黄自作品第一首 G 调的题目做过。"可是看见黄先生做的这个之后，我再也不要弹我自己的了"。显然这首钢琴曲也没有收进全集。此外我看过胡适写的一首送中国选手参加远东运动会的歌词，歌词后面注明已经请赵元任先生谱曲。赵先生当时有没有作曲？这只能是一个疑问。总之，这部全集还是不免有些遗漏的。当然，作为一个语言学家业余的音乐创作来说，也可以说是够丰富的了。

这 132 首的作品里面，有歌颂劳动的《卖布谣》《劳动歌》《织布》《江上撑船歌》《打夯歌》；有反抗日本侵略、歌颂卫国战争的《我们不买日本货》《看，睡狮怒吼》《抵抗》《自卫》《苏州河北岸上的大国旗》《我是个北方人》；有控诉反动政府倒行逆施的《呜呼三月一十八》《老天爷你年纪大》；有为陶行知的诗歌作曲的十几首儿童歌曲。这些都是富有进步意义的作品。此外还作有一些生活小品以至通俗的实际应用的《注音符号歌》《ㄅㄆㄇㄈㄊ万》《声母表歌》，《韵母表歌》《分四声》等等，还有一些学校的和各种社会团体的校歌、会歌、社歌等等，真够得上是丰富多彩、雅俗共赏的汇集。如果就创作艺术的纪念碑性的作品而论，那么，中坚的作品无疑是那本《新诗歌集》。

《新诗歌集》，顾名思义，是用新诗谱成的歌曲集。所谓新诗是打破千百年来旧式诗词的框框，表现新思想、新事物的白话诗，是独树一帜的带有革命性的新体诗，是《新青年》杂志所提倡的文学革命的产物。用这种新诗作曲，就是体现了"五四"时代精神的近代中国的第一本歌曲集。书中的歌曲，从 1922 年的《他》到 1927 年的《海韵》，除了《瓶花》的头一段是宋朝范成大的一首七绝之外，其他署名的作品主要是新诗人胡适、刘半农、刘大白、徐志摩等的作品。当然，他们都不是急进民主主义者，有人说胡适是过激党，即传自日本的对布尔什维克的意译，那完全是误会。在此之前，萧友梅虽然也曾为胡适和陈衡哲的新诗配过曲，但是他的歌曲的主要词作者还是正统的词人易韦斋。黄自虽然比赵元任年轻 12 岁，他为作曲选词，却还是文绉绉的东西才合他的口味。只有赵元任才是有意识地选用新诗作歌的作曲家。说他的《新诗歌集》是划时代的代表作是毫不过分的。

他的歌曲最大的也是最重要的特点是具有浓厚的民族色彩。早在 1920 年他就采用了和尚唱的焰口调做他的歌曲《尽力中华》的基础。他的歌曲《上山》，从"努力"开头是朗诵式的与吟唱式的曲调交错进行，传达了登山的艰苦与克服困难的勇气，到了"好了，前面就是平路了"那一段，悠扬的曲调传出了经过努力攀登转入坦途，观赏风景的喜悦。作者自己也认为是"中国味最多的部分"。他的歌词作者刘半农是最富于诗人气质的，他为刘半农创作的歌曲真的是达到了水乳交融的地步。那一首《教我如何不想他》直到今天还是五四以来最受欢迎的歌曲之一。而这一句起着主题作用的"教我如何不想他"，却是采用了京剧西皮原板进行的腔调而又略加变化。作者自己也认为这首歌的风格是"中国派"，而且是"对于'中西人士'都容易讨好的"。说到洋为中用的最生动的例子则是《卖布谣》。作者在歌谱下面附注说："歌调也大多是'中国派'，到了'土布粗，洋布细'那几句，因为讲的是洋货，所以在和声方面也大用而特用起洋货来了。"这里我还想提一提那首茶花女中的《饮酒歌》，这是赵先生作品里面少有的泼辣的歌曲，音乐的处理好像是随心所欲，却又没有走板。如果允许我大胆说一句，那就是与威尔第的咏叹调异曲同工的不同凡响的杰作。

为了实现民族化，赵先生做过像他所说的"中国派和声的几个小试验"。经过试验他认识到，"在事实上中国音乐虽是有了七音音阶几百年了，但是用起来究竟还是很偏重于宫商角徵羽五音阶"。所以他相信，"五音和声的范围比七音和声至少要小几百倍，不够用作国乐发展的主要富源"，所以，"为长久计，还是得取用十二律的音作为和声的原料"。他既不是墨守成规的国粹派，也不是照搬西洋的假洋鬼子。

《乐艺》创刊号出版之后，赵先生对那里面刊载的 36 页"有趣的音乐"给予了热情的赞赏，同时又对歌词与曲调的配合提出一些商榷的意见。他的赞赏是真心实意的，他的商榷是实事求是的。青主看了也很欣赏他那严肃认真的态度。当然，见仁见智，各人的见解是不可能完全一致的。青主为此给他写了一封信，对他的意见提出答复，比较重要的一点是青主认为歌词与音乐的配合不应该以文害曲。赵先生的反应则是"所难的是不以文害曲，就得以曲害文"。这个"以曲害文"正是赵先生悬为厉禁的戒条。他的歌曲的一个特色是歌词唱起来特别容易听得懂，这也许是作为语言学家特有的长处，他从小熟悉中国传统的四声与现代国语的阴阳上去，同时又掌握了西方语言的轻重法则。他对歌词的处理，认为有两种派别的可能，"一种是根据国音的阴阳上去而定歌调'高扬起降'的范围，还有一种是照旧式音韵，仍旧把字分作平仄，平声总是倾向于低音平音，仄声总是倾向于高音与变度音（就是一个字唱几个音），这种唱法倒是跟旧曲旧戏还有戏台中道白的派头都相合的"。他承认他是近乎旧式音韵这一派的。当然也不是绝对依照这一派，这两派也不是绝对的冲突，看具体的要求，灵活运用就是了。由此可见，赵元任歌曲唱起来总少不了"中国味儿"，是有科学根据的。

音乐是时间的艺术，稍纵即逝的。歌曲带有歌词，要欣赏歌曲，就不能单凭感觉。赵先生看到了这一点，所以特别注重字音的区别。例如《海韵》里面"身影"两个字，"在不分 n 跟 ng 的地方的人怕随'声音'相混"，因此想办法把"影"字的上声唱出来。"暮霭"的"霭"字怕人家听不懂，于是改为"暮色"。"急旋"两个字因为曲调两个音的时间来不及唱明白"急"与"旋"两个概念，所以改为"旋转"。"海沫"两个字也怕不易听清楚，因此改为"浪花的白沫"。他就是为听众设想得那么周到。由此想到他 1981 年回国访问，在一次座谈会上指出现在有些歌曲的写作不很讲究语调与音乐的结合。虽然他口气一转，说作曲家因此"得到更多的自由，更少束缚，也可以说是一种进步"。这段话值得我们深思。所谓"进步"是不是属于东方朔式的幽默？

赵元任先生一生给我们留下一笔丰富的遗产，一笔够我们长期受用的遗产。要全面认识他学术成就的深远意义，或者他学术成就的某一方面，都是科学研究的专门课题。

原载《音乐研究》1993 年第 1 期

近代中国第一个合唱女指挥周淑安

　　说起上海音专老一辈的音乐家，我接触得最少的大概要算胡周淑安先生了。首先就因为她的署名。当时有著作行世的女士如谢冰心、陈衡哲等等，都没有冠以夫姓。此外，我又从萧友梅先生那里听说过，她不赞成以爱情歌曲做教材，外文的还可以，反正中国人听不出什么名堂。有一次她把一首民歌《箫》改编为四部合唱，其中有一句是"箫中吹出新时调"。但是我所看到的其他版本却是"箫中吹出相思调"。当时我就想，这位先生可真是够古板的，连相思都不能说。她给人的印象倒的确有点清教徒的味道，她虽然在美国受过教育，又住在十里洋场的上海，衣着却非常朴素，深暗的单色的旗袍，偶尔也只是带点暗花的图案，也不烫头发，说话是一板一眼的。说严肃的确是够严肃了，同时却也使人难以亲近。因此除了工作上的接触之外，从来不像同黄自、应尚能甚至于外籍教师那样随便聊聊天。

　　她在音专是声乐组主任，工作量是超额的。她教主科声乐、合唱，还教视唱练耳。看当时的《乐艺》杂志，差不多每一期都有她的创作歌曲或文章。开音乐会的时候，她还给她的学生弹伴奏。当时各系还没有配备所谓"艺术指导"。音乐会上合唱节目到了，她走到台上，指挥棒一挥，合唱队成员的精神立即振作起来，大有万窍齐号，山鸣谷应的声势，为整个音乐会生色不少。说到这里，不免要追述一段她出色的经历。

　　1928年，舒伯特逝世一百周年纪念，上海也像欧美许多大城市一样，举行一次舒伯特音乐比赛，参加比赛的是居住上海的各国侨民。这是一个小型的国际比赛。周淑安当时在上海中西女塾任教，出了一个合唱节目。比赛结果把英、美、法、德的代表队都赛倒了，获得了头奖。评比结果一宣布，中外人士无不惊奇，并由惊奇立即转为欢呼鼓掌，因为这实在是出乎人们意料之外的新闻。上海租界工部局管弦乐队指挥意大利人梅柏器当即函约中西女塾合唱团参加他们音乐会的演出。当然，在上海举行的这样一种国际比赛并不代表国际比赛的音乐水平。但当时中国连上海的足球代表队都输给上海的西侨足球队，那么，中国人同外国人比赛演唱舒伯特歌曲能够赢得第一名，这总该算是替中国人争了一口气的大事了。

她受过的教育是正规的，虽然她13岁才在厦门开始上学，而且上的是称为"女子高等师范学校"的女子学校。那时是1907年，中国还没有比较完整的、统一的学制。那时的所谓"高等师范"同民国初年的高等师范学校并不是一码事，同我们现在高等教育一词的高等的含义更不能相提并论。这只要看她毕业之后再到上海升学，所念的学校只是中西女塾，就可以明白她原来的学校还不到后来高级中学的程度。1914年她去美国留学，是清华招考的第一批留美女生之一。她在美国先念大学预科，然后考入哈佛大学雷德克利夫女子部，以音乐和语言为主科，同时又在新英格兰音乐学院专修声乐，副科钢琴。暑假则去柯奈尔音乐学校师范专修班学习合唱指挥及作曲理论与教学法。1919年考取哈佛大学学士学位。但是她仍不满足，当时经清华留美学生监督同意再上纽约音乐学院专修声乐一年，于1920年秋天返国，开始她的教学工作。1927年她又一次赴美，从意大利声乐名家米涅蒂进修一年，这才最后结束了她的学习时代。

她教书非常认真，而且善于因材施教。谁的鼻音太重，谁的声音太粗，谁又容易跑调，她都循循善诱，指出纠正的方法。她也开过独唱音乐会。但她更多的是声乐教育家。她天然的音质不算美，音量也不够饱满，但是她对音乐的理解却是相当深刻的，掌握的音乐文献也相当丰富。宋朝的书法大家米芾谈到自己的艺术经验，曾经有过一句深知此中甘苦的话："有口能谈手不随。"周先生的艺术同米芾的这句话颇有相似之处，所不同的只是一则在于手，一则在于嗓子而已。她的学生普遍具有的一个优点，就是吐音咬字一丝不苟，每当唱外语歌曲的时候，那些外籍教师对她的学生的发音总是非常赞赏。听她的学生说，他们在音专学了几年外语，由于是共同课，收获总是不大，倒是跟周先生上课的时候，也同时提高了外语水平。

在旧社会常常有一些有才能但是家境贫寒、不能安心读书的学生，于是节衣缩食，半工半读，音专的情况也不例外。有抄谱的，有刻蜡板的，还有做清洁工作的，学到相当程度就到校外兼课或收些私人学生，就算是熬出了头。做老师的如果注意观察，也会发现有这样的学生，因而常常给予私人津贴或者代交学费等，周先生也属于这一类的老师。她班上有一个学生上课常常迟到，经过了解知道他是为了节省车费，步行上学的，于是周先生每月给予他一定的经济补助，好让他安心学习。后来男低音歌唱家苏石林来校任教，她又以学生的前途为重，慨然让那位学生转到苏石林班上去学习。这种博大的胸襟，较之经济上的支持，应该是更为可贵的。但是她反对这位学生解放前夕逃往香港的行动，认为"他的行动是不正直的"。她批评这个学生的话是她在"文革"期间交代她的社会关系时说的。关于萧友梅这个人，她除了说他脾气古怪之外，毫不含糊地称赞他的好处是清廉。当国民党政府欠发经费，学校连发薪水都有困难的时候，萧友梅就把学校积存的一点钱尽先发给教职工，不领自己那一份。所以萧友梅到死还是一个穷光蛋。我们不妨设身处地想一想，1969 年，周先生作为"反动学术权威"遭受批斗，仍然敢于说出自己认为应该说的公道话，不真是"戛戛乎其难哉"吗？

"九一八"之后，音专师生写了不少爱国歌曲，周淑安也没有落在别人后面。她自己作曲，自己指挥，更能起到鼓舞敌忾的作用。关于她的爱国思想，说起来还有一段相当动人的故事。她读中国历史，读到英国为了向中国贩卖鸦片，公然挑起鸦片战争的时候，想起她在厦门曾经跟一位英国女教师学习钢琴，后来她因病回国，还在继续同她通信。现在知道英国竟是这样欺负中国的国家，于是写信骂她的老师，使得她的老师承认说，英国政府对中国人民犯下了严重的罪行，但是英国人民也同样反对他们政府的不义的行为，希望得到她的原谅。她于是原谅了她，并长期保持了友好的关系。

除了爱国歌曲之外，她更多的是写艺术歌曲，特别是儿童歌曲。她的艺术歌曲极受赵元任的赞赏，说她的《乐观》是"硬碰硬的作品"，"很有音乐价值"的作品，同时却又说"这个歌做得难唱极了"，现在的音乐学生一般达不到这个水平，所以他"希望周女士多为现在人做（如《安眠歌》），偶尔为自己（和将来人）做（如《乐观》）。"

不知是赵先生的希望感动了周先生，还是周先生自己本来就有同样的打算——或者是两者兼而有之吧，反正周先生此后是用了相当一大部分的精力来写儿童歌曲，光是一本《儿童歌曲集》就有 54 首之多。在 30 年代的中国，这是一本难得的有分量的儿童歌曲的专集。黄自为这本歌曲集写序，还对其中一些歌曲做了具体的分析，"例如《早晨歌》中钢琴伴奏最后一句，岂不是描写'树上小鸟'的叫吗？《小老鼠》歌末句下行半音阶岂不是描写小老鼠'骨噜骨噜滚下来'吗？再如《天地宽》中'乘船航大海'句波动式的伴奏暗示划桨；'骑马上高山'跳跃式的伴奏授意奔蹄，也是同样的明显"。因此黄先生认为，在这些歌曲里面"音乐与诗的情感是完全吻合的"，"像这样的歌曲，才可算艺术作品，像这样的歌曲，才能给我们认识音乐的真意义"。这部书 1932 年由中华慈幼协会印行，1935 年稍作删补，分为四册，在开明书店出版。

开头说过，周先生给人的印象是有点清教徒的味道，那不过是比喻的说法。我当时还不知道她真的是基督教徒，后来又知道她晚年改奉天主教。不过这是她个人的信教自由，别人是没有什么可说的。我还说过，她不赞成教唱爱情歌曲是近乎道学家的看法。可是后来她自己也写爱情歌曲，出版了两本歌曲集，一名《恋歌》，一名《抒情歌曲集》。其中有《西厢记》的《惊梦》和刘大白的《爱》和《爱高一度》，可见一个人的思想并不是一成不变的。

综观她的生平，从她1894年5月4日出生到她1974年1月5日逝世的80年间，有半个世纪以上的时间是奉献给中国的音乐教育事业的。而且因材施教，循循善诱，造就了不少有用的音乐人才。1973年赵元任先生在上海会见她的时候，看见她那副龙钟憔悴的样子，忍不住潸然泪下。我们理解赵先生的心情，也正因为这样，才更使我们加深了对她的怀念。

原载《人民音乐》1982年第6期

忆黄自先生

　　黄自先生离开我们已经 41 年了。算起来他 1929 年从美国回来，到他 1938 年逝世，实际工作时间不足九个年头，首先帮助萧友梅先生整顿上海音专，正式成立理论作曲系。全部课程除了曲体学由萧先生担任之外，和声学、对位法、配器法、作曲初步、音乐领略法直到自由作曲及音乐史，统统由他一人包干，同时兼任教务主任。工作之多，可以想见。但是他除了教学之外，还不断地从事创作，光是印出来的就有大合唱《长恨歌》《爱国合唱歌集》《春思曲》以及特约的、散见于报刊上的各种类型的歌曲和电影的主题歌和插曲。不独此也，他还写过好几篇有关音乐理论的文章，每一篇都有他自己的见解，特别是纪念勃拉姆斯百年诞辰的那篇洋洋大文，旁征博引，体大思精，不愧为 30 年代少有的名作。还应该提到的是，他主持编写了一套中学音乐教科书，从全面设计到乐理、曲式以至音乐发展的简明扼要的历史，他无不亲自执笔，当然也少不了他自己创作的歌曲。经过的时间如此之短，做成的事情如此之多，没有非凡的勤奋和高度的责任感，那是不可想象的。直到他被医生耽误了那本来不是致死的病症，自知危在旦夕的时候，他最后说出来的话却是："我不能死啊，我还没有写完我的音乐史！"据说他的音乐史只写到文艺复兴时期。当然，那时候写的音乐史即使是完成了，也不可能是完美无缺的，在立场、观点、方法上距离我们今天的要求都是相当远的，但是无论如何，总该是一部有相当参考价值的著作。写到这里，我不能不想起南明抗清英雄、少年诗人夏完淳的一句诗："千古文章未尽才。"要是他还在世，他应该还能够做不少有益的工作，因为他比贺绿汀同志还年轻一岁啊！

　　由于黄自的名气大了，国民党也来拉他，他当上了国民党政府教育部的音乐教育委员会委员，他也写过《青天白日满地红》《农家乐》之类替国民党捧场以至粉饰太平的歌曲，这无疑是他的白圭之玷。但是他始终是有所不为的，他对国民党并没有卖过很大的力气，江西省伪教育厅配合蒋介石的"新生活运动"，大力推行所谓音乐教育，还以"音乐教育"为名办了一个音乐杂志，曾经五次三番地约他写稿，他始终没有给他们写过一点东西。另一方面他却写过一首《赠前敌将士》，用的是革命老人何香凝的歌词。他的《爱国合唱歌集》在商务印书馆出版，还遭到国民党政府的禁止。从大节上看，较之与他同时代的其他音乐家，还算是高出一头的。

这样说是不是美化了黄自呢？根据我平时接触到的黄自思想和言论来说，他是不满意蒋介石的反动统治的，当时学校规定每星期一要举行宗教迷信式的纪念周，仪式的开始，照例是先唱一通"党歌"，他从来是站在那里不张口，在他家里更是可以随便咒骂国民党反动派。他自己明白表示过：虽然他不适合于进行旗帜鲜明的反抗，然而同流合污是不来的。当然，他之不满意国民党的法西斯统治，并不就等于左派，他所向往的毋宁说根本上是英美式的民主。但是他所理解的民主是算数的，他的工作作风充分证明了这一点。他对学生是一律平等相待，学生的作业送上去了，改过之后，常常是对学生这样说："你这样写法也许有你的道理，可我觉得这样改了是好一些。是不是这样，你可以考虑，想通了再接受吧。"我和他相处多年，想不起他有过什么盛气凌人的神色，更不会强加于人。学生到他家里作客，总能够无拘无束地说说笑笑，他还会在发现别人一些言论动作的特点之后，加上风趣的按语来逗乐一下子，引得大家哄堂大笑。但是责任所在，他又决不肯马虎了事。记得有过这样一件事：当时音专办了一个杂志《乐艺》。这个杂志算是一种同人刊物，谁的稿子送来了，差不多总是照登不误。有一次一位先生投来两首歌曲，为了避免差错，乐谱抄好之后，例须先送本人校对一遍然后付印。恰巧那位先生自己不能校对，什么原因记不清楚了，也许是病了吧，于是把稿子送给黄先生代校。可是改天他把乐谱送回来，改动了一些地方，还说明那是作曲理论上有些问题，已经修改过了，《乐艺》当然照他改正的样子发表。这件事很引起当事人的不痛快，可是平时平易近人的黄先生，临到紧要关头就是这样的不肯含糊。

在艺术上应该说黄先生是属于学院派的，他惯常表现出一种学人的矜持，但也并不是一成不变。为了工作的需要，他也能够放下架子。"九一八"事变起，蒋介石丧心病狂，竟然下令东北军队不抵抗。这时候全国沸腾起来了，黄先生也收起他的五线谱，用简谱写下了他最早的抗日歌曲。为了支援东北义勇军，他还和我们几个小人物一道走上街头，宣传募捐。因为他是川沙人，从小在上海长大，熟悉上海道路，于是由他引路，远走浦东，奔波了一整天，依然毫无倦容。如果我没有记错，在音专教师中间，看到国难临头，肯跑上街头去宣传募捐的，黄先生之外再没有第二个人，而且还是堂堂的教务主任！

前面说过，黄先生是一个勤奋的人。到他家里去，常常可以听到黄师母同他开玩笑似地说，这件事没有做完，你坐得住吗？事实上也的确如此。记得有一个早上，我们已经上了班，过了一会他才匆匆忙忙地赶来，显得是睡眠不足的样子，刚一坐下，就说："昨天一口气看完一个易卜生的剧本，睡晚了。"他随时注意加深自己的文艺修养，书桌上经常放着古典文学作家的专集，而且信手拈来，别有妙语。例如他给同学讲解莫扎特的《周必大交响乐》的时候，他会说气象高浑，好像进入苏东坡《水调歌头》里面"我欲乘风归去，又恐琼楼玉宇，高处不胜寒"那样的境界。讲音乐领略法，他教人不要光注意作品，还要了解作者的身世和写作这个作品时的具体环境和思想感情，然后方能够深入作品的核心，于是就以自居易的《琵琶行》为例，一层一层地说开去，听的人也就易于领会了。有时兴之所至，他也集龚定盦的诗句，而且不会出现"失粘"的破句。他看见别人写出来的词，能够依据词的句读指出词牌的名字。可见他是下过一番工夫的。然而事物总是一分为二的。黄先生对古典文学的爱好使得他选词作曲总不免倾向于典雅的东西，即使是同时代人的作品，他也喜欢找些文绉绉的甚至于近乎陈词滥调的东西来作曲，从而给他的歌曲带来不利的影响。也许他自己也意识到这一点，最后几年已经改弦易辙，选用一些白话诗。可惜的是，到他迈开了新的脚步的时候，死亡却无情地夺去了他的那支笔！

同黄先生相处过的人，很难想象他会是那么短命。他的生活是生动活泼的，平时在家里锄地种花，总是亲自动手；在办公室坐久了，他就跑到操场同大家一道打打羽毛球；骑自行车还能单手扶着车把上下车，一边聊天，一边不动声色地表演给你看。特别有趣的是，他对海军也是一个懂行的，他藏有许多有关海军的著作，有一次他花了几十块钱买了一本厚厚的关于海军的新书，便饭过后他就把它摊开来，口讲指画的给你讲得头头是道。当你对他的渊博表示敬佩的时候，他会腼腆地说，这也算是一种癖吧。抗战开始之后，报上常有议论日本的出云舰、长门舰的文章，有些专门术语我们看不懂，少不得又要找他请教，他当即给你解释得清清楚楚，使我们顿开茅塞。

像他这样的一个通才，也许你会想到，他一定自以为是了不起的了。不是的，他并不隐瞒自己的弱点。他是在奥柏林大学和耶鲁大学两边音乐系都上过学的，他之所以最后在奥柏林大学考取学士学位，而不是在耶鲁大学，是因为耶鲁大学作曲专业的毕业生还得同时公开举行一个钢琴独奏音乐会才行。他承认自己的钢琴技术够不上这个水平，因此放弃了这个打算。这种实事求是的态度，不是也同样值得我们学习吗?

黄自先生是离开我们了,今天的中国音乐教育却正以更大的规模,更高的速度向前发展。黄先生的学生,黄先生的学生的学生,而且这一辈的学生也已经带领着他们的学生争做新长征的突击手。应该说,这就是我们对先生的最好的纪念。

原载《群众音乐》1979 年第 5 期

千古文章未尽才

——我所认识的黄自

1938 年 5 月，记不清哪一天了，我在广州忽然收到老江（定仙）从汉口发出的一封信，说是黄自先生于 5 月 9 日病逝于上海。这真是晴天霹雳！想起他"平生风义兼师友"，往事一幕又一幕地在眼前浮现出来。当天晚上，我一口气写了八首《望江南》，借以寄托我沉痛的悼念。他，的确死得太早了！他，应该，而且也必然能为中国音乐做出更多更大的贡献。我只有默念夏完淳哭他表兄的一句诗："千古文章未尽才。"即使他活到今天，也还不到 80 岁啊！然而他却只活了 34 岁！他的寿命虽然是那么短促，他留下的宝贵的遗产却是丰富的。作为作曲家，作为音乐教育家，作为一个人，都是永远值得我们怀念的。

黄自，字今吾，1904 年 3 月 23 日生于江苏省川沙县一个门口挂着"内史第"的匾额的书香人家。说是书香人家，当然会想到封建文化的传统，可是他的父辈却是属于维新派。父亲黄洪培，前清的国学生，已经开始在当地与人合办毛巾厂，搞"实业救国"那一套。民国成立之后，他是所谓民意机关的参议会的副议长。他的叔父黄炎培更是有名的中华职业教育社的创立人。

黄自从小受到家庭的严格教育。他的母亲陆梅先，在黄自出生的前两年，即 1902 年，八国联军强迫清政府订立屈辱的辛丑条约之后，发愤创办了一所开群女校，自己也改名为开群。她经常教黄自唱山歌、背唐诗。1936 年黄自为沈心工的《心工歌曲集》作序，曾有关于他儿时学习唱歌的记述："记得二三岁时，父亲买了几本唱歌书回来，母亲常抱着我唱那书里的'摇摇摇，囡囡要睡了'及'小小船，小小船，今朝聚会赛一赛'等歌。不久我就学会了好几首。……我在小学前后共五年（从 7 岁到 12 岁），这时期中所学会的歌不下五六十首。因为我自己就很爱唱歌，所以一首首都唱得很熟，就是到现在大致都还能记忆。"关于古诗，他童年学过而又印象最深的是《木兰辞》和白居易的《琵琶行》。他创作歌曲喜欢选用古典诗词，甚至于选谱新作的歌词也比较偏爱具有旧诗气息的作品，这不能不说是从小养成的文学趣味。当然，不容讳言，他童年所受的家庭教育同时兼有封建思想的说教，如《二十四孝图》之类。

1916 年黄自小学毕业。毕业之后，即入北京清华学校。清华学校是用美国退还的"庚子赔款"建立的，当时是所谓"留美预备学校"。黄自在清华前后读了八年。清华由于经费充裕，请了不少知名的老师。中国文学和历史课即由梁启超主讲。记得有一次我和陈田鹤看了话剧《委曲求全》，对于作者王文显却一无所知。后来我们到黄先生家串门，谈起我们看过的话剧和它的作者，经他一说，才知道王文显就是他在清华的英文老师。虽然学习主要是靠自己的努力，"名师出高徒"这句话也不见得是全无道理的。他初到清华，即参加童子军笛鼓队。此后又在管弦乐队里面吹单簧管，在合唱队里面唱男高音。1921 年起从何林一夫人学钢琴，次年，又从王文显夫人学和声。先是，1919 年他曾写过一封信给他的堂叔黄朴奇，讲到他对音乐的认识以及他自己学习音乐的情况。他的父亲知道了之后，不能不表示极大的关切，但是他所关切的并不是黄自学习音乐的进步情况，而是怕黄自误入歧途，为音乐而荒废了正当的学业。于是特别请求黄朴奇写信去劝导黄自，不要为音乐耽误了正事。黄自因此给黄老先生写了一封长信，反复说明音乐的社会功能和教育作用。这也许可以算是他对童年看过的《二十四孝图》的一次反叛吧。

1922 年春天，清华学校假座北京青年会礼堂举行音乐会，黄自担任两个钢琴独奏的节目：帕德莱夫斯基的《G 大调小步舞曲》及夏米那德的《林中仙女》。1924 年，参观北京天坛举行的"古物展览会"，对于展出的各种乐器的构造尺寸，莫不一一详细地记录下来，表现出他对音乐史的兴趣及对研究工作一丝不苟的精神。这一年他在清华学校毕业。

清华学校毕业之后的下一站是留学美国。当时的公费是不可能有音乐学生的名额的，他在欧柏林大学研习的专业是心理学，音乐只好算是副科。1926 年他从欧柏林大学毕业，获文学士学位。由于官费修业年限未满，于是续留欧柏林大学音乐系专攻理论作曲及钢琴。当时在欧柏林大学音乐系学习钢琴的还有一位女学生叫胡永馥。据胡永馥妹妹的回忆，胡永馥和黄自可能是 1925 年已经订了婚约，黄自曾将学校因他"品学兼优"奖给他的金钥匙送给她作为纪念。不幸胡永馥因心脏病于 1927 年初辍学返国，不久即在上海逝世。黄自得悉胡永馥逝世的消息，满怀悲痛，按照亨德尔那段著名的《广板》的旋律配了歌词，谱成一首四部合唱曲，即将乐谱寄给胡家姊妹，请她们在胡永馥安葬时演唱。他的管弦乐序曲《怀旧》本来是用以寄托怀念之情的。他们远隔大洋，互通讯息，据胡家姊妹说，胡永馥还为黄自的创作提供过一些素材，不料曲未脱稿，人已云亡，"怀旧"变成了"伤逝"。1930 年这首《怀旧》序曲将在上海演出，他曾把原稿交给青主，请青主写一篇介绍文章。手稿封面大字写明"纪念胡永馥女士"。青主的介绍文章即在梅柏器指挥工部局管弦乐队演出之前在《申报》发表。青主认为音乐的风格近似勃拉姆斯。《怀旧》序曲中结尾的那段中提琴悠扬而又稍带凝重的音调，作者自称是描写了天堂宁静而又肃穆的气象，很容易使人联想到勃拉姆斯的《德意志安魂曲》。这是上海公共租界工部局管弦队第一次演奏中国人的作品。中国人第一次看见自己的作曲家曲终之后在这样的场合上谢幕。

胡永馥逝世之后，欧柏林大学虽然风光依旧，在黄自眼中却随时随地都会引起"物是人非"的伤感。他终于告别了欧柏林，转学到耶鲁大学音乐学校。1929 年《怀旧》序曲作为黄自的毕业作品由耶鲁音乐学校及新哈文交响乐队合作演出，指挥是该校校长达维德－斯坦利。据赵元任说，这一届同班毕业的学生中间只有黄自的作品被选到大乐队演出，而且得到了透彻的欣赏。中国留学生凭自己的管弦乐曲获得音乐学士的学位和一笔欧洲学术性旅行的奖金，黄自是名副其实的破天荒。是年 6 月，离美赴欧，历访英国、法国、荷兰及意大利，然后返国。

他在留学时期的作品，除了交响序曲《怀旧》之作，还有根据英文歌词写作的独唱歌曲三首，合唱曲一首，四重奏一部（未完成），复调钢琴曲八首。由于带有习作性质，所以生前不愿意发表。只有二部创意曲（G 大调及 C 大调）两首曾刊登于 1930 年出版的《乐艺》季刊创刊号，同时发表了他的讲稿《音乐的欣赏》。

1929 年秋天，黄自回到上海，即在沪江大学音乐系任教，10 月到国立音乐专科学校兼课。一年之后，因应音专校长萧友梅的聘请专任该校教授兼教务主任，辞去了沪江大学的教职。音专校长萧友梅向南京教育部提出黄自的任命的时候，国民党内还有人认为他是黄炎培的侄子，对这一任命提出异议。后来还是蔡元培点了头，这个问题才算解决。

他回国后第一次重要的学术性的讲演是在上海美术专门学校做的，题为《音乐的欣赏》。他分欣赏为知觉的、情感的及理智的三种。他先从他对白居易的《琵琶行》的理解的过程讲起。首先是只因为它"音节铿锵，念起来非常好听"，这即是知觉的欣赏。后来尝过了一些人世的悲欢离合，渐能领会白居易"被谪后自嗟身世飘零的情感"，于是就在"知觉的欣赏"外，又加了情感的欣赏。最后，假使另外有一个人，"非但能领略如我领略音节之美及体会诗人的情感，而且更能明白这诗人为何应用双声及平仄转韵的法子，把金石之声烘托出来。不但如此，他还能够赏识这首诗的结构如何严密精细……非但能使我人觉得江上明月历历在目，得一种适当的背景，而且前呼后应，使这背景有所统一。这个人因为能从技术上领略这首诗的妙趣，而另得一种微奥的快乐，是理智的欣赏"。接着他就说明音乐与其他艺术，如画、如诗、如雕刻等等的差异，认为"欣赏音乐似较欣赏其他艺术为难"，因为音乐是时间的艺术，随作随止，必须具有强的记忆力才行。于是更进一步阐述欣赏音乐的方法，并指出音乐之所以使人得到快感，是因为音乐具备节奏的、曲调的、和声的及音色的美。然后介绍作曲家表现不同情感的方法，使听众对欣赏音乐有更进一步的认识。最后指出，理智的欣赏要求我们具备三把钥匙：1. 明白音乐的种类及派别，特别是纯正音乐及命题音乐的分别。2. 辨别什么是乐意。乐意是自有个性的精短乐句，它的特性决定于它的长短、节奏及曲调起落。3. 略为知道曲体的结构，并能追溯"乐意"的种种变化而造成精密的结构。这是一篇相当完整的音乐欣赏入门。讲演的时候还不时在钢琴上弹出音乐的具体变化，使人备感亲切。对他学识的渊博和分析的细致，更是惊叹不已。

正是由于他对音乐的欣赏具有那么深刻的认识，所以他的音乐欣赏课（当时称为音乐领略法）引起了同学极大的兴趣。既能听到名家的作品，又能听到名师的讲解。不过说起来实在是够可怜的，全校只有一架手摇唱机，跟着老师扛上扛下。然而正是那种艰苦创业的精神为我国音乐教育史写下了光辉的一页。

他回国后创作的第一部作品是根据佛曲《目连救母》改编的男声四部合唱。这是按照自然体系的小调式来配和声的，是为民族风格的曲调配置和声的极有意义的尝试。从伴奏的反复和弦似乎是听到了木鱼和钟磬的声音。它发表于《乐艺》第二期，同时发表了他的《西洋音乐进化史鸟瞰》上篇。下篇则发表于《乐艺》第四期。

1930 年 12 月，黄自与北平大学女子文理学院音乐系毕业生汪颐年结婚。结婚之前，青主曾根据希腊神话写成了一部小说《美神的结婚》，此时就在原稿扉页上写上作为献给他俩结婚的礼物的题词，交给商务印书馆出版。黄自还为这本小说写了一封信给青主，作为代序印在前面，可惜的是，书还没有印成，"一二·八"日本侵略军的炮火已经烧毁了商务印书馆，原稿也同其他许多书稿一样烧成灰烬了。

黄自在音专住校期间，除了总揽有关教学的一切工作之外，还担任几乎全部理论作曲的课程，计有和声学、键盘和声、高级和声、单对位法、复对位法、赋格、配器、自由作曲、作曲初步、音乐领略法、音乐史等等。他每讲一课，即使是讲过多年的，也必在上课之前做好充分的准备。有时黄师母看见他实在太辛苦了，忍不住问他，这些课已经教过好几遍了，还要花那么大的力气去准备吗？他却说，光是自己懂是没有用的，只有充分准备好了之后，讲起来方能讲得透，让学生真正吸收进去。有一天陈田鹤从课室出来，笑逐颜开地告诉我，黄先生的课讲得真好，看得出他是认真备课的。老实说，做教师的负责不负责，根本瞒不过学生。例如他讲和声的时候，自己先就一个题目配上各种各式不同的和声，启发学生的灵活运用。他讲音乐史的时候总是事先写好作曲家的年表油印分发给听课的学生，然后分段发挥，指出前后的联系及作曲家本人的发展。评价一个人或一部作品的时候，也总是实事求是地给予全面的评价。例如讲到李斯特，既讲他的慷慨和宽宏大量，也指出他有时不免流于虚伪。讲述作曲家的生平，并不是板起面孔光谈他行事和创作的严肃的一面，而是随时穿插一些遗闻逸事，以加深学生对作曲家为人的全面了解。例如勃拉姆斯一生过的是独身生活，他说他之所以没有结婚，也许就是他对舒曼夫人的 Platonic 的爱慕的结果。然后就 Platonic 这个词做一番解释，说它是"柏拉图式"的意思，引申为男女之间一种不掺杂色情成分的纯洁的感情。既说明事情的本质，也对学生进行一种严肃的恋爱的品格教育。勃拉姆斯衣服破了，不是拿针线去缝补，而是把火漆烧熔了涂到衣服的裂口上面去。这就从侧面反映出勃拉姆斯不修边幅的生活方式，说明他并不是一个超凡入圣的天仙，而是同样生活在我们中间的一个人，课堂的空气也跟着活泼起来了。

有一年，好像是 1932 年吧，意大利山卡罗歌剧团来上海演出。虽然这不算是什么了不起的大剧团，但是在上海能够直接看到意大利歌剧，总还是值得外省人羡慕的呢。为了帮助同学们对歌剧有较深的了解，黄自临时开设一个专题讲座，逐个介绍该剧团预定上演的歌剧。这样的例子举起来可实在多。例如吧，作曲系高级班上配器课，总感到乐队的演奏直接听得少，因而缺乏具体的感性的知识，纸上谈兵是不能解决实际问题的。黄自看出了学生的难处，于是写了一封信给梅柏器，请他让学生们去听乐队的排练，梅柏器居然答应了，还搬出椅子来让学生坐着旁听，这可真是难得的机会，因为在上海也是只此一家，平时是很难这样通融的。总之，只要是有利于学生的事情，他就不怕麻烦地担当起来。他曾经不无自负地对学生说过："你们努力，我比你们更努力。"这无疑是表明他对工作的负责与自信，事实上这种说法也确实是没有半点夸张的地方。他对待同学的态度也是非常民主的，学生到他家里去，总是毫无例外地受到殷勤的款待，喝茶抽烟都非常的随便。聊起天来，更是海阔天空，从不使人感到丝毫的拘束。黄师母又善于张罗，随时准备一些可口的食品，逢年过节还要亲手配制道地江浙风味的甜茶。客厅布置非常朴素，非常整洁，墙上张挂的全是法书，没有一幅画，也许这正代表了主人的艺术爱好。的确，黄自写得一手漂亮的毛笔字。他写的一张便条给你看了也是一种享受。平时写信偶然也喜欢用平实的文言，很有点苏黄小札的味道。可惜的是"八一三"日本侵略军的炮火把我历年保存的那些小札也统统烧光了。

1931 年 9 月 18 日，日本关东军突然炮击沈阳，战火随即烧遍整个东北。黄自是最早写出抗日歌曲的作曲家之一。他的《抗敌歌》歌词的第一段是他自己写的，原名《抗日歌》，由于国民党政府无耻地接受日本帝国主义取缔抗日的要求，《抗日歌》被迫改名《抗敌歌》。当时音专师生激于爱国义愤纷纷行动起来，又是开会抗议，又是赶写抗日歌曲，又是走上街头宣传募捐。但是日寇为什么胆敢如此猖狂，而且一夜之间就占领了沈阳，铁蹄踏遍东北，如入无人之境。谁能够把事变的前因后果明白说出来呢？国民党统治之下是没有言论自由的，老百姓是敢怒而不敢言。报纸上的文章也只限于咒骂日本的侵略，甚至归罪于东北驻军的不抵抗，很少接触到国民党政府招致外患的反动政策的本质。黄自当时曾以清华同学的关系，请了罗隆基来音专做报告。当然，罗隆基过去不是，后来也并不是国民党加封给他，以便作为进行迫害的借口的"罗隆斯基"。但是在特定的历史条件之下，公然在讲坛上指斥国民党对内像是凶神恶煞，对外却是奴颜婢膝，终于断送了东北的大好河山，客观上拆了国民党政府的台，总还是有点积极的意义的吧。

在旧中国，一遇到天灾旱涝就兴行救济募捐，鲁迅在他的杂文《我要骗人》里面也讲过他为了不使募集水灾捐款的女孩子失望，如何带她进电影院，买过门票，找回零钱，付给她一块钱作为捐款的故事。虽然他明明知道他那一块钱是连给水利局的老爷们买一天的烟卷也不够的。现在来了"九一八"，正所谓国难当头，街头募捐又热闹起来了。这次是支援东北抗日义勇军，音专师生也不甘落后。出发募捐那一天，音专分成许多组。我们想走远一点，深入偏僻的地区，稍为扩大一下宣传工作的范围。于是由黄先生带路，领着他的四大弟子——贺绿汀、江定仙、陈田鹤和刘雪庵——和我，向浦东进发。我们捧着竹筒，挨户劝捐。老百姓捐款是乐意的，有些人也难免发些牢骚，说政府都不抵抗，你们不是白辛苦吗？跑了一整天，黄自始终精神抖擞，毫无倦容，傍晚才动身返校。在归途上，黄自摸摸竹筒，发表了与鲁迅相似的意见，不知道这些捐款会不会真的送到义勇军手里。

一波未平，一波又起，"九一八"过了不久，日本侵略军又在上海寻衅了，于是来了"一·二八"的淞沪抗战。这一次蒋介石的不抵抗政策不灵了，十九路军将士喊出了广东人拼搏的口号："几大就几大！""顶硬上！"对日本侵略军进行了英勇的反击。革命老人何香凝写了一首热血沸腾的《赠前敌将士》，黄自立刻把它谱成歌曲发表。不久，又写了混声四部合唱《旗正飘飘》，这是黄自作品传唱最多的爱国歌曲，也是艺术上属于高水平的声乐作品之一。

这一年是黄自创作的丰收年。除了上面提到的爱国歌曲之外，他还写了三首艺术歌曲：《思乡》《春思曲》及《玫瑰三愿》。后来即以《春思曲》为总名将三首歌曲合为一册，在商务印书馆出版。还有清唱剧《长恨歌》原定计划是分十个乐章，实际完成的只有第一、第二、第三、第五、第六、第八、第十，七个乐章。但是它已经基本上包括了白居易原诗的主要情节，唱起来并没有引起什么残缺的感觉。这是一部大型的声乐作品，是属于所谓历史的题材。但是作者并不是为历史而历史，其中《渔阳鼙鼓动地来》那一段是借唐明皇的腐败来讽刺国民党政府的不抵抗主义的。"那管他社稷残"那一句的重拍都加上了强音符号，表达了作者对昏君的切齿痛恨。作为清唱剧，合唱是重要的组成部分，这里也正好显示出作者出众的才华。至于全曲最成功的完美的乐章，也许应推《七月七日长生殿》和《山在虚无缥缈间》那两折。前者的女高音独唱和男中音独唱，一个唱出了"得宠忧移失宠愁"的复杂的心情，一个唱出了信誓旦旦的爱情的许愿，是带有欧洲歌剧传统的宣叙调和咏叹调的风格的。到了"举首对双星，海誓山盟"，却出现了五声音阶的音调，可谓天衣无缝的民族化的妙手。《山在虚无缥缈间》是以古曲《清平调》为基础的富有民族色彩的杰作，也是西洋音乐技巧与民族特点相结合的成功的范例。弦乐的引子一开头就把听众引入缥缈的仙境，好像是把白居易的诗句"楼阁玲珑五云起，其中绰约多仙子"摄入了镜头。

"一·二八"炮火葬送了《乐艺》季刊，青主跟着离开了音专。不久，音专师生又想重整旗鼓，组织了音乐艺文社。由蔡元培、叶慕绰分任正副社长，萧友梅、易韦斋、黄自负责编辑《音乐杂志》。原拟的名称是易韦斋提议的《音乐与艺文》，负责出版的良友公司认为这个名称太噜嗦，这才定名为《音乐杂志》。《音乐杂志》出版之前，音乐艺文社还做了一件有意义的事。那是 1933 年 3 月底在杭州举行了两场"鼓舞敌忾后援音乐会"。当时正是日本侵略军侵入山海关之后，大举进攻长城各口，蒋介石悍然制止中国军队进行抵抗，以致造成日军直逼平津的危急时刻。音乐会的压场节目就是黄自的《抗敌歌》和《旗正飘飘》。上海《中华日报》为此作了专题报道，认为"悲壮激昂，闻者奋起。鼓舞敌忾，可谓名副其实矣"。特别值得一提的，是黄自作为全国最高音乐学府的教务主任，竟然亲自担任报幕，而且不仅限于报告每一个节目，而是向听众介绍乐曲的作者与讲解乐曲的结构。这是他继浦东募捐之后又一次不辞劳累的爱国行动。他对人说过："现在我写抗敌歌曲，希望不久再能写庆祝抗战胜利的歌曲。"令人伤心的是他只看到全面抗战的爆发，却来不及庆祝抗战的胜利，就过早地离开了人世！我得到他逝世消息的当天晚上写的《望江南》八首里面有一首也接触到这问题："中夜起，刁斗正声声。应颤危弦咨后嗣，毋忘家祭告中兴。心事自分明。""危弦"一词联合用海顿和陆放翁的故事。海顿是在拿破仑军队占领之下的维也纳逝世的。逝世之前，他命家人搀扶着他走到钢琴面前弹了一遍《帝佑我王弗兰茨》的曲调，暗示家人毋忘祖国。我写词的时间并不知道他是在医院病故的，还以为他能像海顿一样在钢琴上传达他爱国的心事呢。

《音乐杂志》1934 年 1 月开始在良友公司出版。一年之内，出了四期，即告停刊。他在《音乐杂志》上发表的论文计有《勃拉姆斯》《乐评丛话》《调性的表情》及《介绍给一般听众的五张声乐唱片》等篇。《勃拉姆斯》是为这位与巴赫及贝多芬合称"三 B"的作曲家诞生百年纪念撰写的力作。从勃拉姆斯生平的介绍到他作品的分门别类的评价，真是旁征博引，体大思精。关于这位作曲家的性格也有非常生动的描写。那是我国介绍西洋作曲家最有分量、最有水平的专题论文之一。《调性的表情》从理论上阐明各种调式和调性的色彩与表情作用以至转调时所引起的变化，还举舒曼的歌曲《献词》为例，指出原文歌词的"乐"字原用明朗的大三和弦，到了配合"苦"字的时候，大三度就改为小三度，以适应情感的变化。译文为了押韵，把"苦"字移前一拍，落到大三和弦上面，这就差之毫厘，谬以千里了。这是作者对音乐美学的一次有意义的探索，也是对当时有些译歌的混乱现象的委婉的批评。介绍五张唱片的文章是他眼见当时"无聊的爵士音乐与肤浅的电影歌曲"的泛滥，企图纠正社会上对流行歌曲的不健康的倾向而作的。《乐评丛话》是代表黄自美学思想的一篇文章。似乎他认为"纯正音乐"比"标题音乐"更高、更地道，因为"音乐的意义就是音乐本身"，"她像叔本华说的，'别自有一天地'"。但是他在《音乐的欣赏》那篇讲演里面却说："作曲家作一曲，必定有感于心，故发为音，同时在他的作品中，他必定无意中将自己的个性和盘托出。我们如其能知作曲家的生平、性格及其所作此曲之理由，那么，我们于他的作品，当可以有较深的欣赏。"接着就举贝多芬的第五交响乐为例，指出他耳朵变聋，同时也感到自己生活许多不满意的地方。"他虽自叹命舛，可是并不为此而气馁，百折不挠，毅然奋斗"。在《西洋音乐史鸟瞰》里面他又说："一个时代的艺术就表现一个时代的生活。"可见他也承认艺术是生活的反映,创作仍然是来源于生活。他的美学思想是矛盾的,倒是创作的实践补救了他认识的偏颇。

他主张引进西洋作曲技术,这是他努力从事的一个方面,同时他也并没有忘记音乐的民族化。他在《怎样才可以产生吾国民族音乐》那篇文章里面说:"把西洋音乐整个搬过来与墨守旧法,都是自杀政策。因为采取第一种办法,我们充其量能与西洋音乐进展到一样水平罢了,况且这也不一定办得到,因为不久他们自己也要变新样子。那时我们在后面亦趋亦步,恐怕跟起来很费力吧。所谓'乡下姑娘学上海样,一辈子也跟不上'。因为'学得有些像,上海又改了样'。至于闭关自守,只在旧乐里翻筋斗,那么我们祖宗一二千年来也翻够了。我恐怕也像孙悟空一样再也翻不出如来佛的手掌心。"最后他又指出:"西洋音乐并不是全是好的,我们要严加选择。那些坏的我们应该排斥,而好的暂时不妨多多借重。总之,我们现在所要的是学西洋的音乐的方法,而利用这方法来研究和整理我国的音乐与民谣,那么我们就不难产生民族化的新音乐了。"他的作品证明,他始终在实践他自己的理论。他上课的时候也经常提请学生注意民族乐派,如俄罗斯的鲍罗丁,挪威的格里格,捷克的德沃夏克等人的创作经验,作为我们创作的借鉴。

从1933年起,除了教学之外,他主要是把精力放在教材的编写方面。6月间,他接受商务印书馆的委托,与应尚能、张玉珍、韦瀚章合编一套《复兴初级中学音乐教科书》,并由他的四大弟子各个分担一部分的工作,着重是创作新歌曲。为了适应各班上学期开学的需要,先出第一册、第三册及第五册,然后出版第二册、第四册及第六册,1935年全部出齐。黄自负责全书课目的设计,书中的文字部分主要由他一个人包干。理论部分从音乐的特点分类、音乐的各种体裁、中国乐器与外国乐器的介绍、西洋音乐史上各个时期的各种流派、中国音乐的起源、各个朝代的不同的乐曲体裁及剧种的演变以至近世音乐的趋势,莫不提要钩玄,深入浅出地加以论述。同时也没有忘记音乐的欣赏,每一曲都附有简明的介绍与分析,最后还扼要地讲了作曲理论的知识及有关对位、和应、卡农、赋格的实例。全书发表了将近七十首的歌曲,黄自的作品占了十分之四。名义上这部教科书是供初级中学使用的,实际上却远远越出了这个范围,当时已经有人说,要是高级中学能够全部消化就不错了。就我所知,抗战期间大后方的有些艺术院校的音乐系也把它列为应用教材。黄先生对待工作的态度是近于所谓狮子搏兔亦用全力,在学生方面呢,那可是驽马十驾,还不一定都能够赶上千里马呢。

我们今天回过头来看一看这套教科书,当然是瑕瑜互见。首先是史的论述缺乏历史唯物主义的观点。群众意见最多的是《青天白日满地红》这首歌为国民党捧了场;《农家乐》则对农民在反动政府残酷的剥削和压迫之下的苦难视而不见,反而淋漓尽致地说他们如何的"乐",如何的"笑呵呵","真快活"。这无疑是应该批判的。然而这一类粉饰太平的作品在当时可说是并不少见。刘半农就曾写过《一个小农家的暮》那样的诗,把农民的生活说得优哉游哉哩。《青天白日满地红》那首歌相当严重地暴露了黄自的正统观念和软弱性。然而略迹原情,他还玩了一个小小的花招。实际的情况是,国统区一切书报都要毫无例外地经过审查批准才能出版,音乐教科书一般还要把程懋筠作曲的那首代替国歌的国民党党歌印在前头。黄先生不想这样做,这才拿这首《青天白日满地红》来顶包。至于他对国民党的态度,只要看他如何对待在当时"剿共"中心江西南昌出版的杂志《音乐教育》就够说明问题了。《音乐教育》编辑部五次三番地向他约稿,他始终没有给他们寄过一篇稿子,他就是这样"有所不为"的。我们平时在他家里闲谈的时候,可以随便谈谈国民党的坏话,谈到紧要关头,他会情不自禁地而且比较率直地说出他的心里话,认为一个人决不能无原则地同流合污,跟那些无耻政客混在一起。也正是由于他这种有所不为的政治态度,他的学生是信任他的。有这样一件事:张曙被捕之后,家里需要用钱,最后连张曙的大提琴都要卖掉了。哪里去找买主呢?他的夫人想来想去,还是去找黄先生帮忙,由黄先生找到肯出合适价钱的买主。

俗话说:"人怕出名猪怕壮。"那些年黄自的名声一天天大起来了。他先后被聘为上海公共租界工部局音乐委员,南京教育部的音乐教育委员会委员及中小学音乐教材编订委员会委员,中央文化事业计划委员会附属音乐研究会委员,还有励志社的音乐顾问。他在上海工部局任职期间,曾经发生华人纳税会提出撤销管弦乐队的意见。乐队指挥梅柏器虽然演出过黄自的《怀旧》序曲,平时编排节目却根本不考虑中国听众的需要,音乐会节目单上也从来没有印出过一个中国字。所以当华人纳税会提出撤销的议案的时候,虽然这个管弦乐队对中国音乐界不能说毫无用处,黄自考虑到自己是中国人,今天面对众多的洋人,应该与中国人采取一致的立场,于是态度鲜明地同意华人纳税会撤销的意见。事关民族大义,是不能模棱两可的。至于励志社之所以聘黄自为音乐顾问,恐怕与音专毕业生华文宪有关。华某通过陈诚的关系当上了庐山训练团的音乐教官,与励志社也有千丝万缕的关系。音专有些学生是经华介绍参加了励志社的伴食乐队的。华很想拉他的老师来壮壮自己的声势,黄自就被他看中了。虽然他只是挂一个空名,我们总不能不本"春秋责备贤者"之义指出他的妥协性。

1934 年 10 月，上海市教育局为了推广音乐教育，邀请音专担任每周广播音乐节目的工作。音专因此组织了一个教育音乐播音委员会，黄自担任编辑股主任。除了安排每周的广播节目及演出人员之外，还在播音的前一天在《新夜报》预告播音节目。《新夜报》为此用大约半个版面特辟《音乐专刊》（第四期起改名《音乐周刊》），本意只在刊登本周播音节目及乐曲解说。不满版面就登些补白文章。到了改为《音乐周刊》之后，它却成了我国报纸上最早出现的音乐副刊，写稿的范围随之扩大，有关于音乐家的小传及逸话，有谈论音乐的小品文，还有音乐常识、名曲笺释、歌剧故事、乐坛消息等等。节目解说每期均由黄自亲自执笔，尽量做到通俗易懂。大约过了半年，陈田鹤从武昌回到上海，这份工作才由田鹤接手。田鹤接手之后，想到过去是老师执笔的，真是兢兢业业，不敢怠慢，没有辜负老师的信任。后来陈田鹤去了济南，节目解说仍归黄自负责。真是忙不过来，才临时找人写一次。不过经过一年多的广播之后，有些重复的节目已经可以照抄旧文或干脆不再解说，工作因之变得不像过去那么紧张了。

黄自同意撤销上海工部局的管弦乐队，但不是不要管弦乐队，而是想方设法由中国人自己组织起来。政府是不能指望的，只能寄希望于找热心的赞助人，有了！谁？谭小麟！谭小麟是音专作曲系的学生，他非常高兴有人出来倡议。他自愿负担乐队的经费，自愿将他的客厅做排练场。说干就干，1936 年 11 月上海管弦乐团正式诞生了。团长是黄自，副团长是谭小麟，吴伯超和李惟宁分任正副指挥。第一个排练的节目是贝多芬的《第五交响乐》。由于时局动荡，大家都安不下心来，不久就是"七七"事变，接着又是"八一三"事变，再也顾不上乐队了。

编完《复兴初级中学音乐教科书》之后，黄自准备再编一套小学唱歌教科书。恰巧 1935 年中英庚款董事会征求一部小学唱歌教科书，他于是约同他的四大弟子和我共同准备。歌曲的审定与编排以及讲授计划统统由他负责。经过约一年的时间，全书编定了，也寄出去了。后来听说中英庚款董事会聘请的评选委员考虑到某一人选的歌本未必首首都好，不入选的歌本又未必首首都不好。只取一本难免有遗珠之憾，于是改为按歌评选。评选的结果，据当时《申报》的报道，是我们那一本入选的歌曲最多。报道还说，一俟入选的歌曲编订完毕，即将正式出版。可是时间一天一天的过去，书却不见出版。抗日战争全面爆发，这件事从此再没有任何消息。究竟我们入选的歌曲是哪几首谁也不知道。最近听说在黄自的遗稿里面发现了 15 首儿童歌曲的手稿。其中只有《西风的话》。由于南京政府"取缔"抗日宣传，《复兴初级中学音乐教科书》因此抽掉一些"违碍"歌曲，曾被拿去填补空白；《养蚕》及

《牛》（合唱）两首曾以"不平"的笔名在 1938 年出版的《音乐月刊》发表。其余 12 首都还没有刊行过。可能这些歌曲正是应征歌曲的一部分，也不妨假定黄自还有未知的宝藏留待我们去发掘。

这一时期，他的创作还有一个新的转变，那就是开始选用一些比较口语化的歌词来谱写歌曲。《西风的话》及《热血歌》就是明显的例子。他曾对他的学生张昊说过，和声学及音乐史脱稿之后，他要多写浅易的民歌。谁能料到他连和声学和音乐史都还来不及写竟这么早地撒手长逝呢！

1935 年秋天，黄自还在创作上开拓了新的领域。第一次是为联华公司的故事片《天伦》写了一首主题歌，即《天伦歌》，为了加强这首以五声音阶为基础的歌曲的民族色彩，他在配器上使用了笛子、笙、二胡和锣等民族乐器。接着他又为电通公司的故事片《都市风光》写了《都市风光幻想曲》。为了具体领会都市的喧嚣，亲眼看一看十里洋场灯红酒绿、纸醉金迷的生活景色，他居然走出书房，不止一次地请黄师母陪他去逛夜上海，特别是南京路、西藏路、"新世界"那一带，以便根据具体的实感去进行描绘。一开头那三个独立的减七和弦的全奏，立刻使人感到这人吃人的上海——冒险家的乐园的恐怖的气氛。由于全曲的演奏时间只有五分钟，音乐得不到充分的展开，未免是美中不足。

这一年他还为他的叔叔黄炎培写了一首《学生国货年歌》（发表时署名黄任之）和中华职业教育社社歌《谁养我》。解放前一年，黄老先生在《文汇报》发表过一篇文章，中间有一段是讲到音乐的社会作用的，他于是讲了他们叔侄合作的故事。说"我有侄今吾，名自"，是一个优秀的作曲家，可惜他"不幸短命死矣"，言下不胜痛惜之感。

说起黄炎培，我还记得一段故事。1936 年，蒙古族的败类德王勾结日本侵略军大举侵犯绥远（今内蒙古自治区乌兰察布盟、伊克昭盟及巴彦淖尔盟东部），傅作义等爱国将士奋起抗击。不仅打退了敌人的进攻，而且收复了百灵庙和大庙。上海各界名流组织慰问团慰劳绥远驻军，黄炎培是慰问团成员之一。回到上海之后，黄自请他来音专做了一次访问报告，他用亲眼看到的事实证明，只要有决心，有勇气，中国军队是能够打退日本的进攻的，日本军队决不是不可战胜的。本来上海经过"一·二八"淞沪抗战，国民党政府与日本签订了屈辱的"淞沪协定"，闸北通庵路一带已经处在日军控制之下，他们可以肆无忌惮地检查行人。中国人好比是惊弓之鸟，鲁迅在《我要骗人》那篇文章里也曾记下闸北居民因为一个日本水兵被暗杀，弄得满城风雨，草木皆兵，忽然乱纷纷地搬起家来，汽车租钱因此一下子贵了好几倍的事实。音专僻处江湾，更是一听谣言，六神无主。黄自请黄炎培来报告绥远抗战的胜利，是颇能起到安定人心，鼓舞斗志的作用的。

黄炎培来音专演讲的时候，音专从法租界迁到江湾所谓"市中心区"市京路的新校舍已经一年多。黄自一家也早已从法租界金神父路（今瑞金二路）搬到了新校舍附近的邮亭里。江湾的地皮没有租界的那么昂贵，所以屋前有一片相当宽阔的空地。黄自在空地上架起了羽毛球网，有空的时候就打打羽毛球。他虽然文质彬彬，对于运动却还是一个里手。学校组织羽毛球比赛，他也曾报名参加，他说注意身体锻炼是从小养成的习惯。清华学校规定，学生游泳达不到 20 米的标准一律不得毕业。他骑自行车的技术也相当高。有一天下班之后，我们一起推着自行车边说边谈，他手里还拿着一包书稿，他说，手里拿着东西，就必须单手握把上车。我说，那可需要相当高的水平才行啊，话未说完，他一个鹞子翻身，已经稳坐在车上了。说到这个所谓"市中心区"，当时上海市政府倒是大吹大擂的热闹过一阵子，说要建设一个"大上海"，江湾被选定为"市中心区"。既然是市中心区，那总得有一些像样的建筑，因此除宫殿式的市政府之外，还修了图书馆、博物馆、体育馆、运动场和游泳池。我们住在那里，生活比较简单，有空的时候就会约同一道去游泳或者看看球类比赛。

由于江湾远离闹市，平时见面的只有音专师生。除非是专程来访的老朋友，一般是不大有人跑这么远的路来随便串门的，因此的确有一点"结庐在人境，而无车马喧"的味道。环境安静了，精神也容易集中，黄自于是比较积极地收集资料，为他计划编写的音乐史与和声学做准备。他非常重视卡片的工作，每当谈到著述工作的时候，他差不多总要提一提制作卡片的好处。他认为，要做到翔实、精密和完备，仅凭记忆是不行的，必须多方面援引诸家的论述，巨细不遗地核对引用的材料。要做到这一点，只有分类卡片可以帮助你节省许多临时翻检的时间和精力。他自己努力的结果，光为音乐史收集的史料就有两万多件，而且都有批注。其他材料还有音乐史与中国史与世界史的对照年表，音乐家生卒年代表以至详细的中外参考书目。他还以《中国人心中之音乐》为中心辑录了周秦以迄唐宋近八十家的文章诗赋一百七十多篇，因为他预定写完西洋音乐史之后再写一本论述中国古乐的专门著作。凭他积累的资料的充实，加上他作风谨严、修养的深湛与经验的丰富，是不难写出一部超过前人的著作来的。谁料到一切希望竟然一下子都归于幻灭了！

自从"七七"卢沟桥事变以来，中国军队已经改变了步步退让的态度。到了 8 月 8 日，日本侵略军的一个军官和一个士兵驾着军用汽车猛冲我们的虹桥飞机场，中国守军忍无可忍，当即开枪将他们击毙。日军于是乘机扩大事态，空气十分紧张。

江湾原是"一·二八"淞沪抗战的旧战场，黄自一家因此重新搬回金神父路，与父母弟妹住在一起。据黄师母的回忆，"这时候全家挤在堆满家具的房子里，卧室就成了他的工作室。写字桌旁除了书柜外还加上了小孩的睡床"。不久之前，他已经辞去了教务主任的职务，专任教学工作。为了集中精力写好和声学与音乐史，他早就有不管行政，专心教学的要求。但是促使他决心引退的，恐怕与头一年发生的一次风潮不无关系。事情的详细经过我不清楚，只知道声乐系的一些学生忽然不去上主科老师的课，有人怀疑是黄自的一个老同学背后策动，这可使得黄自左右为难了。黄自是相当随和的一个人，我到他家串门的时候，他也谈到过这类无聊的纠纷。为了摆脱是非口舌的旋涡，他只好放手不管，终于决心辞去教务主任的职务，表明他致力教学，不争名位的本意。这样一来他也可以实现长年的夙愿：专心致志地写好和声学与音乐史。

他搬回金神父路后，居住条件比在江湾的时候差多了，但是他仍继续写他的和声学与音乐史，有时还一直工作到深夜。他几乎是过着闭门谢客的生活。不是事先约好的来客他概不接见。甚至于一听见敲门声就立刻退回室内，尽量减少无谓的应酬。工作累了，需要换换脑筋的时候，他便出去找他的老朋友或同学——其实是他的学生，不过他平时总喜欢以同学或兄弟相称。他是非常关心抗战的前途的，只要见面，总离不开抗战形势，其中也包括日本的军事力量。他特别熟悉的是日本海军的情况，田汉当时也喜欢写些有关海军问题的文章，有些地方我们看不懂，只要一向他提出来，他总能不假思索地给你讲个一清二楚，原来他对海军是有浓厚的兴趣的。记得在江湾，有一天我们上他家去，他不在家。晚上再去，他说白天是骑车到江边去看一艘美国的新兵舰，因为是新造的，他想看一看新在什么地方。为了让我们多明白一点，他还把新近买到的厚厚一大本附有许多插图的海军年鉴之类的英文书从书房里拿出来，翻出一些照片给我们看，一面在旁边解说。我们对他知识的丰富表示钦佩，他却似乎有点腼腆似地笑着说，"这也算是一种癖吧！"

1937 年 11 月 12 日，整个上海沦入敌手。租界四面全被日军包围。只有海道可通香港，因此称为孤岛。日军虽然不能公然闯进租界，日本特务和汉奸却在不断制造事端，没有多久，沪江大学校长刘湛恩即遭暗杀。黄自写过不少抗日歌曲，而且通过无线电广播和唱片得到相当广泛的流传，毫无疑问也会上了敌伪的黑名单。由于父母都还健在，加上夫人和三个孩子——长子德音只有 7 岁，女惠音只有 4 岁，幼女祖庚还不满周岁，一家老小走起来是相当困难的。有人劝他一个人先走，他又下不了割慈忍爱的决心。正当去住两难的时刻，他得了伤寒病。入医院治疗一段时间之后，病情稍有好转，能与往访亲友随便谈话了。不料 5 月 8 日至 9 日的深夜，突然大量肠出血。黄自自知病情危急，当下对黄师母说："你请医生快点来吧，我不能就此死亡。我还有半部音乐史没有写完呢……"事情也真不巧，8 号那天是星期日，主治医生不在医院。黄师母忧心忡忡地赶到医生家里，请他提早去医院进行急救，可是医生认为现在不是看病的时间，黄师母急得跪下哀求，仍然无济于事。第二天一早，黄先生病情恶化，急待输血的消息传到音专。音专一大队学生在教务主任陈洪率领之下，抄近路连奔带跑赶到医院，争着伸出臂膀请求输血。但是，太晚了！1938 年 5 月 9 日上午 7 时 30 分，一代宗师黄自的心脏已经停止了跳动。黄老太太一声长恸，当场昏倒在地；黄师母呼天抢地，痛不欲生，情景实在太悲惨了。入殓的时候，音专苏联籍教师苏石林颤声唱着《圣母玛丽亚》，学生含泪和唱，然后是钢琴奏起肖邦的《丧葬进行曲》。次年 4 月安葬于沪西中国公墓。"音乐艺术在这里埋葬了丰富的财产，以及更为美好的希望。"奥地利诗人格里帕尔策这一句刻在舒伯特纪念碑上的铭文我以为同样适用于黄自。

黄自逝世之后，汉口和上海先后举行了追悼会。延安鲁艺音乐系、联合抗日军政大学、陕北公学、鲁迅小学在纪念"七七"抗战周年纪念的同时，也举行了追悼黄自、纪念聂耳的音乐晚会。

他的著作生前出版的只有《春思曲》《爱国合唱歌曲集》及与人合编的《复兴初级中学音乐教科书》。《长恨歌》抗战期间曾在重庆单独出版，实际上是一部"未完成的杰作"。同样属于未完成的杰作的，是《和声学》及《西洋音乐史》。前者写了 38 讲，后者只写了 6 章，即《绪论》《古文化国之音乐》《最初之基督教音乐》《复调音乐之兴起及理论之进步》《中世纪之俗乐与器乐》《复调音乐之全盛》。其他尚未发表的作品，计有前面提到的留美期间的作品，以及家藏手稿独唱曲 14 首，合唱曲 1 首、钢琴曲 1 首。历年散见各音乐杂志及报刊的音乐作品和论文也都没有结集付印。只有《怀旧》序曲曾于 1958 年在上海音乐出版社刊行了。记得黄自逝世没有几天，音专师生曾在黄自的高足弟子谭小麟家里商谈过刊行黄自遗作的问题，还成立了一个"黄自先生纪念委员会"。当时正是兵荒马乱的年头，生命安全都成问题，哪里管得上这种"不急之务"。现在时间过去已经 40 多年，刊印黄自遗集是不是可以提到日程上来呢？让它作为希望在这里写出来吧。

原载《文化史料》第 6 辑 1983 年

记王光祈先生

近年来有一种可喜的现象，有些报刊经常介绍一些国家的情况，兼及它的历史文化以至我国人民与该国人民的文化交流等等，这对加强各国人民的友谊是大有好处的。我因此想起 20 年代到 30 年代的王光祈先生。他为促进中国人民与德国人民的互相了解做了不少有益的工作。特别值得纪念的是他开辟了一片新领域，即有系统地向外国介绍了中国悠久的音乐文化，1932 年并担任德国波恩大学讲师的职务，直到 1936 年 1 月 12 日病逝波恩。波恩是贝多芬的故乡，波恩大学又是青年贝多芬上过学的、传播法国启蒙思想的大学，所以萧友梅先生在 1936 年追悼王光祈先生的大会上悬挂于王先生遗像两侧的挽联有"夜台长伴贝多芬"之句。愧我孤陋寡闻，就我所看到的有关介绍波恩以及波恩大学的文章中还没有人提到王光祈。看来王光祈这个名字知道的人已经不多了。为了不让先辈的业绩日就湮没，讲一点王光祈先生生平行谊，也许还是必要的吧。

*　　*　　*

王光祈是四川省温江县人，生于 1891 年。出川之前，毕业于成都中学。1915 年考入北京中国大学法律系，1918 年毕业。同年 6 月，与李大钊、曾琦、周太玄等发起组织"少年中国学会"，1919 年 7 月正式宣告成立。当时"少年"这个词的含义相当于我们现在的"青年"。"少年中国"之所以成为一个专门名词，是来源于梁启超的一篇文章《少年中国说》，梁启超的少年中国又脱胎于意大利马志尼的秘密组织"少年意大利党"。所谓少年中国也者，就是要使暮气沉沉的老大帝国变为朝气蓬勃的新兴国家。不难想象，少年中国学会这个团体的名称已经说明它是一个比较温和的组织。后来李大钊成为中国共产党创始人之一，曾琦则是以"醒狮派"出名的国家主义派，再一步滑下去竟堕落为点缀蒋介石南京政府的青年党（曾琦本人抗战时期还同汪精卫勾勾搭搭，丑态百出），王光祈始终没有加入任何一派。至于少年中国学会这个组织，由于成分非常复杂，没有几年，它的会员就分道扬镳：向左转为共产党的有毛泽东、恽代英、赵世炎、邓中夏、张闻天、沈泽民、杨贤江等；向右转为国家主义派的有李璜、左舜生、陈启天、余家菊等；还有一变为共产党，再变而投靠蒋介石国民党，三变成为与汪精卫狼狈为奸的周佛海，所以，少年中国学会到了1925年已经陷入无法维持的地步。当时王光祈还在德国，有人请他回国以便振兴学会，王氏则以"研究音乐现在始稍有门径，此时回国，实系极大牺牲"，仅仅写了一份意见书，请国内同志考虑。由于国家主义与共产主义两方面没有妥协余地，少年中国学会也就由分歧而趋于瓦解。王光祈则继续留在德国专心研究音乐学。

王光祈是1920年去德国留学的。在此之前，他还与陈独秀办过工读互助团，但好像并没有什么具体结果。他去德国的出发点是探索救国救民的道理，所以学的是政治经济。他在德国的生活全靠卖稿维持，他同时担任上海《申报》《时事新报》及北京《晨报》的驻德特约通讯员，并为国内各杂志写稿。有什么书写成了即交中华书局出版，只有《音学》一本书是例外。他居留德国十五年多，从来没有收受过任何人的津贴，他的生活非常刻苦，每天总是上工人食堂吃最便宜的饭菜，有时老朋友出国，客里相逢，约他上好一点的饭馆打打牙祭，他也断然拒绝，因为这破坏了他的戒条。

研究音乐与别的专业比较起来是相当花钱的。1925年，他说旅德五年所购书谱已逾千元，就他的经济地位而论，买的书已经不算少了，但是要供研究的参考，那是远远不够的，因此他几乎天天上柏林国立图书馆，他的不少著作都是在图书馆写成的。由于营养不足，加以疲劳过度，他不止一次地晕倒在图书馆，有时头痛难忍，他就左手按住额头，右手奋笔疾书。这种顽强精神，见者无不钦佩。

他决定改行学音乐，是在留德三年之后。先是在一家音乐专科学校上学，1927年转入柏林大学音乐系。他的学习计划是全面的，从钢琴、音乐理论、音响学、乐器学等等，凡是学校开设的课程他差不多没有不上的。光是乐器学就从萨赫斯学了三个学期。萨赫斯当时兼任乐器博物馆馆长，他又跟他到乐器博物馆实习一年半。为了全面掌握视唱练耳的基本学理，他还抽出时间从柏林国家医院耳科主任"研究耳朵、喉管解剖之学"。可是他的研究绝不是为研究而研究，更不是盲目拜倒在洋人脚下，而是实事求是地进行比较的研究。他终于得出结论，认为"今日中国虽万事落他人之后，而乐理一科犹可列诸世界作者之林而无愧色"。这一份研究成果就是他的《东西乐制之研究》，到了后期终于写成了当时公认为水平比较高的《中国音乐史》。他认为音乐必须有民族性，"希望中国将来产生一种可以代表中华民族性的国乐，而且这种国乐是要建筑在吾国古代音乐与现今民间谣曲上面的。因为这两种是我们民族之声"。

1929年波恩大学为了促进"汉学"的研究，已经有意聘请王光祈去波恩大学任教，可是直到1932年这一愿望才终于成为事实。他在波恩大学东方学院工作的情况，用波恩大学教授施密特博士在为他举行的追悼会上的悼词中的话说，是"他有沉静、勤劳、忠实的美德，加以学识丰富，因此贡献极大。……他老是很沉静而且稳重地工作，充分具有音乐家的素养，而且有牢不可拔的自信力——一位十足的四千年文化的代表者"。另一位教授席德迈尔博士也说："他掌握了西欧，特别是德国方面研究音乐的科学方法与途径，由此设法与他祖国的音乐与戏剧的艺术相接近。这居然给他做到了。他已是一位受有严格教育的音乐学家。"

作为中国音乐学家，他不仅得到德国音乐界的承认，《大英百科全书》和《意大利百科全书》修订新版的时候，《中国音乐》这一专条都是请他编写的。西德现在出版的《古今乐典》里面的《中国音乐》这一专条，有好些地方也是参考了他的著作。

他虽然是一个沉静勤奋的学者，但并不是两耳不闻天下事的。他对当时的一些留学生那种饱食终日，无所用心的现象非常不满，说他们"每人每月有用数千马克者，此种公子派头非所谓于俭学。彼辈出入必坐汽车，早晨十二点始起，饭后又几圈麻雀牌，夜间则逛堂子"。并写成通信在上海《申报》发表，那一类学生老羞成怒，竟委托德国律师写信给他，要他公开承认报道失实，并向他们道歉，否则当向法庭起诉云云。王光祈理直气壮，列举事实，逐条批驳，直斥这类学生为"赌徒嫖友"，借"洋大人"的力量，"与远涉重洋之黄帝子孙争胜负"，是"中华民族之堕落"，而且语重心长地提到过去不少留学生归国之后投靠军阀官僚的丑事，希望他们及早回头，做一个对国家有用的人。

对于留学生的分析，除了那些"赌徒嫖友"之外，王光祈还提出一个有趣的现象，即留法（包括留德）与留美两大潮流，留美的"颇有大部分沾染美国拜金主义的习气，很想把中国造成美国式的共和，以便他们来做实业界大王"，"将在中国造成资本罪恶"。留法的可以勤工俭学学生为代表，"确是中国未来的劳动阶级的中心人物，与留美学生恰成了一个对抗阶级"。当然，他立刻补充说："留美学生中亦间有主张劳动主义者，留德留法的亦有许多是抱贵族主义者。"他的结论是："凡主张劳动主义者，虽是异族他种，亦是我们的好友；凡主张资本主义的，虽是至亲好友，亦是我们的仇敌。"

他的这种见解已经同社会主义沾上边了。但他所理解的社会主义，实质上是当时在德国掌握政权的社会民主党的那一套，在他的心目中，"昔日德国之军人世界，一变而为工人世界，现在世界上工人最占势力的国家，除了俄国，便要算德国了"。至于魏玛共和国的第一任总统艾伯特更被王先生誉为德国战后的大救星，"既不似孙中山之让位敌人，亦不似苏维埃的一党专政。其结果，大权既不旁落，各方复得其平，而德国人民数年血战之疮痍，乃得借以稍苏"。当然，他又立刻注明，孙中山是光明正大，列宁是英雄，可见他的政治见解是没有明确的标准的，甚至于是很不正确的。孔子说："人之过也，各于其党。观过，斯知仁矣。"王先生曾经"郑重昭告于众曰：余生平之团体关系，只有一个十余年前发起之'少年中国学会'，此外，无论对于国民党、共产党、国家主义派以及其他任何党派，任何学会，皆无丝毫关系。不但现在无关系，即将来亦永远不会发生关系，此身当与'少年中国学会'相终始"。实际上他还是轻信国民党对共产党的诬蔑，说什么"朱德、毛泽东……蹂躏数省，民不聊生"。但是他说到"毛泽东氏"，却重提旧事，"十年前余在北平办'少年中国学会'时，彼曾到余寓所一次，察其言动，颇有'恂恂儒者态度'"，今天之所以弄到这个地步，他指出，"吾国当局不解'为敌人留一线生路'之道，或亦为其原因之一欤？"对蒋介石也提出了委婉的批评意见。他在毛主席名字之下加一"氏"字，也是表示尊重的一种写法，与40年代国统区有些报纸称周总理为"周恩来氏"同一机杼。至于他生前与之保持长久的友谊的人物始终是国家主义派的头目曾琦、左舜生之流，那是不必"为贤者讳"的。

不管他的政治认识是如何的模糊和错误，有一点是确定无疑的，即他的爱国思想。他在德国总是随时随地注意维持民族的尊严，他的严肃和勤奋也赢得了德国人的尊敬。他平时的研究工作是经常在柏林图书馆进行的。遇到柏林图书馆的藏书不能满足他的需要的时候，图书馆的工作人员非常乐意地为他想方设法向外地转借。"九一八"之后，他发愿编译国防丛书，为我国抗战提供参考资料。也许是这种工作引起了蒋介石的注意，1935年4月间，蒋介石打电报给柏林中国大使馆，询问王光祈有无回国的意思。王光祈当时并未表示拒绝，只是要求"先以位置相示，以便自揣能否胜任"。到了7月，他写信给他的朋友说，"现在已逾三月，未见动静，只好听之"。先是沈怡在德国看到他，劝他回国，他说还要两三年的时间才能积蓄起一笔回国的旅费。沈怡回国之后，曾于1935年年底写信告诉他，说他和一些朋友一起筹到了一笔钱，准备寄给他做回国的旅费。他知道王先生不会白拿人家一文钱，所以说明算是借给他的，等他回国之后陆续偿还，现在之所以先汇旅费，只是为了他可以提早回国云云。沈怡当时是上海市工务局长，他之汇寄旅费，与蒋介石电报所说的"借重"有无联系，不得而知。出乎意料的是沈怡发信两个月之后，原信却退了回来，信封上盖有波恩邮局1936年1月12日的邮戳，批条上写着几个字："收信人亡故"，那正是王光祈逝世的日子。

王光祈身在德国，由于祖国的积弱、贫困和落后，不得不忍受别人的轻视和侮辱。有一次一个日本教授要在波恩大学做关于"满洲国"与日本的报告，并放映有关的纪录影片。王光祈一听到这个消息，立刻会同当地留德同学与学校交涉，要求取消这次报告。但是当时希特勒已经上台，正在搞什么德意日法西斯轴心，哪里会理睬中国学生的抗议。他们没有办法，只好请波恩大学东方学院院长在日本人讲演之前由该院长说明中国学生反对这一事件的经过情况，并宣读中国学生的抗议书，宣读过后，中国学生全体退席，以示抗议。事后他还写信给别处的留德同学提请他们预作准备。"弱国无外交"，王光祈算是经受到这种切肤之痛。

由于他的专业是音乐学，"三句话不离本行"，他的通信自然不时地提到音乐，包括音乐学校、音乐会、歌剧院、乐器博物馆等等，有时笔锋一转，就转到本国的现状，例如说到"柏林国立歌剧院之建筑，因不适于音学原理之故，乃将其内部加以改建，便由国库项下支出1000万马克，约合华币700万元"，然后说："至于吾国则何如？教育当局所从事者，至多只是国民教育一种而已，其余科学、美术两科，皆在无足轻重之列……此外，全国只有几个艺术音乐教育机关，近者竭力为降格贬尊之运动！"他写这篇文章是在1930年3月，不久之前南京政府已将杭州艺术院与上海音乐院，降低了一级，即由大学改为专科学校，与会计、税务、陶业、制革一类的专科学校同一等级，招收初中毕业生。这种做法即王先生的所谓"降格贬尊"。他曾经不厌其详地说明过："吾国对'音乐家'一名，往往以为专指吹弹歌唱之人，此实大误。欧洲所谓音乐家，大约可分为下列四种：（一）制谱乐师，如Bach（巴赫）是也。（二）奏艺乐师，如曾来北京之Kreisler（克莱斯勒）是也。（三）音乐评论家，如Rochlitz（罗赫里茨）是也。（四）历史家，如Riemann（里曼）是也。"为了一个音乐学校的恰当的名称，从身在国外的王光祈先生到身在局中的萧友梅先生都发表了正确的意见并做了不懈的努力，但都没有取得应有的结果。

1936年黄自先生在王光祈先生追悼会上发表演讲，阐述了王先生生平业绩，特别指出《东西乐制之研究》与《中国音乐史》是具有创见卓识的著作。当然，这些书都是将近半个世纪之前写成的，不可避免地存在大大小小的缺点和错误。但是他所做的毕竟是扛鼎的工作。只要不求全责备，给他一定的历史地位完全是应该的。他的博士论文《论中国的古典歌剧》（有人译为《昆曲研究》）当初曾在日内瓦以德文出版。王光祈先生纪念委员会准备刊行先生遗著，该书即由我译为中文。由于抗日战争爆发，没有及时出版，如今原稿不知流落何处。他的骨灰运回中国之后，原拟在他原籍四川选择一处山明水秀的地方妥为安葬，辟为纪念坟园。兵荒马乱之中好像也没有成为事实。搁笔默念，不禁黯然。

原载《音乐研究》1980 年第 3 期

独上昆仑发巨声

——王光祈诗如其人

一说到王光祈的生平，立刻碰到的一个难题就是：他究竟生于哪一年？

关于他的生年有 1891、1892 和 1893 三种说法，而且大都是各说各的。即使主张他生于 1891 年，认为生于 1892 年根据不多的，也没有提出根据不多的理由。认为他生于 1893 年的，据说是他的父亲王茂山老先生卒于 1893 年，王光祈是遗腹子，这似乎是最可靠的了，因为遗腹子不可能出生于父亲逝世之前。遗憾的是，说王老先生卒于 1893 年的，也没有一条有说服力的证据。为了解决这个问题，我曾分头写信向有关方面讨教，令人失望的是有的信好比是石沉大海，没有回音；有的信虽经热心的朋友想方设法，终于打听不到一点确实的消息。失望之余，我又回头去翻阅现有的材料，在李劼人那篇《诗人之孙》里面发现了这样的一段话，说他与王光祈平时无所不谈，真是"上天下地，往古来今。谈到女人，他已经是一个女人的丈夫，又快要当父亲的人了。只管小我一岁，谈到女人，却不能不让他逞强"。李劼人是老一辈的作家、翻译家。他与王光祈是 1908 到 1913 年在四川高等学堂分设中学堂的同学。王光祈在北京中国大学法律系学习期间，又是李劼人在成都创办的《群报》的驻京记者。1919 年"少年中国学会"成立，王光祈任执行部主任，李劼人即于是年加入"少年中国学会"。1920 年王光祈赴德留学，李劼人已于前一年随着勤工俭学运动去了法国，彼此常有联系。凭着这样密切的关系，他说王光祈小他一岁，应该是可信的。现在关键的问题是李劼人究竟生于哪一年？查《中国现代文学家辞典》说李劼人生于 1891 年。光是这一条还不算、再查《中国当代文学家小传》，其中每一篇都是寄给本人校改之后才定稿付印的，李劼人的生年也是 1891 年。王光祈小他一岁，那就是生于 1892 年。在没有发现更可靠的新材料之前，"1892 年说"算是有了权威性的旁证。

王光祈，字润玙，笔名若愚。四川温江人。祖父王泽山是同（治）光（绪）年间有名的诗人。有《泽山诗抄》行世。说这一段话，并不是什么查三代，而是这位祖太爷关系到他的孙子光祈早年的学习和工作。王光祈出世的时候，已经是在他父亲逝世三个月之后。他是靠他的寡母拉扯大的。他家虽然遗有一家制锅的厂房，可以收到二千文钱的年租，要想用以维持一家的生活还是不够的，他的母亲还得搓麻绳、做针线，多挣一点钱应付必要的开支。

正当孤儿寡母"茕茕孑立，形影相吊"的时候，意外地收到王泽山的学生赵尔巽的一封信，要王太太送他的儿子去成都念书，赵答应负担他上学的费用。光祈于是跟随一个同乡到40里外的成都第一小学堂去上学，时为1907年。不久，赵尔巽调任四川总督，驻节成都，就近教王光祈每星期作文一篇，由他亲自修改。第二年，王光祈考进成都高等学堂分设中学堂，赵尔巽又从成都48家当铺的罚款中拨出一千两银子，规定由王光祈支取息银，王家母子这才算是摆脱了穷苦的处境。然而武昌起义的枪声响了，当时接任赵尔巽四川总督职务的是他的弟弟赵尔丰。他不仅不拥护革命政权，还煽动兵变，造成混乱。土匪流氓趁火打劫，王光祈赖以为生的那一千两银子也同付劫灰。但是王光祈仍然把中学念完，然后找工作维持生活。他先后在成都和重庆的报馆工作，又在泸州道尹公署找到一份小差事。这可能也是通过李劼人的关系，因为李劼人曾在泸县政府任教育科长。

早在他还是中学学生的时候，他的母亲因为望孙心切，1910年就决定要他结婚。婚后曾生过两个儿子，可惜头一个只活了九个月，第二个也只活了一年半左右。他的母亲不久也逝世了，他的夫人则是他在北京中国大学毕业那一年在家乡温江病故的。

1914年王光祈出川入京，随身行李是一个脸盆，一部杜诗。舟中写有《夔州杂诗》六首，既抒写了他的抱负，也显示出他深湛的素养。李劼人说过，"他的旧诗，在朋侪中实是最有工力的"，决不是阿其所好的私见。

他去北京，熟人只有赵尔巽。赵尔巽这时是清史馆馆长。等候了一段时间之后，他在清史馆找到一份书记（缮写员）工作，月薪八元。不久就考入中国大学法律系，课余兼任成都《群报》和《川报》的驻京记者。1918年8月以第二名在中国大学毕业，随即筹组"少年中国学会"。

"少年中国学会"的宗旨是"本科学的精神，为社会的活动，以创造少年中国。"名为学会，说明他们的活动主要是非政治性的，所以尽管他知道本会会员"有偏重国家主义的，有偏重世界主义的，亦有偏重安那其主义的，是不能一致的，亦不能强同的"，却仍然希望能够和平共处，事实上当然是不可能的。随着形势的演变，少年中国学会的基本成员陆续地分道扬镳了。王光祈自己虽然说过"不知不觉地就中了社会主义的魔术"，可是他对"俄德革命"一视同仁，甚至于更倾向德国社会民主党的魏玛共和国，感情上则与"好友左舜生"更为接近（他姓左，却有许多人管他叫右舜生）。1919 年底他还曾在陈独秀、李大钊、胡适等人的支持下，组织过北京工读互助团。一伙志同道合的青年，一面烧饭、洗衣、印书、织布，一面进学校旁听，劳动所得全归集体所有，幻想通过"不流血的革命"实现"人人作工，人人读书，各尽所能，各取所需"的新社会。结果当然只是一种天真的幻想。

前面说过他"不知不觉地就中了社会主义的魔术"，而且认为德国社会民主党的骤然兴起是"第一次世界大战中出现的差强人意的事情"，于是他于 1920 年决定赴德留学，同行的是魏时珍，由魏时珍负担他的船费。动身之前他与上海《申报》《时事新报》及北京《晨报》约定，担任他们的特约通讯员，即靠这些稿费维持生活。

初到德国，他是研究政治经济的，因为这是救国之道。经过实地的考察，他觉得立国的根本在于本身的民族性，民族性之养成则系于一国的文化传统，特别是音乐。但是返观中国音乐的现状，"其大半已陵夷衰落"，当务之急是引用西洋音乐的科学研究方法为改造吾国音乐的师资，于是他决心专攻音乐。1924 年他曾经写诗明志："处世治心惟礼乐，中华立族旧文明。而今举世方酣睡，独上昆仑发巨声。"

从政治经济转到音乐是他学术工作上的一个大转变，同时在他生活上也有一个大转变。早在筹组少年中国学会前后，作为一个英姿飒爽的社会活动家，王光祈已经崭露头角，从而引起一个同乡少女的爱慕，进而打算同赴德国。但是王光祈的出国是靠他的朋友帮助的，他的朋友又没有那么大的力量来负担他俩的旅费，因此约好光祈先走，一俟他在德国站住了脚之后，即给她汇寄赴德的旅费。后来光祈实践了他的诺言，把他卖稿所得的积蓄全数寄给了她，她也立刻买了去法国马赛的船票。想不到她上船之后却遇到了王独清。40 天的海上生活，王独清竟抹掉了王光祈在她心中的形象。船到马赛，她已经决定与王独清同去巴黎，再不向德国多走一步了。这边王光祈望穿秋水，音信杳然，直到李劼人从巴黎发出的长信送到他手上之后，他才如梦初醒。于是星夜赶去巴黎，经过实地调查，证实了李劼人信中所说的"事已不可为"，于是又星夜赶回法兰克福。从此真正如黄仲则《绮怀》中所说的"结束铅华归少作"，一条心扑到音乐研究上去。也许是舒曼的歌曲《我不怨恨》帮助他恢复了心情的平静吧，也许是顾念她是"只手打倒孔家店"的老英雄的女儿的缘故吧，总之他绝口不提这一段伤心的历史，而是变得更为深沉、更为刻苦。过去偶然会喝上两杯，现在是滴酒不沾。一日三餐定例是上工人饭馆去勉求一饱。即使有老朋友异国相逢，请他上好一点的馆子去改善一下生活，他也决不领情。他要严格遵守他自定的戒律。

他1923年先进一般的音乐学校，属于补课性质，学钢琴，学小提琴，学音乐理论。四年之后才正式进入柏林大学专攻音乐学。从音乐理论兼及音响学、乐器学，几乎无所不包。为了探索视唱练耳的基本学理，他还从柏林国家医院耳科主任"研究耳朵、喉管解剖之学"。

在1927至1929这约两三年间他在柏林音乐史专业班提出的研究报告书，有关于吕利的歌剧《阿尔美德》的，有关于提博特论音乐的纯正性的，有论卡提耶的小提琴艺术的，有关于席德迈尔论德国歌剧（先莫扎特时代）的，说明他的确对西洋音乐下了一番认真的研究工夫。加以他又在法兰克福、德累斯顿各报刊发表了不少介绍中国诗歌、戏曲以至音乐的文章，并为《大英百科全书》及《意大利百科全书》写了中国音乐的专条，引起了德国方面的重视。波恩大学早在1929年已经有意请他去讲学，到了1932年终于成为事实，专任波恩大学东方语言学院讲师。1934年他以论文《论中国的古典歌剧》获得波恩大学博士学位。

先是"九一八"事变，王光祈栖身异国，鞭长莫及，于是发愿选译一些有关国防书籍，总称《国防丛书》，为解救祖国的危难尽自己的一份力量。也许正是这一套丛书引起蒋介石的注意，1935年4月间，蒋介石打电报给中国驻德大使馆，托他们向王光祈转达他"借重"的意思。王光祈要求"先以位置相示，以便自揣能否胜任"。不久，魏时珍赴德考察，专程前往波恩看望他的老朋友，王光祈同他说起蒋介石邀他回国的电报，最后说："我想还是算了吧。"到了那年秋末冬初，沈怡又写信给王光祈，说他和几个老朋友凑了一笔钱，如果他愿意回国，就把钱汇给他做旅费。意外的是两个月之后，原信退了回来，上面有邮局的批注："收信人亡故。"邮戳的日期是1936年1月12日，正是王光祈逝世的那一天！

他的音乐著作有一部分是介绍性质的，如《西洋音乐与诗歌》《西洋音乐与戏剧》《德国国民学校与唱歌》《西洋名曲解说》《西洋歌剧指南》等；有一部分是专题研究性质的，如《各国国歌评述》《东西乐制之研究》《东方民族之音乐》《中国音乐史》《中国诗词曲之轻重律》《翻译琴谱之研究》等；有些是教科书性质的，如《音学》《欧洲音乐进化论》《西洋音乐史纲要》《西洋乐器提要》《西洋制谱学提要》《对谱音乐》等，加上《国防丛书》及近世中国外交史料的翻译及《旅德存稿》等等，共有将近 40 种之多。他的勤奋是惊人的，加以长期缺乏足够的营养，无怪乎免不了要晕倒在图书馆。当然，其中有些书还可以说是近于读书笔记一类的，见解也未必很是精当。如果想一想他当时读书与生活所需的费用全是靠卖稿挣来的，留德 16 年从未接受过公私任何人一文钱的津贴和补助，你就可以想象他是如何挣扎过来的了。至于当时中国音乐界的实际需要，也正是一些启蒙的著作。试回头检查一下 20 年代以来的音乐出版物，比他的著作有更高的水平的又有多少？可以毫不夸大地说，他是最早的、最有系统地介绍西洋音乐的少数先进人物之一。他是一方面向广大读者做启蒙的普及工作，一方面自己潜心研究，在乐律方面、中国音乐史方面以至翻译琴谱方面都有他独立的见解和严谨的著作。他的研究不是为研究而研究，而是在于创造一种具有中国的民族性的所谓"国乐"。具体的做法则是"一面先行整理吾国古代音乐，一面辛勤收集民间流行谣乐，然后再利用西洋音乐科学方法，把他制成一种国乐。这种国乐的责任，就在将中华民族的根本精神表现出来，使一般民众听了，无不手舞足蹈，立志向上"。他声明整理的目的是为创造"国乐"提供史料，"盖能创制作品者，不必具有整理史料之学力；能整理史料又不必具有创造天才也。至于实际创造'国乐'则有待来者"。对于音乐史的编写，他又指出"凡研究某人作品，必须先研究当时政治、宗教、风俗情形、哲学、美术思潮、社会经济组织等等，然后始能看出该氏此项作品所以发生之原因也"。他主张研究任何学问都要使出九牛二虎之力，而且"不惜以毕生之精力从事"。这种全力以赴又不急于求成，眼光远大而又一丝不苟的精神，的确值得我们好好学习。

1925 年他开始了比较音乐学的研究。本来在他写《东西乐制之研究》的时候，已经说过："研究乐制而兼及东西各国者，欲以便于比较也。"到他写《东方民族之音乐》的时候，已经声明是从英国埃里斯的著作引起他研究比较音乐学的兴趣；而且根据自己的见解，对埃里斯的著作有所补正。此外，经过一番比较深入的研究之后，他发现自己在《东西乐制之研究》，书中的有些地方与现在所述是矛盾的，于是声明应以此书为准，及时纠正了自己过去的错误。

比较音乐学是一门比较年轻的科学。它从音乐文化的地域的风格因素的比较去认识它们的一致与差异，从而追溯到世界范围内的各种音乐形式结构及文化交流的因果关系。正如每一门科学都有它特定的发展过程一样，比较音乐学的初期，一般是限于音律、调性、节奏、旋律以至乐器等等的比较研究，忽略了音乐作为文化总体的一个局部的地位，忽略了音乐与经济及社会结构以至语言、诗歌、造型艺术与哲学、宗教等等的联系，每一个民族的上层与下层，少数民族音乐的理论与实际彼此之间的交互影响与演变等等，所以埃里斯的著作只限于乐律而不及作品的论列，王光祈已经指出他的不足。但是光从音乐作品上着眼仍然是不够的。还有，有些人只把注意力放在旧日流传的忠实的纪录，忽略了即使是今天仍然处在自然经济状态的民族的音乐也有它虽然缓慢却仍然是向前发展的事实，因而把它看作是固定的织体，这无疑是不符合社会发展规律的。因此比较音乐学的研究必须避免对某些音乐现象作为孤立现象去进行分析，而应该把它看作是国与国之间、地区与地区之间的文化整体的一个局部，结合精神文化与物质文化进行综合的研究。正是从这一点出发，所以有人认为比较音乐学这个名词是不全面的，容易引起误解的，代之而起的则是民族音乐学。但是民族音乐学的"民族"这个词是从希腊文的 Ethnos 来的。现在习惯的用法，凡是 Ethno 开头的复合词大都含有多民族或异民族的意义，所以民族音乐学这个名词本身就有各个民族的音乐的研究的含义。现在到了我们手上，这个译名会不会引出歧义呢？照我们的习惯用法，民族可以指本民族，如"民族音乐"这个名词一般是用以代替过去"国乐"这个名词的；它也可以指各民族，如民族文化宫即是指供各民族进行文化活动的地方。不过这里有一个特定的范围，即各民族都是国内的少数民族。所以民族音乐这个名词即使可以有各民族的含义，那也只限于本国的音乐。望文生义，民族音乐学也就好像是进行本国音乐研究的科学，不能统摄本国与外国的音乐的多方面的比较研究。为了不致引起误解，是不是仍然保留比较音乐学这个译名妥当一些？只要我们不把比较音乐学局限在音乐本身的狭小的范围内就可以了。王光祈先生早已逝世，来不及看见这一门科学的新发展，他一开头就谦逊地说过他这本书的价值至多只能当作一本《三字经》，进一步的研究那就要看我们这后一辈了。

王光祈居留德国 16 年间曾经有两次面临回国的问题。一次是在 1925 年，"少年中国学会"左右分化已经到了不能挽回的地步，国内朋友希望他回国来进行调停。他考虑到研习音乐刚刚找到了门径，不愿半途而废，因而没有成行。第二次是十年之后，他的朋友希望他及早回来，为祖国做一番事业。可是他已经不及阅读他朋友速驾的去信。后来他的骨灰运回上海，再由上海运到成都，葬于成都东沙河堡李劼人的住宅"菱窝"对面。李劼人还特地选购了一块防风化的青石做他的墓碑，题曰："温江王光祈先生之墓"。碑的四周是芙蓉花朵组成的花环，碑额上面的圆圈里面刻着一杠相连的两个音符，表明墓中的人物是一位音乐家。这座坟墓经历了 40 多年的风霜，终于在 1981 年夏天像出土文物一样被发现了。1981

年 10 月 13 日《成都日报》为此刊出了一条题为《一通风格典雅的墓碑》的消息。当初王光祈先生纪念委员会曾有在他的故乡山明水秀的地方开辟纪念坟园的计划，现在墓址尚存，是否可以加以修葺，列为重点文物保护单位，永供后人瞻仰呢？

原载《人民音乐》1983 年第 6 期

悼念萧淑娴大姐

一听到萧淑娴大姐逝世的消息，我像是挨了一记闷棍，茫然不知道应该说什么好。20 年代以来，前国立音乐院的仅存的一位老师也终于离开了我们这个世界了。

我和萧大姐相识很早，相知不深。她在音乐院任教的时候，我刚到上海，还未进音乐院；到我进音专工作的时候，她已经离开音乐院，准备去比利时留学了。1935 年秋天，她从比利时学成返国，当时音专刚搬进江湾新校舍，她接受了音专的聘书。但是没有多久，德国指挥大师夏尔显就追到北京来，拜见了他的岳父萧伯林老先生，随即和她结婚，比翼远行。我只是在萧友梅先生家里和她见面，没有更多的接触。

1950 年 5 月她携带三个子女从瑞士回到新成立的中华人民共和国，我们才开始共事。但是这一下我可不仅是对她多所了解，更多的是对她果断地做出回国的决定表示深深的敬意。1950 年，中国还是国民党留下来的一个百孔千疮的烂摊子。中华人民共和国宣告成立，帝国主义分子出自他们仇视共产主义的本能，立刻说什么中国也笼罩上了"铁幕"，"铁幕"后面是杀人放火，共产公妻，老百姓是食不果腹，衣不蔽体，总之是可怕极了。萧淑娴 1936 年去国远行，八年抗日战争，三年解放战争，她都没有经历过。欧洲 1939 年至 1945 年的六年血战，她也没有受过一点炮火、炸弹的威吓，因为她是住在所谓"世外桃源"的永久中立国，又有"欧洲花园"之称的瑞士，但是她不信帝国主义的造谣，毅然决然携带子女三人返回祖国。这一勇敢的决策，竟出自娴静文雅的萧淑娴，我只有套用孔夫子的话说，"淑娴，吾无间然矣！"

回到中国她即应聘为中央音乐学院作曲系教授，并在燕京大学兼课。现在教书也是为人民服务，而要服务取得好成绩，她知道要提高阶级觉悟，因此她参加了全国政协 1951 年冬天至 1952 年春天的土改工作队。这一次土改工作队比过去显著不同的一点是，不管什么人都一律与老乡同住同吃同劳动，访贫问苦，扎根串连，与当地干部一道工作。在此之前，中央音乐学院教授也曾参加过土改工作，但当时他们的活动只限于参加斗争会，旁听老乡的诉苦座谈会，没事时到老乡家里串串门。相比之下，萧大姐这一次的工作是比较艰苦的。

我和淑娴一道分配在耒阳县小水乡。小水乡的土话是湖南方言最难懂的一种。新来乍到，听老乡的发言，我曾经比喻为相当于听标题音乐，只能从它的语调、音色和表情推断发言的大概的内容。萧淑娴去国十几年，严格说来连普通话都不免觉得生疏，听老乡的土话当然更吃力。但是为了工作的需要，她留心听，认真学，直到回天津了（当时中央音乐学院还在天津上课，1958 年年底才搬来北京），我们还有时讲一两句耒阳的土话，来增加谈话的真切感。

土改期间使我们惊奇的一件事是她画了不少漫画，有关于斗争会的，有关于座谈会的，有关于老乡的劳动和日常生活的，都画得活灵活现。原来她当初究竟应该学什么专业还有过一场相当烦难的争论。她本人愿意学绘画，父亲主张学文学，二叔友梅认为最好学音乐。各人都有自己的道理，最后是让节拍机做出裁决。那是在节拍上插上文学、美术、音乐三条标签，将节拍机上了足了弦之后，让节拍机的摆锤来回摆动，看它停在哪一条标签上就学那一门专业。结果摆锤停在音乐的标签上面。萧友梅胜利了。后来萧淑娴在北京女子师范大学音乐科毕业，上海国立音乐院教书，比利时留学都算平安无事。到了萧淑娴与夏尔显结为伉俪的时候，萧老先生却为爱女远嫁伤了心，埋怨是"中了老二的毒"。1956 年民主德国（原籍瑞士）音乐史专家戈尔施密特来华讲学。他原本是夏尔显的学生，这一次自然要拜见师娘，萧淑娴特设家宴招待他，他看见吴作人画的萧老先生的油画像，发现萧老先生深沉的眼光，还说那是不是为爱女远嫁还留下一点忧伤的痕迹呢？

萧淑娴学音乐虽说是"中了老二的毒"，归根结蒂还是她本来就具有音乐的细胞。要是她本身没有音乐的细胞，那么，"强扭的瓜不甜"，老二即使如何推动也是推不动的。正因为二叔发现这个侄女是可以培养的苗子，他才下功夫培养的，而且也的确是另眼相看的。萧友梅有几个异母妹妹也同样在他的鼓舞下从事音乐的学习，结果真正锲而不舍地以音乐为终身事业的还是淑娴，她没有辜负她二叔的期望。

淑娴学习音乐，并不是死抠一门。她的主科是钢琴，同时跟刘天华学琵琶，跟霍尔瓦特夫人学声乐。李四光夫人许淑彬是音乐教师，淑娴也常常为她指挥的合唱弹伴奏。她学声乐成绩的具体表现是在一次演出小歌剧《五月花后》的时候担任独唱的主角之一。琵琶这一门也达到了独奏的水平，经常在北京当时还相当稀罕的音乐会上担任独奏或合奏节目如《梅花三弄》及《瀛州古曲集》中的一些乐曲。特别值得一提的是，她是最早为赵元任《新诗歌集》的作品弹伴奏的钢琴好手。赵元任为此在他的歌集上面亲笔签名奉赠作为纪念，这已经是新音乐史上的一段美谈了。

她本来是以钢琴为主科的学生，所以到了比利时也报名主修钢琴。可惜她的手太小，主科教师认为不可能有很大的发展前途，只好改入作曲班，在这班上她的学习很出色，在和声、对位、赋格这几门的修毕考试都得了奖，特别是对位奖是最高级的一等奖。消息传来，当时上海出版的《音乐杂志》为此作了特别报道。

俗话说："无巧不成书。"指挥大师夏尔显原籍德国，早年曾在工人合唱团担任指挥。希特勒上台之后，他也像科学家爱因斯坦、文学家托马斯·曼等人一样被纳粹党列入追捕的黑名单，因此逃离德国。1935年他到比利时开设指挥班，萧淑娴慕名参加学习。毕业考试是指挥贝多芬《第一交响乐》的一个乐章。这引起了夏先生的注意，由互相爱慕而终成眷属。照欧洲的传统习惯，指挥名家应聘指挥别一国的乐队是好比家常便饭，有如王勃所说的"天涯若比邻"，她即使远适异国，欧亚往返也不会有什么困难的。不料他们成婚的第二年，中国就因不堪日本帝国主义得寸进尺的侵略终于奋起抗战，海陆交通均受梗阻，她只好留居瑞士。限于瑞士的法律，外侨夫妇只许一个人取得固定的职业，萧淑娴只能从事一些流动的工作。她经常应邀到伯尔尼、日内瓦、苏黎世、洛桑等地作关于中国文化、艺术的讲演，她的讲稿《中国民间歌曲》曾在《中国文化学志》发表。其中列举的曲目从古老的《击壤歌》《诗经·关雎》《孟姜女》《苏武牧羊》《剪剪花》直到赵元任的《卖布谣》和聂耳的《义勇军进行曲》。这说明她所作的关于中国音乐的介绍是突破了所谓学院式的局限的。当1941年她得到她敬爱的二叔萧友梅栖身孤岛上海，辛苦撑持着他生死以之的音乐，终因贫病交迫，撒手长逝的时候，她满怀悲愤，写下了她的管弦乐组曲《怀念祖国》。这是集国恨家仇于一身的精心之作，作品中采用了不少民族、民间的音乐素材，显示出浓厚的民族特色，为中国民族音乐放一异彩。当时曾由夏尔显亲自指挥演出，并灌制成唱片，也是中国管弦乐作品进入欧洲乐坛的值得写上一笔的盛事。

她在中央音乐学院作曲系负责复调教研室的工作，这是教学改革取得显著成绩的单位之一。复调音乐是西洋音乐的一种特殊框架，如何使之民族化，首先就要就我们固有的传统音乐的音阶、音律、调式等整理出完整的体系，探索五声音阶各种调式的关系和转调的可能性，并从理论的研究进入创作的实践。她根据河北民歌《小白菜》改编为卡农曲，根据云南民歌《大田栽秧》改编为序曲，还用陕北民歌

《信天游》编写了《民歌前奏曲》，为复调民族化给学生做出具体的示范。

萧淑娴多年来，除了给作曲系的专业学生授课之外，还经常分担干部进修班及留学生的教学工作，中央音乐学院开始招收研究生，她又担任研究生的指导教师。后来她从教学第一线退下来了，为了应接中青年教师的求教，文史资料编辑的采访与约稿，她也并没有彻底的退休，亦即我们通常所讲的"退而不休"。在她生命的最后一段时间里，她正准备她生平作品的结集出版，中央音乐学院的青年同志热心地为她的作品进行绘谱工作。不幸她还来不及看到她作品的出版，她就真的像广东那位歌颂三元里人民抗击英国海盗的诗人张维屏的临终绝句所说的那样：

书未刻完人已逝，八旬回首惜匆匆！

可是对我们后死者来说，她匆匆的逝世岂止是可惜而已哉，我们正为失去一位乐坛的老宿而深感悲痛啊！

原载《中央音乐学院学报》1992 年第 2 期

应尚能先生二三事

　　《音乐艺术》编辑部准备发表应尚能先生的声乐作品，同时要我谈谈应先生的生平。这一来倒勾起了我深深的怅惘。回想他1973年寂寞地与世长辞的时候；作为与他有40年的交情的老朋友，我根本就不知道他的死耗，更谈不到遗体告别以至追悼会了。今天旧事重提，我当然是义不容辞的了。

　　记得我初次听到应尚能的名字，是在1931年初夏，有一天音专传出有人要开独唱音乐会的消息，而且这位男中音歌唱家还是一个中国人，这无疑是一条吸引人的新闻，听过之后，果然不错。虽然在此之前中国也曾有人被称为"东方的卡鲁梭"，可是同今天这位比起来，真不免是小巫见大巫了。特别给我留下深刻的印象的是他唱赵元任的《听雨》。据作曲家自己说，他是有意再现常州人吟诗的韵味的。过去我只听过音专的学生唱，现在由一位成熟的歌唱家唱出来，的确不同凡响。当时有人开玩笑说，他名为尚能，实际上却是很能呢！暑假后他应聘为音专的专任教员。他教学非常认真，人又爽快，不怕热，不怕累，很受到学生的欢迎。在他的班上培养出好些出色的学生，如斯义桂、蔡绍序等等。每当他收到好学生，下课之后，一跑到教务处——事实上是一个联合办公所，因为教务主任、注册、文牍、会计、庶务都挤在一起——立刻眉飞色舞的说这个学生嗓音如何甜，那个学生发音多么准。

　　1931年秋季开学没有多久，"九一八"事变突起，日本帝国主义的关东军炮击沈阳，进而占领整个东北。音专师生迅即组织抗日救国会，应尚能也同大家一道参加抗日音乐会的演出、捐款、创作抗日歌曲。他的抗日歌曲，或者广泛一点称为爱国歌曲，全面抗战开始之后与开始之前有明显的不同，那就是抗战开始之后的调子以高昂的居多，如《无衣》（《诗经·秦风》）及《一句话》（闻一多词）之类；抗战开始之前则是悲愤的，因为面对敌人的步步进逼，国民党政府却步步退让，大家都憋了一肚子气。例如那首《吊吴淞》，作于"一·二八"淞沪抗战的第二年。当

372

初十九路军奋起抗击日军，捷报频传，是作者耳闻目睹的事实。国民党政府消极观望，终于签订了丧权辱国的《淞沪停战协定》，更使作者不胜悲愤，因而写下了这首《吊吴淞》。他在杭州一次"鼓舞敌忾后援音乐会"上唱这首自作的歌曲，唱到"歇浦暮潮生，点点都成泪"的时候，他真的忍不住淌下了泪水。唱到"白骨青燐夜夜飞，可怜未竟干城志"，音调越来越激昂。传闻十九路军被迫后撤的时候，前线指挥蔡廷锴直气得口吐鲜血，这就是歌中所表现的"未竟干城志"，也是对国民党反动派祸国殃民的控诉。所以，当全面抗战终于开始时，他怀着兴奋的心情领导一个歌咏队到后方公路沿线巡回演出，号召同胞奋起抗日。他不独指挥合唱，还自己担任独唱节目，而且随着抗战形势的发展创作新的歌曲，随作随唱，热情是非常之高的。

他本来对机械工程很感兴趣，清华学校毕业后他进了美国密执安大学工学院，同时在该校音乐院学习声乐。1929 年毕业，曾在美国一些城市举行音乐会。1930 年回国，1931 年来上海音专任教。正由于他是机械工程出身，数学有相当基础，所以音专每年的新生入学考试，总是由他出数学题，由他阅卷判分。我们当时都觉得满新鲜的，一位声乐教授同时还是数学家！

虽然他身为音专教授，又是当时中国最优秀的独唱家，但是他没有架子。音专每年定期举行的教师音乐会有他的节目，鼓舞敌忾后援音乐会有他的节目，师生旅行演出有他的节目，甚至于以音专学生为主的普及性的星期广播音乐会他也唱一份，而且唱得那么认真，那么"从心所欲不逾矩"。我听过他唱舒伯特的《独行人的夜歌》，唱到"听不到一丝风声"的时候，音乐是幽静的，风声的原文是"气息"的意思，带有喉音的字尾，要求唱得非常之轻。当时台上没有装扩音器。我和黄自一起站在新亚酒店大礼堂的最后排，还是听得十分清楚。他精妙的发声使人不得不发出由衷的赞叹。

他自己开音乐会注意多唱中国歌曲，教学生也要求他们多唱中国歌曲。可惜当时中国人创作的歌曲水平高的还不太多，青主的德籍夫人华丽丝在德国认识青主之后就谱写过李白的《清平调》，并在留德学生欢迎梁启超的晚会上演唱。来到中国之后更谱写了相当分量的中文歌曲。那首《金缕衣》曾经被赵元任称为用中文谱写的最好的合唱曲。那首《少年游·并刀如水》也受到梅柏器的赞赏。但是也有些人，如易韦斋老先生之类，认为她不懂中国的声韵学，不可能谱出平仄清浊符合要求的歌曲。应先生则不然，他认为她的创作歌曲水平相当高，看她为李后主那首《浪淘沙·帘外雨潺潺》所写的创作大意，足见她对中国诗词的理解是深刻的，不愧为继承了德国 Lied（歌曲）的传统。他不独教学生唱，碰到华丽丝的时候还当面向她索取新的作品。他这种打破成见，直探本源，为丰富教材的曲目四出张罗的精神，也算得是乐坛佳话吧。

30 年代林语堂曾和姚克合编过一个英文刊物《天下》，应尚能用英文写了一篇介绍现代音乐教育的文章在那里发表。后来我们在黄自家里会面，顺便谈起这件事，认为用外国文字写文章介绍中国文化活动，可以扩大影响，并谈到用外文写作的中国人，从辜鸿铭一直谈到林语堂，说他在美国出书，真是财运亨通。应尚能马上接口说，用外国文写文章在外国出版，骂中国人，出中国人的丑。这样的钱再多也不要！这是道地的应尚能式的口吻。

记得有一次，大概是在抗战期间的重庆吧，胡然约我去听音乐会，会上有应尚能的节目。到了他唱到得意处，胡然忍不住细声对我说，你看他，要怎么唱就怎么唱，高低强弱，无不如意。高亢处简直是响遏行云，要求轻微的时候又好比是喁喁细语。要是百尺竿头，更进一步，真可以达到出神入化的境界。唉，可惜黄自先生死了，再没有谁能够对他提得出他认为高明的意见了。这是多大的遗憾啊！然而他终于愿意倾听别人的意见了，那是全国解放之后。

本来抗战初期他带领歌咏队巡回演出的时候，已经发现他的洋歌——其实是洋嗓子唱中国歌——是多数老百姓所不能欣赏的。但是他当时还是安慰自己说，这可能因为是一种新的艺术，需要一段时间让老百姓来熟悉它。直到解放后听了民间艺人的演唱，听了民间艺人的讲课，听了民间对洋唱法提出明确的批评，他才"茅塞顿开"，原来中国歌之所以唱起来像洋歌，根本的一条是"音包字"，解决的办法则是要过好"咬字"这一关。于是他对"咬字"做了详细的、科学的分析，对传统的头、腹、尾的理论进行了逐段逐段的研究，写成了一本名为《以字行腔》的声乐著作，前后改稿七次，第七稿是 1966 年 4 月写完的，出版则是在他逝世八年之后，书的后面还附有他 1957 年写的《我的声乐经验》。这是理论与实践结合的姐妹篇。其中有民族唱法的基本原则，也有他长期声乐教学的丰富经验，很值得我们加以深入的考察和研究。至于他所说的，"要做到歌声能够真正启发群众，教育群众，为他们服务，除了克服技巧上一切困难外，还得勤勤恳恳地对文字和乐曲作长期的推敲和玩味，作到字字清楚，句句明白，全歌的意义能够深入人心，……通过卓越的技巧和听众们的感情融合在一起"。这一段话无疑是深知此中甘苦的至理名言。

1958 年中央音乐学院举行黄自逝世 20 周年纪念音乐会。当时中央音乐学院还在天津，应先生特地应邀从北京赶来，献出他为纪念音乐会演唱的节目。他一看见我，几句寒暄话过去之后，立刻兴致勃勃地说，他有一个很好的题材可以用来写一部大型的声乐作品，那就是黄河清。古人说，黄河清而圣人生。现在正好是反过来，圣人生而黄河清。共产党来了，毛主席来了，黄河真的澄清了，这是非写不可的大事，要我给他写歌词。不幸的是他回北京不久，就被当作"白旗"来批判。但是他并没有因此丧失掉他对革命的向往和对声乐事业的责任感。1959 年初他为刘伯坚烈士的《带镣行》作曲，表现了革命战士刚毅的信心和以身殉道的浩然正气。同时他动手写他的声乐著作《以字行腔》。

像他这样一位热爱音乐艺术，热爱教育事业的具有多方面才能的歌唱家和教育家，在音乐人才还很贫乏的旧中国，应该算是难得的人才。可是由于他为人比较爽快，有话直说，甚至于当面引起别人的不愉快，很有点像鲁迅批评刘半农的那样，"勇敢也有失之无谋的地方"，因此往往造成同事之间关系的紧张。看他 30 年代到 40 年代工作过的学校就有上海音专、重庆青木关音乐院、重庆白沙戏剧专科学校及苏州社会教育学院，中间还有一段时间离开过音乐界。从这里可以看到他走过的道路是相当曲折的，然而这也更加加深了我们对他的同情和怀念。

原载《音乐艺术》1985 年第 1 期

中郎有女慰泉台

——吊吴伯超

　　为了庆祝中央音乐学院建院 40 周年及前国立音乐院建院 50 周年，前国立音乐院已故院长吴伯超①的女儿吴漪曼给我院写来一封热情洋溢的信②。除了为祖国音乐教育的蓬勃发展表示由衷的高兴之外，她还浓笔重彩地讲述了她父亲当年夙兴夜寐，一心扑在音乐教育上的种种动人的事迹。她对她父亲不幸的遇难只字未提，但是我读了仍然是恻然心动。据说她写这封信的时候是一边哭，一边写的。第二天参加在台老校友庆祝母校校庆的聚会，她的眼睛还是红肿的。

　　记得我在上海江湾初次见到吴漪曼的时候，她是一个四五岁的小娃娃。当时我住吴伯超家隔壁，一有空就彼此串门。她常常在家里活泼地唱歌跳舞，显露出她音乐的禀赋。前些时候我看到台湾出版的一本中国近代的音乐史著作，在当代乐人中间有一条是关于吴漪曼的，知道她在台湾师范大学音乐系毕业之后，先后在美国、西班牙和比利时继续深造。现任台湾师范大学音乐系教授，并在文化学院及艺专兼课。台湾优异的音乐幼苗大都出自她的门下。1979 年，吴伯超逝世 30 周年，她编集出版了《吴伯超先生曲集》，并每年择优给予音乐系科一名学生作曲奖金。那可真是中郎有女，家学绵延。假如吴伯超九泉有知，该也可以安然瞑目了吧。

　　吴伯超是中国近代第一所音乐学院创办的时候就在那里担任教职的教师。我第

---

　　①　吴伯超（1903—1949）江苏武进人。我国现代音乐教育家、指挥家。1927 年毕业于北京大学音专传习所师范科。1931 年赴比利时留学。1935 年 7 月获皇家音乐院赋格二奖，完成学业。同年 10 月受聘于上海国立音专，1942 年起任重庆青木关国立音乐院代院长、院长。1945 年又创办幼年班。抗战胜利后，主持国立音乐院及幼年班的迁校工作。作为音乐教育家，他培养的学生遍布我国各地，许多人成为音乐名家、教授、音乐事业的骨干，是很有成绩的（详见（中央音乐学院学报）1989 年第 3 期王震亚撰《国立音乐院院长吴伯超传略》）。

　　②　见《中央音乐学院学报》1990 年第 3 期。

一次听他的钢琴演奏是在孙中山逝世纪念会上。他弹了肖邦的《丧葬进行曲》。说老实话，他的演奏不能算是怎样出色，但就 20 年代中国的音乐状况而论，他的演奏也应该可以说是达到了水平线上的。至于他二胡的演奏水平，那可不愧为技术能手（Virtuoso）。上海租界工部局管弦乐队首席大提琴师兼音专大提琴教授舍甫磋夫听了之后，翘起大拇指，不胜钦佩地对我说："Same Violin！"（洋泾浜英语"同小提琴一样"）。但是当时音专的教师群体有一点却是够人挠头的，教授西洋音乐的教师不是外国人就是欧美留学回来的。吴既然除了民乐之外也教钢琴和乐理，同他们站在一起，自不免相形见绌。吴伯超于 30 年代初，得到庚款的补助，出国深造，在比利时先后获得和声头奖及赋格二奖，并师从指挥名家夏尔显学了一套乐队指挥的本领，获得了指挥比赛第二奖，才再回中国来，舒展他为我国音乐的发展贡献全部力量的抱负，也正如古语所说的，士别三日，即更刮目相待了。

他早年在音专任职期间参与组织乐艺社，并为《乐艺》季刊积极撰稿。《乐艺》是所谓同人杂志，发表作品是没有稿酬的。有人还说过这样的怪话："没有稿费，谁给你们投稿！"可是吴伯超却是努力供稿的一位。他写了专题文章《中国乐艺界概况》，发表了那首以总谱形式编写的民乐合奏曲《飞花点翠》，试图克服旧乐那种"各种乐器都奏同样的音"，"没有雄厚清妙融协谐和的情味"，以至各种乐器的音色音质也无从表现的缺点。赵元任看过之后，立刻说："这东西是一个创举……我非常希望有机会听一听……我既然没有听见过中国乐器奏多部复音，我当然'ima'不'gine'结果究竟'harmo'得'nize''harmo'不'nize'"。（imagine 义为想象，harmonize 义为配和声。赵元任是用中国话的说法把这两个英文字拆开来玩一玩文字游戏）他担心"不求甚准"的中国乐器合奏起复音来"不能对得起吴先生作谱的用意"。然而无论如何吴伯超的这种作法是带有开拓性的。他还为朱荇青（英）的民乐合奏《枫桥夜泊》译为五线谱。

《乐艺》上还发表过他为段成式的诗作《闲中好》作谱的艺术歌曲。我记得他还写了一首艺术歌曲《江村》（杜甫作诗），其中有这样的诗句"自去自来梁上燕，相亲相近水中鸥。老妻画纸为棋局，稚子敲针作钓钩"。可以想见他是喜欢幽闲恬静的生活情趣的。这首歌曲使我想起赵元任的那首《听雨》。赵元任说，那是再现了常州人吟诗的腔调的。这首《江村》也同样使人感到一种曼声吟哦的韵味。两个武进人在这一点上也是先后辉映的。

他从比利时回国之后，最迫切的愿望就是组织一个管弦乐队。他认为一国的音乐水平，主要看它是在交响音乐领域的成就。要使交响音乐成为活的艺术，就要有一个能够演出它的管弦乐队。因此他四处奔走，希望有朝一日能够说动一个当权的人物出来提倡，最好是解囊相助。他同我谈得起劲，叫我根据他的意见写一封信，碰到合适的机会就把信送给当权者，请他助一臂之力。结果是竹篮打水一场空，只能够在音专的范围内找到合作的同道，组织一个略具规模的管弦乐团，由黄自任团长，谭小麟和他任副团长。乐队指挥他就当仁不让了。他排练的时候，先是穿着全套西服的。打过一些拍子之后，上衣脱掉了，再排练一些时候，毛衣也脱掉了。所以舍甫磋夫看了也连声赞叹，愿为中国将有一个像样的管弦乐队尽他的一份力量。这个管弦乐队的工作成绩是在上海兰心戏院开过一场音乐会，演出贝多芬的第五交响乐，门德尔松的《芬格尔岩穴》。抗战期间他也曾指挥国立音乐院实验管弦乐团，演出贝多芬的第五交响乐和穆索尔斯基的《荒山之夜》和他创作的合唱曲《中国人》。他还组织音乐院的师生演出海顿的《四季》和亨德尔的《弥赛亚》等清唱剧，自任指挥。

他在比利时留学的时候，已经接受了欧洲的新乐派。有一次谈到管弦乐队的曲目，我认为他是从比利时回来的，于是提出是不是要演奏弗朗克的作品。不料他大不以为然地说，弗朗克只是瓦格纳一路的音乐家，现在要演奏的是拉威尔、斯特拉文斯基等人的作品。不过他的新也并没有新到无调性，而且也不是脱离实际的提出过分的要求。看他指挥过的那些交响音乐会的节目，终究只是一些正统的作品占主要地位，可见他并没有听任空想指导工作。同时他却因此悟到一番实际的道理：要组成一个理想的管弦乐队，乐队的成员必须从小培养。这使他加紧筹划幼年班，更难得的是关于学生的来源，他想到了那些战时儿童教养院以至孤儿院里面的儿童。这一举措不仅为未来的管弦乐队提供了坚强的后备力量，而且更有意义的是为过去穷苦儿童不敢问津的音乐王国敞开了大门。

参照音专过去一条不很愉快的经验，有相当一部分女学生出了校门之后就放弃了音乐的事业，因此幼年班决定不收女生。当时上海有一家报纸还为此发表过文章质问吴伯超，是不是重男轻女的思想在作祟。这种质问当然不能说没有道理，吴伯超也很难提出正式的答复。但是办学者的苦心也是应该得到适当谅解的。

幼年班成立之后，据吴漪曼来信的追忆，吴伯超每天两三次从本院到幼儿班，督导小朋友们的生活课业。幼年班从重庆搬到常州之后，他虽然工作的重点是放在南京，但是一有时间他就要来常州了解幼年班的情况，还从宿舍、厨房直到浴池他都要留心察看。本来音乐院从青木关搬到南京之后，有相当一部分的教师是从上海聘请来的外籍音乐家。为了加强幼年班的教学工作，这些外籍教师除了钢琴、作曲之外，管弦系统的外籍教师都分到常州幼年班去授课。每逢考试吴伯超必定亲临考场，对学生所取得的成绩备加赞赏，特别不忘记那些住在贫儿院——幼年班的校舍是原来设在灵官庙的贫儿院，现在门口虽然挂上了"国立音乐院"的招牌，就学生的家庭成分来说还是属于贫儿院——那四面通风的宿舍里的老师。

考虑到幼年班的学生都是小孩子，虽然经过考核，开始接受音乐的训练，究竟是不是适合培养成专业音乐家，还是不能预计的，所以先有一段试读期。如果条件不太适合，那就介绍他转入普通学校或其他相应的机关。后来根据实际学习情况送走了几个学生。不料有人提出幼年班处理学生是政治迫害的说法，这实在是一种误解。真正因为思想问题引起过争议的学生倒是有一个，但是讨论的结果是交由负责老师担保，让他继续上学，没有受到处分。这是有案可查的。

经过三年的努力，到了1948年，幼年班的小朋友已经能够与本院的哥哥姐姐们联合演出一些节目，初步显示出他们的成绩。可是不幸的事情发生了，1949年1月27日，吴伯超去台湾乘坐的太平轮行到舟山群岛附近，突然宣告沉没。呼救无门，人船同尽，痛哉！

原载《中央音乐学院学报》1990年第4期

追怀田鹤

近来看到一些论述"五四"以来"抒情歌曲"的文章，总要开列一连串的人名和曲目，就是很少提到陈田鹤。是他的作品不够水平吗？不一定。是因为他在吴伯超任音乐院院长期间做了教务主任，颇有同流合污之嫌吧。这倒有点道理。为了弄清这个问题，我曾经找过好几位在青木关或南京音乐院工作过或学习过的同志，询问有关他的事情。总的来说，同某些进步教师比较起来，他有点差劲是事实，但也不见得有什么严重的问题。所以吴伯超在解放大军渡江前夕怂恿他一道逃向台湾的时候，他并没有跟他跑而是离开南京去了福建音专。他在福建音专的表现是不错的，所以福州解放之后，他能够被选为福州市第一届人民代表会议的代表。后来他去华东革命大学政治研究院学习了半年，他做的思想总结和对自己的认识是被认为老实的、严肃的。我也从他的遗物中看过他的思想总结的手稿。就我所知道的事实来说，他的确是没有什么隐瞒，反而他的有些优点并没有提到。这是正常的，因为着重点是在检查自己的过去，当然是以缺点为主了。为了准确，我现在要谈的只是在我同他相处的日子里我所能回忆起来的事情而不及其他。

我同田鹤相识是在 1930 年 9 月音专秋季开学之后。他平时常来图书馆，总有一个同来的同学。借书的时候照例要填借书单，我因此知道他们的姓名，一个是江定仙，一个就是陈田鹤。过一些时候，我从萧友梅先生那里知道他们是被上海美专开除出来的。但我并没有因此疏远他们，反而觉得更为亲近，而且可以说是交上朋友了。交上了朋友之后，对他的家庭渐渐有了进一步的了解。他是属于所谓书香人家的子弟，他的故乡温州（包括永嘉）又是文物之邦，不过他当时的家境已经是到了破产的边缘，他平时上学穿的是一件一般大学生常穿的蓝布大褂。有一次我到他的住处去看他，那是一间"勾股弦"式的三角形亭子间，一张床，一张小桌子和木凳已经差不多占满了全部的空间，墙上挂着一张从杂志上裁下来的贝多芬的画像，上面是他题的贝多芬的格言："我所关心的是人类痛苦的解救，其他都是余事。" 我心里暗暗盘算，这可是身在茅庐，心怀天下的抱负啊！后来在他翻阅笔记本的时候，我看到本子里面夹着一张 CY（共青团）被捕的剪报。在黑暗的旧中国，关于这一类性命交关的事情是不能随便问的，反正说明了他是一个有心人。

有一次我将他的歌曲习作带回家去给青主和华丽丝夫妇看了，华丽丝立刻在钢琴上反复试弹了好几次，边弹边说，不错呀，有出息，这个和声不是一般的用法，很有点独出心裁的地方，这样有才华的学生可不多啊！请他到家里来玩玩吧。他考进音专是作为作曲系的选科生。选科生要学钢琴，必须另外再交一份学费，这笔学费是够他好几个月的伙食的。于是华丽丝自告奋勇给他上钢琴课，同时青主也对他的作品给予一些原则性的指点。《乐艺》从此开始发表他的歌曲。他练琴也是打游击式的，还因此挨过享受合法练琴权利的同学的一顿拳头。

由于他生活的贫困，我们渐渐谈到解决困难的问题，他说他不能光管读书，他已经准备找个职业来维持生活。当时《乐艺》的抄谱工作差不多是由我包下来的，因为找不到合适的人手。今天田鹤需要找点收入，那正好把这份工作让给他。不久，就更扩大范围，由萧友梅先生介绍给商务印书馆抄写乐谱。他学习是相当勤奋的，并不怎样应付考试，考试之前，他若无其事地坐在图书馆照常看书，我问他，就要考试了，不作点准备吗？他说，那全靠平时用心，临时抱佛脚是没有什么用处的，即使考试应付过去了，也不能变成自己的东西，只有消化了，用起来才能得心应手，说完就去考试，不一会，又回到图书馆。问他，他说考过了。他考试的时候交卷总是特别快，分数却又特别高，所以很受黄自先生的器重。他对黄先生备课的认真细致也表示由衷的敬佩。后来他自己教书，学生认为他讲课深入浅出，举例生动，善于掌握学生的特点，这该是与黄自先生当初的循循善诱的风范影响所致的吧。

日本关东军突袭沈阳，造成了震惊世界的"九一八"事变。田鹤也像音专的爱国师生一样，立即创作爱国歌曲，也跑上街头去募捐。我们这一组除了黄自和我之外，还有后来所艳称的四大弟子贺绿汀、江定仙、陈田鹤和刘雪庵。"九一八"之后，接着来了"一·二八"淞沪抗战，上海有点惶然不可终日的样子，他于是回了温州。回到温州，没有音乐活动的地盘，他和他的好友陈庆之一起为他本乡的《葱茏晨报》编辑副刊——诗刊《山雨》，发刊旨趣说是取许浑"山雨欲来风满楼"的诗意，迎接大时代的到来，看他来信所流露的思想，知道他在家乡交上了好朋友，他论诗的时候很引用了一些普列汉诺夫和弗里契的话，他自己也在《山雨》上发表新诗。

　　暑假过后，他再来上海。不过已经不是来复学而是找工作做。在此后的两年间他一面教书，一面仍去音专听课。他得到萧先生和黄先生的特许，不注册，不交学费，不算学分，只是随堂上课，学到所要学的真实本领，同时还参加黄先生主编的《复兴音乐教科书》的编辑工作。他的歌曲《采桑曲》《嫩芽》《国耻》等等就是收入《复兴音乐教科书》的作品。

　　鲁迅先生的《为了忘却的纪念》在《现代》杂志上发表的时候，附带发表了"惯于长夜过春时"那首七律。我们看了同声说好，他问我怎么个好法，我说，"梦里依稀慈母泪，城头变幻大王旗"那两句写得实在好，既表现出作者真挚的感情，又对当时的政局发出入木三分的斥责。我反问他：你的意见呢？他说，"吟罢低眉无写处，月光如水照缁衣"这两句特别动人，它深刻地说出作者艰危的处境和法西斯的残酷的压迫，也就是文中所说的，"禁锢得比罐头还严密"。我听过之后不由得由衷地佩服他读书的认真和精到，也正是由于他对诗词具有相当高的鉴别能力，因此他作曲的选材总是比较严格。他谱写过一些古典诗词，但更重要的是他对新诗的采用。提起新诗，有些人还是迷信胡适，或者刘半农，还有就是徐志摩，好像这些人才算是代表了"五四"以来文学的正宗。田鹤的眼光放得远些，他固然也没有忽略"新月派"，选用徐志摩、陈梦家的诗来谱曲，但是他也喜欢郭沫若的热情奔放的作品，他还看中了戴望舒，写了不止一首戴望舒的歌曲。特别是那首《秋天的梦》，简直引起胡然的倾倒。他的这一类歌曲，如郭沫若的《牧歌》，徐志摩的《山中》，陈梦家的《雁子》，胡然说那真是"百唱不厌"的佳作。他非常欣赏舒曼的一句话，看见一首适合谱曲的好诗，不要对着它发怔，而是要像对爱人一样拥抱它。他要作曲，首先把那首诗反复吟咏，深入理解它的内容，然后考虑整篇的布局。直到考虑到完全成熟了才动笔。有一个时期我们喜欢多写儿童歌曲。有一天他刚写完了一首《米色白》，告诉我说，他一面写，一面流泪。也许这引起了他对辛酸的童年的回忆吧。

　　为了扩大音乐的社会影响，1934 年起音专每周通过中西药房电台举行音乐会，并在晚报上预告广播节目及有关乐曲的介绍。节目的编排和解说是由黄自负责的。既然是郑重其事，所以也由大将出马了。直到田鹤从武昌来到上海，这份差事才由他接了过来。他一接手，真是战战兢兢，全力以赴。为了说清楚一首曲子的来龙去脉，他不厌其烦地翻阅参考资料。碰到外国歌曲，总是尽可能把歌词译出来，而且跑到我宿舍里来拉差，要我分担这一类工作。

　　1935 年华文宪当上了音乐官，跑来音专替励志社音乐股招揽人马，田鹤正闹着失业，也给拉去了。听他回来说，有些人倒是满得意的。认为拉了几年小提琴，能够在励志社混上一碗饭吃，已经很不错。他觉得同这些人一起工作实在没有意思。然而为了生活，还是得去，先是去南京，接着再去"峨嵋训练团"。到了年底，终于混不下去，于是再回上海。他就住在我的宿舍里，很谈了一些"峨嵋训练团"的事情。他说，在那里混了几个月，算是看透了那伙人的腐败。他还说亲眼看见了蒋介石，并说蒋平时对人的阴险狡诈不用说了，连笑起来都是一脸奸相。原来凡是在训练团工作的，每个人都发一张蒋介石的照片，由蒋的秘书在上款写上某某人的姓名，并代签上"蒋中正"的名字，作为纪念。田鹤行箧中也同样带有这样的一张照片。这时他说到了气头上，竟然把那张照片拿出来，撕呀撕的，撕成了碎片，然后扔到字纸篓里去。我一边看一边想，一个人只要思想对头，那就不论在什么时候，什么地方，都能够保持住清醒的头脑的。

同样显示他明显的爱憎的是对纪德那本《从苏联归来》的评论。1933年纪德参加了法国文学家协会抗议希特勒法西斯暴行的大会，而且发表演说，驳斥了某些人把德国法西斯的暴行和苏联的无产阶级专政拉扯在一起的谬论。可是他去了一趟苏联之后，却出自资产阶级的偏见，写了那本《从苏联归来》，把苏联说得一无是处，这本书不久即在中国翻译出版。我们都觉得纪德还不如萧伯纳。我同他说，纪德书中还提到一个小提琴比赛得奖的神童，说他听过之后居然毛骨悚然呢。田鹤忿然接口说："他懂，他比人家那些评委还高明呀！"

鲁迅先生逝世，他已经去了济南，我们不能一道去万国殡仪馆向先生的遗体告别，但是他却写了一首哀悼鲁迅先生的歌曲。对日全面抗战展开之后，不久就是鲁迅逝世周年纪念，他已经在上海同刘雪庵等组织了"中国作曲者协会"，当即接受纪念大会的委托写了一首纪念歌曲。此外他还根据地下党组织送来的歌词写了不少结合实际情况的抗战歌曲，在《战歌》上发表，他那首《巷战歌》特别受到了大家的赞赏。

上海沦陷之后，我回了广东，他仍然留居上海。据他来信说，原来常到曲协联系工作的地下党殷同志还是常到他那里去，所以他并不寂寞。后来我在粤北乡下收到他从重庆的来信，知道他已经离开了上海。过了一些时候，在《救亡日报》桂林版看到一段关于他去桂林并做了一次谈论音乐创作的报告的消息，觉得这并不是一般的报道。

1944年秋天，日寇进攻桂林，我逃难到了重庆。本来一年之前，我已经接到音乐院的聘约，从广东取道桂林去重庆。因为在桂林听胡然说，音乐院放个屁陈立夫都知道，说明陈立夫完全控制了音乐院，于是我以妻病为由取消了去重庆的计划。现在我到了重庆，因为这一段"毁约失信"的苦衷，我不好意思去青木关投奔田鹤，直到他新年进城，我们才再次见面，还为此写了一首七律："乱离一面不寻常，相忆相望七载强。犹是关山腰脚健，几人忧患鬓毛苍。云中应异眉公鹤，海上终归属国羊。斗室纵横天下事，好凭大笔扫欃枪。"他下午到了我家，恰好另外一位好朋友也来了，大家谈得很痛快。吃过晚饭，夜深了他们才一道离开。但是后来我发现他的议论常常有些怪，我不免想起鲁迅和刘半农的往事。刘半农享年 44 岁是虚岁；田鹤之死享年也是 44 岁，却是实足年龄。刘半农死得早，来不及迎接解放，获得新生。田鹤却有机会清理了自己胡涂的思想，最后下了决心，说要"做好工作，争取入党"。可惜的是他究竟死得太早了，来不及像他自己所说的那样，"人到 40 岁，正是黄金时代，应该分秒必争，再过 20 年争取能做出几部像样的歌剧来"，却由于医疗事故耽误了时间，虽经当时上级领导同志向大夫指出，"他是国内不可多得的人才，必须大力抢救"，他的病情已经恶化到了药石无灵的地步。呜呼哀哉，永别了！

原载《人民音乐》1981 年第 9 期

记作曲家刘雪庵

　　我和刘雪庵相识是在上海音专，当时我的哥哥青主主编《乐艺》季刊。《乐艺》算是音专的同人刊物，编制附属音专，但是没有事他是不到学校来的，由我当他的"交通员"。有一次刘雪庵写了一篇题为《谭词》的稿子托我交给青主，问可不可以在《乐艺》上发表。因为《乐艺》是音乐刊物，长篇的谈词的文章不符合《乐艺》的要求，所以没有采用，仍由我退还给他。可是这一来却使我对他发生了兴趣。于是同他算是交上了朋友。

　　他当时的名字是写作"刘雪盦"的。一般人都不大用这"盦"字。用这个字，可知这个人很是"不俗"。事实也确实是这样。我有时拿他的诗歌作业本来看，诗歌老师龙榆生写在上面的批语总是大加赞许。我印象最深的是他写的一首民歌体的叙事诗，讲述一个新婚的少妇在她丈夫被军阀拉去当打内战的挑夫之后，一去三年，杳无音信，她一个人在家穷守的凄凉的生活。他还写得一手好字，很有点像何绍基，跌宕之中兼有魏碑的风骨。我为我的小学校长逝世写了一首挽词《水龙吟》，怕我自己大字写不好，还特别买了宣纸请他抄写。写完之后，我叹赏了一番，认为他很可以在书法上搞出点名堂。他当即表示，等到过了 40 岁之后再在书法上多下点功夫，现在还顾不上这个。可惜他后来并没有实践他的宿愿。

　　"九一八"事变突然爆发，全国震动，音专也不例外。当时学生中最早出来号召抗日的就有刘雪庵。组织讲演会，出墙报，创作歌曲并由承印音专校刊的印刷所印成小册子寄发各地，他都积极参加。教务主任黄自带路去浦东募捐，支援东北抗日义勇军，他也与贺绿汀、江定仙、陈田鹤一道去参加。他的写爱国歌曲正是从这里开始的。"一·二八"战役之后，他的老师龙榆生写一首《过闸北旧居》，描写闸北一带被日军破坏之后断瓦颓垣的凄凉景象。对这位老先生来说，这是一首努力采用通俗手法的长短不拘、平仄通押的新体歌词。刘雪庵为它谱曲，并在音专的一次音乐会上由胡然独唱，充满了对敌人的强烈痛恨。

1933 年黄自接受商务印书馆的委托，编写一套《复兴初级中学音乐科教书》，刘雪庵也参加了编写工作。他一方面自己写作歌词和歌曲，一方面又负责向编写小组提供适合歌曲创作的歌词。他的歌词被黄自选用的相当多，计有《农家乐》《新中国的主人》《游戏》《踏雪寻梅》《总理逝世纪念》等等，将近十首。他自己创作的歌曲有采用古诗的，也有自写歌词的，称为"自度曲"。我的藏书经过史无前例的浩劫，已经荡然无存，一时无法查考，只记得那一首《春夜洛城闻笛》（李白诗），刚一出版，唱的人就相当多，的确是相当成功的作品，头两句是吟诵式的铺叙，"此夜"一转，音乐转入了断断续续的沉思，然后是曼声歌唱，点出了"故园情"，颇有有余不尽的韵味。不胫而走是有道理的。然而成问题的却是他写的那些歌词。那首《农家乐》起了粉饰太平的作用是无疑的。本来嘛，"农家乐"——这个长久流传下来的主题已经不知道被人写过多少遍了。古往今来就这个题目做文章的也总是粉饰太平的多，能够像鲁迅在《风波》里面那样用嘲笑的口吻来说"无思无虑，这真是田家乐啊"的究竟是少数。刘半农写过《学徒苦》，可是他那首《一个小农家的暮》所写的农民却不仅是有饭吃，还有酒喝呢。两相比较，刘雪庵说"农家乐"，说他们"笑呵呵"、"真快活"，当然是荒谬的，是不是也可以酌从末减呢？

然而刘雪庵的弱点的确是无可讳言的，最明显的例子是写《航空学校校歌》。这个航空学校其实是空军学校。1933 年（也许是 1934 年）航空学校悬赏征求校歌，刘雪庵写了一首自己作词作曲的校歌去应征（按照该校的规定，作者的姓名不得写在稿件上面，而是另纸封存，以免阅卷官徇私舞弊）。评选的结果刘雪庵的作品被选上了。一下子"名利双收"，他也从此与国民党空军搭上了关系。至于通过这种关系他有没有做过什么别的事情，我没有看见过，也没有听说过，不好去随便臆测。

随着时间的推移，刘雪庵的活动范围又扩大到电影界。一提起电影音乐，立刻会使人联想到流行歌曲以至黄色音乐一连串不大好听的名词。如果稍微做一点具体分析，那么，就不难发现 30 年代的电影已经有相当一部分是在"左翼"领导之下制作的。写这一类的电影音乐当然具有进步的意义。我们甚至可以这样说，进步电影促进了进步音乐的发展，缩小了黄色音乐的市场，把严肃的音乐送到广大群众中去，从而提高了群众的音乐水平。聂耳、冼星海、任光、贺绿汀等人的作品固然是这样，赵元任、黄自也写过电影音乐，而且起了好的作用。所以问题不在于写不写电影音乐，而是在于怎样写。不幸刘雪庵的写法却有时不免迎合小市民的欣赏趣味，写一些《弹性女儿》之类的东西。有些歌词也带有及时行乐、消极颓废的色彩。顺着这一条线发展下去，出现了《何日君再来》也就不足为奇了。对于《何日君再来》这个歌，几十年来真是聚讼纷纭。说它复杂吧，问题也许很复杂；说它简单，却也可以说是很简单。它本来是电影《三星伴月》的插曲，是采用"探戈"节奏写成的舞曲。《三星伴月》本身就是艺华影片公司屈服于国民党的压力，改变营业方向之后的一部软性电影。影片放映之后，这首舞曲即在舞厅、游乐场等地流传开了。后来依照原来的曲调配上四段歌词，什么"好花不常开，好景不常在；愁堆解笑眉，泪洒相思带；今宵离别后，何日君再来？喝完了这杯，请进点小菜。人生难得几回醉，不欢更何待？"这就更加迎合了小市民的口味。当时上海那些刊印流行歌曲的出版社几乎都选上了《何日君再来》，可见这首歌流行的广泛，任你巧言善辩，也很难证明这是一首好歌。1939年蔡楚生拍摄《孤岛天堂》这部抗日影片，把它作为一首特定场面的插曲，让那个支持爱国运动的舞女在那个"神秘青年"把敌人特务一网打尽，越墙转移，奔向抗日游击队根据地的时候，对他唱这样一首歌。虽然是一语双关，终究是一种打马虎眼的手法。表面上是舞女对狎客的殷勤，实质上是对爱国青年的期望，并不是承认《何日君再来》本身是什么进步歌曲。如果我们认为"矫枉必须过正"，因此给这首歌加上"进步"的桂冠，那无疑是从一个偏向走到另一个偏向了；但也不能因为它不好，就由此引申为是"盼望日本皇军"，甚至于得出"汉奸歌曲"的结论。至于《孤岛天堂》的另一首由蔡楚生作词、也是刘雪庵作曲的主题歌，那可是真正具有进步意义的歌曲。我们不能攻其一点，不及其余。

平心而论，刘雪庵写了一些迎合小市民趣味的不健康的以至消极颓废的电影音乐和歌曲，这是事实。另一方面他也为进步的电影和话剧写过一些作品。除《孤岛天堂》之外，他还为欧阳予倩的《新桃花扇》和《新中国青年进行曲》、田汉的《十字街头》及阳翰笙的《李秀成之死》写了插曲。这些作品都应该算是30年代进步文化的一部分。今天我们已经推倒了"四人帮"强加给30年代进步文化的诬蔑不实之词，那么，对刘雪庵不是也需要做出恰当的评价吗？

1935年日本侵华首相近卫文磨的弟弟，乐队指挥近卫秀磨来上海指挥当时租界工部局的管弦乐队，顺便也来江湾音专访问，并在礼堂与音专师生见面。校长萧友梅认为当时在正式集会上讲日本话，是音专师生感情上难以接受的，因此不让近卫讲日本话。恰巧他们两人都是曾经在德国留学的，于是采用了双方都能够了解的德语。近卫讲完之后，刘雪庵要求发言。从中国人的立场出发，对日本的侵略行为表示了严正的捍卫民族尊严的态度，发言即由我译为德语。事后苏联籍钢琴教授查哈罗夫特别跑来紧握我的手，称赞我们的话讲得非常好，许多同学也眉飞色舞，说这一次是中国人挺起腰杆子同日本人讲话，使他不敢随便耍威风。

"八一三"战事爆发的消息，我是在济南听广播知道的。由于沪平铁路已经中断，我和陈田鹤绕道青岛乘船赶回上海。抵岸之后，我们直奔刘雪庵的寓所，因为他的寓所已经成了"中国作曲者协会"的会所。他在《战歌》第二期《编后闲谈》里面写到我们抵达他的寓所以后情形时说："床还没有铺好，就拉着他们去访田汉先生，出席'文救'① 召集的歌咏团联系会……晚上才来讨论编辑的事情。"这个小小的歌曲专刊是他掏钱出来印刷的。定价每份两分钱，根本没有考虑什么盈亏问题。"上海文化界救亡协会"早在 7 月 28 日已经成立，作曲者协会直接得到他们的指导和支援。当时经常前来联系工作的是殷扬（他是一位相当豪爽的青年，亦即解放后担任上海市公安局长的杨帆同志）。他随时给我们分析抗战形势的演变和当前的迫切任务。同时他又不断提供配合形势的歌词，使得《战歌》能够及时刊登适应形势需要的歌曲。如柳倩的《募寒衣》（刘雪庵作曲）、方之中的《巷战歌》（陈田鹤作曲）、钱亦石的《保卫上海》（陈田鹤作曲）都是在《战歌》发表的。刘雪庵的《长城谣》也在《战歌》第二期发表了。上海沦陷之后，《战歌》转在汉口出版；汉口沦陷之后，又在重庆继续出版。作曲者除了前面提到的那几位之外，还有贺绿汀、周巍峙、郑律成、孟波、孙慎、联抗、向隅、麦新、林路、夏之秋、谭小麟、刘已明等不少人。此外还有关于各地救亡歌咏活动之类的报道。其中特别值得提出的是向隅写的关于鲁迅艺术学院的报道也在《战歌》上发表了。

作曲者协会成立之后，逐渐成为音乐界同行交往的一人据点，黄自也是当时的一位座上客，大家谈话的内容大都离不开抗战，从文艺到军事政治无所不谈。有一次谈到国防问题，有人提起蒋百里的《国防论》，刘雪庵睐一睐他的近视眼说，那不过是普鲁士军国主义和德国纳粹主义的改头换面的理论。他这一说引起了大家的惊异，想不到刘雪庵的眼光竟是这么锐利！

这一时期他还接着张寒晖的《松花江上》补成了《流亡三部曲》。事情的经过是这样的：《战歌》在上海创刊之后，有人给刘雪庵寄来一首《松花江上》，说是平津同学中最流行的一个曲子，希望在《战歌》上介绍出来。但是他觉得这首歌过于伤感，与"八一三"战后的热烈气氛不大适应，因此搁了下来。上海沦陷之后，他乘船去香港，准备经由香港转入内地。同船的有文化界救亡协会内地工作委员会负

---

① "上海文化界救亡协会"的简称。

责人江陵。他们谈到这首《松花江上》，他把他对这首歌曲的意思同江陵讲了，认为应该把它扩充成为三部曲，使之由沉痛哀婉转为紧张激昂，才好发挥振奋人心的作用。江陵同意他的想法，即在船上写了第二部的歌词，并由刘雪庵谱了曲。从香港到了广州，逗留了约莫一个星期，又一同搭上了粤汉路的火车。江陵在车中继续写了第三部。但是还未定稿，就给别的事岔开了。直到中国戏剧界支援各地抗敌军联合大公演的前夕，江陵才把第三部的歌词交给他，他立刻写好交给平津同学练习，以便及时参加演出。这就是后来广为流传的《流亡三部曲》。可是当时还不知道第一部《松花江上》的作曲者是张寒晖，所以在1938年2月出版的《战歌》第六期发表的时候，总标题是《流亡三部曲》，小标题第二部《流亡》和第三部《上战场》的作者标明是江陵作词，刘雪庵作曲，第一部《离家（松花江上）》的作者却写为"佚名"。由此可见，他之所以写《流亡三部曲》，并不是因为《松花江上》的作者是张寒晖，企图"附骥尾而致千里"；他的续作也不是"狗尾续貂"的恶札。假如我们要为刘雪庵立一份"功过格"，那么，功那一面恐怕还是有相当分量的。

上海沦陷之后，我们中间最先离开上海的是雪庵。临行相约在武汉见面。可是我回到香港，家里把我留下来了，不久就去了广州。广州沦陷，跑到粤北，后来又去桂林。日军进逼桂林，这才逃难去重庆。到了重庆，同他只见过两三次面，一直没有长谈的机会，只知道他曾为郭沫若的《屈原》写过配乐。既然所知不多，那么，与其传闻失实，以讹传讹，那就还不如不说的好吧。

原载《文化史料》第7辑1983年

大才未展　懿范长存

——哀悼姚锦新教授

姚锦新同志逝世的噩耗一传开，大家异口同声地说，可惜啊，满脑子学问没有发挥出来，就这样永远带走了，谁能够填补这个空缺啊!? 她的遭遇只有胡戈·沃尔夫的悲剧可以比拟。但是胡戈·沃尔夫在他绝对不能创作之前，除了少数管弦乐、室内乐之外，光是歌曲就写了五百首，而且不少是独立于舒伯特的宝藏之外，发出耀眼的光彩的珍品。姚锦新却除了时作时辍的教学工作之外，出版的作品只有一本《花鼓及其他中国歌曲》。当然，在她的教导之下，不论是创作方面、作曲理论方面、钢琴演奏方面，都培养出一些优秀的音乐人才。但是以她所具有的潜力而论，她本来是应该培养出更多的人才，谱写出更多的作品来的。写到这里真不能不诅咒病魔的作祟了！

锦新的秉性是非常敏感的，感情是非常强烈的，一遇到意外事故的袭来，精神就会受到剧烈的震撼，直到失去应有的平衡。不幸的是偏偏有那么严重的事故使她受到难堪的刺激。一次是她在德国留学的时候，认识了一位进步的音乐家雷柏令——祝福他一家今天平安无事。1936年他不堪希特勒法西斯的压迫，逃亡到了荷兰。希特勒占领荷兰，他参加了反法西斯的抵抗运动，被纳粹党判处死刑。虽然雷柏令通过跳车逃脱了纳粹党地屠杀，这却是当时锦新无法知悉的。1954年我在德国看到雷柏令夫妇。雷柏令夫人告诉我，锦新和雷柏令有一段初恋的历史。他的被捕对她的刺激无疑是够大的。另一次的刺激是在美国。1939年锦新去了美国，初从兴德米特学习，由于艺术观点的不适应，不久就中止了，改从艾斯勒学习，她自己认为是艾斯勒给她传授了马克思主义。可恨美国的非美活动调查委员会竟以艾斯勒参加美国进步活动把他监禁起来。虽然经过卓别林、毕加索等国际进步人士的抗议迫使美国政府对艾斯勒的处理由监禁改为驱逐出境，但对姚锦新的震动也是够厉害的，她神经的不健全自然与这些刺激分不开。她发病的时候常常喃喃自语：特务又来监视她了。在送她去医院的路上，我就亲耳听她说过：特务又在周围布置起来了，难道你们看不见吗？过去的几十年的时间，她就是这样发病住院，稍好出院。不久又犯，又再住院。反反复复，使她无法进行比较稳定的正常工作。

她是闲不住的。精神稍好一点，就要找事情做。1952年民主德国音乐学家梅雅尔的新著《时代变迁中的音乐》出版。她看了，认为这是一部运用马克思主义的观点和方法写成的好书，于是在全院举行有关这本书的读书报告。然而特别引起大家的兴趣的是她的作品分析课。她认为形式决定于内容，内容与形式的有机的联系是不言而喻的，问题是形式如何去表现内容。她讲起来是那样的中西一贯，左右逢源，听课的是大开眼界，没来听的后悔不迭，密切注意下一次开讲的时间，以免错过机会。她特别重视启发学生独立思考的能力。她说："音乐文献是一个无底洞，即使你教给学生一百首曲子的分析方法，假如一百零一个曲子他分析不了，就不能不承认教师的工作是失败了。因此教师应该努力做到的是教给学生独立分析的方法。"

她常常感觉自己是马克思主义的水平不够高，所以苏联专家的讲学，不论什么课程她都尽量多听。当时音乐学系新成立，苏联音乐史专家的课她也不放过。"大跃进"的时候学校大办工厂，音乐学系承办了"印刷厂"的工作，她是最积极的"工人"之一。每天一开工她就赶到印刷机旁边，眼明手快地跟着印刷机运转。印出来的歌片还赶在北海公园中央音乐学院老教师演唱会上公开发售呢。

党有什么号召，她是紧跟的。如果她认为有问题的时候，她也不隐瞒自己的意见。"除四害"搞得热火朝天，大家都攀上屋顶去赶打麻雀。她一面照样打，一面公开表示这样打麻雀不一定合适。事实证明她的看法是对的，她没有什么奴隶主义的气息。

她对一事一物都有她独立的见解，音乐上她的评论当然更是入木三分。有一位音乐家作曲理论学得不少，关于古典的直到现代的作曲家的作品他也知道得不少，有一次同德国作曲家举行的座谈上他提到了不少有关勋柏格、兴德米特等人的作品的问题，德国专家还说，我们这位同行的信息可够灵通的啊。但是姚锦新谈到他的时候，却一语道破地说他"不学无术"。我乍一听很是惊奇，及至我同他接触多了一些之后，发现他对于一首乐曲除了音符之外，什么时代背景，思想内容都是不予理会的。谈到歌曲，他所关心的只是歌词的字句，至于诗人的身世和写作的风格等等，他是不闻不问的。我这才恍然大悟，锦新的意见绝不是大言欺人，更不是文人相轻，因为他的水平距她所认为应该具有的修养是太远了。

她对人要求严格，对自己也一点不肯放松。不论在作曲理论方面还是钢琴演奏方面，她都是名副其实的科班出身。她偶一涉笔，创作就闪烁着灿烂的火花。法国作曲家的领衔人物米约看了她编写的《花鼓及其他中国歌曲》，称赞这本书"充满了中国的配器法"，美籍德国音乐学家，又是乐器学权威库特·萨克斯对《花鼓及其他中国歌曲》这本书是那么喜欢，以致他把这本书收作为圣诞礼物给他的好友每人一本。但是锦新并没有因此飘飘然，她认为自己的民族音乐的知识过分贫乏，不学好民族音乐，是写不出好作品来的。于是决心在民族音乐上下功夫，还亲自去西安学习秦腔音乐。可惜健康情况不容许她不间断的好好学习，创作也因之难于进行。正是由于这种失落感，她对自己总觉得不满足，甚至于缺乏自信。

她1932年去德国留学，历时七年。以她原来的外语功底，加上她勤奋的学习，德语是达到相当高的水平的。后来移居美国，将近八年，来往的音乐家如兴德米特、艾斯勒、萨克斯等也都是德国人，德语是惯常使用的，回国之后，她照样勤于阅读德文书籍。我在东安市场看到保罗·贝克的一本厚厚的贝多芬评传，回来告诉她，她立刻托我帮她买回来看。她有一本丹克特关于德彪西研究的专著，经她看过以后，打满了红红绿绿的横线，可见德语是始终没有荒疏的。1958年艾斯勒60寿辰，民主德国音乐杂志《音乐与社会》发刊纪念专号，特来约她写稿，因为她是艾斯勒的学生，她也曾对德国同行说过艾斯勒的创作理论对中国革命音乐的影响。凭她德语的功力，她是完全可以自由挥洒的。但是她硬是怕写不好，决定用中文写初稿，然后由我译为德文。我先是不敢答应，在她坚决要求之下，我还是遵命执笔了。

她有一个特点，一旦接受了一种思想她就要身体力行。她从艾斯勒那里接受了马克思主义，知道人类的未来属于无产阶级，她承认，"如果没有这些，可能我不会在1947年毅然回国，可能还留在美国，做一个极不快乐的人"。所谓"极不快乐的人"，是指她与一位加利福尼亚大学的中文教师陈先生的矛盾的结合。那位陈先生竟异想天开，要求姚锦新放弃她的学习，多挣点钱去接济他国内的弟弟——一个逃亡地主的生活。姚锦新当然拒绝了他的要求。她在美国已经反复读过斯诺的英文原著《红星照耀中国》（中译《西行漫记》），艾斯勒的遭遇又教她加深了对美国的认识。她天真地劝那位先生同她一道回国，他却是一拖再拖，于是她断然独自东归，同那位先生永断葛藤。回国之后，还没等到全国解放，她已经只身进入华北解放区。姚老师这一追求光明的果断的决定，是不是能使那些日夜谋求出国，甘当外国三等公民的洋迷清醒一下呢？

鲁迅说："能憎才能爱"，这句话一点不假，锦新的行事就是有力的证明。她拒绝为她当时的小叔子提供经济的帮助,因为他是逃亡地主。另一方面她却为远在万里之外、身处战后德国废墟之上的异国朋友雷柏令夫妇寄送各种生活用品,不论是吃的、穿的还是小孩子玩的,她都一次又一次地慷慨投寄。雷柏令夫妇,特别是雷柏令夫人反复向我讲说锦新慷慨的支援,让他们一家比较安稳地度过了那段最艰难的岁月。

总而言之,她待人接物的重要方面是慷慨的,是毫不利己、专门利人的。别人的事也许说不到点子上,就说我自己切身的感受,别的也不说,只说"史无前例"那一段吧。平时来往你好我好是容易的,危难临头就怕沾边了。只要不投井下石,就算是厚道的了。这也不能怪他们,谁教你是牛棚人物呢!可是锦新不怕,她照旧坦然地敲门,泰然地出去。如果买到一点好吃的东西,她还要不怕麻烦地从南线阁宿舍端到鲍家街来给我们。因为我老伴身体不好,"牛鬼蛇神"又不敢讲究吃,也没有钱买来吃,因为工资冻结了,一个人只发给十多块钱生活费。她看在眼里,记在心里,有机会就表现在行动上了。我当时的心情很有点像韩信之于漂母。伤心的是"漂母"竟先我而去了!

为别人的事情她不怕麻烦,但是不肯为自己的事情去麻烦别人。举一个小例子吧。她抽香烟,常常是自己跑到大街上的香烟摊那里去买。老实说,凭她的家庭关系,抽点好烟是不费吹灰之力的。然而姚锦新之所以是姚锦新,正是从这些小事情上面表现出来的。一点不是溢美,像她那样的作风的确是"一个高尚的人,一个纯粹的人,一个有道德的人,一个脱离了低级趣味的人,一个有益于人民的人"。谁料得到她那一套有益于人民的本领竟然想发挥却发挥不出来,最终只能使人发出"人琴俱亡"的叹息,耗矣哀哉!

原载《人民音乐》1992 年第 11 期

悼老校友李献敏

1991年11月4日，上海音专的老校友，美籍俄罗斯作曲家齐尔品的夫人李献敏以癌症病逝世于美国马萨诸塞州她儿子伊凡的家中。关于她逝世的消息，最初是上海方面有人传来口讯，我们将信将疑，因为前一年她还同她的儿子伊凡带着一个女学生来到北京同我们愉快地在江定仙家里吃了一顿午茶，怎么一下子就撒手长逝了呢！然而事实终究是事实，不久我就收到齐尔品学会秘书周莉莉女士发来的讣告。我们当即由喻宜萱、江定仙和我三人联名致函周女士表示我们的哀悼，并请她向逝者的家属转达我们的慰问。

去年的11月真是一个不祥的月份。太平洋彼岸先失去了上海音专的第一个本科毕业生，我们的老校友李献敏；到了11月下旬，我们这边又失去了前国立音乐院的最后一位教师，亦即我们最老的老校友萧淑娴。这真是莫大的不幸！

献敏本科毕业之后，继续入研究班跟查哈罗夫上课，当时的校长萧友梅曾以这一件事为根据，向南京教育部提出恢复音专原来的独立的学院的要求。因为李献敏的学业，按照查哈罗夫这位前俄国圣彼得堡音乐学院教授的鉴定，已经达到了欧洲通常大师班（Meisterklasse），亦即我们的所谓研究班的水平。报告虽然没有结果，总算是萧校长又一次发泄了多年的积愤。不久，萧校长为李献敏争取到一份"中比庚款"的奖学金，使她有机会去比利时布鲁塞尔王家音乐院继续深造。本来1934年齐尔品第一次来上海，看到了李献敏，就正如旧小说所说的那样"一见钟情"。不巧她去了比利时，致使齐尔品失去了继续追求的机会。她既在比利时，他当然跟着追到那里去，而且帮她进入法国钢琴名家科尔托的大师班，与罗马尼亚优秀的钢琴家迪努·利帕蒂同为科尔托的得意弟子。

讣告说，李献敏像克拉拉·舒曼一样，周游欧洲各国，到处演奏她丈夫的作品。作为一个中国音乐家，她没有忘记把中国作曲家的作品介绍给欧洲的听众。当时旅居欧美的音乐家，如女高音歌唱家周小燕及男低音歌唱家斯义桂，都曾经和李献敏有过卓有成效的合作，演唱了中国的歌曲。她本人曾经先后为比利时王后、挪威国王及法国总统演出，备受赞赏。

第二次世界大战期间，她的一家听到德国法西斯军队逼近巴黎的消息，急忙向南逃跑，可是跑了没有多少路，德军已经赶在他们的前头，他们只好折返巴黎，过着隐居的生活。为了挣点生活费，齐尔品用假名写一些浅俗的曲子，不肯向德国占领军献媚，这一点他们是比科尔托高明多了。科尔托在德军占领期间有失民族的气节。在大是大非面前，是决计含糊不得的。

1949 年李献敏夫妇移家美国，担任芝加哥德保罗大学的教学工作。李献敏当了钢琴及视唱教师，培养出不少出色的学生。她的学生曾经获得柴科夫斯基比赛和鲁宾斯坦比赛的钢琴奖。

在旧中国，受过新式教育，特别是洋学堂出身的人常常喜欢起一个洋名，如外交家顾维钧名"威灵顿"，女史学家陈衡哲名"莎菲"，都是显著的例子。李献敏也不例外，起了一个洋名 Lilian。查哈罗夫经常是这样叫她的。外国人听中国人的名字只凭译音，完全不懂它的含义，不像洋名那么容易记。连中国人同外籍教师说到李献敏的时候有时也叫她的洋名。然而《齐尔品传》提到李献敏的时候，结婚之后依照外国人的惯例改从夫姓，姓前只写一个敏字，洋名根本不见了。也许这样才显得她是一个中国女人吧。

与她专用中国名字相应的是她的衣服也以中国式为主。看《齐尔品传》的插图她的照片绝大多数是穿旗袍的。总之，她所到之处，听她的名字，看她的衣服，立刻认出她是一个中国人。她之作为中国人，也在齐尔品作品的演出上显示她中国人的特色。

1953 年年底，齐尔品收到乐队指挥约翰逊寄给他的一本中国诗集《失去的笛子》。约翰逊建议他选谱一些诗篇，并由齐尔品夫人担任吟诵这部作品的角色。齐尔品接受了他的建议。这是一部在《齐尔品全集》里面独树一帜的作品。全曲分为六段：

第一段，序曲，名为《失去的笛子》，1. 间奏，一首古诗，无音乐伴奏；

第二段，《一个诗人的春天》，数首中国古诗，有乐队伴奏。2. 间奏，无伴奏朗诵；

第三段，《童年》是主题，选用一些近代的诗篇。3. 无伴奏的一首古诗《忠贞》；

第四段，三首以《爱情》主题的有伴奏的古诗。4. 间奏，一首古诗，无音乐伴奏；

第五段，吟诵，只有打击乐器伴奏，两首以《战争》为题的古诗。5. 间奏，无伴奏的一首中国古诗的吟诵；

第六段，两首以《死亡》为题的古诗，有乐队伴奏。

既然点名要李献敏担任吟诵，献敏因此先上了一段规范发声的补课。演出的时候李献敏的吟诵是那样的出色和道地，后来的演出虽然换过了不少吟诵的角色，公众的舆论还是一致认为是夫人独占鳌头。

80 年代她有好几次回娘家。头一次继承齐尔品的遗志，悬赏征求一首大提琴作品，随后颁发了奖金。第二次举行了一场齐尔品作品音乐会，并趁机校订了齐尔品声乐作品里的一些中文歌词的差错。第三次是同她的儿子伊凡一道来，由她的儿子开了一场电子音乐会。伊凡当场做了讲解，她的女学生担任翻译。最后一次来访，已经透露出癌症对她的侵袭。但她还是有说有笑的，并看了《中国大百科全书》里面齐尔品的词条。临行还预订下次来访的计划。可惜的是这个计划已经永远没有实现的可能了。

她是非常念旧的。50 多年前她将去比利时的时候，同学曾集会为她饯行，大家都在她的纪念册上签名留念。事后我还在那上面题了一首七律：

> 宗教虔诚与热情，大唐三藏昔长征。
> 而今东海生奇女，又向西方取乐经。
> 上下三千邀帝眷，扶摇九万挟风行。
> 乐坛故国荒凉甚，聒耳骚音不可听。

经过五十多年，身受第二次世界大战炮火的震撼，困居沦陷区送走了四个春秋，才迎来了巴黎的解放，然后走遍欧美各大城市，那些纪念手迹居然保存完好。她于是趁回国之便把这些手迹复印出来还赠给我们。说实在的，我自己已经完全忘记了。现在重睹旧稿，如见故人。使我感慨系之的是拙诗结尾所说的"聒耳骚音"居然死灰复燃，还有变本加厉之势，怎能不说是奇哉怪事啊！

原载《中央音乐学院学报》1992 年第 3 期

谈老一代的歌词作家

1993 年 2 月 27 日，韦瀚章病逝于香港圣保禄医院。溯生于 1906 年 1 月 17 日，享寿 87 岁。他的死可以说是老一代歌词作家的历史的结束。所谓老一代歌词作家，是指的易韦斋、龙榆生和韦瀚章这三位。当然，说起写过歌词的老一代，我们首先不应该忘记刘大白和刘半农，甚至于郭沫若、胡适、徐志摩以至陈梦家、戴望舒这些人。但是他们都只是管写他的诗，作曲家选上了他们的作品，这才成为脍炙人口的歌词。易、龙、韦这三位呢，除了他们诗词的本行之外，还是长期有意识地为了作曲的目的而写一些长短不拘、平仄通押的诗歌。所以说他们是歌词作家，是根据他们的创作活动说的。特别是韦瀚章，从 30 年代起一直写到 80 年代，入乐的歌词，据港台报刊的统计总在 200 首以上，真可谓洋洋大观了。现在这一切都成为历史了，今天就趁这个机会谈一谈这三位老一代的歌词作家。

首先要谈的无疑是易韦斋。他不仅是老一辈的歌词作家，更远一点说，他还是留学生的老前辈。他生于 1874 年，比萧友梅还大 10 岁。他早年就读于张之洞创办的广雅书院，后来又去日本留学，习师范。中华民国成立，他与萧友梅同任孙中山总统府秘书。当时的秘书长是胡汉民。据萧友梅说，胡汉民很重视秘书的文学修养，所以他特别赏识易韦斋。后来胡汉民任南京国民党政府的立法院长，曾经给予易韦斋一个领干薪的职位，不用上班，每月薪水照领不误。到了胡汉民与蒋介石闹矛盾，下了台，易韦斋的生活就失去了保障。在音专教书又因为过不惯准时上课的生活，自请辞职，找龙榆生接替，从此逐步陷入穷困潦倒的生活，1941 年卒于上海。

他与萧友梅合作新歌，那是在萧友梅 1920 年从德国学成返国之后。当时他正在荣宝斋挂牌承刻图章，欣然同意与萧合作。他平时填词是严格依照四声清浊的，甚至于连词句结构都不能违背。例如吴文英的《三姝媚》开头是"湖山经醉惯，渍春衫啼痕酒痕无限"。他的句子就是"湖山经醉惯，涌深杯词愁古愁何限"。如此类推。他自称是"百涩词心不要通"。现在写起长短不拘、平仄通押的歌词，自然是很大胆的解放了。当时新式标点兴起不久，他还有些不甚了了，例如《问》那首歌曲，他在题目《问》字之后竟然加上一个问号。如果一首歌词有几节，他就依照第一节的词句结构来写以下的那几节，如《问》的第一节"你知道秋声，添得几分憔悴"，第二节就写"你知道秋花，开得为何沉醉"，这是他自己定下的规矩："自己填自己。"就新歌词的内容而论，他们是要求"一洗以前奄奄不振之气"，"宜多作愉快活泼，沉雄豪壮之歌"。那些作品，除了对自然的美景，纯洁的友情以及历史人物的歌颂之外，也有对穷苦人家的同情，爱国思想也随时流露出来。例如：那首《新雪》就写道"试看呵，朱门兮，玉交加，金叵罗，又那知，狭路隅，穷檐下，无衣无褐奈寒何？"至于上面提到的那首《问》，更是明白地说："你知道今日的江山，有多少凄惶的泪？"但是最能显示作者成就的，也许是那首《南飞之雁语》。这首歌词写作的背景是当时南北对峙的严峻局面。孙中山在广东筹备北伐，吴佩孚则盘踞北方，勾结盘踞在广东东南部的陈炯明部队，伺机偷袭广州。作者两人都曾经是孙中山总统府的秘书，身在北京，心系南粤，于是借《南飞之雁语》寄托他们的感念："君莫问春秋来去征途苦，请想想南北分歧冷暖殊！这便叫我们仆仆空中，欲留不可留，欲住无从住。盼得到气候平和，愿珍重汝一封书。"

我们今天看易韦斋所写的歌词，当然是像胡适对他所作的新诗的写照："我现在回头看我这五年来的诗，很像一个缠过脚后来放大了的妇人，看她一年一年的放脚鞋样。"当然，比喻总是蹩脚的，胡适写的究竟已经是白话诗，易韦斋的歌词则仍然是限于旧词句的拼凑。不过，如果历史主义地看问题，同当时那些诅咒白话文学，到死不肯写一句"的吗了呢"的文章的老顽固比较起来，他还算是顺应历史潮流的作者，而且是"五四"时期就肯花大力气写作歌词的第一人，所以我们还是应该承认他的历史地位的。

易韦斋辞去音专教师的职务，接替他的那个龙榆生，也有他自己特殊的经历。他只念过乡村小学，小学毕业后没有升学，只是在家中读他家藏的古书，后来就教小学。恰好他有一个堂兄是北大文科的学生，暑假回家，龙榆生请他把讲义借给他看，他看过之后写了一些读书心得，还有一些平时的习作。他的堂兄把他的那些读书心得和习作带到北大，请他的老师，章太炎的高足弟子黄侃黄季刚看。黄侃一看，大为赞赏，龙榆生于是找机会拜见黄侃。黄侃说："你哪里是教小学的材料，应该教中学。"于是介绍他去做中学教员。中学教员做了一个时期之后，另一个古典文学专家陈衍陈石遗又介绍他去上海暨南大学担任中文系讲师，不久就升为教授。那时还不到 30 岁。这样教书的"三级跳",大概也是很少有的。

他接任音专教师职务之后,因为工作负责,与易韦斋的名士派作风大不相同,深得萧友梅的赞赏。特别引起萧友梅兴趣的,是他写作歌词的强烈的愿望,于是与萧友梅联名发表歌社成立宣言,邀请傅东华、曹聚仁、张凤、胡怀琛等人参加歌社,并在音专校刊上特辟专栏,题为《歌材》,后又改称《歌录》,发表上述这些社友的作品,同时青主也提供一些新作,龙榆生为此写了好些歌词,如《好春光》《蛙语》《朦朦薄雾》《眠歌》等等。

他在音专通过与师生的接触,从乐律想到声律在词曲中的作用,于是根据四声轻重的原则对词曲的节奏的影响以及进一步如何表达诗意进行了深入的研究,并想就他研究的心得在新歌词的创作上达到古为今用的目的。他在这方面的研究,的确发掘出一些声韵促进词曲创作的值得重视的规律,为词学研究开拓出一片新园地。

最能反映他在词学上的地位的是晚清词坛的押阵大将朱彊村(名祖谋,又名孝臧)临终传给他一黑一红两方校词的砚台,《授砚图》因此成为一些名画家徐悲鸿、方君璧、吴湖帆、夏敬观等人的画题。

然而幸乎不幸乎,他与朱彊村的关系却引起汪精卫的注意,汪精卫清朝末年曾在广东中了秀才,当时的广东提学使正是朱彊村。于是汪精卫以国民党极品高官的身份让龙榆生领他去拜见他早年入学的座主,他们两人从此结成亲密的关系。直到汪精卫卖国投敌,龙榆生还是汪精卫的座上客,为汪逆的女儿讲授诗词,还挂上一个伪官的头衔,为一家十口捞一点交关重要的生活费。

抗战期间有好些落水投敌的家伙拿"身在曹营心在汉"这句话做他们的遮羞布。不过它用在龙榆生身上却还是合适的。他曾经往返于南京、北平之间做伪军司令郝鹏举的策反工作,居然把郝说服了去投奔新四军。但是郝贼性不改,过不惯新四军那种纪律严明、艰苦奋斗的生活,最后还是反水了。不过对龙榆生来说,终究证明他是真心想做点好事的。上海解放以后,陈老总担任上海市长,并没有忘记龙榆生这一次策反工作,把他安排在上海博物馆,还亲自去博物馆看望过他一次。意思是向大家暗示,他这个人有他特殊的经历,不要纠缠他消极的一面的历史。1956年他作为全国政协的特邀代表来到北京,并有机会同其他老诗人一道与毛主席同桌畅谈。意外的是 1957 年他给戴上了帽子,虽然很快就摘掉了,但是 1966 年又来了一场更大的风暴。他住进了医院,不久就病故了。

他写歌词用的笔名是龙七,这使人想起北宋那位有井水饮处即有人唱他的词的柳永,别名柳七。龙榆生随时显示他词人的本色。他的《玫瑰三愿》无疑是受了冯延已《长命女》里面那句"再拜陈三愿"的影响。他的《过闸北旧居》这个题目也使人联想到吴文英《三姝媚》的题目《过都城旧居有感》。他的歌词谱成歌曲的并不算多。《过闸北旧居》的闸北是"一·二八"淞沪抗战初期的主要战场。商务印书馆连同张元济惨淡经营的东方图书馆都毁于日本侵略军的炮火。这首歌词经过刘雪庵谱曲，胡然在音乐会上曾多次演唱，唱到"断瓦颓垣，经几多灰飞弹炸。问何人毒手相加？深仇不报宁容罢"那一段，听的人总是切齿痛恨的。至于现在还是维持着保留节目的地位的，则是那首《玫瑰三愿》。他为歌词所做的努力总算没有白费。

第三位就是韦瀚章了。

1990 年，上海音专校友，南京音乐院同事林声翕从香港来北京，参加青木关音乐院建院 50 周年和中央音乐学院建院 40 周年纪念活动，一见面就对我说："韦瀚章听见我来北京，立刻叮嘱我一定要替他问候你！"并谈了他的近况。到林声翕回港的时候，我托他给韦兄带去一封信，附有一首《鹧鸪天》：

> 老友群中最老人，喜闻蒸气息氤氲。摘词若得江山助，入乐能教耳目新。歌与哭，总情真。难记昨夜写星辰。萧（友梅）黄（自）云殁应（尚能）吴（伯超）逝，珍重沧洲百练身。

"老友"一句不是说他年纪最大，而是在尚有交往的老友中间与他相识最早。"昨夜星辰"说的是在上海江湾有一天我把集黄仲则、龚自珍诗句的联语"似此星辰非昨夜/更何方法遣今生"念给他听，他立刻叫我用宣纸写成对联送给他。往事如烟，狂态还是历历在目。

在音专期间我们是所谓"合署办公"。他的注册和我的文牍两张桌子一横一直相隔不到一丈，不离座位就可以随便聊天。但也不尽是言不及义的胡扯，往往是"奇文共欣赏，疑义相与析"。有一次他负责译的音乐会节目单上面有一首钢琴题为《At the spring》。Spring 这个字最通常的含义是春天，但是他看见前面的介词 at，便认为有另作解释的可能，他要乐谱来看，上面别无说明，恰巧英文之外又有德文《An der Quelle》，他问我是什么意思，我说义为《泉边》，于是疑团冰释。这一件事正好说明他一丝不苟的精神。

"九一八"之后音专师生大力写作爱国歌曲，韦瀚章也并不示弱。其中传唱最多的是黄自作曲的《旗正飘飘》：

　　旗正飘飘，马正萧萧。枪在肩，刀在腰，热血似狂潮。好男儿，报国在今朝！快奋起，莫作老病夫。快团结，莫贻散沙嘲。国亡家破，祸在眉梢。快争强，须把头颅抛。戴天仇，怎不报？不杀敌人恨不消。

　　他自己也认为是得意之作。如果就命意遣词而论，仍然是旧诗词的底子。至于他的《春思曲》及《思乡》，那更是宋词的意境。不说出作者的大名，你几乎不敢相信它是出自西装革履，翩翩年少的手笔。

　　同龙榆生写《过闸北旧居》一样，他写了一首《吊吴淞》为"一·二八"淞沪抗战留下一笔历史的创伤。这首歌曲应尚能自谱自唱，唱到"歇浦暮潮生，点点都成泪"，他真的唱出眼泪来，听的人也有陪他流泪的。

　　"八·一三"开始了对日的全面抗战，三个月之后，上海沦陷，他和我先后离开上海，南下香港。到港之后，我还到他的寓所看过他一次。自此以后，直到1946年我们才在上海再见面。他当时是沪江大学的秘书。我们不改书生习气，立刻要看彼此历年所作的诗词。我把拙作寄给他，他回信有这样的话："居港数年，卖文为活，不暇为诗。迨港变以后，一切篇章，具遭秦火。处于敌伪势下，更不敢随意吟哦。至年前遁迹沙湾，始再亲书卷。惟讲学之余，文卷山积，令人头痛。尚幸该乡山明水秀，得该处何某相知，屡索酬唱，乃略作一二。然已语多衰飒，无复丝毫壮语。"这里的所谓衰飒，自然是颠沛流离的生活造成的。但是他身处逆境，宁可忍饥受冻，始终不甘心靦颜事敌，最后找到一块敌人认为战略上无足轻重的地方——沙湾，做他避难的落脚点。这种坚守民族气节的精神，实在是难能可贵的。

原载《中央音乐学院学报》1994 年第 3 期

贺老琵琶定场屋

拿元稹《连昌宫词》的一句话来做庆祝贺绿汀同志从事音乐事业 60 周年的文章的题目，似乎是驴唇不对马嘴。真的吗？不见得吧。自从人们对贺绿汀同志改称贺老以来，元稹的这句诗就常常在我的耳边回响。"定场"的"定"，据陈寅恪的解释是压的意思。"定场"即为压场，意思是说，贺怀智的琵琶压倒了全场。形容演奏的出色称为压场，发为创作那就是压卷。1934 年俄罗斯作曲家齐尔品悬赏征求中国风味钢琴曲，贺绿汀的《牧童短笛》不就是经当时的评委会（成员除齐尔品之外，还有萧友梅、黄自、查哈罗夫和阿萨柯夫）一致评为压卷之作吗？"定场"一词后来成为古典戏曲中主角登场介绍剧中主要情节的定场诗的定语。不独此也，名为定场，还有安定剧场情绪，让演员进入角色的作用。推而广之，一个学校的主角的作用不也是安定全校的情绪，让师生员工各个进入角色，发挥他们的积极性吗？三十多年来，上海音乐学院所取得的出色的成绩，不正是贺老定场的结果吗？胡扯蛮缠，有点近于做八股的截搭题，不过还能够自圆其说。

关于贺老生平的事业和贡献，自然有许多同志来阐扬，而且一定讲得比我详细，比我好。古语云："不才识其小者。"我现在就来讲一些我所闻见的与贺老有关的小事。

贺绿汀同志是 1931 年年初来上海音专上学的。我和他的接触并不多，头一次接触是在"九一八"之后。日本关东军攻占沈阳，全国人民抗日的怒潮也冲进了音专。音专师生除了开大会、发宣言、出墙报、印行抗日歌曲、当场签名捐款之外，还上街募捐支援东北义勇军。募捐小组是自由组合的。我们这个小组共六人，黄自和我加上他的四个得意门生——贺绿汀、陈田鹤、江定仙和刘雪庵，即后来所艳称的四大弟子。为了把宣传工作做得深入一点，所以由黄自领队远赴浦东。虽说国难当头，人人奋起，音专也不是每一个人都走上街头的。贺老走上街头，说明他是有心人，加上他衣着朴素——说是寒碜也许更恰当，一看就知道是穷学生。我总是主观地认为，一个穷学生选上了音乐做他安身立命的事业，那非得有殉道的精神不可，我因此对贺绿汀产生了敬意。

贺老学习生活是相当刻苦的。据说当时他和几个湖南同学一起借住在法租界的一个学校里，房租的代价是他们义务担任该校的音乐课。1932 年淞沪抗战爆发，他又曾一度辍学，转到武昌艺术专科学校教书，同时还译了普劳特的《和声学理论与实用》。武昌夏天的蚊子是很厉害的，穿袜子也不能防止它地叮咬。为了提高驱赶蚊子的效率，他于是缩短防线，把两条腿缩起来，蹲在板凳上面，左手不停地挥扇驱蚊，右手挥动笔杆子把普劳特书上的英文变为中文写在稿纸上。这真是一场艰苦而又坚韧的搏斗。然而一部二十几万字的大书就这样译出来了。

说起这部译稿的出版，中间还有过一段反复的故事。1934 年贺绿汀同志这部译稿整理完毕，即由黄自先生作序，萧友梅先生写信介绍给商务印书馆出版。不久，即接到商务印书馆的回信，认为这部书是 1889 年出版，重版至今也已经过了三十多年，内容稍觉陈旧，所以不拟出版云云。然而事有出乎大老板意料之外者，过了没有几天，音专举行校庆音乐会，同时举行中国风味钢琴曲比赛发奖仪式，由齐尔品亲自发奖，首奖作曲家贺绿汀当场演奏自作的《牧童短笛》，一曲告终，掌声雷动。第二天上海各报随即报道当时盛况。过了没有几天，商务印书馆来了第二封信，说贺绿汀的和声学译稿经过审阅，拟即予以出版云云。同是这位贺绿汀，在大老板眼中，一夜之间忽由无名小卒变为乐坛新秀（恕我借用当前流行的用语）。大老板的势利眼固然可笑，他那双锐利的生意眼却也是可佩的。商务印书馆之所以能够长期稳执出版界的牛耳可见也不是一时的侥幸。这段故事再不趁这个机会说出来，恐怕就要失传也说不定呢。

音专本来只有一台手摇唱机，后来经过精打细算买了一台电唱机，同时可以收听无线电广播，这一下子可算是鸟枪换炮了。它摆在礼堂里，礼堂没有上锁，收音机也没有上锁。我住在宿舍里，晚上有空就走进礼堂去听广播。有时看见贺绿汀已经先来了，正在那里静静地收听中国音乐。我因此联想到，怪不得他能够写出《牧童短笛》那样富于中国风味的作品，原来这正是他平素重视传统音乐，并且善于吸收消化的结果。这是贯穿他的创作的一根红线，也是他一手伸向传统，一手伸向西洋的一贯信守的原则。

说到一手伸向西洋，他也是独出手眼的，这就是鲁迅的"拿来主义"。这里不想发什么大议论，只记得有一个晚上，我们一伙人聚集在音专的地窖里。说是地窖，当时可已经升级为琴房，有时候，说得好听一点，不妨称为文艺沙龙。因为音专没有夜晚定时熄灯的制度，大家练琴之后，还不走散，尽可以招集同好，来一个小型晚会，可以即兴演奏，为了引吭高歌，可以试听新作，也可以开朗诵会，当然也少不了古今中外，穷聊一通。有一次谈到勃拉姆斯的时候，贺老率直地说，我不喜欢勃拉姆斯。乍听之下，我好生纳闷。勃拉姆斯是与巴赫、贝多芬合称"三B"的大师，又是黄自生平最崇拜的作曲家之一，他书斋里一直挂着一幅勃拉姆斯的画像。不错，艺术爱好是各人有各人的不同的口味，勃拉姆斯虽然备受推崇，生前死后也曾遭受过尖刻的批评，直到罗曼·罗兰还认为他是"在古人的阴影底下讨生活"的作曲家。不过，既然你贺绿汀尊奉黄自为恩师，这样对待勃拉姆斯不是有点不留情面吗？可是回头一想，贺绿汀可贵之处正在于他不论做什么事都要独立思考，不肯人云亦云。他生平立身行事，处处显示出坚持真理、不屈不挠的精神。即使面对"四人帮"一伙猖狂"批斗"的时候，仍然是不折不扣的做到"横眉冷对千夫指"。需要稍加修改的是，他对那些帮派打手的"批斗"不仅仅是冷对而是愤怒的反驳和呵斥。此其所以为万中无一的硬骨头也。

说来惭愧，我和贺绿汀同志相识50多年，真正在一起工作只有一次，那就是应中英庚款董事会的征求，集合在黄自先生家里合编儿童歌曲教科书。当时商定由黄自先生负责编写教材进度说明和全部定稿，四大弟子创作歌曲，我管歌词。贺绿汀同志除写歌曲之外，自己也兼写歌词。我们所写的与所选的歌词大都以灌输爱国思想，发扬进取精神，描写自然景物，反映儿童学习、游戏、工作、生活的内容为主。我至今还清楚记得，贺绿汀同志很写了一些反映儿童孤苦零丁的生活的歌曲，这是与他写过电影《十字街头》《马路天使》的插曲这一类创作活动分不开的。有时候问题多了，一下子讨论不完，黄先生就建议大家留下，由黄师母去准备可口的饭菜。吃饭的时候比较自由了，也会天南海北的聊一通。贺老是不喜欢夸夸其谈的，只在紧要关头扼要地表示他的意见，而且是直话直说，决不吞吞吐吐。有一次看见报上登载季诺维也夫因叛国案被苏联政府处死的消息，也许是中国传统的"刑不上大夫"的说法在作怪吧，我说，这么高的地位的人物都给枪毙了，真厉害。贺老当即接口说，罪证确凿，要不枪毙，一旦这伙人得逞，那么江山都要改变颜色了。我当时听了，心里暗自佩服，只有在共产党直接影响之下，信心才会是那么坚定的。想到自己，又不禁惘然若失了。

不久，抗日战争全面爆发，我们先后离开上海。贺老从此开始了更为伟大的工作。凡此种种，彰彰在人耳目，决不是区区短文所能容纳得了的。好在我有言在先，

"不才识其小者"。如果即小可以见大，也许能够从侧面认识一点贺老崇高的思想和品格。记得辛弃疾有一首祝人八十的寿词，今年贺老也已届八十高龄了，不妨抄它半首来做本文的结束：

> 莫献寿星香烛，莫祝灵椿龟鹤。
> 只消得、把笔轻轻去，十字上，加一撇。

原载《音乐艺术》1985 年第 4 期

梅柏器其人

外国人来到中国，特别是在中国定居之后，有些人喜欢起一个中国名字。音乐家也不例外。其中有一位音乐家切列普宁中文名字为齐尔品，这是大家都熟悉的。其实早在齐尔品之前，已经有另外一位音乐家起了一个中国化的名字，他还喜欢在他的名字后面盖上一个古雅的图章。那可不是俗手的坊刻，而是道道地地的钟鼎文。他就是旧上海租界工部局管弦乐队的意大利指挥梅柏器（Mario Paci）。

1904 年他来中国开过一次钢琴演奏会，那是在德侨俱乐部。第二次再来中国，则是接受了斯特洛克的聘约。斯特洛克是上海的音乐会经纪人，每年都要向欧美聘请一些著名的音乐家来中国，主要是在上海、北京、天津等大城市举行音乐会。例如小提琴家克莱斯勒、海菲茨、西格蒂、歌唱家夏里亚平、加利－库尔奇，钢琴家拉赫马尼诺夫、弗里德曼，大提琴家佛伊尔曼等等都是他延聘的对象。他能够看上梅柏器，说明梅柏器的钢琴艺术是很够水平的。青主的女儿曾经是工部局管弦乐团的成员，我在她那里看见过一份管弦乐团的纪念特刊，也许是建团 20 周年纪念吧，记不清了，梅柏器在那次会上娓娓不倦地谈他当年钢琴演奏旅行的经历，可见自己也颇以此自负的。

说到他钢琴艺术的师承，他是斯甘巴蒂（Giovanni Sgambati，1841—1914）的弟子。斯甘巴蒂则是李斯特的学生，因而他是李斯特的再传弟子。不错，李斯特的学生可以说是车载斗量，不可胜数，其中冒充的亦有。而斯甘巴蒂则是李斯特的嫡传弟子。何以见得？有事实为证，李斯特是法兰西学院的通讯院士。通讯院士铁定的名额是五个人。死了一个才补一个的。李斯特逝世之后，补他遗缺的就是斯甘巴蒂。"师终弟及"，再巧没有了。

斯甘巴蒂是从钢琴家转入指挥这一路的。梅柏器也照样走他老师的老路。1920年他接受斯特洛克的聘约来中国举行钢琴音乐会。不幸他到了上海，却病倒了。过了几个月，他病好了，却认定上海做他的落脚点，再不愿离开上海。他看中了上海租界原有的那个乐队。当时正当俄国十月革命之后，俄罗斯音乐家投奔到上海来的相当多，为交响乐团提供了可观的新生力量。梅柏器又从意大利聘请来一些具有较高水平的乐手，一个相当规模的交响乐团从此崛起于东方，并且逐渐成为亚洲首屈一指的交响乐团，溯本究源，自不能不归功于梅柏器。

上海租界是"国中之国"，外滩公园门口那块"华人与狗不得入内"，使人痛心疾首的牌子，就是帝国主义分子侮辱中国人民的铁证。上海管弦乐团举行音乐会，租界当局也沿袭他们歧视华人的一贯作风，不向中国人出售门票。经过梅伯器反复交涉，听说最后以他的去就力争，租界当局才不得不同意向中国人开放。

1928 年上海西侨举办舒伯特逝世一百周年纪念合唱比赛。周淑安组织一个中国人合唱团参加，比赛结果居然赛倒了那些趾高气扬的欧美合唱团，获得了一等奖。梅柏器为此特给周淑安在他主持的音乐会上安排一个节目，可见他是关心中国人的音乐活动的。遇到交响乐团需要加强力量的时候，他也注意吸收中国人参加。谭抒真、王人艺、张贞黻等就是最早参加该乐队演出的中国音乐家。随着中国音乐学生日渐成熟，他决定正式聘请中国人担任常规演出的职务。但是租界当局又以名额有限为由，不肯为中国乐师增加预算。梅柏器气不过，于是亲自回意大利去筹募一笔基金，专供支付中国乐师的工资。

他指挥的是交响乐团，专业性是相当强的。但是他也没有忘记少年人，他为此举行过"少年特别音乐会"，介绍乐器知识，一共演奏了 23 种乐器，每奏毕某一乐器的一段乐曲，就由指定的专人讲解它的构造、音质特点和它在乐队中所起的作用。

在他任职期间有过一项开纪录的工作，那就是演奏中国人创作的管弦乐曲。1929 年秋间黄自学成归国，他的作品《怀旧曲》很快就得到梅柏器的赏识，经过抄写分谱及排练等等准备工作，1931 年 11 月 20 日在管弦乐队固定会场大光明影院正式演出。

按照传统的规矩，管弦乐的作曲家多数是在首演的时候亲自上台指挥的。

梅柏器当时也曾提出黄自本人亲自指挥的建议，以示对作曲家的尊重，黄自谦辞了，才由梅柏器执棒。一曲告终，掌声雷动。梅柏器郑重其事地招呼作曲家与听众见面，梅柏器热情鼓掌，为自己第一次指挥演奏中国人的管弦乐曲表示由衷高兴。过后没有多久，阿甫夏洛穆夫的《北平胡同》也在梅氏指挥之下与上海听众见面。

当中国学生在学习中有求于他的时候，他也乐于给予便利。音专作曲组的学生上配器课的时候，希望多听一些乐队排练以加强对乐队的感性知识。经过梅柏器的同意，规定每星期六上午来听乐队的排练。听到精彩处，大家竟然忘形到极力鼓掌，他也并不因此责怪他们干扰了乐队的排练。

经过与中国音乐家及其作品的接触，他对中国音乐的未来充满信心。他曾经对青主说，如果能够实事求是地用心经营，那么，十年之内"很可以组织成一个中国乐队，用中国的乐器，在一个中国人指挥之下，演奏中国的音乐"。至于乐队成员的来源，他也有他的设想，"用来培养音乐人才的学校，要在大规模的基础上建筑起来。学生也要严格选择，不收学费，但是那一般学生们到了毕业之后，非要他们在一定年限内在一个大规模的乐队里面服务不可"。

说到他的指挥，张贞黻有一段关于他的排练的描写值得抄下来看看。他笔下的梅柏器是这样的："短小精悍的老头子，秃头，戴着黑圈玳瑁的老光眼镜。胡子刮得满脸发青，看去威严得很。"排练的时候，"大家的表情上假如给 Maestro（大师）发觉了有什么不显明处，或不妥当处，他便急速用他的指挥竿在桌上拍着，一直到他们全停了手，他的嘴里像是飞出一只百灵鸟似的'勒比比比……'唱着生动的曲调，或是用全身的动作来传达这个乐句不能用人声表示的地方。于是大家领会了，重新再来一次。他一举一动，一言一笑，都极老练、恰当、泼辣、精神、新鲜、大方、严肃、灵敏，使大家暗暗心服"。的确，他的指挥真是名副其实的强劳动。只要他细棒一挥，各个乐器就像是中了魔法似地动起来，好一派"山鸣谷应，风起水涌"的气势。他蹑高脚跟，伸长胳膊，口讲指划地使出浑身解数，去逗引每一个乐手的情绪，使得各种各色的乐器形成一个火牛冲不破的集合体。说来也怪——说怪也不怪，同是这一个乐队，假如他不在场，换上另一个人，立刻就像散了架一样。由于他把他的乐队训练成这样一个出色的群体，他因此接受日本的邀请去指挥东京的管弦乐队。作为回报，东京的德籍指挥普令斯海姆也应邀来指挥上海的管弦乐队，让我们有机会看到另一种细针密缝，谨严整饬的德意志学派。

有人说，梅柏器排练的时候凶得很，谁不小心走了板，他会跑下去赏给他一记耳光或者一个栗凿。但是张贞黻却说他没有看见过这种场面。只有当谁精神松下去了，他会说，"不要打瞌睡啊！"当然有时也不免有点动怒的样子。又有人说，他上课时凶得很，谁回课回不好，他会把学生的谱子从窗口扔出去。可是周广仁说，她没有看见过这种场面。另一方面，他对周广仁这帮小孩子倒是很耐心的，每隔一段时间，他就会召集起这班小学生举行小型音乐会，由各人推出自己喜欢的节目，然后互相讲评。那么，说他脾气不好是传闻失实，还是偶一为之，被说成家常便饭呢？死无对证，莫可究诘矣。

"八一三"对日全面抗战开始之后，上海郊区以至江浙战区的难民争相涌入上海租界。救济难民成为当务之急。梅柏器不甘落后，举行音乐会来募集救济难民的款项。作为一个艺术家，虽然他工作所隶属的机关是带有侵略性质的上海租界工部局，具体到实际表现上恐怕不能把他算入帝国主义分子名下的吧（太平洋战争爆发之后，在上海的日本侵略军立即占领了上海租界。据说当时有些意大利人，其中包括担任管弦乐队首席的法利国，后又改名富华，作为法西斯轴心国的国民，居然穿起法西斯的制服招摇过市。但是没有人说梅柏器也这样干过。录以备考）。

当然，梅柏器的生平行事并不是无懈可击的。拣主要的来说吧。在钱的问题上他应该算是不合格的一个人。袁子才咏钱有句云："解用何尝非俊物，不谈未必便清流。"萧伯纳说得更彻底："世人普通的爱钱，是我们文化唯一的吉兆，是我们社会良心唯一健全的地方……还有最大的长处，就是钱能使卑下的人身败名裂，而使高尚的人胆壮心雄。……"这段话用在梅柏器身上也是颇有启发意义的。梅柏器当时乐队指挥的月薪是一千两（旧中国的货币重量单位，一两约等于一元三角五分至一元四角）。但是他有时烟瘾发作，却不能不向身边的人借钱买香烟——他的钱全送到赌窟里去了。因此之故，他不免在员工待遇上弄些手脚。详细的不多说了，只说他那一次"喻宜萱回合"吧。

喻宜萱音专的教师施拉维亚诺夫（她不依俄罗斯习惯称为施拉维亚诺娃）要回苏联去定居，介绍喻到梅柏器那里去上课。上过两堂课之后，他觉得喻宜萱很有发展前途，于是提议保送她去意大利深造。条件是要订立合同，将来她演出的收益要和他对半分。这真是别开生面的智力投资！这样的协议当然不会达成，她也没有再到他那里去上课。

不过，话又说回来，他对中国学生是有感情的。他晚年离开了乐团，境况不大如前，他的死真的是落得个"身后萧条"。他的乐谱，依照他的遗愿，分赠给他的学生。他的学生则开一场音乐会，门票收入全拨作他的丧葬费。这也算是善有善报吧。

原载《中央音乐学院学报》1992年第1期

查哈罗夫其人

1960 年丁善德同志去波兰担任肖邦作品比赛的评委。那一届评委会的主任委员是苏联老一辈钢琴家里希特①的老师内高斯②（照我们通行的说法，他是苏联德裔钢琴家，所以《格罗夫音乐与音乐家辞典》在他这一词条下面干脆写他的德文原名 Neuhaus，随后拼音注明 Neygaus，Genrikh Gustavovich）。内高斯觉得中国选手虽然初出茅庐，却显示出是有相当的艺术渊源似的，于是向丁善德问起中国的钢琴学派。丁善德当即对他谈了有关的情况，其中也谈到老音专的教师查哈罗夫。内高斯一听到查哈罗夫这个名字，立刻扬起了眉毛，急忙问老丁同志："是不是鲍里斯·查哈罗夫？"听到了老丁同志"是"的回答，他长长地呼了一口气："哦，原来他到中国去了！我一直想找他，总打听不到他的下落！"他随即若有所悟地说，那就怪不得中国钢琴家能取得好成绩了。查哈罗夫死后将近 20 年，他的事业竟然得到了这样曲折然而郑重的表彰。

现在的青年音乐家也许不易体会内高斯谈话的分量，因为他们对查哈罗夫不可能有所了解，但是只要他们听一听下列音乐家的名字，这一连串音乐家的名字又都属于查哈罗夫学生的名单，你就可以约略理解查哈罗夫教泽的绵长了：李翠贞、李献敏、丁善德、江定仙、巫一舟、易开基、范继森、吴乐懿……。

查哈罗夫毕业于俄罗斯彼得堡音乐学院，与内高斯同学即在此时。十月革命前后任彼得堡音乐学院教授七年。与女小提琴家汉森结婚之后，经常合作演奏旅行。20 年代末、30 年代初他们旅行到了上海。不知何故，他们从此分道扬镳，汉森继续她的环球旅行，查哈罗夫则在上海定居。1930 年萧友梅慕名聘请他担任音专钢琴教

---

① 通常又译作里赫特尔。
② 通常又译作涅高兹。

授，他开始竟毫不客气地说："中国音乐学生好比刚刚出生的婴儿，用得着我去给他们上课吗？"但是由于盛情难却，他还是答应了。论条件，就音专当时的实际情况说，是相当优厚的。依照音专的规定，专任教员月薪 200 元，负责教授 12 个学生。查哈罗夫只教 8 个学生，月薪 280 元。结果如何呢？让他自己供认吧。他在一次音专的校庆聚餐会上说，他原先对萧校长说过，中国音乐学生好比刚刚出生的婴儿，用不着他来给他们上课。现在，"我却要愉快地承认自己估计的错误。我愿意满怀高兴地一直教下去，中国学生给我极大的愉快"。他的学生也从 8 个增加到 15 个，月薪提为 400 元。这是校长一级的薪金。

他的教学是非常严格的，好些学生原来上课是习惯于宽容的，现在跟他上课一点都马虎不得，甚至于有吃不消的感觉。典型的例子是对待萧校长的异母妹妹。也许原先那位教师是看在校长的面子上吧，学分给得非常慷慨。现在跟查先生上课，到了学期结束，查哈罗夫指出，她的程度与她的所得学分不相称，不仅没有新给学分，而且要重新评定。

但是严格只是他教学的一面，另一面却是非常民主的。他选好教材给你弹，如果你认为不合你的心意，你可以率直地向他提出来，只要你提得有理，他可以同你协商决定，决不强加于人。如果你回课回好了，他便高兴地管你叫"good boy"（好孩子），还从口袋里掏出巧克力来请你吃。他是不拘小节的，有一次他给李翠贞弹一首贝多芬的奏鸣曲，三天后她来回课，居然背了出来，这一下他可吃惊了，立刻叫她停下来，他一个课室又一个课室的告诉全校的钢琴教师去听李翠贞的演奏。

音专当时的规模远远没有我们今天音乐学院的宏大。各系根本没有专设的伴奏教师，平时上课是教师给学生伴奏，开音乐会的时候有的是老师伴奏，有的是找同学。后来学生演奏（唱）的作品的难度逐步升级，担任伴奏要求较高的水平，这就当然是多找查先生班的了。查哈罗夫并不是一声"同意"了事。他常常是与学生约定时间，自己亲临现场倾听，直到学生对作品有了深入的了解，能够适当地传达作品的内容的时候他才点头退席。他对伴奏，并不是要求发挥本人的钢琴技巧，而是尽量体会作品的命意与变化，注意独奏（唱）部的表情，自己予以丝丝入扣的配合。

他关心的不仅仅限于自己的学生，他也同样关心学校的音乐活动。每当彩排开始之前，他总要亲自试验一下钢琴的调音。他不是弹奏现成的乐曲，而是即兴演奏。过去有人说过，听肖邦的演奏，最惬意的不是他在音乐会上的表演而是在客厅里的即兴演奏。因为那是摒弃了一切名利得失的，亦即随兴之所至的内在的思想感情的自然流露。听查哈罗夫的试琴的即兴演奏也就是这样的一种艺术享受。

音专有一次秋季音乐会在新亚酒店礼堂举行。我们坐在后台的休息室。查哈罗夫尖着耳朵在听台前的演奏。忽然他情不自禁地对我说:"听学生的演奏真是一种快乐。他们都是懂得用功的好学生。"

"那也有教师的一份心血。"

"这样的心血是值得花的,值得!学生的成绩就是对教师的最好的赞赏。"

说到他对学生的关心,有些事情是的确令人感动的。有一个学期开学已经好多天了,还不见某一个学生来上课。后来他在校园里碰到了他,问他为什么还不来上课。那个学生说,因为家中钱没有寄到,他交不出学费,所以学校不能给他排时间。查哈罗夫一听,二话没说,立刻领他去找黄自,说明他的学生因为不能按时交学费,学校不能给他排时间的情况,接着他就要求学校先给他排课,他保证学生一收到家中的汇款就交学费。万一学生到了限期仍然交不出学费,那就在他下月的薪水项下照学费的数目扣他的钱。当然学生后来是收到了汇款,交清了学费,然而没有耽误学业,却应该感谢查先生。

但是令人感动的事还不止于此。到了暑假,他叫学生继续到他家上课。依照查哈罗夫私人授课的收费标准,一节课十个"袁大头"(银元),即使优待打过对折吧,也差不多是一个穷学生一个月的伙食费。学生哪里敢转这样的念头呢!他老实告诉老师,他付不起私人上课的学费。意外的是查先生说:"你来好了,我是不收你的学费的。"

他平时来到学校总是想办法过一点中国式的生活。他见到中国同事的时候,一般当然是说"good morning"(早上好)有时却也学讲中国话,微笑地说:"侬好?"有时来早了,他就坐在办公室同别人聊天,天南海北地聊上一通。在音乐会上看到琵琶演奏,他细声问坐在他身边的学生,同时弯着手指反复学做弹拨的手势,一会点头,一会微笑,好像是有所会心的样子。学校有什么集会,外籍教师一般是不大关心的。查哈罗夫则不然,许多集会都赶来参加,真的不能参加,他就特地说明不能参加的理由,请求原谅。我印象特别深刻的是那次近卫秀磨的访问。近卫秀磨是当时日本首相近卫文磨的弟弟。他来上海是为了指挥上海租界工部局的管弦乐团,同时也来音专访问,并同音专师生见面。萧先生认为中日关系很不正常,在会上讲日本话,中国师生感情上难以接受,所以就以他们两人都是曾经留学德国为理由,让近卫在台上用德语演讲。近卫讲话之后,音专学生刘雪庵当场以学生代表的名义,对日本侵略行为表示了严正的态度,由我译为德语。散会之后,查哈罗夫特别跑过来同我握手，热情赞赏我们的讲话。

上海每年秋季总有一系列的室内音乐会假座美国妇女俱乐部举行，丰富了上海人的音乐生活。那是音专部分外籍教师和工部局交响乐团部分成员共同组织的。开音乐会的时候最忙的总是查哈罗夫。除了弦乐器重奏及个别的独奏、独唱节目之外，别的节目差不多都少不了他。钢琴独奏不用说了，四手联弹的第一双手，三重奏的钢琴部总是他的份儿。二重奏鸣曲，不管是小提琴还是大提琴的，钢琴部也非他莫属。所以他每一次几乎都是从头忙到结束。他也的确是公认的带头人。每隔一个时期他还要与工部局管弦乐团合作演出一部钢琴协奏曲，有时也开他学生的专场钢琴演奏会。他俨然是乐坛的重镇。

1943 年秋天，我从广东曲江移居广西桂林，音专校友不约而同地来到桂林的竟有十几二十个人。兵荒马乱的年头，一下子有这么多校友聚集在一起真不容易，于是有人提议开个联欢会。会上传开了一条消息——记不清是谁说出来的，也许是狄润君，因为她是老上海，容易得到老家的消息——说查哈罗夫死了，而且死得相当凄凉：身边没有一个亲人，经济上也相当窘迫。大家听了，都为他老境寂寞，身后萧条，感到十分难过。他死于 1942 年，当时日本侵略军已经占据上海租界，他生活的困苦是可以想象得到的。他的后事，连同经营墓地都由他的学生包下来了。想当初，他对学生尽到了为师的责任，现在他死了，他的学生也对他尽到了高尚的情谊。该可以说是有其师必有其弟吧。

原载《音乐艺术》1985 年第 4 期

关于齐尔品

　　齐尔品这个名字对我们音乐界来说已经是相当熟悉的了。他是热爱中国的美籍俄罗斯作曲家。为了想写一部中国题材的歌剧，他写信给鲁迅请求合作。鲁迅日记有收到他的来信的记载，却没有提到写回信。我在《鲁迅·音乐·萧友梅》那篇短文里面，推测鲁迅没有给齐尔品写回信的原因，其中有一条是鲁迅会不会认为齐尔品是白俄的关系。十月革命之后，有些俄国人被无产阶级革命吓破了胆，相率逃离俄国，一般是称为白俄，成为赤俄的对立面。齐尔品是跟随他的父亲尼古拉一家移居巴黎的。维里·赖希那本 1960 年出版、1970 年再版的《齐尔品传》，封面衬纸的边沿刊印一条《莱因商报》的书评，称齐尔品为"流亡俄罗斯人"（Exilrusse），"20 年代初期跟随他们的父亲尼古拉，普罗柯菲耶夫先前的教师，逃到了巴黎"。《格罗夫音乐与音乐家辞典》在齐尔品的词条里则说："1918 年这家人离开圣彼得堡，在第比里斯住了一个时期。1921 年日渐增长的敌意的政治气候迫使齐尔品一家永远离开了俄罗斯。"由此观之，假如鲁迅当时认为齐尔品是白俄，那倒是事出有因的。但是说起白俄，大概真正对苏维埃政权抱有反感的音乐家应该数斯特拉文斯基，而斯特拉文斯基已经在他 80 寿辰那一年回到苏联，受到很高的礼遇。另一个敌视十月革命的文学家布宁，虽然流亡法国，高尔基还是把他与屠格涅夫相提并论，说他们两位是以文笔优美见长的小说家，并没有把他排除于俄罗斯文学之外。齐尔品对十月革命的态度怎么样呢，据赖希书中所说，他在美国图书馆里发现马雅可夫斯基这位被卢那察尔斯基称为"十月革命的青铜雕像"的诗作的时候，认为马雅可夫斯基的话是说到了他的心坎上。他曾经把苏联诗人勃洛克那首描写十二个赤卫军在革命风暴咆哮的夜晚，行进在大街上，勇敢坚毅，步伐雄健，与象征旧世界的饿狗形成鲜明的对照的长诗《十二个》写成朗诵与小乐队的音乐作品。特别是在第二次世界大战期间他们一家困居巴黎，含辛茹苦，终于看见纳粹覆亡，巴黎光复的时候，他说他当时那种欢欣鼓舞的心情，只有 1917 年他作为一个青年小伙子，面对沙皇覆灭的那股兴奋劲可以相比。那么，把他算入白俄的行列无疑是不符合事实的。不过这些都是鲁迅当年无法看到的，也就不必深论了。

他是一个文化修养很高的音乐家，这正是我们一般的音乐家所缺乏的。可以说他是在高度文化环境中长大的，他的家庭是一个综合艺术的家庭。他的父亲是里姆斯基－科萨科夫的学生，后来是圣彼得堡皇家歌剧院的指挥兼彼得堡音乐学院指挥班主任。指挥班的学生中就有普罗柯菲耶夫。他的母亲是俄籍法裔画家贝诺亚和德国女钢琴家金德的女儿，而这个金德的祖先就是韦柏的杰作《魔弹射手》脚本的作者金德。这样的一个家庭是集合了音乐、绘画、文学的血统的国际化的艺术家庭。齐尔品自己五岁开始从母亲学习钢琴和唱歌。中学毕业之后，他同时在音乐学院和大学（法律系）注册上课。在彼得堡的时候是这样，1918 年全家迁居到第比里斯之后他也照样是在大学和音乐学院同时上学，所不同的是他的大学专业已经从法律改为历史和哲学。课余还为当地好几家日报写音乐评论，到格鲁吉亚和亚美尼亚各地旅行演奏。可见他从小就不是单打一的音乐家。

他的祖国是俄罗斯，他身上同时蕴蓄着法国、德国和意大利血统的文化。经过他对俄罗斯的诗人、历史学家和哲学家的深入的研究，他逐渐明确他那种特殊的欧罗巴和亚细亚的精神气质的双重地位，他有义务在创造一种欧亚合璧的音乐文化。随着他活动范围的扩大，他的足迹除了欧美之外，更遍及埃及、巴勒斯坦、克里特、希腊以至中国、日本和菲律宾。所到之处他都注意吸收当地的音乐，成为他创作的组成部分。看来歌德曾经有过的世界文学的理想，齐尔品却是有意在音乐方面首先予以实现了。

歌德在看过中国的一部小说（据说可能是《好逑传》）之后，曾经对他的秘书爱克曼说："中国人在思想、行为到情感方面几乎同我们一样，使我们很快就感到他们是我们的同类，只是在他们那里一切都比我们这里更明朗、更纯洁，也更合乎道德。在他们那里，一切都是可以理解的，平易近人的，没有强烈的情欲和飞腾动荡的诗兴，因此和我写的《赫尔曼和窦绿苔》以及英国理查逊写的小说有很多类似的地方。"从而他提出了世界文学的设想："民族文学在现代算不了很大的一回事，世界文学的时代已快来临了，现在每一个人都应该出力促使它早日来临。"歌德的世界文学的理想当然是非常美好的，但是要使它成为现实，那么，文学似乎还不及音乐来得容易。它打破了语言的隔阂，正如海顿对莫扎特劝他学讲外语的答复所阐明的那样：我的话是外国人都听得懂的。齐尔品就是这样迈出他满有意义的一步。

他的作品所包含的非欧洲的成份并不是为了猎奇,简单注入一些附加的异国情调,而是融合各不相同而又互相契合的材料构成一个浑然的整体。他的创作正如他的传记作者赖希所说的:"他超越一切空间和时间的限制,汇集为一种万有的人文主义。"因而无愧于他那个外号:"音乐的世界公民。"

"音乐的世界公民"对中国抱有特殊的感情,具体的表现就是悬赏征求中国风味的钢琴曲。这件事几乎可以说是家喻户晓的了。我只想补充一点轶事。当时的奖金是准备一百元给予入选的一首作品。可是评选的结果是除了贺绿汀那首《牧童短笛》之外,齐尔品和大家都认为没有入选的作品还有一些达到了相当的水平。为了避免遗珠之憾,齐尔品慷慨地再拿出 100 元给二等奖。贺绿汀已经获得头奖,就不再给予二等奖金,100 元分给其他四位。另外一点也算是评奖的花絮,即评选的结果大出乎音专师生的意料之外。因为大家心目中准以为头奖会属于江定仙或陈田鹤。当时那些应征的作品全是密封的,到了开评审会那一天由齐尔品启封试弹,一一写上评语。我们一些好奇心重的人聚集在评委会门口,静候评选的结果。门一开,黄自出来,我们立刻拥上前去,问结果如何,黄自说,头奖是贺绿汀,大家面面相觑。黄自也说没有想到。事后我们还拿齐尔品的评语互相传阅,具体什么话记不得了,只记得贺绿汀那首《牧童短笛》的评语头两个词是"Without doubt!"(没有疑问),接下去大概是最出色、最优秀的作品的意思。对于其他应征的作品,他一份一张纸写上他的评语。这种认真负责、一丝不苟的精神,的确是很可佩服的。

自此以后,他先后多次采用中国的题材,为皮影戏、木偶戏的情节谱写各种形式的作品,为中国诗歌谱写的作品也不少。从他所选用的诗歌说明他涉猎的范围比一般欧洲人广泛。一般欧洲人的中国文学的知识多数不出唐诗的范围,他却选出了《陌上桑》,可见他已经从唐诗上溯到汉魏乐府。可惜英译者的汉语知识有点是望文生义。诗中的"头上倭堕髻"原本是说一种歪在头部一侧的似堕非堕的发髻,译者却以为倭即日本,把倭堕髻译为一种日本式的发型。这就与有人将"白头宫女在,闲坐说玄宗"的"玄宗"译为"玄妙的宗教"一样误入歧途了。至于他为李白的名作谱曲的那首《将进酒》,大气磅礴,纵横豪宕,马勒的《大地之歌》怕是不能专美于前呢。

作为音专的名誉教授,他也对音专的教学提过些建议,其中之一是他认为中国音乐的发展不必像欧洲过去那样,古典主义、浪漫主义、印象主义、表现主义等等一步一步地走下去,而是现在就可以跳跃式的一步迈向现代派,正如中国现在已经使用电灯,不必像欧洲那样煤油灯、瓦斯灯,然后过渡到电灯。不过音专的具体情况不可能这样躐等，而且自由创作与正规教学是各有特点的两个范畴，不可能强求一致的。

就为人方面说，像他这样一位誉满几大洲的音乐名家，却没有一点架子。陈又新当时还是音专学生，齐尔品公布了征求中国风味的钢琴曲的启事之后，他曾作为黄自主编的《音乐周刊》的记者对齐氏进行访问。访问记即发表在《音乐周刊》上。后来齐尔品旅游各地再回上海，一见到陈又新，立刻像老朋友一样握手谈心，娓娓不倦。他有一个特点，写起信来总是一笔一划的近乎楷体的写下去。所以看他的信非常舒服。有一次萧友梅问他，为什么他写信总是那么不怕麻烦，一笔一划地写，打字不是更便捷吗？他笑着回答，我不是外国语专家，出错是难免的，手写时即使错了，也不比打字那么显眼，容易得人原谅。你看他说得多么妩媚！事情虽小，却正好是在小事上见精神。谬托知己是可笑的，但我确是从这些小事引起我对他的敬重。

原载《中央音乐学院学报》1991 年第 1 期

戈尔施密特纪念

　　说起来已经是三年前的事了，有一天听人说，德国（瑞士）音乐学家戈尔施密特死了，我听了半信半疑，像他这样精力充沛的人竟会这么容易死去吗？后来看到了迟到的《音乐与社会》才知道他的死耗是真实的。这一下我可受到了强烈的震撼。原来那是在韦柏诞生 200 周年纪念学术会议期间，1986 年 11 月 18 日他做了关于《魔弹射手》的狼谷的发言，当天夜里他就溘然长逝了。这真是为音乐事业奋斗到最后一息、以身殉学的劳动英雄的精神啊。当时很想写一点纪念文字，可是被别的事情岔开了。今年是他诞生 80 周年，就趁这个机会向他献上我的一瓣心香吧。

　　我头一次看见他是在 1954 年我和马可、丁善德参加民主德国音乐节的时候。有一天我们访问柏林音乐学院，看过乐队排练出来，发现他静坐在会客室里等候着我们，手里拿着他的新著作《舒柏特——生活的画像》。他不愿打乱我们预定的日程，于是耐心一个人坐在会客室里等候着。坐定之后，他一下子就询问"淑娴"的情况。这个名字他念得相当准确。他说早在他的老师那里认识了她。老师是谁？夏尔显，享有国际声誉的指挥家。我告诉他，"淑娴"很好，我还和她在同一个工作队参加了湖南的土改工作，和当地的农民同吃同住同劳动。他听了很受感动。他承认"淑娴"是他的师娘，因此与我也加深了亲切感，还谈了夏先生在他朋友家里给北京打长途电话的故事。那是萧大姐回国省亲的时候，可见夏先生是如何记挂着萧大姐的了。

　　1955 年他来中国讲学，各地从事音乐史论工作的同志齐集武汉听他讲德奥音乐史。他善于用最简明的语言阐述复杂的理论问题。他总是结合每一时期的社会结构和历史背景，对各个作曲家的作品进行具体的分析，既注意其思想性，也不忽略作品的艺术特色。而且他带来不少音响资料，随讲随放录音，所以大家都觉得听他的课是又生动、又亲切。他不仅是讲他的课，他还随时注意听众的反应和接受程度，逐个写下他的估计和评判。

他知道他要讲的东西非常多，听讲者的求知欲也非常强烈，所以他总是一天早、午、晚三班上课，弄得翻译疲于奔命，有时不得不另找替班的。讲课之外，他还带来了巴赫和贝多芬的展览图片各一套。那些图片包括的范围非常广泛，就说贝多芬的那一套吧，除了贝多芬各个时期的生活和创作的形象纪录之外，关于法国大革命那些如火如荼的雄伟场面都不厌求详地再现出来，使人颇有亲历其境之感。当然，列宁听他的《热情奏鸣曲》的描绘也是决不可少的。

武汉讲学结束之后，他去上海参观，也没有放松他进行展览和做报告的工作，并召集听讲的部分学员——有一部分已经回原地去了——座谈听讲的心得。

北京是他旅程的第三站，陪他的工作人员正式换班——他们也的确应该歇一歇了。在北京那段时间很少见他有一点短暂的休息。图片展览、访问、做报告、开座谈会、听新作品、参观名胜古迹，直到半夜他还在广播电台听歌剧《刘胡兰》的录音。回到旅馆已经只有值班人员在那里守望了。

他是从瑞士到民主德国去工作的。在外国就像在本国一样，说话做事都摒除任何客套。来到中国也照此办理。一般外国专家对于工作大都是委婉地表示自己的愿望，或者说是提些建议，至于怎样做就听任做主人的去办了。戈尔施密特可不然。他提过了建议，就要迫不及待地干起来。他不是看着你做，而是自己亲自动手做一份，而且是那么认真，那么一丝不苟。看见不对的地方马上说出来，不到改正不罢休。说实在的，还是他对的时候多。所以虽然紧张，办妥了彼此一样感到满意。那时候他就会紧握你的手，为愉快的合作表示高兴。

他是怎样认真对待工作的，还可以举出这样一件事。建国初期民主德国派来一个民间艺术歌舞团。团长皮什纳返国之后就他访问的心得写了一本书，名为《中国的音乐》。现在他趁戈尔施密特访问中国的机会，让他把这本书带来中国，找有关同志校阅一遍，以便再版时进行修订。戈尔施密特于是郑重其事地同你一道坐下来，一章一章地边讲论边记录，从头到尾滤了一遍。不知道作者从戈尔施密特手上接回这本书和他的记录的时候，知不知道他为这本书付出了怎样的劳力。

他要听中国的古典的声乐作品，中国音乐研究所是必然要去的，他先是听姜白石的歌曲。他说，多么震撼人心的艺术啊！当他听说歌曲作者是12、13世纪之间的人物的时候，他对中国歌曲艺术的传统的深远表示由衷的惊叹。随后我们向他介绍姜白石歌曲的旁谱的整理和翻译的经过，他立即对杨荫浏老先生伸出了感佩的双手。但是当他听过一些昆曲的录音之后，他却皱着眉头对我说，怎么是这样扭扭捏捏的？

太不自然了。他这么爽直的态度使人感到意外，同时也使我记起瞿秋白对昆曲的评论，说是"扭转了嗓子"，"不像活人嗓子唱出来的东西"。他倒是无意中与瞿秋白的意见取得了一致。也许这些录音是戏改以前的东西，与后来舞台上听到的大不相同。我相信他不是故意贬低昆曲的艺术。彼一时，此一时也。

除了正规的德奥音乐史的讲授之外，他还做过一些专题报告，介绍了西方的现代主义音乐。什么"具体音乐"、"电子音乐"、"抽象歌剧"这样的新玩意我们还是第一次听到。当然，他不是当作"先锋派"的代表来宣扬资产阶级的现代主义音乐，而是以批判为主的介绍。他的讲演始终是以马克思主义为指导原则的。

虽然他整天马不停蹄地忙于工作，对于一个地方的风俗习惯却是极感兴趣的。当时厂甸还是照常举行庙会，他一听到这个消息便要亲自去看看，还买回了"云锣式"的纸扎风车和走马灯，一回到旅馆便立刻要想办法让走马灯走起来，恰巧李元庆来看他，把走马灯放在暖气片上，走马灯受到热力的推动，刀光剑影，转个不停，他简直像小孩子一样乐开了花。为了不损坏这个难得的宝贝，他在整理行装的时候，不得不让它占去木箱的一大片面积，木箱倒因此没有什么重量了。

显示他充满生活气息的另一件事是当他在东来顺吃涮羊肉的时候，面对那热气腾腾的滚烫的火锅，他吃得兴起，刷地站了起来，说话也特别充满了风趣。他看见那些羊肉片像纸那样薄，他又要求进厨房里去，看大师傅是怎样操刀的，于是啧啧夸耀是开了眼界。

他平时总是在旅馆吃饭，要不就是参加公私宴会。他不满足于那规规矩矩的享用，要求去外面上馆子，而且一定要上普通的馆子，不坐雅座而是在大厅里面找一张可以四处张望的桌子坐下来，以便好好观察一下中国老百姓吃饭的格局。

工作告一段落，他要准备归去了。巴赫和贝多芬那两大套展览图片他决定留下给我们，音乐史的音响资料呢，他不无歉疚地说，那是属于文化部的财产，他不能擅自处理，必须带回去，但是他答应一定想办法为我们录制一套。根据他这次讲学工作所得的印象，他觉得我们的录音工作还不够完善，他建议派人去德国接受培训。回去不久，他果然录制了百来盘的磁带托人带来中国。他们的音响指导的培训班又给我们留下几个名额，于是中央音乐学院、中国音乐研究所和中央人民广播电台都派了人去学习。此外他还把他与迈耶及克涅普勒合编的音乐史已经出版的第一册寄给我们。1985年贺绿汀去民主德国参加国际音乐理事会年会，会上看到了戈尔施密特，旧友相逢，他津津有味地谈论他那次在中国的讲学活动，怀念他在中国的一些老朋友，并让他把自己的新著作《贝多芬研究》第一集和第二集带来送给我，题词是"带着难忘的回忆"。他对中国始终是一往情深的。

他生于 1910 年 6 月 17 日，原籍瑞士巴塞尔。他是巴塞尔音乐学院和巴塞尔大学的双重学历的学生，在大学学的是民族学和哲学。他的老师是奥地利的指挥泰斗魏恩加特纳和前面提到的夏尔显，音乐史的业师则是聂夫，他的音乐史著作已经有中译本。由于夏尔显的影响，他经常组织工会系统的工人音乐会，并担任工人合唱团的指挥，同时又为巴塞尔的《民族报》及《前进报》撰写音乐评论。他还曾远征西部非洲，对当地的原始民族的音乐进行社会学与民俗学的研究，第二次世界大战的爆发打断了他的研究计划。

第二次世界大战结束之后，美、苏、英、法分别占领了德国的一部分。战败后的德国满目疮痍，生活艰苦，戈尔施密特却毅然离开风景如画的瑞士，跑到苏占区去从事他心爱的音乐工作，民主德国建立之后，他历任柏林广播电台的音乐部主任、柏林音乐学院音乐史教授、德国作曲家及音乐学家协会、音乐研究中心主任、德国艺术科学院自由研究员。30 多年间凡是有关音乐美学及音乐史论的学术会议，他几乎没有一次不发表专题发言，而且常常是发前人之所未发。他的《贝多芬——作品入门》更是科学性与通俗性相结合的范本。洪堡大学为他的著作《舒伯特——生活的画像》授予他名誉博士学位。他的晚年专心从事贝多芬的研究，计划出四大册，除了前面提到的前两册之外，预定于他 80 诞辰出版第三及第四两册及一册他独具一格的有关贝多芬研究的谱例的分析的专著。他的突然逝世给他的著作计划造成了无可弥补的缺憾。

他的《舒伯特——生活的画像》一出版，就受到苏联音乐界的好评，《奥地利音乐杂志》刊登的一篇报道贝多芬逝世 150 周年纪念学术会议的文章里面，称他为"贝多芬研究的'父辈人物'"。英国格罗夫的《音乐与音乐家辞典》及法国的《音乐百科全书》都列有戈尔施密特的专条。格罗夫的《音乐与音乐家辞典》说他是德国音乐的马克思理论的最有贡献的领头人物之一，法国的《音乐百科全书》还没有忘记将他 1957 年在北京出版的《德国音乐》列入他的著作目录。这仅是我想起来的一点材料，我不及知的信息相信还会有的。不过就这几项来说，已经足以说明他的影响是越出了德语国家的范围，得到了国际的承认了。

原载《中央音乐学院学报》1990 年第 3 期

王韬与西洋音乐

鸦片战争以后，中国觉醒的知识分子知道再不急起直追，中国将不免于亡国，于是开始"向西方国家寻找真理"。其中有一个特殊的人物就是王韬（1828—1897）。他追随魏源的足迹，"师夷长技以制夷"，但是魏源的《海国图志》忧国之心虽深，却还不曾到外国实地考察过，因而不及王韬远涉重洋感受得深刻。

一

王韬是苏州甫里（今角直镇）人。父亲是教私塾的。据王韬自己说，他"自九岁迄成童，毕读群经，旁涉诸史杂说"。17岁（1845年）考秀才名列第一。1846年去南京考举人，一头扎入了花花世界，举人没有考上。1847年其父转去上海开设私塾，不久，他也跟着到了上海，而且结识了伦敦教士会派到中国的麦都思。麦都思当时在上海开设墨海书馆，编辑出版英汉字典、英文文法，翻译《圣经》等等。参加编译工作的英国人虽然据王韬说，"咸识中国语言文字"，知识究竟是有限的，王韬帮他们"疏通句法"，很受欢迎，这样一直延续了十多年。1861年冬天，他因母亲有病回乡探亲，曾上书给太平天国总辖苏福省民务的刘肇钧，向他建议先夺曾国藩据守的安庆，然后沿江直趋武汉，不必急于进攻上海。他还说本来想去谒见李秀成，只因头发尚短，不敢冒昧云云。关于这件事有人说是他受帝国主义分子的指使，为了保护洋商利益，劝太平军莫攻上海。实际上恐怕他还是受了中国历史上白衣卿相故事的影响，眼见太平军"襟苏带浙，力争中原，划江之势成矣"，因此想学范增为项羽定策那样，做一个开国功臣。不幸形势逆转，太平军作战失利，王韬给刘肇钧的禀帖落到了清军手中，于是以"通贼"的罪名由清政府下令通缉。幸亏王韬已回上海，再由上海逃往香港，帮助香港英华书院院长理雅各翻译中国经典。为了洗刷自己的"罪名"，他否认曾上书太平军，把他从前尊称为"天兵"的太平军改称为"贼"。这样过了五年，1867 年理雅各回英国去，邀请他同行，遂开始了他两年之久的"海外壮游"。他出国比严复恰好早了十年。

当时洋务派只承认西洋比我们高明的是船坚炮利，王韬却能于物质文明之外，也承认西洋的精神文明。他对英国学校考试的叙述证明他对教育的内容相当了解："……顾所考非止一材一艺已也，历史、天文、地理、书画、音乐，又有专习各国之语言文字者。如此，庶非囿于一隅者可比。故英国学问之士，俱有实际，其所习武备、文艺，均可实见诸措施。坐而言者，可以起而行也。"

他承认西洋的优越，但是并没有拜倒在洋人脚下。他每到一处，都受到隆重的接待，或先一日在报上发布消息，或悬旗于屋顶表示欢迎，照相则免费奉送，问路则被引到目的地，直到应邀到牛津大学"以华言讲学"，"一堂听者，无不鼓掌蹈足，同声称赞，墙壁为震"。讲演过后，还就大学生的提问剖析中西学术之异同。他认为孔子之道是人道，泰西人论道必溯源于天，"然传之者必归本于人，非先尽乎人事，亦不能求天降福，是则仍系乎人而已"。他还从发展的角度说："由今日而观其分，则同而异；由他日而观其合，则异而同。"于是下结论说："其道大同"。在苏格兰，他也讲了两个晚上孔孟之道，自称"此一役也，苏京士女无不知有孔孟之道者"。

在巴黎的时候，他还记下他听说一个粤剧团来法国演出的故事："旗帜新鲜，冠服华丽，登台演剧，观者神移……旋有法国某伯爵尽售其妆束去，约万数千金。"这应该算是中外文化交流史上一份珍贵的史料。

从英国回到香港之后，他写了一部《普法战纪》，书中还译了《马赛曲》的歌词。虽然译文与原文有很大的出入，却不失为《马赛曲》在中国最早的介绍，比《新新小说》光绪三十年（1904 年）所发表的侠民译词的《法兰西革命歌琴谱》早 30 年。1873 年至 1874 年间，他还先后创办了中华印务总局和《循环日报》，俨然一个新兴的企业家的样子。《循环日报》在香港创刊，比上海《申报》晚两年。但是《申报》的创办人是英国人，1909 年才收归买办席裕福。《循环日报》则是中国人自办的，而且每天都在头版发表社论性质的文章，鼓吹变法图强的必要性。他写道："诸国既挟其长自远而至，挟其所有以傲我所无，日从而张其炫耀，肆其欺凌，相轧以相倾，则我又乌能不思变计哉！"同时他也没有忘记加强中国人的自信心，他说："天之聚数十西国于一中国，非以弱中国，正欲强中国，以磨砺我中国英雄智奇之士。"至于如何变法，他认为只着眼在买洋枪洋炮，请洋技师洋教练只是徒袭其皮毛，根本的办法是："一曰取士，二曰练兵，三曰学校，四曰律例。"而最后归结到民心，"君民共主"。今天看来他的这套方法无疑是有极大的局限性。如果想一想他提出这些意见的时间是在戊戌变法之前 20 年，我们就不能不承认他是一个在当时历史条件之下的先进人物。至于他所说的，"……仿效西法，至今日可谓极盛。然究其实，尚属皮毛，并有不必学而学之者，亦有断不可学而学之者"。对我们今天来说，也具有现实意义。君不见那已经贩了进来的黄色私货不就是不必学甚至于是断不可学的东西吗？

他晚年还曾访问过日本。最后定居上海，时为 1884 年。他的"通贼"旧案已经没有人当回事，李鸿章还称他为"不世英才，胸罗万有"，曾托人代为招致，但并没有成为事实。可是他在李鸿章那里却是挂了号的，1893 年孙中山上李鸿章的那封长信正是通过王韬的介绍，由李鸿章的幕客罗丰禄转交的。他在上海，先是担任《申报》编纂主任，后又创办木活字印书馆，名为弢园书局。1887 年上海格致书院中西董事公推他为掌院。在此之前，他帮英国人翻译的《诗经》《易经》《礼记》《春秋左传》已经在英国出版，他自己的著作也在自办的弢园书局陆续出版，除了上面提到的《普法战纪》之外，还有《经学辑存》《西学辑存》《弢园文录外编》《漫游随录》《扶桑游记》等等，算得上是一代的文献。至于《海陬冶游录》《花国剧谈》之类，则是一些肉麻当有趣的恶札，只好让它"凯撒的还给凯撒"算了。他死于 1897 年，在此之前六年，黄遵宪写《岁暮怀人诗》，其中有一首是怀王韬的："走遍寰球西复东，蓴鲈归隐卧吴淞。可怜一副伤时泪，洒尽吞花卧酒中。"既指出他花天酒地的狂荡生活，又先点明他伤时的心情，可见还是惋惜多于责备的。

二

王韬治学的一个特点是吸收西洋科学研究的成果来解决我们历史上一些疑难的问题。法国有一个汉学家儒莲，译有《孟子》《老子道德经》《大慈恩寺三藏法师传》《大唐西域记》《灰阑记》《赵氏孤儿》《白蛇传》《玉娇梨》《平山冷燕》等书，王韬曾与他通信，希望他提供外国有关元代历史地理的材料，以便订正旧史的错漏。他又认为"《春秋》中之难以意解者，一为朔闰，一为日食"，希望儒莲介绍"西国之精于天算者，参校中西月日而一一厘正之，以折其中"。不过他和儒莲的通信好像并没有什么结果，倒是他和湛约翰合译《春秋》的时候，因为湛约翰牧师"通中土语言文字之学，精于畴人家言"，从而在他的帮助之下写成了《春秋朔闰至日考》及《春秋日食辨正》。又由于有机会直接考察欧洲的文化艺术，能够不受成见的拘束，因而他对于西方文化懂得进行客观的比较。他认为"西士通今而昧古，中儒爱好而薄今。苟能各矫其失，庶免彼此交讥也夫"。他参观了巴黎卢浮宫之后，叹其"清奇浓淡，罔拘一格。山水花鸟，人物楼台，无不各擅其长，精妙入神"。他是知道西洋画法在中国士大夫眼中是不登大雅之堂的，张庚《画征录》提到焦秉贞一类融合西洋画法的画家，立即断言"识者不贵"，就是明显的例子。他却能于欣赏之余，加以评论道："西国画理均以肖物为工，贵形似而不贵神似。其工细刻画处，略如北宋苑本。人物楼台，遥视之悉堆垛凸起，与真逼肖。顾历来画家品评绘事高下者，率谓构虚易而征实难，则西国画亦未可轻视也。"

但是特别使我们感兴趣的是他关于西洋音乐的论述。他对西洋音乐似乎并不排斥。他在上海的时候，已经听过麦都思的女儿琊璘"鼓琴"（这里的琴大概就是钢琴），并记下他的感受说："抗坠抑扬，咸中音节，虽曰异方之乐，殊令人之意也消。"他邻居有西妇名为秦孃的，他也曾约他的朋友一道前去拜访，而且说明是为了听琴，并加以描写道："其声抑扬高下，顷刻数变。滑如盘走珠，朗如瓶泻水。雄壮如铁骑千群，银涛万顷；悲怨幽咽如羁人戍客，嫠妇思女，有不可告人之哀，真可播荡神志也。"外国剧团到上海来，他也不放过观看的机会，称"西人工为戏剧，……台下奏乐者十余人，抑扬嘹亮，皆西国乐器也"。末了还不无遗憾地补上一句："凡此戏术皆从海外来，偶至一演，非常有也。"

如果说在香港、上海听西洋音乐只是偶一为之，那么，在欧洲那两年时间，他听音乐会的机会可就多了。"英国凡有盛集，及陈宴会杂戏，必设乐兵，奏乐台下"。据他所说，"戏馆之尤著名者，曰'提抑达'（英语 theatre［剧场］的音译），联座接席可容三万人，非逢庆赏巨典，不能座客充盈也。其所演剧，或称述古事，或作神仙鬼佛形，奇诡恍惚，不可思议。山水楼阁，虽属图绘，而顷刻间千变万状，几于逼真。一班中男女优伶，多或二三百人，甚者四五百人"。他列举的演出计有四种：一曰搬演，二曰影戏，三曰马戏，四曰跳舞。所谓搬演，实为魔术。跳舞实即芭蕾舞。"台下杂坐乐工数十人，八音竞奏，铿锵中节。或作钧天广乐，鼍吼鲸铿，几于震耳；或为和谐靡曼之音，静细悠扬，各极其妙"。这里所说是公共场所的演出，至于家庭宴集，也总有音乐助兴。在这方面他的记叙也非常生动，例如他在士班时家作客，"其长女公子爱梨，年十有五，聪警绝伦，工琴能歌……每夕绮筵既散，必为余曼声度曲，弹琴以和之，而并指示拢、撚、挑、剔各法，强捉余手弹之，亦能成声，必尽数弄乃已。余亦为哦白香山《琵琶行》一篇，抑扬宛转，曲尽其妙。爱梨为之叹赏弗置，而更使予逐字度之。静听移时，曰：'得之矣。'明日歌曲亦能作哦诗声，且响遏行云．余韵绕梁，犹能震耳。"他这种听乐之后，吟诗回报的办法，引起了洋人极大的兴趣，在他的《漫游随录》中所记应邀吟诵的中国文学作品，除前面所说的《琵琶行》之外，计有李华的《吊古战场文》、秦韬玉的《贫女》、高启的七律（缺诗题）及吴伟业的《永和宫词》等等。他吟诗也有选择，如那首《贫女》是在一次教会邀集贫家女子午餐的时候吟诵的，他还记下了听众的反应，"诸女皆相顾微笑"。

当时清政府的出使人员每逢在宴会上听到奏乐大都一笔带过，不置可否，甚或肆意讥弹。王韬不然，他听到音乐总要写下他的感受，例如理雅各收到香港来信，催他回去重主讲席，他当然也随之东归。在一次宴席上，"克璘夫人为奏《天风引》一曲，觉海涛澎湃激荡，震轰两耳，顿凄然有渡海思矣"。他在伦敦有一次听人弹琴，曲名《瀛洲玉雨曲》，"顿觉波涛汹涌，起于耳际，檐溜奔腾，恍若泉流百道作赴壑声"。他这种听赏音乐还要问清楚曲名的做法在当时实在是相当稀罕的，即使是公认为有识之士如薛福成、黎庶昌等等，也没有听乐而兼及曲名的记载。愧我孤陋寡闻，我只知道王之春及杨宣治有关于《鸿池》（《天鹅湖》）的记述，算是难得的例外。这也许是接受了郭嵩焘"闯祸"的教训的缘故。郭嵩焘在白金汉宫听音乐会翻阅节目单，竟被他的副手刘锡鸿指为"大罪"，向北京告了他一状。由此可见，王韬能够注意到曲名，自然是难能可贵的了。

由于他对西洋音乐颇感兴趣，加以远游海外丰富了他的感性知识，所以他写《西学原始考》的时候，也兼顾到音乐方面。他讲埃及文化，点明是在"（西国纪元前）二千二百二十二年，当唐尧二十四年，埃及阿妥堆司始象形造文字，始作乐，始习缋事"。纪年兼用中西历，说明他没有忘记他的读者是中国人，说到音乐的起源，他承认"不可得而考，当创兴于希腊、罗马之间。西古史载亚当七世孙犹八实为鼓琴品箫者祖，依希伯来本当在唐虞之前"。按《旧约全书·创世纪》第四章："拉麦娶了两个妻，一个名叫亚大，一个名叫洗拉。亚大生雅八，雅八就是住帐棚牧养牲畜之人的祖师。雅八的兄弟名叫犹八，他是一切弹琴吹箫之人的祖师。洗拉又生了土八该隐，他是打造各样铜铁利器的（或作是铜匠铁匠的祖师）。"如果说这段话反映了早期的社会生活，说明音乐与畜牧及铸造一样具有社会的功能，那是可以的。王韬把它当成历史，当然是太天真了。

说到戏剧，他介绍了悲剧作家爱思古罗（今译埃斯库罗斯）及欧里比代（今译欧里庇得斯）和宫廷诗人亚那格来恩（今译阿那克里翁），并说公元前562年，周灵王十年，雅典始演戏剧，到了公元前438年，周考王三年，"雅典作大乐院，此为设立伶官，讲求音律之始"。"公元前156年，汉景帝前元元年，罗马禁止戏馆，此为政令之善者。禁令之颁，实始于此。然未及百年，禁弛。后起者建造戏馆，其大十倍于前。都城中有二所，一可坐4万人，一可坐三万人"。他论埃斯库罗斯的作品，"善作疆场战斗之歌，观之能乐于战阵，有勇知方"。论阿那克里翁"善言儿女私情及男女燕会，赠芍采兰之诗，如中国香奁体"，还不算太离谱。说欧里庇得斯"所作传奇多涉闺阃。诲淫炽欲，莫此为甚"，那可不知道是说到哪里去了。这也与他称赞罗马禁止戏馆是"政令之善者"一样，证明他没有摆脱正统思想的束缚。至于他为"雅典设大乐馆"特书一笔，倒是值得称道的。

正如他看西洋舞蹈联系到苗族跳月一样，他在《原学》里面曾写下这样一段话："即以乐器言之，七音之循环，旋相为宫，而欧人所制风琴，其管短长合度，正与中国古乐器无殊。他如行军之乐，铙吹之歌，中国向固有之，今失传耳。当周之衰，鲁国伶官，俱怀高蹈，而少师阳、襄则入于海。安知古器古音，不自此而西乎？"用比较方法进行研究本来是不错的，可是因《论语》里面有"少师阳、击磬襄入于海"的话，立即驰骋他的幻想，推论为古器古音自此而西，那就有点近乎"天方夜谭"了。

他在《西学原始考》里面还介绍了好几个音乐家，如"一千七百四十七年，国朝乾隆十二年，苏格兰有农夫曰褒纳斯，以善歌名，生于是年"。

"一千八百二十三年，国朝道光三年，英勃龙斐德隐于耕，以善讴名，是年卒"。

"一千八百六十余年，国朝同治年间，（法）诗人勃郎射以歌颂乐章协谐音律，妙合宫商"。

说来惭愧，他所举的这几位音乐家我都不知道，又不像希腊那几位大师可以从译音猜测出来。好吧，从译音向辞典找相近的人名，可是翻遍了《格罗夫》及《古今乐典》（MGG），依然是竹篮打水一场空，因为读音相近的人名同他所说的对不上号。关于勃郎射，我原先猜他是贝朗瑞。"王韬啊，你真了不起，100年前你已经介绍了贝郎瑞！"可是再一查，贝朗瑞却没有活到1860年，1857年他已经死了。我是高兴得太早了。

上举种种当然只是一些零零碎碎的材料，其中还不免讹误，虽然他的本意是试图做一番系统的介绍。但是请不要见笑，《西学原始考》原是将近100年前的著作，作者自序写于光绪庚寅，即公历 1890 年。别人与此同时的著作如容闳的《西学东渐记》之类根本没有一个字提到音乐，那么，像王韬那样不惮辞劳地谈论音乐，真不愧为凤毛麟角。他做了一些前人没有做过的事，我以为，对他的某些不足之处指出来是必要的，但是，苛求于他则是不切实际的。

原载《音乐研究》1984 年第 2 期

刘师培论音乐亦有新意

　　说起近代中国学术界的人物，刘师培（1884—1919）应该算是不容忽视的一位。他的家庭是三世传经，名著史册的仪征刘氏。他 18 岁中秀才，19 岁中举人，20 岁去上海，结识了章太炎，一见倾心，特别是接受了章太炎种族革命的思想，于是实行古语所说的"秀才造反"，改师培的原名为光汉。后来他们同去日本，刘师培为同盟会的机关刊物《民报》撰稿，而且更进一步，组织社会主义讲习会，提倡世界语。由于受到同盟会一些江湖侠客的奚落，又与章太炎闹起了矛盾，于是听从妻子何震的摆布，离开日本回国，投靠两江总督端方，一下子来了一个 180 度的大转弯，从排满变为亲满，不惜出卖同盟会的情报。章太炎以学术为重，想方设法挽救他，一方面写信给他说，"与君声气素同，盖乃千载一遇"，"思君之勤，使人发白"；一方面写信给刘氏的世交长辈孙诒让，劝他及早回头，但是刘师培执迷不悟，一错到底。不巧端方突遭横死，他又失了依靠。辛亥革命之后，章太炎不念旧恶，替他恢复名誉，认为"刘生儒林之秀，使之讲学而不论政，亦足以敫明国故，牖迪我多士"。偏偏他又不甘寂寞，参加杨度的筹安会，写出洋洋洒洒的《君政复古论》，捧袁世凯做皇帝。偏偏袁世凯逆潮流而动，在国人口诛笔伐之下加上云南起义，于是一命呜呼。刘师培因此越发斯文扫地。幸亏蔡元培接掌北京大学，主张兼容并包，把刘师培也包了下来。他在《答林琴南书》里面有一段话说："筹安会之发起人，清议所指为罪人者也。本校教员中有其人，以其所授为古代文学，与政治无涉，则听之。"指的就是这位先生，他总算是安静地在北京大学度过了他短促的晚年。

　　他活了 35 岁，他死后，他的朋友约请钱玄同收集他的著作编成一套《刘申叔先生遗书》，共计 74 册。他的著作包含经学、史学、文学、文字学各个部门，又结合当时的"新学"如政治学、社会学之类、触类引申、新义迭出。要而论之，差不多可以说是博大似章太炎，精湛似王国维，丰产似梁启超，真不愧为一代奇才。关于他的评价不妨举鲁迅的言论为代表。

1918 年，北京大学守旧派要编印《国故》丛刊，与新文化运动唱对台戏，推刘师培为头头。鲁迅闻讯，立刻写信给钱玄同，斥刘师培为"侦心探龙"（据刘师培倚为靠山的《文心雕龙》加以改装），揭穿他向端方出卖同盟会的老底，真可谓入木三分。另一方面鲁迅在《魏晋的风度及文章与药及酒的关系》的讲演里面，列举现在研究这段时期的思想与文学已经有了三个有利的条件，其中之一就是刘师培的《中国中古文学史》。讲到具体做法的时候更是左一个刘先生，右一个刘先生，显示出充分的尊重。台静农写信问鲁迅关于中国文学史的著作的时候，他回信说："我看过已刊的书，无一册好，只有刘申叔的《中古文学史》，倒要算好的。可惜错字多。"由此可见，鲁迅对刘师培的评价是实事求是的，一分为二的。

前面说过，他的学术活动是多方面的，我这里只能谈谈他关于音乐的论述。

照传统的说法，他是一位经学家。他对儒家的经典——六经减为五经，很是关切。但是《乐经》为什么不能够像其他五经那样越过了秦火的焚毁这一关又重新流传下来呢？一般是付之一叹，刘师培却还要试图解释。他在《经学教科书》里面认为《乐经》失传的原因是"当世学者溺于墨子《非乐》之言，致战国时治《乐经》者遂鲜"。他在《论文杂记》里面又说，"及墨子作《非乐》篇，习俗相沿，降及秦汉，《乐经》遂亡"。如果联系到《孟子》所说的"杨朱墨翟之言盈天下，天下之言不归杨则归墨"来考虑，墨子的影响可能是不小的。《荀子·乐论》每讲完一段音乐的好处之后，要加上一句"而墨子非之，奈何！"好像荀子心目中总有墨子的幽灵在游荡。那么，刘师培对墨子《非乐》的估价也许并不是羌无故实的臆说。

《乐经》读不到，刘师培对《乐记》就特别留心。他不仅是谈到音乐的时候引用《乐记》的话，即使在谈一般理论的时候，他也喜欢引述《乐记》。例如他在谈到人性问题的时候，他就说："《乐记》有言，'人生而静，天之性也'。夫所谓人生而静者，即无善无恶之谓也。"又说："'感物而动，性之欲也。……物至自知，然后好恶形焉。'欲是人的本能，所以《乐记》只言节欲，不言无欲。"因而他认为《乐记》的理论是通情达理的。

他区分古代学术的门类，分为两大派：一曰实学，二曰文学（这里所谓文学的涵义不同于我们今天所指的文学）。实学分为二派，其一是实用的，即数学、历学及医学；其二是美术的，即音乐学与图绘学。文学也分为两派，一曰哲学，二曰史学。这里值得注意的是，他把美术归入实学一类，他不承认艺术只是供娱乐之用的。

在这个问题上，他在《中国美术学变迁论》里面有直探本源的论述："夫音乐图画诸端、后世均视为美术，皇古之世则仅为实用之学，而实用之学即寓于美术之中。舞以适体，以强民躯；歌以和声，以宣民疾；而图画之作又为行军考地所必需……则当此之时，舍实用而外，固无所谓美术之学也。"这种议论比那些认为艺术起源于模仿或游戏的说法是高明多了。然而尤其值得惊奇的，是他创立了"音乐学"这一学科的专门名词。据他的论列，音乐学所记叙的对象有乐歌、乐舞、乐律、乐器及历代音乐作品以至典乐的制度。虽然不及我们现代音乐学内涵的广泛，也可以说是具体而微了。想起60年代中央音乐学院设立音乐学系，这个名称还不免几经反复，直到70年代这个名称才确定下来。中间我还讲了一段引起误会的故事，那是60年代初，德意志民主共和国有一个乐理视唱练耳专家来华讲学，说是应我们的要求派来的。面对这一位突如其来的乐理专家，我当时的理解，可能是我国向他们提出派一个音乐理论专家的邀请，这个音乐理论专家的含义是属于音乐史学、美学一类的专家，译为德文的时候，音乐理论译为"Musiktheorie"（乐理）而不是 Musik-wissenschaft（音乐学），所以德方选派了一位乐理专家来了。说实在的，我们所需要的并不是乐理专家。这个故事很有说服力，当时在座的同志认为我的推测有道理，主张应该称为音乐理论系的也相信不如音乐学系来得意义明确，才不至引起误会。殊不知刘师培90年前已经为我们起了这么一个新名词了。至于他比较系统地关于音乐的论述，应推他的专著《古政原始论》。

他在《古政原始论》的总叙里面说明："欲考古政所依据的是三个方面，即书籍、文字及器物。况近代以来，社会之学大明，察来彰往，皆有定例之可循。"可见作者除了文献古物之外，还吸收了西方的"新学"来进行探索的。其中第九篇《学校原始论》有一段说："若古代教育之法，则有虞之学名曰成均。均字即韵字之古文。古代教民，口耳相传，故重声教；而以声感人，莫善于乐。观舜使后夔典乐，复命后夔教胄子，则乐师即为教师。……又商代之大学曰瞽宗，而周代则以瞽宗祀乐祖……周名大学为辟雍，雍训为和，隐寓和声之义，而和声必用乐章。观《周礼大司乐》掌成均之法以教合国之子弟，并以乐德、乐舞、乐语教国子，而春诵夏弦，诏于太师，四术四教，掌于乐正。则周代学制，亦以乐师为教师，固仍沿有虞之成法也。古人以礼为教民之本，列于六艺之首，岂知上古教民，六艺之中，乐为最崇，因以乐教为教民之本哉！"到了原书第十一篇《古乐原始论》更是一篇系统的乐论。"乐教起原甚古，乐器始于朱襄，乐歌始于葛天，乐舞起于阴康……"这里作者还是沿袭过去把每一种发明创造都归功于某一个圣人或神的说法。但是如果拨开神话的迷雾，那么，不管是朱襄氏作五弦瑟以采阴气，以定群生，或者葛天氏三人操牛尾，投足以歌八阕，或者阴康氏因水道壅塞，人民筋骨萎缩，故作为乐舞以宣导之，都体现出原始人类从事劳动以至征服自然的愿望和智慧。但是作者并不以引述古书为满足，他还作了进一步的阐释："盖古人欲强其国，必先使全国黎庶有发扬蹈厉之风。人有各情，情动于中，斯形于声。无声以感之，则情不呈。民遏其情，则忧伤沉郁，而民气日隳，故古人作为乐歌，抑扬反复，以感发人民之意志，庶百世之下，闻者兴起。此古人制乐歌之微意也。虽然，上古人民竞争日烈，兵器不可须臾离，然民不习劳，则苶弱多疾，而服兵之役弗克胜，故古人又作为乐舞，使之屈伸俯仰，升降上下，和柔其形体，以廉制其筋骨，庶步伐正齐，施之战阵而不愆。此古人重乐舞之微意也。由是言之，则古人重乐歌，所以宣民气也，与皙种重德育之旨同。古人重乐舞，所以强民力也，与皙种重体育之旨同。故古人言乐，咸歌舞并言，而乐舞复备教民之用……而篇什所陈之往迹，亦即乐舞之模型，是则古人之乐舞，非惟振尚武之风，且欲使天下之民，观古人之象，以发思古之幽情。其作用较乐歌为尤巨，岂仅饰为美术之观哉！"这一番议论已经不仅是为考古而考古，而是结合当前的时局进行形势的教育了。书中的所谓皙种，皙义为人色白，指白种人，即欧美人。当然，所谓朱襄氏、葛天氏、阴康氏作为什么云云，今天已经是家喻户晓的音乐史的常识，但是王光祈的《中国音乐史》，萧友梅的《旧乐沿革》都没有提及这一类的史料，那么，我们总不能不佩服他的史识吧。

关于乐舞的历史，他另外又写过一篇《乐舞起于祀神考》以补前文之不足。他说："《说文》巫字云：'巫，祝也。女能事无形以舞降神者也。象人两袖舞形，与工同意。'案舞从巫声，巫无叠韵。古重声训，疑巫字从舞得形，即从舞得义。故巫字并象舞形，盖古代之舞，以乐舞为最先，……乐舞之用，虽曰宣导其民，实则仍以降神为主也。"以下叙述颛顼以降历代乐舞的情况，证明乐舞多用于祀神，包括祭祀祖先，"又考之《毛诗·大序》云：'颂者，美盛德之形容，以其成功告于神明者也。'……盖诗之有颂，所以形容古人之往迹，而记之者也。颂列为舞，所以本歌诗所言之事而演之者也。是犹传奇备志往迹，而复演之为剧也"。"今观中邦各直省，其僻壤遐陬，未设梨园，于祀神报赛之时，则必设坛演剧，即以巫觋为优伶，此即古代方相氏所掌之事也，故知舞乐降神之典，至今犹存，而古人之乐舞已开演剧之先，此固班班可考者也。"

他还有一篇《原戏》，内容与上篇基本相同，惟多叙历史故事，最后归结为"大之可以振尚武之风，小之可以为养生之助"，目的则在于劝戒人民，与他平时的论点是一致的。

刘师培对音乐的兴趣，真可谓随处可见。他写《中国古用石器考》，也没有忘记"磬列八音之一，乃乐器之用石者也"。这一句下面加一夹注曰："《说文》云，'磬，石乐也。从石，声象悬虡之形。殳，（所以）击之也。古者毋句氏作磬'是乐器之中，以石器为最古。"这句话也对也不对。照迄今比较一致的看法，是体鸣乐器与膜鸣乐器起始在先，因为这可以利用天然的现成的材料，起到发声按拍的作用，亦即彪罗（Hansvon Bülow）的名言"太初有节奏"的注脚。所以刘氏的按语"乐器之中以石器为最古"的说法是可以成立的。但《说文》的所谓"从石，声象悬虡之形。殳，击之也"的说法则只是文人的臆想。因为石器作为乐器的采用，根本就在有文字之前，更谈不上什么"悬虡"。当然，这种历史唯物主义的科学的解释，是不能苛求于前人的，这里只在说明历史的事实而已。

刘师培还有一段关于音乐的十分保守的议论。那是《论中国并不保存国粹》那篇文章的一段。除了开头阐述音乐的作用及传统音乐的八音、五声、十二律之外，接下去就完全是充满排他性的话："后此以降，乐府兴而雅乐亡，匏音亡而乐器改。而羌夷之乐，乃得乘其隙而易之。试观于后世之乐，歌若摩诃兜勒之曲，此得之西域者也，而汉庭谱为新声；鼓角横吹之曲、此得之朔漠者也，而魏武减为中鸣。魏晋以降，古乐式微，羌胡杂扰，歌曲各殊。古人谓梁陈尽吴楚之声，周隋皆羌胡之技，岂不然哉！况且魏爱胡声，而屈茨打沙之乐作；唐升胡部，而伊凉甘渭之曲兴。古代乐章，遂悉消亡于不觉矣。即观之后代之乐器，角曰胡角，笛曰羌笛，箛曰胡箛，鼓曰羯鼓，琴曰胡琴，管曰羌管，而觱栗、琵琶诸乐，大抵皆得之边夷。粗厉之音，形为乱象，言念及此，能勿悲哉！国粹之不保存者此其一。"这段话对于不同区域的音乐交流、吸收、消化、创新的作用只字不提，一则曰"乐府兴而雅乐亡"，再则曰"粗厉之音，形为乱象"。一句话归结为"国粹之不保存"，好像作者的希望只是古乐的绝对纯粹而又纯粹。这是什么道理呢？关键在于"保存国粹"的问题。

这篇文章的发表时间是在他写《黄帝纪年说》《普告汉人》及《悲佃篇》等文章之间，黄帝纪年，目的在排除清王朝的年号。《普告汉人》的命意则与孙中山的驱除鞑虏相一致。当时的所谓"保存国粹"是有特殊含义的。鲁迅对此曾有过具体的分析："从清朝末年，直到现在，常常听人说'保存国粹'这句话。清朝末年说这话的人，大约有两种：一是爱国志士。一是出洋游历的大官。他们在这题目的背后，各个藏着别的意思。志士说保存国粹是光复旧物的意思；大官说保存国粹，是教留学生不要去剪辫子的意思。"刘培师当时属于爱国志士一类，他写这篇文章正是适应当时革命斗争的所谓光复旧物的需要。蔡元培、陶成章、章太炎、鲁迅等人组织的团体就是称为光复会。虽然不免是矫枉过正，但是作为一个特定历史时期的文献，略迹原情，那是可以理解的。

  刘师培生平对学术的一项重要的贡献是对古书的校勘，可以说是王念孙与引之父子、俞樾、孙诒让之后又一大师。钱基博称其"造诣视前师为媕，而精当寖寖过之"。难得的是他还使出他经师的看家本领写了一本《琴操补释》。《琴操》是蔡邕的一本琴曲题解的专著，说明作者的创作意图、背景以及与作品有关的故事。刘师培凭他经师的识见指出蔡邕持论的根据，然后逐条校正文字，或删或补，独出心裁。因为这本书分量不大，其重要也不能与其他经典著作相比，所以一般刘氏著作的文章都不大注意到这本小书。但也正因为它是有关音乐的，同时也说明刘师培对音乐的确具有特殊的兴趣，才会为这本书花费他宝贵的时间，所以值得在这里提出来，作为本文的结尾。

原载《音乐研究》1984 年第 3 期

余事也具有开拓性

——瞿秋白在音乐方面的点滴资料

1923 年《新青年》第一期刊登了两首歌曲：《国际歌》和《赤潮曲》。《赤潮曲》曲谱上面没有标明作词者和作曲者的姓名，只有目录写明作者是秋白。1927 年瞿秋白自编《瞿秋白论文集》的时候，这首《赤潮曲》词连曲谱一起收入集中作为补白，这才明确无误地说明歌词和曲谱的作者是同一个人：瞿秋白。它大概可以说是中国第一首歌颂共产主义的革命歌曲。也许有人会提出疑问：既然作曲者是瞿秋白，为什么他没有再写第二首、第三首革命歌曲？我以为理由很简单。他的工作主要是实际的革命斗争。他是富于诗人气质的，诗歌的功底也是非常深厚的，只要看他写的那篇《曲的解放》就可以使你对他的诗才深信不疑。但是他的诗也没有流传下多少，歌曲创作当然更无暇顾及了。如果作曲者不是瞿秋白，他决不会埋没别人的劳作。而且只要考虑一下 20 年代音乐界的具体情况，当然还不能说具备产生无产阶级作曲家的条件。从当时文化界的情况看，瞿秋白倒是一位比较关心音乐的文化人。即以《国际歌》在中国传播的过程而论，1921 年耿济之曾经与郑振铎合译过这首《赤色的诗歌——第三国际颂歌》（当时是这样题名的）。但是依谱译配，使《国际歌》在中国能够成为大众中流传的可唱的革命歌曲，使得过去学堂乐歌那种按照外国歌曲填上新词，从而出现字音强弱失调，长短背反的毛病得以避免，却是由于瞿秋白的译文。我们也永远不应忘记，他是放声高唱《国际歌》和《红军歌》之后，这才从容就义的。音乐伴他走完生命的最后一程。他的《赤潮曲》也就成为中国无产阶级革命歌曲的纪念碑性的作品。

正因为他对音乐比较善于接受，所以他 1921 年至 1922 年所写的《赤都心史》关于音乐的记载比一般的记者要多些，也就可以理解了。现在摘录几段，既可想见作者当时的心境，也可以增加我们对革命后的俄国音乐生活的了解。

他在莫斯科，除了美术馆之外，也注意到了大剧院。他从所看的歌剧留下的印象是"旧歌剧花露润融，高吟沉抑。旧艺术虽衰落不少，——据俄国人说如此——却一切美妙的壮丽的建筑艺术都保存完好"。

有一次他和李宗武跟随教育人民委员会的职员刘白文纳女士到无产阶级文化部去听音乐会，李宗武给主人唱了一段《马前泼水》，主人给他们"看一新式的意大利钢琴，曲子从琴背插入，机括开时，音调佳妙无比，说所奏乃日本女郎思夫之曲……曲中所奏一大部分是日女怨泣之词"。这可能是《蝴蝶夫人》的咏叹调《一个晴朗的日子》。主人还说，……音乐人才，革命中未免凋零，新的还很幼稚。然而假使物质生活不这样困苦，我们的工作还可以强几倍呢……。

特别值得提出来的是瞿秋白关于夏里亚平的介绍，那是在共产国际举行第三次大会开幕式的时候。在这样一个盛大的革命的国际集会，作者还没有忘记介绍夏里亚平，不是对音乐特感兴趣的人大概是不会有这样一段笔墨的："各代表庆祝完了之后，还聘请全俄全世界负盛名的名伶沙略屏（Shaliapin）唱歌曲助兴……歌声高入云际。沙略屏唱完笑着说：'我虽不是国际主义者，而是国家主义者，今天却有一歌，普希金的词，四国（俄、德、法、意）文字都有译本，请为共产国际代表诸君一歌，恰好应景呢。'歌竟，四座鼓掌不已，坚请沙氏再唱。沙氏说，我们唱时行的《劳动歌》，请诸君相和……于是五千多人的全剧院都卷入《劳动歌》的声浪中了。"

我没有翻检历史资料，据我推测，大概这应该是中国人最早介绍夏里亚平的文献了吧。

同样值得特书一笔的是他关于邓肯的介绍。说起这位邓肯，她是美国的女舞蹈家，现代舞蹈的先驱。她反对古典芭蕾舞那种单纯追求形式和技巧，忽视思想内容的僵化的舞姿，抛掉芭蕾舞那套贴紧躯体的舞衣和舞鞋，像森林女神一样，薄纱轻衫，赤脚起舞。她的信条是：美即自然。她认为"贝多芬创造舞蹈的雄壮节奏，瓦格纳创造舞蹈的形体，尼采创造舞蹈的精神"。有一次她在德国拜罗伊特音乐节上，一般的观众面对她那以瓦格纳的音乐为依据的充满生活的气息的舞姿莫名其妙的时候，瓦格纳的夫人，即李斯特的女儿珂西玛却激赏她的舞蹈吃透了瓦格纳的音乐的精髓。

1921年她应苏联的邀请在莫斯科设立舞蹈学校。在她动身去俄国之前，有人问她是否害怕"缺粮"，她的回答是："我害怕精神挨饿，但不怕肉体挨饿。"她认为"苏俄的形象被人歪曲了，在那儿他们可能不够吃，但他们主张艺术教育和音乐必须对一切人都是自由的"。她相信，"只有以国际主义为象征的工人阶级的团结才能保卫文化的未来"。她认为在苏维埃领导下创造出的奇迹比耶稣出世之后的任何事情都要伟大。因此莫斯科的报纸说，"人们说伊莎多拉比布尔什维克还要布尔什维克"。她从苏俄回到美国之后，演出她新编的舞蹈《红旗》，横遭美国的迫害。她在德国、奥地利、法国、希腊都办过舞蹈学校。有一次她的老朋友台斯蒂问她："伊莎多拉，在你一生中什么是最伟大或最幸福的时期？"她回答："俄国，俄国，只有俄国。……我在俄国的三年（包括它的苦难），比我其余的一生加在一起还更有价值。"

为了介绍邓肯，瞿秋白用了一整章的篇幅，题为《美人之声》。开头一段简单的介绍之后，就是邓肯那篇刊登在政府《新闻报》上的论《艺术与群众》的文章的全译。邓肯认为"我们现时的艺术时代，应当融洽于'生活'，不但不能后于生活一步，而且还当为人类描画'将来'的理想"。她认为旧日的芭蕾舞"不适于我们今日的生活：情态的诱媚，英雄气概的短少"。她要求"莫斯科中必须建立一地方，可以令共产主义的、革命的理想，得一种艺术的表现——音乐，文词，动作"。"柏拉图就知道，音乐在群众中有多大的权威，他能与管理导率群众之助"。对艺术有这样的新见解，而且是发表于 70 年前，这不能不说是光辉的先驱。能够及时给我们介绍她的理论，难道不也是同样具有开拓性的吗？

瞿秋白的文章发表十年之后，林语堂写了一篇《读邓肯〈自传〉》，引出了邓肯的自传《我的生平》（改名《邓肯女士自传》）译本在商务印书馆出版。《中国大百科全书·音乐舞蹈卷》所说的 1981 年出版的《邓肯自传》是第二种中译本，已经是第一种中译本出版四十多年之后了。

有一件事值得注意的是瞿秋白对于中西音乐的比较，那是他在莫斯科德尔纳斯嘉女士的家庭音乐会上产生的思考："披露娜声忽动，大家聚在厅里来，一人奏携琴，一人奏繁华令（西洋胡琴）相和，风雷疾转，泉漏铿锵，固然已经怡神心会，最动人处却在抑扬迢递间写得人心弦上的言语。一中年妇人且吭喉高歌……我总觉得欧洲音乐比较能传达人的情感于外；我虽中国人，听中国音乐却没听外国音乐的易于感动怡悦。"说他是对中国音乐了解不够吗？那又未必尽然。你看他对中国戏曲的论述："……绅士等级的艺术，什么诗古文词，什么昆曲，都是和平民等级截然的分开的。昆曲原本是平民等级的歌曲里发展出来的。最早的元曲几乎都是'下流的俗话'。可是到了乾嘉之世，昆曲里面，早就给贵族绅士的文人填塞了一大堆一大堆牛屎似的'饾饤'进去！这还是戏台上的歌剧吗？对不起，先要问一问，这所谓戏台是什么样的戏台？这已经绝对不是草台班的戏台！昆曲已经被贵族绅士霸占了去，成了绅士等级的艺术。""听罢，昆曲的声调是多么'细腻'，多么'悠扬'，多么'转仄'，多么'深奥'。其实，那样的猥琐，那样的低微，真像她的主人的身份。昆曲的唱工是要拗转了嗓子，分辨着声母、介母、韵母，咬准平上去入，甚至于阴上阳上阴去阳去，……中国的四方块的谜画似的汉字，在这里用尽了九牛二虎之力去束缚音乐和歌曲的发展，弄得简直不像活人嗓子里唱出来的东西。"于是乎他给绅商阶级的艺术做了一次鲜明的概括："用文雅的规律表示绅士的尊严，用奴才主义的内容放进平民艺术里去，帮助束缚平民的愚民政策。"上面所引的有些话也许不免近于偏激，但是如果你能注意一下作者的撰写时间以及旧中国的戏曲舞台甚至于舞台以外的具体情况，你就会承认作者的评论并不是无的放矢。能不能这样说，也许正是具有类似作者的思想一样的同志队伍扩大了，才促进了日后的戏曲改革哩。

原载《音乐研究》1991 年第 1 期

蔡元培遇事想到音乐

　　1980 年蔡元培先生逝世 40 周年纪念的时候，曾出版一本《蔡元培年谱》，其中失记先生 1927 年创立音乐院一事，我为此赶写了一篇《蔡元培先生与音乐教育》。因为是急就章，不免诸多遗漏。现在特掇拾先生与音乐有关的一些材料再写这篇短文作为补充。

　　蔡元培是辛亥革命以后中国的第一任教育总长。他提出来的教育方针是："教育界所提倡之军国民教育及实利主义，固为救时之必要，而不可不以公民道德为中坚，欲养成公民道德，不可不使有一种哲学上之世界观与人生观、而涵养此等观念，不可不注重美育。"这真是发聩震聋的谠论啊！

　　第一次世界大战期间，中国有许多工人到了法国。当时设在法国的华法教育会曾设立华工学校，为他们提供就学的机会。开学之前先办师资班，蔡元培即为该班编写讲义，计德育三十篇，智育十篇，其中图画、音乐、戏剧、建筑、雕刻、装饰就占了六篇。《音乐》一篇分别就音阶、音色、谐音做了解释，然后归结为"合各种高下之声，而调之以时值，文之以谐音，和之以音色，组之而为调，为曲，是为音乐。故音乐者，以有节奏之变动为系统，而又不稍滞于迹象者也。其在生理上有节宣呼吸，动荡血脉之功，而在心理上，则人生之通式，社会之变态，宇宙之大观，皆得缘是而领会之。此其所以感人深，移风易俗易也"。

　　《戏剧》篇开头一段说："于闳丽建筑之中，有雕刻、装饰及图画，以代表自然之景物，而又演之以歌舞，和之以音乐，集各种美术之长，使观者心领神会，油然与之同化者，非戏剧之功用乎？"这就表明作者对戏剧是综合艺术的理解。接着叙述戏剧的发展，作者从我国传统的歌舞及俳优开始，逐步发展到昆曲，又说昆曲"不投时人之好，于是汉调及秦腔起而代之。汉调亦谓之皮黄，谓西皮与二黄也。秦腔亦谓之梆子"。然后作者说到"西人之戏剧"，认为"大别为歌舞及科白二种"；

439

歌舞戏又分为"正式歌舞剧"（opera，——原注，下同）"杂体歌舞剧"（opera comique）及"小品歌舞剧"（operette）。"科白剧"即我们今天的所谓话剧。讲义里面说，"今我国人之所谓新剧，即仿此而为之"。七十多年前谈戏剧而连类及于歌剧的人是非常之少的，蔡元培却一谈戏剧就必然同歌剧一起谈，正是他老先生的特色。例如 1936 年他在国立戏剧学院的演说，开宗明义又是发挥他"综合艺术"的理论，然后再谈戏剧的分类。除了话剧之外，还有乐剧与小乐剧，这就说明他是接受了瓦格纳的说法了。

蔡元培接任北京大学校长之后，把一个乌烟瘴气的官僚预备学校改造成为"大学之所以为大"的最高学府，各种学派可以自由发展，各种各样的社团纷纷成立。自然科学、人文科学无不有自己的研究会，音乐也不例外。萧友梅参加之后，研究会改为传习所，音乐就由理论的研究发展到艺术的传授与演出的实践。《音乐杂志》也于 1920 年 3 月创刊，蔡元培亲自撰写发刊词，表明他对音乐学的宏观的认识："自欧化东渐，彼方音乐学校之组织与各种研求乐理之著述，接触于吾人之耳目，于是知技术之精进固赖天才，而学理之研求乃资科学。求声音之性质及秩序与夫乐器之比较，则关乎物理学者也。求吾人对于音乐之感情，则关乎生理学、心理学、美学者也。求音乐所及于人群之影响，则关乎社会学与文化史者也。合此种种之关系，而组成有系统之理论，以资音乐家之参考，此欧洲音乐之所以进化也。"但是他并不仅仅以输入为满足，他要求输入的东西与吾国固有的音乐相比较，结果就"不仅可以促吾国音乐之改进，抑亦将有新发见之材料与理致，以供世界之采取"，理想实在是非常高远的。

与此并行的还有由于对民间口头创作的重视，兴起了全国民间歌谣的征集。蔡元培又亲自起草《征集全国近世歌谣启》，一方面由本校教职员学生各就闻见所及，自行搜集。另一方面嘱托各省官厅转嘱各县学校及教育团体代为搜集。同时特别申明："歌谣之有音节者，当附注音谱（用中国工尺、日本简谱或西洋五线谱均可）。"值得注意的是音谱还提到用西洋五线谱。不久便成立了"歌谣研究会"。这是近代中国第一个有意识地研究民歌的组织，催生的人物又是蔡先生。

1922 年 8 月，蔡元培建议北京大学发行四种季刊：①自然科学，②社会科学，③国学，④文艺。文艺组编辑的名单包括了各方面的专家：沈尹默、胡适、鲁迅、周作人、宋春舫、陈师曾、萧友梅……等等。可见只要有关于文艺的设施，他总不忘记音乐这一份的。为了丰富北京大学同人的生活，他不时组织各种艺术问题的演讲、绘画展览、音乐会之类。有一次他还特地从山东请古琴家王心葵来北京大学举行演奏会，激发了同学们发掘古乐器和古乐谱的强烈要求。又如蔡夫人的母亲陈太夫人七秩大庆，蔡元培为他祝寿，并不是像一般大户人家请个戏班子来唱一晚堂会，而是组织一些音乐节目。那天青主拟好一副寿联，由他的德籍夫人华丽丝谱曲并演唱助兴。同时蔡元培还特别写信给萧友梅，商请音专国乐教授朱英出一个琵琶独奏的节目。这样的祝寿会应该说是别开生面的吧。

蔡元培很喜欢孔夫子关于做学问的进程的那段话："知之者不如好之者，好之者不如乐之者。"他自己是达到了丰富的学识、深沉的修养和高尚的情操融为一体的精神境界的，对于各门艺术都能心领神会，即使因病住在医院里，在病床和桌子上也是放满了各国文字的美学著作和画册。有一次，上海德侨假座兰心戏院上演德国人洪豪生翻译的《牡丹亭》。因为舞台上是用德语演出的，观众是外国人居多，中国人是很少的，好像根本就没有刊登中文的演出广告。但是我一眼就看见了蔡先生，第二天上班的时候，我对萧先生说，昨天去看德语演出的《牡丹亭》，我看见了蔡先生。萧先生说，蔡先生对各种演出从来都是很有兴趣的，现在还是老兴不减呢。他对艺术不仅仅限于提倡，还热心地扶植、支持各项艺术事业。"五四"以来的艺术家，不论是音乐还是绘画、雕刻，不少人是经过他的帮助才得到学习以至出国深造的机会的。他的帮助，有名望的支持，同样重要的是人格的感召。有这样一件事，音乐院刚开办的时候，丁善德告诉他的中学教师，说他要去上海报考音乐院。当时风气未开，音乐家是"倡优同畜"的。可是他的教师却说，你可以去，那个音乐院是由院长蔡元培、教务主任萧友梅出名招生的，他俩都是好人，不会误人子弟的。

蔡元培在学术上是多方面的学者，写诗只是他的余事，可是偶有所作，有时是包含深湛的哲理，如题刘海粟的《九溪十八涧》那首七绝："传闻杨子泣歧途，理智常夸统万殊。艺感由来忌单调，转因复曲得欢娱。"有时他又借诗表白他对文学的通达的见解，如他那首《为仲可题纯飞馆填词图》："文人自命便无用，此论未公吾不凭。五代若非词世界，一般相斫更堪憎。"但是特别使我们感兴趣的是他那以《贝多文》为题的四首七绝：

吾邦音乐太单平，
西友初闻顿失惊。
我爱贝多文法曲，
包含理想极深闳。

（头两句是说有一次柏林大学举行恳亲会，我国留学生出了一个音乐节目。事后蔡元培问顾梦渔，德国人对中国音乐有什么意见，顾转述德人的评语曰："可惊的单纯。"先生又以为我国艺术多缺乏"繁深之理想"，贝氏的音乐恰以理想见长，故应特受重视。详见原作附注，下同。）

> 自然主义宗希腊，
> 希伯来风出世间。
> 融合两希成一片，
> 曲中现出我生观。

（西洋思潮有二：一，希腊风；二，希伯来人所传之基督教。近世谋融合两种思潮，贝氏亦其一也。）

> 妇人醇酒与清歌，
> 行乐及时便奈何。
> 一任迂儒谈礼法，
> 流传法曲壮山河。

（酒色歌，西人恒语。贝氏亦有此癖。德法开战后，法人排斥德国派音乐，贝氏亦在其列。然法人又以贝氏祖先本比利时人，不当排斥云。）

> 丑面遗型到处传，
> 哲人貌取亦成妍。
> 克林造像尤精绝，
> 袒臂科头态俨然。

（贝氏貌甚寝，然西人崇拜甚至。克林该尔雕刻贝氏像，到莱比锡者，均以一见为幸。）

从原作的附注不难窥见作者精到的用心。中国古乐法曲所用的乐器有铙、钹、钟、磬、洞箫、琵琶等，演奏时金石丝竹先后参加，然后合奏，这里用以指交响乐。评贝氏音乐特别突出理想，又指出融合"二希"思潮的意图，都说到了点子上。

我们平时从贝多芬的名字的那个 VAN 字知道他原籍荷兰，蔡先生却溯本穷源，追踪到比利时的祖宗。这种一丝不苟的精神真是使人佩服。第四首所说的克林该尔的雕像也见于《格罗夫音乐与音乐家词典》，可见先生浏览与贝多芬有关的资料，的确是钜细不遗的。而且我相信他亲眼看到过这座贝氏坐像。从蔡先生对贝多芬的态度的严肃，觉得刘半农那自以为俏皮的"贝吐文贝吐武"的称呼多少是与吴稚晖那种"什么马克斯牛克斯"的叫嚷一样陷入了油滑的恶趣。

原载《中央音乐学院学报》1989 年第 4 期

鲁迅·音乐·萧友梅

1953 年 12 月至 1954 年春，民主德国国家民间艺术歌舞团在音乐学家皮什纳教授率领之下，来中国各大城市进行访问演出。在访问期间，皮什纳教授除了观看形形色色的演出之外，还不厌求详地访问中国音乐家，对中国传统的直到现代的音乐思想及音乐各个部门的现状都有了比较全面的了解。回国之后，他根据这次访华的心得写成了一本书《中国的音乐》。在他介绍中国现代音乐的时候，多次提到鲁迅，说鲁迅复活了宋代的民间文学，给它的形式注入新的内容，使之向前发展。他的论据显然是鲁迅的《论旧形式的采用》那篇文章。同时又说中国的音乐家也像鲁迅对待民间文学的关系那样进行工作。他是突出了鲁迅对新文化，包括新音乐所发挥的作用的。可惜他书中却没有一句鲁迅关于音乐的言论。

的确，音乐，远不如绘画、碑版、木刻那样引起过鲁迅浓厚的兴趣。查他的日记，有关音乐活动的记载是很少的，只有参加国歌研究会的讨论及演唱占有相当的篇幅。他当时是北洋政府教育部佥事兼社会教育司的科长，与沈彭年、钱稻孙等同时受派为研究会干事，"筹备一切事物"。在当时这样的一次讨论会上，他与北大校长蔡元培坐在一起，他曾对蔡先生说："余完全不懂音乐。"也许正是评审国歌的缘故，马幼渔有一次请客，鲁迅、萧友梅与钱玄同及沈家兄弟同在被请之列。1922 年蔡元培提出北京大学出版四种季刊的计划，其中有一种是文艺的，鲁迅和萧友梅都是编辑，但是他们两位的交往却是不见有什么记载，只有鲁迅讲到女师大风潮的时候，他所说的"东吉祥胡同的正人君子"中间也有萧友梅的名字。不过他的论敌主要是陈西滢，萧友梅与马寅初、李四光、丁西林等都是属于点一下名的人物。鲁迅对那些支持杨荫榆的人始终是区别对待的，对于李四光，他就说："因为我知道李教授是科学家，不很'打笔墨官司'的，只要可以不提便不提"。对于萧友梅，也许因为知道他是音乐家，所以同样不提了吧。这里有一件事值得一提。当时苏联的俄罗斯盲诗人爱罗先珂在北京大学教授世界语，寄住在八道湾周宅，同鲁迅和周作人两兄弟朝夕相处。据周作人的回忆，"鲁迅尤和他熟习，往往长谈至夜半"。北京大学开纪念会，学生演剧，他也去凑热闹，是鲁迅陪他去的。他看不见，鲁迅就讲给他听。有一次，爱罗先珂听过萧友梅指挥的音乐会之后，曾称之为"中国新音乐的曙光"，说不定也是鲁迅陪他去听的。即使不是鲁迅陪他，按理他也忍不住要把他的喜悦告诉鲁迅的。因而鲁迅对萧友梅的印象也可能是不坏的。至于萧友梅对女师大学潮的态度，我曾问过当时在女师大学习的曹安和大姐。曹大姐说，萧先生认为音乐系学生的责任是下苦功打好基础，即使全部时间都用上还怕来不及，哪里有时间去管系外的事情。她们是信从萧先生的教导的，真的是"两耳不闻窗外事"。既然萧友梅不属于坚决的拥杨派，只签了一个名，鲁迅也就不对他多费笔墨，连像对马寅初那样刺他一言半语的话也不说了。

　　鲁迅唯一的一篇以"音乐"为题的文章实际上只是对徐志摩的议论的呵斥，与音乐了无关涉。至于有关音乐的记载，在日记里可以看到的一次是在北京大学听田边尚雄讲演《中国古乐的价值》；另一次是在上海大光明戏院听阿甫夏洛穆夫的作品，"先为《北平之印象》，次为《晴雯逝世歌》独唱，次西乐中剧《琴心波光》"。对田边尚雄的讲演他没有写下什么意见，对阿甫夏洛穆夫的作品则只有一句评语："后二种皆不见佳。"还有收入《热风》的那篇《为俄国歌剧团》，那只是因观众的落后而发的感慨，并不是论歌剧的文章。还有收入《准风月谈》的那篇《华德保粹优劣论》里面提到了《跳蚤歌》，也不是对穆索尔斯基或夏里亚平有所偏嗜，而是针对希特勒认为这首世界名曲是"非德意志的"因而悍然禁唱的暴行特意刺他希魔一下的。

　　至于他同音乐家，首先见诸记载的是萧友梅，前面已经说过了。另一位音乐家是马思聪。1929 年 12 月 29 日，鲁迅日记里写道："夜马思聪、陈仙泉来，不见。"那是马思聪第一次从法国回来，还是一个十七八岁的小伙子，他为什么不见呢？陈仙泉又是何许人呢？再不然，是不是有一个姓名完全相同的马思聪呢？我曾经为此请教过马思聪的至亲好友，他们都说无可奉告，这就只能留下一连串的问号了。此外还有一位找上门来的音乐家是 Cherepnin，但不是登门拜访，而是写信求教。据鲁迅日记 1936 年 5 月 28 日的记载，只有"得 G. Cherepnin 信"一句话。这位 Cherepnin 无疑就是取了个中国名字的齐尔品。姓前的 G 应是 A 的误植，草写的 A 是容易误看为 G 的。信里面谈的什么问题呢？日记没有提，据我当时在萧友梅身边听到过的他与萧友梅的一次谈话说，他想写一部中国题材的歌剧，问萧先生找什么作家比较好，那么这封信大概就是请鲁迅合作编写歌剧或者介绍歌剧题材以至介绍剧作家的了。依照鲁迅写日记的惯例，大都是"得某某信即复"，或者"得某某信晚复"，有时也会隔一两天后写上"复某某信"。收到齐尔品的信之后呢，当天没有写回信，以后也一直没有回信的记载。为什么呢？如果容许推测的话，参照过去白薇请他写剧本遭到拒绝的经验，很可能是他认为编剧的事应该由剧作家来做，所以没有写回信，因为他是主张分工的，"譬如骑马不必注意于造桥，炮兵无须分神于驭马"。另一个想法是，会不会因为他是白俄的关系呢？总之是莫测高深了。当然，这样说也并不排除鲁迅写了回信却忘了在日记里记上一笔的可能性。有朝一日齐尔品夫人展示出鲁迅回信的原件，那就一切都豁然开朗了。

从以上种种来看，好像鲁迅对音乐是漠不关心似的，其实又不尽然。他对艺术的各个门类都是同样重视的。早在 1913 年他在教育部《编纂处月刊》发表的《拟传播美术意见书》里面除了美术、建筑、戏剧之外，音乐方面提出"当就公园或公地设立奏乐之处，定期演奏新乐，不更参以旧乐；惟必先以小书说明，俾听者咸能领会"。对于古乐，"当立中国古乐研究会，令勿中绝，并择其善者，布之国中"。此外，他还建议设立国民文术研究会，这是关于民间文艺的，"详其意谊，辨其特性，又发挥而光大之，并以辅助教育"。在《科学史教篇》（1907 年作）里面，他历叙科学的作用之后，还强调精神文明的重要。"故人群所当希冀要求者，不惟奈端（牛顿）已也，亦希诗人如狭斯丕尔（莎士比亚）；不惟波尔（波义耳）亦希画师如洛菲罗（拉斐尔）；既有康德，亦必有乐人如培得诃芬（贝多芬）；既有达尔文，亦必有文人如嘉来勒（卡莱尔）。凡此者皆所以致人性于全，不使之偏倚，因以见今日之文明者也"。把贝多芬抬到这样高的地位，而且是在 80 多年前，大概也属于中国先进人物的谠论了吧。

鲁迅生平特别重要的失误，大家比较一致的意见是他对旧戏特别是对梅兰芳的评论。由于当时缺乏一个民族都有两种文化的认识，它不可避免地失之偏颇。加以他有自己对京戏的亲身的经验，正如他对中医也因它耽误了他父亲的病而受到贬抑一样，都是有一定的历史根据的。除了戏园子的陈规陋习之外，也还有京戏本身的问题。由于京戏已经进入了宫廷，受到西太后的宠幸，辛亥革命之后，清朝腐败的社会风气并没有什么改变，一般官僚政客以至文人学士都有一种肉麻当有趣的捧角的习气。为了对这种腐败的现象加以鞭挞，他写过《论照相之类》那篇文章，借《天女散花》《黛玉葬花》的剧照概括出"男人看见'扮女人'，女人看见'男人扮'"这两句精炼的考语，从而不可避免地殃及了梅兰芳。

到了晚年他写《略论梅兰芳及其他》上下两篇文章，认为"先前是他做戏的，这时却成了戏为他而做"，"他未经士大夫帮忙的时候所做的戏，自然是俗的，甚至于猥下、肮脏，但是泼辣、有生气。待到化为'天女'，高贵了，然而从此死板板，矜持得可怜。看一位不死不活的天女或林妹妹，我想大多数人是倒不如看一个漂亮活动的村女的，她和我们相近"。他还举出梆子演员老十三旦侯俊山，说他"70岁了，一登台，满座还是喝采"，以反衬梅兰芳由俗趋雅的危险。这就闪烁着辩证法的光辉了。

鲁迅生前虽然不常谈音乐，但是音乐知识还是随时显露出来的。有一次他听到弄堂里一个外国人家雇用的"娘姨"叫了卖唱的两个穷人唱了一回"奇葛隆冬强"的《十八摸》之类，就认定他唱的是"男嗓子的上低音（barytone）"。当时音乐界流行的人声的层次是高音、次高音、中音、次中音、上低音、低音。后来才定为女声和男声各个分为高、中、低三级。他还称赞那人唱得"很自然，比绞死猫儿似的《毛毛雨》，要好得天差地远"。这样的批评，对我们今天的音乐的流行风气来说，也还是饶有现实意义的吧，不是吗？

原载《中央音乐学院学报》1990年第1期

青主谈艺

　　1981 年 10 月，中国音协和文化部艺教局联合召开中国近现代音乐史学术讨论会，会上有人提到青主的理论活动，认为他的艺术思想是唯心的，但是就音乐理论的成就而论，他比王光祈高；虽然不一定很系统，但是提出音乐美学思想如此深刻的，还是青主云云。发言者的意见，与会的人不见得都会同意，但是这样评价青主，却不能不说是独具只眼。如果真有所谓在天之灵，青主亦当许为知己。平心而论，作为音乐学家，王光祈的研究是系统的、全面的，在比较音乐学方面，他更是卓著成绩的一位，青主当然甘拜下风。至于作曲理论，特别是在音乐美学方面，青主实有一日之长。现在我就记忆所及把他一鳞半爪的意见写下来，算是作个补充发言吧。

　　他谈歌曲创作，首先承认舒伯特是一位开山大师，同时也有他的局限性。例如歌德的有些诗歌，特别是哲理性的一部分，与舒伯特那纯乎天籁的创作手法是不相适应的，只有到了沃尔夫那里才能得到恰如其分的表现。因为沃尔夫特别富于沉思冥想的气质。还有，沃尔夫的歌曲是严格依照朗诵的原则决定歌词音尺的轻重的。从这一观点出发，舒伯特的弱点就无可避免地暴露了出来。以《野玫瑰》为例，第二句"草原上的玫瑰"原文的末两个音节应为先升后降，舒伯特写成22 34｜5 10｜不免是轻重倒置。他这种敢于向权威挑战的精神是随处可见的。他论海涅诗之所以适合作曲，是因为它节奏谐调，富于民歌的风味。歌德诗之所以有时不免于拗嗓，正由于他音乐天赋的缺乏。我因此又想起他不迷信权威的一件旧事。第一次世界大战结束之后，梁启超游历欧洲，也曾去德国访问，还对德国听众做了有关中国政治思想史的讲演。翻译工作即由青主担任。当梁启超讲到王安石的时候只是轻描淡写地提了一下，青主颇不以为然。于是洋洋洒洒地补充了王安石变法的一大段。事后有些同学说他真大胆，他却满不在乎，认为这才是坚持真理的态度。

　　说起梁启超，他提他的女儿令娴《艺蘅馆日记》诗中的那几句话倒很像也为青主写照："吾学病爱博，是用浅且芜，尤患在无恒，有获旋失诸。百凡可类我，此二毋我如。"青主读书的范围，上自孔墨孟荀，旁及老庄申韩，外至佛经，无不广泛涉猎。留德十年，康德、黑格尔以及叔本华、莱辛、歌德、席勒及海涅，他都兼收并蓄，特别是海涅，他更是反复阅读。说句不敬的话，连海涅有时流于打油式的诗风他也沾染上了。后来表现主义兴起，他又一头扑进去。所以他主持 X 书店的时候，除了出版乐谱外，还印行过毕加索和马尔克·夏加尔的绘画。他平时谈论文艺，总喜欢搬出那些多才多艺的艺术家如芬奇、米凯朗琪罗、歌德、霍夫艺、威廉·布什一类的人物。他在上海还刊过一分"个人杂志"《艺术》，文学、音乐、美术，一应俱全，还译载了赫尔曼·巴尔和毕加索的论文。只是因为筹不到足够的印刷费才被迫停刊。但是他自己也感觉到这样下去，即使不像梁启超所说的"浅则芜"，由于不能锲而不舍，总不免"有获旋失诸"的，所以他也想集中精力，对准一个主攻方向。可惜太晚了，所以他一生中还是"亡命乐坛"那一段时间，隐姓埋名，闭门谢客，定下了一条心，算是留下了一些成绩。

他平时谈话，指天画地，口若悬河，要是看到他十指交叉，扪腹踱步，有时也来一阵长吟低唱，那你就知道他是在构思什么了。他讲创作歌曲的经验是，在选定了一首歌词之后，第一步是揣摩全诗的意境和形式结构，找到它发展变化的关键，然后考虑什么地方应该加以陪衬，什么地方应该加以发挥，什么地方应该加以渲染。总之，是全部考虑成熟了，已经胸有成竹了，这才写到纸上来。至于这时候的所谓成竹，并不是简单的旋律的进行，而是沸沸扬扬的和声的鸣响。什么是旋律呢？那就是从和声中抽出来的一支配合歌词的曲调。他认为那种先照歌词写好一支旋律然后依旋律配上和声的作法是不足为训的，是一种手工业式的创作方法。当然，在构思过程中有时并不那么顺利，那他就会找点零活干一会儿，让脑筋休息休息，甚至于改弦更张。记得 1931 年暑假，有一天我正在屋里看书，忽然听见楼梯"格登、格登"的乱响，接着是他叫我去看他出的"事故"。我跟他上楼一看，只见长板桌上放着一件衣服，袖子上是电熨斗压在上面烤焦了的一个三角形。原来是他烫呀烫的忽然陷入了沉思，什么都忘记了，直到他闻到一股糊味才惊醒过来。定睛一看，袖子，不，整件衣服都给毁了。

这种统摄全篇的创作方法，他也同样应用到翻译上去。他译海涅的《抒情插曲》，总是根据诗的内容决定采用什么形式。有时是整齐的四言或五言，有时是长短句，有时又用骚体，有时也全是白话。读起来真有五光十色的感觉。由于没有持久的不断的实践，并不是每一首都是很成功的，有人说他译得太自由甚至于不免草率，那却是没有亲眼看过他苦心孤诣的劳作的缘故。他的有些译诗如歌德的《迷娘》、海涅的《荷花》《你是好比一朵花》以及歌剧《弄臣》里面那首诅咒女人不可靠的咏叹调等等都应该算是精品。

他翻译《抒情插曲》的时候，有时也会拈出一首来要我试译。我先是规规矩矩的字字忠实于原文，他看了说："太呆板。"我于是再译一次，比上次自由些了，他又说："太空泛，没有把原诗的意思贴切地再现出来。"他一边说，一边把自己的译文写出来给我看。这是要我从实践中领会译诗的甘苦，以便迈出稳当的一步。这使我想起苏辙的《东坡先生墓志铭》里面的两句话："抚我则兄，诲我则师。"惭愧的是我够不上一个好学生，现在来追述他的学行，也深感心有余而力不足。这种缺陷是永远无可弥补的了！

原载《群众音乐》1982 年第 6 期

青主遗事点滴

　　青主在大革命失败后"亡命乐坛"的三四年间，发表有艺术歌曲约20首，出版有《清歌集》《乐语》《音乐通论》《歌德》，翻译的作品则有海涅的《抒情插曲》一本，《豪福童话》两本，贝多芬、舒伯特、舒曼等人的艺术歌曲及各国民歌几十首，此外又翻译了赫尔曼·巴尔论述表现主义，毕加索谈艺术创作以至苏联某艺术评论家介绍阿希朋科的雕塑艺术的文章若干篇，还写了不少论述西洋古典音乐直到勋伯格和巴尔托克的文章。他精力的充沛和工作的勤奋是惊人的。然而当那一道对他的通缉令取消之后，他轻易就改了行。此后20多年间，除了偶尔在江西的《音乐教育》及音乐艺文社的《音乐杂志》发表一些作品之外，真是像萧友梅先生不幸而言中的那样："青主再没有下文。"这是什么原因呢？大概还是用得着鲁迅的话："肚子一饱，应酬一少，便要心平气和，关起门来，什么也不写了。"他离开音专之后，薪水所入已经够他应付高昂的生活费用，不需要靠稿费做补充了，亲朋来往也多了。当然，兴趣的转移也起了相当的作用。他有了钱，便喜欢在房屋的布置上下功夫，有点像瓦格纳那样讲排场，笔耕的时间因之更排不上日程了。

　　他兴趣的容易转移也表现在他的音乐学习上。首先他利用德国大学的自由开始学钢琴，没等到掌握相当的技术，就兼学小提琴；小提琴学得差不多了又学长笛。为什么又学起长笛来的呢？原来他当时在波茨坦，常去游览的地方是无愁宫。说起无愁宫当然会想到那个七年战争的"英雄"腓特烈国王；无愁宫后面那座风磨更被认为是那位国王不以权毁法的物证。以青主当时对历史的认识水平而论，自然认为国王的做法是典范性的。而腓特烈二世又是吹长笛的好手。因此他也吹起长笛来，略表"见贤思齐"之意。北伐时期他在总政治部教唱《国际歌》，即吹长笛来伴奏，兴奋起来则挥动长笛权当指挥棒。

　　他遇事善于动脑筋。刚开办X书店时，首先碰到的一个难题就是抄乐谱。当时国内偶尔出版的几本歌曲集的乐谱都是手抄的，既不整齐，又不美观。恰巧我们有一个堂兄弟也同住在上海，他喜欢刻图章，青主灵机一动，请他将进口乐谱上的各种音符和调号等刻出来，然后一个又一个的印在五线谱上。后来 X 书店出版的乐谱，凡是看到的人没有不交口称赞的。这套抄谱工具让我承包了《乐艺》以后各种音乐杂志乐谱的抄写工作。有一个时期又让陈田鹤用作"勤工俭学"的手段。到了朱咏葵手上它更发扬光大，形成了权威性的绘谱体系，连外国老牌的音乐出版家也来请中国人帮他们抄写乐谱。谁知道这一套石刻音符抄谱方法的创始人竟是青主呢！

他晚年有心翻译一些马克思主义的理论著作，作为对他过去宣扬唯心主义音乐美学的补过。可惜已经太晚了。丽莎的《音乐美学问题》还来不及译完，他就溘然长逝了。

原载《中国音乐报》1989 年第 1 期

从老黄埔到新黄埔

——青主在广东

　　1930 年青主编定他的新诗集《诗琴响了》的时候，将他所作的旧体诗词汇为一编，题为《似曾相识的戎马书生》。可见他对他过去的戎马生活是颇为留恋的，加上一个"似曾相识"的定语，说明那已经是过去的事了。不过，过去的虽然过去，对他生平的影响却是深远的。可以说，前半生的经历决定了他的后半生。这前半生又可以分为两个阶段，即老黄埔与新黄埔。老黄埔指旧民主革命时期设在黄埔的陆军小学堂，他是该校的学生；新黄埔指新民主革命时期设在一些地方的陆军军官学校。他因老黄埔的同学邓演达的关系进入该校任校长办公厅秘书，后来转任国民革命军总政治部秘书及第四军政治部主任。

　　老黄埔是清政府设立的军事学校，同时却也是同盟会的重要据点，中心人物邓仲元（铿）。邓仲元随时物色有志青年参加革命工作，青主（当时名为廖尚果）也是他的发展对象。邓仲元看见他的文史学科的成绩总是名列前茅，军事学科却未免逊色，曾经勉励他好好学习，做到全面发展，争取个第一名。他却调皮地回答说，第一名有邓演达，不要再麻烦我了，回过头来又去弄他的《念奴娇》《满江红》之类。我小时候经常翻看他留在家里的作文本，发现他很有别开生面的地方，例如他有一篇《埃及古国记》，通篇是音韵铿锵的四六体，既歌颂了埃及古代的文明，又对它的亡国发出由衷的哀叹，最后是"抚弦长叹，为《吊埃及》之歌"，随即连谱带词抄录了当时流行的学堂乐歌《吊埃及》作为结束。又有一篇作文题为列强侵略我国形势危急，我应如何自处的问题，他大发议论之后，却来了一个惊人之笔，"救国之道无他，厥惟破坏是已！"破坏是当时革命的同义语，用我们今天的话说，则是打碎统治阶级的国家机器。他这种不隐瞒自己的观点的作法与他北伐时期开口马克思、列宁，闭口第三国际的作风是一脉相承的。正是由于他对革命的向往，所以武昌起义的消息一传到广东，他就与一些黄埔同学绕道香港乘船直奔汕头，与当地的革命军会合，进攻潮州知府衙门，亲手枪杀了那个姓陈的知府。民国元年他考取了留学德国的官费。

他留学德国，本意是学陆军。因为得不到袁世凯北洋政府驻德使馆的介绍不能如愿，这才改习法学。由军而法，目的仍在于政治。所以虽然他热衷于诗词，而且一直到死都没有离开过诗词，却始终像韩愈所说的，"多情怀泪伴，余事作诗人"。连写诗都不过是余事，当然更没有想到过要做音乐家。不过话虽如此说，一有机会他总要表现他对音乐的特殊的兴趣。早在黄埔陆军小学堂，他已经会直觉地从歌唱的旋律去摸索乐曲的结构及起讫递变的规律。第一次世界大战之后，梁启超来到柏林，留德学生为他举行联欢晚会，青主别出心裁地要自己的德籍夫人华丽丝将李白的《清平调》谱曲在联欢会上歌唱。北伐期间华丽丝在总政治部工作，他也曾把孙中山创立黄埔军校颁发的韵文训词交给华丽丝作曲，即在总政治部的刊物上发表。为了给总政治部的新年联欢晚会增添革命的气氛，他自告奋勇地集合全体工作人员教唱《国际歌》，吹起长笛来领唱，一下子又挥舞他的长笛当作指挥棒。这样大规模的齐唱《国际歌》，还是我生平经历的头一次。

在这之前的有一天吃过晚饭之后，他叫我坐在他写字台前，他一边踱方步，一边口授，由我记录。那是一篇一年的回顾与展望的文章，一口气写了一个晚上，写到展望革命的远景的时候，竟说要在全中国直到全世界建立苏维埃，这是比共产党还要共产党的大胆的提法。我也的确是非常之天真，眼看武汉已经攻下了，左派力量蓬勃发展，好像革命胜利就在眼前，因此很说了些乐观的话。出乎意外的是他又不以为然，他认为反动的伏流还是不可轻视。我因此想起他不久以前翻译过的一首歌曲《四面敌人》。歌词说"对这些封豕长蛇，用不着我们害怕"，警惕却还是应该随时警惕的。就说那个总司令部吧，各个处都是蒋介石的同乡在把持着，总政治部也是"四面敌人"的。我还记得他晚上去看苏联顾问，也叫我跟他一道去。我当时还天真地以为他是给我机会去训练一下听德语的能力，因为他与苏联顾问是用德语交谈的。现在回想起来，恐怕并不是那么简单。当时逢到开什么大会，经常有右派分子出来捣乱。那是一些名为"树的党"的打手。"树的"是英文 stick 的译音，意为手杖，泛指棍棒，他之所以要我同行，多少带有提防暗算的用意。

除了担任总政治部秘书之外，他还兼任广东法官学校校务委员会副主席。主席是挂名的，由他负责全校工作，所以是够忙的。但是文武之道，一张一弛，他也要争取时间轻松一下，那大都是在吃过晚饭之后，特别是有朋友串门的时候。他的德籍夫人弹钢琴或唱歌，他在一边做讲解。本来自他回国之后，一直是给我们这样做启蒙工作。他给我们讲音乐会和歌剧院的活动，讲交响乐队的组织，谈乐队的排列位置讲到指挥棒如何的出神入化。可惜的是在20年代的广州，我们还没有看过管弦乐队，对于乐队的想象简直好比是瞎子摸象，摸到什么，胡扯一气。记得最清楚的是他关于欣赏音乐的指点。他说一般人听音乐喜欢听高音，这是片面的。高音容易讨好听众。实则有些歌曲是不适宜于唱高音的。有时唱低一点更能传达深厚的感情。例如周邦彦的那首《少年游》下片："低声问向谁行宿，城上已三更。马滑霜浓，不如休去，直是少人行。"如果唱得太高了，就会破坏那种喁喁细语的情味。同时还应注意"低声问"的低声应为悄声或轻声，因为女声最低的音区也高于男高音，说低声是不科学的。

但是这样一张一弛的生活并没有持续多久。"清党"变起，李济深刀下留情，让他死里逃生。广州暴动的消息一传出去，汪精卫一口咬定"著名共产党廖尚果"，第四军政治部刊物《灯塔》"言论荒谬"，即其明证。他于是逃出广州。既然不敢上井冈山，去做真正的共产党，剩下的一条路，就是他自己所说的"亡命乐坛"。

原载《岭南音乐》1983年第5期

黄自文化生活点滴

最近在《北京晚报》上读到冰心的文章《从联句又想到集句》，使我联想起黄自生前也曾经有一段时间热衷于"集龚"。集龚是将近 100 年来文坛的一股风，不少文人都玩过一阵子。不过这种玩意也不是容易玩得起来的，首先龚定庵的诗你必须读得相当熟，然后那些诗句才听你使唤。但是黄自先生居然做到了这一点，可见他古典文学修养之深。

说到他对中国古典诗词的熟悉，我还想起了另一件事。1934 年音专本科第一个毕业生李献敏要出国深造，请音专师生题纪念册，黄先生题的是李白的诗句："琴心三叠道初成。"这句诗用在音乐学校的毕业生身上真可谓巧妙之极。难得他对李白的诗是那么熟悉，因而"信手拈来，都成妙谛"。

黄先生的艺术兴趣很广泛。有人说，比较能显示一个读书人的特色的是他客厅的陈设。黄先生的一个特色是，他客厅里挂的全是法书。谈起历代文学艺术的大师，他喜欢举一副对联："右军书法将军画，吏部文章工部诗。"右军是大名鼎鼎的王羲之，那是家喻户晓的了。将军画是指唐朝李思训、李昭道父子，人称大李将军和小李将军，是北宗的祖师爷。吏部是"文起八代之衰"的韩愈，工部是诗圣杜甫。这副对联还有一个特点也可以说是属于巧对，因为上联的两个职衔都是落在军字上，下联的则都是部字。而且这几个代表人物都是有千秋定论的。值得佩服的是他肚子里总是装着那么多货色，要什么，有什么。

由于他从小受到的是传统的正规教育，所以写得一手漂亮的毛笔字，他书法的底子是柳公权的《玄秘塔》，又加上赵子昂的韶秀，而没有赵的柔媚。在家里不用说了，在学校的办公桌上也是毛笔与钢笔同时并列。写起信来几乎毫无例外地是用毛笔。所以看他的书信实在是一种艺术的享受。我们收到他的信总是好好地收藏起来，陈田鹤还特别把它装成一大册。1937 年暑假，这些东西都存放在江湾音专。

"八一三"抗日战争全面爆发，日本的大炮飞机狂轰滥炸，我们寄存的物品也与音专的许多东西一样同归于尽，惜哉！

有一年春节，音专开过一次灯谜晚会。黄先生乘兴写出一条灯谜让我猜，谜面是"临去秋波那一转"，谜底是楚辞篇名一：《离骚》。这是颇有点幽默感的好谜。那天晚上的谜会是同人性质的，谁高兴就可以贴出谜面让大家猜。当时有一位民乐教师贴出一条相当糟糕的谜面猜唐诗一句："平明骑马入宫门。"这一下可激恼了黄先生，他以少有的疾言厉色问我："是谁出了这样的灯谜？真是岂有此理！"

的确，同他相处那么多年，从来没有看他发过脾气，他真正做到了我们现在所提倡的语言美。即使当他说到不那么高明的音乐的时候，他也只是含蓄地引用白居易的诗句"呕哑嘲哳难为听"，略寓贬抑之意。说到那些流行音乐，他也只是说"无聊的爵士音乐与肤浅的电影音乐"。他这里所说的爵士音乐指的是酒吧间的黑人音乐的变种，并不是道地的黑人音乐。只有说到《毛毛雨》之类的时候，他才使用"卑劣"这样的考语。比较能代表他"一声拍板温而厉"的风格的也许是下面这段话："……有许多作曲家、演奏家为要迎合人心，仅在知觉的美上用功夫，若表情之真切，毫不讲求，所以他们虽轰动一时，实在是艺术的罪人。"

这段话，对于当前那些热衷于港台酒吧间音乐的什么家、什么家来说，也应该还有它的现实意义和教育意义吧。

原载《音乐天地》1985 年第 9 期

从诗人到音乐学家

——纪念王光祈先生诞生 90 周年

王光祈先生的生年过去一向说是 1891 年。但是近年所见的材料却多定为 1892 年。照常理而论，后起的说法总是常有打破旧说的根据的。譬如积薪，后来居上。这样一来，今年该是王光祈先生的 90 整寿了。遗憾的是，他活了 44 年，逝世至今却已经过了 46 个年头了。记得 1936 年他生前友好假座上海音专礼堂为他举行追悼会的时候，我曾冒昧地送去一副挽联，表示我对一代学人的崇敬和哀悼：

> 四十册寿世文章，为乐损生，关河冷落沉狮吼。
>
> 三万里滔天波浪，招魂何处，华表苍茫待鹤归。

所谓寿世文章，是说他生平著作，无不着眼在国家民族的利益。无论是研究法律，研究政治经济，还是研究音乐，出发点总是一样，这就是他 1924 年一首七绝所说的："处世治心惟礼乐，中华立族旧文明。而今举世方醋睡，独上昆仑发巨声。"也是他在《东西乐制之研究·自序》中所说的："吾将登昆仑之颠，吹黄钟之律，使中国人固有之音乐血液，重新沸腾。吾将使吾日夜梦想之少年中国，灿然涌现于吾人之前，因此之故，慨然有志于中国音乐之业，盖亦犹昔日少年意大利党人之歌但丁之诗，壮罗马之美而已。"但是由于他目睹当时中国音乐的落后状况，国故党视之为"末技小道"，欧化党谧之为"无用之学"，因而发出今日之中国人"进退无所据"的感慨，这与鲁迅的"中国的文化，便是怎样的爱国者，恐怕也大概不能不承认是有些落后"的意见是一致的。说他崇拜西洋，轻视民族遗产，恐怕不能算是公允的评价。

他的祖父王泽山是相当有名的诗人，清史馆馆长赵尔巽还是他的学生。王光祈初到北京，即因赵尔巽的关系在清史馆担任书记工作。这个所谓"书记"，并不是我们今天所了解的领导一个单位的职衔，而是做抄写工作的小职员的名称。他在中学时代已经在同学中间戴上了诗人的桂冠。1915 年他到北京之前所写的《夔州杂诗》："万里瞿塘水，滔滔怒不平。中原还逐鹿，竖子竟成名。千载忧难已，深宵剑自鸣。直行终有路，何必计枯荣。"已经显示出他旧诗的功力。"直行终有路，何必计枯荣"，也透露出他凭自己的信念一往直前，不计较个人得失的胸襟和气概。到了德国，他把精力集中在音乐研究上了，可是在他的音乐论著里面还是常常拿文学做论乐的比喻和反衬。他还与德国朋友许茨合译中国古诗，他自己还在东方语言学会春季大会上朗诵《击壤歌》。既介绍了中国诗歌，也向德国朋友揭示中国人民自古以来即已爱好独立自由的深远的传统。他在德国 16 年，始终作为一个有四千年文化传统的中国人，挺起腰杆与德国人交往。他认为虽然中国目前是一个弱国，终必有发皇光大之一日。所以他听到一个留学奥地利的日本女音乐家久野，因痛感日本音乐文化与欧洲的差距太大，一时万难企及，"不禁悲从中来，自坠四层之楼而死"的报道之后，认为不必如此悲观。他举德国今天音乐的发达为例，德国 17 世纪以前，只能算是意大利、荷兰等国的"音乐殖民地"。所以落后现象是可以改变的。也正因为这样，他终于以长年努力的成果得到德国同行的尊敬。

为了多了解一些他的生平，我曾经问过我的哥哥青主，他说好像和他见过面，但是印象不深。这正符合他的老朋友所说的，"德国留学生中很少知道王光祈这个人，他与人落落寡合，即使有人知道，也只把他当作一个怪僻的人看待"。另一方面也说明他是一个勤奋的人，没有那么多的空闲时间去作无谓的应酬。他旅居德国 16 年，著译的书近四十种，平均一年写成三本书，此外还有中外报纸杂志发表的文章一百多两百篇。有些书如《中国音乐史》之类是长期积累的结果，不可能是短期内写得出来的。所以他常常是"一手按住头部痛处，一手执笔为文"，"有时还昏倒在柏林国立图书馆。这真是他的老同学所说的，"打得粗，吃得苦，跑得路，打落牙齿带血吞"的精神，也是我们今天所需要的振兴中华的精神。

他的音乐著作有一部分是属于常识性的，比较有新的创获和独立见解的是关于中国音乐史，特别是关于乐律及比较音乐学的研究。比较音乐学当时还算是一门比较新的科学。它从音乐文化的个别风格因素的比较使人认识到它们的一致和差异，从而追溯到世界范围内文化联系、形式结构及文化交流的因果关系。但是比较音乐学的缺点是仅仅着重音律、调性、节奏、旋律以至乐器等等的比较研究，忽略了音乐作为文化总体的一个局部的地位，忽略了音乐与经济与社会结构以及它与语言、诗歌、造型艺术以至哲学、宗教等等的联系，每一民族的上层与下层、少数民族的理论与实践彼此之间的交互影响等等，所以比较音乐学这个专名已经逐渐被放弃了，代之而起的是民族音乐学，也有人写作音乐民族学。其所以发生这一名称的差异，大概是由于欧洲搞这一行的通常是受过民族学的训练的音乐学家，在美国则是由受过音乐学的训练的人类学家开始这一门科学的研究的。落脚点不同，名称也就不同。总之都是努力把不同民族的音乐和音乐观作为一个整体而且密切结合精神文化和物质文化进行研究的一门科学。

　　从比较音乐学或民族音乐学的发展过程，回过头来看王先生的著作，那么，王先生所做的工作主要是关于东西乐律及东方民族的音乐的分析比较与研究。虽然对"世界乐系"的分类及分类的标准有所发明创造，特别是对音值计算方法曾经全盘改造，花费了大量的心血。但是究竟属于草创时期，一切都有待于发展与补正。这是时代所限，不能苛求于前人的。牛顿说过，他之所以站得高，是因为站在前人的肩膀上。这是值得每一个人铭记在心的名言。何况王先生本人是非常谦逊的，他写《中国音乐史》，自称滑稽之事莫过于此；他写《东方民族之音乐》，也于自序中希望能引起中国同志研究比较音乐学的兴趣，他这本书的价值只能当作一本《三字经》。这种谦逊的态度，怎能不使人肃然起敬呢！

原载《群众音乐》1982 年第 10 期

因谈文化修养而想起陈田鹤

前年我写《追怀田鹤》那篇短文的时候，曾提到他对鲁迅"惯于长夜过春时"一诗理解的深刻。的确，田鹤对诗词的欣赏是不愧为独具只眼的。记得有一次谈到宋词，他特别欣赏蒋捷的那首《燕归梁·风莲》。词不长，不妨抄出来：

> 我梦唐宫春昼迟，正舞到，曳裾时。翠云队仗绛霞衣，慢腾腾，手双垂。忽然急鼓催将起，似彩凤乱惊飞。梦回不见万琼妃，见荷花，被风吹。

关于唐宫的舞的描写，像是来源于白居易的《霓裳羽衣舞歌》。词的特点是一路只说舞容，直到结尾才点明题意。说它是以舞容喻风莲固无不可，实则更多的是以风莲喻舞容。陈田鹤就是能够看出作者独辟蹊径的构思。不是对文学有深湛的修养是不易达到这一步的。我因此想起他这方面的一些轶事。

他相当穷，新书买不起，就跑书店。当时上海的新书店大都是开架售书。店堂中间一张大方桌摆满新出版的书刊，穷学生可以站在那里"揩油"阅读：读够了把书刊放回原处，只要你不偷书，书店的"监视哨"是不会来找你麻烦的。所以他非常熟悉文坛的动态。例如鲁迅以何家轩的笔名给《申报·自由谈》写稿，鲁迅被史某人以出版殷夫的《孩儿塔》为借口骗去了一篇序，鲁迅发表《悼丁君》的七绝，戴望舒的新诗《雨巷》等等都是他首先告诉我的。他有一个同乡诗友陈庆之因病休学，肯买书，茅盾的《子夜》、绥拉菲摩维奇的《铁流》以至马克·吐温的《夏娃日记》及海尔密尼亚·至尔·妙伦的《小彼得》等等都是田鹤从他那里借来看过之后转给我看的。

有一个时期我和他住在同一条马路上，后来他从武昌或成都回到上海来，又常常住在我宿舍里，有时一直谈到天亮，真有杜甫赠李白诗所说的"醉眠秋共被，携手日同行"的味道。所以看苏联电影《生路》《夏伯阳》，或看苏联作家铁捷克描写中国船夫反抗帝国主义压迫的话剧《怒吼吧，中国》，或看苏联的版画展览，我们总是一道去的。看过那些洋洋大观的版画展览，兴奋之余，我们还当场写了一首诗题在展览会准备的赠言簿上。

从苏联版画使我联想起另一件事。良友图书出版公司出版了几本木刻连环图画，鲁迅还为其中一本麦绥莱勒的《一个人的受难》写了一篇包含他对全书每一幅画的文字说明的序文。有一天他高高兴兴地告诉我，那几本木刻连环图画已经买回来了。他穿的是破衣服，就是舍得花钱买书看！

记得有一年，中国公学请了郁达夫来讲文学概论。陈庆之告诉陈田鹤，陈田鹤立刻告诉我，于是我们三个人记住郁先生的上课时间，每星期准时混进去听讲，还领了郁先生印发的讲义。

"一·二八"淞沪抗战爆发，他回去温州，同样的不肯闲着，于是同陈庆之在当地的《葱笼晨报》编印《山雨》诗刊，即取"山雨欲来风满楼"的诗意。他自己也写了好几首诗，还为他美专的老同学施春瘦所作的话剧写配乐。由于施春瘦的影响，他读了不少苏联文艺理论的著作。当时也真的是饥不择食，连托洛茨基的《文学与革命》也读了。从这一点不难想象到他读书的范围是如何的广泛。

一个人肚子里藏有多少书，即古人的所谓"腹笥"，在他的书信里表现得最为明显。1933年他从上海坐船去武昌艺术专科学校，写来的头一封信写到他船上听人讲鬼的故事，随引知堂的自寿诗说："街头终日听谈鬼，窗下通年学画蛇。"有一次他在信里讲到一些生活琐事，影响了创作，于是慨然兴叹曰："诗渐凡庸人可想"，说明他肚子里装有一个龚定盦。他在音专上学的时候，曾经热恋过一位女同学，但是他始终藏在心里，从来没有一点哪怕是稍为明显的表示。后来她结婚，我写信告诉他。他回信没有说什么，只引用海涅《抒情插曲》里面一首诗，大意是我心爱的人已跟着婚礼的音乐迈开了舞步，善良的天使只有呜咽和啼泣。

在他去武昌艺专之前，我们曾经有过朗诵会的组织。集会的地点是在老江（定仙）家里。由于我们讲起话来都是南腔北调，需要找一个人来校正我们的读音。好容易找到了刚从北京考取音专声乐系的孙德志。不久，田鹤去了武昌，老江去了西安，朗诵会也就风流云散。更不幸的是一年之后孙德志竟一病不起。她是音专少有的优秀学生。有一次苏联籍声乐教师苏石林向我夸奖她，还用她的两条长辫子来表示她的特点。他说不出英语辫子这个词，只好一边说 long hair，一边用双手顺着后脑勺抹下去。她的夭折实在是太可惜了，我写信告诉田鹤的时候，自然抑制不住心中的悲痛。他回信除了同申哀悼之外，结尾却引用了歌德得到儿子死耗的时候发出的叫喊："越过死线去，前进吧！"

总之，只要发生了什么事情，他总可以找到合适的名言或警句，来加强他说话的效力。他的修养是多方面的。他不仅是看得多，记得牢，而且吃得透。今天旧事重提，就算是重视文化修养声中的一段插话吧。

原载《群众音乐》1983 年第 8 期

苏曼殊的"音乐因缘"

苏曼殊（1884—1918），名玄瑛，字子谷，曼殊是他出家为僧的法名。他是 20 年代至 30 年代拥有最多读者的文学家之一。他的作品曾经被大大小小的书店以全集、诗集、小说集、随笔、遗稿、残稿等等的名称改头换面地大量出版，直到柳亚子编成《苏曼殊全集》，他的作品才算有了一个标准版。钱基博尝加以评论曰："玄瑛交游满四海，尤多贤豪长者，而一死一生，乃见交情，独藉弃疾（柳亚子原名）以不朽其文章云。"他通晓英、法、日、梵等外语，诗歌、小说的创作和翻译都有相当的成就。他翻译拜伦诗歌，虽然是在马君武翻译《哀希腊》之后，但翻译拜伦诗歌成一选集，苏曼殊不愧为第一人。解放之后，苏曼殊颇遭冷落。80 年代他的作品才开始经历一场新的"复甦"，先后出版的有中国社会科学出版社的《苏曼殊小说诗歌集》、江西人民出版社的《燕子龛诗》、四川人民出版社的《燕子龛诗笺注》和广东人民出版社的《苏曼殊诗笺》。北京中国书店也据北新书局版影印了柳亚子编辑的《苏曼殊全集》。文学之外，苏曼殊还善绘画，通佛学，章太炎甚至于说："广东之士，儒有简朝亮，佛有苏元（玄）瑛，可谓厉高节，抗浮云者矣。"

与章太炎的赞词相应的是柳亚子称他与李叔同为南社的两个畸人。他的畸就畸在他也与李叔同一样做和尚，却不像李叔同那么实心眼。他高兴起来可以脱掉袈裟穿西装，又往往不吃斋而吃肉；他的畸又畸在他做了和尚，听见沙皇俄国违反与清朝订定的条约赖在东北不撤兵，激起中国人民的反抗，留日学生组织拒俄义勇队，他立刻报名参加，准备返国杀敌。也因此引起他对拜伦帮助希腊的民族独立战争的钦佩，于是译拜伦的《哀希腊》为中文。一夜乘月泛舟，竟放声高歌拜伦的诗篇，"歌已哭，哭复歌，抗音与潮水相应"；他的畸更畸在他自称是和尚，却又不由自主地坠入情网，终于写道："还卿一钵无情泪，恨不相逢未剃时。"也正因为他这样大起大落的生活，曾经使得鲁迅在谈到拜伦在中国的传播的时候，发出了不无微词的议论："苏曼殊先生也曾经译过几首，那时他还没有做诗寄'弹筝人'（按苏作原题'弹'应为'调'，这是先生一时误记），因此与拜伦也还有缘。但译文古奥得很，也许是曾经太炎先生润色的罢，所以真像古诗，可是流传倒并不广。后来他收入他自印的绿面金签的《文学因缘》中，现在连这《文学因缘》也少见了。"

说起鲁迅，他还与苏曼殊有过一段鲜为人知的交往，增田涉在翻译《中国小说史略》的那段时间里曾经听鲁迅说过，他的朋友中有一个"古怪的人"。"他是我们要在东京创办的《新生》杂志的同人之一。问那是谁？就是苏曼殊。"这是过去鲜为人知的事情。连柳无忌《苏曼殊及其友人》那份长达82页的名单中也没有鲁迅的大名啊。

鲁迅说苏曼殊译诗曾经章太炎的润色，其实在章太炎之前，陈独秀已经是他做诗的启蒙老师。据陈独秀对柳亚子说的一段话说："曼殊是一个绝顶聪明的人，真是所谓天才。他从小没有好好的读过中国书。初到上海的时候，汉文程度实在不甚高明。他忽然要学做诗，但平仄和押韵都不懂，常常要我教他。做了诗要我改，改了几次，便渐渐的能做了。"郁达夫论他的诗，认为是"……出于龚定庵的《己亥杂诗》而是加上一脉清新的近代味的。所以用词很纤巧、择韵很清谐，使人读下去就能感到一种快味……这大约是他译外国诗后所得的好处……最后他的诗的清淡味，似乎是得力于放翁（陆游）后山（陈师道）的地方也很多"。郁达夫对苏曼殊的全面评价并不很高，所以他的意见是比较平允而不流于溢美。

鲁迅所说的《文学因缘》是苏曼殊辑录外国人所译中国诗和中国人自己所译的外国诗合成中英对照的一本选集。我现在就借用他题名的方式给拙文题为《苏曼殊的"音乐因缘"》，记下这一代才人有关音乐的一些逸事。

一个作家的兴趣往往显露在他为他小说中的人物赋予的才艺。从这方面看苏曼殊是对音乐带有偏爱的。例如他在《断鸿零雁记》里面描写女主角的妆阁就有如下的一段："……迨余回视左壁，复有小几上置雁柱鸣筝，似尚有余音绕诸弦上。"后面又写到三郎听静子弹八云琴，听到"夜迢迢银台绛蜡，伴人垂泪"这几句的时候，琴声忽断，疑为泪珠沾湿。《绛纱记》里面的梦珠有灯下弹琴的一幕。《焚剑记》的主角老人的两个孙女虽然没有音乐活动，但又带出老人的一个长孙在"笆篱之南抚弦而歌，声调凄恻"作为穿插。如果小说中没有人奏乐，也少不了要让画家"画松下一老僧独坐弹琴"（《非梦记》），或者由庄湜提议"吾今夕请阿姊观泰西歌剧"（《碎簪记》）。苏曼殊现存完整的小说只此五篇，没有一篇不提到音乐，还能说他不是念念不忘音乐吗？

他的诗，除了真假难明的几首之外，大概尚存一百首左右，其中涉及音乐的篇章差不多占了五分之一，有题赠歌者的，如"江南谁得似？犹忆李龟年"。有听到隔壁的箫声引起诗兴的，如"轻车肥犊金铃响，深院何人弄碧箫"？有听乐怀人的，如"忽闻邻女艳阳歌，南国佳人近若何"？有怀念吹箫玉人的，如"猛忆玉人明月下，悄无人处学吹箫"。有借音乐来描写女子娇态的，如"说到年华更羞怯，水晶帘下学箜篌"。还有特别有意思的，则是那一首七绝：

春雨楼头尺八箫，何时归看浙江潮？芒鞋破钵无人识，踏破樱花第几桥？

他的《燕子龛随笔》有一条是关于尺八的："日本尺八，状类中土洞箫，闻传自金人。其曲有名《春雨》，阴深凄惘。余春雨绝句云：（略）。"这首诗以春雨起兴，点明尺八，说明他对尺八的兴趣。至云"闻传自金人"，我国好像无此说法，是否日本有此一说？这里不是做考据的场合，重要的是他原诗下面还有一条注说："日僧有专吹箫行乞者。"他的好友刘三有赠他一首六言诗说："东瀛吹箫乞者，笠子压到眉梢。记得临筵呜咽，忽忽三日魂销。"原诗也有注："……曼殊近住海滨习箫，谓预备将来乞食地步。"可见苏曼殊对尺八的兴趣，竟关系到切身的吃饭问题。这真是浪漫到家了。伍子胥再也不能专美于前了。

此外，他的诗关于"调筝人"的特别多。所谓"调筝人"即是他称为百助眉史的艺妓。曼殊为她几乎打破了和尚应该严守的色戒，即在他在《为调筝人绘像》诗中所说的："收拾禅心侍镜台，沾泥残絮有沉哀。湘弦洒遍胭脂泪，香火重生劫后灰。"但他对百助的描写并不是那种品头论足，把女性当玩物的丑态，而是一往情深的发挥，如写她的调筝并不是说什么花月闲情，而是"无量春愁无量恨，一时都向指间鸣。我已袈裟全湿透，那堪重听割鸡筝"。他送给她的礼物也不是什么金珠犀贝，而是"赠尔多情书一卷，他年重捡石榴裙"。所谓"多情书一卷"原注说是"余赠以梵文本《沙恭达罗》"。"石榴裙"是用武则天留恋旧情，"开箱重捡石榴裙"的典故。把《沙恭达罗》当作武则天的石榴裙那样的纪念品。他以百助比拟马湘兰那位死后百年还使得汪中发出"怅吾生之不及见也"的感叹的秦淮名妓，也说明他的感情是建立在艺术上的。而且苏曼殊最后还是痛言诀绝："还卿一钵无情泪，恨不相逢未剃时。"因此对苏曼殊的评价，与其说他是颓废（decadent），倒不如说是感伤（sentimental）。如果真正是陷于颓废，那他就不会在《谒平户延平（郑成功）诞生处》诗中说"极目神州馀子尽，袈裟和泪伏碑前"，也不会听到武昌起义的消息就写信给柳亚子、马君武说出那样兴会飙举的话："迩者振大汉之天声，想两君都在剑影刀光中抵掌而谈，不慧远适异国，惟有神驰左右耳。"

苏曼殊不是理论家，但是他对文艺的见解却还是有些道理的。他因看新剧感到不满足，联想到在东京看过春柳社所演的《黑奴吁天录》《茶花女遗事》等新剧，认为"都属幼稚，无甚可观"。当然，论述新剧运动，春柳社无疑属于先驱之列，有他的历史地位。但是就演技论演技，大概是不免幼稚的，不一定是苏曼殊故作"大言欺人"之论。他认为"欧美剧曲，多出自诗人之手；吾国风人则仅能为歌者一人标榜，大有甘隶妆台之意"。这正是他对当时捧角的恶习痛下针砭。他指出"若夫强作知音，周郎自命，乃增缘导欲之事"，这无疑是正确的。

他谈论与外国有关的问题的时候，往往引用原文，例如他评冯春航的歌唱，认为他"所唱西曲，节奏过促，只宜于 meet me by moonlight（约我在月下）之调"。《碎簪记》里面莲佩批评美国，"其人民以 make money（弄钱）为要义，常曰"Two dollars is always better than one dollar（两块钱总是比一块钱好）。"这样满口洋话，好像他也属于洋迷一类人，其实他对那些崇洋媚外的同胞最反感："把自己祖国神圣的子孙弄吊，去摇尾乞怜，当那大英、大法等国的奴隶，并且把自己是大英、大法等国奴隶来欺虐自己祖国的神圣子孙。"他甚至于偏激到这样说："多一留学生，即多一通番卖国之人。"这当然是说过了头，以偏概全。不过如果想一想当时某些留学生的所作所为，他的话也并不完全是无的放矢，直到今天还是值得我们深长思之的。

原载《中央音乐学院学报》1992 年第 2 期

徐志摩与音乐

60多年前徐志摩从法国颓废诗人波德莱尔的诗集《恶之花》里面译了一首《死尸》，发表在1924年12月1日的《语丝》的第三期，正文前面还有译者一篇评介的短文，说到"诗的妙处"说是"不在他的字义里，却在他的不可捉摸的音节里……"，这本来有它合理的一面，可是他却越说越玄，甚至犯了常识性的错误，"我不仅会听有音的乐，我也会听无音的乐，……你听不着就该怨你自己的耳轮太笨，或是皮粗……"，因而遭到了鲁迅的呵斥和刘半农的挖苦。这完全是咎由自取。不过话又说回来，徐志摩其实是比较懂音乐的，要是不懂就不会在音乐问题上发那么多的议论了。那么徐志摩究竟是怎样的一个人呢？

徐志摩（1896—1931），浙江海宁人，"新月派"的中坚分子，他写过"思想被主义奸污得苦"，又写过一首相当恶劣的《西窗》，是中国新文学史上有争议的人物。早年留学美国和英国，返国后历任北京、上海等地的大学教授，主编过《晨报副刊》《新月》《诗刊》等文学刊物。他写诗、写散文、写小说、写戏剧，尤以新诗著名。1931年11月19日，他从南京乘飞机回北平，在济南党家庄附近遇雾失事，机毁人亡。当时各报均以此为爆炸性的新闻予以披露，英文《大陆报》称他为"没有加冕的桂冠诗人"，名气是够大的。我这里只着重谈谈他与音乐的关系，不涉及徐志摩整个人的思想和作品。

他对新鲜事物相当敏感，接触到西洋音乐之后大概是有所领悟的，所以写起文章来不时援引音乐做他文章的帮衬。他形容剑桥的建筑群的和谐与匀称，说是"论画，可比的许只有柯罗的田野，论音乐，可比的许只有肖邦的夜曲"。他谈论中国的字形，就会从"愁"字点画的配置联想到柯罗的画像，米开朗琪罗的雕刻，Chopin（肖邦）的神感。他评论Joyce（乔伊斯）的散文，就说"用什么牛酪呀，大理石呀，瀑布呀，白罗呀等等的意象去形容……犹之用'此曲只应天上有……'等等

468

去形容喀拉士拉（克莱斯勒）的梵和琳（小提琴），只是等于不曾形容"。有一次他给学生讲济慈的《夜莺歌》马上联系到本地风光，"你们没有听过夜莺先是一个困难，北京有没有我都不知道。下回萧友梅先生的音乐会要是有贝德花芬的第 6 个沁芳南（The Pastoral Symphony）时，你们可以去听听，那里面有夜莺的歌声"。可见他是熟悉当时北京的音乐生活的，对音乐是很有兴趣的。所以他接编《晨报副刊》，宣布他邀约的撰稿人的时候，除了梁启超、胡适等大名鼎鼎的人物之外，赫然就有"萧友梅、赵元任谈西洋音乐，李济之先生谈中国音乐"的话。他在《诗刊》停刊、创办《剧刊》的时候，开宗明义列举了莫里哀、莎士比亚、席勒等不少戏剧大师的名字之后，还拉出一个槐（瓦）格纳，他认为戏剧"不仅包含诗、文学、画、雕刻、建筑、音乐、舞蹈的艺术，它最主要的成分尤其是人生的艺术"，这说明他是受了瓦格纳的"综合艺术"的思想的影响。1922 年他在英国已经写过一首诗《听槐格纳的乐剧》，他之所以会用乐剧这个名词，说明他是看到过瓦格纳所定的 Musikdrama 的原文的结果。他看瓦格纳的歌剧还不止一部，1922 年他写诗的时候，没有提作品的名字，1925 年在巴黎看到的则是《特里斯坦和伊索尔德》。他写给陆小曼的信里说："音乐、唱都好，我听着浑身只发冷劲。"又说："那本戏是最出名的'情死剧'（Love Death）特里斯坦与伊索尔德因为不能在这世界上实现爱，他们就死，到死里去实现更绝对的爱，伟大极了，猖狂极了，真是'惊天动地'的概念，'惊心动魄'的音乐。"但是他对瓦格纳音乐的了解，并不限于惊心动魄的那一面，他在诗里说道："……暴风，广漠的怒号，／绝海里骇浪惊涛；／地心的火窨咆哮，／回荡，狮虎的狂噪／……忽然静了，只剩有／松林附近，乌云里／漏下的微嘘，拂扭／村前的酒帘青旗；……"看过对瓦格纳乐剧这样"大声镗鎝，小声铿锵"的描写，再看一下李思纯看过瓦格纳的歌剧《罗恩格林》所写的七绝："黄钟大吕久销亡，却向天西听乐章。四座雷膺齐拍手，白鹅金甲事荒唐。"两相比较，恐怕还是徐志摩说到了点子上吧！

他写过一首《庐山石工歌》。说他"住庐山一个半月，差不多每天都听那石工的喊声，一时缓，一时急，一时断，一时续，一时高，一时低，尤其是在浓雾凄迷的早晚，这悠扬的音调在山谷里震荡着，格外使人感动，那是痛苦人间的呼吁，还是你听着自己灵魂的悲声？"他说他听了庐山石工的悲声，就想起夏里亚平的《伏尔加船夫曲》，认为是表现了"俄国民族伟大沉默的悲哀"。他承认"制歌不敢自信"，但是"盼望将来的音乐家能利用（庐山石工）那样天然的音籁谱出我们汉族血赤的心声"。

他对音乐是听得多，因而也听得出各种音乐的差异。他在评介波德莱尔诗歌的音乐性的时候，居然说出了那样的俏皮话："我可爱音乐，'真'的音乐——意思是除外救世军的那面怕人的大鼓与你们夫人的'披霞娜'（钢琴）。"他对美国那套商品化了的爵士音乐干脆音译为"脚死"，他的判断力无疑是不差的。

一个深受西方文化影响的留洋学生，作文运用欧化语法，作诗又仿照英诗格律的新文学家，喜欢听听西洋音乐，那该是不足为奇的。有趣的是，徐志摩却并不是倒到洋的一边去。他编副刊，除了请人谈西洋音乐之外，同时也请人谈中国音乐，证明他是中西兼顾的，而且还不仅仅是适当的照顾，他本人差不多说得上是个戏迷。他一会儿去听刘宝全的大鼓，一会儿去听梅兰芳的《虹霓关》，看了好戏，就高高兴兴地告诉别人，如致陆小曼的一封信里面说："昨晚有人请我妈听戏，我也陪了去听的。你说是什么？就是上次你想听没听着的《新玉堂春》。尚小云唱得真不坏，下回再有，一定请眉眉听去。"看过荀慧生的《翠屏山》，他又发表意见说："配角除马富禄外，太觉不堪。但慧生真慧，冶荡之意，描写入神，好！"看了王泊生的《逍遥津》，他评论道："大气磅礴，只是有气少韵。座不甚佳，亦因配角太乏之故。"他甚至于在评论夜莺初试新声，嗓子发沙，竟会打一个出人意表的比喻："像是龚云甫"。龚云甫是初演老生、后演老旦的京戏名角。这样的比喻，也许只有徐志摩才想得到的。由此可见，他喜欢听戏，也善评戏。能够评出个名堂，全靠平时的丰富积蓄。他在火车上碰到谭鑫培的儿子，于是乎"一途谈戏，颇不寂寞"，而且慕而且敬地称之为"小叫天之令嗣小培先生"，显然是对京戏大师的由衷的尊敬，也可以说是他戏曲知识之所以丰富的原因。不独此也，他还会演戏。在北京有一次募捐义演，他与陆小曼合演《春香闹学》，他扮演老学究陈绝粮。更出名的一次则是1927年在上海夏令配克戏院演《玉堂春·三堂会审》，他扮演王金龙，还因此大受抨击，认为是新文学向旧戏的屈服。这是"五四"前后好则全好，坏则全坏的偏激思想的反映，中医、京戏都是"封建"的东西，应在打倒之列的。在这一点上徐志摩倒是比我们的许多前辈先走了一步。

他晚年——多么短促的晚年——同梅兰芳交上了朋友，相当亲密的朋友。他筹建笔会俱乐部，宋春舫捐了五分地，建筑费的来源则寄希望于梅兰芳，亦即我们今天的所谓"赞助"。他还打算利用他编写《卞昆岗》的经验与梅兰芳合作编新京剧。可惜的是他因"家道坎坷"，仆仆平沪，来不及实现他的计划，却突然殉了空难了。梅兰芳的挽联颇能道出他们的交谊，特别是下联：

北来无三日不见，已诺为余编剧，谁怜推枕失声时！

原载《音乐天地》1989年第5期

读《留美三乐人》书后

韩国锽先生近年搜集到不少有关黄自、谭小麟、应尚能留美期间的第一手资料，并已写成一册专书《留美三乐人》在台北出版。这本书依据这三位音乐家一些过去鲜为人知的材料，纠正了过去若干传闻的错误，的确是一本有功乐坛的好书。韩先生的治学态度是谨严的，对于结论更是十分谨慎。我现在不揣谫陋，就我所知提供一些有关的材料，个别地方也许可以加强韩先生的论证。也算是野老献芹的微意吧。

关于黄自的《怀旧曲》，作者好几个地方都提到了，或说是胡永馥"返国不久病逝，黄自因而孕育了创作管弦序曲《怀旧》的动机"，或说是"黄自为她创作管弦序曲《怀旧》"，在另一处又说"一般都说黄自为纪念她而将他在耶鲁大学的毕业作品命名为《怀旧》"，好像这一作品之为纪念胡永馥还不能十分肯定似的。对于这个问题我可以就我所知略说几句。

1930年12月23日，黄自的《怀旧曲》在上海大光明戏院由上海租界工部局管弦乐队演出，指挥梅柏器。演出之前，他曾约请青主写一篇介绍文章。为了青主作文的便利，他特地把《怀旧曲》的总谱手稿托我带回家去给青主参考，因而我也有机会看到过这份总谱的手稿。封面《怀旧曲》标题之下有一行字："纪念胡永馥女士。"后面附有一篇简短的介绍。事隔60年，原文的词句已经记不得了，大意是说与胡女士同学多年，兴趣相投，颇相友爱。不幸罹疾早逝，因作此曲以为纪念云云。"颇相友爱"这四个字是记得清清楚楚的。黄自的为人颇有绅士（Gentleman）的风度，温恭蕴藉，没有浪漫主义那种夸张狂热的气派，所以"颇相友爱"这四个字已经是颇够分量的字眼了。青主的介绍文章在《怀旧曲》演出之前在《申报》发表，也是我经手送出去的。

又据中央音乐学院钢琴系一个女学生刘兰生提供给江定仙的一份材料说，她认识胡永馥的一个姊妹，叫什么名字可惜她已经忘记了，她说"胡永馥是湖北孝感人，在上海圣玛莉亚女子学校毕业留美。在留学期间与黄自先生同学，都在教育系。黄氏是作曲专业，胡氏是钢琴专业，大约 1925 年订婚。黄先生将他学校授给他的'品学兼优'的金钥匙送给胡氏作为纪念。1927 年初胡氏因心脏病退学回国，四个月后病殁。

"关于《怀旧曲》，胡氏回国后收集了一些素材寄给黄先生，作成此曲，并献给未婚妻胡氏。黄先生留学回国后，在上海音乐学院前身任院长期间，市政厅乐队演奏了此曲。这是此乐队首次演奏中国作品。

"胡氏病故后，黄先生非常悲痛，把一首《Largo》曲填词，改为四重唱，请胡氏的姊妹等四人在安葬时演唱。后来很长时间心情抑郁，怀念胡氏。"

这是一份难得的材料，我一字不遗地照录原文。文中说胡氏是孝感人，大概别的说法就不妨取消了。这里说她 1927 年初回国，四个月后病殁，与 1928 年 5 月 4 日出版的《清华周刊》"不幸于本年 3 月间去世"的说法不同。"黄自回国后在上海音乐学院前身任院长"是显然记错了。至于胡氏为黄自的《怀旧》提供素材以及黄自为胡氏逝世"把一首《Largo》曲填词改为四重唱"，却是未之前闻的材料。所谓 Largo 也许就是亨德尔的歌剧《塞尔斯》第一幕第一场的咏叹调《绿叶青葱》的旋律。这是后人据以改编为管风琴及小提琴独奏曲随即广泛流传的名作。而且经常有人为祝寿甚至于吊丧填上相应的歌词。可见黄自的做法也是有例可循的。

有一件事我觉得十分奇怪的是 1935 年耶鲁大学校友会 9 月 9 日收到一份从中国寄回去的调查表格，上面只有毛笔填写的两行中文，地址栏写的是"上海辣斐德路一三二五号"，服务栏填为"上海国立音乐专科学校"。其他的询问栏一律空白，没有填写的日子及填写人的签名。谨按 1935 年暑假音专从原法租界辣斐德路迁往江湾新校舍。耶鲁大学 9 月 9 日收到的调查表格照时间推算应该是 8 月填写的。黄自即使再忙，也不至于连填表的时间都没有。退一步说，黄自真的如作者所说，"忙得无法应付，而由办事员代为填写"，那么，当时教务处的工作人员是韦瀚章，他原是沪江大学的学生，难道还不懂得填写英文表格？再说，这封信是如何寄到音专的？我当时是音专的文牍，一切函件都是由邮递员直接送到我办公桌上来的，我根本就没有收到过耶鲁大学校友会的来信。而且当时的音专工作人员是连庶务都说得一口英文的，怎么会有人用毛笔填写中文的呢？真是只有看到原件方能弄清这个问题了。

关于谭小麟，我知之甚少。他来音专比较晚，我同他接触也不多。只知道他家境相当富裕，但却没有阔少爷的习气，见人总是彬彬有礼的。我在黄自家里碰到过他一次，也只是一般的谈天，没有深入的了解。因为他是广东人，应尚能有时会凑热闹说几句广东话，谭小麟则说一口道地的广东话作为示范，并拿它与普通话做比较。至于他支持创立管弦乐队，把他的住宅当作乐队的据点，以及留学之后，学了现代派的作曲法，成为兴德密特的得意门生，中国首屈一指的现代派作曲家。使人痛惜的是天不假年，只活到 37 岁就匆匆永逝了。

说到应尚能，最能显示他的个性的是 1923 年《清华周刊》二八五号那篇《同学近闻》的一段问姓的对话：

"尊姓？"

"有求必应的应字。"

不过这里最好加上一句："不是读为答应的应，而是读为应该的应。"《中国大百科全书·音乐舞蹈卷》里面"应尚能"这个词条列在"英歌"之前，也说明"应"这个姓的读音应为第一声的 Ying。

梁实秋在他那篇《记得当时年纪小》的回忆散文里面有一段话："可是我小时候嗓音好，调门高，经过测验就被选入幼年歌唱团，有一次还到城里青年会作过公开演奏会。同班的应尚能有音乐天才，唱低音，那天在青年会他涂黑了脸饰一黑人，载歌载舞，口里唱着：

It's nice to get up

Early in the morning,

But，it's nicer

to lie in bed

……

大意是：一早就起床，当然是很好，躺在床上不起来，岂不是更好。满堂喝采，掌声如雷，那盛况至今如在目前。"读了这一段记载，应尚能的憨态在我眼前也一样的活灵活现。

前一些时候，我看到一篇《中国科学社略史》，里面有一段杨杏佛的日记。记载了他参加科学社的董事会的宴会，同时解决了编辑部的人选问题。同席的人大都是一些著名的科学家如过探先、胡先骕、李仪祉之类，此外应尚能的大名也赫然入目。应尚能是在美国密西根大学学习机械工程，并得有理学学士学位，他参加中国科学社是顺理成章的，所以我对于他参加这一次聚会当时并没有怀疑它的真实性。老实说，我看过之后倒真有点如获至宝，恨不得借机会宣扬一番。这次准备为《留美三乐人》写书后，很自然的想到应尚能参加中国科学社的故事。但是考虑到要白纸黑字的写出来，势不能不加以核实。应尚能 1930 年 5 月从美国学成归国，只能是一个中国科学社新入社的社员，怎能够一下子竟然能够参加董事会的会议呢？为了准确无误，必须弄清杨杏佛的日记是属于哪一年的。于是托人上北京图书馆查阅刊登杨杏佛日记的《中国科技史料》1980 年第二辑。这一查发现杨杏佛日记写于1918 年。那时候应尚能大概刚考进清华学校，当然不可能是中国科学社的社员。那么杨杏佛日记里面的应尚能莫非是另一个同名同姓的科学家？不是的，原来我所看到的《中国科学社略史》里面的"应尚能"，在《中国科技史料》里面印出来的是"应尚德"。一个字的误植没有得到校对的改正，差一点弄得张冠李戴。这一番核实对我无疑是好比劈头泼了一盆冷水。但是避免一场错误，毕竟是值得高兴的，我因此痛感核实工作的重要。如果道听途说，不加选择地有闻必录，那是早晚会误大事的。我把这一段经过写出来，希望以后再没有别人像我这样的轻信。

原载《中央音乐学院学报》1991 年第 2 期

国歌琐谈

说起国歌，首先要提出来的问题是，中国什么时候开始有国歌，国歌又是怎样产生的？关于国歌的产生，萧友梅曾经说过这样的话："欧美各国的国歌，本来都是国民歌，歌词都是很浅近的文字（并不完全是白话体），而且没有选做国歌之前，已经有许多国民会唱而爱唱的。因为必须这样子选法，才可以得到国民大多数的同意。"这里的所谓"国民歌"，大概是从英语 folksong 译过来的，当初并没有统一的译名，青主也曾根据德语 Volkslied 译为"民间的歌"。现在则是定名为民歌了。至于说国歌都是国民歌，已经有许多国民会唱而且爱唱，那么，虽然这个"都是"有点太绝对了一些，但是多数是这样却是符合事实的。外国的如美国的《星条旗》，法国的《马赛曲》、波兰的《波兰不会亡》中国的《义勇军进行曲》，都可充当萧说的论证。

说到中国在什么时候开始有国歌，据薛福成《出使英法意比四国日记》光绪十六年庚寅五月十一日有这样一段话："又查旧卷，英外部于丁亥年咨送兵部尚书节略，询取中国国乐乐谱，以备兵丁谱奏之用。前任刘大臣照复云：'查中国乐章，译为欧洲宫商，可合泰西乐器之用者仅有一阕，名曰《普天乐》。相应将乐谱一册，备文照送查收。'按《普天乐》者，曾侯所作也。"按丁亥年为光绪十三年，公元1887 年。曾侯即曾纪泽。曾纪泽是与音乐有缘的外交官，曾为外国人讲解中国乐律。英国作曲家本尼狄克特曾在曾氏使英任内多次访问曾氏，探讨中国音乐问题，曾氏也曾多次观看西洋歌剧。据他的日记记载，他在使英任内，一有空闲就要奏乐。他会谱曲，而且能够"译为欧洲宫商"，是在情理之中的。他的《普天乐》，文中称为"中国国乐"。这个"国乐"，据《走向世界丛书》主编钟叔河在本书的旁注，说是"曾侯所制中国国歌"。查严复日记宣统三年辛亥八月初七日"到禁卫军公所，定国乐"。这个"国乐"即是清王朝短命的国歌《巩金瓯》。由此可见，"国乐"是当时国歌的名称，曾纪泽的《普天乐》因而不妨认为是中国最早的国歌，并且是传到外国去的国歌。至于国歌诞生的情况，有些国歌，例如英国的国歌，是被认为最古老的，大约从1740年起就开始唱开了。但是它的作者，不论是歌词的还是曲谱的，都是无名氏。中国最早的国歌却有歌曲的名称和作者的姓名，然而曲谱是怎样的，竟然是下落不明，可谓遗憾。

中国正式由政府公布的最早的国歌，当推前面严复日记中提到的《巩金瓯》。负责编制的人物，除了严复之外，据说还有溥侗（即有名的红豆馆主）等人，歌词是："巩金瓯，承天帱，民物欣凫藻。喜同袍、清时幸遭。真熙嗥，帝国苍穹保。天高高，海滔滔。"但是公布六天之后，武昌起义的号炮已经响彻云霄，清王朝的金瓯并没有得到巩固，"苍穹"也保佑不了这个腐朽的帝国。

武昌起义催生了以孙中山为首的中华民国临时政府。教育部在蔡元培领导之下立即为新生的共和国征集国歌。不久就有沈恩孚作词，沈彭年作曲的国歌草稿在临时政府的公报上刊登出来："亚东开化中华早，揖美追欧，旧邦新造。飘扬五色旗，民国荣光，锦绣河山普照。我同胞，鼓舞文明，世界和平永保。"这首歌名为草稿，作曲者沈彭年是留学日本，学过音乐的，还编过一本《乐理概论》，出版于1908年。这次在公报上发表出来，是希望收集众人的意见，修改为新兴的共和国国歌。由于南京临时政府让位给北洋军阀头子袁世凯，这首国歌被搁置了。但是这首歌还是起过一定的作用。据杨杏佛1927年在国立音乐院成立典礼上说："我记得从前留美的时候，有一次大会，说要中国学生出台唱一首歌。当时还没有国歌，也没有全体留美学生能唱之歌，于是赶忙把某君编成的《亚东开化中华早》一歌昼夜练习，结果还是唱得不三不四，以至听得美国人莫名其妙。"杨杏佛当时想到这首曾经准备定为国歌的歌曲，虽然唱得不三不四，总比某一次在法国的集会上各国代表都唱本国国歌，中国人却唱一段《荒山泪》好一些吧。据吴研因说《亚东开化中华早》这首歌后为留美学界所采用，大概可以与杨杏佛那次应急的歌唱挂上钩。但是吴研因说这首歌是清华学校所制，则是传闻失实的（详见王光祈的《各国国歌评述》）"。

民国二年，1913年3月，北洋政府征集国歌歌词，特函章太炎撰写，章太炎当即郑重其事地如约写成，并复函阐述制作国歌应该注意的要点："先述华夏名义，次及古今文化，然后标举改革，乃及五族共和。"词曰："高高上苍，华岳挺中央。夏水千里，南流下汉阳。四千年文物，化被蛮荒，荡除帝制从民望。兵不血刃，楼船不震，青烟不扬，以复我土宇贩章。休矣五族，毋有我界尔疆。万寿千岁，与天地久长。"

由于章太炎越来越看透了袁世凯的阴谋，公开谴责他包藏祸心，这首歌结果是好比石沉大海。直到萧友梅谱过《卿云歌》之后，也为章太炎这首歌词谱曲。因为《卿云歌》已经定为国歌，这首歌自不能称为国歌，只取歌词起句的意思题为《华夏歌》。看来萧友梅对章太炎这首歌词很是欣赏，1936 年章太炎逝世，萧友梅嘱我代拟挽联。提起这段往事，随手把这首歌词默写出来，为我拟作挽联提供了重要的依据。

章太炎的国歌歌词虽然被搁置起来了，袁世凯可并没有忘记为他"江山"装点门面，于是另起炉灶，炮制一首合他需要的国歌，通行的歌词是："中国雄立宇宙间，廓八埏华胄来从昆仑巅，江河浩荡山绵连。共和五族开尧天，亿万年。"这首歌是舆论界公认为暴露了袁世凯称帝阴谋的。想我脑筋呆钝，我实在看不出阴谋藏在什么地方，歌词不是明明白白的说是"共和五族"吗？怎么说是为帝制准备舆论呢？可是当我看到萧友梅的文章《中西音乐的比较研究》里面引用的这首国歌的谱例及《中华民国时期的几首国歌》（1991 年 11 月 16 日《团结报》第 251 号），我才顿开茅塞。原来"共和五族开尧天"这一句原文应为"勋华揖让开尧天"，难解的哑谜于是揭开了。勋华是指尧舜。尧帝名放勋，舜帝名重华。所谓揖让，肯定不是孙中山把总统的职位让给袁世凯，袁世凯引用这个典故无疑是爱新觉罗王朝让位给袁王朝。这样一来，这首歌就与筹安会等等同为袁酋称帝的得力工具了。问题是"勋华揖让"改为"共和五族"是谁搞的呢？我在小学时代就唱的是"共和五族"，《中国大百科全书·音乐舞蹈》卷里面《国歌》词条也沿用"共和五族"这四个字。如果是"洪宪"垮台后改的，那可能是彼时彼地的当事人的因陋就简。如果是袁世凯一伙自己改的呢，那就更是欲盖弥彰，作贼心虚，卑劣而又奸诈的表演了。

1919 年徐世昌总统任内，沉寂了四年的国歌问题又提上了日程。教育部为此成立了国歌研究会，接受了章太炎的提议，采取传为尧帝所作的《卿云歌》为国歌歌词，征求作曲家制谱。据说当时交卷的作曲家有王露（心葵）和萧友梅。经过国歌研究会的研究，决定采用萧友梅的曲谱。歌词共有四句："卿云烂兮，糺缦缦兮。日月光华，旦复旦兮。"萧友梅的作品入选之后，他本人也并没有为此特别高兴。他说："余本人不赞成用《卿云歌》为国歌，但对于教育部有作曲之义务。故为服务起见，勉强作成一曲。"他还深沉的说出他的希望："我想将来会作曲的人多起来的时候，自然歌曲就多，懂得用新法唱歌的人亦多，国民就会从这许多歌词歌曲当中选出一个喜欢唱的歌。到那个时候，真正的国歌就会出来了。"我们只要想一想我国国歌的历史，就不能不承认萧友梅的意见是对的。

《卿云歌》虽然没有普遍传唱，却有过一段有关它的极有意义的故事。那是在1921年，中国在法国的勤工俭学留学生以反对北洋政府秘密借款为契机，进驻里昂中法大学。中国驻法公使与中法大学负责人竟然勾引法国警察逮捕了一百多学生，其中有蔡和森、陈毅、李立三等学生领袖。为了显示他们是中国人，陈毅奋然唱起了《卿云歌》，因为国歌是代表一国人民的声音，《卿云歌》当时恰好担当了这样的角色。这大概是《卿云歌》最值得纪念的一桩大事了。

国民党政府定都南京之后，也曾策划制作国歌，并于事先公开征求国歌歌词。但是应征者寥寥无几，当然谈不上合格的作品，所以只好以国民党党歌暂代国歌。歌词是孙中山在黄埔军校开学典礼上颁发的训词："三民主义，吾党所宗。以建民国，以进大同。咨尔多士，为民前锋。夙夜匪懈，主义是从。矢勤矢勇，必信必忠。一心一德，贯彻始终。"在这首歌公布为暂代国歌之后，已经有人认为"咨尔多士"云云，是领袖对下属的谆谆告诫与策勉，与一般国歌包含歌唱者发自内心的对祖国的歌颂与热爱，进而表达自己的决心和愿望的作法是不大适应的。当时怎样评议通过，局外人一无所知。我只听萧友梅说过，评阅人中间有人认为伴奏的和声太简单，叶楚伧，评阅的主要负责人，批了这样一句话："和声另定之。"事情就此决定了。后来国民党宣传部（抑或是教育部）还分头请人另写钢琴伴奏，赵元任、黄自好像都交了卷的。如何处理可不得而知了。抗战时期国民党又通令把它的党歌正式定为国歌。民国时期各种各色的所谓国歌就这样一首一首地走到了尽头。随着中国历史新的一页的开始，中国人民才真正唱起了自己的气壮山河的新国歌："起来，不愿做奴隶的人们！"

原载《中央音乐学院学报》1993 年第 3 期

与音乐有缘的外交官——曾纪泽

雅片战争以来的清朝外交史是一连串失败的历史。其中算是争回一些领土主权的唯一的一次，是对沙俄的关于收回伊犁的交涉。当时的谈判代表（曾国藩之子）曾纪泽面对咄咄逼人的沙俄，抱着"啮雪咽毡"的决心，经过一年的折冲，终于推翻了清政府代表崇厚原订的丧权辱国的条约，收回伊犁及其附近的险要地区。所以薛福成"评论光绪初年以来出洋星使，究以曾惠敏公为第一"，并非溢美之词。这里不想对曾氏的外交活动多所论列，只想说一点他不同于一般外交官的地方，那就是他对音乐的兴趣。

他对音乐感兴趣是一贯的，他在国内的时候，出入陆军的指挥部，当时的军队"皆奏西洋军乐以相迎送"，觉得中国的士兵居然"精进如此，为之一喜"。在他的日记里面到处都有"奏阮咸、胡琴等乐，与栗弟、佐卿相和良久"，"招两弟、敬舆、继玉奏中国乐极久"，"为佐卿写'工尺'谱一折"，"摘阮良久"的记载，而且还常常写着"演俗乐良久"，"与栗弟、佐卿演俗乐极久"。更令人惊奇的是还要"听外国乐"。凭他对音乐的比较开放的态度与素养，到了外国，自然会有耳目一新的感觉了。

从他的日记里可以看到，他在伦敦使馆随身携带的乐器，除了"胡琴、琵琶与羌笛"之外，还有阮咸、笙、箫、瑟等等，在英国购置的乐器则有洋瑟、洋琴、大洋瑟与大洋琴。他所说的琴是什么呢？他的女儿是经常"弹琴"的，他日记里也反复记着他"至客厅听女儿弹琴"，可见这台琴是固定摆在客厅里的，不易搬动的，而且她有时还与"英国闺秀柏力师登姊妹"一起奏乐。英国姑娘恐怕是不会弹中国乐器的，因此这台琴很可能就是"披亚诺"，那么，大洋琴是不是就指 grand piano 呢？曾纪泽是通晓英语的——这也是清朝外交官少有的本领——把 grand piano 译为大洋琴，也可以说是顺理成章。究竟真相如何，我们只好"不求甚解"了。有了这么多乐器，当然不是摆在那里看，而是动手弹奏的。他日记里不断记着"调洋瑟弦"，"调洋琴弦"，"演西洋乐谱良久"，"试学洋琴"，"演洋瑟"。为了听管风琴，他还不止一次地上礼拜堂。如果光看他的日记，删掉那些有关呈递国书的仪节的记载，你真想不到他竟是一位外交官。

翻检当时清朝出使的外交官的日记，遇到宴会上有音乐节目的时候大都一笔带过。有点空闲去看演出，也多是看看马戏、杂技之类。曾纪泽则不然。关于白金汉宫的音乐会之类，也许是礼仪上的交往，外交官都要去参加的。他是除此之外，更多的是自己或者同使馆的外国职员一道去听音乐会或者看戏。看他的日记，今天"至海滨水亭上听乐"，明天又是"至德文舍阿观跑冰，听乐"，过不了几天，又是"至德文舍园亭听乐"，"至海滨水亭听乐良久"。至于看戏，今天记着"至攀多曼戏场观演惠定敦之剧"，第二天就记着"阅攀多曼'惠定敦'戏文歌曲"。过了数天，他"往戏场，仍观惠定敦之剧"。大概是看过戏文歌曲之后，对作品有了进一步的了解，于是"仍观"一次，才算过瘾了吧。

除了吹箫摘阮，听乐观剧之外，他还搞搞创作。例如光绪九年（1883年）九月二十日的日记，就写明"作乐章一首，兼排宫商，以为国调。……听女儿奏国调"（所谓国调，有人说是国歌，这是有道理的。他知道一个国家应该有一首国歌。他也曾向皇帝奏请制定国歌，可惜没有结果）。过了不久，日记上又记着"改正乐章"。光绪十年正月初四，又记着"写华祝歌"，并注宫商节奏。关于写乐章等等的记载还有许多，因为没有具体的题目，就不一一列举了。至于《华祝歌》，那还有一段故事。原来1884年英国开"养生会"，光绪十年五月十七日日记有这么一段："中国商人，厨役、乐工、木匠、画匠来应养生会者三十人来谒，立问数语，试令乐工奏乐，为点正之。"不久，他就请参加养生会的八角鼓班到使馆来演唱，并教他们学《华祝歌》，为之正拍良久。以后每隔几天，日记里就有"听八角鼓班奏乐"的记载。到了九月廿四日，"午初，偕（马）清臣赴养生会，与金登干商量送还书籍，交换乐器之事"。廿五日，"试养生会送来乐器，……饭后，修整乐器"。这些交换来的乐器究竟属于哪一类后来是不是带回中国？带回中国之后是不是派上了用场？他都没有明确的交代，真是不可弥补的缺陷。

对音乐的兴趣引出与音乐家的交往。曾纪泽日记里面关于与音乐家的交往的记载可不少。有时是他"至（法）兰亭家便饭，听其友翕尔马克尔弹琴，其妹爱力萨拜次歌诗良久"，有时是"兰亭偕其友翕尔马克尔来，谈极久；翕尔马克尔精于乐律，为书中国乐章数阕"，"论乐极久"；有时是"偕（马）清臣至闺秀倭乃狄处赴宴……听命妇戈登奏乐"；不久，"清臣之儿女求听中国音乐，为吹箫、摘阮良久"；有时"偕清臣赴娜尔蛮罗古雅家茶会，有客海白沃尔此狄格师恩，问中国古今乐器、乐律甚详，为之画图而演说之"。这使人记起他在上海的时候，同美国领事的谈话。"贝礼问中国五声、十二律吕之分，与历代八音器具沿革异同，为举大端以告之……因求余为书编钟、编磬、镈钟、特磬、箫管、笙簧之名，且绘变宫、变徵以备旋宫之图，以中西名字兼注之"（这一段不见于台湾影印本《曾惠敏公手写日记》，现据《使西日记》及《曾纪泽遗集》转录）。到了英国，依然积习难忘，既"为之画图而演说之"，半月之后，又"写乐章数篇以示英人之谈音乐律吕之学者"，真可谓乐此不疲了。

说来惭愧，上面提到的那些人名多数揣摩不出它的原文，有些知道原文是什么，却又在音乐词典上对不上号，只有那个太常乐卿久列司本乃狄克肯定是 Sir Julius Benedict（1804—1885）。他 1835 年从德国来到英国，他自夸韦柏待他不仅像一个学生，而且简直就像对待儿子一样。他曾任"女王陛下"剧院的乐队指挥，1871 年封为爵士，曾纪泽称他为"太常乐卿"是颇有分寸的。克涅普勒在他的《十九世纪音乐史》里面也说他"作为成绩卓著的作曲家和指挥"在英国生活了 50 年之久。他每次拜访曾纪泽都"谈乐律良久"，或"谈乐极久"，有一个时期甚至是每一星期要来一次。记得黄公度在他担任驻日使馆参赞的时候，曾有"海外偏留文字缘，新诗脱口每争传"的诗句，换在曾纪泽身上倒不妨改为"海外偏留音乐缘"。可惜的是他的日记过于简略，我们无从知道他们谈论的内容。不然的话，那可为中西音乐交流史添上精彩的一页哩。

原载《音乐天地》1986 年第 10 期

乾隆宫廷音乐中的洋玩意

　　中国历史上的最高统治者有相当一部分，民间是流传着他们的一两首诗歌的，从传说的虞舜的《南风歌》起，汉高祖刘邦有《大风歌》，汉武帝刘彻有《秋风辞》，到魏武帝曹操的《蒿里行》，即被沈归愚称为"借古乐府写时事，始于曹公"。此外如"老骥伏枥，志在千里，烈士暮年，壮心不已"等等更是脍炙人口的名句。稍后如唐明皇李隆基的音乐，南唐后主李煜的词，宋徽宗赵佶的画均不愧为一代名家。当然，他还有一首词《宴山亭·北行见杏花》是传诵千古的名作。不过，这些作者都是如苏东坡所说，"但常行于所当行，止于所不可不止"，并没有要当音乐家、诗人或画家的野心。只有清朝那位乾隆皇帝弘历才显得是有意留名，到处题诗刻石，偏偏才华又与他的名位极不相称，从而流传着一句略带贬义的考语："乾隆遗风"。陈寅恪还因读到他的诗集领悟到纪晓岚"批评古人诗集辄加涂抹，诋为不通"，未必真是那么狂妄，而是有所为而发，其意若曰，连古人某某我都敢说他不通，你纵然是皇帝又能算老几！？

　　也像他搞十全武功一样，乾隆居然也想占领文艺的所有阵地。除了写诗之外，他还在古人的法书和绘画上面留下不少御笔的题跋，音乐方面虽然没有像书画那样有实物保存下来，公私记载也很少这一类的材料，但也仍然可以从侧面了解到一些。例如乾隆六年十一月初二，张照曾有一份奏折写明："臣问得西洋人在京师明于乐律者三人，一名德理格，康熙四十九年来京；一名魏继晋，乾隆四年来京；一名鲁仲贤，今年十月内新到……考其乐器，大都丝竹之音居多，令其吹弹，其音不特不若大乐之中和，较之俗乐更为噍杀促数。但德理格能以彼处乐器作中国之曲，魏、鲁二人倚声和之立成，可知其理之同也。"接着他更就音阶的进行与中国的宫商角徵羽及变徵变宫做比较，认为"声音之道，无间中西，特制器审音不相侔耳"。

　　张照的奏折大概不是主动提出来的，而是奉旨查询之后，就查询结果据实启奏的。但是乾隆之所以查询音乐情况，并不是像康熙那样自己要求学习西洋乐理和演奏西洋乐器，而是要利用这些西洋乐人组织一个演奏班子。据后一年"司库白世秀、副催总达子将西洋人鲁仲贤认看得大拉琴一件，长拉琴一件持进，交太监高玉呈览"，得到了批示："西洋人会弹，即令伊等交（教）内庭小太监学习……钦此。"四天之后，司库白世秀、副催总达子又报告太监高玉等交来琵琶一件，弦子六件，小拉琴十件，长拉琴一件，西洋箫大小八件，斑竹板三块，笙一件，于是"传旨：着交西洋人认看，收拾得时即在陆花楼教小太监"。还有一次，白世秀又将象牙笛四件，铁丝琴一件送上来。可见是连续闹了一阵子。至于这些乐器究竟是什么东西当然只能猜测。大拉琴、长拉琴、小拉琴大概是拉弦乐器。如果只有大拉琴和小拉琴，那么认定它是大提琴和小提琴，虽不中不远矣。可是长拉琴呢？难道能是低音提琴吗？不知道。琵琶是什么呢？吉他？琉特？难说。西洋箫大概是单簧管、双簧管、英吉利管之类吧。斑竹板是不是响板呢？铁丝琴是钢琴还是竖琴呢？都没有把握说清楚。记得披雅娜定名为钢琴之前，除了沿用日本的译名洋琴之外，也有人管它叫钢线琴的。

有这样一批乐器，要多少人来担任演奏呢？据《各作成（承）做活计清档》，乾隆十四年十一月二十六日，"七品首领萨木哈来说，太监胡世杰传旨：……西洋乐人十四名着做衣裳十四份……"［另一份档案又说，十二月初八日……"西洋乐人的靴子八双着武备院成（承）做］，是原来的14人减为8人呢，抑或是另一批西洋乐人呢？总之，减员也罢，另外一批也罢，人数终归不会很多，那是可以肯定的。因此，这班乐人只能是一些独奏和重奏的人员，谈不上是管弦乐队。至于这里的所谓"西洋乐人"是指西洋来的乐人呢还是奏西洋音乐的人呢。如果都是西洋来的乐人，那么，那些由西洋乐人培训出来的小太监呢？是不是由于档案不全，所以成为疑案了呢？据那些档案记载，八双靴子之外，还有"扎中八顶，随髯八口"，如果这些真是当时西洋乐人的"演出服"，那可真是够好看的了。大概是皇帝陛下对什么花部、雅部，月令承应已经觉得腻味了，所以要闹一点洋玩意来寻寻开心吧。

乾隆年间音乐里真正破天荒的大事也许应该算是演出意大利匹钦尼的歌剧《切奇娜》。阿尔弗列德·略文柏格编著的《歌剧系年》据匹钦尼的第一个传记作者P. L. 久根内的报道，1778 年（乾隆四十三年），亦即《切奇娜》在罗马首演十八年之后，意大利耶稣会士曾在北京中国宫廷演出了稍作改动的《好姑娘》。匹钦尼这部歌剧原先题为《切奇娜，一名好姑娘》。可是说来也怪，这部歌剧演出的时候，有的地方直接使用意大利原文《好姑娘》，有的地方采用女主角的名字题为《切奇娜》，有的地方甚至改名为《认回来的男爵公主》。按意大利文 figliuola 这个字兼有"女儿"和"姑娘"两种意义，平时演出以至历史的记载一般都写意大利原文，但是译为中文就不能含糊了。我们过去通常译为《温顺的女儿》或《好女儿》，是不是确凿无误呢？幸亏在达姆施塔特演出的时候，德文译为《Das gute Mädchen》，这才解决了这一个疑难，译为《好姑娘》该是不会错的。还有一个问题就是 Cecchina 的译法。这个名词的前面有一个阴性的冠词 La，切奇娜应否意译为什么才合适。于是查《意汉词典》，其中没有 Cecchina，却有 Cecchino，义为猎手。当时恰巧萧友梅先生的哲嗣萧勤世兄从意大利回来探亲，我趁机向他请教，他说 Cecchino 是猎手，Cecchina 就是女猎手。字义明白了，但是剧中人是不是女猎手呢？这就要查阅它的本事。不凑巧，现有的歌剧指南一类的书籍都是以现在还有没有舞台生命的作品作为取舍的标准，即使是柯贝那本题为《歌剧全书》的新版，也只是叙述格鲁克与匹钦尼的两派"搏斗"的时候才提到匹钦尼的名字。虽然《歌剧系年》还提到 1928 年为纪念作曲家二百周年诞辰，曾经在他的故乡巴里把这部歌剧重新搬上了舞台。好在皇天不负苦心人，我终于在威尔纳·欧尔曼的《四百年间的歌剧》里面找到了有关《切奇娜》的比较详细的介绍。《切奇娜》这部歌剧是以女主角的名字命名的，这部歌剧全名应为《切奇娜，一名好姑娘》。它的脚本是《一仆二主》的作者哥尔多尼根据英国作家理查逊的长篇小说《帕美拉，一名美德受到了奖赏》改编的。匹钦尼就在十天之内一口气谱写出来。初在罗马首演就引起了轰动，一直占领舞台三十多年，是匹钦尼生平所作 127 部歌剧之中最成功的一部。内容是说一个侯爵公子爱上了他的女园丁切奇娜。正当向她表示殷勤的爱慕的时候，切奇娜却羞怯地躲开了。公子向切奇娜的女伴表白了他的心事，希望得到她的帮助。不料那个女伴竟妒火中烧，向公子的姐姐打了个小报告，揭穿了他的秘密。姐姐认为这是玷辱了她家的门楣，于是起来反对，当面数落切奇娜，说她那奴婢的身份，不配做侯爵公子的夫人。切奇娜满肚子委屈，认为那是公子自作多情，她自己可没有向上爬的意愿。她气忿不过，决定出走。公子痴心不死，四出寻找，半路上遇上一个德国兵，说他是奉长官的命令来寻找约莫 20 年前在一次匆促的撤退中失落的女儿，女儿名叫玛丽安德尔。公子和那个德国兵走到了一簇树林，切奇娜正好躲在那里。士兵一边走，一边呼唤玛丽安德尔这个名字。切奇娜在睡梦中仿佛听到一个熟悉的名字，引起了她的回忆，于是喃喃自语，透漏了她父亲的名字。士兵抓住机会，对她进行询问，经过双方反复的问答，逐渐弄清楚切奇娜的身世，并从切奇娜的胎痣确定了切奇娜正是玛丽安德尔。公子大喜过望，以姐姐为代表的反对这桩婚事的理由再也站不住脚了。于是举行婚礼，皆大欢喜。这段故事对我来说是来之不易的，我们平时也很少有关这部歌剧的介绍，趁这机会多说几句，也算是烧冷灶的意思吧。

耶稣会士演出这部歌剧得到了乾隆皇帝的许可，并特别指令组织一支乐队配合歌剧的演出，同时特别搭建一座舞台，并按剧中各个不同的场面制作相应的幕景，以便尽量做到绘声绘影，既能悦耳，又能醒目。这在中国戏曲史上大概也算得上是前无古人的盛况吧。其实岂止是前无古人，恐怕在文明戏兴起之前，中国演戏也不曾有过这样的布景。

乾隆皇帝闹这样的洋玩意是与他生平好大喜功的脾性相契合的。可惜他对西洋音乐究竟缺乏真正的了解，所以热闹过一阵子之后就冷落下去了。中国有一句老话叫做"对牛弹琴"。本来牛的本分是耕田，不懂得欣赏琴的妙处是不足为奇的，弹琴人向牛觅知音，那是他找错了对象。现在是乾隆皇帝自己充作内行，去找弹琴的人来凑趣，那么，这一幕对牛弹琴的喜剧自然应该由牛负责了。至于这一次自上而下的提倡西洋音乐，只是宫廷之内的一番耍乐，与老百姓是毫不相干的。就当时社会的实际情况而论，洋化是已经有了点苗头的，连琉璃厂的元宵灯景也开始有了洋化的迹象了。鲍鲹的元宵逛厂甸诗就有"岁岁灯棚变新式，鳌山结撰到西洋"的句子。《红楼梦》是有不少洋玩意的：西洋的时辰钟，俄罗斯的雀金裘，西洋贴头疼的膏药叫"依佛哪"，还有西洋珐琅的黄发赤身女子，两胁又有肉翅的安琪儿，可就是没有"披雅娜"、"维奥琳"一类的乐器。纪晓岚学贯天人，见多识广，他的《阅微草堂笔记》记有朱子颖用"西洋远镜"眺望千仞高峰的故事，大学士杨公有购自"洋舶"的带钩，某和尚把洋画看作天女散花图，却有士人出来纠正和尚的错误，说这是"西洋界画"。纪晓岚还知道"凡物远视必小，欧罗巴人所谓视差也"。他甚至想到"地球圆九万里，径三万里，国土不可以数计，其人当百倍中土"，因而引起他"何游冥司者所见皆中土之鬼，无一徼外之鬼"的疑问。可惜他也与曹雪芹一样，这两位百科全书式的人物，都没有提到过西洋音乐。也许是提到了我不知道。可见西洋音乐当时是谈不上什么社会影响的。

原载《音乐研究》1990 年第 1 期

近代中国人笔下最早的西洋音乐剧作

中国人接触西洋歌剧，从远处说可以追溯到乾隆年间。时为乾隆四十三年（1778），或者更早一些，意大利的耶稣会教士曾经得到乾隆皇帝的恩准，在紫禁城演出匹钦尼的歌剧《好女儿》。不过这只能算是偶一为之，真正看到道地的西洋歌剧（或舞剧），那是在鸦片战争之后出国人员聘问欧美的时候。

就我所知——当然只是就我所知——近代中国人最早报道西洋歌剧的是张德彝。张德彝先后八次出国，最后做到出使英国大臣。他关于歌剧的记载有如下各条：

同治七年（1868）闰四月二十二日（在华盛顿）"往宽街大戏园观剧，所演系俄罗斯伯多罗王在荷兰学铁木匠，功成回国，百官来迎，荷兰始知为王故事"。

同年五月初六，（在纽约）"薄暮入城，至一戏园，是夕所演系法朗西之戏文，出名《格郎局西》，译言'大公爵夫人'也。见有少女，首冠盔，手持剑，往来歌舞如旋风，转喉如娇莺，体如飞燕，楚腰一捻掌中擎，悉不过是也"。

同治十年（1871），八月二十四日（在巴黎）"入格朗戏园观剧……所演者一人年近六旬，意欲还童，乃登山采药。正在松下寻觅间，忽来一鬼，……乃使其须落黄，面腴神足，变一风流少年……且言久有爱而不得，鬼遂领去见女……"

光绪五年（1879），九月二十七日，（在彼得堡）"桂冬卿邀往麻林斯吉戏园观剧……所演系俄三百年前事：俄被波兰征服，有一小王子出奔，当波人追觅时，遇一老农名苏萨年，……波兵以伊知王子所在，乃入其家，勒令导往。苏初不允，继而慨然诺之，暗令其子急驰告警……苏引众兵步行一昼夜，入旷野森林，距王子已数百里。兵既力疲，又值天冷，大雪烈风，众兵举刀追问，苏谅王子必闻信而逃，乃大声急呼曰：王子所居，我亦不知，今领汝等至此，不过少延以令之逸耳，而众兵怒，杀之……"

根据作者的叙述，在华盛顿所看到的应是洛尔青的《沙皇与木匠》，在纽约所

486

看到的《大公爵夫人》则是奥芬巴赫的作品。在巴黎所看到的老人返老还童追求少女的故事大概就是古诺的《浮士德》，至于那个苏萨年无疑就是苏萨宁，歌剧的作者即格林卡。如果张德彝要译出这出戏的名字，那么也许会译为《为皇捐躯》，因为这是旧俄通行的名字，各国早年出版的音乐史和音乐辞典也总是这样称呼的。

光绪四年（1878），李凤苞出使德国，在格林童话的故乡看过《睡美人》，他的记述是公主遇邪"暴卒"，百年睡醒，他理解为"复活"，并说"极似《牡丹亭》事迹"云云。应该指出的是，他所看到的并不是柴科夫斯基的舞剧。因为柴作 1889 年才完成。至于用这个题材写作的歌剧前后不下十部，但都没有能占领舞台，这里也就存而不论了。

清朝外交官既通外文，又懂音乐的应推曾纪泽。可惜他有关音乐舞台作品的记载并不多，他在伦敦看到的一部歌剧的情节是："所演为丹国某王弑兄，妻嫂，兄子报仇之事。"那无疑是哈姆莱特。他并没有说是莎士比亚的作品，那么也就有可能是妥玛斯所作的歌剧。妥玛斯的歌剧首演于 1868 年，曾纪泽看戏的时间则是 1879 年，按事理说是可能的。他看过的另一部作品是"歙刻司搶儿所编罗萨邻之戏"。这一次他说明是歙刻司搶儿之戏了。莎翁作品中名为罗萨邻的女主角见于《皆大欢喜》。如果是演话剧，似乎不会称为罗萨邻。莎翁的作品改编为歌剧的也不少。但是我查遍《歌剧系年》，找不到一部与罗萨邻读音相近的作品。陶厄尔的《歌剧目录辞典》里面倒有一部歌剧是名为 Rosaline，但是作者拉托却是名不见经传的，书中对他的国籍和生年都只打了个问号，是不是以莎翁作品为底本也不得而知，所以也无从深究了。

可以肯定是什么作品而又不会弄错的是《天鹅湖》，虽然当时译的是比较文雅的《鸿池》。中国人最早看到它的是使俄大臣王之春。时间为光绪二十一年（1895），那是《天鹅湖》经过伊万译夫和彼季帕合作重新处理获得成功之后，王星使的眼福真是不浅。不过他只是说看了这部舞剧；到了 1905 年杨宣治看过之后才介绍了剧情："有某国太子求亲他国，天帝遣仙女为偶，化为鸿雁，侍女五六十人，衣羽衣，为旋风舞。有妖化鸮鸟，欲强偶储君，其从亦数十人，衣黑衣，极尽变态。……乐者百余人，其声彻霄拔地……"

另外一个介绍了西洋歌剧的是参加光绪三十一年（1905）"五大臣出洋"的戴鸿慈。他没有说明看的是什么戏，据他介绍的情节无疑是《罗密欧与朱丽叶》："有某女郎者，与某男子相悦……属以小故，两家争斗……于是婚事万不能就矣。……惟女郎已受教某牧师，预服迷药，宴会未毕，卒已兰摧……男子闻之，出狱往视……当服毒药，拟死坟前……初女子所授药牧师，先与期睡三日当复活……而男子自以先服毒剂，无可挽回，奄奄待毙，女子情急，亦即引刃自戕，一双男女并命俱死。"照时间推算，他看的应该是古诺的作品，地点是巴黎。另一部他在伦敦看到的戏，照他所叙述的内容看应是《灰姑娘》："法人某甲者妻蚤死，遗一女……甲后续娶，其继室亦孀妇也，挈其二女以来。一日亲友宴会，……然后母只偕所生女往赴，而女独不与……已而启会，歌舞尽欢……于时跳舞人中，仿佛见此女翩翩起舞，容态若仙。王子睹之，心目为醉。……未几合舞，女郎倏忽不见，遗履……王子爱取其履，悬赏求购……于是天与机遇，遂成眷属。"照演出时间推算，很可能是马斯内的作品，因马剧作于 1899 年也。

当然，出国人员所看到的音乐舞台作品远远不止这些。由于有些只讲情节，猜不出作品的名字，有些只讲戏名，又苦于查不出是哪一类作品，更无从知道作者的名字，所以只能列举一些比较熟悉的而已。

值得注意的是戴鸿慈看戏之后还发了一通议论："吾国戏本未经改良，至不足道。然寻思欧美戏剧所以妙绝人世者，岂有他巧？盖由彼人知戏曲为教育普及之根源，而业此者又不惜投大资本，竭心思耳目以图之故。我国所卑贱之优伶，彼则名博士也，大教育家也；媒词俚曲，彼则不刊之著述也，学堂之课本也。如此之安怪彼之日新而月异，而我乃瞠乎其后耶！今之倡言改良者抑有人矣，顾程度甚相远，骤语以高深微眇之雅乐，固知闻者之唯恐卧。必也，但革其闭塞民智者稍稍变焉，以易民之视听，其庶几可行欤？"

这样的话由 80 年前一个封建官僚说出来，应该说是难能可贵的，也算是出洋考察的一点收获吧。同那些替清王朝打马虎眼的"预备立宪"的空话比较起来，也似乎更有些历史意义。

原载《音乐天地》1987 年第 12 期

近代中国人最初接触西洋音乐的反应

　　说起中国人接触西洋音乐，正如八股先生叠床架屋般所说的，"久矣夫千百年来已非一日矣"。问题是过去的接触是西洋人送进来的，他们送来什么，我们就接收什么，没有选择的余地。现在所说的则是中国人走出去，到西洋音乐本土去做"顾曲周郎"，可以要什么，拿什么。不过那些走出去的中国人的目的并不在于音乐，他们接触西洋音乐并不是要什么，拿什么，而是人家提供什么，他们就接受什么。每个人所接受的并不相同，只能限于所接受的一部分。因此他们的收获都是零碎的，而不是系统的，加以他们并不是名副其实的"周郎"，他们的理解只能是浮浅的，甚至于是不得要领的。好在他们去的人多，接触的机会多，接触的面广，把他们的记载综合起来，我们也就约略可见当时西洋音乐的面貌，因而也可算是一代的文献。所谓慰情聊胜于无也。

　　由于音乐，一般被认为是看不见，摸不着的，乍一听难免摸不着头脑，所以他们首先感到的是乐器的新奇。据斌椿《乘槎笔记》的说法则是"乐器形状奇诡"。如何奇诡，他没有说。但是像鼓、笛、喇叭，这是就其所见与我们所固有的作比较，用了我们所熟悉的名称。至于我们所熟悉的乐器的差异，据张德彝说，"有喇叭，圆圈如蛇之盘"，这大概是指圆号，又有直译为"法国号"的。"又有洋笛长二尺余者，一身皆孔，孔边有铜盖，吹时亦以指按之"，这无疑就是长笛，值得称道的是他观察得相当仔细。如果遇到我们所没有的乐器则拿我们类似的乐器的名称加在它头上，如木管乐器称为胡笛，拉弦乐器称为胡琴之类。如果我们根本没有类似的乐器，他们就描摹其形状，如三角铁，张德彝称为"三角响"，"系以钢条造成三角，每边长约三寸，周逾五分，以四寸长之铁条击之，随鼓敲打，音调铿锵如方响"。

　　张德彝又介绍过一种乐器，"若勺形，长有五尺，约数弦，轻拨慢抚，声音错杂可听。后则抹而复挑，大弦嘈嘈，小弦切切，雅有浔阳琵琶之趣"。他说是日耳

489

曼人所奏，那么，大概这是与琉特同一族类的拨弦乐器，德文原名 Laute。奇怪的是他描写的"一女拽洋箛，葫芦形，三弦，有柄，置于项上而拽之。一人拽大胡箛，三弦，长约七尺，其音如锣如鼓，别成音调"。按说箛是管乐器，这里却说三弦，而且是置于项上而拽之，这明明是小提琴的演奏方式。大概他对乐器的分类并不了解，只把箛作为乐器的统称，所以才出现这样的误会吧。至于所谓大胡箛，与前面提到的洋箛，同样是三弦，这大概是他没看清楚，把四弦误为三弦。如果以此类推，它可能就是大提琴。这是两人合作的弦乐二重奏。

张德彝又叙述过他"至一乐馆，见男女二人，一弹大琴，一弹大胡箛。甫出，众皆击掌呼好，二人和音而弹，众愈齐声赞好，称为妙手。惜明等不知其妙，为之怅怅"。这可能是一场独奏音乐会，大琴是钢琴，大胡箛是大提琴，这是大提琴独奏，钢琴伴奏，也可能是大提琴与钢琴合奏的奏鸣曲。他又曾在某人家中听一男二女奏乐，弹琴拽胡箛，这又可能是三重奏了。张德彝形容钢琴，称为"琴大如箱，音忽洪亮，忽细小，参差错落，颇觉可听"。

还有一种加以形状描写的乐器名曰"葫芦形月琴，如日斯巴尼亚者"。日斯巴尼亚是西班牙国名的原文 Espana，所以这可能是吉他。

此外还有两种音译的乐器，一曰"戛斯达那"，作者说它"如中土之拍板，二小块形如匙者，或象牙或硬木为之，结绳长八九分，按以中指，轻敲细拍，声调协和，日斯巴尼亚人于跳舞时，多用此以代琴之节奏"。这无疑就是响板。"戛斯达那"是 Castanets 的音译。另一音译乐器名"凯塔得木"，作者说是铜鼓"圆形如磬，围以彩穗，支以铁架，击以木槌"。这"凯塔得木"应该是 Kettledrum 的音译。这里的所谓磬，并不是我们习见的倨句形石磬，而是古代的仰钵形坐磬的磬。我们现在通译为定音鼓。

这样流水帐般把我们先人所见的乐器凑在一起，拉弦乐器，木管乐器，铜管乐器及打击乐器，差不多都各占一份了，也就是说，管弦乐队的各种乐器都基本齐备了。当然，我们的先人也没有遗漏乐队。张德彝曾经描写过这样一个乐亭："正面一台，约二十余人，有坐有立，各持乐器，或吹或弹，中立一人，指画工尺，以调音韵。"这无疑就是乐队的演奏，中立一人显然是主宰一切的指挥。"指画工尺，以调音韵"，还是颇得修辞的奥妙的。

说了大半天，还没有说到那庞然大物的乐器——管风琴。许多人都看到了，看过之后，都诧为天下之巨观。无以名之，于是称为"天琴"，或笼统地说大洋琴或大风琴。郭嵩焘还记下它的读音，原名"阿尔赓"，头一次只形容它"其声如鼍鼓鲸钟相杂，殷殷然洋溢充塞庭院之中"。第二次看得比较仔细，"始知琴旁皆设机器，鼓琴引其机器纳气管中，若笙若笛，若钟若铙，赴声应节，铿锵满屋，惟旁一人推引风箱，纳气入之琴房，以供其嘘吸"。于是极叹"其用之巧"。张德彝又另有一番叙述："……大风琴一座，高四丈，宽二丈五尺，木质花梨，上竖钢筒四十六，高一丈五尺，周三尺，内藏小筒数百，下坐一人，以四肢鼓之，则机动风生而响发矣。其声大如雷鸣狮吼，其声小如凤啸龙吟……此楼高逾八尺，广十二楹，而琴声令梯板震动，于此可见琴之大矣。"此外李圭在费城，美国立国百年大会，又称"赛奇公会"所见德国送往参展的大洋琴，所描写大同小异，不赘述。只录其身历的一段："琴师甚文雅，偕观之，特为圭再鼓一曲。惜非知音人，未免辜负美意耳。"看这一段话，可见他比较没有夜郎自大的思想，表现了平等待人的风度。

从这些记录看，他们大概都不知道北京宣武门天主堂早已有管风琴，也不曾读过赵瓯北听管风琴的五古长诗，所以看到管风琴都感觉新奇了。

使我们的出国人员感觉新奇的，还有外国的各种演出。据张德彝的记载，在丹麦曾至一园，"内极广大，山水花木，台榭桥梁，有女曲园，跳舞台，乐亭，戏馆，球厂及自行车，自行人，马戏，秋千，放枪等艺"。看当时他们的笔记，以看马戏的为最多，因为一目了然，不需要任何解释。看戏就不同了。关于看戏的记载，就他们所介绍的情节，推测舞台上演出的剧目，我以前已经写过一篇文章《近代中国人笔下的西洋音乐剧作》，这里不再重复，只摘录一些有关声乐的叙述。声乐只凭人本身的嗓子，不像器乐那么多样，差别只是或男或女，或人多人少，比较特别的也许只有合唱。关于合唱的叙述，郭嵩焘曾说"三月三十日传为耶稣十字架被刑之日，多曰哥弗来兑（英文 good friday 的音译），……是夕阿什伯里约赴罗亚尔阿剌伯哈纳（皇家阿剌伯纪念堂）乐器馆听音乐。……歌者数百人，聚听者万人……"

那天晚上张德彝也陪同前往，他记载得比较详细："当晚作乐者百余人，其器多琵琶、胡笳二种。左立歌女著白衣，肩披绿带者150名，右立歌女著白衣，肩披红带者亦150名。又正中左右共立男女歌唱者千余名。"看样子很有点像是在演清唱剧，但是没有领唱，是不是忽略了呢？总之即此已经可以看到大型声乐套曲的演唱了。

此外还有提到听音乐会，"歌者八人，六男二女。其声清巧，其韵娇柔，听之令人心醉，虽郑卫之音不过是也"。说是郑卫之音，究竟是贬辞呢，还是赞辞，那就只好存疑了。别人的记载大同小异，也不清楚是重唱还是独唱，反正没有特殊的描写，不多说了。倒是有关演剧和剧院的气派是教我们出国人员大开眼界的。

张德彝《随使英俄记》有这么一段话："伦敦大小戏园共 37 处，除礼拜日关闭外，每日西正开门，戌初演戏，夜半子正或丑初散场。终夜一出，分三四节，各班所演不同，有唱而不白者，有白而不唱者，有演掌故者，有演小说者，有歌时曲者，有作时事者，有跳舞者，有卖艺者，有故作神仙山海禽兽怪状者，有说笑语，演杂技以悦儿童者。虽演国家故事，无论真假，一概不禁。每班初演报官，经司礼院大官当场考验，必无妨国体，败坏风俗，惑乱人心者，方许登场。"这段话说得够清楚了。所谓"唱而不白"者，是指歌剧，"白而不唱"则是话剧，没有疑问。这里要补充一句，张德彝当时还发现了一个"舞而不歌"的剧种"名曰芭蕾塔"。但是他所作的解释"义亦跳舞也"，则是有缺陷的，应该说是舞剧。

关于演出的消息，是于前一日在报上公布演出的剧团和剧目。一般只演一部，或半月或二三月再另演新戏。戏票也由市上的小铺代售，其价稍昂，那是所谓另加手续费。碰到名作或名角，就要预先订票，因为临时会买不到票的。

演戏是"通宵只演一事，分四五六出，每出将终，垂帘少歇。……演戏者男优扮男，女优扮女，……演至妙处，则众皆击掌叹赏曰："卜拉卧！卜拉卧！……若优人下场，众皆爱之，可再击掌唤回，其人必免冠鞠躬，再谢而去"。关于剧场秩序，则指出"无茶酒，戒吸烟与喧哗，若唱时有彼此聚谈，则别者作思思之声以止之"。这种场规的描写，大概是作者在国内见过台上演戏，台下送茶水、抛手巾的种种混乱状态之后特别感受深切的吧。

对于演员的技巧，李圭说过这样的话："优人之技，亦多出人意表。惟恐不曲肖，此所以无不曲肖也。方之他国，亦称奇妙绝伦。"这是他在巴黎看过演出之后得出的结论，应该说是比较不带成见的。但是最使得他们惊叹的则是舞台布景的精巧。张德彝说："其戏能分昼夜明暗，日月电云，有光有影，风雷泉雨，有色有声。山海车船，楼房间巷，花树园林，禽鱼鸟兽，层层变化，极为可观。"戴鸿慈则说："西剧之长，在图画点缀，楼台深邃，顷刻即成，且天气阴晴，细微毕达，令观者若身历其境，疑非人间。叹观止矣！"这是他 1906 年初在纽约说的，三个月后，他在柏林所见却又是一番景象："戏场中有电光一束，忽而云树苍茫，忽而海波荡漾，间作海底景物，鳞宫贝阙，蛇女鲛仙，五色纷披，十光灿烂。前见电光诸戏，以为奇诡，今又过之。电学之发明，日益增进，剧场其一端也。"作者说这些话的时候，已经进入 20 世纪，所以他比他的前人对技术的发展有了进一步的认识。

以上所说是关于演戏的，音乐会则又有一些新物事。张德彝说："奏乐歌曲，分为二场，有印成乐单，上开头、二场每节何人唱何曲，作何乐。头场作毕，则男女客皆下楼，入饭厅，饮茶酒、食果饵。客有一场即去者，有待两场毕而后去者，然鲜有听半场欲去而乱客座者。"这里所谓二场，其实是音乐会的前后两部分，中间稍作间歇（Interval），即书中所谓下楼"饮茶酒，食果饵"的时间也。

欧洲一些有名的戏院在清国贵宾笔下也留下了它们的名字，例如科文特花园剧院，郭嵩焘、张德彝都在这里看过意大利歌剧。郭嵩焘60寿后，使馆同人也请他上科文特花园以示祝寿之意，郭嵩焘记下演戏的地方为罗亚尔刊温达戛敦（Royal Covent Garden），张德彝则意译为"幽雅园"。

俄国戏院之大者，张德彝称之为"巴立帅"，实即俄文"大"的音译。我们平时熟悉的俄国大戏院首推莫斯科的大剧院，即音译为"巴立帅"者。但是张德彝所说的"巴立帅戏园"却不是属于莫斯科而是圣彼得堡的。因为张德彝介绍巴立帅的时候说它是俄京的四戏园的"至大者"，当时的俄京是圣彼得堡。

在俄国张德彝还发现了"有包卖票者，其价稍昂，每遇新异戏文，著名角色，其人获利尤丰"。但这是不合法的，所以政府下令："凡包卖戏票人被获，先罚五十卢布，纳讫，囚禁半年。"可见我们认为可憎的那些黄牛党之流在俄国早已出现了。张德彝懂外文，能看到各种报刊，他的游记的内容较之那些大官的笔记远为丰富，大至巴黎公社，小到避孕套，都留下了真实的记录。

在纽约有关于纽约市大剧院（New York Hippodrome）的记载，Hippodrome源于希腊文，意为跑马场，后来转为马戏场以至戏院。戴鸿慈曾述其沿革曰："此院旧为马戏而设，至前岁渐益推广始行竣工。……座位凡分三层，……剧场宽广，每二百余人同时并出。"戴写这些话的时候是在清光绪三十二年（1906），大都会歌剧院还远没有动工。卡内基音乐厅主要是用于管弦乐团的演出的。听音乐会大概对当时的出国人员是没有缘分的，所以就没什么记载了。

最使我们的出国人员惊叹的戏院应推巴黎歌剧院，郭嵩焘、黎庶昌、李圭都有关于它的特别的记载。郭嵩焘称"普法交战后，继之以内乱，巴黎宫殿皆至残毁，乱甫定，即修洼伯亥戏馆，费至五千万法郎，国家仍岁助经费八十万法郎，去岁又开修直道为经途，亦可谓豪举矣"。黎庶昌则称"巴黎倭必纳推为海内戏馆第一。壮丽雄伟，殆莫与京"。李圭亦称"铺设富丽，实为寰宇第一"。至于具体的描述应推黎庶昌《西洋杂志》所记为详细："其馆创建于一千八百六十一年，成于一千八百七十四年。国家因造此馆，买民房五百余所，费价一千零五十万法郎，一律拆毁改造，以取其方广如式。馆基一万一千二百三十七建方买特尔，深十五买特尔。"正面两层，下层大门七座，上层为散步长厅。后面楼房数十百间，为优伶住处。望之如离宫别馆也。长厅之内，阶层栏柱皆白石及锦文石为之。中间看楼五层，统共二千一百五十六座。其第一层附近戏台两厢，专为伯理玺天德、上下议院首领座次，余皆官绅论年长租。非由官绅送往，无从得其照票。上四层座位，始由馆主租售。戏台后亦有长厅，为演戏者散步之所。优伶以二百五十人为额，著名者辛工自十万至十二万佛郎，编戏填词者，每演一次取费五百佛郎，至四十次后减为二百。国家每年津贴该戏馆八十万佛郎。可以知其取资之宏富矣。"文中所称"洼伯亥"、"柯巴辣"、"倭必纳"均为 Opera 的音译，实为同一机关，"伯理玺天德"为总统的音译，"买特尔"为米突的音译，现在简称为米。

以上云云基本上是他们看到什么就写什么，但人是有思想的，他们是读书人，读四书五经长大的。看到什么总不免要凭他们的知识发发议论。虽然他们不是音乐家，肚子里还是装有一套制礼作乐的理论。现在到了外国，看到了一些新奇的事物，当然也会有他们特别的看法的。例如戴鸿慈在瑞典京城"观土人跳舞式，男女各三，彩服登台，乐工三人奏土乐，以步节次。又以一男两女，作回旋、扶肩、交手诸式，移时乃已。因思跳舞之礼，我国苗瑶尚多有之者。欧人去狉榛未远，岂习用其俗而不变耶？"这就是硬拉硬套，夹杂着华夷之见的自以为是的大国思想在作怪了。

即使没有大国思想，但也不免拿中国伦理道德的标准去衡量西方的生活方式，如郭嵩焘赴白金汉宫跳舞会，称"男女杂沓，连臂跳舞，而皆朝服临之。西洋风俗，有万不可解者。……跳舞会动至达旦……以中国礼法论之，近于荒矣"。好在郭嵩焘究竟是比较开明的人物，他评论之后，立即补充一句说："而其风尚实远胜中国，从未闻越礼犯常，正坐猜嫌计较之私实较少也。"

关于跳舞，志刚有一段话很有代表性，他承认"泰西之跳，略似中国之舞。揆其意则在和彼此之情，结上下之欢，俾之乐意相关而无不畅遂也。……然不可行之中国者，中国之循理胜于情，泰西之适情重于理。故不可同日而语也"。这种情与理的偏重的比较，说明作者的指导思想还是固有的伦理道德或者简单地说是封建礼教思想。至于近于纯艺术的比较，则张德彝关于舞蹈与音乐的关系的论述或者可备一说："夫中国奏乐，以舞为主，外国跳舞，以乐为主，盖男女之舞，皆循声而移步也。夫舞之乐之容，今以西式观之，又似乐为舞之体。盖无乐则不能舞，而舞又非乐不能形容也。"他还有一段论中外舞蹈方式的差别的话并录如下："当其跳时，因见中国瘦腰纤足，长袖善舞，而外邦则露臂袒胸，无袖而舞，是亦中外不同之一端也。"

一个民族的传统思想，不论或好或坏，都是根深蒂固的。就拿王韬来说吧，他曾有"长毛状元"的美称，又与外国人共事多年，还因此被邀赴英访问，并在牛津大学作学术讲演，总算是开明人物了。但是他在苏格兰看儿童剧，当他知道这些演出都是"书院诸童演习而成"的时候，于是大发其议论："习优是中国浪子事，乃西国以学童为之，群加赞赏，莫有议其非者，是真不可解矣。"这种士大夫的守旧思想，一遇到与自己的习惯不协调的事物的时候，就自然而然地冒了出来，真是贤者不免的了。我因此想起戴鸿慈评论欧美戏剧的一段话，正好是与王韬的议论形成强烈的对照："然寻思欧美戏剧所以绝妙人世者，岂有他巧？盖由彼人知戏曲为教育普及之根源，而业此者又不惜投大资本，竭心思耳目以图之故。我国所卑贱之优伶，彼则名博士也，大教育家也。媒词俚曲，彼则不刊之著述也，学堂之课本也。如此又安怪彼之日新而月异，而我乃瞠乎其后耶！"

说了一大堆，大都是就看到什么发出来的意见。音乐的根本的作用却应该诉诸听觉。我们当年的出国人员究竟从西洋音乐听出什么来了呢？说来惭愧，开头已经交代过，他们本来不是音乐家，并没有去找音乐，只是人家安排了什么，他们就听什么，既谈不上什么选择，听过了也就好比耳边风。所以多数人的记事里都只有"听乐"，"有音乐"几个字，根本不置可否。即使开通如薛福成，他的《巴黎观油画记》收入了小学国文教科书，对音乐也像多数人一样一笔带过，不加评述。有些人是谈到音乐，而且写下了他们听后的印象，其实不过是空泛的词藻，如斌椿说是"歌喉清越，颇觉可听"。张德彝则一次听的是"弹琴拽胡笛，声调可听"。另一次则是"妙调新声，婉转清楚"。再一次则是"参差错落，颇觉可听"。其实都没有说到实处。但是张德彝在外国时间比较长，各方面的知识都具备一些，有时还能说得详细一点。有一次他看见台上男女"衣服华丽，较俄人稍异，呼曰芝布希人"。这个"芝布希"，大概是 Gipsy 的音译，现在通行的译法是"吉普赛"，瞿秋白从俄文译为"茨冈"。张德彝听出他们唱得"唧唧切切，调颇新奇。或云系俄国曲文，而声韵则非"。这就显示了他对音乐具有一定的识别力。

与张德彝同样具有或者比他具有更多的识别力的是郭嵩焘。他听音乐的时候有一个与众不同的习惯是常常看音乐会的节目单。说明他的态度是严肃的，有求知欲望的，因之对西洋音乐也会有比较深切的领悟。有一次爱觉敦夫人邀茶会，一名马尔武得得格者"善琴，为弹一曲，错杂异所常闻，盖高调也"。他听出所奏与平时听到的音乐不一样，从而得一结论，称为"高调"。不知道是不是贝多芬的奏鸣曲，可惜他与当时的出国人员一样，总没有记下所听的曲名和作者。

此外还有一些比较严肃的先生，抱憾听到音乐却不能与众共赏。李圭听到琴师为他特鼓一曲，叹为"惜非知音人，未免辜负美意耳"。斌椿亦有如下的记载："有约予戌刻听乐者，喝采甚众，苦不解。"张德彝算是老手了，听到众称演奏者妙手"惜明等不知其妙，为之怅怅"。

这里不妨加上一段插曲，即志刚与一个意大利音乐家关于乐理的问答："同寓有意大利国妇女，操洋琴，指法玲珑，声累累如贯珠。因与之言，'乐音本于人声，出于喉腭舌齿唇，定为宫商角徵羽，西乐若何？'妇人曰：'即阿哀衣尤乌也。'西国之妇女明乐理如此。"与此相反的，则有缪祐孙在去俄国的圣彼得堡的船上"观舟人作乐，礼拜之外，每日两次。器皆箫吹，间以胡琴。促节繁音，如西方金气重，殊失和平也"。这也许是儒家音乐思想用来批评西洋音乐的第一次，作者以偏概全的思想方法是显而易见的。

"高山流水"是传诵千古的有关知音的故事，也说明音乐所特具的移情作用。这是音乐欣赏的高品位的境界。当时出国的文字有没有这类的记载呢？说它很少是不言而喻的，好在也总算有一星半点。例如王韬《漫游随录》中就有这么一段，"晚，克璘家招饮，离筵甫御，别绪纷然。克磷夫人为奏《天风引》一曲，觉海涛澎湃激荡，震轰两耳，顿凄然有渡海思矣"。又一次某女士"为余弹《瀛洲玉雨曲》，顿觉波涛汹涌，起于耳际。檐溜奔腾，恍若泉流百道作赴壑声。座客咸鼓掌赞叹"。可惜我音乐知识太贫乏，不知道这两曲何人所作，不能考核王韬的感觉是泛泛的形容还是真切的领悟。

晚一些说到音乐的感发的是钱单士厘《归潜记·彼得寺》的记载。

单士厘作为外交官钱恂的夫人，先去日本，继去俄国，行踪远及希腊罗马，探访欧洲文化艺术，是中国近代第一个出国远行而且有著作传世的女性。她介绍托尔斯泰应为中国最早的一人。她叙述拉奥孔雕像的历史，援经据典，从神话说到雕刻艺术，也是比她的同时人先行一步的。可惜的是她对音乐不如对文学、美术那样留下丰富的材料，只在介绍罗马彼得大教堂的时候，说她在歌路刹埤门外听音乐的感受。歌路刹埤，是 Chorea chapelle 的音译，是附属于彼得大教堂的小教堂。大教堂一般都附设别具祭坛的小教堂，歌路刹埤即这类小教堂之一，以歌咏著称，钟叔河译为"唱诗小教堂"。所以单士厘说："音乐甚有名，予恒率孙辈伫门外听之，不觉神往，孙辈侍听，亦自然有一种静肃气。"她自称参观彼得大教堂不下二三十次，在唱诗小教堂门外听乐，也说是"恒率"，可见是不止一二次而是常常去听，这就说明她对音乐是有兴趣的，而且别有会心。她在汽车中听到儿童唱歌，会联想到中国儿童所受的桎梏性灵的教育：

天籁纯然出自由，清音嘹呖发童讴。中华孩稚生何厄，埋首芸窗学楚囚。

如果她能留下多一点有关音乐的记载，那该多好啊！为了引起读者对这位老祖母更多一点亲切感，我再提我们比较熟悉的与她有关的两个人名。一个是钱玄同，他管她叫长嫂，她比他大 31 岁。另一个是钱三强，她是他的老伯母。

她写出国见闻的时候，已经进入 20 世纪，也就是到了中国近代临近结束的时候了。

这里让我交代一句：本文始终没有提到曾纪泽，其实他才是当时懂音乐的外交官。因为我曾经以《与音乐有缘的外交官》为题对他作过专文介绍，所以这一次就没有再惊动他老人家了。

原载《音乐研究》1995 年第 3 期

贝多芬在中国

近代中国人介绍的"西学"里面，艺术占不到什么重要的地位。艺术里面更没有音乐一席之地。所以黎庶昌的《西洋杂志》对油画费了一些笔墨，"其作画以各种颜色调橄榄油，涂于薄板上。板宽尺许，有一椭圆长孔，以左手大拇指贯而钳之，张布于坐前，用毛笔蘸调，画于布上。逼视之，粗劣无比。至离寻丈以外，山水、人物，层次分明，莫不毕肖，真有古人所谓绘影绘声之妙"。薛福成说得更具体，而且点出了拉斐尔的名字："四百余年前，意国人拉斐尔（一译作赖斐野形）创寻丈尺寸之法，务分浅深远近、阴阳凹凸，不失分秒，始觉层层凌空，数十步外望之，但见为真山川，真人物，真楼台，真树林，正侧向背，次第不爽，气象万千。并能绘天日之光，云霞之彩，水火之形。及即而谛视之，始知油画一大幅耳。此诣为中国画家所未到，实开未辟之门径。"钱单士厘作为清朝出使大臣的夫人，以第一个远涉重洋的中国妇女的身分活灵活现地描写了劳贡（现译拉奥孔）父子和巨蟒搏斗的痛苦挣扎，作者指出，"一像一题之中，含三种瞬时：老者正被噬，长子将被噬，次子既被噬。此三瞬时者，感觉举动，迥不相同，辨别既难，表显尤匪易。此像于各人眉目间分别綦细，俾观者一瞥而区异毕见，而全像呼应，仍不少乖，神乎技矣"。此外如阿波罗等等也都有详细的介绍。音乐呢，很可惜，只有在说到彼得寺礼拜日做弥撒的时候有一段关于音乐的话："音乐甚有名，予恒率孙辈仔门外听之，不觉神往。孙辈侍听，亦自然有一种静肃气。"同关于拉奥孔之类的描述比较起来，实在是太简单了。

清朝末年的出国人员如张德彝在华盛顿看过洛尔青的《沙皇与木匠》，在纽约看过奥芬巴赫的《大公爵夫人》，在巴黎看过古诺的《浮士德》，在圣彼得堡看过格林卡的《苏萨宁》。李凤苞在柏林看过《睡美人》，曾纪泽在伦敦看过《哈姆莱特》，王之春在圣彼得堡看过《天鹅湖》，戴鸿慈在伦敦看过《罗密欧与朱丽叶》与

《灰姑娘》。但是他们都只说是看戏，就连曾纪泽这位懂得音乐的使臣也没有谈到剧作的音乐。他们这样对待西洋的音乐剧作，在我们今天看来，真的是所谓"买椟还珠"了。

近代中国真正把音乐当作高尚的艺术来对待而且用心学习的，应首推萧友梅和李叔同。李叔同创刊《音乐小杂志》尤其是历史性的创举。他在创刊的序言中说："盖琢磨道德，促社会之健全；陶冶性情，促精神之柔美。效用之力，宁有极矣！"指出音乐的作用决不限于简单的娱乐，同时又在杂志上印出李叔同以"息霜"的笔名绘制的一幅贝多芬炭画像（当时译为"比独芬"），并冠以"乐圣"的称号，显示作者远大的意向和崇高的信念。这大概是贝多芬与中国人见面的最早的画像。时间为清光绪三十二年（1906年）。越一年，文化巨人鲁迅作《科学史教篇》，提出我们应当注意的一段话："顾犹有不可忽者，为当防社会入于偏，日趋而之一极。精神渐失，则破灭亦随之。盖使举世惟知识之崇，人生必大归于枯寂。如是既久，则美之感情漓，明敏之思想失，所谓科学，亦同趣于无有矣，故人群所当希冀要求者，不惟奈端已也，亦希诗人如狭斯丕尔（Shakespeare）；不惟波尔，亦希画师如洛菲罗（Raphaelo）；既有康德，亦必有乐人如培得诃芬（Beethoven）；既有达尔文，亦必有文人如嘉来勒（Carlyle）。凡此者，皆所以致人性于全，不使之偏倚，因以见今日之文明者也。"

这是当时对新中国的文化建设最具有远见卓识的全面规划，也确立了贝多芬在中国人心目中应有的地位。但是在旧中国这个半封建、半殖民地的社会的物质条件制约下，这样的规划只能是停留在美好的愿望上，贝多芬也只能逐渐地得到人民的了解。在这方面起了很好作用的，大概应归功于那位李叔同的高足弟子、以漫画显名而在文学刊物《小说月报》上发表了介绍贝多芬的文章的丰子恺。他写的《名耀世界的（月光曲）》及《拟奉献于大拿破仑的（英雄交响乐）》两篇文章所激起的青年的思想的波澜是惊人的。差不多也在这个时期，罗曼·罗兰的《贝多芬传》也译成中文了。自此以后，贝多芬在中国便成了一个深入人心的人物。有一本专给儿童阅读的关于伟人的故事的读物，第一篇就是讲贝多芬的勤学苦练的，说贝多芬整天不停地练琴，练到手指发烫了，便将手放在预先摆在钢琴旁边的一盆冷水里泡一会，接着又继续练琴，弄得房间里满地湿漉漉的。《小说月报》登过一篇小说，题目是《贝多芬先生》，我以为是以贝多芬为主人公的小说，殊不知看下去，说的竟是一个长相有点像贝多芬的脾气古怪的英语教师的故事。小说固然与贝多芬沾不上边，倒也说明，贝多芬已经是深入到中国社会各方面的一个具有特殊个性的人物。

中国公学有一位教授对当时流行歌曲表示不满，劝告学生要提高欣赏水平，至少应该知道贝多芬的交响乐与《毛毛雨》的差别。我曾经把这件事告诉青主，说贝多芬的音乐已经受到高级知识分子的推重。青主听了之后，认为这是拟于不伦。但是贝多芬的音乐已经成为高水平的代表则是无疑的。

既然贝多芬的名字是有口皆碑，学音乐的人也日见增多，介绍贝多芬的生平和作品的文章也纷纷发表了。贝多芬的名言，如"音乐当使人类的精神爆出火花"，"我要向命运捅它的咽喉"之类也成了一些人的口头禅。麻烦是由于当时译名的不统一，各人都凭自已的语言知识去译 Beethoven 这个名字，于是出现了十人十色的译法，除了最早的李叔同的"比独芬"和鲁迅的"培得诃芬"之外，还有悲多汶、裴多芬、毕妥芬、斐德芬、白堤火粉、裴得芬、培陀文、贝多文、贝陀芬、培德花芬、贝多忿、贝吐芬等等。严格说来，只有鲁迅的培得诃芬、王光祈的白堤火粉和徐志摩的培德花芬译法是符合原文的，因为贝多芬的原名应读为 Beet-hoven，所以三个字的误译都是将 th 合读造成的。但是，三个字也罢，四个字也罢，这样一来，可苦了那些不懂外文的读者。有一位先生编音乐辞典，自以为搜罗广博，竟使贝多芬"一炁（气）化三清"；一个"悲多汶"，说是"普鲁士音乐家"；另一个"白堤火粉"，则是"德之音乐家，生于 1770 年，死于 1827 年，19 世纪的音乐界领袖"；又一个"裴德芬"，为"德之乐圣，生于 1770 年，死于 1827 年，18 世纪音乐家也"。这样的出版物，当时受到了严正的批评，这是不足为奇的。

在旧中国，罗曼·罗兰的《贝多芬传》，先后有三种译本，这不能不说是异数。第一种译本名《悲多汶传》是前面提到过的杨晦的译本。那是 20 年代前期的产物，译笔是不免晦涩的。第二种译本的译者是陈占元，他是在法国中学开始学习法文的，法语的水平大概相当高，但是似乎不大熟悉外国音乐在中国流传的情况，贝多芬的《第五交响乐》竟译为《第一音交响乐》，导致这样的译法可能是因为法语的 ut 等于英、德的 C 音，字典的解释是 ut 为音阶的第一音。第五交响乐的 c 小调，法文是 en ut mimeur 译者只看法文，于是造成这样与我们的通行译法大不相同的结果。到了傅雷的第三种译本出来，这才真的是后来居上了。不过有一点是值得商榷的，那就是书中有许多非法国的人名、地名都是依照法文读音译出来的。是不是遵循名从主人的原则来翻译可以避免一些歧异呢？还有一点，外国文化名人的传记译成中文之后，一版定终身的不在少数。即以罗曼·罗兰的《贝多芬传》而论，它出自傅雷的译笔，一版再版。可见一本传记的命运，除了决定于作者之外，传主的关系也同样不能忽视。

中国近代最受景仰的启蒙思想家、教育家蔡元培就有以《贝多文》为专题的四首七绝：

吾邦音乐太单平，西友初闻顿失惊。
我爱贝多文法曲，包含理想极深闳。
*　　　*
自然主义宗希腊，希伯来风出世间。
融合两希成一片，曲中现出我生观。
*　　　*
妇人醇酒与清歌，行乐及时便奈何。
一任迂儒谈礼法，流传法曲壮山河
*　　　*
丑面遗型到处传，哲人貌取亦成妍。
克林造像尤精绝，袒臂科头态俨然。

第一首强调贝多芬音乐思想内容的精深与博大。第二首指出贝多芬的思想是文艺复兴以来融合希腊与希伯来思想的实质。第三首表达了作者认为不能采取道学家的眼光去品评艺术家的生活方式的文艺批评的见解。第四首介绍了克林该尔所作的贝多芬的雕像的艺术。作者每首都有详细的附注，说明是一组郑重其事的诗作。

徐悲鸿无疑是大家公认的画坛的泰山北斗，他绘有贝多芬正面和侧面的三幅画像，题款为"壬戌之春悲鸿敬写"，可见在徐悲鸿心目中贝多芬也是一位上应星宿式的人物。说到文学界，前面提到过鲁迅，这里再引进一个徐志摩，他是"五四"以来最重要的诗人之一，他不止一次提到贝多芬，他讲济慈的《夜莺歌》，便教学生去听贝多芬的《田园交响乐》，借此听一听夜莺的歌唱。他介绍罗曼·罗兰，除了强调他受莫扎特、贝多芬的影响之外，还引用贝多芬的名言结束他的文章。

还有一个留学法国巴黎大学研究文学和史学的李思纯，在他的《柏林杂诗》里面有一首是听贝多芬交响乐的：

寸缕排空万窍开，云璈象管走风雷。

　　　　能将酿蜜供天下，辛苦黄蜂莫自哀。

　　可喜的是寥寥二十八字，却能把贝多芬作品的宏大的气魄和作者崇高的精神相当深切地表达出来，确是值得称道的。同时也说明贝多芬的作品是容易被人普遍接受的。曲高并不一定和寡，所谓"天涯何处无芳草"也。

原载《音乐研究》1992 年第 3 期

话说"音专"

　　一个人对于时间的感觉是常有变化的。有时觉得度日如年，有时又会觉得"光阴似箭，日月如梭"。即以当年领不到南京政府拖欠"音专"经费的事来说吧，公文催，快邮代电催，经费还是姗姗来迟，这不是度日如年吗？但是一想到"国立音乐院"改为"音专"，搬到江湾勉强度过了两年，日寇炮火就轰击了我们的新校舍，"音专"又被迫搬进了"租界"。随着校长萧友梅的逝世，"音专"为汪伪政权所霸占，于是有"音专"在重庆的复校。日本投降之后，"音专"又回到江湾"收复失地"。大上海解放，"音专"才获得了新生，发展到今天的局面。屈指一算，55 年过去了，时间不又是过得很快吗？总之，慢也好，快也好，逢到纪念日，多少会有点心潮起伏的样子。今天，我作为一个过来人，特就"音专"草创以来的所见所闻写一些出来，算是我对"娘家"生日的一份微薄的献礼。野老献芹，自知难免贻笑于大方之家。但是我的心却是诚恳的，有时还带着苦笑。也许罗嗦一大堆，还能够提供一点史料也说不定。好吧，闲话休题，言归正传。

中国第一所独立的音乐学校

　　1927 年 11 月 27 日，上海陶尔斐斯路（今南昌路）出现了一所新开办的学校——"国立音乐院"。开院那一天，首先由院长蔡元培致词，除了阐发音乐教育的重要意义及我国音乐传统的深远之外，还指出我国今天音乐教育的不够普及以及欧美音乐的蓬勃发展，鼓励大家"勇猛精进，日新不已"，最后不难大有创作，反过来对欧美做出我们的贡献。蔡先生语重心长的讲话，博得了热烈的鼓掌。教务主任萧友梅接着报告了筹备的经过，指出音乐院之所以能够开办，完全应归功于蔡元培先生和杨杏佛先生。可是由于 11 月 1 日才开始报名，别的学校都早已开学了，所以录取的学生只有 23 人，而且多半放弃了他们原先取得的学籍赶来报考的，这说明了同学诸君学习音乐的决心，也为取得优异的成绩提供了有力的保证。末了萧先生还举出英国皇家音乐学院 1823 年成立的时候只有学生 20 人，80 年后增加到五百人以上的先例，只要大家努力干下去，也许不到十年就可以有五百以上的同学。后来杨杏佛先生也应邀发言，透露了南京政府有人认为现在没有必要"去弄音乐这个玩艺"。经过蔡先生的说明才算通过了。杨杏佛先生还提到他留美的时候，中国同学有一次参加美国人举办的联谊会，需要出个节目，却找不出一首全体留美学生都会唱的歌曲。这说明发展音乐教育实在是到了刻不容缓的地步。有志者事竟成，中国音乐教育终于揭开了新的一页。

走过的坎坷的道路

早在 1920 年萧友梅先生回国之初，就已经向北洋政府教育部提出开办独立的音乐专门学校的计划。教育部让他做一个预算，开办费 35 万元，常年经费 15 万元，学生额定为二百名。教育部把预算提交财政部，财政部倒也痛快，干脆把预算原封送还教育部。这是第一次挫折。后来范源濂当上了教育部长，他是萧友梅留日时的同学，比较有点办教育的样子。他要萧友梅编一个新预算。萧先生接受了上一次的教训，实事求是地把预算缩小了三分之二。可是北洋政府的官场变幻简直像是走马灯那样刚上台来又下台。萧先生的新预算还没有抄好，范源濂已经下台了。创办音乐院的计划又一次胎死腹中。到了北洋政府的末期，主管教育部的刘哲索性撤消北京各大专院校的音乐系，萧先生本人也只好悄然南下了。

"山重水复疑无路，柳暗花明又一村"，萧先生创设音乐院的计划，在南方得到蔡元培先生的支持，终于成为事实。不过，事情也并不那么痛快。这次在上海成立的音乐院的经费，还不到提给范源濂的那个预算的一半。开办费 6 万元始终没有发下来，只得把第一个月的经费 2600 元作为开办费。第二学期加到 3000 元一月。1928 年度要求增加 3000 元，只批准了 2000 元。从此就用每月五千元的经费应付中国唯一的音乐学府的开支，而且在发生重大事变，如"九一八"事变、"一·二八"淞沪抗战之后，南京政府就停发或减发经费。说句笑话，如果把历年欠发的开办费及日常经费加在一起，国民党南京政府积欠"音专"的款额应为 92500 元，这可是一个不小的数目！

因陋就简，精打细算

一个月 3000 元或 5000 元的经费，要用来办一所音乐学院，即使不说是巧妇难为无米之炊，也总算是同数米为炊差不多了。因陋就简，精打细算，就成为当务之急。音乐学校的特点是个别上课。像样一点的房间都做了教室。所谓校长办公室不过是在栏干上安装一排玻璃窗的阳台。靠大门有一个汽车间，摆上桌子和椅子就成了传达室。汽车间顶上有一个房间本来是司机住的，后来成了文牍——通行的说法则是秘书——的宿舍。地窖本来是堆放煤炭杂物的，改作为学生的琴房。厨房成了工友宿舍，门口附近摆一个炉子、兼管茶水，真是每一寸地方都派上了用场。还有，当时上海虽然是全国最繁华的城市，却还没有一家出售乐谱的书店，只有外国人开的琴行兼卖一些乐谱，但是贵不可言。于是由学校托一家德商书店向德国直接订购，然后依照成本卖给学生，借以减轻一点学生的负担。同时，有些教师利用自己与琴行的关系，同他们约好，学生去购买乐谱，可以凭老师的介绍信照定价打一个折扣。上海当时有一个"工部局"管弦乐队，每年秋季到次年春季每周举行一次音乐会。但是音乐会的票价相当高，要学生每星期去听一次，差不多要花去他半个月的伙食费，因此征得乐队指挥梅柏器的同意，让学生星期六去听乐队全部节目的总排练，这就和听音乐会没有什么两样了。总之，凡是可以减少学校以至学生的开支的办法都想出来了。

正是由于这样精打细算，有一年年终余了一笔比较大的款子。当时其他大学也同样有了节余，用我们熟悉的一句话说，即到了所谓"突击花钱"的时候，有的大学用这笔钱买了汽车。萧先生却另有打算。他想到学校需要经常举行音乐会，却没有一台像样的钢琴，现在有了一笔钱了，正好用在节骨眼上，因而向德国买来一台"伊巴赫"牌三角琴。今天我们一开音乐会，几乎毫无例外地推出光华灿烂、音调琤琮的"斯坦威"，恐怕没有人会想到当时第一台三角琴是这样省下钱来购买的吧！的确，"音专"有史以来始终不曾有过一辆汽车。即使是开音乐会，今天我们认为汽车接送是理所当然的。当时参加演出的师生也多数是坐电车或公共汽车去会场，除非你自愿掏腰包叫出租汽车。

1935 年暑假，江湾校舍落成之后，"音专"算是有了规模比较宏伟的享有主权的"地盘"。正中是三层的主楼，不仅有宽敞的课室和划分工作范围的办公室，礼堂也有了正式的乐台和相当舒适的座位。主楼前面是校园，学校适当地种了一些树，但远远覆盖不了那么广大的地面，因此号召师生志愿献种，美化校园。创办人蔡元培先生还带头种了一棵苍翠的松树。这样一来，校园倒真有点花园的样子。校园左右两边是一字排开的琴房。来客还未走近学校，已经可以听到吹拉弹唱，响成一片。然而好景不长，正当我们欢庆校舍落成的时候，日本帝国主义的军队已直逼平津，华北开始了特殊化，不久就爆发了波澜壮阔的"一二·九"运动。强驻闸北江湾一带的日军肆意拦截行人和车辆，进行蛮不讲理的搜查。一有风吹草动，"音专"立即惶惶不可终日。有的人甚至于赶到"租界"去过夜，天明再回江湾来上班。到了"八一三"，江湾校舍陷入了炮火之中，"音专"只好恢复过去每隔一、两年搬一次家的老传统，再一次搬到"租界"去上课。

同心协力，穷干实干

前面说过，音乐学校的特点是个别上课，所以"音专"是教师多，职工少。从校长到工友总共只有十来个人，全校只有一个办公厅设在二楼，上面正中间是教务主任，左边是事务主任，注册及书记（管理杂务的）各一人，右边是文牍、会计、庶务及书记（管理缮写的）各一人。图书馆在三楼，设事务员一人。负责清洁杂务的是三个工友。此外再没有别人了。所谓教务处只有一个教务主任和一个注册事务员。注册的工作包括：考生报名、新生注册、订校历、排课表、分琴房、学生考勤、计算成绩，逢到节假日或开会或者学生请假，还需另发英译通知给外籍教师。总之凡是与教务有关的事情，统统由一个人包下了。至于教务主任，除了协助校长决定教学方针、课目安排、教师任免、演出计划等重大问题之外，还要担任作曲初步、和声学、对位法、配器法、音乐领略法及音乐史的教学。有演出活动的时候，还要排节目，写乐曲解说。但是黄自先生还能挤时间写了歌曲集《春思曲》、清唱剧《长恨歌》《爱国合唱歌曲集》和一套《复兴音乐教科书》以及一些电影幻想曲与歌曲。又如那位声乐主任，除了给主科学生上课之外，还要教视唱练耳，指挥排练合唱，还写了不少艺术歌曲和一大本《儿童歌曲集》。图书馆也是把中外文图书、乐谱、唱片的采购、编目、制卡片、借还等等工作全部包在一个人身上，此外还要抄乐谱及代售进口乐谱。至于三个工友，每天的清洁卫生、传达收发等工作不用说了，就是跑街道送信也是他们的事情，冬天还要管好课室取暖的炉火。由于全校教职员工同心协力，各项工作都做得井井有条，及时完成。说到这里，我倒想起一件有关工作作风的小事：有一次星期一早上，我把星期六下午收到的文件送到校长室去听候批示，校长先生看到一份比较有时间性的文件，不禁叹了一口气，说："星期天就是误事，平白地把工作给耽搁了！"有一年教育部因各大学的年度预算决算没有及时上报，通令催促，文中居然有这样一个补注："音专除外"。这真有点像是民间故事所说的那样，一个和尚管挑水，水缸总是满满的咧！

因材施教，实至名归

"音专"教学采用学分制，主科分初、中、高三级。学生修满20学分，可以升一级。学分的计算决定于他一个学期修毕的曲目及其演奏水平。这样，每一个学生都可以发挥他独有的才能，不致为了照顾全班的平衡，拖住他本来可以迅猛前进的步伐；资质较差的也不必劳而无功地没命追赶。同时为了教学两方面取得良好的适应，学生可以在每一学期的开始根据自己的志愿提出他选上的主科教师，然后由学校统筹分配。这样既可以适当满足学生求学的愿望，又可以帮助教师提高他的责任感，努力做好教学工作。

平心而论，学分制是有它好的一面。但是，"徒法不能以自行"，因而必须尽可能充实教学力量。当时"音专"是在相当程度上做到了"任人唯贤"的。所谓贤，既注重教师的才学，也注重教师的责任感。如果不能称职，就是老朋友也老实对他不客气；如果确有真才实学，便三顾茅庐，也要把他请来。查哈罗夫就是一个例子。查哈罗夫是彼得堡音乐学院的钢琴教授。20年代末他和他的夫人汉森从事演奏旅行来到了上海。可是上海成了他们分道扬镳的地方。汉森继续她的演奏旅行，他却在上海定居了。萧先生听到这个消息，立刻登门求教。查哈罗夫当时的眼界可高了，他不客气地说，"中国的音乐学生好比是刚生下来的小孩，用得着我来教他们吗？"经过反复劝说，他心动了，但声明只教八个学生（按规定一个专任教师应教12个学生），薪水却比其他教师高。过了不久，他发现不少学生都很有培养的前途，于是答应增加到15个学生，月薪四百元，是一般专任教师薪水的一倍。他在一次校庆宴会上发言，愉快地公开承认自己当初的错误，表示要好好教下去。后来果然一直教到他逝世。

经过全校师生员工的努力，"音专"的工作逐渐得到社会的赏识。每年公开演出的音乐会消息一传出去，门票立刻被争先恐后地买走。演出曲目中也总要尽量收入一些中国作品。为了促进新歌的创作。"音专"校刊特辟歌词专栏，邀请校内外人士投稿，可以说是我国最早有意识地提倡歌词写作的专刊。此外，《乐艺》季刊、

《音乐杂志》先后出版，"音专丛书"陆续刊行，都有助于扩大音乐的社会影响，使得音乐学生每以能否考取"音专"作为业务水平高低的明证。普通学校的音乐教员要求到"音专"继续进修，"音专"的在校学生也有不少人在外兼课。至于应届毕业生，则早在毕业考试之前就有许多学校送聘书出来了。所以当时"毕业即失业"的威胁，"音专"同学尚能较一般大学生为少一些。

中国社会发展是不平衡的，城乡的差别尤其巨大。边远地区的青年要想考上"音专"的确是十分困难。但是音乐教育应该面向全国，边远地区的音乐更是迫切需要发展。面对这一深刻的矛盾，萧先生想出一个通函各省教育厅保送学生入学的办法，毕业后仍回原地工作，从而在一定程度上克服了边远地区音乐师资缺乏的困难。当然，这样做了还是近于杯水车薪，并不能解决根本性的问题。但在风雨如磐的旧中国，能从大城市想到荒僻的边远地区，而且用实际行动促使良好的愿望成为现实，总不能不说是值得特书一笔的创举了。

蔡元培先生在音乐院开院典礼的讲话中，曾就当时学校简陋的情况，引述了庄子的话："其作始也简，其将毕也必巨"，以说明事物由小到大的发展规律。现在时间已匆匆过去了55年，学校也已经大大地变了样。记得1935年我们学校收到一份从波兰寄来的维尼雅夫斯基诞生百年纪念小提琴国际比赛的通知。有一个学生听到这个消息，去找他的主科老师，问他可不可以去参加，得到的答复却是兜头一瓢冷水，说什么"你拿什么去参加比赛，不可能"！现在呢，中国音乐学生已经不止一次地在国际比赛上取得可喜的成绩。最近我看到台湾同行在一篇论述中国音乐教育的文章中感慨系之地说：国立音乐院已经与吴伯超一道沉入了大海，因为台湾至今没有一所音乐学院。遗憾的是该文作者犯了以偏概全的毛病。中国有许多音乐学院，而且欣欣向荣，人才辈出。我想不妨提一个建议，建议台湾的同行，特别是"音专"的老同学，趁这母校成立55周年纪念的机会亲自回来看一看，从今天中国音乐教育的繁荣景象，回想一下"音专"当年筚路蓝缕，惨淡经营的往事，从而激发爱国一家的热情，为发展我国的音乐事业携起手来，阔步前进！

原载《音乐艺术》1982年第3期

音院音专的悲欢离合

我们今天上海音乐学院的前身是国立音乐专科学校，说得更远一点则是国立音乐院。1929 年暑假，国立音乐院发生学潮，弄得学院停办，由南京教育部派来改组委员会处理学潮，恰好南京国民党政府公布专科学校组织法，音乐院从单科大学降为专科学校，与会计专科、税务专科等等同一等级。音乐院由于处在存亡绝续之交，无法表示意见。同年创建的杭州的国立艺术院一听到改为专科学校的消息，立刻作出强烈的反应，认为不懂教育，不懂艺术，把艺术与会计、税务等等列为同一类型的学校，真是腾笑中外的无知妄作。当时有人说音乐院之所以改为专科学校是学潮闹出来的后果，那是脱离整个实际情况的臆断和误解。当时远在国外的王光祈也对音乐院的降级发出了深沉的讥讽。自此以后，音专校长萧友梅一有机会就向南京政府教育部提出恢复独立学院等级的要求，结果始终是好比泥牛入海，无有消息。

1940 年萧友梅积劳病逝，李惟宁接代校长。太平洋战争爆发，汪伪政权倚仗日本侵略军的势力打进上海租界，音专被伪政权接管，改名"国立上海音乐院"，院长还是李惟宁。不过这一次改名不仅不是音专恢复了应有的地位，而更多的是遭受到强暴的污辱。音专师生有时还要被迫为慰劳敌伪登台献艺。李惟宁自以为他的哥哥深受蒋介石的器重，曾向学生说我们两边都有人，不用担心受到什么惩罚。有些学生始终不肯靦颜事仇，还受到无理的开除呢。

在这"长夜难明赤县天"的抗战期间，与音专有历史渊源的音乐学校，除了上海老音专之外，还有重庆青木关的国立音乐院与松林岗的国立音乐院分院。日本投降之后，关于这几所音乐院校的分合有过一些歧异的记载，连《中国大百科全书·音乐舞蹈》也不免稍有疏失。现在谨就我所知把它的来龙去脉梳理一下。不过有些事情也不是我亲身经历的，难免也有不够确切的地方。说得不对，希望知情的校友不吝赐正。

1940 年秋天，国立音乐院成立于重庆青木关。不知道是不是当时音乐界找不出一个具备院长资格的人物，院长一职竟请远在国外的外交官谢寿康担任。谢寿康不能返国就职，则由教育部次长顾毓琇代理。一年之后才由杨仲子接任院长。不久杨仲子又因故调到教育部担任音乐教育委员会主任，院长一职改由教育部部长陈立夫兼任，陈氏不能到院视事，则由吴伯超代拆代行，最后才由吴伯超正式任为院长。日本投降之后，音乐院随政府复归南京，在古林寺新建校舍，解放之后，全院迁到天津，与北平艺专音乐系、东北鲁迅艺术学院音乐系等几个单位合组中央音乐学院。有人说日本投降之后，国立音乐院由渝返沪，接收上海音专，这显然是不符合事实的。

既然不是国立音乐院接收上海音专，那又是谁来接收的呢？说来话长，还得先从国民党中央训练团音乐干部训练班说起。1943（？）年音干班撤销，拨归国立音乐院接办。于是在本院之外，另以音干班人马为基础，在松林岗设立国立音乐院分院。1944 年秋天松林岗分院换了一块国立音乐专科学校的招牌，宣称上海国立音乐专科学校在重庆复校，分院不再存在。1945 年秋天开始，原在沦陷区的各院校陆续复员，国立音乐专科学校名正言顺地接收了"上海国立音乐院"，挂起了 30 年代那块国立音乐专科学校的老招牌，欢庆"收复失地"。说到这里还有一段传奇性的插曲需要补述一下，也可以说澄清一下。

记不得什么时候了，我看过一篇文章，说是抗战期间上海音专师生曾经有过一次万里长征，那是学校的大迁徙，从上海出发，爬山越岭，风餐露宿，克服了种种困难，终于到达陪都重庆，重新开始了音专的新生命。抗战胜利之后，才又浩浩荡荡地奏凯"回銮"。当然，说起搬家，它是音专与生俱来的周期性的"顽症"。从建院开始，陶尔斐斯路、霞飞路、毕勋路、辣斐德路，最后才在江湾建筑起自己的校舍。然而好景不长，不到三年的时间，日本帝国主义的炮火又迫使音专再经历不断的搬家。萧友梅先生在危疑震憾的"八一三"全面抗战前夕，亲自指挥搬家的时候曾经说过，搬吧，搬家是音专的家常便饭。于是又马斯南路、高恩路、爱文义路，然后才又搬回江湾的原有校舍。但是究竟不曾有过间关万里，跨越江苏、安徽、江西、湖南、广西、贵州直到四川重庆的大迁徙。因此音专大迁徙云云只是天方夜谭式的故事而已。然而作者的用心是好的，他要为音专的历史添加壮丽的一页。至于壮丽的篇章，从原先的国立音乐院，经过音专到现在的上海音乐学院，倒是不算缺乏的，而且有好几次都与贺绿汀这个名字分不开。今年是上海音乐学院 65 周年院庆，又欣逢贺老 90 大寿。关于这方面的文章我已经写过不少了，现在再补上一首歪诗：

民族精魂存绿绮，神枪射手速汀茫。

伫看廿一开新纪，重为期颐举寿觞。

（绿绮，古琴的名字，汀茫为天明的古音，亦即天亮了的同义词。期颐，一百岁。）

原载《音乐艺术》1992 年第 3 期

记乐艺社

乐艺社成立于 1929 年 11 月，发起人依照签名的次序是萧友梅、胡周淑安、黄自、易韦斋、朱英、吴伯超六人。青主虽然是中坚人物，也参与建社的酝酿，但是他当时还未进音专工作，所以他并未署名。到了音专之后，才正式被任命为主编。据社章所定的宗旨是："培植高尚优美之音乐，凡旧乐的整理，新乐的创作与夫音乐的文学皆属焉。"社章拟定的工作有演奏、演讲、出版、研究种种活动，同时还公开征求新作歌词以便创作新歌，解决音乐教材缺乏的困难；征求民间歌谣，除汇编出版外，兼充谱作新歌的素材。

关于这些发起人的情况，萧、黄两位是大家比较熟悉的，其他四位恐怕还需要略作介绍。胡周淑安是音专的声乐组主任，音专的外籍教师也承认她有一套指挥的本领。1928 年舒伯特逝世一百周年纪念，上海西侨组织曾为此举行过一次"国际比赛"，她所指挥的中国人的合唱居然赛倒了英、美、法、德的代表队，获得了一等奖。这里顺便说一句，近来报上常有中国第一个什么什么的，其中说到第一个音乐女指挥却把周淑安忘掉了，现在订正一下，也不算是多余的吧。易韦斋早年肄业广东广雅书院，并赴日本研究教育。辛亥革命之前参加柳亚子领导的南社。民国成立，与萧友梅同时担任孙中山总统府的秘书。萧友梅留学回国，他与萧友梅合作出版《今乐初集》及《新歌初集》，歌词全是他写的。当时是音专的诗歌教授。朱英是李芳园的门徒，弹得一手好琵琶，写过些反映现实的琵琶曲，如《上海之夜》及《五卅惨案》之类。还找陈田鹤给他讲和声学。他说过，死后墓碑上不要写什么头衔和姓名，只要刻"琵琶塚"三个大字就够了。他是把琵琶当作他的性命的。吴伯超当时在音专教二胡、钢琴和乐理。在音专的一次音乐会上他独奏二胡，外籍大提琴教师舍甫磋夫听了大为赞赏，翘起大拇指说："SameViolin！"（他一开口就是道地的洋泾浜英语）。他留学比利时返国后历任音专教授及国立音乐院院长。南京解放前夕

512

他要跑台湾，因所乘轮船沉没，葬身大海。

照乐艺社社章的规定，要定期举行演奏会及演讲会之类，事实上这些活动很难与音专的活动划清界线。音专除了经常举行学生汇报性质的演奏会之外，有些比较大型的音乐会是师生共同参加的，还有一部分是教师的独奏或独唱音乐会，都可以算作乐艺社的活动。《乐艺》第一期还刊有一张三重奏小组的合影，钢琴是查哈罗夫，小提琴是法利国（富华），大提琴是舍甫磋夫。这是当时上海最高水平的室乐小组。那些到上海作演奏旅行的音乐家，除了像女高音歌唱家加丽·库齐、小提琴家海菲茨、大提琴家费厄曼、男低音歌唱家夏里亚平那样的世界名手之外，一般也总喜欢来音专开个音乐会，比较别致的有日本一个雅乐小组的音乐家，演员盘腿坐在草荐上面吹尺八；比利时朗诵家里腾曾来音专举行法文诗歌的朗诵会，还在钢琴上面即席演奏。讲演会也有时举行，例如驻比利时公使谢寿康就来音专做过关于法国音乐的报告，竭力宣扬德彪西，说是出了德彪西，法国音乐立刻跃居世界第一云云。不过这一类的活动不算很多，比较切实的工作还是出版。

出版工作分两部分，一是编辑杂志，二是刊行丛书。杂志即名《乐艺》，每季出版一册。封面是三色版的音乐家画像，内容包含铜版插图4页，乐谱30页，文字80页，乐谱以发表新作为主，并有世界民歌8首。文字部分主要是有关音乐理论、创作、教学以至旧乐整理各种问题的讨论，音乐史及音乐家的介绍，一律用仿宋体排印。说起来有点惊人，每册定价一元八角，日本出版的《世界美术全集》每一本也不过一元六角至一元八角呢。

由于《乐艺》是名副其实的同人杂志，所以来稿必登，文责自负。每个作者都可以各抒己见，即使彼此之间意见大不相同，也同样照登不误，由读者自由鉴别。即以创刊号来说吧，关于歌曲的创作问题，易韦斋和青主两人的意见就是截然不同的，甚至可以说是水火不相容的两派。易韦斋对于词学的研究，说句公道话，是的确下过一番功夫的。他称况周颐为"亡友"，未免近于高攀，他喜欢找周邦彦、吴文英的僻调，依照四声清浊，一丝不苟，甚至每一句的语法结构都不能稍有变动，自己也说是"百涩词心不要通"。当然，填词有填词的特殊格局，或主性灵，或严格律，这是各人的癖好，谁也不能干涉的。可是他老先生所要求于作词与作曲者，却不仅仅是平仄协和，甚至于严分阴阳清浊，这就是作茧自缚了。青主则正相反，主张打破声韵的限制，参照沃尔夫的创作歌曲的方法，严格遵守朗诵的规则，即不是依照字音的自然声调，而是依照字义的轻重决定旋律的结构。今天看起来，易韦斋的做法是脱离实际的，完全忽视了活的口语的具体情况；青主则走向另一个极端，正如他自己常说的"以夷变夏",忽视了民族语言的特点。不过这样的"争鸣"一下,把问题提出来讲个明白,未始不可以供我们作曲的参考。说到这里也不妨顺便提一下易韦斋这一派人使用"歌"这一个词的含义。虽然它没有也不可能形成一派学说,他们的想法却也代表了那些"老新党"的文学见解。原来他们认为中国文学史上有过唐诗、宋词、元曲等各个朝代不同的有代表性的诗体,现在到了民国,也是一个新的历史时期,应该也有它特殊的诗体。这个新诗体就是"歌"。叶恭绰在《全清词钞》的后记里面有一段话可为佐证:"……时余方倡导韵语与音乐合一说,以为今后长短句之韵文,必别生变化。但其体制,当与宋代之所谓词不同,即与元曲暨明清之词曲亦殊异,殆将合诗歌骚谣而为一,而要点则章句之长短、音韵之平仄皆不必局限,而必以能合乐为主,因此可信必有一种新体词曲之产生,余拟定其名曰歌。"细心的读者也许已经发现,从《今乐初集》及《新歌初集》到《乐艺》第六期发表的《夏日园游》,乐谱上面都有"易韦斋作歌,萧友梅作曲"字样,可见他们心目中的所谓"歌"并不是我们所理解的歌曲而是歌词。至于他们创作新体词曲的办法,说起来很滑稽。有过这样的故事:叶恭绰要作新歌,萧友梅请他写歌词给他以便谱曲,他却要萧友梅先把旋律写出来,让他去配歌词,这样填成的歌词就是他的所谓"歌"。然而这也并不是唯一的对创作歌曲的误解。1933年有一次"词的解放"的笑话。文学界持反对意见的人当然非常多,当然也非常正确。谈到积极的办法,却有人认为,填词诚然是走老路,我们应该换一条新路子,创作合乐的新体诗。其中办法之一是按西洋歌曲的旋律配上新词。可见这种胡涂思想并不是叶恭绰、易韦斋一类人所特有的。

　　乐艺社给自己定下的一项工作是旧乐的整理。《乐艺》上发表的作品说明他们的计划已经见之于行动,虽然还不够系统,不够广泛深入。理论方面有萧友梅和朱英的文章,乐曲方面有朱英和吴伯超的各种满有意思的尝试。朱英喜欢采用新题材如《上海之夜》之类,吴伯超所作二胡曲有带钢琴伴奏的《秋感》,并用和声手法将古曲编成交错呼应的合奏总谱,打破了古曲单音齐奏的老一套。论述西洋音乐的文章已经改变了过去照搬洋人的材料的做法,能够提出自己比较独立的见解,如黄自关于音乐欣赏及西洋音乐进化史的论文,青主已经开始介绍勋伯格和巴托克。创作水平更有明显的突破。器乐曲有黄自与赵元任的钢琴创意曲,萧友梅的《秋思》(钢琴带大提琴补足调);歌曲有萧友梅的《夏日园游》(易韦斋词)、周淑安的《乐观》与《老鸦》(均胡适词);华丽丝的《浪淘沙·帘外雨潺潺》(李煜词)、《少年游·并刀如水》(周邦彦词)、《易水的送别》(青主词);青主的《我住长江头》（李之仪词）、《红满枝》（冯延巳词）等等。合唱曲则有黄自改编的佛曲《目连救母》，周淑安改编的民歌《箫》，华丽丝的《金缕衣》（杜秋娘词），都算得上是一新耳目的佳作。音专同学在《乐艺》上投稿的有陈田鹤的歌曲和吕展青的译文。丁善德则替朱英把工尺谱译为五线谱。

《乐艺》一出版，好比是平地一声雷，震动了乐坛。赵元任立即写了一篇长文《介绍乐艺的乐》。他认为好的作品，一点不吝惜他的赞美；他认为值得推敲的地方，就仔细地指出问题所在，并提出他修改的意见；他认为吴伯超的《合乐四谱》是一个"创举"，但是担心用那不求甚准的旧乐器合奏起来是否对得起作者作谱的用意。对黄自的《创意曲》"曲调和对位都来得很清晰流利"，他还说第一个主题他也曾做过一首，"可是看见了黄先生做的这个之后，我再也不要弹我自己的了"。对周淑安的《乐观》，他认为是一个持久的曲目，"是比较大规模艺术歌，但是做得难唱极了"，在中国一时恐怕还找不到唱得好的歌唱家。对华丽丝的《金缕衣》，他认为一定很受唱者和听者的欢迎，曲调也很合中国口味，"是最好的真复音中文合唱歌"。对青主的《我劝你》他也提出字句与音调的配合还有可以商量的地方，但是总的来说却是很好的，很可以做一个"encore"用。所谓 encore 者，即是再来一个的意思，也就是说"凡是短而一听就令人拍手的"作品。他的这些评论引起青主和他进一步的通信讨论，双方各自摆出自己的观点，有一致的，有分歧的，但是始终是心平气和的交换意见。我觉得像赵元任先生写的那样的文章至今仍然是治疗我们今天某一些只管捧场，缺乏明辨是非的评论的文风的药石。

《乐艺》虽是同人杂志，可是并不拒绝外稿，外间如有来信，也总是有问必答。正因为是同人杂志，大家都是为了中国的音乐事业，尽自己的一份力量。只要杂志能够出版，不用自己掏钱去支付印刷费用，已经是够高兴的了。我们生在今天的新中国，实在很难想象当时要想刊行一本杂志有多难。书店肯发善心替你出版，除非是看准了有利可图。音乐是最不吃香的行当，所以萧友梅能够打通商务印书馆的门路，稿子送去，即可出版，大家已经喜出望外了，哪里还会去计较有没有稿费。同人稿件固然尽义务的不消说，即使是外稿也是分文不给的，只赠送刊出本人作品的那一期作为纪念，如此而已。

如上所述，乐艺社的日常事务是很少的，所以社章虽然规定有书记一人，会计一人，实际上并没有正式任命过这一类工作人员。大事情是音专办了，出版是只管编好一期的稿件之后托音专的工友送去商务印书馆，印刷方面的排印、校对、装订、邮寄等等，营业方面的收费、记帐、结算等等都由商务办理，乐艺社所需要的只是一个主编，负责收稿、编集、计算字数、临时补白，然后写一篇编后记，就算结束一期的工作。这里还要说一点旧事，音乐杂志一桩麻烦的事情是抄谱，现在的说法是绘谱，社会上没有这一个行当，一般人又没有这一门手艺。当时凡是带有乐谱的出版物，差不多总可以看到感谢抄谱人的声明，如刘天华的曲谱就声明感谢汪颐年女士辛勤的抄谱，汪女士即黄自的夫人。赵元任的《新诗歌集》之所以能用那么美观的乐谱也声明得力于某某先生美术的手眼。《乐艺》每期30页的乐谱因而算是一份不轻的工作，而且说一不二的全归我这个"天然助理"来承担。外界如有来信，大都由青主口授要点，由我写回信。再就是替青主查核有关的材料。由于《乐艺》是同人杂志，主编例不审稿，除非是特别明显的错误的字句或引文，才动手加以订正。

《乐艺》的出版的确引起音乐界的注意，一方面固然是由于内容的充实，另一方面也由于印刷的讲究，然而印刷的讲究造成了使人咋舌的定价一元八角，结果当然是销路不好。到了应该出版第七期，即第二卷第三期的时候，日本帝国主义的关东军已经发动了对沈阳北大营的突然袭击，这就是震惊世界的"九一八"事变。商务印书馆当即以亏损甚巨为理由，拒绝承担继续出版的义务。《乐艺》于是偃旗息鼓，关门大吉。显示乐艺社的存在的《乐艺》季刊已经没有了，乐艺社也随之趋于解体了。一年之后，音专师生重整旗鼓，组织音乐艺文社，易韦斋还风趣地说，"音乐艺文"四个字中间两字却是乐艺，仍然显示出与乐艺社一脉相承的关系。不过这究竟是属于另一个组织的事了。

原载《音乐艺术》1987 年第 3 期

谈音乐艺文社

音乐艺文社是音专同人继乐艺社之后的又一个进行音乐活动的组织。顾名思义，它是比乐艺社内涵更广，为什么不叫音乐文艺社呢？因为音乐文艺会被人理解为音乐性的文艺，所以改称艺文，而且当时提名的老先生又以艺文更为富古，《汉书》就有《艺文志》了。又是音乐又是艺文，这就是两个平行的名词，不会是一个附属于另一个了。而且发起人之一的易韦斋还有一个饶有风趣的解释：音乐艺文社中间两个字是乐艺，可以使人联想到这是与乐艺社一脉相承的组织。总之，它的命名显示它对文艺这方面相当重视是明白无误的。

它与乐艺社还有不同的一点，乐艺社纯粹是教师发起的，发起之后并没有进一步的发展；音乐艺文社则是音专师生共同参与的。它有比乐艺社远为庞大的计划，首先它邀请了大名鼎鼎的蔡元培和叶恭绰来做社长和副社长。它分设总务部、出版部和演奏部三个部，每一个部下面又分设若干股。总务部有文书、庶务、交际和宣传四股；出版部有编辑、校正和发行三股；演奏部有管弦乐、声乐、键乐三股，每部又订有细则，而且根据形势的发展还将开设书店和琴行，真是洋洋大观，谁看了都会心花怒放。不幸，事实却有点近乎俗谚所说的，"雷声大，雨点小"。当然，音乐艺文社是做了一些工作，而且取得相当的成绩，但是与原定计划相比，就显得不大相称了。

由于音乐艺文社是音专师生发起的，因此有人理解为它是国立音乐专科学校的附属机关。这是莫大的误会。首先应该指出的是音乐艺文社的社长蔡元培和副社长叶恭绰都不是音专的同人。说起他们的身份，他们能屈居音专底下充当一个小小的音乐艺文社的头头吗？正因为音乐艺文社定出了远大的前景才敢于借重他们两位的声望来张大声势。既然他们两位不是音专的同人，而且地位高于音专的同人，音乐艺文社不是音专的附属机关已经是明摆着的了。还有易韦斋，他虽然曾经是音专的教师，也早已离开音专由龙榆生接替他的职务，不能算是音专同人了。

音乐艺文社自己拟订的章程第八条是"本社暂借上海国立音乐专科学校为临时社址"。这是再明确也没有的表明它是独立于音专之外的一个学术团体。

音乐艺文社编辑的《音乐杂志》交给良友图书印刷公司刊行，依照通行的惯例，出版家要在后面的版权上印上编辑、印刷、发行、各地代理以至定价等项目；关于杂志的编辑者竟写作"国立音乐院音乐艺文社"，音乐艺文社当即去函纠正，不是纠正国立音乐院是国立音乐专科学校之误，而是根本取消音乐院这顶帽子。第二期之后就只有"音乐艺文社"五个大字了。可见音乐艺文社是非常重视"正名"的，它不同意使自己附属于国立音专之下，任何误会都要设法避免。

《音乐杂志》的篇幅有相当一部分是刊印"艺文"作品的，这正是易韦斋等人结社命名的愿望所在。但是《音乐杂志》的读者所注意的还是音乐问题，所以黄自的文章特别受到称赞。他那篇纪念勃拉姆斯诞生一百周年的文章连载三期才登完，实在是当时——也许还在相当长的时间之后还是评价勃拉姆斯生平和作品最全面又最精辟的文章。此外如《乐评丛话》及《调性的表情》等等也都表现了作者丰富的学养，特别是那篇《调性的表情》是有感于当时有些翻译外国歌曲的歌词的作者忽略了歌词与调性以至曲调的节奏的协和，因此写了这一篇旁征博引，鞭辟入里的文章，真可谓"狮子搏兔，亦用全力"。萧友梅关于欧美教育机关的论述则是用真凭实据，证明音乐学校是与其他独立学院一样，应该取得与大学以至研究院同等的地位，也是对国民党政府把国立音乐院降低到专科学校的地位提出含蓄的抗议。

《音乐杂志》还特辟诗歌一栏，这里颇有点百花齐放的味道，新体、旧体，纷然杂陈。龙榆生写的论文《从旧体歌词之声韵组织推测新体乐歌应取之途径》可以说是易韦斋、龙榆生、韦瀚章或者还包括叶恭绰在内的关于新体歌词的创作方向的纲领性文件。龙榆生使出了词律的浑身解数，拟订出他们心目中的新体歌词的结构形式。事实上他们所提出来的方案以及他们创作的实践，所谓新体歌词只是没有词牌的长短句或者是散曲的变体。龙榆生的《过闸北旧居》发表的时候，韦瀚章笑他是京戏的腔调，其实韦瀚章自己的作品也不过是柳永、周邦彦一派的作品的改装。他们的命意遣词都只是词曲的老一套，这是无可讳言的。

《音乐杂志》还有一件颇得人心的做法是开辟了音乐常识问答专栏，这是走向普及工作的第一步，值得加以表彰的。

出版之外，音乐艺文社的另一项工作就是演奏。出版杂志还接收外稿，演奏却是完全不需要外力帮忙的了。说到演奏工作，其中最突出的表现无疑是远征杭州的鼓舞敌忾后援音乐会。这次音乐会原定计划是与杭州市政府及民众教育实验学校合办，节目由音乐艺文社担任，各项费用由门票收入支付，如有盈余则捐助后援会，如果门票不敷支出，则由市府、民校及音乐艺文社平均分摊。不料市府、民校临时变卦，不负经济责任，一时陷入窘境，最后音乐艺文社硬着头皮单独承担。民校校长尚仲衣对市府、民校食言深感内疚，毅然自任与当地的联系工作，音乐会始得假座西湖大礼堂举行，然后再在民校礼堂演奏一次。音乐会的节目虽然标举鼓舞敌忾，但是作品还是有相当一部分是纯艺术的，但全部是高雅的作品。每一个节目演出之前，均由黄自先作解说，帮助听众对作品的了解。就杭州来说，这样的音乐会的确是一新耳目的。鼓舞敌忾的作品当然推黄自的《旗正飘飘》和《抗日歌》（这首作品作于"九一八"之后，明明白白标为抗日，后来国民党政府顶不住日本帝国主义的压力，不许出现抗日一类的文字，这首《抗日歌》才奉命改为《抗敌歌》），独唱曲则有应尚能自作自唱的《吊吴淞》。"一·二八"淞沪抗战期间，吴淞沦为战场，一片废墟，中国公学、同济大学均被日军轰毁。所以《吊吴淞》实是一首创巨痛深的作品。应尚能唱到"歇浦暮潮生，点点都成泪"的时候，情不自禁地泪随声下，群众也深受感动。

说起这位尚仲衣先生，我和他还有一段因缘。抗战前夕，他是广州中山大学教授；1938年第四战区政治部在广州成立，他辞去中山大学教职，担任第四战区政治部第三组（宣传组）组长。当时我是政治部秘书，因此共事一段时间。广州沦陷，到了翁源，我同他一道编入前线小组，随指挥部工作，更是朝夕相处。后来形势逆转，我们先后离开了第四战区政治部。他不幸在一次从韶关去汕头的公路上翻车丧命。我因此作诗志哀曰：一席高言见至情，何堪小别断今生。连床土屋珍孤本，草榻深宵共一灯。风雨如磐天未曙，去留无主气难平。盖棺论定人心在，黑帖当年有大名（"一二·九"运动中，他支持进步学生，致被北京大学解聘，反动当局也把他列入黑名单）。因为追述杭州音乐会，涉及尚仲衣，于是多说了有关这位不断进步的教授的几句话。宽容的读者不会怪我饶舌吧？

现在回到音乐艺文社。办音乐杂志总是难免亏本的，《音乐杂志》出满一年之后，良友公司声明不再继续刊行，音乐艺文社不得不另谋重振社务的办法，为此召开了一次讨论会。副社长叶恭绰也来了。干事会的负责人在会上做了工作汇报，提出了目前存在的困难和今后的计划。谈到音乐会节目的时候，指出中国作品还比较少，应该加强新曲的创作。这位副社长听过汇报之后，忽然对程懋筠所作的国民党党歌大加赞赏，以为四字一句的训词配成曲子并不觉得单调，中间从跳跃的节奏转入舒徐雍容的曲调尤为擅胜。谈到对于社务的发展，他认为如果做出成绩，经费是可以想办法的。问题是过去的成绩不算，要看新的成绩。新的成绩却由于经费没有落实，巧妇难为无米之炊，成绩看不出来，这个会算是白开了。音乐艺文社从此偃旗息鼓，那就是必然的趋势了。回顾音乐艺文社过去的工作，主要是凭本身的努力，看不出有什么倚靠名人的地方。拉些与本业没有关系的名人来提高身价，其实是谈不上什么实际效益的。杭州市政府并没有看在名人的面上便对音乐艺文社举行的音乐会慷慨赞助；良友公司也没有因为《音乐杂志》上面刊有名人作为社长的玉照便甘愿继续赔本印行；至于当时报纸对音乐艺文社的音乐会赞赏也没有只字归功于名人的指导。这种捧出名人做招牌的做法，只是旧社会遗留下来的借光的陋习，早在乾隆年间郑板桥已经断言"借光为可耻"。我们又何必重走这样的老路呢？这也许算是可以记取的一点经验教训吧！

原载《中央音乐学院学报》1995 年第 4 期

从苦难到欢乐

——国立音乐院幼年班往事琐记

避俗亲童稚，荒城动管弦。问名惭本业，弹指惜华年。

寂寂安穷巷，涓涓倘大川。骚怀今异昔，要变两当轩。

　　这首五律是我 1946 年初到常州音乐院幼年班的时候写的。常州是清朝薄命诗人黄仲则的故乡。他的《两当轩全集》因郁达夫写过一篇以他为主人公的短篇小说《采石矶》，曾经在青年中间广泛流传。我到了常州，自然会想起黄仲则。但是时代变了，"两当轩"那种感伤愁苦的情绪是不健康的，所以要变。不独此也，黄仲则的《绮怀》诗有一联名句是："结束铅华归少作，屏除丝竹入中年。"我当时却不是"屏除丝竹"，而且还要"荒城动管弦"，那简直是与黄仲则唱反调了。不过，管常州叫作"荒城"却是很不敬的。常州实在是名气不小的文物之邦，仅就清朝而论，古文有与桐城派分庭抗礼的阳湖派；代表清代骈文成就的《八家四六文钞》里面常州人就占了两家：孙星衍和洪亮吉；绘画有恽南田的没骨花卉；诗，除了黄仲则之外，还有与袁枚和蒋士铨合称三家的赵翼；论词又有了张惠言为代表的常州派；如果要说经学，那么，庄存与和刘逢禄所代表的常州学派也同样是呱呱叫的。但是随着封建社会的没落，常州的地位也一落千丈。我们今天都知道常州是相当出色的工业城市，那却是解放之后发展起来的，当年幼年班所在地的常州远不是这个样子。

　　幼年班的校舍座落在椿桂坊，门前是一条小运河，河面很狭小，不能行驶大船，所以我们每天所看到的是粪船居多，连呀呀学语的小孩子也留下了深刻的印象。有一次，一个小娃娃在一本杂志上看见一幅插画，画题记不得了，大约是风雨归舟之类吧。小孩子是喜欢凭自己的想象去解释所见的东西的，于是脱口而出道："巴巴！"惹得我们都笑了。小孩的爸爸说，存在决定意识，一点不错。她所直接看到的船都是装大粪的，因此画中的船也一样没有例外了。至于校舍本身，原来是一所贫儿院。贫儿院现在换上了音乐院幼年班的招牌，无独有偶，幼年班的学生也大部分是从孤儿院等地方转来的。

可怜的孤儿，无依无靠的孤儿是怎样会同钢琴、提琴这些一般人认为近乎贵族的玩艺儿搭上关系的呢？

据说吴伯超在比利时跟当时的指挥名家夏尔显学到了一套指挥乐队的本领之后，总想自己组织一个相当规模的管弦乐队。他也知道音乐人才必须从小培养，因此想到创办音乐幼年班。学生不容易一下子招到那许多，于是想到从孤儿院以至难童收容所那类机关去挑选。挑选的方法是派出音乐教师，带着唱机唱片对那些难童逐个进行测验。发现有音乐感的儿童就带回幼年班，来一番系统的训练。一切衣食费用全由学校供给。同时也招收自愿报考的普通学生。这样一来，作为重庆青木关国立音乐院的一个附属单位——幼年班就在1945年秋天成立起来了。本来是衣衫褴褛，食不果腹的孤苦儿童，如今却成为中国音乐的幼苗，接受相当正规的音乐教育了。

按照当时国民党政府的规定，学校除了教务主任之外，还设有训育主任，负责监视学生的思想活动。幼年班也不例外。可是事实却同吴伯超开了一次不小的玩笑。幼年班的班主任是吴伯超一伙，没有问题。他带来的训育主任却是一个剧作家，他的作品曾经得到洪深同志的赞赏。1947年还帮他设法在上海兰心戏院演出。他下面是几个训育员。因为学生年纪小，生活需要大人帮助料理，所以这些训育员更多的是做保育员工作。还有，当时的两个女训育员都由视唱练耳的教师兼任，吴伯超还想找一个专职训育员，还要我来介绍。恰好当时有我的一个同乡从桂林来到重庆，于是介绍她与吴伯超联系，吴伯超满口答应。开始工作之后，吴伯超更是赞不绝口。从此之后，她与训育主任一道对学生进行比较隐蔽的教育工作。表面上幼年班是天真活泼的吹拉弹唱，暗地里却别有天地，因为她是随时随地都要发挥作用的地下党员。这该是吴伯超始料所不及的吧！

在重庆青木关的第一年，算是幼年班的草创时期，1946年夏天搬到常州才有了较大的发展。学生的刻苦学习是没有问题的，问题是怎样把学生教好。说实在的，当时我国的音乐师资还是相当贫乏的，有些地方还不得不借助外力。吴伯超是千方百计要把幼年班办好的，他从上海聘请的教师，除了钢琴专业之外，还有小提琴、大提琴、长笛等等管弦乐器的名手，当时上海租界是收回来了，工部局管弦乐队还是保留下来，所以教师的人选是不会发生困难的。

那些外国教师刚到幼年班，一看到这么多小孩子，都感觉非常新鲜，特别是听过学生的试奏，而且听了关于这些孩子的出身之后，无不大为惊奇。据他们说，他们居住中国的时间，长者一二十年，短者也有七八年，还很少看到过这样富有才能的孩子。尽管来一次常州，就得东奔西颠地赶车呀，吃的喝的也不习惯呀，中午也不能好好地休息呀，他们还是很高兴地来给孩子们上课。当然，他们来了，我们也得陪着他们忙个不停，因为孩子们不懂他们的话，必须有我们在旁边翻译。有时顾得这边，顾不到那边，孩子一急，哭了，洋老师更着急，彼此急成一团。等我们说清楚了，才又破涕为笑。有时觉得累了，就自己安慰自己：鲁迅为了提高青年木刻家的艺术水平，还甘心亲自替日本教师做翻译呢。现在回想起来，这种比喻未必妥贴。鲁迅是完全自觉地为了革命；我们这样做究竟有多少革命的自觉性呢。可是在当时，这样一想却实在是心安理得的。

说到学生学习的刻苦，凡是看到的人无不为之感动。他们听过老师的介绍，知道不少大音乐家是穷苦家庭出身的：海顿的父亲是轮匠，母亲是帮人家烧饭的；格鲁克的家庭是守林人和猎手，他小时候也常常赤脚跟着父亲去打猎；帕格尼尼的父亲是小贩；德沃夏克是在屠宰场度过他的童年的；夏里亚平早年与高尔基一道做码头搬运工……。他们因此加强了学习的信心和勇气。夏天不怕热，不管蚊子叮，冬天连鞋袜都是破破烂烂的，手皲了，照样在寒风中练琴，有些老师看在眼里，痛在心里，趁便买些衣物或食品塞给他们，有时也会拉他到自己宿舍分点自己的饭菜给他们吃，特别值得提出来的是管伙食的老师郑华彬。他单身一个人，平时节衣缩食，把省下来的钱给学生买些急需的东西。学生病了，更是病号饭、营养饭忙个不停。平时起早贪黑，上街采购，总是先打听清楚哪里物价最便宜，尽可能买到最好又最便宜的东西，改善学生的生活。从常州到天津到北京，他三十年如一日关心学生的生活，甚至学生在三年困难时期休学回家养病之后，他还千里迢迢托人把难得的食物和药品送到她老家去。然而，就是这样一个好老师，仍然逃不过"十年动乱"的劫难。这是直到今天每当谈到这一段往事我们都抑制不住心头的悲愤的！

说起幼年班不幸逝世的同事，不能不使人想起短短一年之内幼年班先后丧失的梁定佳和潘美波两位老师。梁老师是当时的教务主任。除了教学之外，他对学生的生活也非常关心，特别是在从青木关到常州这一次大迁徙期间，他不顾旅途劳顿，处处为学生设想。到了常州之后，冒着大暑天的酷热，接收了日本人留下的大批唱片。这一批唱片比我当年在上海音专经手管理的全部唱片还要多，成为幼年班除了乐器之外最宝贵的财产，使得那些穷孩子有机会听到世界著名音乐家灌制的古典作品。为了让外籍教师教学取得满意的效果，他有重点地给学生上英语课，特别选出不少与音乐有关的专门术语，减少学生上课的困难。他还为负责生活的工作人员编写简明的分类英汉对照会话手册。不幸的是他到常州半年之后就病故了。还有潘美波老师，她是查哈罗夫和拉查雷夫的得意门生，学生时代已经经常举行音乐会，而且灌了唱片。来到幼年班，由于教学负责，深受学生欢迎。有一次奥地利教师阿德勒问起幼年班的音乐教师，我告诉他有潘美波，他一听就说，是 Mabel Pan 吧？可见她的名字在上海中外音乐界都是相当熟悉的。1947 年暑假，她因为铁路交通秩序不大好，每周奔走在上海常州之间，得不到适当的休息，影响了健康状况，决定把聘书退回。吴伯超很着急，定要我去挽留她。想到小同学的殷殷向学，她答应了。万万没有料到新的学期还没有结束，刚从上海送来她病假的口信没有几天，她就一病不起。据说她病重的时候，还念念不忘出院之后如何预先买好去常州的车票。的确，他们两位都是难得的人才，都是正当工作的盛年中途凋丧，无怪乎噩耗传来，不少学生都失声痛哭。解放之后，同学们畅谈美好的远景，也没有忘记要建造"定佳楼"和"美波楼"，由此可见他们的德行是如何的深入人心了。

　　1946 年夏天幼年班由渝迁常的一段时间里，全面内战已经开始了，幼年班的形势也同样发生了变化。原来那位比较开明的训育主任被吴伯超罢了官，那位地下党员也离开幼年班回广东去接受更为重要的工作。接他们两位的工作的都是吴伯超信得过的人。潘美波曾经天真地提出，他们是不是市党部那种地方派来的？但是国统区虽然名为"国统"，事实上并没有多少地方是国民党的统一天下。时代的车轮不容倒转，学生总是要求进步的。他们出身穷苦，更容易体会到穷人的酸辛。他们看到幼年班工友生活的困难，愿意挪出他们自己的一部分伙食费去改善工友的生活。这一下可急坏了负责训育工作的那一伙，于是向吴伯超打报告。吴伯超一听，跳了起来：那不是煽动阶级斗争吗！要不是有些老师出来说话，后果真不堪设想。但是那些人还是不肯善罢甘休的，有一个他们认为"调皮捣蛋"的学生，虽然在会议上决定继续留校学习，他们还是漏夜把他带走了。

　　1947 年春天，上海有几个音乐爱好者组织过一次音乐比赛，邀请幼年班的学生去参加，比赛项目有小提琴、大提琴、长笛、小号等等。结果第一名、第二名大部分都给幼年班拿下来了，带回了一批银杯和银盾。这是一次旗开得胜的纪录。

　　淮海战役之后，南京政府岌岌不可终日，学生上课渐渐的多谈些时局问题，也牵涉到幼年班会不会搬到台湾的问题。有些同学问，共产党要不要办管弦乐队？老师告诉他们，延安当年物质条件差，还想办法给煤油桶装上琴弦当低音提琴拉，将来正式的低音提琴都可以买了，你想，他们会不办管弦乐队吗？小孩子听了，眉开眼笑地说：那我们就甭走了。到了江南一带风声鹤唳，一日数惊的时候，幼年班有家的同学有暂时回家的，但跟着家长去了台湾的只有一个人。有的是家里要他去台湾，他还是"岿然不动"，留在常州迎接解放。

然而解放前的那段时间却实在是难过的。经费是每月去南京领的，从南京回常州，挤不上火车，只好爬到车顶上，弯腰屈膝地坐到常州。到了常州，那点可怜的金圆券又已经因为贬值去了一大截，最困难的时候用那点钱买回来的粮食只够吃两顿稀饭。但是即使是在这样艰苦的时候，学生们还是照常练琴，而且同心协力地练习合奏，为"明天"准备一些节目。果不其然，解放大军横渡长江，解放南京之后，马不停蹄地直趋常州。幼年班进入了一个新时代，他们的工作转向常州社会，一方面给地方团体补上音乐课，一方面为募款支前举行音乐会，散会归来，齐声高唱《团结就是力量》，这是从实际工作体会到然后才会唱好的发自内心的生气勃勃、热气腾腾的歌唱。

1949年秋，从北方传来筹建中央音乐学院的消息，南京音乐院连同幼年班全部合并到中央音乐学院。孩子们听到了这个消息当然十分高兴。可是由于一时找不到合适的校舍，幼年班迟迟不能搬迁。幼年班本来属于南京音乐院系统，与常州地方没有关系。南京音乐院则认为幼年班设在常州，他们鞭长莫及，幼年班因此好像是三不管的"飞地"。同时，各地都有文工团需要不同程度地充实他们的力量，既然幼年班还没有固定的组织关系，他们可以同个人自由拉线。因此幼年班不妨说是经历了一段相当严重的动荡时期。本来刚一解放，就有少数几个同学跟随部队去了。现在解放将近一年，说是合并成中央音乐学院却始终没有动静，只叫我们安心等候。等的时间长了，有些人有点不耐烦了，最先找到门路的有三个人。大家一听，慌了手脚，他们说不服要走的人，于是找老师商量办法，老师方面又能有什么好主意呢。中间开了几次大会，希望大家保持幼年班的完整。大家同甘共苦度过了四五年，现在盼到解放了，能忍心看它分拆得支离破碎吗？会后，各人又分头去做思想工作。结果要走的还是走了，偶然也有一两个人不告而去。可是绝大多数总算是安下心来了。恰好是解放一周年的时候，幼年班迁到了天津。离开常州之前，还举行了告别音乐会。这里应该补上一笔的，是正当人心浮动，要留要走，展开"辩论"的时候，两方都能够平心静气，各个说出自己的理由，各个希望说服对方，始终没有拍桌打凳，挥拳踢脚的场面出现，刀枪棍棒当然更加谈不到。他们风格之高，修养之深，实在是非常之令人感叹的。老实说，不是领教过十年阴差阳错的"文攻武卫"，我还体会不到这班小朋友的可爱的深刻意义呢！

　　回想当初幼年班的成立，目的是为将来管弦乐队储备人才。但是他们没有成为国民党粉饰太平的摆设，却成为中华人民共和国第一次参加世界青年联欢节的管弦乐队的中坚力量。我初到常州所作的"涓涓倘大川"的预言并没有落空，真是不胜荣幸之至。

原载《中央音乐学院学报》1982 年第 3 期

谈中国的"第一个"什么之类

这些年来，国内很兴起一阵"第一热"。热心的作者在报刊上发表文章，有的还写成书，列举中国古往今来各方面走在时代前头的人物。中国第一个什么，或者中国最早的什么什么，首先做出了什么什么，总之是用真凭实据指出中华民族是优秀的民族，中国的月亮同外国的月亮一样圆，有时还要比外国的更圆。这对那些民族虚无主义者，崇洋媚外者，真的好比是当头棒喝。用心是非常好的，值得感谢的。不过既然有名有姓的举出来，就一定要准确无误，才能发挥更大的说服力。就这一意义上说，有些地方还是不够严密的，现在就我所见的提出一点意见，希望这是愚者千虑，必有一得吧。

我这里只举出一些与音乐有关的问题。首先要说的就是关于《国际歌》的。一唱《国际歌》，当然会立刻想到瞿秋白。现在我们所唱的《国际歌》的中文译词是以瞿秋白最先依照歌曲的旋律译配出来的译文为基础的。因而流传着瞿秋白是第一个《国际歌》的译者的说法。不过如果还要严格一点说，那么，就还需要说得更具体一点。早在1920年夏天，郑振铎已经与耿济之——我国最早的俄文翻译家之一——合译了《国际歌》，题名为《赤色的诗歌——第三国际的颂歌》，在1921年的《小说月报》上发表。所以说瞿秋白翻译的《国际歌》是中国最早的译词是不够确切的。还有人说，瞿秋白翻译《国际歌》的时候是按着钢琴，依照歌曲的旋律进行译配的，那也不符合当时的实际情况。钢琴这件乐器，在今天当然已经是进入一般的人家——可惜有时还仅仅是作为装饰门面的家具——可是在20年代，多数是在教会学校或外国人办的礼拜堂里面才有这种贵重乐器。当然像清华学校那样洋化的学校或者北京大学音乐传习所也少不了这类的设备。据瞿秋白自己说，他是一边按着风琴，一边唱着来配歌的。我们往往根据我们目前现有的情况来述说古事，正如说牛顿拿手表当鸡蛋放到开水里去一样是以今例古。我们现在日常生活上是几乎看

527

不见怀表了，所以牛顿的表很容易被说成手表。其实如果牛顿当时真的有手表，大概就不会把它和鸡蛋放在一起，而是戴在手上，不会解下来错放到开水里去了。

另外一个混淆不清的问题是王光祈音乐博士的问题。许多人都写过文章说王光祈是中国第一个音乐学博士，却忘记了远在王光祈1934年以他的论文《论中国的古典歌剧》获得博士学位之前18年，萧友梅已经以他的论文《十七世纪以前中国管弦乐队的历史的研究》获得莱比锡大学的博士学位，这个问题，1984年"王光祈研究学术讨论会"上大家已经取得一致的意见，认定第一个以音乐学的论文取得博士学位的是萧友梅。但是不久又有人提出异议：萧友梅是哲学博士，王光祈才是音乐学博士云云。

我的信心动摇了。动摇而已，并不是完全推翻。我要查出个究竟来。我查了德国各科学位名称的缩写表，我现在把所有各科的名称全列出来，但是不抄原文，一律译为中文（原文依字母排列，所以有些边沿学科分见各处）；农业学、农艺学、文化学、社会学、森林学、园艺学、工程学、两宗（天主教及罗马教）法学、天主教法学、法律政治学、医学、牙科、（驮挽）兽医学、多学科、经营管理学、教育学、药学、哲学、自然科学、政治经济学、贸易学、商学、军事学、地质矿物学、政治学（经济社会学）、管理学、社会经济学、技术学、农业科学、数学、社会政治学、宗教学、技术工程学、神学、（天主教或基督教）神学。

照上面学科名称看来，分科可谓细矣，但是始终找不到音乐学。既然没有音乐学这一门，那么，博士的学位又如何授予呢？我们只好请教具有亲身经历的萧友梅博士了。萧博士说："英美的音乐教育机关亦有叫'Academy of Music'或'College of Music'（译为音乐专门学校）的，并且有好几家大学设立音乐分科，授予音乐学士（Mus. B.）和音乐博士（Mus. D.）学位；至于德国，除了许多'音乐院'之外，还有叫'Hochschule der Musik'的（译为音乐大学），就是把音乐学术提高和单科大学一样，但是没有音乐学位。有好几家大学在哲科大学里亦有音乐系的设立；毕业论文研究音乐科学的，考得的学位仍是哲学博士（Dr. phil.）。"（引自《萧友梅音乐文集》350页）

萧友梅博士的这段话，大概可以说是给我们讨论的问题做出了终极的结论了吧。当然，说清楚谁是第一个，并不意味着第二个准是比不上第一个的高明。中国不是有一句老话，说是"后来居上"吗？即使后来的不一定居上，也总该可以说是各有千秋吧。

最近萧友梅又新添了一项桂冠："中国音乐之父"。作者列举了历史上和当代的各方面的先进人物，如司马迁是历史学之父，刘向是目录学之父，杨仙逸是中国航空之父等等。意思是说在某一位名人之前，中国还没有这方面的开创人物。不错，司马迁可以当历史学之父而无愧，说杨仙逸是中国航空之父也可以成立，但是说萧友梅为"中国音乐之父"我却未敢苟同。因为即使伶伦等算是传说中的人物可以存而不论吧，伯牙、师旷等等总应该算是有史可考的最早的音乐家了，朱载堉等等更是走在世界前列的音乐家，却远在萧友梅之前就出生了。推尊萧友梅为中国音乐之父，假如真有所谓在天之灵，萧友梅也一定会托梦给该文作者，请他收回成命的。

另一位提得不够准确的是中国近代第一个女指挥家郑小瑛。因为事实上近代最早抡起指挥棒的女将应该数周淑安。我在一次会上这样提的时候，有人提出疑问，问周淑安是不是打打拍子那样的指挥。我当即举出事实，证明她不仅会打打拍子，而且是得到公众承认的具有相当能耐的女指挥。那是1928年舒伯特逝世一百周年纪念，上海的西侨组织了一次舒伯特声乐作品的国际比赛。周淑安不甘示弱，组织中国人成立一个合唱团参加比赛，评选的结果周淑安居然赛倒了德国人和法国人的合唱团，赢得了一等奖，连当时上海租界工部局交响乐团指挥梅柏器也刮目相看，请她的合唱团参加他组织的音乐会的演出。她一手培育的音专合唱团的演出始终赢得听众的喝采。音专的外国教师也不无赞赏地说，大概中国没有比她更出色的女音乐家了吧。说句抱憾的话，她可谓生不逢辰。如果她晚生几十年，她会是好好地大显身手的。1973年赵元任回国探亲，指名要会见周淑安。当时她刚从牛棚里放了出来，寄住上海。她的住处太寒碜，"四人帮"在上海的爪牙只好给他们另外安排一个会见的地方。赵元任看见她那副龙钟憔悴的样子，忍不住惨然叹息：凭你的学识修养，哪里找不到优厚待遇的职务！看你弄成这个样子，唉！

还有一个虽然不属于音乐家之列，却在她掌管的大学里设立了音乐系的人物，那就是北京女子师范大学校长杨荫榆。凡是读过鲁迅的《华盖集》的人，没有不知道这位女士的大名以及她那逆潮流而动的行事，因为她是开除许广平、刘和珍等六个女学生的罪魁祸首。她也为此销声匿迹地回到了乡下。事情过去六十多年了，许多人也许连杨荫榆这个名字也不甚了了。所以说起中国第一个女大学校长的时候，人们便说是金陵女子大学校长吴贻芳，按吴贻芳被推选为金陵女子大学校长是在1927年，吴氏本人还在美国进修。1928年她才返国就职。杨荫榆担任北京女子师范大学校长则是在1924年8月。比吴氏早了四年。虽然她在校长任内，倒行逆施，受到了正义的谴责，但她生命的最后一幕却是死在日本侵略军屠刀之下收场的"国殇"。据曹安和说，1937年中国对日抗战全面开始之后，日军很快便攻占苏州。奸淫烧杀，无恶不作。杨荫榆气愤不过，面斥日军的暴行，致被日军杀害，投尸于河。另据曾任女子师范大学秘书华林的记述，则是她与日军经过激烈斗争之后，被日军抛入苏州河中。杨会游泳，游到对岸之后，日军连发三枪，将她击毙。这里不可能论证哪一说更符合事实。总之她是死于兽兵的毒手却是铁一般的事实。她的一死该可以洗涤她过去的污点了吧。

以上云云，算是我对前面提到的几个问题的一点补正意见。当然，我的意见也不见得就完全准确，语不云乎；罗汉也有打盹的时候，何况是我这样的凡胎俗骨。我只是知无不言。言之当否，还应听候读者的评判。

原载《中央音乐学院学报》1991 年第 4 期

歌德与梁启超

1815 年，18 岁的舒伯特已经写出了《魔王》《纺车旁的格列卿》《牧羊人的哀歌》《远行人的夜歌》《野玫瑰》等上空千古的名作。这些都是依据歌德的诗篇作曲的。为了表示对这位文坛巨匠的景仰，希望得到他的指教，舒伯特的朋友建议他把这些作品寄给歌德，由舒伯特的同事施保恩执笔写了一封谦卑而又恳切的信附上乐谱一道发出去。使人沮丧的是歌德根本不予理会，把歌谱原封退回，没有一个字的答复。9 年之后，舒伯特出版了一本歌德诗篇的歌曲集，上面特别印上献给歌德的献词。他对歌德还不死心，又一次寄给了他，请他赐予注意，那将是他生平最重大的事件。结果又如何呢？照样是没有回音。一位学贯天人的歌德对舒伯特的天才的杰作竟然是这样的视而不见，听而不闻，岂非咄咄怪事！其实说怪也不怪，掌乐的缪斯并没有赐予歌德审音的耳朵。60 年前我读过德国《音乐》月刊上的一篇论歌德的音乐禀赋的文章，说他早年学拉大提琴，对那四根琴弦的音准就始终调不好。所以他去莱比锡上大学的时候，根本没有把大提琴随身带走。这说明他自己相信音乐和他是没有缘分的。那么，他对门德尔松不是非常欣赏，让他住在家里，"听他讲音乐课"吗？那也不奇怪。当时门德尔松的创作已经风靡乐坛，何况他的祖父是哲学家，是腓特烈大王的上宾，敢和国王陛下开驴子的玩笑，他的父亲是国家银行行长，哪里可以拿舒伯特那个穷酸的无名小卒同他相提并论呢？

这样说是不是近乎厚诬古人了呢？罗曼·罗兰在他的《歌德与贝多芬》那本书里面说过这样一回事。有一次歌德与贝多芬一起散步，迎面来了一帮贵族。贝多芬大摇大摆地冲着他们走过去，歌德则闪到一边脱帽肃立，等那帮贵族走过之后他才起步去追上贝多芬。可见歌德这个人是相当世故的，无怪乎恩格斯说："歌德有时非常伟大，有时极其渺小。"

我因此想起我国那位与歌德约略相似而又不尽似的文化名人梁启超。

据梁启勋《曼殊室戊辰笔记》的回忆，梁启超 10 岁去广州应童子试，一些小孩子结伴雇一艘木船，由长辈护送前往。吃饭的时候，有一位长辈指着桌上的咸鱼叫梁启超题诗，梁启超应声说道："太公垂钓后，胶鬲举盐初。"上句点明鱼，下句则落实到咸鱼。对仗工整，平仄协调，用典切当，所以梁启勋描写当时的情景是："满座动容，神童之名自此始。"

文学方面的表现是这样，音乐方面呢？遗憾的是没有什么材料，既没有蔡文姬隔墙辨断弦那样神聪的美谈，也没有歌德始终调不准大提琴琴弦的负面的纪录。只有在他写《饮冰室诗话》的时候才看到他对音乐的肯定的意见。

在《饮冰室诗话》里面，有好多次提到音乐，主要是教学用的歌曲，特别是军歌，有时还附上歌曲的简谱，这大概也是别开生面的新民体的一支吧！

作者认为我国人缺乏尚武精神，原因之一是"音乐靡曼"，特别指出斯巴达人被围，乞援于雅典的故事。说"雅典人以一盲目跛足之学校教师应之，斯巴达人惑焉。及临阵，此教师为作军歌，斯巴达人诵之，勇气百倍，遂以获胜。甚矣，声音之道感人深矣"。因此他提倡多作军歌，这是与当时强调军国民教育的思潮相呼应的。介绍教学用的歌曲，与当时唱遍校园的学堂乐歌也是一脉相承的。梁启超当时真不愧是时代的儿子。但是他一面大力宣扬音乐的效用，自己却又声明是门外汉，希望有人在这方面多作努力。因此他对曾志忞留学东京音乐学校称为"我国此学先登第一人"。不知曾志忞是不是他从前所说的某君："去年闻学生某君入东京音乐学校，专研究乐学，余喜无量。"到看到他谱出的军歌、学校歌数阕，他不禁"拍案叫绝"。但是他认为这是"中国文学复兴之先河"，而且进一步希望某君"自今以往，更委身于祖国文学，据今所学，而调和之以渊懿之风格，微妙之辞藻，苟能为索士比亚、弥儿顿，其报国民之恩者不已多乎"？这就混淆了诗与歌的界线，甚至于劝音乐家改行了。

他讲中国近 300 年的学术，也没有忽略清代学者对音乐研究的成果。书中在历述毛奇龄、江永、徐养原、凌廷堪、陈澧等人的著作及其贡献以至驳难的论点之后，一方面声明"以门外汉如我者，于其价值如何诚不敢置一词"，一方面还是说"改造音乐必须输进欧乐以为师资，吾侪固绝对承认，虽然尤当统筹全局，先自立一基础，然后对于外来品，有计划的选择容纳，而所谓基础者，不能不求诸在我，非挟有排外之成见也"。在借鉴外国的问题上，他不赞成照搬西洋，那还是说到点子上的。

总的来说，他在思想上、理智上是重视音乐的，可在感情上，兴趣上音乐对他并没有多大的吸引力，所以他一部《新大陆游记》竟没有一个字提到音乐。这是并不奇怪的。只有在第一次世界大战结束之后，他与蒋百里、张君劢、丁文江等人出访欧洲，他对音乐的兴趣才有了较大的变化。他在给他的弟弟梁启勋的一封信里面说，有一天他本来约好往参议院旁听，刚好有一在拿破仑第三时代已负盛名的老女优将为一文豪纪念，特以义务献技，他临时谢绝去参议院的邀请，去听她的演唱。"因得瞻西方谭叫天之颜色，实此行一段奇事也。"信里面还有一段话："生平不喜观剧，弟所知也。至此乃不期而心醉！每观一次，辄竟夜振荡不怡，而嗜之乃益笃。虽然为时日所限，往观尚不逮十度也。"这里需要解答的问题是，他所观的剧是话剧还是歌剧？如果是话剧，由于语言的隔阂，看它一两次开开眼界大概就可以了，所以我相信这是歌剧。歌剧能够超越语言的限制，直接诉诸听觉，加以当时巴黎的舞台上的人物像威尔第的《茶花女》和《奥赛罗》，比才的《卡门》，马斯内的《苔依丝》和《曼侬》，普契尼的《托斯卡》和《蝴蝶夫人》，哪一个不叫人看过之后"辄竟夜振荡不怡"的呢？可惜他回国之后再没有欣赏这类歌剧的机会，只有1923年克莱斯勒在北京举行小提琴独奏音乐会的时候，才重新唤起他对音乐的热情，他居然亲自去一饱耳福，并送了一个大花篮。这大概也是少有的举动吧。时至今日，人们谈起梁启超，大概只会提他的戊戌变法，讨袁护国以及他作为新闻文学的开山祖师和国学大师在学术上的贡献，根本不会提到他与音乐的关系。至于歌德，一般也不会多谈音乐上的问题，大不了是说一说他与门德尔松以及与贝多芬的交往，事实上倒是他不予理睬的舒伯特的歌曲增添了传播他的诗歌的渠道——虽然他的作品本身已经可以不朽。

综观两人的生平，觉得历史天平的倾斜有时就是这样的不能尽如人意。也许这正是应了龚自珍的诗句"百事翻从缺陷好"吧。

原载《中央音乐学院学报》1995年第3期

刘半农与赵元任

刘半农作词、赵元任作曲的名歌《教我如何不想他》60 年来一直是音乐会的保留节目，同时也曾发生过一些有趣的小插曲，其中之一是 1934 年 3 月 23 日北京贝满、育英两校联合歌咏团举行音乐会，刘半农应邀参加。会上的独唱节目《教我如何不想他》大受欢迎，这时忽然有人发现刘半农坐在那里，于是提议请诗人与大家见面。刘半农腼腆地站了起来，又是鞠躬，又是作揖。不料有一位姑娘却喟然叹曰："原来是一个老头子！"也许姑娘心目中以为写得出这样一往情深的作品的诗人一定是风流潇洒，"帅"得很吧。刘半农事后听人说起这件事，还写了一首打油诗："教我如何不想他？但恨不能同吃茶。原来是个老头子，教我如何再想他！"

说起打油诗，刘半农为此曾经引起鲁迅的不满。他在《忆刘半农君》里面说："我爱十年前的半农，而憎恶他的近几年。"随即说他"做打油诗，弄烂古文，回想先前的交情，也往往不免长叹"。以愚观之恐怕还有更深的理由，那是有关对吴稚晖的态度。1927 年中共江苏省委书记陈延年不幸被捕。因为他是陈独秀的儿子。文化界不少人都关心他的安全，胡适也曾试图营救。可是吴稚晖却写信给杨虎，为陈延年的遇害拍手称快，这可惹起不少人的唾骂。连周作人也指斥吴某是千年老狐狸精露出了尾巴。对这样的问题刘半农却缺乏认识，有一次他竟写打油诗为吴某捧场，这无疑是鲁迅所痛心的。不过话又说回来，这只是事情的一面，刘半农的确还有他可爱的另一面。1933 年李大钊生前友好发起为李大钊举行公葬的活动，刘半农就与钱玄同等联名发起为李大钊举行公葬的募款书。他率先捐助营葬费 20 元，并撰写了《故国立北京大学教授李君墓碑》，又为李大钊及夫人题写碑文，这份墨迹还在刊物上公开发表了。

1933 年日本帝国主义继并吞东北三省之后又进攻热河、山海关。国民党政府步步退让，刘半农曾气愤地对他的内侄朱穆之说："榆关失守了，国民党不抵抗，再这样下去，我就去投共产党？"（事见徐瑞岳：《刘半农研究》）可见有良心的知识分子真不愧为中国的脊梁。即使一时认识不清楚，早晚是会醒悟过来的。闻一多是这样，朱自清是这样，刘半农也应该说是这样的。

还有一次刘半农与鲁迅配合默契地批评了徐志摩论音乐。鲁迅对徐志摩是词严义正的呵斥，刘半农远在法国，却也写了一篇对徐志摩极尽挖苦之能事的文章。不过鲁迅的态度是毫不妥协的，刘半农与徐志摩却"不打不成相识"。他们两人后来同时受聘为北京大学教授。徐志摩南下上海，刘半农邀集友好为徐饯行。一个月之后，徐志摩因飞机失事遇难，刘半农给他送去一副挽联曰："一夕清谈成永诀，万山浓雾葬诗魂。"

鲁迅与刘半农都是为音乐问题批评了徐志摩。实际上鲁迅对音乐并没有特殊的兴趣，刘半农却是相当喜欢音乐的。早在1917年他开始从事文学活动的时候，就翻译过莫里哀的短剧《琴魂》，直译应为《小提琴的灵魂》（The Soul of the Violin）。他又写诗题为《E弦》。"五四"初期，知道小提琴最高音的弦是E弦已经够得上内行的程度了。到了法国之后，虽然公费经常拖欠，客中屡告断炊，他还是省吃俭用买了一把比较好的小提琴。可见他爱好音乐出于天性。刘天华组织国乐改进社，他被聘为名誉社员，《音乐杂志》创刊，他又在该刊发表《音律尺算法》，还在经济上给予"赞助"。我国第一个语音乐律实验室也是由于他的鼓吹和促进才在北京大学筹建起来的。此外他还在北京天坛、南京烈士祠、河南博物馆各处测试当地所藏的编磬、编钟，设计"声调推断尺"，至其最重要的体大思精的论文则应推《十二等律的发明者朱载堉》。但是使他的名字达到家喻户晓的程度的则是由于赵元任根据他的诗篇谱写的歌曲。

赵元任生平创作的艺术歌曲，其中的歌词刘半农写得最多。他们两位真不愧为歌曲创作的老搭挡，但是其中另一个更重要的共同点则是他们两位都是负有盛名的语言学家。

1924年年底，赵元任出国进修，慕名到巴黎拉丁区拜访刘半农。第二年7月刘半农一家同赵元任夫妇同乘法国轮船从马赛回国。到北京不久，即在赵元任家中由刘半农提议成立"数人会"。"数人"的取义源出隋朝音韵学家陆法言的《切韵序》。原来陆法言编写《切韵》的时候经常与颜之推、萧该等人商量，"萧颜多所决定"，当时任隋朝著作郎的魏澹曾经对陆法言说："我辈数人，定则定矣。"数人会既然是研讨语言音韵问题的学术性组织，所以就借用魏澹的话取名为"数人"。参加的除了赵元任、刘半农之外，还有钱玄同、黎锦熙和汪怡，后来又加入了林语堂。

从这个组织的取名可以看出他们以天下为己任的气概，同时也具有包打天下的味道。他们经过一年的时间，拟出了一个后来由国民党政府大学院正式公布的《国语罗马字拼音法式》。这个拼音法式一般人都承认是赵元任制订的，赵元任也的确是出力最多。这一公布真有点像是"我辈数人，定则定矣"。可是事实上并没有通行，因为制订的时候力求精密，一精密又常常与专家的水平连在一起。它精密到韵母可以分四声，如幽、由、有、右的韵母分别拼为 iou、you、yeou、yow，这叫普通老百姓如何记住，如何辨别呢？所以代之而起的是瞿秋白的拉丁化新文字方案，再一变而为现在通用的汉语拼音字母，这就比较容易掌握了。

总之，自此以后，凡是有关国语统一等语言问题的组织，一般都少不了他们两位，其中最正规又是时间最长的共事，则是中央研究院 1928 年聘请他们担任历史语言研究所的研究员，赵元任还是语言部主任。甚至胡适 40 岁生日他们也一道联名送贺诗。

刘半农之死对于赵元任的震动是很大的。他生平很少沾染上文人的旧习气，不喜欢写应酬文字，但是他为刘半农的亡故却写了一副别开生面的挽联：

> 十载凑双簧，无词今后难成曲。
> 数人弱一个，教我如何不想他！

从 1924 年他们在巴黎会面到 1934 年刘半农以身殉学，他们一起共事足有十个年头。赵氏以双簧比喻两人的合作主要是就作曲立论的。下联"数人"的出典已见上文，弱字在这里是作丧亡解。末句即用刘氏诗句表示他深沉的怀念，充分显示出作者的个性，也可以算是近代乐坛的一份珍贵的文献。

原载《中央音乐学院学报》1989 年第 3 期

论《教我如何不想他》的"他"字

俞玉滋同志在她那篇《记著名语言学家、作曲家赵元任先生》里面有一段关于《教我如何不想他》这首歌的问答。原文如下："关于这首歌曲的含义，赵元任先生去年（1981 年）回国探亲时，我们曾经向他请教，他回答说：'可以理解为一首爱情歌曲，但'他'可以是男的'他'，也可以是女的'她'，也可以代表着一切心爱的他、她、它。这是因为歌词是诗人刘半农当年在英国伦敦时写的，有思念祖国和念旧之意。'经他这一解释，使我们多年的疑团尽释，也明白了为什么他在晚年如此爱唱这首歌曲，原来他也是要表达自己思念祖国、故乡、朋友、亲人之情。"（全国政协文史资料研究委员会编《文化史料》丛刊第 7 辑 1983 年 7 月出版）

这段话说得很清楚，除了表面的言语之外，实际上还蕴藏着更丰富、更真挚的情感，还阐明了艺术欣赏哲学的宽广的意义。这就是我们古语所说的，仁者见仁，智者见智；也就是谭复堂所说的"作者之用心未必然，而读者之用心何必不然"。作者不一定这样想，读者为什么不可以这样想？你想的是什么人，这个他就是什么人。问题是读者固然可以从自己的角度去理解作品的涵义，但是作者究竟有他的作品的自己的定本。就诗论诗，诗的主人公是什么人，决定了他想的对象是什么人。如果照现在乐谱上《教我如何不想他》这个标题的字面看，这个"他"是男性，那么诗中的主人公应该是女人，这首诗很可能说的是"征妇念远"或者"尼姑思凡"。这恐怕不是作者的本意。作者的本意恐怕还是他远居异国，怀念祖国以至祖国的亲友较近情理。就在他写这首诗前不久，他曾经写了一张明信片给鲁迅，鲁迅 1920 年 6 月 22 日的日记还郑重其事地记着："下午得刘半农信片，5 月 3 日英国发。"由此观之，"他"字就应该是男性的了。

道理上说这是可以的，艺术上却不一定是这样。如果是怀念朋友，总会有一些敦品励学、忧国忧民一类的话，如果是怀念祖国，也应该说明美丽的山川以至光辉的历史等等。这样一来，又太拘泥于一事一物，范围变得狭隘了。所以不如假托一段恋爱的情节加以发挥来得方便。中国本来就有从《诗经》的比照，《楚辞》的美人香草一类托物起兴，借一事一物来寄托深沉的情思的悠久的传统。《教我如何不想他》正是继承了这个传统，如"月光恋爱着海洋，海洋恋爱着月光"这样的话来象征美好的事物。这样一来，怀念祖国、怀念亲人、怀念……都用得着了。这首诗最先在北京《晨报·副镌》上发表的时候原题为《情歌》，后来收入《扬鞭集》才正式定为《教我如何不想他》。那么，为什么赵元任的《新诗歌集》却不写作"她"而写作"他"呢？原来这里面有文章。

我们现在是习惯于他字是男性第三人称的代词，她字是女性第三人称的代词。但是过去却不是这样。那时的第三人称不管是男是女一律用一个"他"字。"五四"以后，不管是胡适的"文学改良"还是陈独秀的"文学革命"，都主张改进中国的文字，改进的方法之一就是参考西洋的做法，其中的一种方法就是第三人称的代词应分男性和女性，还有无生物的中性。刘半农本来就是有名的闯将，他提出造一个"她"字作为女性第三人称的代词。但是刚一提出，立刻招来反对的意见。他于是正式写成文章，说明他提议的具体意见。文章的题目是《她字问题》，同时还介绍了周作人的意见，即用"伊"字作为女性第三人称的代词。《她字问题》是在伦敦写的，时间是1920年6月6日，他还说他只是提议，并没有实行。《教我如何不想他》写于1920年9月4日，所以还没有实行使用这个新造的、还没有经过讨论通过的"她"字。1921年8月《新青年》第五卷第四号发表的刘半农写的《一个小农家的暮》里面分叙农家夫妇所用的代词开始使用了"她"字和"他"字，写作的时间是1921年2月7日。俞平伯1921年11月写的新诗《题在绍兴柯严照的相片》里面那个新字"她"也已经投入使用，大概算是最早的了。另一方面，鲁迅却比较慎重，他1922年为《呐喊》写的序文以及小说《端午节》和《不周山》，女性的第三人称一律写作"伊"字。这是与周作人的意见一致的，那时他兄弟俩还没有失和，这个"伊"字可能是兄弟俩合议的结果。1923年鲁迅的《娜拉走后怎样》那篇讲稿才开始使用"她"字。可见这个"她"字从初步提议到正式推广，是经历了相当长的时间才平息了当时的反对意见，特别是妇女界的意见，最终成为定局的。所以鲁迅称这是刘半农生平打过的一场大仗。

既然这首诗的"他"字应该是女性的第三人称，为什么赵元任没有改过来？

看他与俞玉滋那一次回答，好像他并没有理会"他"与"她"的争议那一段事实经过。是不是他所根据的刘半农的诗篇并不是出版后的印本而是刘半农写给他的手稿？如果是手稿，那就可能还是没有实行使用"她"字的稿本。即使今天已经改写为"她"字，为了保存历史的本来面目，在《教我如何不想她》的乐谱是否可以让这个"他"字原封不动地呆下去？考胡适的《尝试集》里面有一首纪录他们夫妇生活的新诗《我们的双生日》，写于 1920 年 12 月 17 日，即刘半农写《教我如何不想他》三个多月之后，胡适说到他的夫人也用"他"字，1922 年《尝试集》增订四版，始终没有改"他"为"她"。可见作为历史的遗迹，是不一定要以古就今的。《鲁迅全集》也仍然保留《呐喊》里面使用的"伊"字，只是由编者注明"'伊'同'她'，在'五四'初期白话文中，第三人称代名词，不管称女性或称物都用'他'，稍后才有人用'伊'作为女性第三人称的代名词，称物则仍用'他'；更后才有'他'、'她'（或'它'）之分，如现在通行的用法"。

现在"他"字和"她"字的写法虽然是已经划分清楚了，读音却还是相同的，记得赵元任的《国语留声机片课本》里面的"她"字注明的国音字母是"I"，可见是应该读为"伊"的。由于说话的习惯改不过来，这个"她"字除了"目见"有别之外，还想在"耳闻"方面做到男女有别的设想终归没有实现。因而唱"教我如何不想他"的时候，听不出想的对象是男还是女。中国人听惯了也可以不必计较"他"是男性还是女性。译为外文的时候，他就不让你含糊了。赵元任意识到这一点，当他把《教我如何不想他》译为英文的时候，这个第三人称代词的宾语的性别就不让你有回旋的余地。怎么办呢？他干脆把"教我如何不想他"这句话译为"教我如何不想你"。这样一来，性别的问题是躲过去了。而且他改为你，也许更合外国人写情诗的规矩。他们写起情诗来，一股劲地你呀你的说个不休，不像中国人只是心潮起伏的左思右想，想她怎么样怎么样，诗即使写了，也不一定要送给被想的本人看。

闲话休提，言归正传。《教我如何不想他》的"他"字，既然是女性第三人称的代词，为了不致引起读者的疑问，排印音乐会节目的时候，可否遵循目前通行的写法定为《教我如何不想她》。按照目前我们所有的出版物的实际情况，从解放前冯文炳的《读新诗》到解放后赵景深的《半农诗歌集评》，直到人民文学出版社的《刘半农诗选》、黄河出版社的《刘半农代表作》以至《新诗鉴赏辞典》，都是印作"教我如何不想她"。徐岳瑞著《刘半农研究》提到这首诗也写作《叫（教）我如何不想她》。依照少数服从多数的原则，歌词定为《教我如何不想她》，也可以算是合理的吧。

（陶亚兵同志知道我准备写这篇文章，两次三番跑图书馆，翻阅旧书刊，使拙文有了比较充实的论证。盛意殊可感也。附识。）

原载《中央音乐学院学报》1993 年第 4 期

中国近代最早收入大量音乐条目的百科词典

柳亚子题李叔同墨迹影印本有句曰："子谷（苏曼殊）归儒弘一（李叔同）释，天生南社两畸人。"其实南社的畸人并不止苏曼殊与李叔同两位。例如黄人黄摩西也是有资格上榜的人物。

黄人（1866–1913），字摩西，原名振元，字慕庵，江苏省昭文县人（原来从常熟划出一部分另立一个昭文县，民国后仍并入常熟，故现在都说他是常熟人）。光绪七年（1881），他不满16岁便中了秀才，他的老师秦鸿文曾有诗赞他："只今年才十有六，胸中之书高于屋。"但他并不是一个正统的文人，除了正规的经史子集之外，道书、佛经、医药、剑法以至奇门遁甲的术数杂书他都广泛浏览。1900年起专任东吴大学教授，直到1913年逝世。这13年间，他曾与《孽海花》的作者曾孟朴创办小说林书社，与王文濡创办国学扶轮社，编辑《清文汇》及《普通百科新大词典》。他在东吴大学讲授中国文学史，铅印线装共计29册。我在重庆的时候曾经从一位朋友那里借过头几册来看，只讲到三国时代，真可谓洋洋大观了。

不论是写文章还是写诗词，他都在发挥奇思妙想。他编写文学史便认为应该阐明文学的源流和文学种类的正变沿革，并要注意启发人们的爱国感情。这种观点比与他同时甚至稍后的文学史性质的论著只是《录鬼簿》式的现象罗列，无疑是高出一筹的。

他论清朝的文学，认为"集周秦汉魏唐宋元明之大成，合情理、训诂、考据、词章而同化"，到了近代，"中外一家，梯航四达，欧和文化，灌输脑界，异质化合，乃孳新种，学术思想，大生变革，……极此以往，四海同文之盛，期当不远"。从中外交通的发达，预见到中外文化的交流，从而宣告一个新时代的新文化的开始，与那些闭关排外的保守派相比较，他又是走在时代前头的人物。

光绪三十三年（1907），他主编《小说林》杂志，曾写有发刊词。认为小说是

"文学之倾于美的方面之一种",但又不主张"作小说者,但当极藻绘之工,尽缠绵之致,一任事理之乖僻,风教之灭裂也"。另一方面,如果只强调风教的作用,走到另一个极端,声称:"小说也,吾不屑屑为美,一秉立诚明善之宗旨,则不过一无价值之讲义,不规格之格言而已。"可见他论文学是思想性与艺术性并重的。

正因为他思想的解放,兼顾到思想性与艺术性的统一,他诗词的创作也因之开辟了崭新的境界。他的《元日日蚀诗》作于光绪二十四年,亦即戊戌政变那一年的元旦,以日喻光绪,月影慈禧,可以说是预感到慈禧将要发动宫廷政变的阴谋,他那幻想的丰富和描写的精到,不愧为一代奇作。至于他那《怀古》为题的"世界可沉天可破,肯低铁额媚雌皇!"的诗句,更是明确无误地把矛头指向慈禧的。

他的词如《凤栖梧·自题词集后》的"愿遣美人都化月,山河留影无生灭",正好表现了作者非凡的心愿。至于他在《金缕曲》里所表现的"哀乐伤人真不值,剩此身要为苍生死"的思想,更是促使他参加柳亚子所创立的革命文学团体——南社的动力。

辛亥武昌起义打响了之后,南京不久也宣告光复。他一得知孙中山从海外归来,在南京就任中华民国临时大总统的消息,立刻赶到苏州火车站,要去南京参加工作。不料足疾突然发作,走路都成问题。他于是从车站里痛哭回家。袁世凯窃踞了总统职位,他更加憋了一肚子气,第二年就逝世了。年仅47岁。

论述他生平的全部著作,不是我这篇短文所能胜任的。这里只着重谈一谈他编著的那部《普通百科新大词典》,因为这是我国近代最早收入大量音乐条目的百科词典。

书的开头有严复手写影印的序,其中有云:"观其起例,其所以饷馈学界,裨补教育,与所以助成法治之美者,岂鲜也哉!"而且严氏当时正任清政府学部(教育部)审定名词馆总纂,认为这部书能够丰富以至辅佐他的工作,评价是相当高的。

这部书分装两函,共计线装15厚册,以笔划为序,每一笔划之内分科依次编列号码,颇便检查。全书分政治、法律、经济、历史、地理、哲学、心理、文学、图画、雕刻、音乐、数学、光学、医药、动物、植物……等等67门。为了精简数量,降低成本,减轻读者负担,本书着重一个"新"字,所列条目以介绍西国"新学"为主。又考虑到"学界诸君旧学必多根柢",所以"本国学术词类,仅采大纲,家派源流,同条共贯,不一一另立。此中自有苦心,毋谓其爱野鹜而厌家鸡也"。也正因为这个缘故,所以本书所收音乐条目,绝大多数都是属于西乐范围。关于中国音乐方面，主要收入八音及十二律等名称。关于琴这个乐器，基本沿用旧说，初用五弦，周文王加二弦，又说"今指法已失传，即有习之者，亦所谓三分琵琶七分筝耳"。此外还说明制琴的木料及漆上起断纹的古琴才有价值。安弦处曰轸，其节曰徽。除此之外，收入本书的只有琵琶、箜篌、笛等少数几种乐器条目。

整体而论，本书的音乐这一门包括乐律、乐器、乐理名词、速度标记以及表情用语之类。严格地说，当然还不能说是完备的，《凡例》也已预先交代："本书志在普遍，势难详载。惟举重要及奇特者。若欲求全，有专门词典在。"

本书介绍西洋乐器，绝大部分实行音译，作者主要是以日本人的著作为蓝本的。例如钢琴译为"批阿那"，小提琴译为"维奥林"，长笛译为"富吕德"，号角译为"好伦"，响板译为"卡斯登内忒"，管弦乐队译为"奥克司屈拉"等等，只是风琴是意译的，相当明确地说明它们的构造。鼓一般也是意译，但是定音鼓译为"扣得尔鼓"，则又是音译加意译的特例了。至于《音乐》那一条说道："大别则为乐器、声乐。前者金石丝竹匏土木革等所成之音，后者习练之男女人声，所谓肉声也。"肉声的解释，据《正字通》说是"唐人谓徒歌曰肉声"。这显然不符合这里的命意。中国历来就有"丝不如竹，竹不如肉"的说法；日本人就英文 Voice 的含意，按照中国的说法，译为"肉声"。恕我孤陋寡闻，现代中国人使用"肉声"这个专门名词的，我只知道陈田鹤翻译日本人写的文章时曾使用过，可见中国人一般是不接受这个生造名词的。

号角（Horn）音译为"好伦"，解释为："洋乐用喇叭之类，金属制。"这当然不错。可是接下去又说："有英吉利式与法兰西式之别。"这可有问题了。所谓英吉利式与法兰西式，无疑是指 English horn 与 French horn，虽同名 horn，英吉利式是木管，法兰西式才是铜角。这是望文生义造成的失误。黄摩西究竟不是音乐专家，我们就不妨表示谅解。

速度标记，书中用音译然后加以解释。例如 allegro，音译为"阿雷古罗"，解释为："加速记号，示乐曲进行当更急速。"Allegretto 音译为"阿雷辫雷叨"解释为"较阿雷古罗稍为徐缓"也不算有什么错。至如 Adagio 音译为"哀达瓜"，解释是"示乐曲进行之缓徐，记于乐曲首部——谱表之上部或下部，与阿雷古罗记号反对"。Andante 音译为"安邓忒"，解释也是"示乐曲进行之缓徐者……较哀达瓜，稍速"。这样的解释固然是可以过得去，美中不足是没有阐明乐曲的表情的内涵，像我们现在通用的"柔板"、"行板"那样译法是既表明了速度，又指出了表情的要求，当然更为完善了。

Opera 意译为歌剧，比民国初年有些人音译为"奥培拉"高明一些。对歌剧的解释是"以歌及表情动作为主，借点缀、装饰等场面之力，因乐座之伴，走而歌且演之一种剧"。关于它的发展则指出"起于十六世纪之意大利，至近代德国之华嘎纳尔而面目一新。剧与音乐结合，故竟呼乐剧为华嘎纳尔云"。但是他说："其曲本名利巴雷独"。这句话出了毛病，因为"利巴雷独"无疑是 Libretto 的音译，它恰好是只有文字的脚本而不是曲本。说是曲本是容易引起误解的。

如果真要求全责备的话，那么，书中关于音乐体裁的条目是非常之少，音乐家的名字也几乎没有。不过看一看全书的目录，好像文学的条目还没有音乐那么多，我们也就不必多所苛求了。占本书最大分量的是理工科的条目，编者科学救国的用心是显而易见的。特别显示编者的爱国思想的则是本书的发凡起例，有一条赫然大书曰："吾国曾经隶属之邦土，虽巧偷豪攫，非复故物，而寸山勺水，记载较详，志国耻也。外交失败历史不稍讳饰，亦同此旨。"语重心长，今天读起来也使人不禁肃然起敬。对于这样一位学富五车、目注四海的人物，过去的文学史都没有提到他的名字，倒是最新出版的《中国大百科全书·中国文学》卷列有黄摩西的条目，受到了比陈三立、朱疆邨更高的待遇，刊出了他的一幅画像。这一卷的编者可谓独具只眼。

原载《音乐研究》1991 年第 2 期

《萧友梅音乐文集》序

　　陈聆群、戴鹏海、齐毓怡三位同志经过多年的勤搜博访，编成了一部《萧友梅音乐文集》。说来惭愧，作为曾经追随先生左右的晚辈，文集中的有些文章我根本没有读过。要不是三位同志的努力，不仅萧先生的文章将要湮没无闻，就是后人对萧友梅整个人的认识也不免有陷于片面的缺失。现在文章是摆在面前了，重读一遍，首先使人兴起无穷感喟的是先生当年提倡音乐教育的舌敝唇焦的讲论。既要阐明音乐对陶冶身心的重要作用，又要破除一般人对音乐的误解和成见。说到底，音乐的兴衰直接关系到国家的存亡。光讲道理不行，还要征引史实来做理论的根据："周朝、唐朝都看得音乐很重，那两朝在我国历史上不是最强盛的时代吗？……到后来逐渐不注意音乐，或简直不把音乐当作一回事，听它自生自灭，所以坏的音乐一天一天的加多，而好的音乐就逐渐减少……现在还不赶紧把坏的音乐——淫词淫曲——去掉，把好的音乐介绍进来代替它，将来全国人的精神就很难有改造的希望。"

　　除了唤醒对音乐的重视之外，他非常重视音乐的普及工作。他的想法是："对于向未听过西乐的民众，尽可一面使其领略较好的旧乐，一面仍使其有机会听到最浅近的西乐，以后逐渐提高他们领略的程度。这样介绍音乐给民众听，似乎两方面都可顾到。"他当时将这种普及音乐会叫做"国民音乐会"。"一方面引起国民向美的嗜好，一方面是想音乐普及。"我们今天看他们当时工作的规模，那实在是太寒碜了。但是他们凭他们那套简陋的乐器，不足的声部由钢琴做补充，先后演出交响音乐数十场，连当时在北京大学任教的俄罗斯诗人爱罗先珂听过之后，也热情地说这是"中国音乐的曙光"。即使后来创办了独立的音乐院（后来又降格为音乐专科学校），为了增加每月五百元的经费，也不知道经历了多少次公文的反复。想起当初创业的艰难，对这位呕心沥血的音乐教育家真不禁肃然起敬！

从他所担任的各种工作看，他算得上是一个忙人。他回国之后，差不多包揽了北京各高等学校的音乐教学工作。他是音乐系（科）的负责人，上课要编讲义，开音乐会要上台指挥，学生要有新歌唱，他必须不停地作曲。到了上海之后，工作比较近于单打一了，但是杂事还是不少，要向南京政府争经费，要为建筑校舍向社会募捐，同时却仍然争取时间编书写文章。《普通乐学》厚厚的一大本就是在上海写成的，也许他真的是把别人喝咖啡的时间都用到工作上去了。这里我想起一件小事：有一天他去看青主，那时已经取消了通缉令，青主正在家中同几个朋友打麻将。打打麻将，在一般人心目中是没有什么了不起的生活小节，严复、梁启超都不免逢场作戏，严复还为此写了一首七律。可是萧先生颇不以为然。事过之后，曾不无惋惜地对我说："青主打麻将，我看青主这就没有下文了。"

音乐教育之外，他另一个关心的问题是创作。他回国之后，没过多久就为章太炎建议用作国歌歌词的《卿云歌》作曲，并经过评选定为国歌，还因此与鲁迅有了接触的机会，因为鲁迅当时任职教育部，经常参加国歌研究会的活动，《鲁迅日记》每次开会都有记载。但是他本人并不因自己的作品获得通过而沾沾自喜。他趁这机会向大家讲说国歌的性质，"欧美各国的国歌本来都是国民歌（英文 Folksong，德文 Volkslied 的中译），歌词都是很浅近的文字（并不是完全白话体），而且没有选做国歌之前，已经有许多国民会唱而爱唱的，因为必须这样子选法，才可以得到国民大多数的同意……所以我现在作这个曲，不能当它做国歌，不过依照题目用声音描写歌词的内容出来，以备国民的参考就完了"。能够替先生这段话的正确性作例证的，远的可举法国的《马赛曲》，近的对我们又特别亲切的，则是我们的《义勇军进行曲》。

谈到创作问题，他主张"从旧乐及民乐搜集材料，作为创造新国乐之基础"。他这里所指的旧乐是传统的民族音乐，"民乐"则是民间音乐。"如果有意改造旧乐或创作一个国民乐派时，就不能把旧乐完全放弃"。至于向旧乐学习，首先需要做好整理工作，他要求学习旧乐的同学"多注力于乐理及和声、曲体等功课，盖欲改良旧乐，必先具有一种方案，欲作成此种方案，非借镜于西乐不可。但余并非主张完全效法西乐，不过学得其法，藉以参考耳"。他的做法是："我们除要很虚心的把我们旧乐的特色找出来之外，也要把我们不进化的原因和事实一件一件的找出来，教给我们学音乐的同志作参考，好像做医生的先要知道病人的病源病根，才容易有把握下手去医治，将来整理或改进旧乐的，总可以得到一种补助吧。"

他对于旧乐的评价有时好像偏低，这要结合当时的历史背景以及那些拥护国乐有时不免陷入抱残守缺的复古倾向的思潮进行考察，才能理解他对旧乐所持的态度。正如五四运动前后以《新青年》为代表的新派对古典文学的批判那样，矫枉是难免过正的。"桐城谬种，选学妖孽"，难道能说是对待古典文学的正确态度吗？《新青年》之所以出"易卜生号"，日本的青木正儿也看出来了是"因为其时恰恰是昆曲在北京突然盛行，所以就有对此叫出反抗之声的必要了"。这一分析鲁迅也认为是恰当的。现在回头看一看萧先生的言论，恐怕还应该说是相当温和的吧。他对大同乐会仿造旧乐器发表他的看法，认为仿造旧乐器不能说是"'整理国乐'，只可说是仿造古董，于国乐本身没有丝毫的利益"。积极的态度应该是"用科学的法子很仔细的分门研究（如考订旧曲、改良记谱法、改良旧乐器、编制旧曲、创作有国乐特性的新乐等）。要有百折不挠的精神，经过许多次的试验，方可以有收效的希望"。至于如何整理，如何研究，他也有他自己的设想。在研究方法上他非常重视比较研究。经过比较，一方面可以见到我们的优点，"除掉西历纪元前 500—350 年间 Pythagoras（毕达哥拉斯）和 Platon（柏拉图）有过些关于音乐哲学的议论之外，并不见有什么关于音乐的记载，因此对于……周朝关于乐官的分工合作的精细与各种制度的规定，更不能不惊奇……音乐哲学一方面，我们的记载不独比西乐的多，而且写得有条理，有趣味，毋怪乎孔夫子把它利用来发展自己的学说了"。另一方面，也从比较看到我们自己的不足。即以记谱法为例，我国自古以来"盲人学音乐靠打拍子，不讲究记谱的法子，同是一个乐曲，人人演奏都有不同的地方，永远不能统一的"。因此，外国的"音乐教育法、研究法、记谱法、作曲法、制造乐器法及演奏法，都值得拿来做参考。我们如果把这些方法都学过之后，再读本国几千年来音乐上的记载，比较向来没有研究过西方音乐的人们，必不至无头无绪，并且可以用科学的法子把向来不能解决的问题有条有理的解说明白"。他是这么说也这么做，如《中西音乐的比较研究》《古今中西音阶概说》《九宫大成所用的音阶》，特别是《旧乐沿革》这样有分量的著作，在当时来说尽可以说是属于开拓性的工程，终极的希望则是"我以为我国作曲家不愿意投降于西乐时，必须创造出一种新作风，足以代表中华民族的特色，而与其他民族音乐有分别的，方可以成为一个'国民乐派'"。

上面这一段话是有人向他提到俄国的强力集团的时候说的。他反复叮咛"不能把旧乐完全放弃"、"不愿意投降于西乐"。当然，他的著作现在看起来多少是有些不够精当和深入的，因为那都是半个世纪以前甚至更早写出来的。长江后浪推前浪。

鲁迅生前就曾举出胡适的《易卜生主义》那篇文章来说明理论水平今昔高低的道理。萧先生的著作即使有什么不足之处，只要我们想一想在那风雨如磐的日子里，像先生那样登高疾呼，召集同志，而且锲而不舍，贯彻始终，直到生命的最后一息，并世能有几人？他的遗文正是先驱者的遗产，凝聚着他毕生的心血，吉光片羽，都应受到后人的珍视。我的饶舌其实是多余的，特此告罪！

1988 年 4 月 30 日

重印王光祈《中国音乐史》赘言

王光祈的《中国音乐史》脱稿于 1931 年，1934 年在中华书局出版。过了一年多，他就不幸病逝于德国波恩了。

说起来使人不胜感慨的是，王光祈的名字已经不大有人知道了，正因为这样，约略为他的生平做一番介绍，似乎也是有其必要的吧。

王光祈（1892.10.5—1936.1.12），四川省温江县人，出生于一个书香人家。但是他出世的时候家道已经中落。他童年时代曾经替人家放过牛，一边却仍然读书。由于得到他祖父的学生，后来做了四川总督的赵尔巽的资助，他得以安心读书读到中学毕业。当时辛亥革命已经爆发，他也立即被卷入革命的激流，做了一家报馆的主笔。不久他又因过不惯沉闷的生活，走出四川，辗转到了北京，1918 年以第二名的高第毕业于北京中国大学，不久即与李大钊、曾琦等人发起组织"少年中国学会"。"少年中国"顾名思义，那是以马志尼的少年意大利为蓝本的，不过时代不同了，除了民族独立和民主等资产阶级革命纲领之外，少年中国学会还由成员带进了克鲁泡特金的无政府主义，圣西门和傅立叶等人的空想社会主义，托尔斯泰的泛劳动主义和武者小路实笃的新村运动。王光祈以这种包罗万象的思想为基础，居然得到陈独秀、李大钊、蔡元培、胡适等人的支持，办起了"工读互助团"。具体的做法是"人人做工，人人读书，各尽所能，各取所需"。开始的时候大概很是有声有色的，连青年的毛泽东参观过后也"觉得很有趣味"，并与陈独秀、王光祈等 26 人联名发起"上海工读互助团"写信给周世钊的时候也说过"办一个自修大学，……实行共产的生活"。"这种组织也可以叫做工读互助团"。但是空想终归是空想，不到半年，各个小组便先后解体了。

工读互助团的失败促使王光祈进行痛苦的思索。他终于动身出国，探索救国救民的道路。当时德国正是社会民主党搞他们的魏玛共和国。王光祈虽然欢迎十月革命，又觉得布尔什维克过于干涉个人自由，所以选上了魏玛共和国，而且学的是政治经济学。然而正如鲁迅当年放弃医学转而从事文学活动一样，王光祈也放弃了政治经济学，专心致志于音乐学的研究。他要用音乐的"谐和精神"感化人类。他说："吾人欲扫除中国下等游戏，代以高尚娱乐，廓清残杀阴气，化为和平祥气，唤起将死民族，与以活泼生气，促醒相仇世界，归于大同幸福，舍音乐其莫由。吾所日夜梦想之'少年中国'能否实现，吾将以是卜之。"他在德国16年间，过着极端刻苦的生活，却以惊人的毅力先后写下了30多种书，有时是左手按住作痛的头部，右手执笔写他的文章。有时还当场晕倒在柏林国家图书馆。他一方面写书介绍欧洲音乐，并将自己研究的成果在国内出版，一面用外文写作，向欧洲介绍中国音乐，以此博得德国音乐界的敬重。1932年受聘为波恩大学东方学院实习导师，1934年以《论中国的古典歌剧》获得波恩大学哲学博士学位。1936年1月12日病逝波恩医院。

他的译著有相当一部分是介绍欧洲音乐的各个方面的。他的《东西乐制之研究》《东方民族之音乐》《翻译琴谱之研究》《中国诗词曲之轻重律》《中国音乐史》等等是结合中国音乐与外国音乐的实际进行比较研究，因而均有独到的见解。日本音乐学家岸边成雄因此称王光祈为东方研究比较音乐学之第一人。我国精研词律的当代词宗夏承焘在他的《学词日记》里面也说："阅王光祈《东西乐制之研究》述古代定律（三分损益法、下生上生法、隔八相生法）、司马迁算律法、郑康成算律法及京房六十律、宋钱乐之三百六十律、宋蔡元定十八律、明朱载堉十二平均律诸节，皆明白易晓。又有《东方民族之音乐》，亦王君著。"这正是孟子所说的，"贤者以其昭昭，使人昭昭"的最好的注脚。

这里只就他的《中国音乐史》谈一点粗浅的看法。

在此以前的几本中国音乐史，多数是一些现象的罗列，或者是种种资料的堆砌。王光祈的这部音乐史才改变了过去的做法。我们不妨说他的出发点是进化的，书中的标题如《律之进化》《调之进化》《乐谱之进化》等等已经能够说明作者的观点。作者在《自序》里面也说明他重视"进化"的思想，而且更进一步，注意"当时社会环境情形"，"凡研究某人作品，必须先研究当时政治、宗教、风俗情形，哲学美术思潮，社会经济组织等等，然后能够看出该氏此项作品所以发生之原因也"。

作者不仅单言进化，而是从进化的过程中看出事物的本质，从实际应用上评定它的价值，尊重传统而不墨守传统，更不迷信传统。这一点在论"庖羲作五十弦（大瑟），黄帝使素女鼓瑟，哀不自胜，乃破为二十五弦，具二均声"这一段已经表现得很明白。因为丝弦乐器发达最晚，"断非黄帝以前律管尚未发明之时所能有"，倒是《书经》里面"击石拊石，百兽率舞"还带几分"石器时代"人类的本色。这样一来，作者就为文化遗产扬弃问题提供了解答的实例。因此本书的第一个特色就是进化的观点。

本书的另一个特色是比较音乐学的方法。前面说过，比较音乐学是他最先传到东方来的，他本人也做了不少这方面的工作，如《东西乐制之研究》《中西音乐之异同》《东方民族之音乐》等等都是作者在这方面所做出的成绩。本书也同样运用了这种方法，如三分损益法，中国"在西汉末叶京房以前均在'管'上行之"，古代希腊则"系在'弦'上行之"，以此说明中国与古希腊的异同，并驳斥了近代西洋学者"中国律制系自希腊学来"的说法。又如舞蹈，作者提出"吾国之'舞'与西洋近代舞乐根本不同之点，即西洋为'美术的舞'，中国为'伦理的舞'是也（其实中国雅乐几乎全部皆系'伦理的音乐'，至于西洋方面则只有古代希腊大哲柏拉图所谓音乐系属此类）"。这都说明比较是作者惯用的一种方法。

比较音乐学近年来有人译为"民族音乐学"，那是从 Ethnomu sicology 译来的。Ethno 原义为人民或民族，而且常常是作多数用，所以民族学（Ethnologie）的德文的对文是 Völkerkunde，即是一例。如果译为"民族音乐学"，那么，民族音乐这个词在我们习惯用法上是传统音乐的同义语，"民族音乐学"也容易使人理解为研究传统音乐的学问。另一方面，我们真的用来指传统音乐的研究的时候，一译为外文却又大都成为 Ethnomusicology，谓余不信，请翻一翻国内音乐杂志目录的英文译文。外国朋友光看目录，真会以为我们近年对比较音乐学的研究特别热心，那可是天大的误会。所以我以为，在未有更恰当的译法以前，恐怕还是使用"比较音乐学"较好。

本书的又一个特色是实事求是的态度，亦即严格的科学态度。作者开宗明义就明确指出："……研究古代历史，当以'实物'为重，'典籍'次之，'推论'又次之。"所以他提倡"实物研究法"，如果只有"典籍"材料，那么必须经过物理实验才能评断。例如朱载堉关于正律、倍律及半律的长度与直径的算法，是经过比利时皇家乐器博物馆馆长马容所制的律管证明"所发之音，甚为准确"，他才认为朱载堉的十二平均律是经得住科学考验的颠扑不破的真理。王先生发扬祖国音乐文化的苦心也就得到了满足的酬劳了。

作者实事求是的态度是随处可见的，如"起调毕曲"的论述即是这样。作者认为"蔡元定创起调毕曲说究竟有无历史根据，虽不敢冒昧武断，但此说极有学理上之基础，则吾人可以断言。故明末大音乐学者朱载堉氏亦尝采用其说，而凌廷堪氏直斥蔡元定为'警愚惑众'，则未免厚诬古人，实为贤者所不取也"。

　　然而正是由于他坚持实事求是的态度，到他既无实物，又无典籍，因而无从推论的时候，他就只好"暂时存疑"了。《中国音乐史》写到"舞乐"、"歌剧"、"器乐"的进化的时候，都使人有"草草收兵"的感觉，主要原因即在于此。在作者是无可奈何，在读者终感美中不足。作者虽然于发出"其势亦不能详而且备"的慨叹之后，希望"异日归国之后，再为弥补此项缺陷"，却已经是永远不能弥补的终天之恨。可以告慰的是，王先生所希望的"国内音乐同志"已经写出了比较精而且详的中国音乐史，如杨荫浏先生的著作。但是能不能够说王光祈的著作就因此失去它存在的意义呢？记得列宁说过："判断历史的功绩，不是根据历史活动家没有提供现代所要求的东西，而是根据他们比他们的前辈提供了新的东西。"王光祈是不是提供了比他的前辈新的东西呢？听王光祈的自白吧："本书，十之七八，系余个人心得，其余材料则取之于国内时贤著作者十分之一；取之于国外西儒著作者亦十分之一。"光凭这一点已经足够保证这本书的历史地位了。黄自先生在王光祈先生追悼会上讲话，讲到他生平著作的时候首先提到《中国音乐史》是有道理的。说它是纪念碑性的作品，大概不算是过誉吧，严正的读者也许不会说我是投其所好吧。

1984 年暮，于北京

《中国音乐通史简编》序

　　北京的盛暑咄咄逼人，友人送来两大包《中国音乐通史简编》① 的文稿。打开阅读，好像晋人顾恺之吃甘蔗所说，从蔗尾吃到蔗身，渐入佳境。看过之后，颇有回味；约略言之，觉有如下几点：

　　这本书材料相当丰富，但又不是贪多务得的一份大帐单，而是慎于取舍的。书中除了参考历代有关著作之外，还有选择地吸收了新的音乐考古成果，如河南舞阳县贾湖的骨笛，青海大通县上孙家寨的舞蹈纹彩陶盆，河南三门峡庙底沟出土的陶钟，山西襄汾陶寺遗址出土的夏磬，湖北随县曾侯乙编钟，秦始皇陵刻有"乐府"二字的错金银钮钟……，这些最新材料使得我国音乐的可靠历史提早了将近4000年。有人说，读史可以增强人民的爱国心，读音乐史也同样使我们为祖国能有这样悠久灿烂的音乐文化而感到无比自豪。

　　毋庸讳言，过去的音乐史著作由于极"左"思潮的影响，对某些音乐家的评价曾不免有偏激之处，对音乐作品的分析也往往片面强调了思想性而忽略了作品的艺术性。经过十多年来的拨乱反正，这本书的作者显然已经采取了比较严谨的历史唯物主义态度，对历史上的音乐家能够作出比较客观、公正的评价。写到这里，想起近年来有一种议论，认为应该重写音乐史，不错，过去评价偏颇的倾向应该予以纠正，但决不意味着放弃马克思主义指导思想。马克思主义作为指导思想是必须坚持的，放弃不得的。

　　中国音乐的发展史由于时代跨度长，地域非常大，以往的音乐史著作，一般写古代以鸦片战争为下限，写近代总不会上溯到鸦片战争以前，或者只从19世纪末叶写起。眼前这本音乐史却是从盘古开天地一直写到今天的社会主义，是目前所见的

---

　　① 《中国音乐通史简编》，孙继南、周柱铨主编，1991年山东教育出版社出版。

第一部中国音乐通史的著作。读者一卷在手，好比一口气就看完了中国音乐的历史长河图。这也可以说是集体编写的优点。当然，集体编写也有风格不够统一，叙述难免错杂的地方，不过绝对的尽善尽美是没有的，不可以因此贬抑集体编写的好处。七卷本"牛津音乐史"的编写工作也是由多数人分担的。我的意思并不是拿这两本书相提并论，只是企图说明分章编写比较能保证质量，因为每一个人都有自己的专长，集体编写是可以有较多的机会发挥所长的。

最后值得一提的是，这本书给中外音乐文化交流提供了相当的篇幅。这是过去很少涉及的领域，对展示音乐发展的全貌也是不应忽略的。

信笔写来，卑之无甚高论。据我所知，全国各个艺术、高师院校音乐系一直迫切需要有一部深入浅出、条分缕析的音乐史教材，这本书的出版恰好填补了这方面的空缺。同时，它还将作为普及音乐史知识的大众读物发挥很好的作用。这也许可以算是今年出版界的一件喜事吧！

1990 年 9 月 14 日于北京

《中国箫笛》^① 序

经过中国音乐学人将近半个世纪的努力，中国音乐史的著作，以杨荫浏的《中国古代音乐史稿》为白眉，专门著作已经取得了可喜的成绩。后起之秀蔚然成长，使老一辈由衷地发出"弗如也，吾与汝弗如也"的赞叹。可是有关乐器的专门著作，以我的孤陋寡闻，好像还不多见。因此，南京师范大学音乐系副教授林克仁与中国民族乐器高级工艺师常敦明合著的《中国箫笛》自应推为乐坛的盛事。

全书共分三卷，上卷论述了史前期直到现代的箫笛发展的经过，利用新发掘的实物论证骨笛的形制，使中国音乐的可考的历史提到了8000年以前。中卷讲的是箫笛的制造，下卷讲的是箫笛演奏入门，包含基本功及表情手段的阐释，内容是非常丰富的。

本书的优点是有许多具体的剖析，如对籥与排箫的区别，在于籥是无底有音孔，排箫则有底无音孔。说到籥与洞箫的比较，则是基本相似，其形制与演奏方式如出一辙，区别是在于籥为三孔，略短，而洞箫则六孔，略长，而且产生的时间有先后，籥为初祖，洞箫则为后嗣。具见作者考核的细密。

箫笛族的名称随便可以举出一大串：笛、箫、笙、篴、篪、籥、楚、羌笛、泰始笛、姑洗笛、膜笛、排箫、洞箫、横吹、尺八……有的是同一名称、却是不同的两种乐器；有的却是同一乐器，却有不同的名称。乍听起来，简直如坠五里雾中。作者参考历代文献，比对流传的图画、石刻，特别是出土的文物，理清了它们的来龙去脉，让它们各归其位，一目了然，这不能不说是一大功绩。举凡史学、考古学、训诂学、民俗学、乐器学等等无不奔赴腕下，听候差使，加上本人的考订，既不盲从某一家的议论，也不拒绝某一家合理的意见；既不墨守成规，也不标新立异，自

---

① 《中国箫笛》，林克仁，常敦明著，南京大学出版社。

然而然的富有说服力。特别可贵的是乐器专家的合作，使理论和实践结合得十分紧密。读者一卷在手，真是图文并茂，左右逢源，毫无繁冗的感觉。到了后面附有演奏曲目，循序渐进，可以满足有志学习者的要求。介绍历代名家，范围遍及港台，具见作者用心的深远。说这本书是"箫笛大全"，也许不算是言过其实吧。

作者另一个值得称道的特点是敢于向权威挑战的勇气。本来迄今比较一致的看法是体鸣乐器及膜鸣乐器产生在前，随后是气鸣乐器，至于难度较高的弦鸣乐器自当是更为晚出。作者凭借骨笛的出土认为它是最古老的乐器，从而推倒了过去看法比较一致的乐器产生的顺序，这种适时应变的思想与大胆的假设无疑是难能可贵的。但是屈原早在二千年前就已经说过："遂古之初，谁能道之。"我们依常理推测，作为骨笛原材料的骨是比较耐久的，不比鼓类起源兽皮、管乐器依赖于芦苇，弦乐器讬始于猎弓，都是属于易朽的物质，骨笛由于耐久，所以能够长期保存在地下，等待后人的发掘。所以它的出土虽然把音乐的可考的历史提前几千年，似乎还不能借以认定它是最早的乐器。因为"单文孤证"，是不能轻易据以定论的。当然，作为争鸣的一家之言，固不妨畅所欲言，而且引起众人的思辨，把古史研究推进一步，那是极有意义的。昔人云：要解决历史的疑难问题，只有依靠铁铲——挖掘地下蕴藏的历史文物，加强我们对某些问题的论证。我的话就算是附写的一点意见吧。高明的作者和读者以为如何？

1992 年 2 月 12 日于北京

《中西音乐交流史稿》序

陶亚兵同志的博士论文《1919 年以前的中西音乐交流史料研究》① 将要出版。这是值得高兴的事。当初预定的课题是以鸦片战争为上限。在此以前的史实只是作为史前的朕兆略作交代。亚兵编写的结果却像莫扎特原拟写一序曲，结果却写出一首奏鸣曲一样，越写越大。又像梁启超为蒋百里的《欧洲文艺复兴史》作序，结果是洒洒不能休，写成了一本专著《清代学术概论》。现在亚兵的这篇博士论文，把原定的中西音乐交流的历史的一段，写成了中西音乐交流纪事本末。作者用功之专与用力之勤，的确是用得着的一句老话——"后生可畏"。

论文写好之后，他题作"史料研究"。我问他为什么不说是历史的研究，他回答说，这篇文章还缺乏综览全局的系统的总结，不敢妄称历史，只能说是史料的研究。他这么一说，我当然欣然表示同意。勤功固然可嘉，谦虚实更可喜也。

古人云："读万卷书，行万里路。"亚兵读书是不是已经到了破万卷的地步，我不知道，而且现在也不再以卷计算，总之不能算少吧。行万里路呢，那就远远不止了，好在现在已经不再光靠走路，即使不坐飞机，也有舟车代步了。为了搜集有关西方音乐对中国社会的影响，中原地区不用说，边远的东北、西北、西南、东南，到处都留有他的足迹，而且的确是找到了过去未经人道的人物和材料，包括不识字，更不用说不识谱，只会唱的老大娘和罕见的抄本。参加这篇论文答辩工作的评委称这篇论文是填补了我国音乐史上的一段空白，是不能算是溢美之辞的。

如上所述，本书搜集材料的广泛是没有疑问的。但是材料虽多，如果不能好好地加以处理，你就会感到茫无头绪。在这一点上，作者是下过一番工夫的。例如《律吕纂要》与《律吕正义·续编》的关系，作者既采用了前人的成说，又有自己

---

① 正式出版时定名为《中西音乐交流史稿》。

独立的见解。既证明《律吕纂要》的作者是徐日升，又指出《律吕正义·续编》的作者应是德理格，而不是像《四库全书总目提要》所说的节录《续编》以便记诵。作者更就两书列表比较，证明《纂要》的内容大大富于《续编》。作者的补充是富有说服力的。

本书的另一个特点是比前人更多地记下了中乐西传的事实，如关于十二平均律对欧洲的影响的推测（其中还引用了李约瑟博士的意见），以及管口校正法在欧洲实际的运用，以至钱德明的《中国古今音乐记》及巴罗的《中国音乐》关于中国音乐的介绍，还有近代阿理嗣、李提摩太夫人以及中国人与外国人交往过程中关于中国音乐的介绍与讲解，使中西音乐交流真正成为双向的交流，可补过去偏重西乐东传的不足。虽然材料所限，这方面的内容还比较单薄。好在来日方长，开了一个好头，丰硕的果实是可以预期的。

作者谦称自己的论文不是综览全局的系统的总结，所以不敢称为历史的而只是称为史料的研究。事实上作者说到中国人的西洋音乐观，概括出"猎奇"、"求知"与"认同"三个阶段，结果是中西音乐交流"使我们民族成为世界上最富有的民族——既有五千年中国音乐传统音乐的宝贵遗产，又吸收了世界音乐文化的精华"。可见作者还是对中西音乐交流的历史做了总结性的概括，预言中国音乐光辉的未来的。

李义山诗曰："桐花万里丹山路，雏凤清于老凤声。"这是诗人对新生力量的喜悦的形象的表现。苏东坡应礼部试，欧阳修是考官，发榜之后，欧阳修对梅圣俞说："老夫当避此人，放出一头地。"这是考官的恢宏的气度。尼采则说得更绝，一个不能超过老师的学生就不是好学生。尼采是一个有争议的人物，但是这句话却没有说错。如果学生总是跟在老师的后面亦步亦趋，那就免不了是一代不如一代，那还有什么进步可言！当然，人类总是进步的，"雏凤清于老凤声"，我心目中就有人将会为尼采的高论作证。陶君勉乎哉！

1994 年 4 月 3 日记于北京

惭愧的回顾

　　一个人所做的事有时是完全出乎预想之外的。就我个人来说，即使我早年有过各种各样的幻想，也决没有过要做一个音乐家的愿望。但是事到如今，我几十年工作的单位都是音乐学校，在音乐出版社出版的译著也不少，又是中国音乐家协会的会员，还能说我不是音乐界的人吗？虽然小时候我"打"过扬琴，吹过洞箫，弹过风琴，吹过口琴，后来又跟德籍嫂嫂华丽丝学过钢琴，跟音专教授舍甫磋夫学过大提琴，但是说来惭愧，没有一样是有一点成就的。只是由于喜欢读书，又喜欢发发议论，因而写过一些谈音乐及音乐家的文章。本来外国音乐界就有人不会弹，不会唱，只好去搞音乐学的品评。我也就无意中混入了这一行。套用鲁迅的说法，也许可以说是空头音乐家吧。

　　我的父亲是前清的秀才，又是维新派。他书房里不仅有传统的经史子集，还有赫胥黎的《天演论》以及幸德秋水的《帝国主义》① 等。他对我的教育先是随便让我跟姐姐们读她们学校的教科书，到他认真教我读书的时候，却教我读《诗经》和《左传》，也选一些《战国策》里面的文章。有时高兴起来，还给我讲《水浒》的智取生辰纲、江州劫法场，甚至于还讲《聊斋》里面小翠一类的故事。平时有朋友来看他，常常以诗词为话题，还带来一些诗稿。我一般是坐在客厅的角落里负责敬茶奉烟的，没事就听他们高谈阔论，因此东鳞西爪地懂得一点诗词。慢慢地我也揣摩到一些做诗的法门，如平仄对仗之类。那时我的哥哥青主（廖尚果）在德国留学。有一次我写信给他，附上三首怀念他的七绝。我的父亲看到了，不免吃了一惊，因为这是我背着他干的。他还好奇地问我："你的平仄粘对都没有错，这是怎样揣摩出来的？"我的回答很简单，反复念，念到顺口就"粘"了。

　　差不多在学写诗的同时，我又偶然发现了一本《白香词谱》。里面的作品不像

---

　　① 　全名为《二十世纪的怪物——帝国主义》。

是诗一样整齐的句子，而是有长有短，有时又有对句，有时又有仄韵与平韵通押，总之变化多，很有趣。于是我又学填词。开头只是照字数填写，如《点绛唇》末段是三字、四字、五字各一句。我虽然句句押韵，却是有平有仄，不符合词律要求。写多了，也渐渐地摸出了一点门路。加以这类书多读了几本，对词也有了更深的体会，有些特别的句式如《八声甘州》第二句应为"仄平仄平平"，《水龙吟》的结句应为"仄平平仄"，而且要一字领三字。这些发现当然没有什么了不起，不过我当时的心情却真有点像哥伦布发现新大陆一样，搞诗词的兴趣也越来越高，几乎到了入迷的程度。

我的父亲也已经察觉到我对诗词入了迷，事实上也当然瞒不过他，因为我静坐也好，走路也好，常常不免口中念念有词，他怎么会听不到呢？有一天他很严肃地告诫我：顾亭林说，一为文人，便无足观，何况是诗人，还要做词人！要读书就好好地多读《史记》《汉书》、唐宋八大家，不要老看什么诗词！我当然唯唯听命。但是事情也真不凑巧，过了不久，我又在一边走，一边朗读着"五更鼓角声悲壮，三峡星河影动摇"，不提防正好冲着父亲的座椅走过去。父亲只是摇摇头，轻轻地叹了一口气。我也满脸通红，感到自己是一个不听话的孩子。

1922 年是我学习生活的一个转折点，因为那一年我的哥哥青主从德国留学回来，我进了广州英文专门学校。不上普通中学要专门学英文，这是我父亲的主意。他，正如鲁迅所说的，属于所谓"老新党"，"还要学英文，学日文，硬着舌头，怪声怪气地朗诵着，对人毫无愧色，那目的是要看洋书"。但是他洋书到底读不成，所以要儿子完成他未遂的志愿。当时我们学校里一切教科书都是英文的，西洋史不用说了，连中国地理也是用的英文课本。

青主当时是在孙中山领导的南方政府大理院任推事。这是他以法学博士的资格学用一致的唯一的一次。他看见我这样读洋书，觉得是太过了，于是课外给我加班讲古文，并要我定期交作文。我对我这位哥哥是非常佩服的。我心目中学贯中西的大人物首推严复，在身边的就是哥哥。我过去跟父亲读古书是相当正统的，青主则颇有异端的气息。他教我读古文，也引导我去欣赏骈文的好处，教我读龚定盒。还有，他既然是留学生，肚子里当然也有不少洋文化，因而我从他那里也得到了有关歌德、席勒和海涅等大作家的一些知识。而且他回国时随身还带回一把梵哑铃（小提琴）和一支长笛。梵哑铃固然新奇，总不如那支复杂精巧的、装有种种杠杆式按键的长笛那么教我耳目一新。我不敢摆弄这样的乐器，我只能吹我的口琴。但是更使我惊叹的是他音乐知识的丰富。我有时唱一些学校里学到的歌曲，如那首《春之花》，他指出那是德国民歌《各种鸟儿全到这里来了》的曲调；我唱学校的英文校歌，他又指出那是海顿一部弦乐四重奏的曲调，后来被采用为威廉帝国的国歌，即《德国德国高于一切》。他还教我欣赏音乐的道理，听音乐不要以为高音最好听，高音只是讨好耳朵，音乐的妙处多是在低回婉转，曼声细语的地方。那种拿外国曲调填上歌词的办法是不足为训的，理想的做法应该是根据诗歌内容的变化配上适当的旋律，这样诗歌与音乐才不致发生冲突。他特别想给我讲清楚的是管弦乐队的指挥，要目视总谱，耳听八音，右手执着指挥棒上下挥动，左手这边一扬，那边一按，有关的乐手立刻应命接奏或停止，真可谓出神入化。他承认他没有学会这一套，也是他唯一承认学不会的本领。遗憾的是不管他如何反复讲说，我始终想象不出管弦乐队的阵势是什么样子。直到1928年我们来到上海，亲眼看到了管弦乐队，我才明白原来如此。

青主的德籍夫人，即以谱写中国诗词知名的华丽丝，当时在北伐军总政治部担任国际宣传工作。晚上是她的音乐时间，有客人来，她就弹琴唱歌作为助兴，青主则在旁边做讲解工作。老实说，那些客人的音乐知识并不多，我当时德文才开始学会一些单字和短句，和她谈话还是用英语。我往往把我所知道的一些音乐知识如《月光曲》的故事，《英雄交响乐》与拿破仑的瓜葛以及一些歌曲如《家，甜蜜的家》《很久以前》等等统统搬出来。她听了觉得蛮有意思，居然愿意教我弹钢琴。我这一点点可怜的钢琴知识就是这样得来的。

广州起义失败之后，青主逃出广州，在香港住了一段时间，再去上海，开始了他所谓的"亡命乐坛"的生活。开头他是用朋友的钱开了一间书店，以出版乐谱为主。当时单页歌谱很流行，可都是电影歌曲或者是《毛毛雨》之类。现在他出版的却是舒伯特、舒曼等人的歌曲以及他与华丽丝的创作歌曲，那是注定要亏本的。所以一年之后书店即告倒闭。在他出版乐谱需要新画封面的时候，经人介绍找到了青年画家徐迅雷。他是地下党员，属于太阳社，思想上对我帮助很大。后来他拿一份新出版的《世界》周刊来书店寄售，因此引起国民党警察局的搜捕。搜捕的时候，他恰巧也在场。他本来是能以来访者的身份乘机逃脱的，但是他怕我没有被捕的经验容易坏事，于是慨然承认是书店的店员，与我一同入狱，一起串供。结果以"店员没有知识，只管卖书"为由被判罚款释放。不幸的是听说他后来又一次被捕，竟然瘐死狱中。我曾写过一首五律纪念他。

1928至1931年可以说是青主生平少有的丰收年头。他夫妇俩真是吃饭也没有中止关于音乐问题的谈论。听他们谈话比上音乐理论课还要丰富。他对翻译也有自己的见解。他是比较倾向于德国人的所谓"仿作"（nachdichten）的。要译一首诗，先吃透这首诗的命意所在，然后抓住原诗的内容用本国的语言表达出来，而且依据每一首诗的特殊要求采取灵活的形式。由于我的德文已经学得差不多了，他有时就选出一首诗来让我翻译，然后根据我的译稿指出哪些太受原诗拘束，哪些又没有传出原诗的韵味，教我再来一遍，最后他才拿出他的译稿作为示范。

除了翻译练习之外，我还替他誊清文稿；兼管《乐艺》季刊的读者信箱，秉承他的意见答复读者的问题；有时还替他看一些外稿，主要是有关文句的疵累问题的。此外还有一份工作占去不少时间，那就是《乐艺》每期刊登的 30 页乐谱，要我绘成像印刷的一样整齐干净。即使事情不少，我还是没有放弃写诗。写旧诗，也写新诗。写新诗应该说还是受胡适的《尝试集》影响开始的。后来陆续读到郭沫若的《女神》，徐志摩的《志摩的诗》和闻一多的《死水》，写新诗更起劲了。然而总的来说，新诗还是不及旧诗多。由于青主的关系，我也不免受到海涅的影响，但是我自知缺乏海涅式的机锋。我始终不敢学海涅那玩世不恭的口吻，怕一不小心会坠入打油的魔道。

由于平时听到的是关于音乐的问题，看到的文章也多是关于音乐的，日子长了，自然而然也会产生一些意见，于是乎我也动起笔杆来了。也许这也算是"近水楼台先得月"吧，写了还居然能够在《乐艺》上发表出来。谁知这样一写竟然写了半个世纪，写到现在依然是欲罢不能，这可是始料所不及的了。

青主初到上海的时候，是国民党政府通缉的政治犯，日常生活完全靠老同学的经济支援。我经常带着他求援的书信学杜甫那样"朝叩富儿门，暮随肥马尘"，因而不可避免地会遭到冷酷的白眼。只有送信给萧友梅才算是免受这种轻蔑。萧友梅的名字早在我看到新学制唱歌教科书的时候就记在心里了。读徐志摩那篇《济慈的夜莺歌》时，知道他为了让学生得到一点夜莺的感性的知识，介绍学生去听萧友梅指挥的贝多芬第六交响乐，所以萧友梅这个名字在我心目中是不同凡响的。现在将要见到这位名人，心中总不免有些紧张。见了面，眼前出现的不是什么道貌岸然的学者名流，而是一位平易近人的长者。他没有滔滔不绝的议论，有的只是简捷了当的几句话。我替青主送稿子给他，他看过来信和稿子，点点头，问稿子是不是我抄的，我说是。他说，字写得很好呀，你平时不练练字吗？不久，我去音专图书馆做管理图书的工作。图书馆很小，工作人员只有我一个人，看书的人也不多。那里有一部《四部丛刊》，一有空我就抽一本出来看，特别是多看集部的。有一次萧先生拿来一份给《乐艺》的投稿，要我带回去给青主。看见我正在聚精会神地读线装书，还觉得相当惊奇，当然更多的是嘉许。

说实在的，他是第一个不在学历上抠我的人，也是真心相信我的人。上海当时没有音乐书店，只有外商琴行兼卖乐谱，可是价钱贵得惊人。音专于是通过德商书店向德国定购乐谱，然后依照成本出售。这种买卖交给图书馆办理，也就是说我兼管卖乐谱。有一次查起帐来，发现存档乐谱与价款不符。这一来我犯了帐目不清的嫌疑。我解释说，有些是同学欠了帐，例如张恩袭（张曙）要买乐谱，身边没有带钱，上课又等着用，于是让他拿走乐谱，书款后付，谁料他不久就被捕了。有些是老师拿走了，没有写收条。例如查哈罗夫正在上课，听说新乐谱来了，立刻赶来看看，因为还要上课，没写收条先拿走一批。出事之后，我到他寓所去，翻他的乐谱，凡是我认为是图书馆的，他都让我收回。不过总还有遗漏的。结果是扣我的薪水作赔。"一·二八"淞沪抗战时，国民党政府借口军费浩大，停发学校经费，学校只好裁员减薪。我在被裁之列，萧校长则不领薪水，用这笔款子分发给低薪的职工。

在音专被裁出来之后，我到一所外国语学校教了一年多德文，译了一本童话和一本小说——巴塞维茨的《小彼得云游记》和埃贤朵夫的《饭桶生涯的片段》，都是萧先生介绍给商务印书馆出版的。1934年音专的文牍因事离职，萧先生要我接任这项工作。当他在校务会议上提出这个建议的时候，还有人以我那次帐目不清为理由，请他慎重考虑。可是他说，那是年轻人办事没有经验，不算严重错误。这一次回到音专担任的工作除了现在通称的秘书工作之外，还兼管收发私人挂号信件。邮递员直接把挂号信件送到我的办公桌上，由我盖章检收，然后通知收件人领取。日子久了，那位邮递员先生和我混熟了，竟然拿着宣纸来请我写对联。这真使我受宠若惊，便集了李商隐、岑参的诗句给他写了。联语是："顾我有怀同大梦，凭君传语报平安。"

1930年秋季开学不久，有两个新学生经常到图书馆来。我忍不住问他们贵姓，他们好像是早在等待着这一问似的，立刻自报姓名，一个叫陈田鹤，一个叫江定仙。接着就谈起来，真有点像是老话说的，相见恨晚。过了几天，听萧先生说，他们是被美专开除出来的。下一次一见面我马上问他们这件事，老江说："以革命的名义我不怕告诉你。"说那是为了拒绝上一个老师的课，学校说他们闹风潮，他们不屈服，所以被开除了。他原名李仲超，陈田鹤原名陈启东，投考音专时才改名的。这样一来，我们的了解更进一步了，从此成了推心置腹的朋友。他们是学作曲的，我于是把我写的新诗交给他们谱曲，而且有意识地写歌词。从诗歌的起源上说，诗主要是唱给人听的，即使是诵诗也是念给人听的。只是到了文人笔下，诗才成为书桌上的东西。诗变为词，更加是以唱为主了。到了词成为文人的诗体的一种，曲就取代了词的地位。但是曲到了张可久等人手上，又渐渐地变成文人的玩艺了。现在要写新的歌曲，就得写新的歌词。新诗是用白话写的，诉诸听觉，这一点比较不成问题，只是写新诗是随作者兴之所至写出来的，特别是带有哲理性的，很少考虑到听者能否接受。写歌词却必须做到字句顺口，听起来容易理解，容易懂，而且要注意目的性明确，为什么人而写。我写的歌词很不少，特别是为儿童写的更多。因为当时可唱的儿童歌曲实在太少了。过去的学堂乐歌多数是拿西洋的或日本的曲调配上新词，歌词与音乐不一定是合拍的，黄自管这一类歌曲叫"杂种歌"。"五四"以后易韦斋为萧友梅写过不少歌词，可惜的是作者虽然企图写得通俗一点，究竟是受旧体诗词的影响太深了，有些简直是不知所云。我写的歌词由他们两人谱曲的作品相当一部分收入黄自主编的《复兴音乐教科书》以及他们和刘雪庵合作的《儿童新歌》。他们三人还商定版税分为四份，让我也得一份。这是打破金钱计较，照顾歌词作者利益的一段佳话。

在图书馆的时候，我守着自己的小天地，不大与人交往。换做文牍之后，工作地点移到了办公厅。音专是"联合办公"的，这是说得好听，其实是大家挤在一起，靠窗那边是两张办公桌贴紧，黄自与韦瀚章隔着两张桌子面对面坐着，算是教务处。我的办公桌与黄自的座位成一斜角，谈起话来方便得很。我与韦瀚章积习未除，居然唱和起来，黄自则开始向我索歌词。1935年中英庚款董事会征求一部儿童唱歌教科书，黄自约同他的四大弟子——贺绿汀、陈田鹤、江定仙、刘雪庵——和我合编一套去应征。后来中英庚款董事会接受某些评选委员的意见，就所有的应征歌曲择优选录，以免个别的好歌落选。我们入选的歌曲最多。但是由于抗日战争爆发，这些歌曲始终没有印出来，原稿也不知下落。

当时音专担任诗歌这一课的教师是龙榆生。他是朱彊村①入室弟子，本职是暨南大学教授。他对音乐很有兴趣，所以愿意每星期从真茹跑来兼课。他也喜欢写些歌词。为了引起大家对于歌词的注意，音专在校刊上还特辟歌词专栏。龙榆生还约请傅东华、曹聚仁、张凤、胡怀琛等人来写稿。他来学校上课，也会坐下来参加我们的"座谈"。黄自曾经为他的歌词作曲，那就是有名的《玫瑰三愿》。有一次我抄了我写的一些词请他评点，他竟写下这样的评语："意境似玉溪，词笔则遗山之流亚也。"这样的评语我是受之有愧的。但是对于诗词，我是十来年摸索过来的，幸

---

① 朱彊村，即朱孝臧，近代词人，光绪进士，官礼部侍郎。词风近于吴文英。

而没有走入邪路，还得到他的认可，内心却是感到安慰的。

30 年代中国的音乐杂志少得可怜，北平国乐改进社的《音乐杂志》，上海音专的《乐艺》都先后停刊了。1933 年音专同人重整旗鼓，又组织了音乐艺术社，在良友公司出版《音乐杂志》，也只有一年的寿命。当时能够定期出版、又有相当分量的音乐杂志，只有江西南昌出版的《音乐教育》一家。它本来是一种官办刊物，只是由于在那里工作的有缪天瑞、李元庆等倾向进步的音乐家，所以还是发表了一些比较有意义的文章。出过苏联音乐专号。陈田鹤写的歌曲《哀挽鲁迅先生》，几经折腾，最后改题为《哀挽一位民族解放的战士》发表出来。我也由于缪天瑞的关系成了他们约稿的对象。不过我写得最多的则是上海《新夜报》的副刊《音乐周刊》。这是音专为了推广音乐教育在中西药房电台举行的星期广播音乐会的特刊，由黄自负责编辑。除了每期必有的演出曲目的解说之外，也刊登一些有关音乐的短文章。

抗日战争开始，刘雪庵与陈田鹤等组织了中国作曲者协会，参加了上海文化界救国联合会的工作。发了歌曲专刊《战歌》。我也写了一些抗战的歌词，其中有《鲁迅先生逝世周年纪念》一首，由陈田鹤作曲，在先生纪念会上演唱。上海沦陷之后，我回广东，因为与国民党的第十二集团军政治部主任有世交关系，参加了政治部的宣传组工作。

抗战头一年颇有轰轰烈烈的气象，人民郁积的怒火一下子迸发出来，国民党政府还不敢大肆压制。上海沦陷之后，文化人纷纷来到广州，《救亡日报》即在广州复刊。广州颇有文化中心的样子。1938 年 7 月，第四战区政治部成立，主任即由第十二集团军政治部主任升任。战区政治部比十二集团军政治部不同的地方是除了原有的一部分旧人之外，还招致了不少新人如左恭、尚仲衣、叶兆南（孙大光）、石辟澜、林曦（司马文森）、郁风、黄新波、梁永泰等，不久，又来了钟敬文。负责宣传的第三组很有点像是具体而微的第三厅。我也从第十二集团军政治部调来战区政治部，在秘书室工作。战区政治部与十二集团军政治部还有一个不同的地方，即第十二集团军政治部纯粹是地方杂牌军的机关，战区政治部却由蒋介石派来他的一个心腹做副主任，从而发挥了相当的箝制作用。你看什么书，他都要翻开来看一看，随后狠狠地瞪你一眼，使你感到非常之不舒服。那时候我接触最多的是钟敬文。就我的经验说，喜欢新文学的人，多数是对古典文学重视不够的；对于古典文学较有修养的人，又往往不免于酸腐，甚至以为中国文学天下第一，根本不把外国文学放在眼里。钟先生却没有这种片面观点，而且他不限于"言必称希腊"，他兼及普列汉诺夫、卢那卡尔斯基、弗里采、吉尔波丁、玛查直到卢卡契。所以谈起话来左右逢源，使你得到多方面的教益（我这里还没有谈到他对民间文学的研究，因为当时无暇及此）。

1938 年 10 月初，日本侵略军在广东大鹏湾登陆。两个星期之后，广州即告沦陷。我们逃到粤北山区，牢骚满腹，只好借诗词发泄。渐渐地抗战进入相持阶段，文化活动跟着开展起来。曲江组织了中苏文化协会分会，钟敬文从那里借来一些德文版《国际文学》，给我提供了翻译的底本。翻译德国流亡作家的作品成为我这一时期的专业，而且因此认识了陈原。

陈原的名字是我先前已经知道的，那是看了他与余荻合编的《新歌初集》之后。我站在书店里看那篇序言，觉得他对抗战歌曲的特色连同它流行的地区（包括东南亚一带）的分析是独具只眼的，入选的歌曲也不限于抗战，还有许多儿童歌曲。我当即买回来送给一个喜欢唱歌的小姑娘。后来他托人送来一本《国际文学》，内有沃尔夫的剧本《博马舍》，希望我能译出来。我们于是见了面。此后 40 年间，我们一直患难与共。他博学多闻，思想敏锐，谈音乐只是他的余事。从此以后，只要看到苏联出版的德文书刊，他就立刻想到我，我也经常译些出来，不辜负他的盛意。

40 年代起反共的妖风越刮越猛，我不得不离开国民党军队。我将较多的精力用在翻译上面，先后译有里尔克、贝希尔、布列希特、胡佩特的诗；埃切加莱的剧本《书媒》；沃尔夫的剧本《博马舍》；茨威格的小说《日内瓦湖畔插曲》及《看不见的收藏》；魏斯柯夫的小说《辽远的音响》以及吉尔波丁、卢卡契、奥柏曼、傅赫斯的论文。有一个时期看不到德文书，我怕德文会忘记了，曾经每天用德文写日记，也算是笨人巩固学习的笨办法吧。

1943 年我从曲江移居桂林，因我嫂嫂的关系认识了柳亚子先生。我拜访他之后，他随即回访，并写了一篇热情洋溢的七言古风。他赞赏我写的旧诗，说我是"喜有心情传廿纪，更迴风格入三唐"，但又支持我写新诗，为我作品的出版尽力。南明史编纂委员会成立，他要我去做秘书。我当时并没有固定职业，有空便跑他家。他写起文章来，"文思泉涌"，来不及一笔一画地好好书写，往往是一撇一钩就算写了一个字，那究竟是什么字，只有联系上下文才能够揣摩得出来。因此文章付印之前总须誊清一遍。但是这样的抄写手是很难找的，我正好承担这一部分工作。他的原稿，有相当一部分也由他签上大名，盖上种种图章送给我作为纪念。文化大革命时抄家，这些原稿连同他历年的书信全都遭了劫。

桂林住不了多久，日本帝国主义实施打通大陆交通线计划，造成了国民党的湘桂大溃退。我们先后去了重庆。我一到重庆，就按柳先生约好的地点去打听他的消息。他住在重庆近郊的津南村，有事进城，就约我到他指定的地点去见他，替他办点事，或者抄抄文章写写信。不久，陈原也来了，于是又恢复了桂林时期的笔耕生活，译一些文章，也搞过几本书，如《延安一月》之类。其中比较值得一提的是那本在重庆动笔，在上海脱稿的《中国文学欣赏初步》。书中指出中国文学的特点是含蓄，对于中国古典文学的评价放弃了"桐城谬种"、"选学妖孽"那种偏激的提法，即使对于"用典"，也实事求是地肯定它特殊的作用。这本书在生活书店出版，在解放区也曾经重印过。但是由于我早年的藏书已经在抗战开始时在上海江湾毁于日本侵略军的炮火，后来收集到的一点点书籍又在桂林逃难时抛弃了。所以当时写书差不多全凭记忆，因而出现了若干差错。这些失误加深了我对核对引用材料的必要性的认识。

为了抗日，我进了国民党的军队，满以为我是参加了民族解放战争，结果是七八年间皇皇如丧家之狗。日本投降之后，我又想回到音乐学校去。多亏老友陈田鹤的帮忙，我得以名列南京音乐院。南京音乐院在常州附设有一个幼年班，学生是从孤儿院及难童救济所等"慈善"机关经过音乐测验招来的。院长吴伯超自兼班主任，要我当秘书。但是他后来另外找了一个人来当班主任，我当然不再当秘书，只管教课。吴伯超非常重视幼年班，要把这些孩子培养成为将来建立管弦乐队的骨干，所以特别聘请上海的外籍音乐家来常州上课。但是幼年班的学生多数是穷孩子，根本听不懂外国语。这一来翻译自是必不可少的了。谁来呢？我！有人认为我是自讨苦吃。我却以鲁迅替日本教师给中国青年木刻家讲课时做翻译来勉励自己。这一比拟无疑是近于荒唐，我当时却是心安理得的。

全国解放之后，南京音乐院连同幼年班合并入新建的中央音乐学院，我转入研究部工作。当时一项重要的工作是介绍苏联群众歌曲。我先是利用东鳞西爪的俄文知识加上字典的帮助译配歌词，稍后是找到懂俄文的同志来口述，由我来做新式的林琴南。再有就是翻译苏联及民主德国的音乐论著，此外是大大小小的不同形式的讲课。工作的确是非常痛快的，唯一的遗憾是时间不够用，总觉得有做不完的工作。不过由于老朋友的关系，我还是挤出时间译一些文学作品。原先是以现代作品为主，有时还从德文转译东欧的作品。后来听说出版社方面有人主张让我多译古典文学作品，现代作品不妨由别人去译。这样一来我倒真的专同外国死人打交道了。这一时期整本的翻译有席勒的剧本《阴谋与爱情》、赫贝尔的剧本《玛格达莲》、万斯洛夫的《论现实在音乐中的反映》、梅雅尔的《西洋音乐发展史论纲》及《音乐与现代社会》等。1960 年中国音乐家协会与中国音乐研究所委托杨荫浏、李纯一和我草拟一份《中国古代音乐史提纲》，我即照这个提纲编出一本讲义交由音乐出版社出版。

60 年代开始，运动的要求越来越高，自己觉得越来越跟不上，然而主观上还是要求努力紧跟的。只是到了 1966 年，压根儿就不让你紧跟。人是被打入了牛棚，挂起了"反动权威"的黑牌，家里是洗劫般的抄家。那时除了劳动之外，就是背语录，写检查。慢慢地，我找到了消磨时间的方法——一背古书，写诗词——不是写，而是打腹稿。一篇想好了，也会自我欣赏一番，特别感到高兴的是我的脑筋并没有枯死。此中的经过，大家都是过来人，没有什么可以多说的。1973 年中央音乐学院划归"五七艺术大学"，成为该校的一部分。粉碎"四人帮"之后才恢复中央音乐学院的独立名称。

中央音乐学院迁回北京，已经变成了"五七艺术大学"的附庸。新的负责人征求我对工作的意见，我表示要做翻译的工作，不再教书。事实上真正的工作始终没有开始，只是无标题音乐问题呀，批林批孔呀，《三上桃峰》呀，"反华影片"《中国》呀，"黑画展览"呀，《水浒》问题呀，没完没了地瞎折腾。特别是批林批孔，我当初还真的以为是批林同批孔挂上钩，借以肃清封建思想的影响。音乐学院是从音乐这个角度来评法批儒，那究竟搞得出什么名堂呢！恰巧我在那时刚闹过胃出血，于是以旧病复发为由退出战线，做起了"逍遥派"。不过我逍遥得并不彻底，我从图书馆借来一部《全唐诗》，选抄了一个唐人绝句的选本，又从《全宋词》中淘出一本宋词约选。这样熬到 1976 年，我写词哀悼过周总理和朱总司令之后，又在哀悼毛主席的一首《忆秦娥》的下片说："五洲四海同悲咽，誓言字字坚如铁。坚如铁，继承遗志，扫除妖孽。"妖孽这个词的出典是骆宾王的《为徐敬业讨武曌檄》："爰举义旗，以清妖孽。"用这句话结尾的目的只是在于发泄发泄胸中的闷气，没有料到过了不到一个月，妖孽竟真的给扫除了，不亦快哉！

现在我是真的自由了。经历过了大家奔走相告的"第二次解放"，我仍然继续我的翻译工作，同时用不少的时间写回忆录，不是写自己的回忆录，而是回忆我所认识的音乐界的师友，为后人提供一份可信的史料。此外我还写了一本小书：《谈词随录》，显示我仍然不改两栖动物的德行。

年轻的时候，我和一些朋友坐在一起，曾经各人自报各人的志趣。我说，我想做罗曼·罗兰那样的一个人。他写了《约翰·克利斯朵夫》那样卓绝的小说，又写过《贝多芬传》《过去的音乐家》及《今天的音乐家》那样出色的著作。一眨眼，

50 多年过去了。今天旧事重提，只能加深我惭愧的自讼。我只是在文艺园地里打杂的料子。不过在我结束本文之前，我还要复述罗曼·罗兰的一句话。原文记不清楚了，意思大概是这样：如果真有来生可供选择的话，那我愿意做一个作曲家。因为语言无能为力的地方，音乐却可以自由驰骋。

原载《文史资料选辑》第 17 辑（1989.3）

后　记

编完了我父亲的文集之后，好像我又重温了一遍平时受到的家教。

每当他老人家写作的时候，总是先把有关的卡片、笔记和有关书报收集到一起，经过一番的阅读，然后拟出提纲，一段一段的写下去。写作的时候，并不是像一般惯说的那样一挥而就，而是不时停下来，考虑前后的接应或者思索合适的词句。有时还会停下笔，踱到书柜面前翻检他引用的文句，加以核对。他的记忆力之强，在亲友之间是传为美谈的，但是他不信赖自己的记忆，一有疑难，他就要查找原文。所以他文中引用的诗文都是实在可靠的。

他这种一丝不苟的精神，还表现在他对材料的鉴别上。有一次，他看到《科学》杂志上有一段文章，说应尚能被选入科学社的一个执行机构，在关于一个人生平的取材上这无疑是罕见而又难得的材料。可是他转念一想，凭应尚能那时的年龄和资历，他在那个时间参加中国科学社是可能的，要入选执行机构，却未免近于"破格"。于是托他的学生陶亚兵去北京图书馆找到那一期的《科学》杂志加之核对，原来那个"能"字是"德"字之误。陶亚兵查阅之后，深有感悟地说，在廖先生身边真是不论什么时候都能有好好学习的机会。惭愧的是我，作为他的女儿，我向他的学习并没有到家。

今天，《乐苑谈往》这本书就要与读者见面了，这部珍贵的音乐文献，将对人有所裨益，这也算是了了一桩我们做晚辈的心愿。在此，我要感谢父亲提到的师友，同时，对华乐出版社在本书编辑出版中给予的大力协助表示衷心的谢忱。

廖崇向　1996.6. 于北京

570